【編著】
Robert F. Arnove
ロバート・F・アーノブ
Carlos Alberto Torres
カルロス・アルベルト・トーレス
Stephen Franz
スティーヴン・フランツ

【訳】
大塚 豊

21世紀の比較教育学
グローバルとローカルの弁証法

Comparative Education
The Dialectic of the Global and the Local

福村出版

COMPARATIVE EDUCATION:
The Dialectic of the Global and the Local 4th edition
edited by Robert F. Arnove, Carlos Alberto Torres, and
Stephen Franz
Copyright © 2013 by Rowman & Littlefield Publishers, Inc.
First published in the United States
by Rowman & Littlefield Publishers, Inc.
Translated and published by permission. All rights reserved.
Japanese translation published by arrangement
with Rowman & Littlefield Publishing Group Inc.
through The English Agency (Japan) Ltd.

日本語版への序文[1]

カルロス・アルベルト・トーレス
UCLA 社会科学および比較教育学教授、パウロ・フレイレ研究所所長
教育・情報学大学院グローバル・プログラム担当副研究科長
世界比較教育学会（WCCES）会長

すべての本には歴史がある

君が分かってくれるまではぼくの言葉は君の耳を焦がれてやまぬ。[2]

　すべての本は、あらゆる工芸品や芸術品と同じく、ある目的をもって知的に形成されたもの（intellectual construction）です。しかし、一旦それが完成すると、どんな本も社会的に形成されるもの（social construction）になります。そうした2つの性質は、人々が理解しようと努める現実についての分析を深める多数のひらめきを通じて、非常に興味深いしかたで互いに反響し合います。影の暗さがまだわれわれの周りにあることを受け入れつつも、比較教育学は複雑な関係に光を投げかけます。この本書第4版が教育の理論、分析、そして実践にいくらかでも寄与できればというのが私たちの願いです。何らかの本を書いたり編纂したりすることの背景には数多くの理由があるでしょう。私たちにとって、それは実現可能な夢でした。ボブ（Robert Arnove）と私が90年代半ばに行われた北米比較国際教育学会のある大会で、本書の編纂について話し合った時、それは、私たちが私たちの生活、家族や学生やコミュニティ、そして大学の生活に起こっている驚くべき変化を目の当たりにしているという確信から生まれました。私たちがその頃、新たに試みようとしていた複合的なグロー

1）　私は本序文の旧版にコメントを寄せて下さったロバート・アーノブ氏に感謝したい。
2）　Walt Whitman, Song of Myself（ウォルト・ホイットマンの詩「ぼく自身の歌」より。邦訳は酒本雅之訳『草の葉（上）』岩波文庫、1998年、235頁によった——訳者）

バル化の過程——ある人はそれをグローバリゼーションの最初の波と呼び、あるいは「グローバリゼーション1.0」と名づけました——は、私たちの教育や研究、そして政治的、教育的行動に影響を及ぼすのと同じくらい、私たちの意識にも影響を及ぼしていました。

　私たちは、時代の喫緊の問題、特に私たちが経験していた変容の過程に正面から向き合うような本、そして、子どもや若者、教員や親たちに力を与えるのに役立つような本を作ろうと考えていました。こうした目標を達成するために、私たちはシニア世代の比較教育学者を世界中から集めました。扱われた地域、ジェンダー、エスニシティ、言語、政治的・教育的関与の多様性、そして用いられた多数の方法論と理論は、生起しつつあった事柄に対する私たちの理解を豊かにする多くの考えや方法をもたらしました。その後4つの版を重ねたこと、そして15年の月日を経て、私たちは素晴らしい夢がロウマン・アンド・リトルフィールド社で私たちの本の最初の編集者であったディーン・バーケンキャンプ氏の支援によって、さらに、第4版を手伝ってくれたジュン・リー、クリス・バソ、カーリー・ウォール各氏の支援によって現実のものになったと確信しています。私たちはさらに、賢明な批評や助言を通じて、本書が豊かになるのに寄与して下さった多くの学生や同僚に感謝したいと思います。本書を実りあるものにしたのは、多くの人々が関わった歴史と個々人の物語の結びついたプロセスでした。その中には大学で最初に受け入れられてから100年以上にもなり、教育・研究の一分野として、ますます複雑さを増している比較教育学の舵取りをする上で、私たちの同僚や学生にも加わってもらう教育的プロセスを意図的に含めました[4]。残念なことに、日本語版のこの序文で、執筆者の1人であり、私たちの親しい友人であるジョセフ・P・ファレルの逝去を悼まなくてはならなくなりました。しかし、彼が執筆した章の中で十分に示された彼の遺したものは今も生き生きとしています。

3）この第4版では、第3の編集者としてスティーヴン・フランツの貢献を得ることができた。
4）2013年6月25日、ブエノスアイレスでの世界比較教育学会の大会でのミゲル・ペレイラ教授による「後期近代世界におけるコスモポリタニズム・歴史・学校教育——教師教育における教育システムに関する研究の起源」と題する講演は、この歴史について思い出させてくれた。

国境を越えるものとしての翻訳

> 　　　　　　　ぼくは「からだ」の詩人、そして「魂」の詩人、
> 　　　天国の愉楽はぼくとともにあり、地獄の業苦もぼくとともにあり、
> 　前者とぼくはぼく自身に接木し増殖し、後者を新しい言語に翻訳する。[5]

　私は、この第4版の日本語版に序文を書けることを嬉しく思っています。私たちの本は世界の英語圏での比較教育学のプログラムやコースの多くでテキストとして選ばれてきました。こうして日本語に翻訳されることで、この第4版は日本の学者、教員、学生、そして本書を自国語で読みたいと考える一般読者のもとに届けられます。きっと英語版にはない日本語の微妙な修辞法や用語法を味わえるでしょう。翻訳者であり、日本比較教育学会の会長である大塚豊教授に深く感謝するものです。翻訳は常に困難で骨の折れる仕事です。この本の広がりと複雑さを考えると、その翻訳はどれほど大変な仕事だったことでしょう。私たちは特に、本書の中のいくつかの言い回しの解釈について、大塚教授が私たちに相談して下さったことに感謝します。

　15年に満たない間に4版を重ねられたことで、本書『21世紀の比較教育学——グローバルとローカルの弁証法』は、私たちの大雑把な想像力をはるかに越える成功を収めました。ベストセラーとなる学術書を見つけるのは容易ではありませんが、比較教育学の分野ではとりわけ困難です。私は、この成功の背景にはいくつかの要因が組み合わさっていると思います。何よりもまず、本書の方向性と知的構成に関してとられたアプローチがあります。グローバルとローカルの弁証法というのは修辞的（レトリカル）な言い回しであるばかりでなく、私たちの生の経験、社会科学の方向性、そして世界中の教育について考え実践することに確実に深く影響を与える微妙で、開かれた、また密接かつ普遍的なプロセスについて語る概念です。同様に、本書の成功は執筆者の質の高さに帰せられるべきものです。彼らの多くは本当に当該分野や専門領域における世界的権威なのです。

　この日本語版に加えて、スペイン語版、ポルトガル語版の翻訳も進んでいま

---

5)　Walt Whitman, Song of Myself.（邦訳は前掲訳書、152頁）

す。第 2 版の中国語訳はありますが、この第 4 版も中国語に翻訳されることを心から願っています。また、2016 年 8 月に中国で開催予定の世界比較教育学会の第 16 回大会のテーマとして「教育の弁証法——グローバルとローカル」に注目が集まるだろうと考えています(世界比較教育学会のホームページを参照されたい)。

2013 年の本書の出版は、世界の教育の歴史における別の画期的な出来事を祝うことにもつながりました。すなわち、ブラジルのリオグランデ・ド・ノルテ州アンジコスでの識字訓練の経験の 50 周年でもあったのです。それは、識字訓練を通した民衆教育を、世界を変えるために教えようと努力する民衆の文化、研究、実践に結びつけるのを自らの使命と考えたパウロ・フレイレと、理想主義的で急進的な学生や若い学者によって行われたものでした。本書の執筆者は、教育のもつそうした変革する力についての考え方を共有しています。私たちは平和で公正、平等で公平な世界や社会を目指す子ども、若者、大人、そしてコミュニティに力量を与えるものとしての教育の存在を信じています。地理的な領土ばかりでなく、想像のコミュニティがますます多様化し、多文化的になっています(Torres. 印刷中の近著)。

その意味で、日本語への翻訳はまことに時宜を得たものでした。つまり、グローバルに考え、ローカルに行動する時期であるばかりでなく、グローバルな市民性教育の高まりが見通される時期であったことです。

グローバルな市民性教育

ぼくが矛盾しているかい、
それならおおいに結構、ぼくはたっぷり矛盾してやる、
(だってぼくは大きくて、中身がどっさり詰まっているんだ)[6]

私はこの序文を書きながら、比較教育学の世界が不意を衝かれたとはいえ、「世界教育推進活動(The Global Education First Initiative)」と題する国連のパン・ギムン(潘基文)事務総長の 2012 年の構想を大いに歓迎したと感じています。ユネスコの文書には次のように記されています。

---

6) Walt Whitman, Song of Myself. (邦訳は前掲訳書、243 頁)

2012年9月26日に開始された世界教育推進活動は国連のパン・ギムン事務総長によって支持された5年間の構想である。最高水準のグローバルな擁護綱領として、それは2015年に向けて国際的に同意された教育目標を達成するために新たな一押しを加え、かつその教育的取り組みに相応しい軌道に世界を引き戻すことを目標としている。

　事務総長自身の言葉では、「私たちが教育を最優先するとき、貧困や飢えを減少させ、浪費の可能性を終わらせ、そしてまた万人にとってより強く、より良い社会を期待しうる[7]」とされています。

　国連事務総長が国連のシステムの中で教育に関するこのような意欲的なプロジェクトを始めたのはこれが最初です。それが教育に焦点を絞っていることから、ユネスコはこの構想の企画と実施において主要な役割を果たしています。この構想には3つの柱があります。すべての子どもを学校に通わせること、学習の質を改善すること、そして、グローバルな市民性を養うことです。最初と2番目の柱は、教育、研究、実践の分野としての比較教育学の仕事の真骨頂を表すものですが、3番目の柱である地球市民の教育を促進することは、このテキストの目標や目的に特に叶うものです。

　確かに、グローバルな市民性に関するこの意欲的なプロジェクトが実現可能となり、かつ成功を収めるには、真剣な理論的洗練を必要とします。さらに、私は、グローバルな市民性教育の概念は教育に関する新たな物語という文脈の中で構築され、あるいはおそらく他の場所（Torres, 2011; 2013）で私が進めた新自由主義批判を踏襲する必要があると申し上げたい。世界教育推進活動は教育における新たな常識として構築されるべきなのです。この新しい常識は、文化や市民論に関する伝統的な規範、市民性教育、さらに人によって違った意味に解される移ろいやすい記号表現（シニフィアン）になってしまったグローバル教育の概念を、未だ完全には明確になっていない新しい地平へと変えるでしょう。

　構想の第3の柱は、ユネスコと国連システムの知的・制度的空間の中で目下協議されています。あらゆる交渉がそうであるように、グローバルな市民性という概念は、諸勢力の二極化、多様で拡散的な利害、イデオロギー、そして恐らく論争を免れ得ないものです。緊張、難問、逆説、そして矛盾が、こうした

---

7)　http://www.unesco.org/new/en/education/global-education-first-initiative-gefi/

大規模なあらゆるプロジェクトのもつ複雑な形状を示唆するでしょう。それは世界システムと国際機関のグローバル化された環境の中で交渉されるプロジェクトなのです。その交渉には、国家、州や県、地方や市など諸政府の間の絶え間ない弁証法的な相互作用が含まれ、要するに、ローカルなものが全国的および国境を越えた社会的運動の出現に深く組み込まれた状況が含まれています。少なくとも1つの要素は非常に明瞭に思えます。すなわち、このプロジェクトの定義に見られる理論的な曖昧性を取り除く必要があるということです。幸運なことに、この会話は新しい声や物語、そしておそらくは教育に生じている新しい常識を踏まえて起こりつつあります。

新しい教育の物語なのだろうか？

群衆のさなかで叫ぶ声であり、
これぞまさしくぼく自身の声、朗朗として断固たる。[8]

このプロジェクトを始める機は熟しています。鋭敏な観察者なら誰でも、教育科学を再考する強力な力が働いていることに同意するでしょう。同時に、私たちが最近の出来事の中で観察してきた現在のイデオロギー面での支配的モデルは挑戦を受けています。この論争は教育における新しい合意や新しい政策的方向性を作り上げることに寄与するものです。

実証主義の支配は、30年間以上にわたってさまざまなモデルによって異議を唱えられてきました。ともに実証主義認識論であるにもかかわらず、自然科学の論理と社会科学の論理との間にはほとんど類似性が見られないのです（Torres, 2009）。過去数年間、（大学で支配的な）仮説検証と理論開発に向かう伝統的科学研究と、（国際開発研究センター、世界銀行などのような国際機関で支配的な）アクションや政策に情報を提供することを目指す具体的例証に基づいた研究との緊張が明瞭になってきました。これらの対照的な2つのパラダイムが衝突するのは驚きではありません。政策コミュニティと研究コミュニティの間の緊迫した対立（恐らく克服できない対立）は、原因分析が科学研究の支配的なモデルであり続けることを妨げはしませんでした。しかし、このモ

---

8) Walt Whitman, Song of Myself.（邦訳は前掲訳書、215頁）

デルは、別の認識論からの攻撃に晒されています。

同様に、最近の 20 年以上にわたって、国際比較される学力テストの得点に注目する並外れた努力がなされ、認知的学習が学校の中心的使命になってきました。この観点に対して骨の折れる反論を行ったハンク・レビンの最近の論文は、次のように論じています。すなわち、「世界中で、世界一流の学校を作ることが話題になっているのを耳にする。通常、この言葉は、そこの学生が PISA や TIMSS といった学力の国際比較で非常に高い得点をとる学校のことを指している。模範的学校の意味を学力テストの得点という狭い基準に縛りつける習慣は、テストの得点が有能な労働力と競争力のある経済をもたらすことに直結しているという見解を通常は前提としている。実際のところ、テストの得点と所得あるいは生産性の間で計測された関係は控え目なものであり、学業成績と経済的成果の間のより大きな関係の、ごく小さな部分について説明しているだけである。そうした狭い評価から省かれたものは、労働力の質および生産性に影響を与える人と人との関わりや個人内のスキルや能力の発展にとって教育がもつ影響である」（Levin, 2012, p.269）。

この論文においてハンク・レビンや他の学者によって報告された教育上の証拠の経済性を踏まえると、学力テストの得点や認知的学習を強調することが、新自由主義の伝統に取り組むいくつかの大学ではきわめて鮮明でうまく行っていたものの、国際的な諸分野で現れているように思える新しい物語の中では、疑いを挟まれるようになってきたことは驚くに当たりません。

私たちは時々、各々が信じるパラダイムの砦を越えて対話することができない学者と政策決定者との「科学の袋小路」に出くわします。この緊張関係の最も歓迎すべき成り行きは方法論上の多様性が高まることです。支配的な確率論的モデル（ランダム変数の収集に通常含まれるランダム過程）と伝統的な統計学的モデルが、観測モデル、探索的データ解析、アクション・リサーチ、さまざまな方向性をもつ現象学的ないし質的研究といった代替的方法論からの挑戦を受けているか、あるいは少なくとも対照され、補完されているのです。この緊張関係の別の成り行きは、質的方法と量的方法を同時に結びつけたり、あるいは少なくともある現象の説明に際して、ある種の混合的方法を用いながら、社会的行為に関する多様な「変数」や側面をリンクさせたりしようとする「専門領域に囚われない研究（intersectional studies）」の成長の兆しが見えることです。専門領域に囚われない分析や学際的研究の増大と相俟って、社会科学や

教育学の著名な個別専門学部・学科で今やいっそう強まりつつあるこうした専門領域に囚われないことは、比較教育学というこの分野を教育における関係分析の理解に近づけているのです（Ross, 2002, pp.407-432）。

　もしかすると、私自身の妄想かもしれません。しかし、ある問題のさまざまな側面に特別に焦点を絞って問題を分析し始めるとき、私たちが教育の中で一般的に扱う別の側面の分析と関連づけて関係的に分析することを避けることはできません。私たちは経済、政治、文化の各分野あるいは実践と知識の他の領域を、絶えずエスニシティ、人種、ジェンダー、性別、階級およびその他多くの分析の「変数」と関係づけて見ています。したがって、関係分析を取り入れることは教育、研究にとって基本的なことであり、優れた科学の唯一の基本的属性としての専門性、現実を理解する唯一の戦略として「統計屋（ビーン・カウンター）的手法」[9]、そして唯一実行可能な手続きとしての手段的合理性といったことを明らかに撃破するのです[10]。統計学の支配、そして、男女同権論者（フェミニスト）が「ソフトな」客観性と呼ぶものにしばしば基づく「上からの研究」は、特に見解や期待や願望に関する諸調査において、「下からの」探究の論理に向けて導くスタンドポイント・アプローチによって異議を唱えられてきました（Harding, 2008, pp.114-122 および pp.200-202）。探究の男性中心モデルは、ちょっとでも息をしたり、くしゃみをしたり、あるいは動いたりしたら、測定して見るというように、どんな種類の数的指標（メトリクス）にも夢中になる国際機関では特に、完全には誤りが暴露されていないものの、そうしたモデルは以前ほど簡単には事を仕切ることはできません。統計データや議論のためだけにするいかなる種類の研究成果も、それらが正当な意思決定の地位にある正しい人に正しく掌握された場合にのみ政策決定の実行に至りうるなどというのは疑わしいと私は思っています。また、非常に個人的に話すことをお許し頂きたいのですが、同様に、男性中心主義、雄性中心主義、言語中心主義、そしてヨーロッパ中心主義に支配された世界では、政府は政策決定において強い統計崇拝の傾向をもつものです。

---

9)　特に他の事柄は除外しても数量化に関心がある会計士、財務官といった人。http://www.thefreedictionary.com/bean+counters

10)　キャメロン・マッカーシーとマイケル・アップルは、彼らの 1988 年の論文（"Race, Class and Gender in American Education: Toward a Nonsynchronous Parallelist Position." pp. 9-39 in Class, Race, and Gender in American Education, edited by L. Weiss, Albany, State University of New York Press.）の中で、この関係論的な非共時並行分析的立場について論じた。

比較教育学では経験的なデータや実証研究の必要性に反対する人は誰もいないでしょう。反対すべきことは、合理的な選択の優位、テスト重視の動き、そして学力テスト得点の崇拝です。それらはさまざまな方法で教育に影響を与えてきました。注意深く吟味される必要のある科学に関する次のような言説があります。

　「それらのうちの1つは"番号"を与えることにより、"それら自身について語る能力"であり、そしてそれゆえに新しい"教育の科学"において重要な役割を果たす能力である。最近出たある本は、現在教育の言説を支配している"科学の文化"に反対しており、その代りに、さまざまな探究のモードのより批判的理解に賛同している」（Baez & Boyles, 2009; de Sousa de Santos, B. 2007）。

　「教育科学に関する全言説は数多くの別個の、しかし相互に構成し合っている政治的な力、あるいは私たちが考えうること、そしてそれゆえに、いわゆるポストモダンの時代にわれわれがなりうるものを形にするために科学を使う動きを映し出している。これらの力ないし動きは、簡潔に言えば次のようになる。①教育研究者を専門化する動き、②科学主義を通して民主主義を制限する試み、③世界を社会的集団（ソーシャル・グループス）に組織するための学問的な分類の使用、④世界を統治するための"データ"に変換するために正確性を求める情報社会の要請、⑤すべてを費用対効果分析に変換してしまい、また私たちがすべてを完全には掌握していない方法で、私たちすべてに加担させる国境を越えた資本主義的取引きの影響」（Baez & Boyles, 2009, p. vii）（Torres, 2013, p.94 に引用）。

　こうした科学主義（scientism）の文化はまた「科学的主義（scientificism）」とも名づけうるものであり、知識から文化を分離し、人間の関心から権力を切り離すものです。その場合、科学は結局は特定の政策の中で実行されうるものの、社会の合理化に関する強力で異議を唱えられない、分析的な目標だけに役立つ原理として現れます。科学は実証主義と道具主義の混合物として狭く定義され、統計的な厳密性や客観性を根拠に防御されるように思われます（Torres, 2013, p.94）。

　新しい合理性および新しい言説は、私たちが目の当たりにし、また、グローバリゼーションのトップダウン式の新自由主義者モデルに結びついている教育のパターンから徹底的に距離を置く教育研究において、確実な地歩を築いています。公教育は依然として急速に変化する経済需要を満たす新しい労働力を育

てることを要求されてきており、学校の民営化および地方分権化の問題に関する政策的ジレンマを呈しています（Arnove and Torres, 2007）。この動きには教育の基準を引き上げ、テストや学校の社会的説明責任にいっそう重点を置くことが含まれます。経済の変化に基づく決定は、大学での新しい学校改革ビジョンを大学でも共有させることになりました。国際的競争力に結びつけられた改革はまた、「競争に基づいた改革」として知られています（Carnoy, 1999; Torres, 2009）。

　この新しい言説の別の要素は、科学思想の構築において規範的なものを分析的なものから完全に切り離すことが可能か否かということを問題にします。この問題は知的、理論的、メタ理論的および実証的分析を方向づける、「良い社会」という概念の重要性を提起します。今日、教育の「政治性（politicity）」は、この原理の主張者の１人であり、この関係の性質について1980年代の初めに論じたパウロ・フレイレをさえ驚かせるような方法で認識されています（Torres, 2009）。しかし、「思想の歴史性、および理論化の特別なモードから生じる政策的処方を回避するのは不可能」なことを、この新しい言説が分かっていることを認識することが重要なのです。結局、すべての社会的に形成されたものがそれらの論理的構造、方法論的厳密性あるいは確固たる実証的根拠において同じように強力だというわけではなく、従って真剣な分析的・科学的な研究が必要なのです（Torres, 2011, p.180）。

グローバル市民性と地球人（プラネタリアン）としての市民性

　　　　　　　　　　　ぼくはぼくを讃え、ぼく自身を歌う、
　　　　　　　　そして君だとてきっとぼくの思いが分かってくれる、
　　　　　　ぼくである原子は一つ残らず君のものでもあるからだ。[11]

　人権、それは国連そして特にユネスコによって支援された世界的な社会的運動として、私たちが経験している多重なグローバル化の中でも最も目に見える局面の１つです。そのようなものとして、人権はグローバルな市民性を育成することにとって重大なものです。しかも、市民性の育成は、帝国主義的行動か

---

11) Walt Whitman, Song of Myself.（邦訳は酒本雅之、前掲訳書、107頁）

ら人権を切り離すことにとって絶対に必要なのです。1989年の冷戦の終結により、私たちは人権の名の下に実行された一連の最も重要な軍事介入を目の当たりにしてきました。最初に1991年の湾岸戦争、セルビア・クロアチア紛争やボスニア紛争をはじめとする旧ユーゴスラビアの紛争を終結させることに起因した戦争、コソボ紛争の成り行き、イラク介入、そしてアフガニスタンでの戦争など、20世紀にアメリカによって行われ、いまだに続いている最長の戦争、あるいはシリアへの介入に関する騒動、これらはすべて人権を擁護するための道義上の責任として、地上軍あるいは「スマート爆弾」を使った軍事介入なのです。

悲しいかな、それらは関わった西側の大国の地政学的利害に特に結びついています。そうでなければ、1994年のルワンダでの大量虐殺を無視する一方、たくさんの生命が失われた壊滅的な流血に帰着したこれらの介入をどのように正当化できるでしょう。西側の大国によって止められることのなかった大量虐殺は、100日足らずの流血の中で（人口の20％に当たる）50万から100万人もの死をもたらしたのです。私たちは政治的な計算が常に国際関係において役割を果たすことを知っています。しかし、人権に関する倫理やモラルは、もしその道義的な正当化の根拠を保持しようとするなら、世界システムを動かそうと努力する強力な大国による政治的干渉や介入から明確に切り離されることが絶対に必要なのです。ルワンダ共和国の大量虐殺によって提起された問題を解決しないことは、人権保護に関する重大な民主主義の汚点を暗示しており、それを改める必要があります。

いかなるグローバルな市民性も、それが経済的市民性に結びつけなければ成就されることはあり得ません。グローバルな市民性は仕事、教育、医療、住宅あるいは人生にわたっての再訓練に対する権利を含む必要最小限のものを欠いては達成することができません。また、グローバルな市民性教育の基本原理のうちのいくつかは、人権の尊重だけでなく社会的公正のための教育および持続可能性のための地球市民性の新しいモデルも含んでいます。移住と多様性の役割、認知的民主主義および公共圏拡大の強化は、本当にグローバルな市民性教育を増進する学校改革の必須条件です。また、ますますグローバル化する市場で競うために達成されるべき能力の前提をやすやすと越えて行くような生涯学習における新しい見方です。

私が、地球人としての市民性の重要性について触れないまま、この序文を終

わるとすれば、怠慢の誹りを免れないでしょう。本書が発行されようとしていたのと同じ頃、巨大地震と津波後の福島の原発からは放射能が依然として漏れており、日本からの魚の輸出がいくつかの国で禁止されていました。環境は重要問題です。

この地球の持続可能な開発モデルを設計し、実行し、また実行可能にすることの緊急性は否定することができません。教育は、環境を保全する上で私たちの文明が行う設計の失敗を防ぐ主要な役割を担っています。ノーベル賞受賞者のガブリエル・ガルシア・マルケスの本の題名である『予告された殺人の記録』をもじって私が名づけるとすれば、「予測される環境上の大惨事」は、良い社会を実現するための原則や戦略に関するあらゆる真剣な会話の中で決して無視することができないのです。その知的方向性と構造によって、本書は多くの方法でグローバルな市民性に関する会話に読者を引き込みます。また、きわめて歓迎されている国連の世界教育推進活動によって提示された3つの柱にとっての資源(リソース)なのです。

理論、研究、そして実践の分野としての比較教育学は、人間の文明、地球、そして将来にわたる種の保全のためのユニークな推進力と重要性を獲得しました。この分野とそれを実践する人々は立ち止まり、ウォルト・ホイットマンの声に耳を傾けるべきです。彼は私たちに懇願しています。

せめてきょう、一昼夜だけぼくのところにいてごらん、
きっと全部の詩の起源が分かるから、……君が四方にくまなく耳を傾け、
君自身という篩にかけて選りわけるようにきっとなる。[12]

参考文献

Arnove, R., and C. A. Torres, eds. *Comparative Education: The Dialectics of the Global and the Local*. Lanham, Maryland: Rowman and Littlefield, 1999. Second edition, 2003. Third Edition 2007.

Baez, B., & Boyles, D. (2009). *The politics of inquiry. Education research and the 'culture of science'*. Albany, NY: New York Press.

---

12) Walt Whitman, Song of Myself.（邦訳は前掲訳書、110頁）

Carnoy, M. 1999. *Globalisation and educational reform: What planners need to know.* Paris: UNESCO/IIEP.

de Sousa Santos, B. (Ed.). (2007). *Cognitive justice in a global world. Prudent knowledges for a decent life.* Lanham, MD: Lexington Books-Rowman and Littlefield Pubishers.

Harding, Sandra, *Sciences from Below. Feminisms, Postcolonialities, and Modernities.* Durham and London, Duke University 2008.

Levin, Hank "More than Just Test Scores." *Prospects*, Volume 42, Number 3, 2012, pp. 269-284.

McCarthy, Cameron and Michael Apple "Race, Class and Gender in American Education: Toward a Nonsynchronous Parallelist Position." pp. 9-39 in *Class, Race, and Gender in American Education*, edited by L. Weiss, Albany, State University of New York Press,1988.

Pereyra, Miguel "Cosmopolitanism, History and Schooling in the Late Modern World: The Origins of the Study of Educational Systems in Teacher Education," Keynote to the XV World Congress of Comparative Education Societies, Buenos Aires, June 25, 2013.

Ross, Heidi "The Space Between Us: The Relevance of Relational Theory to Re-imagining Comparative Education, (Presidential Address)." *Comparative Education Review* 46:4 (November), 2002: 407-432.

Torres, C.A. Public Universities and the Neoliberal Common Sense: Seven Iconoclastic Theses. *International Studies in Sociology of Education,* Volume 21, Issue 3, 2011, pp. 177-197.

Torres, C.A. *First Freire: Early Writings in Social Justice Education,* New York, N.Y.: Teachers College Press. （印刷中）.

Torres, Carlos Alberto, *Globalizations and Education*: *Collected Essays on Class, Race, Gender, and the State.* Introduction by Michael W. Apple, Afterword by Pedro Demo. New York, and London Teachers College Press-Columbia University, 2009.

Torres, Carlos Alberto "Neoliberalism as a new historical bloc: A Gramscian analysis of neoliberalism's common sense in education." Torres, Carlos Alberto and Gabriel Jones (Editors) *International Studies in Sociology of Education*. Volume 23, Issue 2 2013, pp. 80-106. Special Issue: Neoliberal Common Sense in Education Part One.

Whitman, Walt, *Song of Myself.* http://www.poetryfoundation.org/poem/174745.

目次

日本語版への序文　3
謝辞　20

序章　比較教育学の再構築　21
　　　——グローバルとローカルの弁証法
　　ロバート・F・アーノブ

第1章　専門技術主義、不確実性、倫理　57
　　　——ポストモダンとグローバル化時代の比較教育学
　　アンソニー・ウェルチ

第2章　制度化する国際的影響関係　99
　　ジョエル・サモフ

第3章　国家・社会運動・教育改革　147
　　レイモンド・モロウ、カルロス・アルベルト・トーレス

第4章　文化と教育　183
　　ヴァンドラ・リー・メイズマン

第5章　比較教育学的観点から見たアイデンティティの問題　209
　　クリスティーン・フォックス

第6章　教育の平等性　231
　　　——新たな千年期から見た比較研究60年間の成果
　　ジョセフ・P・ファレル

第7章　21世紀における女性の教育　　269
　　　　ネリー・P・ストロムクィスト

第8章　教育の統制　　307
　　　　──集権化と分権化の問題と葛藤
　　　　マーク・ブレイ

第9章　ポストコロニアルな変革における成人教育・コミュニティ教育
　　　　の役割を考えるためのリテラシー論　　337
　　　　アン・ヒックリング＝ハドソン

第10章　オーストラリア、イギリス、アメリカにおける教育改革の
　　　　政治経済学　　371
　　　　ジャック・キーティング、ローズマリー・プレストン、ペニー・ジェーン・
　　　　バーク、リチャード・ヴァン・ヘルトゥム、ロバート・F・アーノブ

第11章　グローバル化時代における高等教育の再編成　　437
　　　　──他律的モデルに向かうのか
　　　　ダニエル・シュグレンスキー

第12章　ラテンアメリカの教育　　467
　　　　──依存と新自由主義から開発への代替的道へ
　　　　ロバート・F・アーノブ、スティーヴン・フランツ、カルロス・アル
　　　　ベルト・トーレス

第13章　アジア・太平洋地域の教育　　501
　　　　──いくつかの持続する課題
　　　　ジョン・N・ホーキンズ

第14章　中東の高等教育　　543
　　　　ザバナ・ミール

第15章　東欧および中欧の教育　　557
　　　　――グローバル化状況におけるポスト社会主義の再考
　　　　イベータ・シローバ、ベン・エクロフ

第16章　アフリカにおける万人のための教育　　589
　　　　――追いつくのではなく、先導役になる
　　　　ジョエル・サモフ、ビデミ・キャロル

第17章　ヨーロッパ教育圏の政治的構築　　651
　　　　アントニオ・テオドロ

第18章　比較教育学　　669
　　　　――グローバル化とその不満に関する弁証法
　　　　カルロス・アルベルト・トーレス

　執筆者一覧　　705
　訳者あとがき　　711
　事項索引　　717
　人名索引　　725

謝辞

　編者らは、本書『21世紀の比較教育学』第4版の作成過程の全段階に注意深い目配りを行う上で、ロウマン・リトルフィールド社のスタッフ、とくにジュン・リ、クリス・バソ、カーリー・ウォールの各氏が示されたたゆまない支援と熟練した専門家気質に感謝したい。さらに、私たちはリリアナ・オルモス博士が早い時期に執筆者の何名かとの連絡や協力に関して果たして下さった重要な役割に感謝したい。また、各章の執筆者に大いに感謝したい。それぞれの担当章をいかに更新し改訂するかについての私たちの提案をみなさんが快く受け入れて下さった。最後に、そして最も大事なことだが、私たちが学問研究や社会活動を続ける上で私たちの家族がいかに励ましになっているかを認めなければ怠慢ということになるであろう。

　　　　　　　　　　ロバート・F・アーノブ、カルロス・アルベルト・トーレス、
　　　　　　　　　　スティーヴン・フランツ

序章　比較教育学の再構築
——グローバルとローカルの弁証法

ロバート・F・アーノブ

　本書は 21 世紀への転換期に際して比較教育学を形作っている種々の力を映し出すものである。こうした力は比較教育学という分野の外にもあり、内にもある。この専門学問領域の内部では、学校と社会の関係を研究する理論と方法が、知識の進歩、パラダイムの転換、大規模なデータをより洗練された方法で加工し、分析する力量の向上に伴って変化している。言い換えると、概念や方法論上の枠組みが、世界という舞台で起こっている事柄やそれに呼応した経済、社会、教育政策の変化によって絶えず再構築されているのである。

　本書の中心的なテーマは、グローバル化した経済活動や社会相互間の連携の度合いが増したことによって、世界中の教育システムに対して共通な諸問題がもたらされているということである。これらの問題は、管理運営、財政、大衆化した教育の提供と関連があり、さまざまな境遇に置かれた人々、特に女性、少数民族、農民や労働者階級の人々といった歴史的に最も差別されてきた人々に対する教育の機会や結果の平等につながっている。共通の問題、つまり、ますます類似性を増しているように思える教育に関する検討課題が存在するように思えるが、それに対する地域や国、地方の対応はさまざまである。本書の表題が示しているように、グローバルとローカルの間には弁証法的関係が働いている。こうした緊張と矛盾を伴う相互作用の過程を理解することが、比較・国際教育学という学問分野を再構築し、あるいは「見直す」ことの中心に位置する。筆者は、グローバルな視点を取り入れることによって、教育システムが個人や社会の発展に貢献する潜在的可能性と限界について理解するだけでなく、学校と社会の関係のメカニズムについても、より良く理解するのに役立つと信じている。

グローバリゼーション

グローバリゼーションとは「ある地方での出来事が何マイルも離れた場所で起こる出来事によって方向づけられるとか、またはその逆であるとかというように、遠く離れた地方を結びつける世界的規模の社会的関係が濃密になること」と定義できる。このプロセスのさまざまな特徴を表現するために、さまざまな形容詞が使われるかもしれない。社会が現実とバーチャルな時間の中でますます結びつけられていくプロセスを表すために使われる種々の記述子（descriptor）の中でも、経済と文化面でのグローバリゼーションは確実にトップを占めている。財やサービスを生産し分配するプロセスにおける主要な変容の結果である経済のグローバリゼーションは、国際的な分業の変化と密接に結びついている。こうした高度にグローバル化した資本主義の中心的な特徴の1つは、生産に関わる諸要素が狭い地理的な位置関係に存在していないということである。しかしながら、同時に、ある国の経済は広域の経済にますます統合されつつある。「トヨタ自動車のジャストインタイム」方式が、各国の国境の内側で行われた「フォーディズム」方式の大量生産の時代に取って代わった。まさにこの言葉がグローバルな資本主義システムの相互関連性のみならず、それが、例えば、2011年に日本で起こった自然災害によって生じた混乱に対して脆弱であることを示している。経済の断片化と再統合は遠距離通信と電子化の同時発生的な革命的進歩によって促進されたが、それらはすべて科学やテクノロジーに関する知識の生産の飛躍的進歩によって可能になったものである。個人が人工衛星やインターネットを通じて容易にコミュニケーションできるようになり、製品が容易に組み立てられ、分配されるようになった。文化面でも似たような事態が起こった。それらは大人気の消費財、買い物をする店、見るべき映画やテレビ番組、そしてダウンロードすべき音楽に関わっているのみならず、対話型のソーシャルメディアを介しての人々と運動とのつながりに、ますます深く関わっている。これらの連携はさまざまな形態の支配を強化しうるものである一方、多様な形をとる覇権に異議を申し立て、民主的改革を引き起こすために進歩的な勢力を国境を越えて結びつけることができる。

訳注1　「必要なものを必要な時に必要な量だけ生産する」システム。

教育の分野では、さまざまな筆者が本書の中で指摘しているように、グローバリゼーションというと、世界銀行、国際通貨基金といった主要な国際的な資金援助機関や技術援助団体、そして USAID（米国国際開発庁）、CIDA（カナダ国際開発庁）、JICA（日本の国際協力機構）といった国別の海外援助機関が推進する経済と教育の密接に絡み合ったアジェンダに関係している。似たような処方箋が、教育システムの平等性、効率性、質を高めることを目指して、これらの有力な諸機関によって提示されている。必要な資金を得ることと引き替えに、改革を行う以外にはほとんど選択の余地がない教育政策立案者によって諸改革が実行に移されている。

　しかしながら、共通した処方箋や国境を越える影響力は、画一的に行われたり、無批判に受け入れられたりするわけではない。本書の表題が示すように、そこには弁証法が働いており、それによって、こうしたグローバルなプロセスでは、国や地方のアクターとの相互作用が起こり、状況は手直しされ、またある場合には、まったく一変させられる。「持ちつ持たれつ」のプロセスがあり、国際的な趨勢がローカルな目的に照らして見直されるというやりとりが行われる。発展途上国出身の学者が、批判的な意識や解放を目指す教育ならびに従属状況に関していっそう適切な理論を提起するために、工業化された「北」の国々の支配的な研究パラダイムや概念枠組みに異を唱えたように、地方の人々はかつての植民地宗主国の言語を借用したり、変更したりする。例えば、ヒックリング＝ハドソンはクレオール語を話すジャマイカ人によって英語がいかに受け入れられ、美しく、詩的ではあるが異なったものに変えられたかについて説明している。

　グローバルな諸勢力はさらに、ALBA（Alianza Bolivariana de los Pueblos de América; 米州ボリバル同盟）のような反覇権ブロックの出現によって屈折させられ反対されている。経済、教育、文化、安全保障面での要素を備えた地域連合が、協力や相互連帯という代替的価値の普及を促し、環境を重視しながら最も脆弱な者のニーズを満たしている。

　同時に、欧州連合のような国境を超越した組織は、ヒト、資本、財の流れが増大することで、国境が浸食されることに注意を喚起している。欧州連合の副産物であるさまざまな条約や合意は、教育システムを統合する協定や、開設コースや学位の同等性に関わっている。そうしたものであるから、それらの条約や合意は以前には国境によって閉ざされていた教育の機会を開放するかもしれ

ない。しかし、非伝統的な学生、例えば、働いていたり、融通のきかないカリキュラムでは学んでいけない人々のニーズに応えるような、国ごとの違いについてよく考えていない基準を押しつけることになるかもしれない。

本書で扱われているように、教育システムに対するグローバリゼーションの影響は重要で多義的である。そこには、誰がどの段階までの教育を受けることができるのか、誰がどのような仕事に就くことができるのか、国のエリートと国際的なドナー（開発援助）機関が一緒になって進める教育の分権化や民営化は、平等性、効率性、質をさらに高めることにつながるのか、何がどの言語で教えられることになるのか、といった問いも含まれる。これらのさまざまな国境を越える影響力は、国民国家の存続可能性や市民を育てる上での公教育システムの役割に関する重要な問題を提起している。

経済生産、政治的意思決定、集団のアイデンティティの中心が変容するにつれて、市民性の形成や経済開発への貢献という点で、われわれが公教育の性質について理解していることが挑戦を受けている。世界中で起こっているこうした変化は、教育と社会との関係を見る新しい見方を求めている。世界中の教育システムを形作っている巨視的、微視的なレベルのさまざまな力をその教育内容として従来取り上げてきた比較教育学は、グローバルな傾向とローカルな対応とのダイナミックな相互関係を研究するのに理想的な立場にある学問分野である。本書はグローバルとローカルの間のそうした相互作用に照らして、この比較教育学という学問分野を再構築し、焦点を移しかえる試みを行おうとしている。本書は、教育システムの起源、活動の内容や結果を形作るさまざまな影響力に関して、一般化しうる前提や有益な見方を提供しようとするものである。

比較教育学の学問的発展

比較国際教育学という学問分野の起源は、19世紀初めのマルク=アントワーヌ・ジュリアン（Marc-Antoine Jullien）やバセ（Cesar August Basset）の先駆的作品まで遡りうるが、学問分野として制度化され、大学で研究されるようなったのは主として第二次大戦後の現象であった。地政学的な現実が大きく推移し、人格の啓蒙や社会の発展を増進する教育の役割に関する見方が変化したことと密接に結びついて、教育システムの比較研究はもともと、キース・ワトソン（Keith Watson）の言葉を借りれば、ナポレオン戦争による荒廃の中で

「ヨーロッパに新しい世界秩序が生まれたこと」を説明することを試みるものであった[11]。以来、教育についての比較研究は、国民国家の建設ならびに政府の全体主義的ないしは民主主義的な形態の建設に貢献する上での教育の役割を説明する試みに関わってきた。この分野での主要な展開は1960年代に起こった。アルトバック（Philip P. Altback）とタン（Eng Thye Jason Tan）によれば、「工業化した国家では高等教育が急速に発展し、……超大国は冷戦下の競争相手に心を奪われたのみならず、第三世界と呼ばれるようになった新興国家を理解することにも夢中であった」[12]。人的資本の形成や国の経済成長に対する教育の貢献という観念が登場し、広く受け入れられたことにより、比較教育学への関心をさらに刺激した。より近年では、全国統一試験で測られる学校システムの「卓越性」と、グローバルな競争における経済的な成功との間には因果関係があるという確信が、教育システムと国の生産力との関係への関心をよみがえらせた。最後に、冷戦の終結、旧ソ連の崩壊や、しばしば小規模国家からなる新たに独立した共和国の出現、さらに世界のさまざまな地域における民族紛争の勃発が、政治的安定や開発に対して教育がいかに関わるべきかについて新たな関心を呼び起こしている。

比較教育学の特質

歴史的に見て、比較・国際教育学は、科学的、実践的、そして国際的・グローバルな理解と私が呼ぶ3つの主要な特質ないし側面を含んでいた。これらの特質は非常に密接に関連し合っており、私がこれから論じるように、より大きな1つの領域に収斂しつつある[13]。

1）科学的特質[14]

比較教育学の主な目標の1つは、理論構築に貢献することである。すなわち、学校制度の働きについて、さらに学校制度とそれらを取り巻く経済、政治、文化、社会秩序との相互作用についての一般化が可能な命題を解明することである。ジョセフ・ファレル（Joseph P. Farrell）が述べたように、すべての科学は比較という手法によるものである。科学の目標は、そこに存在する変数間の関係を構築するだけでなく、それらの関係が及ぶ範囲を明らかにすることである[15]。マーク・ブレイ（Mark Bray）とマレイ・トマス（Murray Thomas）はさ

らに次のように指摘する。すなわち、比較することにより研究者は世界全体を天然の実験室と見なすことができ、そこでは比較という方法以外では予測不可能で、想像することができないような方法で、社会的要因、教育政策、教育実践がさまざまに異なっており、相互作用を及ぼしていることを多面的に見るのである。[16)]

　学校―社会関係についての当然な前提や、北米やヨーロッパで行われた社会科学分野の主要な研究の一般化可能性に関して、われわれに疑問を感じさせうるのが、比較を通じて明らかになる経験の広がりなのである。2001年の北米比較国際教育学会の会長演説で、私は、われわれの学問分野の理論構築面での貢献を説明するのに、ジョージ・ガーシュウィン（George Gershwin）の歌「必ずしもそうじゃないぜ（イット・エイント・ネセサリー・ソー）」の歌詞に触れた。まさにその通り。家族の素性が学校の教育条件の妥当性や質より重要であること、初等教育と比べて高等教育への投資には高い社会的収益率や有用性がないこと、遅れていると一般に言われている学業成績や経済不況の責任が教師や学校にあること、学校システムが人生における公平な機会や経済的平等の主要な決定要素であること、あるいは、学校は必ず社会の不平等を再生産するものであること、そんなことは「必ずしもそうじゃないぜ」なのである。[17)]

　比較的視座というものの価値は、教育学者がしばしば投げかける問い、つまり「学校の内的特徴、あるいは生徒の社会経済的背景のうち、いずれが学業成績を決定するより重要な要因なのか」という問いの中で説明される。アメリカでジェームズ・コールマン（James Coleman）らやクリストファー・ジェンクス（Christopher Jencks）らによって、またイギリスではブリジッド・プラウデン（Bridget Plowden）らによって、1960年代から1970年代初頭に実施された調査研究が、次のように結論づけた。すなわち、学校による制御を大きく越えた力、つまり生徒やその家庭の性質が、生徒が何を学ぶかに関するずっと重要な決定要因であるというのである。[18)] しかし、遙かに離れたウガンダやチリで行われた研究では、異なる結果が出ている。[19)] 学校の影響は重要であり、それほど工業化していない国でのほうが、おそらくより影響が大きいのであろう。国家間比較の長期的データは、社会が工業化し、社会階層が確固たるものになるにつれて、最も高い教育レベルやより特権的な教育機関、そしてより良い職業に接近しうるかどうかを決定する上で、社会・経済的地位がますます重要になることを示している。[20)] 低所得国では、学校の資源にかなり大きな不均衡があ

るために、農村の学校だけでなく多くの都市部の学校でも、基本的設備や備品、教科書の支給、よくデザインされた教材を使いこなせる有能な教師の存在などの点で、格差が生じている[21]（さらなる議論については、本書の第6章を参照されたい）。

　国家間比較のデータや長期的な変化を扱ったデータの価値は、教育投資の社会的収益率の計算をする際に目につく。サカラポーラス（George Psacharopoulos）など優れた収益率経済学者は、ある国に対する最善の教育投資は小学校レベルのものであり、次いで中等学校、そして最後が高等教育に対するものだと論じた[22]。こうした世界銀行に勤めていた優秀なエコノミストの研究による結論は、この融資機関ならびにUSAIDのような他の二国間援助機関が、高等教育機関は必要経費のもっと実質的なシェアに相当する授業料を課すべきだと提案することにつながった。援助機関に好まれた政策は教育の民営化がより強調されることにもつながった。けれども、教育の社会的収益率は通常は初等教育のほうが高い。なぜなら初等教育の経費は中等教育や高等教育に比べてごくわずかだからである。重要な点は、初等教育への就学がほぼ普遍化しているために、それに関する社会的収益率が低くなっているということである。国際比較のデータからは、いくつかの国においては中等教育が最も高い社会的収益率を示していることが分かる。文献をレビューしたカーノイ（Martin Carnoy）によると、いわゆるNICs（新興工業国）の多くでは社会的収益率はより高い教育段階のほうが高くなるという[23]。スティーブン・ヘイネマン（Stephen P. Heyneman）は世界銀行のスタッフであった時に、パキスタン、ブラジル、ボツワナ、中国、トルコ、ギリシャでは初等教育よりも高等教育や職業教育の収益率が高いことを明らかにした[24]。

　世界銀行の総裁であるジェームズ・ウォルフェンソン（James Wolfensohn）は、2000年3月に、高等教育の社会的収益率について深刻な誤算があったことを自ら認め、このレベルの教育に対して適切な資金投入を行う十分な理由があるとした[25]。さらに発展途上国で高等教育機関の指導的立場にいる人々は、こうした社会が必要としているのは、貧弱な財源しかもたない大学ではなく、潤沢な資金をもった一流の大学であると論じた。そうした大学は、彼ら途上国の人々が、しばしば彼らにとって北（先進国）の中心国――そのテクノロジーはしばしば彼らにとって不適切なものである――への依存を脱するのに役立つような科学研究を行いうるのである[26]。

ジョン・W・マイヤー（John W. Meyer）およびデービッド・ベイカー（David Baker）は、政策に関連した長期的比較研究の必要性に関する別の例を示している。彼らが指摘するように、2ヵ国以上にわたる研究は、さまざまな組織的な準備が学校の業績、特に就学者数や学業成績の得点以外の業績や、全国的な学業成績水準を高める改革努力に伴うトレードオフをどのように改善するかについて、重要な教訓を提供することができ、また、われわれの理解を豊かにしうる。彼らがアメリカに関して議論しているそうしたトレードオフは、基準の引き下げや「特定学生の学業成績に関わる短期間の経費」と、「学校修了者の側に学校を出た数十年後でさえ見られる教育に対する強固な姿勢」という長期的な利得との間のものである。[27]

比較データはまた、アメリカであれ外国であれ共通に見られる、学校が立ち後れた経済業績の元凶であるという主張の有効性を批判する根拠を提供する。学歴レベルと生涯所得の傾向とのつながりが、特に先進国では実在する一方、国の教育水準そのものと経済成長や生産性の全般的な手段との関係ははるかに疑わしいのである。そして、富裕層と貧困層の間のギャップが一国内あるいは各国間で拡大しているとはいえ、（ドイツ、オランダ、スイス、イギリスについての）比較データは、高等教育を受けない人々に高度な技術を身につけさせるための賃金政策と取り組みが、収入配分のより公平なシステムにつながりうることを指摘している。[28]

比較データはさらに一国内の収入の不平等および貧困率が社会階層別の子どもの学業成績や学歴に著しく影響を及ぼすことを示している。例えば、2009年のPISA（国際的な生徒の学習到達度調査、Program for International Student Assessment）の結果は、13ヵ国の生徒がアメリカの15歳の子どもよりも成績優秀であることを示している。一般に、アメリカのより高い収入や地位の家庭の生徒は低所得家庭の生徒よりもPISAテストでは一貫して成績がよいことに注目して、ヘレン・ラッド（Helen Ladd）とエドワード・フィスク（Edward Fiske）は、「国際的なテストでアメリカの生徒のあまり良くない全般的な成績が、アメリカの子どもの5分の1が貧困の中に暮らしているという事実と無関係だなどと誰が本気で信じられるであろう」と問う[29]（さらなる議論に関しては、本書の第9章を参照されたい）。

教育システムが置かれた社会的歴史的文脈と関連づけて、その教育システムの機能や結果に関する合理的な判断に達するために、理論を踏まえて国際比較

のためのデータを収集することの価値は、この学問分野の 2 番目の特質を考える上で特に関連がある。

2）実践的特質

他国の教育システムを研究する別の理由は、そこから示唆を得、自国の政策や実践の改善に寄与する何かを発見することである。アルトバックはそうした研究に関わるプロセスに言及し、国々の間で教育実践が伝播することをモデルの「貸し（lending）借り（borrowing）」と呼んでいる[30]。日本とアメリカのケースに見られるように、国々は「貸し」と「借り」の両方のプロセスに交互に、あるいは同時に関わるかもしれない。教育借用の早い時期の事例の 1 つは、607 年に日本の朝廷が中国へ、その王朝の教育システムを学ぶために使節団を派遣したことである。小林哲也によると、この訪問の結果の 1 つは、日本で最初の国家教育制度の確立だったという[31]。20 世紀への転換期に、日本の教育当局者は、教育制度を近代化することを企図したとき、西洋を手本として見ていた。そしてやがて、中国やタイといった国は、自らの文化や伝統を捨てることなく、経済的に発展する企てにおいて、日本のモデルが適当であることに気づいた。

アメリカは同様に「貸し借り」のさまざまな段階を経験してきている。19 世紀のアメリカの大学人は、研究志向の大学院（ジョンズ・ホプキンス大学が最初のそうした機関である）を創設するための根拠として、ヨーロッパ諸国の高等教育システム（特にプロイセン）を研究した。多くのアメリカの学士課程卒業生がヨーロッパで大学院課程を修了した。今日ではその流れは逆転し、アメリカが主要な研究大学における高度な研究の主たる目的地になっている。何百人ものアメリカの教育者が「貸す」プロセスに関わっており、（適切であるかどうかは別にして）教育政策や教育実践を他の国々に移植している。

逆に、1970 年代以降、アメリカはさまざまな国際教育達成度評価でアジアの国々（最初は日本、そしてもっと最近ではシンガポール、台湾、韓国など）の多くが上位を占めたことに魅了された。このようにアジアの学校システム——その特徴は登校日数がずっと多いことであった——に魅了されたことが、アメリカ全土で登校日数の増加と、時には 1 日の授業時数の増加につながることになった。この学校の年間予定表の修正は、時間がどう使われるか、授業の質はどうかといったことを考慮することなく、単に学習に関わる時間を延長しさえ

すれば、標準化された学習到達度評価試験の得点向上をもたらすという誤った前提に基づくものであった。アメリカが厳格で画一化されたアジアのカリキュラムや学校制度の諸要素を取り入れようと試みていたとき、一方のアジアの改革志向をもった教育関係者はアメリカの教育システムのもっと児童中心的で進歩主義的な要素に注目していたのである。[32] 換言すれば、それぞれが互いの教育システムを羨望の目で見つめ、そこから諸要素を借用しようとしていたのである。

　問題は、教育政策立案者はある社会から簡単に引き抜いて来て植えたものが、別の社会の土壌で花咲くことを期待することはできないということである。[33] しかし、コーガン（John J. Cogan）が述べているように、他の社会の学校システムの研究から導き出され、別の国でも応用可能な特定の原則を引き出しうるかもしれない。しかしながら、そうした原則とは、教員に付与される地位が高ければ高いほど、教員免許を得るのにかかる時間は短くハードルは低いとか、在職中の専門的力量開発の機会が多ければ多いほど、能力の高い個人が教職を選択し、それにとどまり続けるよう動機づけられる可能性は大きい、といった非常に一般的なものである。[34]

　例えば、目下フィンランドは、国際的な学習到達度評価での優れた結果や、学校の質や生徒の学業成績の間にほとんど違いがないというその高度に公正な特質のために、最も成功した教育システムとして多くの人々に見られている。しかしながら、フィンランドは、良い成績を挙げている学校を有する他の国々と大いに異なっている。すなわち、学校の年間予定表は、学校で授業のある日数や時間数がより少なくなっている。また、いちかばちかの試験は大部分が取り除かれてしまった。明らかに、フィンランドを他と分ける重要な要因は、それが強い平等主義的で民主的なエトスと包括的な社会的セーフティネットを備えた小さな、かなり均質の国であるという点である。一連の社会民主主義的政府は、万人のための幼児教育と公衆衛生に大変な投資をしてきた。この状況は重要であるが、何が優れた教育システムなのかという考え方もまた重要なのである。フィンランドは教えることの専門職化に高い価値を置いている。これは、教員が全員修士号を持つことを要求されており、また、専門家としての彼らの自律が尊重されることを意味している。学校と教員は国の政策決定に対して重要なインプットを行っている。教育に関するフィンランドのビジョンの中心には、すべての子どもが最初の1日目から学ぶ心構えをしているという確信があ

る。学校システムの目標は個々の生徒のニーズを満たす方法を見つけ出すことである。これらは他の場面で抽出され検証されうる原則である[35]。

さらに、教育における「貸し借り」の歴史を研究することから引き出される最も重要な原則は、最良のシステムなど存在せず、すべてのシステムは長所もあれば短所もあるということである。さらに、私が上述したとおり、教育システムはそれが置かれた社会、つまり緊張や矛盾を反映しているのである。おそらくサクセス・ストーリーからよりも、失敗の教訓、つまり、してはいけないことは何かということから多くを学びうるだろう。しかしながら、成功するためには失敗を経験する必要があるとは思わない。もしある国で何がうまく行き、何がうまく行かないかについての理解が増進されうるものであるとするなら、そうした研究はその社会に関する知識、その歴史やユニークな特徴について熟知し、そして何が他の国と共通であるかについて認識することによって導かれるに違いない[36]。

比較教育学に関する知識あるいは指針となる原則や理論を体系的に蓄積することの役割（つまり科学的特質）は、この学問分野の実用主義的、改良主義的傾向、すなわち教育政策や教育実践を改善するためということの中核に位置するものである。しかしながら、この2つの要素はしばしば分離し、緊張関係にある。比較教育学の先駆的な研究についてのレビューは通常この分野に対する2つの異なるアプローチに遡る。つまり、より科学的アプローチと歴史的アプローチである。19世紀の初期にマルク＝アントワーヌ・ジュリアンは、「外国教育の研究における詳細な研究指針とチェックリスト[37]」の開発を求めた。マイケル・クロスレイ（Michael Crossley）とグラハム・ブリァミィ（Graham Vulliamy）が述べているように、ジュリアンの構想は20世紀における教育の国際的なデータベース開発を鼓舞したものであり、「あらゆる社会的文脈にとって最良の政策と実践」を見出すための科学的な基盤を確立する試みの始まりと見なされている。クロスレイとブリァミィはさらに、「教育の分析や開発における国際的な移植の危険性やジレンマに対して注意を喚起し、それぞれの社会的文脈の重要性に対して注意を喚起した[38]」マイケル・サドラー卿（Sir Michael Sadler）によって代替案が示されたことも指摘している。19世紀のドイツに関する研究の中で、サドラーは次のように述べている。

　　　ある国の教育政策の中では、精神的なアスピレーション、哲学的な理想、

経済的な願望、軍事的目的などに焦点が絞られる。ドイツ人にとって、あるいはイギリス人にとって、自国の教育目的について語ることは、その理想、希望、そして不安について語ることであり、その長所とともに弱点についても語ることである。このことを試みることさえ簡単な仕事ではないが、他国の教育システムについて外国人としての立場から述べることはもっと冒険であり、間違った理解をする危険を伴うことである。[39]

サドラーの足跡に続いて、20世紀初めに比較教育学の分野における指導的人物であったアイザック・キャンデル（Isaac Kandel）は、「ある国の教育システムの真の意味を理解し、正しく認識し、評価するためには、教育システムの発展を決定する歴史や伝統について知り、社会諸制度を左右する力や態度を知り、政治的、経済的条件について知ることが不可欠である」と述べた。[40]

本章の後半では、教育システムの比較研究に対するこれらさまざまなアプローチの展開と変化についてさらに論じている。現時点では、これら2つの道筋が国際理解と平和のための教育という比較教育学の第三の側面といかに関係しているかについて示唆しておく。[41]

3）国際教育学——グローバルな側面

比較教育学の第三の、重要な（しかし、従来はあまり強調されなかった）側面は国際理解や国際平和への貢献である。近年、この側面は、グローバリゼーションの進展に伴い、以前は遠く離れ、辺境の地と考えられていた世界の諸地域からの力が、人々の日々の生活にいかに影響を及ぼすかについて認識することが必要になるにつれて、ますます重要な特徴になった。[42] 国境を越える種々の出来事や相互作用の研究は、グローバルな教育および多くの点で世界システムの分析に非常に密接な関連がある。1980年に、われわれの専門分野の国際的側面をもっと重要視することを私は要求した。私が述べたように、教育機関や教育のプロセスの生態に関する研究は、しばしば国際的文脈での相互作用を考慮してこなかった。ほとんどの教育に関するマクロな研究は、国民国家を分析の基本単位として受け入れてきた。しかし、私は教育システムに対する国際的諸力の影響を検討することが、国際的経済秩序の研究があらゆる国における経済的発展や未発展の力学を理解する上で不可欠であるのと同様に、やはり欠くことができないと論じたのである。[43]

序章　比較教育学の再構築　33

　学術研究のみならず、あらゆる教育段階における授業の中に国際的視野を取り入れること（すなわち、成人ならびに次の世代の人々に自らの生きている世界がますます相互に結び付き合うようになっていることを理解させうるような内容や活動でカリキュラムを満たすこと）を試みる人々にとって、グローバルなものの見方は絶対に不可欠である。チャドウィック・アルジャー（Chadwick Alger）とジェームズ・ハーフ（James Harf）が定義したように、グローバル教育は国際教育とは異なるものである。彼らは、国際教育を主として世界の個別の国や地域についての地域研究（area study）あるいは記述的な説明と見なしており、これと対比させて、グローバル教育は価値（values）、関わり合い（transaction）、主体者（actors）、メカニズム（mechanism）、手続き（procedure）、問題（issues）を重視するものとして区別している。[44)]

　簡単に言えば、価値教育とは、世界中の人々が世界を見る見方はさまざまであり、その見方は均しく有効であり、人々の生活環境を反映していることを教えるものである。彼らはこれをハンベイ（Robert Hanvey）の研究に基づいて、「意識の視点」（consciousness perspective）と呼ぶ。価値教育はまた人々がどのような関心を共通にもっているかを探し出し、創り上げることを奨励する。[45)]このことの例としては、ピシテリ（Barbara Piscitelli）が絵画を使うことが挙げられる。それによって、世界中の子どもたちの共通な関心、つまり彼らの恐れや希望を指し示し、ベトナムの８歳の子どもがお茶の農園で働く子どもの絵をなぜ何か非常に自然なこととして描くのかは、彼らの社会的文脈が異なっているからだということを指し示すのである。[46)]関係者や他者との関わり合いの重要性を指摘するために、アルジャーとハーフは、遠距離通信、気象学、緊急援助、保健、教育の多岐にわたる分野において、国境を越えた他者との多様な関わり合いをもつ（つまり、国際から地方まで、また政府関係とともに非政府関係のあらゆるレベルでの）関係者の多様性に対して注意を喚起している。メカニズムと手続きについて学ぶことは、例えば、重要な国際的アクターである国際通貨基金（IMF）のような国際機関が債務超過や通貨危機に苦しむ国に入り、そして経済状況を安定させるために何をするのかについての理解を与えてくれる。問題というのは、つまり環境破壊、疾病の拡大、大量破壊兵器の拡散、さらに住民の貧困の増大、地域や国による格差の増大など、人類すべてが直面するものである。[47)]

　本書第３版の中で、私はインドネシア、韓国、マレーシア、タイのアジア４

ヵ国で1997年に始まった経済危機の事例を、(アルジャーとハーフがおおまかに示したように) グローバルな視点の価値を非常に具体的に説明するために使った。最初にアメリカとヨーロッパで2008年に起こった現在の世界的な経済危機は、さまざまなバブル (例えば住宅バブル) の崩壊および中心部のみならず、見たところ周辺部の経済が抱える債務までもが、グローバルなシステム全体にマイナスの影響をいかに劇的に及ぼすかを示した。政府によって課された緊縮政策は、教育や他の社会セクターへの資金供給をひどく減少させ、同時により多くの統制をすべての段階の学校システムに課した。さらに、経済の低迷とかつて中産階級と考えられた人々のますます多くの失業や貧困は、彼らの多くが教育を継続する機会にマイナスの影響を及ぼした。

　本書の執筆者たちは、フォーマルな教育のあらゆる段階ならびにノンフォーマルな教育において教員がこうした国境を越えた諸力やアクターの原因、力学、結果について児童・生徒に教える必要があり、比較国際教育学は教師教育において決定的な役割を果たすことができると主張している。北米比較教育学会 (CIES) の元会長であるコール・ブレンベック (Cole Brembeck) は1975年の会長演説で、そして、スティーブン・ヘイネマン (Stephen Heyneman) は1993年の会長演説において、比較教育学が教師教育から乖離している危険性、あるいは比較教育学が教育政策決定者の必要な知識とは無関係の周辺的学問分野となりうる危険性について警告した。しかしながら、われわれは比較教育学が教育系カレッジの中で、また政策決定の分野でいっそう今日的意味を帯びるものになると信じる。[48] ゲーリー・タイセン (Gary Theisen) は1997年のCIESの会長演説において、比較教育学の知識創造的特質が、さまざまな機関 (各国の技術援助機関とともに非政府機関も) が草の根組織を団結させる一方、それらの努力をいかにしてよりよく調整しうるかを研究することにより、緊急の教育問題を解決することに貢献しうることを示唆した。[49]

　これらの問題は、ある社会の中で教育へのアクセスをすべての集団に拡げ、効果的な学習を促し、同時に、学校システムの運営においてより高い効率性を実現する必要性に関連している。世界中のシステムがこれらの課題に直面している。同時に世界銀行のような強力な多国籍のアクターによって提案される処方箋が、必ずしも万能薬になるとは限らないのである。教育機会の平等性に関する問題を解決するために、民営化や、従来は無償であったサービスに関して利用者に費用を課すことを含む市場メカニズムを応用することは、不平等な結

果につながり、実際のところは逆効果となるかもしれないのである。[50]

本書について

　本章（本書全体でもあるが）は、比較国際教育学の3つの要素を統合する努力を求めている。そうすれば、それらは一緒になって、地球規模での平和と正義に寄与する学校教育と社会の中で、より大きな公平性を得るための条件、および理論、政策、実践の改善に貢献するのに役立つ。本書の最初の数章は、次のような諸問題に関連したテーマを扱っている。すなわち、①いかなる理論的、方法論的枠組みが、国家横断的、文化横断的に教育システムを研究するより効果的な方法を提供することを約束するか（アンソニー・ウェルチによる第1章）。②主要な国際金融機関や技術援助機関の前提、活動、成果を検討する重要性（ジョエル・サモフによる第2章）。③集団的アイデンティティや教育の提供の基本単位としての国民国家の役割ならびに社会変動のための教育に関連する社会運動を研究する重要性を再概念化する必要性（レイモンド・モロウとカルロス・アルベルト・トーレスによる第3章）、④文化および個人のアイデンティティ形成に関する研究が、理論構築および教育政策と教育実践の改善に貢献する比較教育学の分野での継続的な探求と合致しているかどうか（それぞれヴァンドラ・リー・メイズマンとクリスティーン・フォックスによる第4章と第5章）。

　本書の中盤の各章では、世界中の教育システムに対する現在の挑戦を検討し、さまざまな改革努力の解放のための潜在力とともに限界を研究する新たな方法を提供している。この部分には、次の数章が含まれる。すなわち、教育の機会と成果についての平等性の概念の移り変わり（ジョセフ・ファレルによる第6章）、ジェンダーおよび社会運動研究の意義（ネリー・ストロムクィストによる第7章）、教育システムの中央集権化、地方分権化を概念化するさまざまな方法（マーク・ブレイによる第8章）、社会変革を育むノンフォーマル教育や識字教育プログラムの役割（ヒックリング＝ハドソンによる第9章）、新自由主義、新保守主義的思惑がどのように高等教育を国際的に（ダニエル・シュグレンスキーによる第11章）、そして特定の文脈、特にオーストラリア、イギリス、アメリカにおけるあらゆる教育段階を（ジャック・キーティング、ペニー・ジェーン・バーク、ローズマリー・プレストン、リチャード・バン・ハル

トゥム、ロバート・アーノブによる第10章）作りかえているかについてである。

続くセクションでは、グローバル経済の趨勢や教育改革提案の収斂傾向が世界の特定の地域、すなわちラテンアメリカ（ロバート・アーノブ他による第12章）、アジア（ジョン・ホーキンスによる第13章）、高等教育に焦点を当てた中東（ザバナ・ミールによる第14章）、旧ソ連の共和国や東・中央ヨーロッパ（イベータ・シローバとベン・エクロフによる第15章）、アフリカ（ジョエル・ソモフとビデミ・キャロルによる第16章）、そして欧州連合（アントニオ・テオドロによる第17章）で、どのように現れているかを検討している。限られた紙幅のために、編者は北米、ヨーロッパ、南太平洋に個別の章を設けることができなかった。しかし、本書のさまざまな章はこれらの地域の特定の国々に触れるか、あるいは特に注意を払っている。

第18章では、カルロス・アルベルト・トーレスが本書の初版の出版以降、国際的に起こった主要な出来事を振り返っている。彼は比較教育学の分野が知識の拡大や多くの情報を備えた進歩的な教育政策や教育実践の発展に貢献しうる方法について述べている。

現在の傾向と新たな方向性

これまで述べてきた地域での教育の変化を検討してみると、比較教育学は教育政策決定者や政策実践者が直面する共通な問題や地域間、国家間や地方ごとの違いを理解することにとりわけ適していることが分かる。さらに、比較教育学の発展についてよく知っていれば、高等教育機関がこの学問分野の妥当性を認識した上で、関連の科目を開講したり、課程を設置したりしていることが分かる。いくつかの比較関連のプログラムはさまざまな国で縮小されたり、教育学部のより大きな政策研究ユニットに統合されたりしているけれども、多くの国々、特にアジア、アフリカ、ラテンアメリカにおいては引き続き活況を呈し、成長している証拠を見て取れる。2012年の時点で、世界比較教育学会の加盟学会は40であり、そのうちのいくつかは複数国の役に立っている。[51)][52)]

また、東欧／中欧やアジアの新興独立国の形成における中心問題は、政治や教育で使用される言語である。この問題は比較教育学に対する政策決定者や研究者の側からの広い関心を集めている。国際的なコミュニケーション言語とし

ての英語への関心の高まりが、比較・国際教育学の分野での魅力ある研究テーマとなっている。

　研究者間のコミュニケーションや出版のための言語として英語が優位にあることは、事実でもあり、論争の的でもある。多くの学者は、予測できるほど近い将来において英語が、学術研究、成果の普及、交流の主要言語であり続けるだろうと認識しているものの、中国語の使用も最近際立って増えてきた。2000年から2011年の間に、中国語で通信するインターネット利用者の数が1479％増加し、すべてのインターネット利用者の24％を占めるようになり、それに対して、英語で通信するインターネット利用者は27％である。[53]アラビア語、ロシア語、そしてスペイン語の使用についても著しい増加が見られた。[54]比較教育学にとっての課題は、英語以外の言語で書かれた主要な学術雑誌掲載の論文、あるいは少なくともそうした論文の要約を広く知らしめる適切な方法を見出すことであろう。

　英語によるものか、そうでないかにかかわらず、世界のさまざまな地域で書かれた文献がどんどん増えていることにより、比較・国際教育学の既存の理論・概念の枠組みは拡大し続けていくであろう。そしてやがて、ラテンアメリカの学者が従属理論やフレイレ流の批判的意識や解放のための教育概念に寄与したように、アジアやアフリカ発の文献が、ヨーロッパや北米による学術的優位の足らざるところを補うのに役立つであろう。[55]儒教や道教や禅の考え方が染み込んだ社会の中では、教えることや学ぶこととは何を意味するのか。例えば、北米やヨーロッパの美術教育を行う者はこの分野における伝統的な日本や中国の形式の教育から何を学びうるのか。逆にアジアの教育者は西洋の芸術教育のカリキュラム面での新しい方法から何を学びうるのか。[56]世界中の高等教育に見られる現在の動向のレベルでは、例えば、ルース・ヘイホー（Ruth Hayhoe）とジュリア・パン（Julia Pan）は「諸文明間の対話」を要求した。それは、全世界の現実やもっと国際的志向をもった市民に合致したヒューマニスティックな教育を与えるという課題を満たす上で、教育政策決定者がさまざまな文化伝統の力に基づいて事を進めることを可能にするであろう。[57]

　さらに、教育においてより多様な状態を創り上げるとともに、マイノリティ学生を受け入れることを試みる北米の大学は、南アフリカで歴史的には白人独占の高等教育機関であったものが、同国の人口の多数を占める有色の、特に黒人の南アフリカ人学生を受け入れようと試みている事例から何を学ぶことがで

きるであろう。人種差別撤廃を進めるアメリカの大学の経験は、南アフリカの高等教育機関とどのように関係しているのか。[58]

　ここで主張しているのは、さまざまな文化的伝統に基づく異なる観点を文献に取り入れる必要性のみならず、教育政策や教育実践を改善するばかりではなく、教育と社会との相互関係について一般化する能力を高めるためにも学識やアイデアの多方向の流れをもつべきだということである。デイビッド・ウイリス（David Willis）およびジェレミー・ラプリー（Jeremy Rappleye）は、彼らが共同編集した書物『日本教育再考』（Reimagining Japanese Education）の中で、比較教育学者が教育システムの働きを理解するためのより包括的で適切な概念や方法論上の手法を得るために、自らの研究の伝統を形作っている国境を越えたさまざまな力を批判的に評価すべきだと論じている。[59]

　アンソニー・ウェルチ（Anthony Welch）は、彼の担当章で、比較教育学はどちらかといえば自然科学か、それとも歴史学かと問うている。同様に、さまざまな時代における教育の理論面での攻勢、実用面での攻勢は別々の道を進み、互いに対立しあってきた。[60] ウェルチの問いに対する答えは、比較・国際教育学は最高の状態はといえば、自然科学的でもあり歴史学的でもあるべきであって、理論構築およびもっと情報豊富で、多くのことに通じた教育政策や教育実践のために貢献すべきだというものである。折衷主義は「1つの立場をとることで治すことができる病弊」[61]と見られるかもしれないが、本書の執筆者たちはグローバルからローカルまで、さまざまなレベルにおいて、国境を越えて教育システムを研究するための多種多様な認識論、パラダイム、方法論、アプローチの価値の存在を信じているのである。

　マーク・ブレイとマレイ・トマスは異なる地理的・空間的レベル、定位置のない人口集団、教育と社会の諸側面を結びつけるための有用な枠組みを提案している。彼らは比較教育学が分析の単位として国に焦点を当てることを典型としてきたけれども、そうした分析の単位は世界・地域・大陸から学校・教室・個人まで幅のあるものではないかと述べている。定位置のない人口集団は民族・年齢・宗教・ジェンダー別の集団から全人口まで広がりのあるものかもしれない。教育に関する諸側面とは、典型的に研究されるものとして、カリキュラム・教授法・教育財政・教育経営などがある。彼らの論文が推奨しているのは、比較教育学者がさまざまな社会の諸勢力の複雑な相互作用を描き、個々の地域的な分析単位が重層的な文脈の中にいかに組み込まれているかを描くため

に、できるだけ多くの分析レベルを取り入れようとすることによって、理論と政策の改善により貢献しうるということである[62]。

比較教育学の活力は、相互の対話を強化し、教育と社会の関係に関するデータを収集し分析するための多様なアプローチを歓迎するかどうかにかかっていると、われわれは信じている。これらのアプローチは質的なものであり、量的なものであり、事例重視のものであったり、変数重視のものであったりする[63]。理論構築は事例研究の積み重ねの中から一般化を図る試みに左右されるとともに、大規模な国家横断的な研究に基づいて構築したり、各国の背景を関連づけたりすることにもかかっている。

事例研究は、教育と社会との関係を研究する際に最も広く使われるアプローチである。大学等で働くほとんどの研究者がもつ資源は限られているため、ほとんどの個々の研究者が慣れ親しんだ地域の研究をしがちである。単なる便利さという以上に、比較という方法は本質的に比較研究のための事例志向の戦略（case-oriented strategy）なのだと、チャールズ・レイガン（Charles C. Ragin）は論じている[64]。事例研究では、結果は状況が交叉する部分に関して分析されるのであり、いくつかの組み合わせからは一定の結果が生まれるであろうと通常は想定されている[65]。

これに対して、2ヵ国以上にまたがる量的な研究は時として非現実的な性質を有する。例えば、国家は全身の苦痛を伴う有機体となり、検証されるデータは現実の経験的プロセスと意味のある関係がほとんどないということが起こるのである。より具体的な諸問題、すなわち同様の状況に置かれた国や地域に見られる特殊な現象の社会的基盤や起源に関連するような問題は、しかるべき注意を払われないのである[66]。

レイガンの研究の方向性はマクロレベルの比較研究であり、因果関係の分析に向かうものである。他方、ブラッドショウ（York Bradshaw）やワレス（Michael Wallace）といった人々は、現存する理論の洗練や修正に寄与するものとして、さらに適用しうる既存の説明枠組みが存在しないときには新たな理論を創り出すことに究極的には寄与するものとして事例研究の価値を見ている。彼らは、「北」側の選り抜きの数少ない国で生み出された既存の社会科学理論の多くが、世界の大半にとっては妥当しないことを見出している[67]。彼らの関心は、因果関係についての一般化可能な命題を確立するというよりも、むしろ理解することにあり、さまざまなタイプの歴史的や社会的諸形態の関係を類型化

するウェーバー流の伝統を重んじることにある。[68]

ブラッドショウやワレスによって示唆された方向に沿った前途有望な研究の最近の例としては、セイラ・スローター（Sheila Slaughter）やローレンス・レスリー（Laurence Leslie）、レイチェル・クリスティーナ（Rachel Christina）、ハイディ・ロス（Heidi Ross）、ビヨーン・ノードビースト（Bjorn Nordtviest）によるものがある。それらの研究では、さまざまなレベルの政府、国家と民間セクターとの関係、グローバルとローカルの相互関係が明らかにされている。先進工業国の高等教育に関する最も洗練された研究の1つとして、スローターとレスリーが行ったオーストラリア、カナダ、アメリカ、イギリスにおける「企業的大学」（entrepreneurial university）の検討がある。大学の民営化を促進し、もっと市場の需要に近づけようとする強力な国家横断的な力に関して、それら4ヵ国の違いと共通のパターンに焦点を絞ることに加えて、彼ら研究者はオーストラリア国内での2つの異なるケースを検証し、市場に近いということが研究資金、プログラム開発、教員への報酬にどれほど影響を与えるものかを明らかにした。[69]

クリスティーナは世界システム分析を用い、幼児期の教育に関する現在の国際的諸概念がヨルダン川西岸やガザ地区において国と地方のレベルでどのように実現されているかを検証し、さらに、非政府組織とパレスチナ自治政府当局との相互作用の中から政策がどのように生み出されているかを検証した。彼女はこれら多重的勢力が特定の文脈の中で個人、組織、集団の各アクターの決定にどのように影響を与えているかを示した。クリスティーナによるもののような研究は、比較教育学者が教育機会へのアクセス、カリキュラム開発、教員の質向上の面での改善において、何よりもまず関わりうる協力や橋渡しを示している。[70]

ハイディ・ロス（Heidi Ross）は中国の農村地域の女子教育に関する彼女の事例研究の中で、自己実現に対するさまざまな障害を克服する上での人間の営為や社会への貢献を説明するために、民族誌的な方法（エスノグラフィック）、日常生活の物語、長期的な観点を用いている。彼女が実証しているように、女子生徒たちへのインタビューのまさにその過程が彼女らの自己イメージを高め、彼女らに力量を与えるのに役立ったのである。[71]

研究に関する別の有望な方向性は、極度に困窮した条件の下で生きている若者に役立つよう企図されたプログラムについて研究するために、複雑性理論を

用いてビョーン・ノードビーストが行った圧縮した民族誌的方法（さまざまな現場への短期間の訪問）に示されている。複雑性理論は教育改革の諸構想に関して、予期しない、しばしば矛盾する結果につながるかもしれない複数の情報源やその相互作用を理解することに研究者を導くものである。先進国と途上国、幼年期と成年期、学校の世界と仕事の世界といった、二重性ないし二元性に基づいた極度に単純化され、しばしば見当違いのカテゴリー化を避けて、研究者はその代わりに、子どもたちが勉強すべきか、家の手伝いをすべきか、あるいは何らかの賃仕事に従事すべきかの決定において家族が直面する現実をより正確に描写することを可能にする連続的つながりや相互作用を見つけるのである。例えば、ナミビア、スワジランド、ベナンの村での生活について足が地に着いた理解をすることにより、学校がコミュニティ開発の源として役立つ一方、最も搾取的な形態の労働から子どもを保護することに寄与するかもしれない方法について、ノードビーストが政策決定者に勧告するのを可能にしている[72]。

しかしながら、事例研究には限界と落とし穴がある。レイガン、ブラッドショウ、ワレスらはある事例から適切でない他の事例まで一般化することの危険性や、最も馴染んだレンズだけを通して世界を見ることの危険性を十分に認識していた。国際的な研究に対する主要な資金助成機関も、当面の政策決定の緊急性に見合い、またより科学的であるような外見を取り繕う迅速で量的な研究を好む傾向がある[73]。

大規模な変数を使う調査は、その限界がどうであれ、より情報豊富で多くのことに通じた教育政策決定や理論構築への貢献という点で大きな価値を有する。国際教育到達度評価学会（IEA）あるいは OECD の PISA 試験の一部として実施されたような研究には大きな実用性を感じる。トルステン・フセン（Torsten Husén）や他の研究者が指摘しているように、こうした研究がもたらす幅広い事例によって、研究者や政策決定者はさまざまな科目（例えば外国語）を特定の時点でカリキュラムに取り入れることの影響、特定科目（例えば数学や理科）において早期に専門分化を認めることの影響、授業に対してさまざまな教授学的アプローチ（例えば探究志向の理科教育と主に講義形式の理科教育）をとることの影響を検証することができる[74]。例えば、大規模な研究は、女性の学歴獲得や人生における機会の獲得[75]、あるいは識字プログラムや成人基礎教育プログラムにとって好都合の条件とは何かを示すことができる[76]。こういった研究は一般的パターンを説明する際に有効であるけれども、それらの研究で明らか

になった一般的傾向は、教育機関や教育プログラムが置かれたユニークな状況の中の個別事例を通じて、より詳細に研究されることが必要である[77]。

探求の有望な方向性は、さまざまな教育や社会的介入(ソーシャル・インターベンション)について研究する実験的方法の力を利用する質的研究と、なぜ物事が現在そうであるように進むのかを解明することへのより民族誌的アプローチとの、無作為に選ばれた努力の組み合わせの中に見出される。比較・国際教育学の分野にとっては相対的に新しいけれども、この混合アプローチは、特に内部抗争や戦争状態の中に生きる農村の子どもたちの就学機会や学習の結果に影響を及ぼすさまざまな要因を研究しているデイナ・バーデ（Dana Burde）の研究に示されている[78]。

結論

本書のいくつかの旧版の中で、私は1998年6月に開催された北米比較教育学会（CIES）西部地区大会の「岐路でのダンス（Dance on the Edge）」と題した開催案内を引用した。同大会は、「21世紀目前の比較国際教育学を祝う」ために組織された。私は次にその会議の宣伝パンフレットを長くなるが引用したい。というのは、それが新世紀の幕開けに際して、われわれの学問分野が現在置かれている状況を説得的に（そして愉快に）捉えているからである。

　　比較国際教育学はルネサンスを謳歌している。グローバリゼーションは、歴史において他にはなかったような緊急性と重要性をもって相互に学び合うことの必要性を吹き込んだ。と同時に、ポストモダンの立場からのメタナラティブ（大きな物語）や統合的言説に対する攻撃が、正統と思われてきた知恵の多くについての疑問をわれわれの学識や実践に吹き込んだ。誰が「教育」をコントロールするのかについての活発な議論を伴って、「比較」や「国際」といったことの意味さえ問い直されている。ある人にとって、教育は社会正義の手段であり、文化的ヘゲモニーに対する防御壁であるし、別の人にとっては、「自由市場」で売り買いされる商品なのである[79]。

まったくそのとおりである。われわれの学問分野においても活発な議論が展開されている。われわれはまた上記の会議通知の中の中心課題を問題にするであろう。本書の多くの章で論じられているように、「メタナラティブや統合的

言説」は攻撃を受けているものの、生き続けているし、元気である。それらの消滅（アメリカのユーモア作家マーク・トウェインの言葉を言い換えれば）の噂は誇張である。さらに、もしそれらに問題があるとしても、それらが引き続き行き渡り、機能し、意味を有することは理解される必要がある。

　もし比較教育学の分野に不易というものがあるとすれば、それは絶えず変わり続ける性質であろう。学問世界における制度化以来、比較教育学は、理論的基盤となる仮説を検証するために比較データの精力的収集を踏まえて教育科学を構築しようとする試みと結びついた近代化論や構造機能主義から、学校と社会の関係に関するネオ・マルクス主義、世界システム論、従属理論のアプローチ、民族学的方法や民族誌的方法、さらにフェミニストの観点と結びついたポスト構造主義、ポストモダニズム、ポストコロニアリズムなど、さまざまな主義（イズム）まで、パラダイムやアプローチに関する著しい推移を経てきた。比較教育学における新しい展開には、多文化主義、社会運動に関する諸理論、国家理論ならびに批判的民族理論や批判的モダニズムなどが含まれる。比較教育学はまた、社会移動や社会的安定性、政治的発展や経済成長、文化的連続性と文化変容といった結果に寄与する上で学校教育が果たす役割についてのマクロな見方を離れ、学校の内的な活動や学校で何が学ばれ、教えられているかに関するミクロな見方へと移ってきた。注意はますます人間の働きに、つまり、世界の意味を理解し、かつそれに強い影響を及ぼすために、個人やその集団がどのようにして教育機関やその他の社会的機関と相互に作用しあっているかに向けられている。私が2001年の北米比較国際教育学会の会長挨拶で指摘したように、個々の学校や教育プログラムの生き生きとした、しばしば競い合う現実を研究する必要がある。すなわち、学生、教員、職員、親、そしてさまざまな学校以外の機関の相互作用は、世界が解釈され、意味に折り合いがつけられ、決定が下され、学歴や職歴が作り上げられる仕方にどのように影響を及ぼしているかについてである。

　これらの推移のデータは明確に仕分けされることがなかった。趨勢は重複する傾向が見られた。時にはこれらのさまざまなアプローチの擁護者が互いに反目し合い、時には互いに対話してきた。現在は今まで以上に互いに学び合う必要があり、教育学研究のさまざまな理論的、方法論的アプローチの力と限界を見極める必要がある。小規模な事例研究と大規模な研究からは、研究されているものおよび一般化されうるかもしれないものの性質に関して、もっと正確な

結論に達するために、(世界システムから地方の文脈まで) さまざまなレベルの分析を結びつけ、量的データと質的データを結びつける試みがますます洗練されてきていることが明らかになる。1つの専門学問分野が知識の体系的、累積的増加に基づくものであり、研究が実社会についてのわれわれの理解を精緻化し充実させるために先行研究を踏まえて構築されるものであるとするなら、まさしく比較教育学は政策や実践の改善に寄与しうる学問分野によりいっそう成りつつあるのである。

しかしながら、体系化され、成文化された理論や知識が持続的に増大することは、比較教育学という学問分野の同質性およびその境界についての合意が得られることや、国や文化を越えて教育を研究することについての進むべき最善の道が得られることを意味しない。本書の旧版の中で、ゲイル・ケリー (Gail Kelly) は次のように述べている。

> 比較教育学の研究は多様化してきたし、将来も多様化するであろう。そして、学校財政、女性の間の非識字、教科書出版の実践、植民地学校など、時としてほとんど結びつきのないように思われる幅広いテーマ群に焦点があてられている。この分野には核となるものがなく、むしろ多くの理論的枠組みの情報に通じた学際的な研究の混合物である。この分野における論争、教育政策や教育実践、そしてニーズが変わり、特定の理論、社会システム、あるいは改革に対する信頼が妥当なものであるか、あるいは妥当性を欠いているかが分かるにつれて、やがて移り変わっていくであろう。比較教育学が文化、方法、理論に関する論争を解決していないという事実は、弱点というよりもむしろ強みであろうし、この学問分野の生命力と持続的な成長を示している。[83]

同じ書物の中で、アーノブ、アルトバック、ケリーは比較教育学は緩やかな結びつきの分野であるけれども、教育は改善されうるものであり、「すべての国々がより良いものに向かう変化をもたらすことに役立ちうるという根本的な信念」[84]によって結びつけられていると記している。本章および本書の中で、さまざまな筆者がわれわれの分野が教育と社会における積極的な変革努力に貢献しうるという信念を述べている。比較教育学が変化に影響を及ぼすのに役立ちうる1つの方法は、すべての社会や教育システム (それらの潜在的に有益な

特質と有害な特質の両方）に対して影響を及ぼす国を超えた諸力をより現実的、総合的に理解することに貢献することである。また、われわれの学問分野を構成するメンバーはもっと直接的に教師教育や教育改革構想に関わるようになりうるのであり、そうしたプログラムや取り組みに対して国際的、グローバルな見方を吹き込むのである。われわれは、ますます相互に結びつきつつある世界の中で、来るべき世代が彼らの才能を国際平和や社会正義のために活用しうる可能性に貢献する上で、比較教育学が重要な役割を果たすことができるし、また果たすべきであると信じている。

注

筆者は、マーク・ブレイ、スティーブン・フランツ、ユンスク・オー、トービー・ストラウト、カルロス・アルベルト・トーレスによってなされた本章に対する編集上および実質的な貢献に感謝の念を表したい。

1）Anthony Giddens, *The Consequences of Modernity* (Stanford, CA: Stanford University Press, 1991); 6-9. さらに、Saskia Sassen, *A Sociology of Globalization* (New York and London: W.W. Norton, 2007; Saskia Sassen, *Deciphering the Global: Its Scales, Spaces and Subjects* (London: Routledge, 2007); Stephen Carney, "Negotiating Policy in an Age of Globalization: Exploring Educational 'Policyscapes'" in Denmark, Nepal, and China." *Comparative Education Review* 51 (February 2009): 63-88. も参照されたい。

2）さらなる議論については、Malcolm Waters, *Globalization* (New York: Routledge, 1995); Anthony D. King, ed., *Culture, Globalization and the World System: Contemporary Conditions for the Representation of Identity* (Minneapolis: University of Minnesota Press, 1997); Raimo Vayruyneh, *Global Transformation: Economics, Politics, and Culture* (Helskini: Finnish National Fund for Research and Development, Sitra, 1997). を参照されたい。

3）「フォーディズム」および「トヨティズム」については、Wilford W. Wilms, *Restoring Prosperity: How Workers and Managers Are Forging a New Culture of Cooperation* (New York: Times Business/ Random House, 1996); Ladislau Dowbar, Octavi Ianni, and Paulo-Edgar Resende, *Desafiós da globalização* (Petropolis, Brazil: Editora Vozes, 1998). を参照されたい。

4）Benjamin Barber, *Jihad vs. McWorld* (New York: Times Books, 1995).

5）ユネスコ（国連教育科学文化機構）およびユニセフ（国連児童基金）は教育の

分野で働く重要な国際的技術援助機関である。しかし、それらは世界銀行（WB）および国際通貨基金（IMF）に似た新自由主義的な経済行動計画を踏襲しておらず、それらの教育の目標はしばしば世界銀行および国際通貨基金と多くの点において異なっている。もっと最近では、OECD や WTO が各国間の教育分野での変容や関係における国際的動向を決定する主要な機関となっている。国際的なドナーグループにおける「多国間協調主義」を総合的に通観したものとしては、Karen Mundy, "Educational Multilateralism: Origins and Indications for Global Governance," in K. Martens, A. Rucconi, and K. Lenze (eds.), *New Areas of Education Governance—The Impact of International Organizations and Markets on Education Policymaking* (Houndmills, Basingstoke: Palgrave Macmillan, 2007), pp. 29-39 を参照されたい。さらなる議論、特に世界銀行の政策や成果については、Christopher S. Collins and Alexander W. Wiseman (eds.) *Education Strategy in the Developing World: Understanding the World Bank's Education Policy Revision* (Volume 16), International Perspectives on Education and Society Series (Bingley, UK: Emerald Publishing, 2012); Steve J. Klees, Joel Samoff, and Nelly P. Stromquist (eds.), *The World Bank and Education: Critiques and Alternatives* (Rotterdam: Sense, 2012) を参照されたい。

6）例えば、Fernando Enrique Cardoso and Enzo Faletto, *Dependencia y des-arrollo en America Latina* (Mexico City: Siglo Veintiuno, 1969); Fernando Cardoso, "The Consumption of Dependency Theory in the United States," *Latin American Research Review* 12, no. 3 (1977): 7-24; Theotonio Dos Santos, *Dependencia económica y cambio revolucionario* (Caracas: Nueva Izquierda, 1970); Theotonio Dos Santos, "The Structure of Dependency," *American Economic Review* 60, no. 2 (1970): 231-236; Walter Rodney, *How Europe Underdeveloped Africa* (Washington, DC:Howard University Press, 1981); および影響力の大きい作品である Paulo Freire, *Pedagogy of the Oppressed* (New York: Continuum, 1970。邦訳は小沢有作、楠原彰、柿沼秀雄、伊藤周訳『被抑圧者の教育学』亜紀書房、1975 年).

7）Anne Hickling-Hudson, "When Marxist and Postmodern Theories Won't Do: The Potential of Postcolonial Theory for Educational Analysis,"（1998 年 12 月 1 ～ 4 日にブリスベンで開催されたオーストラリア教育学会の年次大会に提出された論文）.

8）ALBA についての詳細は、Martin Hart-Landsberg, "Learning from ALBA and the Bank of the South: Challenges and Opportunities," *Monthly Review* 61 (September 2009) を参照されたい。

9）Stanley Aronowitz and Jonathan Cutler, eds., *Post-Work: The Wages of Cybernation* (New York: Routledge, 1998); Peter F. Drucker, *Post-Capitalist Society* (New York: Harper Business, 1993。邦訳は上田惇生訳『ポスト資本主義社会』ダイ

ヤモンド社、2007 年); Robert Reich, *The Work of Nations: Preparing Ourselves for 21st-Centuty Capitalism* (New York: Knopf, 1991. 邦訳は中谷巌訳『ザ・ワーク・オブ・ネーションズ——21 世紀資本主義のイメージ』ダイヤモンド社、1991 年)および Robert Reich, *Aftershock: the Next Economy and America's Future* (New York and Toronto: Alfred A. Knopf, 2010) を参照されたい。

10) Philip G. Altbach and Eng Thye Jason Tan, *Programs and Centers in Comparative and International Education: A Global Inventory*, rev. ed., Special Studies in Comparative Education, no. 34 (Buffalo: State University of New York at Buffalo, Graduate School of Education Publications, 1995. 北米比較国際教育学会との共同出版), ix. 比較教育学の専門学問分野としての形成に関する各国および国際的なさまざまな動きの最近の総合的な解説ついては、Maria Manzon, *Comparative Education: The Construction of a Field* (Hong Kong, China: Comparative Education Research Centre, the University of Hong Kong: 2011) を参照されたい。

11) Keith Watson, "Memories, Models, and Mapping: The Impact of Geopolitical Changes on Comparative Studies in Education," *Compare* 28, no. 1 (1998): 6. この分野の 19 世紀における起源については、Erwin H. Epstein, "Comparative and International Education: Overview and Historical Development," in *The International Encyclopedia of Education*, 2d ed., ed. T. Husen and T. N. Postlethwaite (Oxford: Pergamon, 1997), 2: 918-23.

12) 前掲 Altbach and Tan, *Programs and Centers*, ix.

13) これらの特質はまたユルゲン・ハーバーマスによって議論された 3 つの知識関心に呼応する (Jurgen Habermas, *Knowledge and Human Interests*, ed. and trans. Jeremy J. Shapiro (Boston: Beacon, 1971)。 3 つの知識関心とは経験的・技術的、歴史的・解釈学的、解放的なものである。さらに、Robert F. Arnove, "Comparative and International Education Society (CIES) Facing the Twenty-First Century: Challenges and Contributions, Presidential Address," *Comparative Education Review* 45, no. 4 (February 2002): 477-503. を参照されたい。

14) 比較教育学分野との関連で「科学的」という言葉は、マックス・エクスタインとハロルド・ノアの研究と最も頻繁に結びつけられ、特に彼らの *Toward a Science of Comparative Education* (New York: Macmillan, 1969) と結びつけられる。

15) Joseph P. Farrell, "The Necessity of Comparisons in the Study of Education: The Salience of Science and the Problem of Comparability (Presidential Address)," *Comparative Education Review* 23, no. 1 (February 1979): 3-16.

16) Mark Bray and R. Murray Thomas, "Levels of Comparison in Educational Studies: Different Insights from Different Literatures and the Value of Multilevel

Analysis," *Harvard Educational Review* 65, no. 3 (Fall 1995): 486.

17) Robert F. Arnove, "CIES Presidential Address."（「北米比較国際教育学会会長演説」）

18) James S. Coleman et al., Equality of Educational Opportunity (Washington, D.C.: U.S. Office of Education, 1966); Christopher Jencks et al., *Inequality: A Reassessment of the Effect of Family and Schooling in America* (New York: Basic Books, 1972); Bridget Plowden et al., *Children and Their Primary Schools: A Report of the Central Advisory Council for Education, England* (London: Her Majesty's Stationery Office, 1967).

19) Stephen P. Heyneman, "Influences on Academic Achievement: A Comparison of Results from Uganda and More Industrialized Societies," *Sociology of Education* 49, no. 3 (July 1976): 200-11; Joseph P. Farrell and Ernesto Schiefelbein, "Education and Status Attainment in Chile: A Comparative Challenge to the Wisconsin Model of Status Attainment," *Comparative Education Review* 29, no. 4 (November 1985): 490-506. さらなる議論については、Claudia Buchman and Emily Hannum, "Education and Stratification in Developing Countries: A Review of Theories and Research," *Annual Review of Sociology* 7 (2000): 77-102. を参照されたい。

20) Heyneman, "Influences"; Lois Weis, "Education and the Reproduction of Inequality: The Case of Ghana," *Comparative Education Review* 23, no. 1 (February 1979): 41-51; Abby R. Riddell, "Assessing Designs for School Effectiveness Research and School Improvement in Developing Countries," *Comparative Education Review* 41, no. 2 (May 1997): 178-204. 中等教育と修了率の農村と都市との格差、社会経済的地位による格差、ならびに国の政策がいかにして不利を被っている人々に好意的に社会階層のバックグラウンドを乗り越えられるかに関する最近のデータについては、2012年4月にプエルトリコのサンフアンで開催されたCIESの2012年大会に提出された論文 Stephanie Arnett, "Inequality in Mexico: Considering the Impact of Educational and Social Policy on Mexican Students," を参照されたい。

21) 教科書に力点が置かれるのは、適切な情報源としての教員に対する信頼の欠如を表すとともに、何が公式の知識となるべきかを決める上での教科書出版の国際的複合企業の力に対する信頼の欠如も反映していることが大いにあり得る。Michael Apple, *Official Knowledge: Democratic Education in a Conservative Age* (New York: Routledge, 1993); David C. Korten, *When Corporations Rule the World* (West Hartford, Conn.: Kumarian, 1995), esp. 165-66. を参照されたい。

22) George Psacharopoulos, "Comparative Education: From Theory to Practice; Or Are You A: neo.* or B: *.ist?" *Comparative Education Review* 34, no. 3 (August

1990): 369-80.

23) Martin Carnoy, "Rates of Return to Education," in *International Encyclopedia of the Economics of Education*, 2d ed., ed. M. Carnoy (Oxford: Pergamon, 1995), 364-69.

24) Stephen P. Heyneman, "Economics of Education: Disappointments and Potential," *Prospects* 23 (December 1995): 559-83.

25)「発展途上国における高等教育――危険性と展望（Higher Education in Developing Countries: Peril and Promise）」に関する報告書（世界銀行とユネスコの高等教育と社会に関する特別調査共同委員会の討議資料14630）の完成に関連して、2000年3月1日に世界銀行で行われたジェームズ・ウォルフェンソンの演説（ワシントンD.C.：世界銀行、2000年）。

26) Xabier Gorostiaga, "New Times, New Role for Universities of the South," *Envio* 12, no. 144 (July 1993): 24-40.

27) John W. Meyer and David P. Baker, "Forming American Educational Policy with International Data: Lessons from the Sociology of Education," *Sociology of Education* 69 (Extra Issue 1996): 120-30.

28) Stephen Nickell and Brian Bell, "Changes in the Distribution of Wages and Unemployment in OECD Countries," *America Economic Review*, Papers and Proceedings 86, no. 2 (1996): 301-14.

29) Helen F. Ladd and Edward B. Fiske, "Class Matters. Why Won't We Admit It?" *New York Times*, 12 of December, 2011, A3.

30) Philip G. Altbach, "The University as Center and Periphery," in *Comparative Higher Education*, ed. P. G. Altbach (Norwood, N.J.: Ablex, 1998), 19-36; Gita Steiner,ed.,*The Global Politics of Educational Borrowing and Lending* (New York and London: Teachers College Press, 2004).；および彼女のCIES会長演説である"Borrowing and Lending," The Politics and Economics of Borrowing, *Comparative Education Review* 54 (August, 2010): 323-42,さらに、David Phillips, "On Comparing," in *Learning from Comparing: New Directions in Comparative Educational Research, vol. 1, Contexts Classrooms and Outcomes*, ed. Robin Alexander, Patricia Broadfoot, and David Phillips (Oxford: Symposium Books, 1999), p. 18. も参照されたい。デイビド・フィリップスは「あまりにも単純な"借用"という概念が嫌いだ。……なぜならばそれが文字通り一時的な配置を意味するからだ」とする。その代わりに、彼は「国内の政策開発に情報をもたらし、影響を及ぼすような方法で、他の国々からの証拠を比較検討することが、いかなる改革導入の努力においてもまったく当然の部分となるべきなのである」と主張する。

31) Tetsuya Kobayashi, "China, India, Japan and Korea," in *Comparative Education: Contemporary Issues and Trends*, ed. W. D. Halls (London: Jessica Kingsley; Paris: UNESCO, 1990), esp. 200; cited in Mark Bray, "Comparative Education Research in the Asian Region: Implications for the Field as a Whole," *Comparative Education Bulletin* [Comparative Education Society of Hong Kong] 1 (May 1998): 6.

32) Nancy Ukai Russell, "Lessons from Japanese Cram Schools," in *Education in Eastern Asia: Implications for America*, ed. William K. Cummings and Philip G. Altbach (Albany: State University of New York Press, 1997); Walter Feinberg, *Japan and the Pursuit of a New American Identity: Work and Education in a Multicultural Age* (New York: Routledge, 1993), 153-70.

33) Harold J. Noah, "The Use and Abuse of Comparative Education," *Comparative Education Review* 28, no. 4 (November 1984): 558-60.

34) John J. Cogan, "Should the U.S. Mimic Japanese Education? Let's Look before We Leap," *Phi Delta Kappan* 65, no. 7 (March 1984): 463-468; Joseph J. Tobin et al., "Class Size and Student/Teacher Ratio in the Japanese Preschool," *Comparative Education Review* 31, no. 4 (November 1987); William K. Cummings, "From Knowledge Seeking to Knowledge Creation: The Japanese University's Challenge," *Higher Education* 27, no. 4 (June 1994): 399-415; Susan Ohanian, "Notes on Japan from an American Schoolteacher," *Phi Delta Kappan* 68, no. 5 (January 1987): 360-67; David Willis and Satoshi Yamamura, eds., special section on "Japanese Education in Transition 2001: Radical Perspectives on Cultural and Political Transformation," *International Education Journal* 2, no. 5 (2001).

35) Pasu Sahlberg, *Finnish Lessons: What Can the World Learn from Educational Change in Finland?* (New York: Teachers College Press, 2011).

36) 前掲 Watson, "Memories, Models and Mapping," 5-31.

37) Michael Crossley and Graham Vulliamy, "Qualitative Research in Developing Countries: Issues and Experience," in *Qualitative Educational Research in Developing Countries*, ed. M. Crossley and G. Vulliamy (New York: Garland, 1997), 7; Stewart Fraser, *Jullien's Plan for Comparative Education, 1816-1817* (New York: Columbia University, Teachers College, 1964).

38) Fraser, *Jullien's Plan*, 7-8; さらに、Michael Crossley and Patricia Broadfoot, "Comparative and International Research in Education: Scope, Problems, and Potential," *British Educational Research Journal* 18, no. 2 (1992): 99-112. を参照されたい。

39) M. E. Sadler, "The History of Education," in *Germany in the Nineteenth Century: Five Lectures* by *J. H. Rose*, ed. C. H. Herford, E. C. K. Gooner, and M. E. Sadler (Manchester, U.K.: At the University Press, 1912), 125.

40) Isaac L. Kandel, *Studies in Comparative Education* (Boston: Houghton and Mifflin, 1933), xix; cited in Crossley and Vulliamy, *Qualitative Research*, 8.

41) 国際教育学と比較教育学との関係の議論については、David N. Wilson, "Comparative and International Education: Fraternal or Siamese Twins? A Preliminary Genealogy of Our Twin Field (Presidential Address)," *Comparative Education Review* 38, no. 4 (November 1994): 449-86; Gary Theisen, "The New ABCs of Comparative and International Education (Presidential Address)," *Comparative Education Review* 41, no. 4 (November 1997): 397-412. を参照されたい。

42) ノアは（"Use and Abuse," 553-54 において）、ある国の教育システムがどのような価値が最も大切であるかを検査する「試金石」をいかに提供するかについて指摘した。

43) Robert F. Arnove, "Comparative Education and World-Systems Analysis," *Comparative Education Review* 24, no. 1 (February 1980): 48-62; さらに、Carlos Alberto Torres, *Education, Democracy, and Multiculturalism: Dilemmas of Citizenship in a Global World* (Boulder, Colo.: Rowman & Littlefield, 1998); 1996年のCIESの会長演説である Noel F. McGinn, "Education, Democratization, and Globalization: A Challenge for Comparative Education," *Comparative Education Review* 40, no. 4 (November 1996): 341-57. を参照されたい。

44) Chadwick F. Alger and James E. Harf, *Global Education: Why? For Whom? About What?* (Columbus: Ohio State University, 1986), ERIC Document EN 265107. Erwin Epstein, "Editorial," *Comparative Education Review* 36, no. 3 (November 1992): 409-16.

45) Robert Hanvey, *An Attainable Global Perspective* (Denver: Denver University, Center for Teaching International Relations/New York Friends Group Center for War/Peace Studies, 1975).

46) Barbara Piscitelli, "Culture, Curriculum, and Young Children's Art: Directions for Further Research," *Journal of Cognitive Education* 6, no. 1 (1997): 27-39; B. Piscitelli, "Children's Art Exhibitions and Exchanges: Assessing the Impact," in *SEA News* 4 (1997): 1.

47) Alger and Harf, *Global Education*.

48) Cole S. Brembeck, "The Future of Comparative and International Education," *Comparative Education Review* 19, no. 3 (October 1975): 369-74; Stephen P.

Heyneman, "Quantity, Quality, and Source (Presidential Address)," *Comparative Education Review* 37, no. 4 (November 1993): 372-88.

49) 前掲 Theisen, "New ABCs."

50) さらなる議論、特に世界銀行の政策と成果については、Collins and Wiseman, Education Strategy; and Klees et al., *World Bank* を参照されたい。

51) さらなる議論については、Mark Bray, "Tradition, Change, and the Role of the World Council of Comparative Education Societies," *International Review of Education* 49, no. 1 (2003) を参照されたい。世界比較教育学会（WCCES）のホームページは、www.hku.hk/cerc/wcces.html.

52) 例えば、世界比較教育学会に最近加盟したメンバーは、湾岸比較教育学会（the Gulf Comparative Education Society; GCES）、インド洋比較教育学会（the Indian Ocean Comparative Education Society; IOCES）、アフリカ研究比較教育学会（the Africa for Research in Comparative Education Society、AFRICE）である。

53) "Top Ten Languages in the Internet. 2010—In Millions of Users. Internet World Stats." (www.internetworldstats.corn/stats7.htm) Bray, "Education in the Asian Region", Mark Bray and Qin Gui, "Comparative Education in Greater China: Contexts, Characteristics, Contrasts and Contributions," *Comparative Education* 37, no. 4 (2001): 451-73 を参照されたい。

54) "Top Ten Languages."

55) 1997年にメキシコシティで開催されたCIESの年次大会に提出されたElizabeth Sherman Swing, "From Eurocentrism to Post-colonialism: A Bibliographic Perspective,"、Vandra Masemann, "Recent Directions in Comparative Education," の2論文、および Bray, "Education in Asian Region," 9; Abdeljalil Akkari and Soledad Perez, "Educational Research in Latin America: Review and Perspectives," *Educational Policy Analysis Archives* 6 (March 1998).

56) Lynn Webster Paine, "The Teacher as Virtuoso: A Chinese Model for Teaching," *Teacher College Record* 92, no. 1 (Fall 1990): 49-81; Allan Mackinnon, "Learning to Teach at the Elbows: The Tao of Teaching," *Teaching and Teacher Education* 12, no. 6 (November 1996): 633-64; Robert Tremmel, "Zen and the Art of Reflective Practice in Teacher Education," *Harvard Educational Review* 63, no. 4 (Winter 1993): 434-58; Melanie Davenport, "Asian Conceptions of the Teacher Internship: Implications for American Art Education," unpublished paper, School of Education, Indiana University, May 1998; Ruth Hayhoe, "Redeeming Modernity, Presidential Address," *Comparative Education Review* 44, no. 4 (November 2000): 423-39.

57) Ruth Hayhoe and Julia Pan, eds., *Knowledge across Cultures: A Contribution to Dialogue among Civilizations* (Hong Kong: Comparative Education Research Centre, Hong Kong University, 2001).

58) Kimberly Lenease King, "From Exclusion to Inclusion: A Case Study of Black South Africans at the University of the Witwaterland," Ph.D. diss., Indiana University, 1998; Reitumetse Obakeng Mabokela and Kimberly Lenease King, eds., *Apartheid No More: Case Studies of Southern African Universities in the Process of Transformation* (Westport, Conn.: Bergin & Garvey, 2001).

59) David Willis and Jeremy Rappleye (eds.), *Reimagining Japanese Education: Borders, Transfers, Circulation and the Comparative* (Oxford: Symposium, 2012). 関連したものとして、国際的なカリキュラム編成についての Terreace Mason and R. Helfenbein (eds.), *Ethics and International Curriculum Work: The Challenges of Culture and Context* (Charlotte, NC: Information Age Publishing, 2012) や 2011 年の CIES 大会でのマリア・テレサ・タトーによる会長演説である Maria Teresa Tatto, "Reimagining the Education of Teachers: The role of Comparative and international Research," *Comparative Education Review* 55 (November 2011): 495-516 はより多くの情報を備えた見識ある教育政策に貢献する国際・比較教育学を協力的で内省的な力量形成の価値について論じている。

60) 前掲 Epstein, "Comparative and International Education," in The International Encyclopedia of Education, 2nd ed., ed. Husen and Postlethwaite (Oxford: Pergamon, 1997); Watson, "Memories, Models, and Mapping." を参照されたい。

61) これはインディアナ大学教育学部（ブルーミントン）言語教育学科のジェローム・ハーストの皮肉である。言語教育全般にわたる主要な発言者であるハーストは、読み書きを教えるためのアプローチにおいて折衷的であることを要求する人々に苦労している。

62) Bray and Thomas, "Levels of Comparison." その他、Frances Vavrus and Lesley Barlett (eds.), *Critical Approaches to Comparative Education: Vertical Case Studies from Africa, Europe, the Middle East, and the Americas* (New York: Palgrave Macmillan, 2009) も参照されたい。

63) 例えば、Rosemary Preston, "Integrating Paradigms in Educational Re-search: Issues of Quantity and Quality in Poor Countries," in *Qualitative Educational Research in Developing Countries*, ed. M. Crossley and G. Vulliamy (New York: Garland, 1997); Charles C. Ragin, *The Comparative Method: Moving beyond Qualitative and Quantitative Strategies* (Berkeley: University of California Press, 1987); Robert K. Yin, "The Case Study as a Serious Research Strategy," *Knowledge: Creation,*

Diffusion, and Utilization 3 (1981): 97-114; Val Rust et al., "Research Strategies in Comparative Education," *Comparative Education Review* 43, no. 1 (February 1999): 86-109 がある。共通のテーマを検討する大規模な調査データと事例研究の両方の実例は、公民教育に関する次の補完的な書物である。すなわち、Judith Torney-Purta, John Schwille, and J.-A. Amado, eds., *Civic Education across Countries: Twenty-four National Case Studies from the IEA Civic Education Project* (Amsterdam: IEA, 1999); Gita Steiner-Khamsi, Judith Torney-Purta, and John Schwille, *Recurring Paradoxes in Education for Citizenship: An International Comparison* (Amsterdam: Elsevier Science, JAI, 2002).

64) 前掲 Ragin, Comparative Method, 16.

65) 同上 Ragin, Comparative Method, x.

66) 同上 Ragin, Comparative Method, ix.

67) York Bradshaw and Michael Wallace, "Informing Generality and Explaining Uniqueness: The Place of Case Studies in Comparative Research," *International Journal of Comparative Sociology* 32 (January-April 1991): 154-71.

68) Max Weber, "The Fundamental Concepts of Sociology," in Max Weber: *The Theory of Social and Economic Organization*, ed. Talcott Parsons (New York: Free Press, 1964), 87-157.

69) Sheila Slaughter and Laurence Leslie, *Academic Capitalism*. その他、Sheila Slaughter and Gary Rhoades, *Academic Capitalism and the New Economy: Markets, State, and Higher Education* (Baltimore: Johns Hopkins University Press, 2004) がある。

70) Rachel Christina, "NGOs and the Negotiation of Local Control in Development Initiatives: A Case Study of Palestinian Early Childhood Programming," Ph.D. diss., Indiana University, School of Education, 2001; Rachel Christina, *Tending the Olive, Water the Vine: Negotiating Palestinian Childhood Development in the Context of Globalization* (Westport, Conn.: Praeger, 2003).

71) Heidi A. Ross, "In the Moment—Discourses of Power, Narratives of Relationships: Framing Ethnography of Chinese Schooling, 1981-1997," In Judith Liu, Heidi A. Ross, and Donald P. Kelly (eds.), *The Ethnographic Eye: Interethnic Studies of Education in China* (New York; Fallmer Press, 2000) pp.123-52; Heidi A. Ross, Payal P. Shah, and Lei Wang, "Situating Empowerment for Millennial Schoolgirls in Gujarat, India and Shaanxi, China" *Feminist Formations* Vol. 23, No. 3 (Fall 2011) pp. 23-47.

72) Bjorn Nordtveit, "Development as a Complex Process of Change: Conception and Analysis of Projects and Programs and Policies," *International Journal of Educational Development* 30 (1)(2009): 110-17.

73) 例えば、Michael Crossley and J. Alexander Bennett, "Planning for Case Study Evaluation in Belize, Central America," in *Qualitative Educational Research in Developing Countries*, ed. M. Crossley and G. Vulliamy (New York: Garland, 1997), 221-43. を参照されたい。

74) 第2回IEA調査に関する特別号での Tosten Husén, "Policy Impact of IEA Research," *Comparative Education Review* 31 (February 1987): 29-46, さらに、David A. Walker with C. Arnold Anderson and Richard M. Wolfe, *The IEA Six Subject Survey: An Empirical Study of Education in Twenty-One Countries* (Stockholm: Alquist & Wiksell; New York: Wiley, 1976); T. Neville Postlethwaite and David E. Wiley with the assistance of Yeoh Oon Chye, William B. Schmidt, and Richard G. Wolfe, *The IEA Study of Science II: Science Achievement in Twenty-Three Countries* (Oxford: Pergamon, 1992); John W. Meyer and David P. Baker, "Forming Educational Policy with International Data: Lessons from the Sociology of Education," *Sociology of Education* 69 (1996): 123-30 (extra issue for 1996) がある。学業成績とその他の学校教育の結果に関連したさまざまな独立変数、従属変数に関する優れたデータは、全国教育統計センター（NCES）にリンクされたPISA（OECDの学習到達度調査）のウェブサイトで見ることができる（www.nces.edu.gov/surveys/pisa）。

75) Abigail J. Stewart and David G. Winter, "The Nature and Causes of Female Suppression," *Signs: Journal of Women in Culture and Society* 2 (Winter 1977): 531-55.

76) Warwick B. Elley, ed., The IEA Study of Reading Literacy: Achievement and Instruction in Thirty-two School Systems (Oxford: Pergamon, 1997).

77) IEAデータの概念化の必要性については、Gary L. Theisen, Paul P. W. Achola, and Francis Musa Boakar, "The Underachievement of Cross-National Studies of Achievement," *Comparative Education Review* 27, no. 1 (February 1983): 46-68 を参照されたい。さらなる議論については、T. Neville Postlethwaite, *International Studies of Educational Achievement: Methodological Issues* (Hong Kong: Comparative Education Research Centre, Hong Kong University, 1999). を参照されたい。この他に、2006年の北米比較国際教育学会でのマーチン・カーノイによる会長演説ならびに他の人たちによるコメントを掲載した *Comparative. Education Review* 誌の2006年11月号も参照されたい。その中では、比較教育学の分野において実証可能な提案を確立することをねらった大規模な定量的研究の価値が、理論構築に対する小規模な質的研究の貢献と対比されている。

78) Dana Burde, "Assessing Impact and Bridging Methodological Davies: Randomized Trials in Afghanistan and Rwanda," *Comparative Education Review* 56

(August 2012).

79）「岐路でのダンス」は、カナダのバンクーバー市にあるブリティッシュ・コロンビア大学教育学部で開催された1998年度CIES西部地区大会の大会案内である。

80) Gail P. Kelly, "Debates and Trends in Comparative Education," in *Emergent Issues,* ed. Robert F. Arnove, Philip G. Altbach, and Gail P. Kelly (Albany: State University of New York Press, 1992), 13-22; Philip G. Altbach, Robert F. Arnove, and Gail P. Kelly, "Trends in Comparative Education: A Critical Analysis," in *Comparative Education*, ed. Altbach et al., 505-33. を参照されたい。

81）これらの批判的理論に関するさらなる議論については、Carlos Alberto Torres and Theodore R. Mitchel, eds., *Sociology of Education: Emerging Perspectives* (Albany: State University of New York Press, 1998). を参照されたい。

82）前掲 Arnove, "CIES Presidential Address," 478-79.

83）前掲 Kelly, "Debates and Trends," 21-22.

84）前掲 Robert F. Arnove, Philip G. Altbach, and Gail P. Kelly, *introduction to Emergent Issues*, 1.

85）マーク・ギンズバーグがサンギータ・カマット、ラジェスワリ・ラグ、ジョン・ウィーバーと準備した1992年のCIES会長演説（Mark B. Ginsburg with Sangeeta Kamat, Rajeshwari Raghu, and John Weaver, "Educators/Politics," *Comparative Education Review* 36, no. 4 (November 1992): 417-45）および前掲 Arnove, "Presidential Address." を参照されたい。カナダの養成教育中および現職の教員に対して、グローバルな見方を提供することを企図した教科書として、Karen Mundy, Kathy Bickmore, Ruth Hayhoe, Meggan Madden, and Katherine Madjidi (eds.), *Comparative and International Education: Issues for Teachers* (New York and Toronto: Teachers College Press and Canadian Scholars Press, 2010, 2nd edition) がある。

第1章　専門技術主義、不確実性、倫理
――ポストモダンとグローバル化時代の比較教育学

アンソニー・ウェルチ

　本章では、主として20世紀における比較教育学の理論的軌跡を社会科学一般の理論的軌跡と並行させて眺める。最初に、主に機能主義に由来し、広義には専門技術主義(テクノクラティック)的な社会科学の近代性(モダニティ)概念の信奉に依拠する軌跡を記述する。ごく最近では、この理論的軌跡は分散しつつあり、目的の断片化がますます進み、おそらく展望をもち得ないことも明確になりつつある。そのことは社会科学全般に起こっている動きよりもいくぶん緩やかであるとはいえ、やはり並行している。本章では、そうした理論的軌跡のいくつかの主立った流れを辿る。まず、広くはモダニズムや実証主義的機能主義に属する専門技術主義的諸要素を概観することから始める。次いで、理論の断片化や関連する確実性の崩壊に向かう最近の傾向について論じる。この理論的軌跡を議論する中で、私は比較教育学の文献と社会科学・自然科学の文献との関わりを辿る。先進工業社会、そしておそらく世界システムの中で起こったより大きな変動の結果であるもっと最近の展望の喪失や、いっそうの断片化が必然的なものではないことを論じる。そして、ますます新自由主義的なグローバル化が進む時代の中で、比較教育学の倫理的側面や責任を繰り返し訴えることの喫緊性に関する議論を踏まえて、結論部分では代替案を提示する。

歴史から科学へ

　人々の中でもとりわけ、イムレ・ラカトシュ[1][訳注1]（Imre Lakatos）がわれわれに思い起こさせてくれたように、ある時代の主義・思想の主唱者がさまざまに抱いていた互いに競合する理論的見解を評価する上で、明確で、おそらく

より完璧かつ有利な観点というものは、後になってようやく分かるものである。21世紀初頭の時点から見れば、1960年代に見られた比較教育学の向こう見ずな勢いのよさに関して、いくぶん懐疑的に考えることは難しいことではない。当時、ニコラス・ハンス[2]（Nicholas Hans）、アイザック・キャンデル[3]（Isaac Kandel）、フリードリッヒ・シュナイダー[4]（Friedlich Schneider）など、相対的に歴史的志向の強い先駆者たちが提示した「要因分析」の伝統との立場の違いをさまざまに主張した若い世代の学者たちによって、新しく、より実証主義的な比較教育学の形が念入りに仕上げられた。そうした1960年代に台頭したブライアン・ホームズ[5]（Brian Holmes）、マックス・エクスタイン（Max Eckestein）とハロルド・ノア[6]（Harold Noah）、ジョージ・ベレデイ[7]（George Bereday）といった人々の間には、かなりの違いがあったとはいえ、科学的方法論こそが比較教育学の確かで正確な未来を手に入れうることを約束するものだという考えが広く支持され、「知識」と「事実」が教育改革において主要かつ決定的な役割を果たすものだと考えられた。これらの2つの概念自体はそれほど問題視されることはないが、1960年代の比較教育学における議論は、おおよそ実証主義を基礎としたモダニズムの枠内で行われてきたものだと論じうるのは、この意味においてである。

　ここに言う実証主義とは、どのような意味であろうか。簡単に言えば、社会科学の諸方法は、自然科学の諸方法と同一の地平にある、あるいは実際のところ自然科学から引き出されたという考え方である。自然科学の方法論の発展は、新興の社会科学よりも成熟した段階にあると一般に想定されている。実証主義という言葉はさまざまに議論（そして誤用）されるにもかかわらず、社会科学の実証的方法を裏づけるいくつかの大まかな成分を抽出することができる。例えば、探究の方法が一枚岩的であること（いわゆる方法の単一性）や、社会科学においても法律の如き一般化が可能であると信じること、また理論と実践の技術的な関係を信奉すること（したがって、社会理論の倫理問題への配慮は括

訳注1　イムレ・ラカトシュ（Imre Lakatos, 1922-1974）はハンガリーのユダヤ人家庭に生まれ、デブレツェン大学で数学および物理学を専攻。ナチスの迫害を逃れるために改名。戦後ハンガリー政府官庁に勤務したが、1956年のソ連によるハンガリー侵攻を機にイギリスに渡った。1961年、ケンブリッジ大学から哲学の博士号を取得。ロンドン大学のスクール・オブ・エコノミクスで数学および科学哲学を講じた。カール・ポパーの弟子として知られ、トーマス・クーンのパラダイム論の改良案を提唱。彼の業績を記念するものとして、科学哲学分野の卓越した功績に対して与えられるラカトシュ賞がある。

弧に入れてしまってまったく考慮しない)、また「事実」と「知識」が発展のための基礎であり、(社会)科学者の関心事ではない「価値」からは厳密に切り離されたものだという、社会調査における没価値的科学を信奉すること、などである。こうした科学と知識に関する抑制した自己理解は、モダニズムを特徴づけるものであり、少なくとも(18世紀末に至る)おそらくはより早い時期のフランス啓蒙主義運動の流れを汲むものである。それは知識や科学に関する唯一の理論であるということでは決してなかったが、あまりにも優れていたため、自然科学、社会科学の双方共において、代替する理論の発展を抑えてしまった。[8]

　1960年代の比較教育学者の間における方法論争の流れは、上述したモダニストの信念の中で起こっている。それは、社会改革ならびに教育を含む社会進歩を支えるための科学と技術の可能性(潜在力)に対する信奉や、いかなる知識分野においても誤謬を根絶するという自然科学の哲学に完全に結びついた認識論(知識に関する理論)の力を信奉することの中で起こった。それゆえに、論争は自然科学における考え方(哲学)のうちの特定のどこが優れているのか、という点に主として向かっていった。カール・ポパー(Karl Popper)流の仮説演繹法を基礎として新しい比較教育科学構築の主張を基礎づけようとしたホームズのかなり明瞭な試みは、ベレデイ、ノア、エクスタインらのどちらかといえば明確に帰納的な方法に匹敵するものであった。すべてが究極的には、先に概観した広範な実証主義の伝統の主要な教義の犠牲になった。そうした実証主義の伝統は、多くのモダニズム社会科学を支え、17、18世紀の自然諸科学において達成された進歩と発見の黄金時代の再来を告げるものであると考えられた。[9]

　ハーバーマス(Jürgen Habermas)が論じたように、「啓蒙の概念が、科学的進歩についての考え方と、科学が人類の道徳的完成に資するという確信とをつなぐ働きをして」[10]おり、誤った道徳的、政治的見解は、自然を誤って理解した結果であるという、啓蒙運動期のコンドルセらのような人物に直接に端を発する見方は、こうした意味においてである。科学それ自体は、かつて爛熟した啓蒙の1つの形態であると信じられ、自然科学においてすでに証明された知識の急速な進歩と同じものを道徳科学にももたらすと考えられた。当時の社会科学者の多くと共通して、1960年代の比較教育学の主たる方法論者は、17世紀の近代科学の誕生にまで遡らないにしても、多少なりとも啓蒙主義運動に端を

発する信念の継承者たちであった。科学的判断のもとになるのは、確たる認識論の基盤、ひいては社会や道徳の刷新であり、社会の進歩であった。

1960年代の比較教育学の主立った理論家たちは、人間科学における自然科学的根拠を無批判に取り入れることで生じた社会の歪みに対して、ドイツの主要な社会理論家たち、つまりヘルベルト・マルクーゼ(Herbert Marcuse)[11]、アルフレッド・シュッツ(Alfred Schütz)[12]、マックス・ホルクハイマー(Max Horkheimer)やテオドール・アドルノ(Theodor Adorno-Wiesengrund)[13]ら、またそれよりも早い時期では、エドムント・フッサール(Edmund Husserl)[14]、ヴィルヘルム・ディルタイ(Wilhelm Dilthey)[15]らによって痛烈な批判が展開されていた事実にもかかわらず、科学的判断を問題にすることもなかったし、その社会的影響を批判的に吟味することもなかった。同様に、少なくとも1970年代までの科学哲学において、トーマス・クーン(Thomas Kuhn)[16]や今は亡きポール・ファイヤアーベント(Paul Feyerabend)[17]のような科学史家は、科学の変化や発展を社会学的に概観して見せた。そして、その中から、いかなる方法論も、免疫があるということではない(完璧ではない)ことを証明したのであった。確かに、ファイヤアーベントの普遍的な科学的方法論に対する痛烈に批判的な主張によると、唯一の法則とは、(究極的な)法則などないということである。つまり「科学的な方法など存在しない。すべての研究に内在し、それが科学的であり、信頼できると保証する単一の手続きや単一の法則というものは存在しないのである[18]」。

このように並行して行われた科学的な立証の妥当性に関する批判は、自然科学はもとより、社会科学においてはなおさら強いものであったにもかかわらず、1960年代の比較教育学におけるモダニストたちは、科学と科学的根拠を、例えば有益な勢力として、それが十分に採用され、厳格に実行に移されたとしたら、より正確でより確実な比較教育学における科学の到来を告げるものと見ていた。このような意味において、啓蒙主義期の実証主義の申し子である1960年代の大立て者たちは、合理主義者の完全主義イデオロギーを継承していたのである。つまり、推論の技術が指し示すものに世界が付き従うことが増えれば、より合理的で道徳的に完全な世界がもたらされるというのである。ブライアン・ホームズ、ハロルド・ノア、マックス・エクシュタインとジョージ・ベレディのような科学を信奉する理論主唱者間の活発だが共倒れしそうな論争にもかかわらず、比較教育学の科学としての方法論的完成度を増すことによって、

進歩主義的な教育の合理化を実現するという考え方は、当時の主要な理論家たちに共通のものとなった。

おそらく、比較教育学における科学的推論の役割についてよく知られた事例の1つは、機能主義（構造機能主義とも呼ばれる）であった。機能主義は、おそらく最も傑出し、戦後から20世紀の大半を支配してきた説得力のある科学理論である。（構造）機能主義は、おそらく「社会科学」としての装いを主張したグランドセオリーのうち最も傑出したものであるばかりでなく、広く機能主義のエートスは、実際のところ社会科学全般においてもそうであったように、1960年代の比較教育学の主要な見解のほとんどすべての下地になっていた。[19]

19世紀のオーギュスト・コント（Auguste Comte）や20世紀初頭のエミール・デュルケーム（Emile Durkheim）ら創始者の研究に端を発した機能主義の立場から見て、コントがその名づけ親である社会学は自然科学の方法論をモデルとすべきだと考えられた。機能主義的社会科学は、自然科学分野の先祖たちのように、（後掲のフランシス・ベーコンからの引用を参照されたいが）法律の如きもので、社会的に総合されたものであるべきであった。しかしながら、機能主義はまた、自然科学における他の展開からも影響を受け、とりわけ19世紀の科学的進化論の影響を受けており、そこからは、社会変容が生物学的な変化のように、急速または大規模なものというよりも、むしろゆっくりとした自然成長的なものであるべきだとの見方が加味された。換言すれば、機能主義に立った社会変容のモデルは、革命的というよりは、漸進的であった。最後に機能主義はいわゆる価値自由な社会科学を主張した。そこでは研究者は、ただひたすら事実を探求し提示することに徹すべきで、彼等が明らかにした知識に関する倫理的、道徳的な次元での問題は避けるべきだと考えられた（しかし現実には、しばしば暗示的にではあったにせよ、機能主義的形態の社会科学の中では、効率や経済についての専門技術主義的価値観が支配的であった）。機能主義はここでもやはり、啓蒙主義運動についてのモダニズム的な前提および17世紀の近代実験科学の起源から引き出された実証主義の立場を示したのである。

比較教育学において、機能主義の伝統は1950年代、60年代の重要な文献に最もはっきりと表れている。それは、近代化というテーマ、特に伝統社会を変えていくことにおいて教育が果たす役割を洗練させることに貢献した。先に素描した専門技術主義的な価値を拠り所とし、効率や経済、そして強固なシステ

ム概念についての共通するおおむね実証主義的な意図が、こうした文献の中でしばしば示された。その上、社会変化や社会に関して想定された法則というよりもむしろ、社会的ニーズ、漸進的な進歩や社会統合についての具体化された観念が見出される。基本的なねらいは、コント[20]、デュルケーム[21]、タルコット・パーソンズ[22]（Talcott Parsons）らのものを引き継いでおり、自然科学をモデルとして社会についての科学を考案しようとするものであった[23]。これらの理論上の水源に倣って、機能主義は統制という目的を具現していた。自然科学がすでに自然をその統制下においていたように、この場合には機能主義の名の下に、社会を統制することが議論されたのである。この意味において、機能主義はモダニズムの前提を受け継ぐものであり、それは近代的な形式の社会学的実証主義を代表していた。

　教育は、機能主義の立場に立つ近代化論において非常に重要な意味をもち、一般に2つの主な役割を与えられていた。第1に、統合的で安定した価値を吹き込む最も重要な場として、教育システムは、あらゆるものを鎮静化する過程においてすぐれて重要であると考えられた。それは、「近代的」な社会においてだけではなく、「発展しつつあった」近代化途上の社会の改革においても決定的であった。この意味においても、すでに論じたように、機能主義は、実証主義への信奉を直接継承している。それは知識の向上と社会統制の拡大という二重のねらいが絡み合ったものであった。すでに17世紀に、科学哲学者のフランシス・ベーコン（Francis Bacon）が科学と学習することをハープに喩え、騒々しく、反抗的な群衆を鎮め、政治的により従順にするとして、「学習は、人の精神を優しく、寛大で、政府に対して熱狂的で従順にさせ、一方、無知は人間の精神を粗野で、荒々しく、御しがたいものにしてしまうことは、議論の余地がない」[24]と述べている。

　機能主義の範囲内におさまる教育の第2の重要な役割は、もちろんさまざまな労働部門の需要に応える熟練した人員を適切に供給することにある。これら2つの役割が、社会の持続的な安定を確かなものにするために働くのである。

　モダニティの勝利は、社会が「近代的」になる単線的な技術的過程をとりわけ明確に説明し擁護することに表れていた。第三世界または途上国は、技術的、産業的、高度に整備された官僚制的で多元的な社会という共通かつ不可避の到達点に向かう初期段階にあると常に考えられた。そうした社会は調べてみると、アメリカやイギリスやその他の西洋社会とうす気味悪いほど酷似しているので

ある。実際のところ、近代的な先進資本主義社会は、第三世界に属するかつての植民地の経済や政治にとって、どれほど多く伝統的な文化や価値を崩壊させたにしても目指すべき究極のベンチマークとして常に見られたのである。機能主義社会科学に共通の進歩的な仮説は、デュルケームをはじめとする人物によって生物学の理論から再度援用されたのである。それは、歴史的な発展を示す概念であり、世界を2つの立場に分けるものであった。すなわち、「先進的な」社会を「中心」とし、アジア、アフリカまたはラテンアメリカなどの植民地であったところはほぼ「周辺」として位置づけるものであった。常には明示されないにしても、明らかに認識しうるのは、「歴史の目的論的な見方であり、それは植民地における知識や生活様式を、標準的なるものないし西洋社会と比べて、いびつ、あるいは未熟なものとして捉えている」ことである。近代化は、実質的には、西洋化であった。こうした単線的な進化論的前提は、特に近代化論について当たっており、上に見たように、近代的で先進的な資本主義と調和しないような迅速あるいは系統的社会変化や政治的価値体系を嫌悪するものであった。このような意味において、近代的機能主義は、近代社会の「市民宗教」とも呼びうる、総合的な社会科学の確立というデュルケームのねらいを継承している。しかしながら、近代化論の中心になっている進化の方向を再び辿ることは、常に西洋資本主義の構造と価値が成就したものへと向かう一方通行の道であり、伝統的な制度やイデオロギーの根本的な変更を予感させるものであった。さらに、モダニティの状態に向かう進化の過程は、「この科学の世紀において人間は、一歩一歩ではなく、飛躍的に前進しうる」という言葉に表現されるように、人間の進歩の速度を著しく速めうると仮定されていた近代科学の基礎をしっかりと踏まえたものであった。繰り返しになるが、このように人間が完全たりうる速度を速める科学と技術の潜在力を信奉することは、「テクネー」、すなわち近代的で、専門技術者が支配する社会を具現化するものとして理性の力に対する啓蒙主義的信奉を改めて反復することであり、そこでは有益か否かという判断が倫理的制約や道徳的姿勢を凌駕するのである。

　マクレランド（David McClelland）、クームス（Philip Combs）、ハービソン（Frederick Harbison）とマイヤーズ（Charles Myers）等は、親族関係（kinship）のような伝統的な社会慣習や制度が20世紀の複雑な官僚制社会により適し

訳注2　もとはギリシャ語。人間の制作活動一般に伴う知識や能力。

た「冷たく合理的な」モダニストの行動態度にとって代わられるというウェーバー流の社会の合理化の例として、直接または間接に近代化を捉えた。より広く言えば、合理化は、「生命に対する神話や超自然的位置づけが減少し、禁欲的努力、秩序、厳格性、報酬なしで働く姿勢、その他ウェーバーが近代資本主義の傾向と見なした特徴が増えていく」ことを意味していた。

　確かに、マクレランドは、近代化についての彼の「欲求達成度」指標を発展させるために、とりわけタルコット・パーソンズがウェーバーの考えを焼き直したものを取り入れた。その概念は、その名の通り、複合的な近代化の指標を含んでいる。また経済成長の向上を達成し、真に近代的になるために、発展途上国はイデオロギーと制度に新しい方向づけを行う必要があり、一方、個人はより成果重視になる必要があると論じられた。その際に考えられた変化は、例えば、物質を精神的な道徳律に置き換えることといった、価値の新たな方向づけを伴う分業の増加やより契約的な社会関係のような構造的特徴の制度化に集中していた。われわれはここにもやはり、手段―目的型の合理性の形跡を見出すのであるが、その中では経済的効率が少なくとも潜在的には最重要な価値としての地位を付与されるのである。それに取って代わる価値システムなどというものはほとんど、あるいは一顧だにされず、また「近代化しつつある」社会の人々には思いもよらぬことであった。このような進化の過程の行き着くところは常に発展した資本主義社会であった。

西洋文化の支配

　しかしながら、往々にして広く見れば進化論の考え方を含んでいる実証主義は、比較教育学におけるモダニズムの立場に立った経験的、理論的研究の多くに共通する前提の1つに過ぎない。だが、その影響は他の前提と結びついており、またその説明に役立つものである。近代科学が西洋の勃興の所産であるという事実は、教育研究の本流、すなわちモダニズムの立場に立った教育の比較究におけるもう1つの既定の事実、つまり西洋文化は文明の頂点であるということを説明するのに役立つ。19世紀および20世紀初頭の人類学に共通の前提

訳注3　心理学者のデイビッド・マクレランドは、職場における作業員には、達成、権力、親和の3つに対して主要な欲求ないし動機が見られるとするモチベーション理論を示した。

は、少なくとも20世紀前半の比較教育学に広く行き渡り、影響を残した。政治学または他の社会科学分野における多くの同時代人と同じく、クームス、マクレランド、ハービンソン、マイヤーズ、そして1950年代、60年代以前ならびにその時代の比較教育学分野の研究者は、「他」の社会を一般に西洋的観点から眺めるか、あるいは近代化論者の場合には、非西洋諸国を「西洋化」達成を以て頂点に達する道のりのどこかに位置づけがちであった。ある意味で、比較教育学の分野は西洋の学問的基盤から主として成長したものであり、ほとんどの創始者たちが欧米出身であったという事実が、このような社会発展について仮定された流れを何もおどろくことではないと感じさせ、また近代化論が実は西洋化と同じ対象を指すものであるという論評をいくらか説明可能にするのである。にもかかわらず、差異の原則に付与されるごく僅かの価値や、非西洋の文化伝統に伴う豊かで悠久の伝統といったものは、文化的差異の分析を標榜する学問分野にとっての十分な拠り所とはならなかった。中国、そしてインドの目を見張る勃興や、多く語られる21世紀における西洋から東洋への権力の転換は、西洋の支配という前提に挑戦しつづけている。比較教育学では、カナダの優れた学者であるルース・ヘイホーが中国および東洋の比較教育学の学識の豊かな世界に西洋の目を開かせるのに貢献した。[35]

分析単位としての国家

　伝統的な比較教育学に関する別の前提は、国民国家が有力な分析単位であるということであった。このことは、19世紀から20世紀初頭に国民国家が成長と相互間の競争の全盛期にあった頃、他の社会科学の諸分野がそうであったように、成熟に向けて発展した社会科学の一分野としての比較教育学の起源をある程度反映している。比較教育学の成長は、国別の統計を集めていたユネスコ（国連教育科学文化機関）やOECD（経済協力開発機構）といった主要な国際機関に依存していた。初期の比較教育学者の何人かは、政治的アイデンティティの形成について分析し、[36]あるいはまたミッション・スクールの教育的役割や機能についての分析を行っていたが、[37]こうしたかなり問題別の研究でさえ主に試行錯誤的解決(ヒューリスティック)の伝統の範囲内に収まるものであり、そこでの分析の主要な単位は依然として国民国家であった。よく知られたホームズの問題研究法ですら、比較教育学において国民国家を分析単位の選択肢とする伝統を見直す理論[38]

的可能性を実現することはできなかった。実際のところ、ホームズの1965年のよく知られたオリジナルな研究の最終部分は、国別の事例研究に割かれている。「比較研究とは本質的に、システム（国家）の名を概念（変数）の名に可能な限り置き換える企てである[39]」という綱領的発言をしたノアやエクスタインですら、比較教育学の文献の中で国家が所与のものとして突出することを止めさせることには成功しなかった。当時のすべての比較教育学者が、特定地域の専門家として訓練されたわけではない（ベレデイは最初の、そして一流のソビエト専門家であったが、ホームズやノアやエクスタインはそうではなかった）。しかし、国民国家は依然として比較研究の大部分において分析の単位として目立っていたのである。経済や文化のますますのグローバル化は、ディアスポラによる知のネットワーク、ネットワーク理論、そして、欧州連合(EU)の最重要な教育訓練プログラムであるエラスムス（ERASMUS）、それより小規模なアジア太平洋大学交流機構（UMAP）、アセアンの大学ネットワーク（AUN）など地域組織の台頭を含む地域主義、ならびに世界大学ネットワーク（WUN）のような国境を越えた大学のネットワークやコンソーシアム、『グローバリゼーション』『社会と教育』などの専門誌に関する近年の比較研究と並行している[40]。同時に、これらの動きは比較教育学の分野における分析の単位としての国民国家を問題視することを含めて、われわれの思考を作り変えているのである（以下も参照されたい）。

いくつかの支流

上述した諸要素が、1960年代以降の比較研究法の著しい発展の時期において、比較教育学の主要な流れを特徴づけるものであったが、いくつかの重要な支流が分化した。これらの支流の中には、その後、特筆すべき潮流になったものもいくつかある。戦後数十年間の比較教育学者のすべてが、比較教育学のさらなる発展は相対性原理以後の物理学における議論に依拠しているという見方、あるいは西洋文化がすべての文明の最終到達点とみなされるべきだなどという見方を共有していたわけではない。

比較研究法において科学主義の強調がすべてを席巻していた状態に挑戦した2つの流れは、より解釈的で人類学的な伝統、すなわちエスノメソドロジーとエスノグラフィーを活用したものであった。その1つは、カナダ系アメリカ人

第1章 専門技術主義、不確実性、倫理　67

であるリチャード・ヘイマン（Richard Heyman）の論考によく例示されている。彼は（1970年代から1980年代の一連の論文において）、それまで広く流布していた方法論上の言説に見られた科学主義のエートスに対して、慎重に、しかし明確に代替的研究の流れを示した。彼が依拠していたエスノメソドロジーを研究手法とする研究者と同様に、ヘイマンは社会科学の方法論発展における自然科学の影響を批判した。彼はそれに代わるものとして、指導教授たちの後押しを受けつつ、「非自然科学的な比較教育学」を提唱した。[41]

　エスノメソドロジストにとって状況は生きたものであり、従って知識、そして状況を記述する言語は、「指標的」あるいは場面に応じて調節されるものであった。自然科学に依拠した多くの方法論と明確な対照をなすのは、個人が難解で抽象的な方法の指図に従って、また個々人の経歴や関心とは無関係に受け入れるべき独立した現実などは存在しないという点である。このようなわけで、実際のところ、社会現象に対する客観的洞察を生み出す第三者的立場からの観察という科学的方法の前提そのものが、単純に誤りなのである。それとは正反対に、すべての観察はそれ自体が多くの、どのようにも構築されうるものの1つであり、その1つ1つがさらに解体され、あるいはさらなる解釈を受けるのである。[42] まさしく、1つの社会現象についての1つの解釈は、ある現象について説明することと同一の外延をもつのである。観察は解釈そのものであり、原則として解釈は終わることがないことになる。またそれぞれの説明が、原則的に、さらなる解釈にさらされるのである。まさにアンソニー・ギデンズ（Anthony Giddens）がエスノメソドロジーの核心にある「解釈学という渦巻き」[43] と的確に表現したものが、エスノメソドロジーの信奉者たちによって、社会解釈の特徴として受け入れられたのである。

　このような教訓を比較教育学の刷新のために応用したヘイマンは、オーディオやビデオで記録した関係者の相互作用を深く研究することを通じて、学校生活の微細な過程に焦点を絞ることへと駆り立てられた。このこと自体は、巨視的で制度を拠り所とする比較教育学の伝統の修正を迫る手段として価値があったが、エスノメソドロジストによって「教育の本質的な過程について合理的な描写」[44] がなされるまでは、その他の形態の教育研究などは見合わせるべきだとまでヘイマンが言い切ったのは、不合理かつ奇妙奇天烈であった。同様に、強力に反実証主義的であることを主張し、社会の現実が形づくられる具体的で多様な方法を大切にする認識論を前提としたにもかかわらず、他の解釈より何と

か先に、それ自体の事実を作り出すことを主張したのである。それは、他の研究者から拠り所とされる類の認識基盤を提供することを少なくとも暗示的に主張することによって、これまで自らが批判してきたのと同じ実証主義の陥穽に陥ったのである。教育の比較研究に対するエスノメソドロジーからの処方箋について回る別の問題は、その視野の幅であった。エスノメソドロジーは無数の細かな部分からなる教室内の相互作用というミクロな世界に集中するあまり、もっと広い世界（このマクロな世界が教室というミクロな世界に往々にして影響を与える強力な関わり方も含めて）に焦点を当てることをしばしば見失った。実際のところ、エスノメソドロジーに対して執拗に繰り返される強力な批判の1つは、学級というミクロな世界に浸透している権力関係、特に社会階層に基づく関係を含めて、より大きな世界の権力構造の浸透の仕方を包括的に捉えたり、分析したりしなかったことである。本質的に、エスノメソドロジーはクラス（学級）という1つのものを手に入れる中で、もう1つのクラス（階層）を見失ったと言いうるかもしれない。

　カナダ学派の比較教育学は、先に取り上げた陥りやすい欠陥の多くを回避したヴァンドラ・メイズマン（Vandara Masemann）が行った批判的エスノグラフィーについての創意に富む、重要な精緻化への取り組みにおいて強化され、現代の比較教育学研究の多くに見られる科学主義に対して重要な挑戦を行った。

> 単に「データを読み解くこと」や、費用対効果の高さおよび技術的合理性があるという理由で選択された結果にも変わる可能性あるのに、実社会（または教育の世界）を研究する客観的な方法を明確にすることを今まで以上に真剣に追い求めるのが社会科学者の仕事だろうか。[47]

　メイズマンにとって、批判的エスノグラフィーとは、「そこに関わる行為者の文化や象徴的な生活を理解することを目指して、……ちまちました参与観察[48]」を改めて強調することばかりではなく、「何度も見落とされたり、否定されたりしている一定レベルの作用（agency）に執拗にこだわること[49]」を示すものであった。社会組織についてのマクロな理論の文脈にミクロなものを入れ込むエスノグラフィーの形式を強く支持して、メイズマンは「行為者の状況認識を分析することばかりに必ずしも限定する必要はないが、生の学校生活を調査することは可能であるはずだ[50]」と論じた。その方法によってのみ、誰かが主

導権を握ることの合理性を生徒に押しつける慣行をうまく浮き彫りにし、分析することができると彼女は主張する。マクロをミクロに結びつけることによって、彼女はエスノメソドロジストの問題点、つまり、より大きな構造やイデオロギーが仮にあったとしても、それらを括弧で括ってしまっていたこと（つまり方法論的に除外すること）が権力をうまく分析できにくくしてしまっていたことを回避したのである。

　主流から外れたその他の理論は、多くの研究に見られる伝統的な西洋中心主義的見方に異議を唱え、あるいはまた、国際政治の舞台や、依存性を育てる慈善団体の役割を含めて教育における強者と相対的な弱者集団の関係についてのかなり異なった政治的前提から生まれた。[51]画一的な西洋流の近代性に至る単線的な道筋という機能主義の前提を覆して、これらの研究者のうちの何人かは中心―周辺モデルについて明確に述べ、またしばしばマルクス主義的伝統の潮流への忠誠を示した。彼らは西洋の富裕で強力な国家の力を強調するとともに、第三世界諸国の依存度を高めた国際通貨基金（IMF）や世界銀行といった組織が行う借款その他のプログラムを強調したのである。[52]アンドレ・グンダー・フランク[53]（Andre Gunder Frank）やイマニュエル・ウォーラーステイン[54]（Immanuel Wallerstein）らの理論的研究を拠り所としながら、主要な比較教育研究者は植民地主義の影響や第一世界と第三世界の関係に対して批判的な視線を投げかけた。マーティン・カーノイ（Martin Carnoy）の初期の重要な著作は、フィリップ・アルトバック（Philip Altbach）や故ゲイル・ケリー（Gail Kelly）の植民主義に関する重要な研究へと受け継がれた。[55]それは、単にアフリカやラテンアメリカ、そしてアジア太平洋地域における西洋植民地主義の侵略が教育に与えた影響を調査しただけではなく、土着の少数民族の教育に見られる内なる植民地主義、すなわち、ハロルド・ウォルプ（Harold Wolpe）のような人物の作品をアメリカの先住民族の教育の分析に応用した初期の重要な研究も含んでいた。

　ロバート・アーノブ（Robert Anorve）の世界システム分析の応用は、特に第三世界における慈善団体に見られるイデオロギーの浸透に関する研究に端を発したものである。[56]分析の基本単位として国民国家に依存する伝統的なやり方ではなく、教育システム理解の国際的アプローチを求める明快な呼び掛けを発表することで、アーノブは国際経済や国際政治、そして社会開発という文脈の中に教育の分析を位置づけることの利点を探求した。アフリカやラテンアメリカ、オセアニアといった地域における植民地主義、新植民地主義の影響は、こ

のような分析の方法の必要性を明確に示す好例であった。こうした分析方法は、これらの地域が今まさに直面している困難、すなわち、植民地的関係が作りあげ、また植民地時代の正式な終焉が遙か昔のことになっても、しばしば形を変えただけで残っている従属の長い歴史を克服する上での困難さを強調した。アーノブが説明したように、植民地またはポスト植民地国家における国際的なイデオロギーの浸透は、第三世界の国々にも広がっているのである。

  従属理論は、基本的に、中心国家の周辺国家に対する覇権が、第三世界内の中心国がその周辺国に及ぼす覇権へと下りていくという搾取の連鎖を示した。こうした中心―周辺という概念と密接に結びついているのは、世界システムにおけるウォーラーステインの収斂と拡散の概念である。[57]

アルトバックの新植民地主義と従属に関する分析もまた、国家間と一国内の双方において見られ、彼が「奴隷根性（servitude of mind）[58]」と名づけたものを生みだし、維持する過程を明瞭に述べている。その過程は、経済的な富や権力の格差によって助長されるだけではなく、第三世界の国々の次のような事実を反映しているのである。

  世界の教育や知のシステムの周辺に自らを見出し、……世界の一流の大学、研究所、出版社、雑誌、そして現代の技術社会を構成するすべての要素がヨーロッパや北アメリカの工業国に集中している。[59]

世紀末の分裂

 以上の理論に関する展開が、モダニズムの立場に立つ比較教育学の主流である科学主義から外れたものであるとするならば、その状況は前世紀の終わりまでに再び変わることとなった。その頃までには、戦後数十年間に見られた、ほとばしるような学問的勢いは完全に衰退してしまっていた。1970年代のオイルショックやその後断続して起こった景気の後退によって、大量失業、特に若者の失業が世界各地で起こった。富める者と貧しい者（国家間、一国内のいずれにおいても）の格差が広がった。また各国経済に見られた規制緩和の進行によって、社会、経済の万般にわたる政府の活動や介入が減少した。社会科学に

おいては、それまでの数十年に見られた自信にあふれた確信は、徐々に混乱に陥ってしまった。経済的にも、政治的にも、そして認識論の面でも、世紀末の時代精神（Zeitgeist）は、30年前と比べると、相当に不確実で自信のないものになった。比較教育学を含めて、社会科学における議論は、このような世相の変化を反映したものであった。モダニズムの基盤の多くを拒絶したポスト構造主義思想の高まりは、かなり挑戦的であったが、唯一絶対ではなかった。

グローバリゼーションと国家の衰退

　しかしながら、1990年代までには、比較教育学における分析単位として国民国家を中心に据える考え方がますます疑問視される状況に置かれた。このことは理論を扱った文献に表れ、また政治的には国民国家の境界ならびにわれわれ自身の理解の境界に変化が起こっていたことを反映している[61]。20世紀末に広がった国際経済・政治の変化が、旧いしきたりを脇へ押しのけてしまったのである。求心的、そして遠心的な双方の力が東欧の旧共産主義圏の境界を国際的な貿易・政治協定に部分的に支えられた新しい地域貿易ブロックに実質的に作り替えてしまったのであり、これまで国民国家を重視してきたことが疑問視されるようになったのである[62]。興味深いことに、欧州連合（EU）や北米自由貿易協定（現在ではラテンアメリカを含む、米州自由貿易協定に発展した）、アジア太平洋経済協力（APEC）はしばしば、少なくともそれぞれの圏内において、教育の国際化支援のための教育インフラを創っているのである[63]。グローバリゼーションの意味に関してはかなりの逸脱があり、相当程度の誇張があるにもかかわらず、規制緩和がより進んだ国際経済環境と国際的なコミュニケーションの巨大な成長の中での地球規模での莫大な資本の移動を含めて、いくつかの明確な傾向が認められる。これらの傾向のそれぞれが地域経済連合や地球規模の製造業、金融企業をよりいっそう育てることに対してインパクトをもってきた[64]。以前は国を単位としていた経済の国際化プロセスが急速に進み、一方では電子媒体によるコミュニケーションがとてつもなく成長したことによって、少なくともそうした技術にアクセスしうる者にとっては、（教育を含む）国家間の境界の正当性を疑わせるようになった[65]。国民国家に縛られない幅広い理解の形式を生み出すことに向けて、理解の意味の再定義については（ローランド・ロバートソンが「世界を解釈学の中心にすること」と表現したように）[66]、

多くのレトリックがあるにもかかわらず、また、「グローバリゼーション」の真の意味については実質的な違いがあるとはいえ、その影響は理論的なものというよりも、むしろ主として経済的なものであると言うことができよう。

ハンチントン（Samuel Huntington）をはじめとする研究者は、例えばイスラーム、中国、そして西洋世界の間の「文明の衝突[67]」が前時代の国家主義的対抗関係をすでに凌ぐものになっていると主張している。しかし実は、文明の衝突に関するおそらくもっと新しい論文は、国家主義的対抗関係についての諸理論やさらに早い時期の諸理論との間に、両者がともに単に誤った本質主義に基礎を置いていたという点で、通常考えられるよりずっと多くの共通点があった。[68] ハンチントンの場合、「ソ連」と「イスラーム」のいずれも、統一された実体ではないのである。

> ハンチントンの分析の重要な弱点は、冷戦初期の戦士のように、敵を一枚岩と見なす罠に陥っていることである。……冷戦の当初、共産主義諸国は国際的な共産主義ユートピアの勝利に献身する運動の前衛として表現された。……同様に、ハンチントンはイスラーム教の国々を、西洋世界や米国への敵意で結びついた汎イスラーム運動の一部と見なしている。[69]

グローバリゼーションに関しても、より洗練された分析が必要である。そして比較教育学者は、その解明と分析のために貢献することが重要なのである。なぜならこのように急速に変わりつつある場面のただ中にあって、またグローバリゼーションと文明の衝突論の双方が比較教育学に対して重要な意味をもっているにもかかわらず、比較教育学者は未だ文献の中で決定的に重要な意味をもつ十分な評価を受けていないからである。教育や社会理論に政治経済的な視座を統合したアプローチがここではより成功を収めそうである。特に国際的なマクロなレベルの影響を検証するだけではなく、地域やより小規模な影響についても検証するような多層的なアプローチと結びつければ、[70] なおさらうまく行きそうである。グローバリゼーションの物語は、突き詰めていくとローカルなレベルで書かれるのである。

同様に、注目に値する例外があるとはいえ、[71] 1980年代および90年代の比較教育学の文献では、（時には）教育へのアクセスや公正性を含めて、民営化の影響を跡づけた事例研究が蓄積されたのに比べて、教育に対する国家の役割の

変化や、それと相関する民営化のような問題の意味を理論化することはあまり進まなかった。[72] 比較教育学分野の研究者の何人か（そして、むしろ他分野ではより多くの研究者）が、英国、ヨーロッパ、オーストラリアといった先進資本主義国において、かつての戦後民主主義の基盤が徐々に浸食されていくことの影響に、その教育への含意も含めて、注目した。[73] しかし、こうした説明を、国家の形態や国際経済のパターンや関係の変化に関する体系的分析という文脈の中に位置づけた者は少なかった[74]（本書第10章を参照されたい）。福祉国家、つまり、万人に対して良質の教育、健康、福祉を保障することは国家の責任であるという考えが広く受け入れられていたような国として特徴づけられてきたものから、競争国家（国家は国内外の経済競争力を高めることのみに介入し、個人の成功や失敗は個人や家族の責任であるとする国家）への移行の重要性を考えると、[75] この点がたいていは欠落しているのは、いくぶん憂慮すべきことである。このような展開について徹底して分析することは、教育に見られる変容の研究にとって大きな価値をもっており、それは単に西側工業先進国のみならず、旧共産主義諸国やさまざまな第三世界の文脈においても言いうることである。ここでも再び、異なった国家観を持つアジアの勃興は、異なった種類の国家開発観、つまり、ずいぶん批判されたワシントン的合意（より新自由主義的開発モデル）よりもむしろ北京的合意（よりいっそう国家指導の開発手法）と称されるものが台頭する兆しかもしれない。

実証主義からポスティズムへ

これまで多くの変化について述べてきたが、モダニズムの主要な前提を俎上に載せることなく残してきた。しかし、もし実証主義の原理の多くに固執することが、戦後20～30年間のモダニズムを拠り所とする主流の比較教育学を特徴づけるとすれば、20世紀末の西洋においてポスト構造主義の考え方が徐々に成長してきたことが、社会科学において、そしていくぶん遅れて比較教育学においてポストモダンの立場からの批判を生んだのである。

ポスト構造主義の考え方とは何を意味するのであろうか。手短にいえば、（構造）機能主義やより決定論的な形のマルクス主義のような構造主義の理論とは、社会の成り行きを決定する上で構造というものが果たす役割を説明の中心に置くことを強調するものである。このような理論が社会システムと結びついたこ

との最も重要な点は、社会の命運を形作る強力かつ決定的な構造と闘うには、個人は無力であることを意味していたことである。ある意味で、こうした理論は、人間には神によって割り当てられた運命に逆らう力はないと考える宗教的運命論の教義に似ている。このような見方に反して、教育におけるポスト構造主義を含めて、ポスト構造主義の理論は、人間、そして、人間が自ら暮らす世界にさまざまに割り振った意味が社会の現実を作っていると考えた。社会の現実は、このような観点からみれば、偶発的で、局所的で、交渉によって決まる事柄なのである。それは単一的ではなく、人々および集団が自らを世界の中でどう位置づけるかによって、さまざまに構築されたのである。原則として、このような見方は、上述した「構造」に重きを置く相当に決定論的な社会理論と比べると、「作用」(エイジェンシー)(人間が実社会に働き掛けてそれを変革する力)に、より大きな余地を与えた。ポスト構造主義の理論は、社会全体がどのように動いているのかを説明する大規模な「グランドセオリー」の見せかけを決して信用しないのである。

　パウルストン (Rolland Paulston)、コウルビー (David Coulby)、コウルビーとジョーンズ (Coulby and Crispin Jones)、ニネス (Peter Ninnes) とメータ (Sonia Mehta)、コーウェン (Robert Cowen) らの研究は[76]、比較教育学における最近の研究が拠り所としてきた知識の客観性あるいは科学的手法の重要性といった従来からの多くの前提を切り崩した。ポストコロニアリズムも同様に、おそらくより間接的であるにしても、影響を及ぼし始めた。異質性にこだわり、グランドセオリーに対する不信にこだわることが両者を特徴づけている。そしてポスト構造主義者は一般に、「進歩についての、また一般化をめざす大きな物語についてのリベラルな人道主義的レトリックに対してポストコロニアリズムが抱く不信は、あきらかにポスト構造主義に近いものがある」と考えた[77]。それにもかかわらず、ポストモダニズムとポストコロニアリズムの間には大きな違いがあり、以下それについて検討する。

　ポストモダンの立場からの批判は、比較教育学ではその始まりは比較的最近のことであり、事実上ルスト (Val Rust) の北米比較国際教育学会での1991年の会長演説に端を発している[78]。比較教育学では、このように比較的遅れて議論が始まったことは非常に興味深い。ポストモダンの批評家による異質性へのこだわりと、比較教育学にとっての文化的多様性の重要性との間には潜在的な合致があると仮定すれば、比較教育学の分野でその議論が相対的に遅く始まっ

たこと(そしてその後もあまり議論されてこなかったこと)は、興味深い。
　しかしながら、クマのプーさんのごとく、すべてが予定通りにうまく進むものではなかった。一方において、2004年のニネスとメータの研究でさえ、モダニティ、理性と合理主義、西洋化、(制度およびイデオロギーとしての)科学、そして資本主義の台頭と支配に対する批判的スタンスを認めることを拒絶し、依然としてそれ以外の理論的伝統の要点を述べた。そうしたスタンスは、比較教育学の中でも、より広くは社会理論においても、ずっと批判的な学問研究では歴然としたものなのである。他方、ちょうどこれまでの議論が提起したのは、モダニズムは多様性(文化的多様性を含めて)が科学によって克服しうることをとりわけ示した点であったように、ポストモダニズムが一般に考えられるほど差異を讃えてはいなかったということが議論されるであろう。
　これは2つの理由からである。ポストモダニズムの本来のねらいの1つは、モダニズムに立つ考え方の普遍的、一枚岩的傾向を克服する努力の中で、(社会)理論の中心に差異というものを置こうとしたことであった。それ自体は称賛に値することであり、またモダニズムのもつ閉鎖的傾向、つまり、直線的な道を作り出し、それから外れたものを異なっているというよりも、むしろ常軌を逸したものとして排除するような傾向に対する矯正手段としての価値が潜在的にあった。このように差異を正当に評価することの一環として、民族やジェンダーの点で少数派として沈黙させられた人々に発言権を与えるというねらいが表明された。モダニズムの差異に対する不寛容を考えると、これらのねらいはいずれも理にかなっていた。しかしながら、残念なことには、これらのねらいはあまりに難解な言葉づかいによって急速に圧倒され、そうした内輪だけで使われる難解な言語や言葉ゲーム／比喩が、これら本来の意図をひどく見えにくく、理解し難いものにしてしまった。実際のところ、差異は他の社会的所産と同じく、文字化され、抑圧され、難解でとりとめのない仕掛けの「雪崩」の中に埋められてしまったのである。社会的な差異を記述する上での言葉の重要性を強調することと、言葉を越えるものが何もないと論じることとは別である。
　ポストモダニズムは後者のグループに入るのである。そして、「反対」と「差異」という抽象的な(擬似体系的)モデルで操作され、そこでは、これらの概念は事実上、言語的人工物ないしとりとめもない定義の所産として扱われ、すべての歴史的で、経験を踏まえた内容から切り離されている。

経験的、歴史的な存在としてではなく、ジェンダーを文章化し、性差を否定し、あるいは単に形式的カテゴリーとして差異を扱ってしまう危険性がある。[81]

換言すれば、マルクス主義やフェミニズムがそうしたように、社会の特定集団に対する社会的歪曲、抑圧や疎外に対峙するのではなく、ポストモダニズムは「差異」をますます言語的人工物に委ね、日常世界から離れ、もともと関心を抱くべきだと主張していた社会的弱者グループの関心事からは離れていった。

次に、ポストモダニズムがイメージを大事にするということは、それが実質的なことよりもいっそう様式、つまり内在的な重要性ではなく、どのように見られるかということへの関心をもつものに時折なったことを意味した。事物を分析する確固たる観点をもつことから離れ、ポストモダニズムは、倫理的な判断を下す立場を発展させられなくなった。知識は関与から切り離された（関与することは潜在的には無限に存在する他の多くの価値の1つの地位におとしめられた）。そして、知識とその意味からは倫理が消え失せた。[82] かくして、差異が包含されているとしても（これについても多くの疑問がもたれているが）、もはやその差異を判断する基盤がないのである。道徳的な基盤を欠いた抽象的カテゴリーとして差異が捉えられた。例えばアメリカのナチス党のような白人至上主義者によって表現される「差異」は、アフリカ系アメリカ人やユダヤ人あるいは先住の少数民族の文化といった、彼らが抑圧しようとする文化の価値と同じく固有の価値をもってしまうことになる。例えば、実際、近年のいくつかの研究によれば、ポストモダニズムが約束したものを完璧にする唯一の手段は、ヘンリー・ジルー[83]（Henry Giroux）の研究に見られるように、フェミニズムやアフリカ系アメリカ人文学に見られるいくつかの道徳的立場にポストモダニズムを結びつけることであるという。ポストモダニズムの理論家の何人かは、その守備範囲を明確に示す能力を重視した。[84] しかしながら、道徳的領域を避けることによって、ポストモダンの諸理論は、われわれが変化の動きを見極めることができないようにしてしまったのである。

ポストモダニズムの諸理論（現在は相当に多い）は、機能主義的近代化論、特に、近代化の過程イコール西洋化であるとか、第三世界諸国の社会的、経済的進歩が先進的な科学技術に依存しており、合理性をもつ科学モードに左右されているとかいった考え方に対して実質的な批判を加えているように思わ

れる。科学のもつ統合的論拠や他の様式の普遍主義的論拠をそのように批判することは、開発についての代替的な見方や疎外された弱者集団を開発過程のより中心に位置づける可能性を与えたように思える。しかしながら、抑圧された農民の生きた現実はますます見えなくなってきている。すなわち、個々人の経験を彼ら自身にも他の読者にも認識しにくく、見にくくする難解かつ不明瞭で、ひどく理論的な言語形式の幾重にも重なったものを通じる以外には見えないのである。モロウ（Raymond Morrow）とトーレス（Carlos A. Torres）が論じているように、人々の歴史と作られた虚構的な説明の境界が見えなくなってきているだけでなく、支配と覇権についての全体的な概念（それによって抑圧の形態が見出され、反対された）は放棄されないまでも、弱められてしまっているのである。その代わりに、ジョン・オニール（John O'Neill）やクリストファー・ノリス（Christopher Norris）などの理論家によると、人々は彼らの歴史から切り離され、イメージとサインからなる記号論の濃霧の中に漂っているという。公平と平等は、ポストモダンの理論によると、1つの価値体系を形作っており、それは他のすべての価値体系と並ぶものである。集団の善のために行動することを拒む傾向があるポストモダンの諸理論の個重視の傾向の下では、公平とか平等ということは多くの価値ほど重要ではないのである。このことは究極的には、長く続いてきた文化的伝統（例えば、母系制の社会）を不安定化させ、弱小の社会集団（例えば、小規模土地所有者や農民）を往々にして抑圧するものであるモダニティの具体的な過程に対して、実質的な批判を行う上ではほとんど何もしていないことになる。より進歩的な解決策は、ポストモダニズムに立った批判をフェミニズムや民族に関する形態と結びつけることで見出しうる。なぜなら、「民族やジェンダーを扱う理論家には、差異を多元主義的に大切にするということを口実にして、より大きな枠組みである支配の論理を放棄することに屈してしまう者は少ない」からである。[85]

ポストモダン、ポストコロニアルと「他者」

　上述したとおり、ポストコロニアリズムの諸理論は、ポストモダニズムに立脚した批判と同じように、差異を中心に置くことを主張している。しかしながら、エドワード・サイード（Edward Said）、ガヤトリ・スピバク（Gayatri Spivak）、ホミ・バーバ（Homi Bhaba）やテジャスウィニ・ニランジャナ[86]

(Tejaswini Niranjana) による研究は、ポストモダニズムの核心部分にある道徳的空白に対するある種の矯正手段として、差異の理解に政治的な次元を取り入れた。この研究の骨子は、植民地主義およびポスト植民地主義の諸経験の中にある覇権的過程に焦点を当て、またそれを批判することであり、さらに、男性、白人、異性愛者流の論理的思考、そして、こうした論理形式、従ってボードリヤール（Jean Baudrillard）よりもむしろブレイスウェイト（Edward Braithwaite）、フーコー（Michel Foucault）よりもむしろファノン（Frantz Fanon）の論理につきものの西洋的形式の論理的思考や実践による支配に対抗することである。例えば、ニランジャナは、教育がもつ馴化作用も含めて、西洋文明の産物を必要としている異国の、非文明的な「他者」を生み出す手段として翻訳が使われる方法についての言説を敷衍することで、この主張を説明している。このような意味において、彼女はエドワード・サイードの同調者であるといえよう。オリエンタリズムを分析したサイードは、インドのような植民地において、「オリエントを取りまとめ、囲い込み、飼い慣らし、そうすることによってヨーロッパの学問の1領域に変えていくために」、翻訳の過程がどのように展開したかを明らかにした。[87]

比較教育学者は、翻訳の問題に精通している。法律家であり小説家でもあるルイス・ビグレー（Louis Begley）が、（彼が精通している言葉で書かれた）最近の翻訳の中で彼自身の小説の登場人物に出くわしたという次のような経験は、何かを感じさせるものがあった。

> そんなに昔のことではないが、ある翻訳の中で私の小説の登場人物に出くわした。彼はニューヨークシティホテルの外側の歩道に立って、誰かがたくさんの水が入ったレモネード（lemonade）を持ってきてくれることを願っていた。「なんと変な話だ」と私は独り言をつぶやいた。そして原本と照らし合わせて見て、英語では哀れな奴らが胴長のリムジン（limo）を待っていたとなっているのを発見した。[88]

リムジンをレモネードと取り違えたことは、あまり深刻な翻訳上の問題ではないが、ニランジャナが述べているように、それは他者を描く明示的あるいは暗示的な戦略を示しているかもしれない。実際、他者についての表象からは往々にして、翻訳されたものについて分かるのと同じくらい、翻訳家の関心が

分かるものであり、異文化間対話の戦略や植民地主義や帝国主義の影響という文脈の中で理解される必要がある。ニランジャナが18世紀の学者であり翻訳家でもあるウィリアム・ジョーンズ（William Jones）卿について行った説明は、彼の序文や、スピーチ、詩などを拠り所としたほどには、インドの主要な古典の直接的な翻訳を拠り所としていない。ニランジャナは最終的にジョーンズの作品の意義深い要素を次のように摘出している。

1．先住民は彼等の慣習や文化についての解釈者として頼りにならないので、ヨーロッパ人による翻訳が必要であること。
2．インド人に「彼らの自身の」法律を与えるために、立法者になりたいという欲求。
3．インド文化を「浄化し」、彼らに代わって話したいという欲求。

これらの戦略には、植民地主義の言説の主要な要素が表れている。そこでは、植民地の他者とは、「従順で」「痛みに鈍感な国民」「自由の果実を味わうことができず」「絶対的な権力によって支配されることを望み」……「市民的自由を享受できない」者として特徴づけられる。こうしたこととほとんど五十歩百歩なのが、植民地の他者を代弁し、彼らをその場所に留めておくのに都合の良い温情主義的な管理や統治の形態の永続化を正当化することである。このような権力のねじれが植民地主義の重要なモチーフであることを認識することによって、ポストコロニアリズムの理論は、温情主義的ながら抑圧的な実践に反対する上で、よい立ち位置についたのである。

新千年紀のための新しい比較教育学

比較教育学における科学主義の失敗、ポストモダニズムにおける倫理の欠如、そして20世紀末の社会・経済に対するグローバリゼーションの分裂増殖的な影響に関する上述した議論を受けて、比較教育学が新しい千年紀の最初の20年間に、この学問分野の新しい基礎を創りあげる機は熟したと論じることは理にかなっていよう。実際のところ、比較教育学者は傍観者的にただ立っていてはいけない。民営化、つまり「受益者負担」の教育という考え方や、貧富の差の拡大で特徴づけられる秩序を失った社会および経済界に対峙する責任がある

と言いうるであろう。社会科学者として、われわれは、理論が中立なものではなく、もっともらしい見せかけの客観性に基づく立場を擁護できないことを自覚すべきである。比較教育学者として、われわれは疎外され抑圧された者の側に立つのか、それとも彼等の問題を一層深刻にするのかのいずれかをとるのである。

では、刷新された比較教育学とはいかなるものなのであろうか。別稿で、私は比較教育学についての新しい未来図の構成要素を概観したことがある。[94] 最初に、そして最も重要なのは、道徳的な未来図である。古代ギリシャやルネサンス時代もそうであったように、この未来図では、社会の善という目的因(テロス)（目標ないし目的）が依然として主要な価値をもつ。比較教育学者の何人かが始めたように、比較教育学のより民主的なエートスを改めて主張することは、[95] もっと相互扶助的で互恵的な異文化間関係の説明を創りあげ、以前の科学主義的説明の専門技術主義（technicism）に抵抗し、ポストモダニズムの真ん中に空いた道徳的空洞を拒絶することを目指すべきである。そうする中で、こうした伝統はモダニティについての批判的説明を与え、問題のある遺産を脱し、一方で新しい千年紀においても依然として何らかの示唆を与える要素を維持するのである。[96]

ここに描かれたモデルは、解釈学（もともとは聖書の原典解釈を基礎とした理論の一形態）と批判理論の双方に基づくものである。いずれも理解の道具主義的説明に矮小化されることに抵抗する。解釈学と批判理論によると、いかなる技術的な手立てや所与の公式も答えを保障するものではない。実際のところ、これらの思想の学派はいずれも、少なくとも部分的には、そうした素朴な信念に反対することから形成されたのである。[97]

いくつかの方法論上の教訓があり、それらは広く共通に支持され、新たな比較教育学の基礎となり、より一般的には、異文化間関係の基礎となることができるであろう。これらの原則のうちの最初のものはテクネー（倫理的検討を控える手段―目的形式の合理性）を拒絶することであり、実証主義の伝統における、知識、推論、存在についての道具主義的立場からの説明を拒絶することである。[98] また自然科学や社会科学の双方において、知識や社会の統制、支配、操作に力点が置かれることとは対照的に、解釈学と批判理論は他者性や個別の他者へ敬意を払っている。他者を「研究の対象」とみなす実証主義の知識についての説明とは違って、批判理論や解釈学が支持するのは、[99] 他者を主体として認めることであり、自らに与えられるのと同じ権限と特権をもった主体として見

ることを原則とするのである。このような差異への開放性は、ポストモダニティの若干の形態に見られるような原典主義的なものばかりでなく、ジェンダー、人種、階級の文化的差異に対するもののような、道義的な開放性でもある。

客観性や普遍妥当性についての科学的装いは、ここでは根拠薄弱なものと見られる。デカルトや現象学の伝統の双方によって発展させられた類の前提を欠くことは、この理由により、幻想である。逆に、知識は関心によって満たされ、事前の判断の必要性を免れる初期理解など存在しないのである。

　　これはまさにガダマー（Hans-Georg Gadamer）が問題にした考え、すなわち、そもそも先入観や予見を欠いたような伝統、原典、社会の理解というものが存在しうるだろうかということである。これがもし仮に真実だとするならば、理性はそれに課されるいかなる歴史的限定がなくても、権威の究極的な源となりうることになる。つまり理性は、絶対理性となるのである。[100]

自然科学もまた、この種の批判を免れることはできない。たとえそれが客観性と価値自由についてのいくつかの科学的認識論を主張していると言ってもである。「科学的なプログラムやそれらに伴う技術的操作が人間の利益のために自然を"征服"し、"搾取"するのだといった旧い信念のもとに行われるやり方も、われわれは同様に偏見であると見なしうるのである」[101]。

1世紀以上も前に、ドイツの理論家ディルタイは、すでにこのような見せかけを非難している。ディルタイは、具体的、歴史的あるいは同じ形で答えを出すことが求められている教育的問いに対して、いかなる普遍主義的科学も答えることはできないと論じた。実際、ディルタイは、客観科学のこうした普遍主義的みせかけを見出し、他の学問分野はとっくに思想の歴史的連続性を認めているのに、教育学はそうではないという相対的な「科学的後進性（Wissenschaftliche Rückstandigkeit）」の表れであるとした。

歴史性は、さらに重要な問題としてここで一緒に取り上げられる。批判理論や批判的解釈学は、理解の過程が基本的に歴史的であり、抽象的、理想的なものではないと主張しているのである。またどのような理解もすべては、特定の関心や予見から始まっているはずであり、それ自体が特定の歴史や伝統という文脈の中に置かれるのである。「つまり、われわれは自らの伝統についての多

くの偏見を共有しているということなのである」[102]。2つの理論的な系譜はともに、自然科学において得られた相互的な関係よりも、人間科学における自己と他者のより相互的な関係についての認識から生じたのである。「つまり自然科学において成立していた"主体対客体"という認識論的な関係は、人間科学における解釈者と歴史的伝統との間で獲得された"主体対主体"という関係を正当に評価できなかったのである」[103]。

　新しい比較教育学のための他の基本的要素としては、西洋の認識論の主流を支えている二項対立を排除することである。つまり、科学対推測、男性対女性、事実対価値、精神対身体といったことである。批判理論と解釈学のいずれも、理解についてのより関係的な形を信奉する。例えば、知識は社会的存在と関係しており、西洋の主流の科学的認識論の対極物として固定されるよりも、現代の知識社会学、および東洋思想の伝統とより協調する立場にある。

　しかしながら、解釈学と批判理論はいくつか異なっている点がある。より批判的な形態の解釈学は、ハーバーマス等が擁護したように、より保守的な形態のものとは2つの点、すなわち、文化的差異についてのわれわれの理解、および"自己"と"他者"の関係という、それぞれ教育がいかに理解されるのかにとって意味のある点において明確に異なっている。ハーバーマスが述べたことで重要なのは、例えば、批判的ではない解釈は誤解や社会的歪を引き起こす社会的状況を再生産するとして、「批判的ではない理解は、ただ単に継続し、繰り返し、そして伝統、文化的価値、イデオロギーや権力構造を再生産するだけである」と論じたことである[104]。

　言語の制約およびその解釈における役割が差異に関する第2の点である。批判的解釈学は、言語外的な支配の諸形態、特に社会階層や経済的地位といった力が、解釈やコミュニケーションに大いに影響し、あるいはそれらを条件づける力を持っているということを支持している。ハーバーマスは、「言語は言語に還元できない社会的な過程に依存している」[105]と考え、それゆえ、解釈は、社会の権力構造や物質的関係によって閉塞させられるとする。ここでの重要な違いは、これらの社会的歪を白日のもとにさらけ出し、そしておそらくそれらを克服する上で批判的省察（critical reflection）が担う役割である。「批判的省察は解釈者をして、彼が受動的に、無意識に苦しんで来た条件を引き受けさせるのである」[106]。これはまさにイデオロギー批判の役割であり、ハーバーマスにとっては、伝統のしがらみを打ち破るために、自省を用いることが可能だった

第1章　専門技術主義、不確実性、倫理　83

のであるが、一方、ガダマーにとっては、伝統がわれわれの理解に制限を設けるものだったのである。

　ここにわれわれは、再構築されたモダニティとのつながりを見出すことができる。つまり、批判的省察の目的は解放であり、現存する抑圧的な権力構造は除去されねばならないということである。この解放の過程は、しかしながら、相互依存や互恵主義を前提としている。「啓蒙の過程には、ただ主体的参加者しかありえないのである」[107]。社会についての批判理論や批判的解釈学がそれぞれ啓蒙主義から受け継いだものを示しながらも、そこから重要な方法で脱却するのは、この点である。啓蒙主義においては、「世界は数理化、体系化されたものとして捉えられた。しかし、普遍的なるものとしての理性という考え方が支配的なものとしての理性という考え方に結びついたまさにそのことが、……新しい神話を生み出し、やがて、新しく、これまでよりもより効果的な支配の様式を生み出した」[108]と認識される。この認識は、しかしながら、啓蒙主義の遺産をすべて捨て去る必要性を生むものではない。反対に、人間の習慣（praxis、つまり批判的な省察の形態であり、倫理的関心の核心を内包するもの）と認知行為の間の結びつきを保つ必要性は依然として重要であり、それは現代のフェミニズムや科学についての批判的説明、例えば、ファイヤアーベントのものの中に見られる。

　教育的過程や関係と異文化間関係の双方の意味合いは今や明らかである。誰も公平で、中立的な観察者にとどまることはできないのである。「人は少し離れて、左右されないように立っているとしても、しかしやはり特別な絆で他者と結ばれているのであり、彼または彼女は、他者と共に考え、その状況を彼または彼女と共にするのである」[109]。これは、次のようなことを意味している。教員、生徒、少数民族であろうとストリートチルドレンであろうと「他者」は、彼または彼女自身の言葉をもたず、「他者」にとっての現実を解釈したいと思っている誰かによってフィルターにかけられ、または翻訳される必要があるのである。「行動を方向づけうる相互理解の間主観性」[110]を保持することが、この考え方の中心をなすものであり、道具主義者の弁明や実践に関する規範の支配に対抗するものである。ハンチントンの「文明の衝突」よりも、むしろこうした間主観性によって更新された比較教育学のほうが、諸文明の間の対話を前提

訳注4　複数の主観の間で一致して認められることを間主観的、またそのことを間主観性と呼ぶ。

としているのである。

　批判的解釈学が、まず何よりも、規範理論であることは、このような意味においてであり、教育分野だけではなく、異文化間関係においても対話形式で前進していくのである。このような基礎に立った比較教育学は、新千年紀を特徴づける社会的、経済的な格差や排除の増大に直面しても沈黙させられることはないだろう。相互の互恵的関係にこだわって、比較教育学は公正と自由の原則を侵している社会や教育における「構造調整」政策の押しつけに反対の立場をとる。比較教育学はまた、近代科学とその論理の自由な世界によって見えにくくされ、さらに、ポストモダニズムの無感動なスタンスや、かつてなく広がった経済のグローバリゼーションの影響によって見えにくくされている、抑圧され疎外された[111]「他者」の側に立つのである[112]。

　われわれが喜んで学ぼうとすれば、歴史は喜んで教えてくれるであろう。啓蒙主義運動は、信仰に拠って立っていた旧来のキリスト教が、経験主義と集大成された合理主義に拠って立つベーコン、デカルト、ガリレオそしてニュートンの啓示宗教に取って代わられるのを促進した。旧来の神父は新しい神父に変わったが、この科学の聖職者たちも往々にして同じように教条的であり、そのために融通の利かない社会秩序や硬直化した認識論の束縛から人間性を解放するという啓蒙主義の約束を果たすのに多くの点で失敗した。革命的な潜在力があるにもかかわらず、科学は平等や人権についての新しい合理的秩序の先駆けとなるどころか、しばしば既存の階層化した社会を維持する手助けをするように追い立てられ、時には既存の社会のヒエラルキーをより科学的にする基盤を提供することになった。にもかかわらず、啓蒙主義は人間の尊厳や権利（女性については完全にとは言えないまでも[114]）が明確かつ情熱的に語られた時代で[113]あった。確かにモダニティはその初期の約束をはたさなかったが、より公正な社会秩序の創造に役立つ多くの積極的な潜在力を含んでいた。

　現在、思想家たちは右も左も共にモダニティのあらゆる特性を大慌てで投げ捨てようとしているが、それはこの歴史の複雑さを正当に評価することをほとんど行わず、ある程度モダニティについての素朴な理解に縛られてしまっているからである。多くのポスト構造主義の思想を特徴づけている認識論の歴史に対する単純な批判は、ポストモダニズムの文献の中に最も明らかに表れている。そこでは、モダニストの思想はしばしば誤って過度に単純化され、20世紀後半の人間性に関わる問題や間違った方向性の多くがそのせいであるような壮大

だが破れた夢をまき散らかした悪魔のように描かれている。それゆえ、（もう1つの夢として捨て去られた）社会正義の問題からの完全撤退が、そうした誤認された前提から、たとえ誤りであるにせよ、きわめて論理的な成り行きとして起こるのである。しかしながら先に議論したように、こうした新自由主義、原理主義、グローバリゼーション、外国嫌いといった経済・社会面で分裂繁殖しているかの如き趨勢の中で、すでに存在している裕福なものと貧しいもの、白人と黒人、農村と都市、男性と女性の格差が地球上の国々や諸地域の内外において拡大しつつある新千年紀に、モダニティの残骸や、その緊急かつ強力に見直されるべき隠された意図から救い出されてしかるべきものは多いのである。[115]

しかしまた、ほとんどのポスト構造主義の思想、特にポストモダニズムは、無感動で皮肉っぽい「しらけ」の海の中に、われわれを舵のないまま取り残した。実社会の乗客として漂いながら、われわれはイメージの高まりは観察しているけれども、第三世界の貧困の厳しいイメージが一方にあり、もう一方に例えばジャンニ・ベルサーチやダイアナ妃の華やかな葬儀があっても、両者を分けて考えることができないままでいるのである。万事がイメージなのである。

上述した方法論の軌跡が示したように、1960年代に起こった科学的比較教育学を作りあげることへの熱中は、いくつか逆の流れもあったとはいえ、主としてモダニズムや実証主義が求めるものを満たした。ポスト構造主義者の理論は比較教育学に影響を与えたのが他の社会科学より遅かったが、21世紀最初の10年間に、その影響のいくらかがようやく明らかになった。しかしながら、ポストモダニズムは、モダニズム理論のいくつかの明らかな欠点に応えるには不十分であると言われる。ポストコロニアリズムは多くの点において、比較の方法論にとっては、より強固たる出発点となる。それはポストコロニアリズムがただ単に差異を舞台中央に据えたからというのではなく、もう一方のもの、つまり類似性について語ることを拒絶したからでもある。

ポストコロニアリズムの諸理論は、そうした倫理的な立場をとりうる土台を形作った。またこれまで論じてきたように、別の視点、[116]つまり温情主義を拒絶し相互扶助や互恵の価値を取り入れることに基づく視点は、ガダマーやハーバマスなどの社会理論家にみられ、また比較教育学のような異文化間の理論にとって重要な出発点としての役割を同様に果たすことができるのである。[117]

注

1) Imre Lakatos, "The Methodology of Scientific Research Programmes," in Imre Lakatos, *Philosophical Papers*, vol. 1 (Cambridge: Cambridge University Press, 1974).

2) Nicholas Hans, *Comparative Education: A Study of Factors and Traditions* (London: Routledge & Kegan Paul, 1949. 邦訳は利光道生訳『比較教育——教育におよぼす因子と伝統の研究』明治図書出版、1956年).

3) Isaac Kandel, *Studies in Comparative Education* (London: George Harrap 1933); Isaac Kandel, *The New Era in Education* (London: Harrap, 1955. 邦訳は清水義弘、河野重男訳『変革期の教育——比較教育学的考察』平凡社、1959年).

4) Friedrich Schneider, *Triebkrafte der Padagogik der Volker* (Salzburg:Otto Muller, 1947); Friedrich Schneider, *Vergleichende Erziehungswissenschaft* (Heidelberg: Quelle & Meyer, 1961. 邦訳は沖原豊訳『比較教育学』御茶の水書房、1965年).

5) Brian Holmes, *Problems in Education: A Comparative Approach* (London: Routledge, 1965. 邦訳は岩橋文吉、権藤与志夫訳『比較教育学方法論』帝国地方行政学会、1970年); Brian Holmes, *Comparative Education: Some Considerations of Method* (London: Allen & Unwin, 1981).

6) Harold Noah and Max Eckstein, *Towards a Science of Comparative Education* (London: Macmillan, 1969).

7) George Bereday, *Comparative Method in Education* (New York: Holt, Rinehart & Winston, 1964. 邦訳は岡津守彦訳『比較教育研究法』福村出版、1968年); George Bereday, "Reflections on Comparative Method in Education 1964-6," in *Scientific Investigations in Comparative Education*, ed. Max Eckstein and Harold Noah (New York: Macmillan, 1969).

8) 特に、G. H. von Wright, *Explanation and Understanding* (Ithaca, N.Y.: Cornell University Press, 1971); Anthony Giddens, "Positivism and Its Critics," in *A History of Sociological Analysis*, ed. Tom Bottomore and Robert Nisbet (London: Heinemann, 1979), 237-86; Jurgen Habermas, "Technology and Science as 'Ideology'," in *Toward a Rational Society* (London: Heinemann, 1970), 81-122. 辛辣な批判があるにもかかわらず、こうした技法はそれほど一般的ではないが依然として行われている。より突出した例としては、George Psacharopoulos, "Comparative Education: From Theory to Practice; Or Are You A: Neo. or B: *ist?" *Comparative Education Review* 34, no. 3 (August 1990): 369-80. を参照されたい。現在では収益率分析に基づくものが

それに当たるが、技巧主義者、疑似実証主義者に対する世界銀行の執着の別の例としては、特に Phillip Jones, "On World Bank Education Financing," *Comparative Education* 33, no. 1 (1997): 117-29、および同筆者による *World Bank Financing of Education* (London: Routledge, 1992); Steve Klees, "The World Bank and Educational Policy: Ideological and Inefficient,"（1996年3月にバージニア州ウイリアムズバーグで開催の北米比較国際教育学会の年次大会に提出された論文）; Joel Samoff, "Which Priorities and Strategies for Education?" *International Journal of Educational Development* 16 (1996): 249-71. を参照されたい。

9) Robert Cowen, "Last Past the Post: Comparative Education, Modernity and Perhaps Post-modernity," *Comparative Education* 32, no. 2 (1997): 151-70.

10) Jürgen Habermas, *A Theory of Communicative Action* (London: Heinemann, 1984), 147.

11) Herbert Marcuse, *One-Dimensional Man* (New York: Sphere, 1968. 邦訳は生松敬三、三沢謙一訳『一次元的人間』河出書房新社、1974年).

12) Alfred Schutz, *The Problem of Social Reality*, vol. 1 of Collected Papers (The Hague: Martinus Nijhoff, 1964); Alfred Schutz, *The Phenomenology of the Social World* (Evanston, IL: Northwestern University Press, 1967); Alfred Schutz, "Commonsense and Scientific Interpretations of Human Action," *Philosophical and Phenomenological Research* 14, no. 3 (1953): 3-47.

13) Max Horkheimer and Theodor Adorno, *The Dialectic of Enlightenment* (New York: Continuum, 1972).

14) Edmund Husserl, *Phenomenology and the Crisis of European Philosophy* (New York: Harper, 1965); Edmund Husserl, *Cartesian Meditations*, trans. D. Cairns (The Hague: Martinus Nijhoff, 1960).

15) Wilhelm Dilthey, *Gesammelte Schriften*, vol. 9, Pädagogik (Leipzig: Teubner, Verlag, 1934); Wilhelm Dilthey, "Über die Möglichkeit einer allgemeingültigen pädagogischen Wissenschaft," in *Gesammelte Schrifien*, vol. 6 (Leipzig: Teubner, Verlag, 1926).

16) Thomas Kuhn, *The Structure of Scientific Revolutions* (Chicago: University of Chicago Press, 1970. 邦訳は中山茂訳『科学革命の構造』みすず書房、1980年); Thomas Kuhn, "Reflections upon My Critics," *Criticism and the Growth of Knowledge*, ed. Imre Lakatos and Allan Musgrave (Cambridge: Cambridge University Press, 1974).

17) Paul Feyerabend, *Against Method* (London: New Left Books, 1975. 邦訳は村上陽一郎、渡辺博訳『方法への挑戦——科学的創造と知のアナーキズム』新曜

社、1981 年); Paul Feyerabend, "On the Critique of Scientific Reason," C. Howson, *Method and Appraisal in the Physical Sciences*, ed. C. Howson (Cambridge: Cambridge University Press, 1976); Paul Feyerabend, *Science in a Free Society* (London: New Left Books, 1978). よりいっそうの科学的観点については、その他に Habermas, "Technology and Science as 'Ideology'," や同著者による *Knowledge and Human Interests*, 2d ed. (London: Heinemann 1978). を参照されたい。

18) Feyerabend, *Science in a Free Society*, 98. ファイヤアーベントは「人気のある基準の有効性、有用性、適切性はそれを侵害する研究によってのみ検証されうる」と述べている (Feyerabend, *Science in a Free Society*, 35)。

19) 例えば、Roger R. Woock, "Integrated Social Theory and Comparative Education," *International Review of Education* 27, no. 4 (1981): 411-26; Jerome Karabel and A. H. Halsey, "Educational Research: A Review and Interpretation," in *Power and Ideology in Education* (Oxford: Oxford University Press, 1977). を参照されたい。

20) Auguste Comte, *The General Philosophy of Auguste Comte*, 2 vols., trans. Harriet Martineau (London: Trtibner, 1853); Auguste Comte, *A General View of Positivism*, trans. J. Bridges (Paris: 1848, Academic Reprints, n.d.).

21) Emile Durkheim, *The Rules of Sociological Method* (London: Collier Macmillan, 1964).

22) Talcott Parsons, *The Structure of Social Action* (New York: Free Press, 1949. 邦訳は稲上毅他訳『社会的行為の構造』木鐸社、1976〜1989 年); *Parsons, The Social System* (Glencoe, IL: Free Press, 1951. 邦訳は佐藤勉訳『社会体系論』青木書店、1974 年); Talcott Parsons, *Societies: Evolutionary and Comparative Perspectives* (New Jersey: Prentice Hall, 1966. 邦訳は矢沢修次郎訳『社会類型——進化と比較』至誠堂、1971 年).

23) 前掲 Giddens, "Positivism."

24) F. Bacon, *Of the Proficience and Advancement of Learning* (London: J. W. Parker, 1861), 14.「熱狂的（maniable）」という語はすべての版で使われているわけではないことに注意されたい。

25) Tejaswini Niranjana, *Siting Translation: History, Poststructuralism and the Colonial Context* (Berkeley: University of California Press, 1992), 11.

26) E. Tiryakin, "Emile Durkheim," in *A History of Sociological Analysis*, ed. Tom Bottomore and Robert Nisbet (London: Heinemann, 1979), 188.

27) F. Harbison and C. Myers, *Education, Manpower, and Economic Growth* (London: McGraw-Hill, 1964. 邦訳は川田寿、桑田宗彦訳『経済成長と人間能力の開発』ダイヤモンド社、1964 年), 1.

28) Jürgen Habermas, Knowledge and Human Interests, 2d ed. (London: Heinemann, 1978. 邦訳は奥山次良他訳『認識と関心』未来社、1981年), Marcuse, One-Dimensional Man.

29) David McClelland, The Achieving Society (London: Van Nostrand, 1961. 邦訳は林保監訳『達成動機——企業と経済発展におよぼす影響』産業能率短期大学出版部、1971年), 174.

30) Philip Coombs, *The World Educational Crisis: A Systems Analysis* (Oxford: Oxford University Press, 1968).

31) Harbison and Myers, *Education, Manpower and Economic Growth*; F. Harbison and C. Myers, *Education and Manpower* (London: McGraw-Hill, 1965).

32) 前掲 McClelland, *Achieving Society*, 174.

33) Anthony R. Welch, "The Functionalist Tradition in Comparative Education," *Comparative Education* 21, no. 1 (1985): 11.

34) 詳細については、Welch, "The Functionalist Tradition"; および Anthony R. Welch, "La Ciencia sedante: El Funcionalismo como base para la investigación en educación comparada," in *Educación comparada: Teorías, investigaciones, perspectivas,* ed. J. Schriewer and F. Pedro (Herder: Barcelona, 1991).

35) 彼女の多くの作品の中でも、例えば、Ruth Hayhoe, "Philosophy and Comparative Education. What Can We Learn from East Asia?," Mundy, K. et al., *Comparative and International Education. Issues for Teachers.* Toronto: Canadian Scholars Press/ New York: Teachers College Press, 2008: 23-48,や *Portraits of Influential Chinese Educators.* Hong Kong: Comparative Education Research Centre/Springer, 2007 を参照されたい。

36) Isaac Kandel, *The Making of Nazis* (New York: Teachers College Press, 1935).

37) Brian Holmes, ed., *Educational Policy and the Mission Schools* (London: Routledge, 1967).

38) 前掲 Holmes, *Problems in Education*.

39) Harold Noah, "Defining Comparative Education: Conceptions," in *Relevant Methods in Comparative Education*, ed. Reginald Edwards, Brian Holmes, and John Van de Graff (Hamburg: UNESCO, 1973), 114.

40) 特に以下を参照されたい。Anthony Welch, "Nation-State, Diaspora and Comparative Education: the Place of Place," Mattheou, D. (Ed.) *Changing Educational Landscapes. Educational Policies, Schooling Systems, and Higher Education—— a Comparative Perspective* (London, Springer: 285-308); A. Welch, and Z. Zhang, "The Chinese Knowledge Diaspora: Communication Networks among Overseas Chinese

Intellectuals," in D. Epstein et al. (eds.), *Geographies of Knowledge, Geometries of Power: Framing the Future of Education, World Yearbook of Education 2008* (London: Routledge: 338-54); Rui Yang and A. Welch, "Globalisation, Transnational Academic Mobility and the Chinese Knowledge Diaspora: An Australian Case Study," *Discourse. Australian Journal of Educational Studies* (Special Issue on Transnational academic mobility: 2010: 593-607. E. Roldan Vera and Thomas Schupp "Network Analysis in Comparative Social Sciences," *Comparative Education*, 42, 3 (2006): 405-29. Chripa Schneller, Irina Lungu, and Bernd Wachter, *Handbook of International Associations in Higher Education. A Practical Guide to 100 Academic Networks World-wide*, Brussels: ACA 2009。ERASMUSについては、http://ec.europa.eu/education/lifelong-learning-programme/ doc80_en.htm、UMAPについては、www.umap.org/en/home/index.php、ASEAN (AUN) については、www.aun-sec.orgの各ウェブサイトを閲覧されたい。

41) Richard Heyman, "Towards a Non-Science of Comparative Education,"（1979年3月にミシガン州アナーバーで開催の北米比較国際教育学会の年次大会に提出された論文）, 1-17.

42)「一定程度の妥当性を主張するために証拠を確定するように見えるすべての手続きは、それ自体が今度は新たな細目の不確定な取り決めを生むか、あるいは確立している細目についての再度の取り決めを生むであろうという同じ種類の分析にさらされうる」。Aaron Cicourel, *Cognitive Sociology* (London: Penguin, 1974), 124.

43) Anthony Giddens, *New Rules of Sociological Method* (London: Hutchinson, 1976. 邦訳は松尾精文他訳『社会学の新しい方法規準』而立書房、1987年), 166.

44) Richard Heyman, "Ethnomethodology: Some Suggestions for the Sociology of Education," *Journal of Educational Thought* 14, no. 1 (1980): 46. 同論文の中で、ヘイネマンは「教育に関する知識」あるいは「学校教育とはいったい何なのか」を規定する本質主義のさらなる主張に触れている。

45) Anthony Welch, "A Critique of Quotidian Reason in Comparative Education," *Journal of International and Comparative Education* 1 (1986): 37-62.

46) Vandra Masemann, "Critical Ethnography in the Study of Comparative Education," *Comparative Education Review* 26, no. 1 (1982): 1-14; Vandra Masemann, "Ways of Knowing," *Comparative Education Review* 34, no. 4 (1990): 465-73.

47) 前掲 Masemann, "Critical Ethnography," 1.

48) Vandra Masemann, "Critical Ethnography in the Study of Comparative Education," in *New Approaches to Comparative Education*, ed. Philip Altbach and Gail Kelly (Chicago: University of Chicago Press, 1986), 23.

49) Paul Willis, *Learning to Labor: How Working Class Kids Get Working Class Jobs* (Westmead, U.K.: Saxon House, 1977), 194, cited in Masemann, "Critical Ethnography," 23.

50) 前掲 Masemann, "Critical Ethnography," 23.

51) Robert Arnove, *Philanthropy and Cultural Imperialism: The Foundations at Home and Abroad* (Bloomington: Indiana University Press, 1980).

52) Martin Carnoy, *Education as Cultural Imperialism* (New York: Longmans, 1974); Martin Carnoy, "Education for Alternative Development," in *New Approaches to Comparative Education*, ed. Philip Altbach and Gail Kelly (Chicago: University of Chicago Press, 1986), 73-90. ほとんど何も変わらなかった。1990年代後半のアジアの金融危機の余波の中で、世界銀行は自らの介入が危機を深めたことを認めたように思われる。

53) Andre Gunder Frank, "The Development of Underdevelopment," in *Dependence and Underdevelopment: Latin America's Political Economy*, ed. James Cockcroft, Andre Gunder Frank, and Dale Johnson (New York: Doubleday/Anchor, 1972), 3-18; Andre Gunder Frank, *Capitalism and Underdevelopment in Latin America* (New York: Monthly Review Press, 1969).

54) Immanuel Wallerstein, *The Modern World System* (New York: Academic Press, 1979. 邦訳は川北稔『近代世界システム』岩波書店、1981年).

55) Philip Altbach and Gail Kelly, eds., *Education and Colonialism* (New York: Longmans, 1978); *Education and the Colonial Experience* : second revised edition (New Brunswick: Transaction, 1984). キャサリン・ジェンセンは内なる植民地主義についての章 "Civilization and Assimilation in the Education of American Indians." を執筆したが、同研究は Harold Wolpe, "The Theory of Internal Colonialism: The South African Case," in *Beyond the Sociology of Development*, ed. I. Oxaal et al. (London: Routledge Kegan Paul, 1975), 229-52. において以前に言及されていた。以来、内なる植民地主義の理論は他の土着の少数民族の教育を分析するために使われてきた。Anthony Welch, "Aboriginal Education as Internal Colonialism: The Schooling of an Indigenous Minority in Australia," *Comparative Education* 24, no. 2 (1988): 203-17. Anthony Welch, *Australian Education: Reform or Crisis?* (Sydney: Allen & Unwin, 1996), 24-53 および Anthony Welch, *Class, Culture and the State in Australian Education: Reform or Crisis?* (New York, Peter Lang, 1997) の関連する章も参照されたい。

56) Robert Arnove, "Comparative Education and World Systems Analysis," in *Comparative Education Review* 24, no. 1 (1980): 48-62.

57）同上 Arnove, "Comparative Education," 49.

58）Philip Altbach, "Servitude of the Mind? Education, Dependency, and Neocolonialism," in *Comparative Education*, ed. Philip Altbach, Robert Arnove, and Gail Kelly (New York: Macmillan, 1982).

59）同上 Altbach, "Servitude of the Mind," 470.

60）Robin Burns and Anthony Welch, eds., *Contemporary Perspectives in Comparative Education* (New York: Garland, 1992). 同書はイタリア語でも Prospettive contemporanee di educazione comparata (Catania: Nova Muse, 2002). として出版されている。

61）See Kenichi Ohmae, *The Borderless World: Power and Strategy in the Interlinked Economy* (London: Fontana, 1991); Kenichi Ohmae, *End of the Nation State: The Rise of Regional Economies* (London: HarperCollins, 1995); Roland Robertson, "Mapping the Global Condition: Globalization as a Central Concept," in *Global Culture*, ed. Roland Robertson (London: Sage, 1994), 15-30; Anthony Giddens, *Beyond Left and Right: The Future of Radical Politics* (Oxford: Polity, 1994. 邦訳は松尾精文、立松隆介訳『左派右派を超えて――ラディカルな政治の未来像』而立書房、2002年).

62）Anthony Welch, "Class, Culture, and the State in Comparative Education," *Comparative Education* 29, no. 1 (1993): 7-28.

63）高等教育における例については、特に Anthony Welch and Brian Denman, "The Internationalization of Higher Education: Retrospect and Prospect," *Forum of Education* 1 (1997): 14-29. を参照されたい。地域教育計画に関するより詳細な分析については、特に Bernd Wachter, "Increasing Europe's Attractiveness for International Students. What Can We Learn from the Bologna Process?" in Rajika Bhandari and Shepherd Laughlin, eds., *Higher Education on the Move: New Developments in Global Mobility*, New York: IIE, 2009. を、さらに東南アジアの単位互換制度については、http://acts.ui.acid/ index.php/home/about_acts を参照されたい。

64）例えば、Anna Lee Saxenian, *The New Argonauts: regional advantage in a global economy*. Cambridge, MA: Harvard University Press, 2006 や、教育においては Yang and Welch (2010)（上記の注 40）, Anthony Welch and Hong-Xing Cai, "Enter the Dragon: the Internationalisation of Chinese Higher Education." Janette Ryan, ed., *China's Higher Education and Internationalisation* (London: Routledge) 9-33 を参照されたい。

65）例えば、2002 に中国はインターネット上で合法的にアクセスしてもよい情報の種類に関する厳しい規則を導入した。その中国―香港関係への影響について

は Gerard Postiglione, "The Academic Profession in Hong Kong: Maintaining Global Engagement in the Face of National Integration," *Comparative Education Review* 42, no. 1 (1998): 30-45. を参照されたい。この現象に関するより広い議論については、特に Pasi Rutanen, "Learning Societies and Global Information Infrastructure (GII) Global Information Society (GIS)," (OECD/IMHE の会議での基調講演, Institutional Strategies for Internalization of Higher Education, David C. Lam Institute, Hong Kong, December 1996) を参照されたい。教育における広域化については、Hawkins, Mok Ka-Ho, and Deane Neubauer, eds., *Higher Education Regionalization in Asia Pacific: Implications for Governance, Citizenship and University Transformation* (London, Palgrave Macmillan, 2012) を参照されたい。

66) 前掲 Robertson, "Mapping the Global Condition," 19.

67) Samuel Huntington, *The Clash of Civilizations and the Remaking of World Order* (New York: Simon & Schuster, 1996. 邦訳は鈴木主税訳『文明の衝突』集英社、1998 年). 教育における反応について、Ruth Hayhoe and Julia Pan (Eds) *Knowledge Across Cultures: A Contribution to Dialogue Among Civilizations*. Hong Kong, Comparative Education Research Centre (CERC Studies in Comparative Education, 11). Hong Kong, 2000. を参照されたい。

68) 野蛮な、一枚岩の「他者」という観念は、例えば、12 世紀の十字軍のための主要な論理的根拠をほぼ間違いなく与えた。

69) Syed Maswood, "The New 'Mother of All Clashes': Samuel Huntington and the Clash of Civilizations," *Asian Studies Review* 18, no. 1 (July 1994): 19.

70) Mark Bray and R. Murray Thomas, "Levels of Comparison in Educational Studies: Different Insights from Different Literatures and the Value of Multilevel Analyses," *Harvard Educational Review* 65, no. 3 (1995): 472-90.

71) Martin Carnoy, *The State and Political Theory* (Princeton, N.J.: Princeton University Press, 1984. 邦訳は加藤哲郎、黒沢惟昭、昼神洋史監訳『国家と政治理論』御茶の水書房、1992 年); Carlos Alberto Torres and Adriana Puiggrás, "The State and Public Education in Latin America," *Comparative Education Review* 35, no. 1 (1995): 1-27; Robert Arnove, "Neoliberal Education Policies in Latin America: Arguments in Favour and Against," in *Latin American Education*, ed. Carlos Alberto Torres and Adriana Puiggrás (Boulder: Westview, 1997), 79-100; Anthony Welch, "Class, Culture, and the State"; Anthony Welch, *Australian Education: Reform or Crisis?* (Sydney: Allen & Unwin, 1996). Anthony Welch, *Class, Culture, and the State in Australian Education: Reform or Crisis?* (New York: Peter Lang, 1997).

72) Ka-Ho Mok, "Privatization or Marketization: Educational Developments in

Post-Mao China," *International Review of Education*, special double issue, "Tradition, Modernity, and Post-modernity in Comparative Education," 43, no. 5-6 (1998): 547-67; Gholam Abbas Tavassoli, K. Houshyar, and Anthony Welch, "The Struggle for Quality and Equality in Iranian Education: Problems, Progress and Prospects," in *Quality and Equality in Third World Education*, ed. Anthony Welch (New York: Garland, 2000).

73) Anna Yeatman, "Corporate Managers and the Shift from the Welfare to the Competition State," *Discourse* 13, no. 2 (1993): 3-9. 教育の分野では、特に Roger Dale, "Globalization. A New Word for Comparative Education," in J. Schriewer, ed., *Discourse Formation in Comparative Education* (New York: Peter Lang, 2001) や Anthony Welch, "Making Education Policy," in R. Connell et al. *Sociology, Education and Change* (Oxford University Press, 2007), 1-31. を参照されたい。

74) P. Cerny, *The Changing Architecture of Politics: Structure, Agency, and the State* (London: Sage 1990); Claus Offe, "Ungovernability: On the Renaissance of Conservative Theories of Crisis," in *Observations on the Spiritual Situation of the Age*, ed. Jürgen Habermas (London: MIT Press, 1984); Claus Offe, "Interdependence, Difference, and Limited State Capacity," in *New Approaches to Welfare Theory*, ed. G. Drover et al. (Aldershot: Edward Elgar, 1993); Jürgen Habermas, *Legitimation Crisis* (Boston: Beacon, 1976); Michael Pusey, *Economic Rationalism in Canberra: A Nation Building State Changes Its Mind* (Cambridge: Cambridge University Press, 1991). を参照されたい。比較教育学の分野では、上記注 40 の Welch の文献を参照されたい。

75) Anna Yeatman, *Bureaucrats, Technocrats: Femocrats and Essays on the Contemporary Australian State* (Sydney: Allen & Unwin, 1990); Cerny, *Changing Architecture*.

76) Rolland Paulston, *Social Cartography: Mapping Social and Educational Change* (New York: Garland, 1966); Rolland Paulston and Martin Liebman, "An Invitaiion to Postmodern Social Cartography," *Comparative Education Review* 38, no. 2 (1994): 215-52; David Coulby, "Ethnocentricity, Post Modernity, and European Curricular Systems," *European Journal of Teacher Education* 18, nos. 2-3 (1995): 143-53; David Coulby and Crispin Jones, "Post-modernity, Education and European Identities," *Comparative Education* 32, no. 2 (1996): 171-85; Robert Cowen, "Last Past the Post: Comparative Education, Modernity, and Perhaps Post-modernity," *Comparative Education* 32, no. 2 (1996): 151-70. Peter Ninnes and Sonia Mehta, eds., *Re-Imagining Comparative Education: Postfoundational Ideas and Applications for Critical Times* (London: Routledge Falmer, 2004). を参照されたい。

77) Niranjana, Siting Translation, 9. しかし、ホミ・バーバが H. Bhaba, *The Location of Culture* (London: Routledge, 1994) 4 で、「もしポストモダニズムへの関心がポスト啓蒙主義的合理主義の"大きな物語"を断片化することを讃えるだけに限られているとすれば、それは何とも度量の狭い企てに留まってしまう」と示唆したように、違いが存在する。

78) Val Rust, "Postmodernism and Its Comparative Education Implications," *Comparative Education Review* 35, no. 1 (1991): 610-26.

79) クマのプーさんはサンダースという名前で暮らしていたことが思い出される。つまり、プーさんはサンダースという名前を戸口にかけ、そしてその下で住んでいたのである。

80) Christopher Norris, *The Truth about Postmodernism* (Oxford: Blackwell, 1993).

81) Peter McLaren, "Schooling the Postmodern Body: Critical Pedagogy and the Politics of Enfleshment," in *Postmodernism, Feminism, and Cultural Politics*, ed. Henry Giroux (Albany: State University of New York Press, 1991), 144-73.

82) Norris, *Truth about Postmodernism*, 16-28. Ben Agger, *A Critical Theory of Public Lift* (London: Falmer, 1991); Robert Young, "Comparative Education and Postmodern Relativism," *International Review of Education*, special double issue, "Tradition, Modernity, and Post-modernity in Comparative Education," 43, no. 5-6 (1998): 497-505.

83) Giroux, ed., Postmodernism; Henry Giroux, *Border Crossings: Cultural Workers and the Politics of Education* (London: Routledge, 1992).

84) 前掲 Paulston, *Social Cartography*.

85) R. Morrow and C. A. Torres, *Social Theory and Education: A Critique of Theories of Social and Cultural Reproduction* (Albany: State University of New York Press, 1995), 421.

86) Homi Bhaba, *Nation and Narration* (London: Routledge, 1991); Niranjana, *Siting Translation*. Gayatri Spivak, *A critique of postcolonial reason: toward a history of the vanishing present*. (Cambridge, Harvard University Press, 1999). バーバとスピバクの作品への入門として役立つのは、Henry Schwarz and Sangeeta Ray (Eds.) *A Companion to Post-colonial Studies*. Malden, MA, 2000. の関連する諸章であり、ポストモダニズムとポストコロニアリズムとの差異を扱った有益なものとしては、同書の Ato Quayson, "Postcolonialism and Postmodernism," 87-111. を参照されたい。

87) Edward Said, *Orientalism* (New York: Penguin, 1995. 邦訳は今沢紀子訳『オリエンタリズム』平凡社、1986年), 78. さらに、ポストコロニアリズムとポストモダニズムを峻別するように見える認知された不平等との闘いのそれぞれ異なった状

況や、その重要性については、上記 Quayson, "Postcolonialism and Postmodernism, Schwarz" や Sangeeta Ray, eds., *A Companion to Post-colonial Studies*, 94-97 を参照されたい。

88) Gordon Bilney, "Why Do We Got a Problem with Some Words?" *Sydney Morning Herald*, 24 May 1997, 18.

89) 本書第5章のクリチーヌ・フォックス論文および前掲 Robert Young, "Comparative Education and Post-modern Relativism." を参照されたい。

90) Edward Said, *Culture and Imperialism* (London: Vantage, 1994. 邦訳は大橋洋一訳『文化と帝国主義』みすず書房、1998～2001年).

91) 前掲 Niranjana, *Siting Translation*, 13.

92) 同上 Niranjana, *Siting Translation*, 14.

93) Anthony Welch, "New Times, Hard Times: Re-reading Comparative Education in a Time of Discontent," in *Discourse Formation in Comparative Education*, ed. Jürgen Schriewer (Peter Lang, New York, Berne, 2000).

94) グローバリゼーションに臨む倫理的な比較教育学の必要性に関するより詳細な議論については、A. Welch, "Globalization, Post-modernity and the State: Comparative Education for a New Millenium" *Comparative Education* 37, no.4, special issue on "Comparative Education: Facing the New Millennium," 475-982 を参照されたい。

95) 本書の執筆者の多くは、さまざまな方法でそう努力している。Noel McGinn, "Education, Democratization, and Globalization: A Challenge for Comparative Education," *Comparative Education Review* 40, no. 4 (1996): 341-57. も参照されたい。

96) このことはルース・ヘイホーの最近の会長演説 "Redeeming Modernity," *Comparative Education Review* 44, no. 4 (2000): 423-39. の精神とも非常に合致していることが明らかになろう。

97) 解釈学の内部では、ティーガスが述べているように、「ガダマーにとって解釈学は理解に関する方法論的手続きを与えるものではなく、それよりむしろ理解のいかなる行為にも伴う条件を明確にすることである」(Teigas, 1995: 41)。一方、批判理論の中でも、教育におけるより体系的な理論家の1人によれば、「われわれは批判には常に限界があり、断片的で、不確実であることを覚えておくべきである」という (Young, 1989: 70)。ハーバーマスも科学を技術的な公式に引き下げてしまう単純化した科学の自己理解には反対している。批判的合理主義者と批判的理論家との論争における彼の議論については、Theodor Adorno et al., *The Positivist Dispute in German Sociology* (London: Heinemann, 1976). を参照されたい。

98) ここには社会科学における実証主義的理解とその結果に関する批判に似て

いるところがある。例えば、Giddens, "Positivism" T. Bottomore, and R. Nisbet, *A History of Sociological Analysis*. London, Heinemann, 1979. やそれより前の *Positivism and Sociology* (London: Heinemann, 1974) を参照されたい。ある程度まで、ガダマーのいう「伝統」（それはわれわれの理解を前もって形作るものである）の概念は、クーンの「パラダイム」の概念と、両者が理解についての社会的に実体のある同一性を指すという点において、類似したものである。T. Kuhn, The Structure of Scientific Revolutions (Chicago: University of Chicago Press, 1970) を参照されたい。

99) Maxine Greene, "Epistemology and Educational Research: The Influence of Recent Approaches to Knowledge," *Review of Research in Education* 20 (1994): 423-64.

100) Demetrius Teigas, Knowledge and Hermeneutic Understanding (Lewisburg: Bucknell University Press, 1995), 37.

101) 同上 Teigas, *Knowledge and Hermeneutic Understanding*, 39.

102) 同上 Teigas, *Knowledge and Hermeneutic Understanding*, 41.

103) 同上 Teigas, *Knowledge and Hermeneutic Understanding*, 32.

104) S. Gallagher, *Hermeneutics and Education* (Albany: State University of New York Press, 1992), 241.

105) 同上 Gallagher, *Hermeneutics and Education*, 242.

106) 同上 Gallagher, *Hermeneutics and Education*, 243.

107) 同上 Gallagher, 245 所引の Jürgen Habermas, *Theory and Practice* (Boston Press 1974), 40.

108) 前掲 Greene, "Epistemology and Educational Research," 429.

109) 同上 Greene, 438 所引のH.-G. Gadamer, "Hermeneutics and Social Science," *Cultural Hermeneutics* 2 (1975): 306.

110) Greene, "Epistemology and Educational Research," 440 所引のHabermas, *Knowledge and Human Interests*, 191.

111) ガダマーの「地平の融合」の概念を含む自己と他者との可能な関係についての分類の概要については、特にA. Snodgrass, "Asian Studies and the Fusion of Horizons," *Asian Studies Review* 15, no. 3 (1992): 81-94, そして、教育においては、Anthony Welch, "Class, Culture and the State in Comparative Education," *Comparative Education* 29, no. 2 (1993): 7-28. を参照されたい。

112) この点についてのさらなる文献として、Welch, "Globalization, Postmodernity and the State"; Anthony Welch and Ka-Ho Mok, "Conclusion: Deep Development or Deep Division," in *Globalization, Structural Adjustment and Educational Reforms in Asia and the Pacific*, ed. Ka-Ho Mok and Anthony Welch (London: Palgrave, 2002); A.

Welch, "Globalization, Structural Adjustment and Contemporary Educational Reforms in Australia: The Politics of Reform, or the Reform of Politics?" in Mok and Welch, Globalisation, *Structural Adjustment and Educational Reforms in Asia and the Pacific* および Anthony Welch, "Making Education Policy." in R. Connell et al., *Education, Change and Society*, Oxford University Press, 2010: 235-272 を参照されたい。

113) 例えば、Tom Paine, *The Rights of Man* (London: Jordan, 1791), Tom Paine, *Common Sense* (London: Symonds, 1793). は18世紀および19世紀初頭のアメリカでの独立と民主主義をめぐる議論の中で影響力をもった。

114) Mary Wollstonecraft, *A Vindication of the Rights of Woman* (London: Dent, 1929).

115) Arnove, "Neoliberal Education Policies"; A. Boron and Carlos Alberto Torres, "Education, Poverty, and Citizenship in Latin America: Poverty and Democracy," *Alberta Journal of Educational Research* 42, no. 2 (1996): 102-14; Anthony Welch, "Introduction: Quality and Equality in Third World Education," in *Quality and Equality in Third World Education*, ed. Anthony Welch (New York: Garland, 2000). 教育における農村と都市の不平等については、Anthony Welch, S. Helme, and S. Lamb, "Rurality and inequality in education: the Australian experience," R. Teese, S. Lamb, and M. Duru-Bellat, eds., International Studies in Educational Inequality, Theory and Policy. Inequality in Education Systems (Dordrecht, The Netherlands: Springer, vol. 2): 271-93. を参照されたい。

116) Adrian Snodgrass, "Asian Studies and the Fusion of Horizons," *Asian Studies Review* 15 (1992): 81-94; Welch, "Class, Culture, and the State."

117) 例えば、Hugh J. Silverman, ed., *Gadamer and Hermeneutics* (New York: Routledge, Chapman & Hall, 1991); Hans-Georg Gadamer, *Truth and Method,* 2d ed. (New York: Crossroad, 1989). を参照されたい。

第2章　制度化する国際的影響関係

ジョエル・サモフ

　万人のための教育（Education for All）——これは各地域でそれぞれ達成されねばならない地球規模での目標である。だが実際にやってみると、われわれはそれが世界中のすべての学習者に対して教育へのアクセスを保障する責任をグローバル化、つまり地球規模で広めることではないことに気づく。それはむしろ、万人のための教育がイライラするほど手の届かない彼方にあるか、あるいは現実には優先度の高い目標になっていないような場所においてさえ、この国際的に公布された教育の将来展望を地域化し、内面化することなのである。ここで取り上げる物語は、いくつかの筋書きをもつものである。教育における国際的な影響を理解するには、グローバルな目標・基準の福音を説く人々の信念や情熱に対して、また、外国からの援助の役割とその実証的研究に対して、さらに、エンパワメントの促進を企図した戦略が逆に教育改革を弱体化させ、貧困を固定化する手段ともなりうることに対して、批判的な注意を向けることが必要である。

　確かに、進歩は見られた。少なくともいくつかの状況の下では、国際的な支援が学校に在籍する子どもの数を増やした。多くの状況において、教育の刷新と改革は外国からの援助に依存しており、そうした援助のない状況では、教科書や白墨も手に入らないのである。そうした援助は同伴者なしに進むことはない。明らかに進歩したような場所においても、グローバルスタンダードとなった価値、期待、目標への接近方法、そして、分析のための構成概念が現実には教育開発の重荷になり、将来に向けての教育の改革を妨害するかもしれないのである。そうしたプロセスの展開を、世界のより貧しい国々、なかんずく20世紀後半に独立を達成した国々の経験に留意しながら辿ってみよう。国際的な文脈とその中にある主要な諸制度をざっと眺めて見ると、国際的影響関係の形態とそれがもたらしたもの、さらには研究の役割について考える上での基礎を

手に入れることができるのである。

取り巻く状況

多様性の中にある共通性を探ることは、さまざまな場所において教育がいかなるものであるのか、またいかなるものであるかをどのようにして知るのか、という2つの事柄を吟味する上で、つまり研究と知識社会学の強力な道具となる。比較教育学の分野はその中心的なこだわりとして、時に普遍的なパターンに見えるものに注意を向け、時にユニークなものやエキゾチックなものに関心を払ってきた。その果てることのない挑戦は、他者について説明するために、それら2つの見方のそれぞれを使いこなすことなのである。

1）地球規模での収斂

人類の歴史を通じて、社会間の相互関係は借用と征服を伴ってきた。おそらく、教育成果は往々にしてエリート的地位と結びつくものであったからであろうが、ほぼいずれの場所においても、近代の教育の組織や焦点は、その強弱に差はあるにしても、国際的影響を免れ得ないものである。

高等教育は1つの明確な例である。教員は通常、ソクラテス式問答法（産婆術）と呼ばれものを採用し、古代ギリシャに由来する知的な師弟関係をおおむね正確に踏襲することを求めている。アジアで教育を学ぶ学徒は、儒教的パターンや思想の連綿たる影響を見出すものである。アルトバック（Philip Altback）が指摘しているように、ほぼどこでも大学は13世紀のフランスで創られた制度をモデルにしている。[1] 学者はいくぶん自らのイデオロギーや方法論の正統性を押しつけることによって、機関や個人の大事な独立や自主規制を守ってきた。国が経費負担している場合でさえ、教授を中心にした相対的に自治的なものとして、そのモデルは多様な状況の下での学問的、社会的、宗教的、そして、政治的挑戦に耐えてきた。もちろん、様式に重要なつけ加えが行われたこともあった。個々の機関が普遍妥当性のある真理の擁護者や執行者になったことから、それらは大学と呼ばれるようになったのである。少なくとも19世紀から、国家や国家建設についての考え方が、大学と国家との結びつきを密なものにした。そして、国家発展に貢献することが大学の責任の1つであるという期待が高まった。研究がますます重要な責任となり、一般に、世界中どこ

でも驚くほど似通った一群の専門学問領域に組織化されてきた。個々の機関は異なっているが、普遍的な部分は明らかである。多様な起源、さまざまな状況、そして地域的な差異があるにもかかわらず、大学の組織や管理運営の基本的な特徴から自治と学問の自由を求める教育学的な考え方に至るまで、共通性が際立っている。内容よりも、むしろ手続きや方法が普遍的な真理となってきた。今日では宗教の教義からは一般に切り離されているけれども、大学はどちらかといえばその前身となっている組織と同様に、知る方法、すなわち、学術的水準や科学的方法の普遍性をおおむね自信をもって主張する。「政治制度、経済発展の水準、または教育的イデオロギーと関わりなく、高等教育の拡張は戦後における唯一の最も重要な世界的潮流となった[2]」と、アルトバックは結論づけている。われわれは、この例の中に、支配と報奨の双方を伴う押しつけと模倣としての国際的影響を見るのである。

　植民地統治は、教育における国際的影響の特殊な状況を示した。すなわち、植民地世界に宗主国本国の教育機関を移植することである。模倣、モデル、複製、または、海外分校として、これらの機関はしばしばヨーロッパモデルのカリキュラム、教授法、そして階層的な組織のみでなく、その建築、職員や生徒の行動規範をも再現した。植民者の意図と、彼らが育てた植民地エリートの願望の双方が、新しい教育機関は可能な限りそのモデルに似通ったものになることを主張した。それでもやはり、それらは厳然として植民地の機関のままだった。それらに求められたのは、植民地化された社会の一部に、植民事業の運営に必要なスキルをもたらすことだった。実際、それらは植民地の地元社会と宗主国の教育制度のいずれにも完璧な形で組み込まれるものではなかった。海外植民者と新興の国家エリートに奉仕すべき特別な学校でさえも、概してその手本となった宗主国本国の大学の縮小コピーだったのである。

　借用と押しつけの双方が起こった。近代において、ほぼ例外なく、影響の方向は中心たるヨーロッパから周辺たる「南」へというものであった。制度的な仕組み、専門学問領域の区分と序列、正統的な出版物、そして、教育上の権威は中心に属し、そこには周辺出身の教師と学生が定期的に組み込まれ、彼らの多くは二度と帰国することはない。確かに、こうした支配に対する挑戦も存在する。日本は広く尊敬を集める大学システムをもっているし、アジアのあちこちで大学が優れた学生を惹きつけ、卒業させている。中間層である急速に工業化した多くの国々は、高等教育に対する重点投資を行い、研究や刷新のため

の公認された拠点を発達させてきた。時折、周辺部において始まった学術論争（例えば、ラテンアメリカにおける従属論、タンザニアにおけるオーラルヒストリー）が中心部の機関で重大な関心事となるが、それは、グローバル化したシステムの最も弱い結びつきは周辺部での結びつきであるという見方を裏書きするものである。[3] たいていの場合、中心部に根ざした知的挑戦が、中心以外からの擁護者をもっているものである。[4]

2）今日の教育改革

今日の教育改革の構想はいくつかの異なる国の状況に起源をもつ。20世紀初頭には、アメリカ合衆国の教育改革者が、学校を地域社会により密着させることと、学習と学校教育と職業の間の有機的な結びつきの強化を追求した。技術教育に力点を置き、学校教育を雇用の需要や機会により密接に結びつけることを追求した点で、ソビエトの教育学者たちは実際にはアメリカの教育改革者の考え方に大きく依存していたものの、ボルシェビキの十月革命が教育の役割に関する再概念化への道を開いた。[5] 第二次世界大戦後の植民地からの独立の時代には、教育における実験と躍動が見られた。アフリカと南アジアの新興独立国にとって、主権の委譲は新たな方向へと進路をとる希望と可能性を与えた。ラテンアメリカの一部の国と中国については、政権の移行が教育の刷新者たちに活躍の場を与えた。資本主義と社会主義の競合、特に南半球における影響力拡大のためにアメリカとソ連が行った努力は、実験のための駆け引きを行う余地を生んだ。同時に、広範に広がった1968年5月の学生や労働者による闘争は、北半球において同時に多発した動乱を際立たせた。学生は自らの政治的役割を主張し、教育を非難し、教育を通じて期待や価値を伝えるようとする社会を非難した。そうした国民的な運動はその政治的目的を達成するには及ばなかったが、教育それ自体は真剣な改革努力の焦点となるとともに、政治的秩序に対する広範な異議申し立ての手段ともなった。

3）類似性

さらに、比較教育学者たちの興味を最もそそったのは、国々の状況の違いを超えた類似性であった。特に感動を与えたのは、ほとんどの国において、少数エリートの特権としての教育から国の責任としての民衆教育へと比較的迅速に移ってきたことであった。多くの分析家が特定の社会で起こった変化を説明し

ようとした。個別特定の状況において、学者たちは民衆教育を発展させようという国家の決定が、以下の諸点と結びつけて下されると考えた。すなわち、社会統制の仕組みとしての学校の重要性、競合する利益集団および政治的連合体間の葛藤において大衆の支持を得ることができる「善きもの」としての教育の役割、社会の連帯と国家統合を発展させるのに不可欠な共通体験としての学校教育、産業社会に対して労働力を準備することに関して認知される需要、そして、教育が国家の発展を促進するという信念である。別の学者は、教育に関する国としての哲学に根づいている国家理論を解明しようとし[6]、また、ある国および地球規模での政治経済の観点から教育を理解しようとした。ボウルズ（Samuel Bowles）とギンタス（Herbert Gintis）は国家と学校とのやりとりに関する彼らの初期の議論を修正して、教育は国家の政治経済の構造を必然的に反映し、同時にそれと緊張状態にあると論じた[7]。

そうした国家との関係の中で位置づけようとする流れに対抗して、ボリ（John Boli）とラミレス（Francisco O. Ramilez）は、さまざまな社会における義務教育の迅速な実施が、明らかに西洋流の価値観や文化実践に導かれたグローバルな成り行きであると解釈した[8]。彼らの考えでは、19世紀には個人、国家、そして、社会制度について見直された理解が生まれ、そのことがやがてエリート教育から民衆教育への移行を求めたというのである。近代化論[9]と世界システム論[10]の考え方に依拠しつつ、彼らは次のように論じた。すなわち、民衆教育が広く取り入れられたのは、物質面での生活水準向上への注目、社会の基本単位であり価値と権威の究極的な源泉としての個人の意味、そして、社会福祉に対する国の責任の拡大をはじめとする西洋の文化価値が地球規模で広がったことを反映している。

他の研究者たちは、そうした西洋的価値の拡散が植民地を脱した時代に果たした作用に焦点をあてた。アーノブ（Robert Arnove）とバーマン（Edward H. Berman）は、社会科学の構造を特定すること、つまり、社会について研究する上で認容されうる手続きを特定しようとして、国の調査審議会や慈善団体が果たす重要な役割を探求した[11]。西洋化は、普遍的近代性に向かう変わることのない不可避的な成り行きなどではなく、むしろ制度が創られ形成される1つの意識的なプロセスを反映するものであった。変化する生産組織の中で生まれ、一神教の普及や国民国家の形成を伴った資本主義のヘゲモニーの発展は、資本主義に先行する時代に諸帝国が構築されたような方法で明示的に設計されたも

のではなかった。むしろ、その不均質性と多様性は、特定の個人や機関に付与された主要な役割とあいまって、強力な方向づけと強制的な勢いを帯びていた。教育はその原因でもあり、結果でもあった。

ここでの私の関心は、こうした基本的考え方に基づいて、より深い構造的な関係や圧力がそこに働いており、それらは特定制度の成り立ちの中に看取しうるものだという考え方を主張することである。こうした文脈の中で、私は、国際的諸機関の連係、援助に対してますます強まる依存、研究に付与される特定の役割の発展といった観点から、第三世界、特にアフリカにおける教育と開発の問題について探求することとする。

4）開発における外国からの援助の必要

20世紀末期、開発と援助は分かちがたく結びついた。近代化は、より近代的なものとそれほど近代的でないものとの根本的な違いによって常に特徴づけられるほぼ直線的な流れとして人類の進歩を解釈し、理論的拠り所を与えた。[12] 植民地統治は、我と彼、近代的か原始的かのカテゴリーを明確化し、ヨーロッパ人による度重なる支配のしばしば厳しい押しつけを正当化する社会的責務（口語的に言えば「白人の責務」[訳注1]）の観念に到達した。第二次世界大戦の終結後、新たな国際連合のシステムが植民地統治に異議を申し立て、それを終結させるための場となった時でさえ、信託統治の考えを組み込んだ。同時に、開発と援助の間の結びつきは、国際復興開発銀行（IBRD）の創設で公式に制度化された。ヨーロッパ復興支援の責任を担った世界銀行が、一般には国際通貨基金（IMF）と提携しながら、資金と助言を与え、そして、その注意を1970年代にはかつての植民地諸国に向けた。

教育は開発の発電機になるはずであった。もし、教育が経済発展と結びついているとすれば、確かに開発援助の突出した構成要素でなくてはならない。かつての植民地の多くが独立したとき、その多くは大変に貧しく、自立的な開発を支える投資やインフラもほとんどなく、教育を改善するには他国の援助を必要とするというのが、ごくありふれたこととなった。しかしながら、当初の約束は果たされなかった。高い期待と明らかに迅速な進歩が見られた当初の時期

訳注1　ラドヤード・キップリング（Rudyard Kipling）が雑誌『マクルアーズ（McClure's）』に1899年に載せた詩のタイトル。副題は「アメリカ合衆国とフィリピン諸島」であり、白人には有色人種に教えるべき義務や責任があることを象徴する内容となっている。

を過ぎると、最貧国における教育は、発展と独立に代わって、衰退と危機、そして従属の物語となった。実際のところ、植民地支配への回帰に対する強い願望、すなわち、「いくつかの国は、自治には向いていない」という、暴言のようであるが、実は明確に注意を向けられて当然なほど、十分な正統性をもつ提案をますます引き起こしているのである[13]。

この教育のグローバルな様式をローカル化するという物語の主要登場人物、すなわち、援助、支援関係を管理する資金供給・技術協力機関、そして、その運営と正統性に欠かせない学者や学問と向き合うために、まず国際システムの中で起こった主要な変化について簡単に検討しておこう。

5）社会主義の混乱とアメリカの勝ち誇った態度

共産主義支配のあわただしい崩壊は、ソ連に対するアメリカの、社会主義に対する資本主義の、計画に対する市場の、さらには、悪に対する善の、不可避的な勝利であると広く解釈されている。資本主義は、本来より良いものであるから普及する。その明らかな勝利以上により良い証拠があるだろうか。社会主義に繋がるものは何であれ、その繋がりがどれほど希薄なものであろうと、繋がっているというだけで明らかに欠陥があるとされた。

アメリカの勝ち誇った態度の傲慢さは明瞭で絶え間ない。すなわち、「われわれは、人類を指導するのに十分に緻密で、洗練され、偉大な唯一の国である[14]」。

政治的にもイデオロギー的にもアメリカを中心とする勝ち誇った態度の中には、崇高で、かつ教訓的な皮肉がこもっている。プシェボルスキー（Adam Przeworski）はそれを次のように表現している。

> アメリカおよびさまざまな多国籍機関から発した新自由主義のイデオロギーは、選択すべきものは明白であると主張する。すなわち、発展への道は唯一であり、それを辿るべきであると。……
> しかし、もし火星人が最も効率的で人間的な経済システムを選ぶように言われたなら、確実に、最も市場に左右される国々は選ばないだろう。アメリカは実質賃金が10年以上横ばいであり、人口の40％を占めるより貧しい人々の実質収入は目減りしてきた経済不況にある。それは、人口の11.5％、子ども全体の20％を含む、約2800万人が貧困のうちに暮らす無

慈悲な社会である。それは地球上で最も古い民主主義の国であるが、民主主義世界の中で最も投票率が低く、世界で最も国民の中の囚人比率の高い国である。[15)]

　社会主義が有用な理念も教訓的な経験ももたらすことができず、ただ1つの開発戦略のみが検討に値するとすれば、教訓は明らかである。第三世界の貧困は第三世界の現象だということである。貧困が貧弱な政策の結果であるところでは、政策の改変、すなわち構造調整が不可欠な救済策である。診断の後の処方箋は次のようなものである。すなわち、「マクロ経済政策を正すこと」（特に、赤字予算を減らし、税収入を増やし、物価や外国為替の統制を除去し、外国からの投資を奨励すること）、「農業に対する減税」、「輸出業者の優遇」（「輸入障壁の合理化」「公共事業の民営化」そして、「財政改革」特に「財政上の圧迫を減らすこと、銀行の支払能力の復旧、そして、財政インフラの改善」）である。[16)]
　こうした勝ち誇った態度は、援助と政策立案の関係に（少なくとも）2つの強力な結果をもたらす。勝利した者は耳を貸す必要がない。彼らは何が正しいかを知っているのであり、彼らの利益を守るのは（交渉よりむしろ）彼らの権力であるのだから、彼らは学ぶよりむしろ教えることができるのである。さらに、勝利したということは彼らの見通しの正しさが証明されたのであるから、何をなすべきかを他者に教えるのをためらったり、悪いと思ったりする必要はないと彼らは確信している。
　1960年代の再来のように、今日の開発主義は、複雑な天気図のようなグローバルな政治経済を当然のことと捉える。アフリカ人は大陸の気候の大半を左右する熱帯収束帯を変えることはできない。モンスーン気候の雨季と乾季は、絶対に人間が統御できるものではない。そのように、世界システムも、押しつけられ、動かし得ず、ほとんど手の届かないものである。そうした理解自体が無力さを助長する。今日の開発主義は、世界システムを複雑だが理解可能な方法や修正可能な方法によって結びつけられた国民国家や企業のネットワークとして捉えようとする努力から、意識的かつ強制的に、人々の注意をそらせた。しかし、国も会社も結局は人々によって組織され管理されるのであり、時には、最下層の労働者や最も貧しい国民でさえ変えることができるのである。ここでの争点は、第三世界の問題について、外的ないし外国の立場からの解釈と、内的ないし国内的立場からの解釈の間の論争ではない。むしろ、より大きな環境、

つまり概して分析や政策のための検討課題から除外されてしまった認識の方法さえ国際化している状況について、その諸関係やそれについての理解を、第三世界内部でいかに内面化するかということなのである。

6）近代化論の復活

　今日の開発主義はまた、半世紀以上前にそう言われたように、第三世界で見出される諸問題の原因が第三世界内部にあるという主張、すなわち、その国民、資源、資本、スキル、心理的定位、子育ての仕方等々に見出せると主張する近代化論の復活を示している。その分析的な枠組みは人を惹きつけ、しばしば無批判に受け入れられる。貧困が貧しい人々の特徴と（無）能力によって説明されるように、第三世界の教育問題については、第三世界の学校内部のこととして説明しうるというのである。この基本的な誤解は、金融、産業、そして学術に関して権威ある中心部で慣れ親しまされたものであるために、現代の諸問題の主要な原因は大半の第三世界の国々がグローバル経済に組みこまれたプロセスの中にこそ見出されるべきだ、という反論から守られている。そうした国際関係は受け入れられ、それと同時に、政策立案環境の固定化した特徴として扱われる。それらは、家具、壁の塗装、部屋の中の空気、すなわちその場を作りあげている部分なのであり、それゆえ、政策的配慮の主要な関心事ではない。国際的相互作用の構造に関する普通の、そしてほぼ例外のない特徴として、これらの関係性は、変化を求める説明や戦略の探求において低い優先順位しか与えられない。このように、最も重要視されてもよいことに対して、ほとんど明瞭な注意が向けられないのである。グローバリゼーションの魅力にもかかわらず、援助関係を左右する説明の枠組みや研究の基本方針は、グローバルな統合に力点を置いた分析視点を積極的な検討対象からほぼ除外してしまった。第三世界の教育に関する研究は、ワシントンでの開発合意やその結果に関する情報源や教育との因果関係に言及することはほとんどないし、いわんやそれを批判的に扱うことなどさらにない。従属理論と世界システム論に関する文献によって展開された強力な批判、つまり現代の第三世界における貧困について説明するには、世界システムにおける特定の国々の役割と、その国々の中でのグローバルな連携の制度化に注意を向ける必要がある、という批判は広く知られてはいるが、その最も広く浅い形で知られていることを除いて、一般には無視された。国際的な秩序は所与のものであり、背景的な条件なのである。所与のもの

と見なされるから、潜在的には主要な原因であるものが、政策（および研究）に関わる言説から取り除かれてしまうのである。顧みられることなく、議論されないものは、政策立案上の注意や公的行為の焦点となり得ないのである。

7) 国連システムの中の変化する役割

とりわけ顕著な動きは、国連システムの下にある諸機関の役割と責任の再構築だった。1980年、教育セクター政策文書において、世界銀行はユネスコ（国連教育科学文化機関）の役割を際立たせ、世界銀行にとっての至高の目標（holy grail）となった初等教育に焦点を絞るという点でのユネスコの功績を高く評価した。[17] 1995年に至ると、世界銀行が行った教育部門の主要な概説の中で、ユネスコへの言及はごくわずかであり、世界銀行およびその他の機関は、教育、科学、文化における技術援助や知見に関して明らかにユネスコを頼りにしていなかったのであり、これは国際システムにおける役割の変化を示すものだった。[18] 第二次世界大戦後の復興ムードの中で、教育は世界を作り直すための主な手段として理解された。教育は、戦争で打ち砕かれた国々でも、独立間もない国々でも、そして、社会主義が到達すべき理想となり発展のエンジンとなった国々でも、再建と社会的転換の中心に据えられねばならなかった。多くの考えにおいて、実際のところ、代替となるものはなかった。教育は、近接過去の恐怖、すなわち、ホロコースト、塹壕戦、核の大惨事に対する根本的な矯正法だった。楽観主義はほとんど無限だったのである。

そうした理解によれば、国家は政策立案を行う場であり、教育者は批判的な教育政策の立案者となるはずであった。新たに形作られた国際機構は、紛れもなく開発の推進力だった。国際的な金融諸機関は、通貨の流通（ひいては国際貿易も国内成長も）を安定させ、ヨーロッパの復興と開発を援助するはずのものだった。国連の特定の委員会は経済および社会の発展を担い、また、植民地システムに終焉をもたらす責任を担った。教育、科学、そして、文化のために、ユネスコは技術的専門知識と援助を提供した。ユネスコは加入国の需要に適切に応えられるように構成され、安全保障理事会の主要国の拒否権と金融機関に対する豊かな国々の支配の制約を受けることがより少なくなるはずであった。以前であれば、強大国は旧植民地に国際的システムの意思を押しつけていた。1990年代に至ると、国際金融機関はグローバルな決定の主要な執行者になった。

驚くほど急速に、構造調整が外的統制を課すことに関する説明とその内容の両方になった。事実上、構造調整は外部者によって規定された国の政策を採用することと、国家としての自律性をいくぶん譲渡することと引き換えに資本調達を可能にした。構造調整と呼ばれる政策の具体的構成は、場面ごとに異なっていたものの、一般的な戦略はさまざまな国々の間で類似していた。受益国政府が一連の（しばしば自由化と呼ばれた）経済政策を採用するという条件の下で、特定プロジェクトに限定されない援助や増大する外国からの援助を一般に利用できるようになった。ほとんどどこでも、それは社会サービス料金の新規導入や値上げを要求し、消費者物価を上昇させた。貧困に陥った国々および機能不全に陥った経済にとって、構造調整はアメであるとともにムチでもあった。

　構造調整プログラムのレトリックは国家の役割を鋭く切り詰めたかのように見えるが、実は、特に基本的食品と主要産物に対する政府の公的援助の切り詰めといった、きわめて不人気な措置を講じる強さを国家に求めたのである。明示された条件が満たされた時のみ負債の救済がなされ、通貨に対する援助や財政援助が行われるという付帯条件は、貧困に陥った国々がグローバルな政治経済に従属的に統合されることに対する主要な責任を政府自身に負わせることを意味した。行政、管理運営、適正技術に力点が置かれ、「効果的なガバナンス」が推奨される言葉となった。

　この言葉は変化している。包括的概念は「貧困の削減」になり、それは誰もが支持しうる目標であった。被援助国は、表向きは当該国民と外国人の両方のあるべき行動を指し示す、包括的で複雑な貧困解消戦略を打ち立てることを要求される。しかし、調べてみると、開発のための要件に関する同じ考えと、同じように押しつけられた多くの条件が見出されるのである。これらの進歩に関する考え方は、パートナーシップや開発協力といった美辞麗句の中に微妙に暗示されているために、見分けにくく、異議を唱えるのはかなり難しい。科学の衣をまとい、研究スタッフの助けを借りたこの方向づけは、代替的な観点、特に不平等や搾取、大衆の動員、市民参加に関する意識の高まりを強調する観点を、政治的で非科学的であるとして退ける。

　そうした状況の中で、国際的な金融機関は開発の助言サービスを行うものとして自らをますます特徴づけた。人的資本論が国際金融機関の教育への関与を正当化した。冷戦の終結とともに、うち続く貧困という地球規模での不安定な成り行きに新たな注意が向けられるようになり、人道的および他の非政府組織

（NGO）の活躍する場をもたらしたが、皮肉なことに、アメリカとその同盟国がユネスコの役割を縮小するのをより容易にさせた。1990年代に至ると、世界銀行はユネスコの教育面での影響の輝きを効果的に失わせた。ユネスコの発展について再検討してみることは、ここでの議論の範囲を超えている。[19] しかし、（超大国による拒否権や、豊かさによって票の重みが左右される票決に影響されず）制度上その大半の成員に最も直接的に応えていたユネスコという国連機関が、世界銀行に助言する役割の多くを失ったことを心に留めておくことは重要である。

この関係の制度化、特に世界銀行の役割の制度化がいくつかの形態をとっているのは、1つには国際的な統制と国内での実行との間に根本的な緊張関係が存在することに起因する。問題を分析し、解決法を処方しながら、国際機関は自ら事態の方向づけを行わなければならないと共通に考えた。同時に、教育改革は各国政府の責任でもあった。おそらくは国益に反する勧告を押しつけられているところでは、国家の指導者たちが精力的に処方された改革を推進することはありそうもない。刷新と改革が外から始まり外から統制されているものとして見られている所では、国内の教育界は変化を維持するのに必要なエネルギーと財源をつぎ込みそうにない。教育改革の成功に対して批判的であることを広く公言して、「当該国のオーナーシップ (national ownership)」という言葉が多くの場合、外国人であれ、地元の人間であれ、ほとんど誰もが口に出したがらず、どうにか覆い隠されている国際的影響についての議論を回避する、修辞上のイチジクの葉になった。[20] 国際機関にとって、この状況での課題は、勧告された改革戦略に当該国が取り組み、実行することを奨励する一方で、影響を行使することであった。

最も直接的に第三世界の教育に携わる仲間内以外ではほとんど知られていないが、その後の評価基準や正統性の基準となった一大国際会議は、上述の課題に応えるものだった。充実した中身あり、儀式ありの中で、著名な教育専門家と政治指導者のグループが、地球上のいかなる人も教育を受けることができるようにするための援助を行うことを宣言するため、1990年3月にタイのジョムティエンに集まった。世界銀行によって始められ、また、指導されて、万人のための教育に関する世界会議は多くの公式スポンサーをもった。すなわち、国連開発計画（UNDP）、ユネスコ、国連子ども基金（UNICEF）、そして、世界銀行である。公式行事、公式声明、そして、研究発表の中で、155の政府、

20の政府間機関、そして、150の政府機関からの1500名が参加し、「万人のための教育に関する世界宣言」と「行動の枠組み」は歓呼をもって受け入れられた。拍手喝采を浴びた他の決議は、会議のタイトルを反映していた。（基礎）教育は市民の権利と見なされており、また、どのように考えられようと、開発には教育のある民衆が必要であるという両方の理由から、すべての人々は基礎教育への就学機会をもたなければならないのである。

ジョムティエン会議と事後の補足的な取り組みが、被援助国の間での基礎教育に対する高い優先順位という劇的な変化を実際にもたらしたことはまったく明らかになっていない。主要な参加者が10年後にセネガルのダカールでの会議に再び集まった時、主な達成目標はいずれも満たされていなかった。[21] 約束はされたものの、万人のための教育を達成するのに必要であると予想された地球規模での援助の大きな伸びは果たされなかった。[22] 就学機会は増えたが、そこにいる多くの児童・生徒はほとんど学んでいないのである。

ほとんど同時期に、教育に対する国の責任の範囲内で、国際的な影響を及ぼすための2番目の戦略が現れた。アフリカにおいて積極的な援助機関の間で指導的地位を確立するため、世界銀行はアフリカ教育支援ドナー会議（DAE）の創設を支援した。援助機関同士の、また、アフリカの教育省と援助機関の間の協力と調整に正式に関与し、同会議は援助機関の指導と財政援助を受けながら、一連の作業グループを傘下に置いた。影響と正統性の双方を増すために、1990年代半ばの時点で、その事務局は世界銀行を飛び出し、アフリカの教育大臣たちにとってよりエネルギッシュで影響力のある役割を果たすようになった。アフリカ教育開発連合（ADEA）へと名称を変更し、続いてアフリカへ移動した。

DAEとADEAというこれらの2つの組織は国際的機関、特に世界銀行の指導的役割を制度化したとき、協働（コラボレーション）という言葉を用いた。実際面では、両者とも教育と開発について特別な理解を強固にし、それを例外的なものにしないことにより影響を制度化した。教育を分析し理解する上での従来慣習となっていた知恵は、経済学者や銀行家の見方を反映するようになった。教育は投資と考えられるべきであり、投資の評価に用いられる手段で教育への財政支援も分析されるべきだということが、ほとんど気づかれないほどありふれた枠組みの前提になった。ここでもまた、こうしたことがなければ、確実に長時間に及ぶ議論となった賛否両論のある問題と思われるものが、批判的な注意を払われるの

を免れた。もし取り上げられたなら、大激論となっていたであろう主要な前提が、表面上は論争のない手段の中に組み込まれている。活発な論争は、教育を理解し、あるいは教育政策を立案するための分析概念として投資の譬えを出すことの有効性についてよりも、むしろどの投資が高い収益をもたらすかに集中した。

おまけに、DAE と ADEA の両組織とも、論争のある領域としての教育政策や教育実践を映し出している。影響は、疑問を差し挟めないような統制とは異なる。ある環境では、1つの目的のために設立された機関が他の目的に向けられることもありうる。権力と支配のパターンは明らかだが、その影響がただ1つの方向にだけ動くと考えるのは間違っているし、見かけ上はグローバルシステムの犠牲者に見えるものが、実は自発性を発揮し、目的達成の手順に影響を及ぼすことを見逃すのも正しくない。

各種組織の位置取り

ここまでは、国際的なシステムが、世界中で教育に対して責任を担っている各国の政府と相互に影響しあう方法について主として議論してきた。私が国際的なシステムと緩やかに呼んだものは、いくつかの構成要素から成っており、それらの要素はそれぞれの関心、形式、戦略を有しているので、組織や制度の形態の広がりについて、ここで簡単に述べておくのは有益であろう。

普通「多国間（マルチラテラル）」と呼ばれるいくつかの組織、特に国連システムを構成するものは法制的に国際的なものである。通常、これらの組織のメンバーは、重要なバリエーションがあるものの、国である。例えば、国際労働機関（ILO）のメンバーは国家、労働組合、雇用者団体を含む。運営のルールも多様である。すなわち、国連総会の多数決原理、安全保障理事会での常任理事会による拒否権、ユネスコでの多数決原理、世界銀行における参加国の出資額に応じた投票などがそれである。

しばしば、そしていくぶん誤解されて、「二国間（バイラテラル）」と呼ばれるいくつかの機関、例えば、米国国際開発庁やカナダ国際開発庁などは、明らかに国の機関である。

国際機関、そして国内の援助機関は、特定の教育上の責任を負う大陸的、地域的、国家的、または、局地的な組織を創設し、援助した。例えば、世界銀行

は、キャパシティ・ビルディング財団、アフリカ経済研究コンソーシアム、アフリカン・バーチャル大学、そして、グローバル・デベロップメント・ゲートウェイを産み落とした。この種の組織はアイデンティティの混乱に直面するかもしれない。それらは、その産みの親または育ての親機関の価値と方向性を伴って生まれ、独自の自立的な存在と正統性を確立しなければならない。

　非政府組織という用語は、大変広い範囲のグループを言い表すようになり、各国内、または小さな地域内で機能する組織、さらに、元は国内の組織であったが国際的なプログラムを実施するようになった組織、そして、国際的な規約をもつ組織も含んでいる。いくつかの非政府組織は、当該国政府、そして国際組織との契約に大きく依存しているので、機能的には擬似政府組織であるとみなされて然るべきものもある。

　教会や他の宗教団体もやはり、一般に非政府組織と呼ばれる。そのいくつかは教育への関与の長い歴史をもち、大規模な教育部門やプログラムを維持し、宗派の教義や宣教に時には密接に関係し、時にはそれほど直接には関係のない教育に関するアジェンダを支援する。

　協力的、集団的行動を通じて同僚との間に長続きする関係を確立し、発言力を強めようとする研究者の努力は、結果としていくつかの地域的なネットワークの創設に繋がった。それらは、教育、援助、そして開発に関心を持つ「北」の工業先進国の教育研究者と同様に、ラテンアメリカ、東部および南部アフリカの学者、西部および中央アフリカ、さらに東南アジアの学者のネットワークを含む。[23]しばしば依然として外国からの資金に依存し、国外の機関との契約に依存する学者によって構成されているために、それらのネットワークは、効果的で自立的な発言力を確立することと、強力かつ独立した役割を演じることが困難である。

　すべてではないが大半がアメリカ合衆国に本部を置くいくつかの団体は、やはり教育と開発において重要な役割を演じてきた。先述したように、カーネギー、フォード、そしてロックフェラーの各財団は明らかに母国と海外における社会科学の発展に影響を及ぼそうとした。2000年に、カーネギー財団、フォード財団、ロックフェラー財団、マッカーサー財団はアフリカの大学に対する機関別援助に向けてそれぞれ2500万ドルの支出を約束した。追加的なパートナーを得て、その約束は拡大され、2005年には倍増した。第三世界における教育活動を伴う合衆国以外の組織は、カルースト・グルベキアン財団、アガ・

カーン財団である。

　国際的な学術団体はますます彼らの学問分野を世界的に発展させようとするようになった。例えば、国際政治学会が、合衆国の政治学の主流となる基本的な仮説や方向性を宣伝する役目を果たすように、である。断続的な異議申し立てにもかかわらず、同学会は、理解と思考方法のグローバルな収斂を促す役割を演じている。同様に、各学問分野で国際的に認知された少数の学術誌は、特定の基準を押しつけ、第三世界の学者たちがそれによって自らの正統性を打ち立てねばならない条件を設定する機能を果たしている。[24]

援助依存

　国外の出来事や勢力は、特定の国の中で生じる事柄にどのように影響するのだろうか。パートナーシップや開発協力といったレトリックにもかかわらず、控え目の援助でさえ、非常に大きな発言力をもちうる。アフリカでは特にそれが顕著である。人気のある要求に引っ張られ、高学歴の熟練人員に対する必要性に後押しされ、教育は急速に飽くことなく援助を求めるようになった。特に、経済危機が開発に関する以前の楽観主義に続いて起こり、現実主義的な短期目標として構造調整が急速な開発に取って代わった時、生産的活動への直接的な資金供給に高い優先順位を与えるべきだという強い圧力があり、多くの場合、教育はそれに含まれなかった。では、どうやって、教員を教育し、新たな教科書を開発し、化学実験室を設けるのか。あるいは、もっと一般的に、雨漏りの修理はどうするのか。財源は一般に外国からの資金供給だった。多くの第三世界の国々にとって、国外から資金援助を受け取ることが教育と開発の構想に対する引力の中心となった。時間の経過とともに、新たな開発構想や改革プログラムには外からの援助が必要であり、それゆえに、資金援助機関のやり方と好みに敏感であることが必要だというのが、明白であるばかりでなく例外的でなくなったように思える。

　第三世界に対する国外からの援助が相当なものであったにしても、ほとんどの国において、それが教育予算総額に占めているのはごくわずかな部分である。しかしながら、その影響の大きさはしばしば実額を超える。最近まで、資金援助機関は大部分が教員給与である経常費支出に融資することを渋っていた。従って、教育開発への支援は重要ではあったが、それは一般に教育費のごく小

さな割合に留まっていた。国の教育費のほとんどすべてが教師への給与支払いに充てられている場合、外国による支援が革新や改革に欠かせないものになる。かくして限られた援助が大きな影響力をもつことになる。外国資金が全経費の小さな部分を賄っている場合でさえ、援助への依存は風土病的になっている。

　特に、2000年に万人のための教育（EFA）に対する関与が再確認されて以来、ますます迅速な援助に対するグローバルな圧力が増大した。主要な資金提供者は著しく大きな援助の分配を約束するか、公表した。重債務貧困国（HIPC）を確認し援助する複雑な過程を含む、何種類かの債務救済が行われたが、いくつかの国では、債務償還金額の費用が教育への配分額を超えていた。約束された支援の配分が遅いとの苦情に応えて、資金援助機関は「ファスト・トラック・イニシアティブ（FTI）」、続いて（批判的な点検を経て）債務貧困国と資格規定・認定を共有する「教育のためのグローバル・パートナーシップ」を作り上げた。それでも、『EFA世界モニタリング報告』は、外部支援が必要な額よりはるかに少なく、EFAの目標達成を危うくさせていることを示している。[25]

　いくつかの国では、資金援助機関が特定プロジェクトへの支援から教育予算や国家予算に直接貢献することへとシフトしてきているので、経常費の支出さえ外部からの支援にますます依存するようになってきた。しかしながら、直接ではなく、またそのように言われることはないものの、資金援助機関は教員給与の支払いを行っている。ウガンダの教育への外部支援に関するある評価は、2003年の時点で、援助は基礎教育への支出総額の60％を提供してきたと見積もっている。[26] それほどの大きさの援助は、ウガンダが万人のための教育を達成するのをおそらく助けるであろう。しかし、確かに、それは長期間にわたり持続可能なものではない。さらに重要なことは、ある国の政府や教育界にとって、中核となる開発活動を外国の資金に依存して優先順位や方向性を決めることは難しく、おそらく不可能である。

　国外からの資金援助への依存が強まると、財務省と国外の援助機関の影響も強まる。それらの援助機関と交渉する政府代表として、財務省は政府の全部門の政策やプログラムの詳細に、いっそう直接的に関与する傾向がある。そのように財務省の役割が増大してくると、出費削減を行う上で財務省を味方と考えがちな外部機関には好都合かもしれない。外部機関と財務（そして、おそらく計画）省の連携は、国家政策に影響をおよぼす強力な手段として構築されるかもしれない。

経済危機に対する国レベルでの対応の事例研究は、依存の形態と国による違いの双方を示している。国外からの支援に多く依存するセネガルやタンザニアは、資金援助機関の優先事項や好みを反映する方法で、繰り返し教育と訓練の政策を修正してきた[27]。例えば、1980年代の終わりの時点で、タンザニア教育省の計画部門の責任者は、彼の仕事を「マーケティング」と見なしていた[28]。彼の業務は、彼らに融資してくれる融資スポンサー、すなわち、外国のある援助機関を見つけ出すことを期待して、幅広いアイデアや特定のプロジェクトを宣伝したり売り込んだりすることだと言うのであった。時間の経過とともに、優先順位が政府や政党指導者により定められることはそれほど多くなくなり、外国の政府やそれらの援助機関が何に資金提供したいと思うかによって決まるようになった。かつて教育分野での陰の実力者たちは、タンザニアの政財界や人々の暮らしに影響力のある人々を集結させうる人々であった。それが1980年代後半の時点では、国外からの融資を獲得するのに最も成功した者に変わったのである[29]。

マーケティングは逆境に立ち向かう戦略として合理的であるとともに、かなりうまく行くものかもしれない。経済的に困窮した時期に、それは財源を増やすかもしれない。それは、途上国のエリートとその外国のパートナーが主要な問題に対処したり、重大な経済的、政治的、社会的転換を行ったりするのを先延ばしにするのを可能にするかもしれない。同時に、マーケティングが広く行き渡っている方向性であるとき、目新しいことは資金提供者が融資したいと思う事柄に限定されるのである。

国ごとのパターンはもちろん異なっている。援助に依存していれば、国際的資金援助機関の提案や期待にいつでも従順であるというわけではない。「小国には選択肢がない」。コスタリカの前大統領は、比較的裕福な第三世界の国である彼の国がなぜ外国からの援助の付帯条件を受け入れてきたのかと問われ、他に取って代わるものはなかったと断言した[30]。すでに多くの負債を抱え、国外からの援助の大半をコントロールしている国々への輸出売上に経済的に依存し、近隣政府の打倒に努めるもつれた関係にやっとの思いで抗しながら、コスタリカは、構造調整策の受け入れを求める圧力にしぶしぶ従い、さまざまな政党が指導する政府が決めたそうした方向性を維持した。それ以外に、この小国に何ができたかと、同国の指導者たちは主張する。しかしながら、実際には、コスタリカは国外からの巨額の援助を受け取っただけではなく、縮減の標的にされ

た教育や訓練を含む多くの社会サービスを保護し、それ自身の基本方針の相当多くをどうにか維持することができた。地域における役割、安定した民主的政府や国内的いざこざが余りないという歴史、経済基盤と相対的な豊かさ、そして国内政治システムの広範な正統性が相俟って、コスタリカは外部から押しつけられた条件に従っていた時でさえ、相当な政治的自治を維持することができたのである。

セネガルの構造調整プログラムにおける人員削減やその他の緊縮政策を阻むために同盟した教師組合と闘争的な学生組織は、地域の有効な抵抗の別な例を示している[31]。ガーナとケニアでの高等教育の学費徴収をめぐる対立は、国が援助条件を拒絶しても支援を受け続けることができ、また、援助条件の有効な実行には被援助国政府の積極的な協力が必要であることを示している[32]。

外部からの資金援助への依存は、資金援助機関によって課される明示的な条件とより微妙な影響の両方をもたらすのである。そうした関係は時として積極的に操作される。資金援助機関は、特定の政策、優先事項あるいはプログラムの採用を支援提供の条件とするかもしれない。条件は（援助は、特定政策の採用あるいは特定の制度的変更の実施を条件とするというように）直接的かもしれないし、あるいは（職業訓練校への支援は、技術的なカリキュラムへの女子の在籍数を増加させることを企図した戦略の実行を条件とするというように）間接的であるかもしれない。場合によって、影響は逆方向に流れる。ある好みのプログラムの財源を確保するために、当該国の指導者層は資金援助機関の所在国で支援を取りつけ、資金援助機関に影響を与えるように圧力をかけるかもしれない。

影響の経路

援助の間接的な影響は一般に目に見えにくいものであり、異議を申し立てるのはもっと難しく、そして、しばしばはるかに重大である。影響のその他の経路について概観しておくことは有益であろう。

１）会議によるグローバリゼーション

教育に関する基本的考え方を伝達し移植するため、また、教育がいかに理解され、組織され、運営されるかを方向づける上で、国際会議がますます重要な

手段となってきた。すでに言及したように、1990年のジョムティエン会議は基礎教育に光を当て、そこに資金を供給するよう、貧しい国々の政府に圧力をかけることを目指した。そのことは機能的には管理の仕組み、フォローアップのための会議、監視、そして研究を必要とした。合意された目標が達成できなかったことは認めながら、責任を負うことは渋りつつ、2000年のダカール会議は取り組みを再確認し、目標期日を延期し、事務局の活性化を図った。ダカールの主要目標は、その後に国際連合のミレニアム開発目標にとり入れられた[33]。ますます強まった各国政府に対する圧力は、地域での会議を開催し、それ自体が教育を記述し分析するための構成概念、カテゴリー、用語を押しつける手段となるような所定の様式に則って定期的に進捗状況報告を準備することを含んでいた[34]。ここには国際的影響を制度化するための進行中のプロセスが見られる。それは表面的には協同的であり、公式にはユネスコの仕事になっているが、今や明らかに世界銀行の影響が反映しているアジェンダや分析のための構成概念を含んでいる。

　いくつかの国は、基礎教育を優先することは高等教育への支援を弱体化させ、それによって、貧しい国を貧しさの中に閉じ込めるものだと非難した。高度な技術や研究能力を開発しなければ、貧しい国は知的に周辺部分に追いやられ、どこか他のところで開発されたアイデアやテクノロジー（そして、より重要なことに、理解する方法）に永続的に依存することになるのである。教員や教員の養成者を教育する主要な機関である大学がだめになると、究極的には基礎教育への取り組みさえも弱体化することになることを認識した上で、資金援助諸機関や諸財団は高等教育への支援を復活させているように思われる[35]。

2）グローバル化する基準

　多くの国で教育に関するグローバルな基準を求める声が、さまざまな教育段階における成果を測定し比較するために複数国が関わる一連の努力を生んだ[36]。特定の国や地方の状況に固有な特性に敏感であるべきだという主張はなされたものの、そうした評価方法は、意図的に、教育内容と教授学習過程の双方に関する特定の前提を国際的に用い、また、そうすることでそれらの前提を制度化しようとした。こうした評価方法から生まれた結果は、いくつかの状況での教育の質の改善に貢献するかもしれないが、そのもっと強力な役割は、それぞれの地域で議論され決定される教育目標や教育手段を用いた効果的学習と結びつ

いた教育の哲学を蝕むことである。

3）知識の運用

　情報は力であるということがあまりに広範に受容されたために、月並みな考えになってしまった。資本主義が基本的枠組みとなり、経済学が支配的な社会科学となり、ビジネスが公的諸制度の適切なモデルとなるに及んで、現代の援助（開発援助）の世界では、そうした情報に関する理解が、知識イコール開発という理解に変わってきたのである。[37] 知識が土地や労働力や資本よりも重要な生産手段となっていると主張される知識経済においては、貧困を除去するには知識が潤沢であることが必要なのである。かくして、知識を生産し、蓄積し、管理し、転移することは、国際的影響を制度化するもう1つの経路となっている。

　融資および技術援助機関は、それらが行う助言が融資よりも重要であると日頃から繰り返し述べる。実際にも、世界銀行はさらに突っ込んで、知識の貯蔵庫と出入り口を開発し管理することを提案している。[38]「私の目標は、世界銀行を、人々が開発に関する知識を必要とした時の最初の立ち寄り先にすることである」と世界銀行の前総裁は主張する。[39]

　これに関する潜在的な問題は非常に多く、ここでの議論の範囲を遙かに超えているけれども、[40] この影響の経路についての再検討では、融資と助言が結びついたことによって生じる危険性に関して大まかに述べることが重要である。有効で正統性があると考えられるような（「知識」と呼ばれる）情報が、ますます「北」側諸国に集中するであろう。その結果、「南」で収集された情報は、その解釈者、つまり開発に関する知識のデータベースと情報システムを創り上げ管理する者によって形成され組み立てられる。何が知識で、何が知識ではないかを決定するそうした強力な役割は、科学と科学的手法の神秘によって覆い隠されるだろう。何が知識かを決定することの集権化は、そのほとんどすべてが最も裕福な国々に所在する世界のエリート教育・研究機関の役割を強固なものにする。重要な知識と見なされるものは、より技術的で、より非人間、そして無批判的になっていくようである。ウェブ上の情報データベースへのアクセスが広範に、ほぼ普遍化するだろうという予測が、現在の技術的な障害や経費を過小評価させており、さらに、現在のグローバルシステムにおける技術格差が拡大こそすれ縮小することはないであろうということを過小評価させている。全体的に見て、実質的な経済力とイデオロギー的影響力をもった「北」側の権

威のある機関により創り上げられ維持される情報データベースは、ある国の中の、また国々にまたがる既存の権力関係をおそらく強化していくであろう。

4）概念と分析枠組みの形成による成果の規制

　最も強力な影響の経路は最も見えにくいものである。援助に付随する条件は厳しく、痛みを伴うけれども、それらは明確であり、はっきりと異議申し立てを行うことができる。正体を見破り、抵抗することがより難しいのは、非常に普通のことに見えるために、われわれが当たり前と考えている教育に関する諸概念や、あまりに明瞭に思えるため批判的な精査を免れている分析枠組みに含まれている影響である。ここで、そうした3つの分析枠組み、すなわち、投資としての教育、生産としての教育、そして分配システムとしての教育について考えてみよう。

　国外からの影響という考えは状況や競争に関係するものであって、国籍とは関係がないことに留意されたい。例えば、収益率分析は、ある特殊な状況の中や、特定の理論的方向づけの中での分析方法・技術として現れ、さまざまな選択肢の中から資金の使い道を選ぼうとする国外または地元の投資者や資金配分者の関心を反映するものである。このアプローチは貧しい国々の教育研究者、政策決定者、管理者にとって有用と思えるか否かは別にして、そうした国々で教育の責任を担う人々によって生み出されたものではない。それを支持する人々は、アメリカ、イギリス、ハンガリー、日本、チリ、またはガーナの国民かもしれない。それゆえ、この収益率分析を「外的な」ものとして特徴づけることは、これを支持する者の国籍ではなくて、このアプローチが開発され洗練された前提、アイデア、関心、理論、そしてイデオロギーを含めた特定の状況を浮き彫りにするのである。

（1）投資としての教育

　教育に関するさまざまな見方の中で、経済学と財政学に基づく見方が、教育と開発に関する言説を支配するようになった。世界銀行の出発点は人的資本論であり、教育は開発途上国の人的資源を開発することへの投資と見なされるべきであるとされた。世界銀行の1995年の教育政策報告の中では、「人的資本論と同じ広がりと厳密さを兼ね備え、それに匹敵するものはない」と、その素晴らしさが無条件に主張されている。[41] 東アジアの経験は教育への投資の価値を[42]

証明しており、成功するか失敗するかを分けるのはまさしくそうした投資であると世界銀行は論ずるのである。

普遍的に受容されることからはほど遠いが、人的資本論とその主な手段である収益率分析も熱心に議論される。他の資金援助機関、そして世界銀行自体のスタッフの中にも批判者がおり、次のように述べている。すなわち、「伝統的な教育の費用便益研究は、さまざまな段階の教育への投資の利点を、それぞれがもたらす社会的収益の分析に基づいて示す傾向があった。しかし、最近の研究はこの方法が当てにならず、限界があることを明らかにしてきたのである」[43]。投資としての教育に関して気懸かりなことの多くは、教育の過程を自覚しつつ無視していることである。経済学的なシステムアプローチを取り入れて、インプットとアウトプットに焦点が絞られるものの、教育に関わっている人々が日々行っていることの大半を不透明なブラックボックスの内側に残したままにしているのである。しかしながら、教育においては過程そのものがアウトプットなのである。

学校は選別し、社会化するものである。社会と個人の双方にとって、学校教育はしばしば単に学ぶということ以上の意味をもっている。それぞれに固有の環境は異なっていても、どこの学校システムも特定の社会秩序を構築し維持することの要となっている。同様に、学校システムはしばしば特定の社会秩序に挑戦し、それを変容させる要となる。カリキュラムがいかにして不平等を強固なものにし合法化するか、試験がいかにして社会階層のパターンを強化し正当化するか、また、教科書がいかにしてある見方を他の見方より良いものとするか、といったことを無視していては、卒業生の数や彼らの専門分野の数に関して発見された事柄が無意味なものになってしまう。代替的なインプットやアウトプットの相対的な価値に分析を限定すれば、グローバルな解決法を提案することが可能になる。しかし、現実には、教育は相互的であって、不連続性に満ちており、常にローカルな条件に左右される。

教育を主に社会的投資として扱うことの2番目の成り行きは、最も重要だと思える問題と第三世界の政府や教育家によって明示された目標との間に溝ができ、普通はそのことにほとんど注意が払われないことである。すなわち、例えば、学習者の中に探求的で批判的な姿勢を育むこと、差別を取り除くことやエリート主義を減少させること、国民統合を促進すること、若者に市民としての権利と義務を自覚させること、そして彼らが協働し、非暴力的に紛争を解決す

る準備をすること、あるいは、学習者の中に個人として、また集団としての能力、自立心、自信といった強い感覚を発達させることである。これらの目標は、当然のことながら、教室を建設したり教材の利用可能性を高めるよりも数量化したり測定したりすることが難しい。しかし、これらの目標をまったく無視することは、教育に関するアジェンダからそれらを消し去ることなのである。

（2）生産としての教育

　学校教育について説明し改革するために広く用いられる第2の比喩は、教育が生産であるということであり、それは効率に焦点を絞ることへとつながっていく。しかし、教育における効率とは正確なところ何であろうか。

　製造業においては、効率性は明確である。すなわち、より廉価な原材料を用い、無駄や破損を減らし、熟練労働者を使い、機械を改良し、低価格エネルギーを使い、メンテナンスを簡素化し、販売の増加による収入がマーケティングにかかる出費を上回るようにするなど、生産コストを下げることである。生産の比喩がたまに有効であったとしても、教育は根本的に製造業とは異なる。相互作用的な過程において、インプットとアウトプットの区別は意識的に曖昧にされている。瓶がそれ自身の生産に貢献することはないが、生徒は自身の教育に貢献するのである。自動車が組立工程の改善を提案したり、古いやり方を拒否したりすることはないが、学習者は改善を提案したり、受け取る知恵を拒絶したりするだけではなく、新たな道を切り開く主導権を握っている教育への積極的な参加者なのである。一見すると、より大規模な学級のほうが、教員の給与をより多くの生徒数で割ることにより、教育システムの効率を高めるであろう。しかし当然のことながら、教育の適切な単位は生徒あるいは教員1人当たりの生徒数ではなく、学習なのである。

　こうした問題はさておき、効率というものは、どのように定義されようとも、それを最大化することが主要な目標であるとか、あるいは目標となるべきだなどということは、決して自明のことではない。宇宙旅行の責任を担う人々のように、貧しい国の教育家は代理機能性に高い優先順位を与えるかもしれない。例えば、規模の経済では、教材の集中的な生産が好まれるかもしれない。しかし、電力不足、設備の故障、必需品の不足といった現実があるために、ある場所での問題がすべての生産を停止させてしまうことのないように、生産の分散や代理機能性が好まれそうなのである。効率をとるか、代理機能性をとる

か、あるいは何かほかの目標とするかに関する決定は、予測することができない。しかし、それぞれの場面で決定しなければならないのである。

　３つの重要な点で、内部効率と外部効率という構成概念は政策上の注意を誤った方向に向ける。第１に、生徒１人当たり単価の削減への関心は、歳出の各単位の効率性向上に焦点を絞るよりも、はるかに有益でなさそうである。第２に、進級率や卒業率は主として普通教育と国の政策の結果であり、それゆえ個々の生徒や学校の業績ではないのだから、わずかの生徒しか進級させない決定を内部効率性の低さと見なすことは、事態をとりわけ混乱させるように思われる。第３に、学校教育の設立趣旨は職業準備以上に広範なもの（あるいは含まれてさえいないかもしれないが）との認識が、就職率や就いた職種から教育の外部効率を測る努力を放棄することを求める。数量化せよとの圧力が学習を測定する上での諸問題に突きつけられたとき、無視されるのは学習である。教育における分析的な構成概念として効率が広く使われることは、政策や教授法の主要な問題を運営や管理に関する技術的に解決しやすい、表面的には論争になりそうにない問題に置き換えるものであり、批判的な点検と参加的な意志決定のいずれからも、それらの主要な問題を効果的に除外するものである。

　効率性の強調から類推されるのは、実行可能性と実践性への執着である。[44)] 見た目は合理的な方向性が、実際のところは教育と開発の双方を制限するように機能するのである。変革は本来的に危険を伴うものである。役割（例えば、カリキュラム開発者としての教員、生徒の役割）、質の測定方法（生徒のポートフォリオ、継続的な評価、そして標準化された試験の組み合わせや比重のかけ方）、教授法（能力別に分けない集団、学習者中心の授業）、そして労働の世界との接続（生産を伴う教育）などを変える試みは、失敗するかもしれないし、あるいは他の目標とぶつかり合うかもしれない。変革が危険を伴うものであるために、資金援助機関や技術援助機関は以前からある、見た目は立証済みの信頼性のある方法を使うように要求するのが一般的である。それがその時に完全にうまく行ったなら、事態が進む方向は、裕福な国に向かって独創的な歩みを始めることを制限してしまうだろう。そうしたもっと裕福な国々を眺めながら、それらに追いつこうと先を争う貧しい国々は、使うように言われている手法や技術を放棄する。実際のところ、貧困が基本的変革を妨げているように思われ、やがて貧困を永続させることになりがちなのである。

(3) 伝達システムとしての教育

援助への依存は、第三世界の教育自体によってなされたというよりも、むしろそれに対してなされたものとしての政策やプログラム面での変更を定着させる。しばしば、学習は情報の獲得として理解される。そこに共通の構図はパウロ・フレイレが教育の「銀行モデル」と呼んだものである。学習者は空(から)の銀行口座のようなものである。多かれ少なかれ公式に、教員と関連資材や知識をもつ他の者は、これらの口座に預金する。できのいい生徒たちは財を蓄え、後に引き出すことのできる知識で頭を満たして彼らの教育を修了する。少なくともより年少の学習者にとって、学習は受動的なプロセスとして理解される。教員が与え、または供給ないし提供し、生徒が受け取る。しかし、学習を単なる情報獲得以上のものと見なしている幅広い見解、実験、そして研究があるだろうか。学習者が行うのは単なる知識の獲得ではなく、知識を生み出し、習熟し、発展させ、創造することだという考え方はどうであろうか。学習を能動的な過程と理解し、その過程の中心に学習者を置き、学習とは情報を特定の目的に使用し、操作し、統合することを伴うものだと考える教育者の声は、標準的な道具一式を使って開発される政策やプログラムにはほとんど反映されない。

使われている用語は、指示的(インストラクティブ)でもあり形成的(フォーマティブ)でもある。教育改革は、内部からの主導権というよりも外部から挿入される「介入(インターベンション)」であると普通は呼ばれる。外部から資金を供給され、外部から指導され、そしてしばしば、外部から管理されるものである特定の改革プロジェクトは、教員であれ、生徒であれ、現地のコミュニティであれ、それらが働いている実際情況に対して直接責任を負うことがほとんどない。第三世界の教育者たちは、彼らが改革という手術の対象であって、執刀する外科医ではない時に、そうした改革の主人公にいかにしてなりうるであろうか。教育は、学習者が受け手ではなくて行為者であるような有機的過程ではなく、伝達のシステムと名づけられる。実際のところ、(国内のものであれ、外国のものであれ)教育の外側にあって見通しがきく点と、非常に限られた社会的説明責任とがあいまって、根本的に力量を奪っていることが概して明らかになるのである。

(4) 研究、計画、そして構成概念や分析枠組みの詳述

援助資金が適切に、有効に、そして効率的に使用されるか否かを気遣って、

資金援助機関および技術援助機関は、提案されたプロジェクトが全般的な教育目的や教育政策の点から筋が通っていることを長い間要求してきた。特に、ほとんどがアフリカにある世界の最貧国にとって、そうした要求は次第に複雑で煩わしいものになっていった。債務救済や迅速な支援に値するようになるために、国々は今や総合的な開発の枠組みや、貧困解消に焦点を絞った詳細な国家戦略報告書を準備しなければならないが、その中には教育セクターの広範な分析や教育政策に関する陳述も含まれている。[45] 一見したところ、それは全く合理的に思える。融資者はそれらの支援が上手に使われることの再確認を求めている。援助の受け手は、目標、政策、そして進歩を測定するための指標を生み出すしっかりした研究を踏まえた総合的、包括的な計画プロセスをもつべきなのである。

しかしながら、実際には、要求される過程は多くの国がどうにかできるようなことよりずっと複雑になってしまっており、教育システムの改革や管理運営から注意とエネルギーをそらしている。そして、広範な参加が効果的に行われることが公式には確約されているにもかかわらず、融資者、特に世界銀行の期待や枠組みで凝り固まっている。困惑した教育省は重要な文書を準備するためにコンサルタントを雇用する。質保証および一貫性のある計画を担保するために自ら課した権限を以て、融資者は受け入れ可能な計画やプログラムのための基準を定め、いずれの文書がそれに適合しているかを判断する。コミュニティ・グループがそれらの見解を示すことを可能にする公聴会は、たいていは勧告された行動方針を正当化するために機能する。

最も重要なことは、この過程が重要な構成概念や分析視点を現地に馴染ませ、制度化するものだということである。内部効率、外部効率、収益率分析、そして、これ以外のワシントンでの教育合意と呼びうるかもしれないものの教えが見えにくくなっているのは、こういうやり方によるのであり、それがあまりに普通で正常であるために、注意を喚起されることもなく、それゆえに批判的な評価の影響も受けないのである。要求された文書の記入説明や様式の中に、重要な構成概念や分析枠組みが埋め込まれており、政策決定者や意思決定者がそれを当たり前のことと考えているので、外部で定められたアジェンダを制度化するのに、もはや明示的な外からの指示は必要ないのである。

援助が助けにならない場合とは？

　国際的および国内の援助機関による大規模なアジェンダや活動と、教育に関する意思決定者と教育者による小規模な決定や活動との結びつきに関する実証的分析は今までのところ限られているものの、海外からの援助とその問題点に関する多くの研究の中では、国際通貨基金と世界銀行の役割に対する注意を含めて[46]、ますます多くの注意が援助と教育に向けられるようになった[47]。

　援助の擁護者は、支援が無くなれば情況はいっそう悪くなるであろうし、特定の環境にある教育は、明らかに海外からの援助の恩恵を受けていると主張する。援助の批判者は、同じく情熱的に、いくらかの恩恵があろうと、結局のところ援助は有益であるより有害であると主張する。彼らは何ら有意義な便益ももたらさなかったプロジェクトに割り当てられた資金、有望に思われて開始されたが、実を結ぶのに十分な期間維持されなかったプロジェクト、援助機関の間での定期的に、また不意に行われる優先事項の移り変わり、さらに、しばしば状況にそぐわない大仕掛でハイテクを駆使した努力が一般に好まれることなどを指摘しているのである。彼らの批判もまた構造的なものである。外国による援助は、そもそもその始まりから根本的に力量を奪っているのである。「協力」や「パートナーシップ」そして「エンパワメント」といった用語が広く用いられているにもかかわらず、また、外的な支援を提供することに対する指針や規則を作り上げる定期的な国際的取り組みにもかかわらず、実際のところ援助は当該地域の権限や自発性を弱めるように働いている。当該地域の自治を外部からの決定で置き換えることにより、力量を育てるよりもむしろ減じることになっているのである。考え方と実践の両面における定期的な改革努力にもかかわらず、援助関係自体が述べられた目的を達成する上での主要な障害になっているのである。

　プロジェクト評価やプログラム評価、そしてインパクト評価ではこの論争が解決されそうにないほど、教育は十分に複雑なプロセスなのである。ごく稀に、当該地域で生まれたものであれ、外部から促されたものであれ、特定の改革が特別な成果に結びつくことがあるかもしれない。また、特定の援助プログラムを批判し、自国の自律性を主張するときでも、大半の第三世界の政府は、獲得しうる教育援助はできるだけ確保したいと切望するものであり、一般的に

はそれに伴う条件も受け入れるのである。

研究の役割

　教育実践に対して理論的すぎ、不適切であると折に触れて非難されるにもかかわらず、研究者と研究はこの物語の中で重要な役割を演じる。それは、アフリカにおいて特に明確である。委託研究は溢れている。アフリカの教育に関して外部で始まった研究は、国、委託した機関、特定の主題の多様性にもかかわらず、その類似性が際立っている。[48] ごく僅かな例外はあるものの、これらの研究は、共通の枠組み、共通のアプローチ、共通の方法論を持っている。その出発点が同じであることを考えると、そこからの共通の結論が導かれることは驚くべきことではない。すなわち、アフリカの教育は危機に瀕しているというのである。ほとんどの政府はうまく対処していない。質は低下してきたが、それは一般に就学機会が拡がったせいにされる。資金の配分は不適当である。運営は貧弱で、管理は非効率的である。ごく最近では、より肯定的な評価、特に就学者の拡大や女子の就学を強調する評価が執拗な批判を受けている。西サハラにあるイスラム教徒が多数を占めるモーリタニアからインド洋に浮かぶ文化的にも植民地遺制や政治的伝統の面でも入り交じったモーリシャスまで、助言は類似しすぎている。ワシントンでの教育に関する合意がアフリカに及んでいる。すなわち、教育の提供における中央政府の役割の縮小。分権化。学校教育費の引き上げ。私学の拡張。特に高等教育段階における学生への直接支援の縮小。二部制授業や多学年学級の導入。教材に対する高い優先順位の割り当て。教員養成よりも現職研修の奨励。こういった研究に共通なアプローチは医療活動に譬えうる。往々にして外国人に率いられた研究チームは、診断し処方する専門の臨床医である。患者（すなわち当該国）はおそらく圧力をかけられつつ、苦い薬を飲み込むように促されるのである。財政にばかり目が行く中で埋もれてしまい、学習は大部分が視野から消えてしまうのである。

　教育はおそらく公共政策の中で最も目に見え、争点となるものであろう。総合的な開発枠組みや貧困解消戦略の重要性が強調されたことにより、教育セクターについての研究の需要が高まった。しかし、政策決定を方向づけるために明白に委託された教育に関するこれらの主要な研究の大半は、きわめて限られた範囲にしか流布しない。アフリカの教育セクターに関する研究は、「部外秘」

または「取扱注意」と指定されて、一般に研究を委託された機関と僅かな政府職員のみが入手可能である。刊行されることもないので、利用可能な著書目録や出典一覧に載ることもない。

これらの研究の多さ、援助関係におけるそれらの中心的な役割、そして、それゆえにアフリカの教育における目標や優先的事項に対する影響力は、国際的影響の制度化にとって強力な道筋である。個人的には、これらの研究、あるいはそれらを生み出した援助プログラムでさえ、長期的に見て非常に必然的であることが分かりそうなものはないと思う。しかし、全体として、これらの研究は、国内的、国際的の両方の政策を検討し、方向づける枠組みとなっている。

暫くの間、ジョムティエン会議とダカールの会議、そしてその万人のための教育に関する明白な合意に話を戻すことにしよう。多くの国がそれを急速に達成する財源を欠いているにもかかわらず、この崇高な目標に賛同しない者はほとんどいないだろう。しかし、それはなぜだろうか。なぜ、ユニバーサルな大衆教育が最も優先されるべき事柄なのであろうか。そして、もしそうだとしても、なぜ、学校における基礎（初等）教育が、例えば、学校外で開設される成人教育ないし他の教育プログラムより以上に焦点を当てられるのであろうか。

こうした疑問や関連の疑問には多くの答があるが、最も説得的に見える答、特に教育支援に出資する人々にとって最も説得力のある答は、初等教育への投資が最も多くの見返りをもたらすと研究が示しているというものである。初等教育に焦点を絞ることを支えているのは、初等教育への投資が開発（それがいかに定義されようと）に向けての大きな進歩を約束していると研究が説得的に立証したという主張である。

ここで最も目を引くのは、特定の結論ではない。私はすでに収益率分析に関する無批判な依存に注意を向けてきた。教育に関してよく知られている言説の歴史は、広範に受け入れられた見解が結局のところ、部分的であったり、誤解を招くものであったり、不正確であったり、あるいはその3者すべてであったりすることを示唆している。まさに熱烈に擁護されて、新手の真理が出現するのである。むしろ、ここで顕著なことは、教育政策の主要な決定要因あるいは正当化の根拠として、研究に対する暗黙の合意があるということである。ここにあるのは、教育政策に関する論議の中での研究の特権的位置づけ（または、より正確に言うと、研究とその成果の主張）のほんの一例にすぎない。実際には、研究は政策に情報を与えて方向づけ、他の動機で採用された政策を合理化

したり正当化したりするかもしれないし、あるいは政策にとってきわめて整合性のないものであるかもしれない。しかし、研究が示すものについて主張することが開発論議の中核を形作っている。研究に支えられた主張がなければ、政策提案は信頼性を失う。同様に、支えとなる研究を引用しない政策批判は無視されやすい。政策論争に将来加わろうとする者は、自らの主張を他人に聞かせるがために、関連した研究が十分に供給されていることを誇示しなければならないのである。

「研究が示しているように」という常套句やその類似語は、至る所で見られる。しかし、世界銀行は研究の重要性を繰り返し強調するにもかかわらず、その『2020年の教育戦略』は自らについて（それ自身の研究問題にだけ）執拗に言及しただけで、第三世界の研究能力の向上に関しては何らの有意義な規定もしていない。しかし、開発の領域での「研究が示しているように」という主張が突出し浸透していることは、強力な現代的な現象、すなわち、開発ビジネスによって産み出された財力と知力の複合体の出現を示しているのである。そうした研究と財政支援の組み合わせのユニークな特徴とその短期的、長期的な結果の両方を認識することが大切である。そのことからは次に、外国からの支援の重要性の増大と研究の特権的位置づけが混ぜ合わさって、教育の実質的な内容に条件をつけ、制限する仕方を理解することが必要になるであろう。

1）研究と政策

私が述べたように、研究は開発計画者や意思決定者の通貨となり、代替的で、しばしば競合し合うプロジェクトに価値を割り振るために使用されるのである。確かに、それは望ましい。研究が決定を導くのである。政治ではなく専門知識が広く行き渡るのである。こうした開発援助の分配と使用に関する理想化されたモデルは、いくつかの点で見かけ倒しのところがある。

第1に、有能な政策決定者が関連研究の注意深い吟味を踏まえて彼らの決定を行っているというありふれた見方は、まったく正しくない。開発では、他の大半の政策決定の場面におけるように、研究は複数の、多くの場合には間接的なルートを通じて意思決定の過程に入るものである。政策決定者はまず、問題を明確に説明し、提案を選択し、評価基準を特定し、決定を下すために、自らの理論的な学習ならびに実践経験を頼りにする。そうした間接的な影響は多くの場合微妙で、政策決定者自身にも明白ではない。

第2に、解決されるべき問題に焦点を置いた研究に大いに導かれる政策決定者が必ずしもより良い決定を下すとは限らない。適切だと考えられる研究は既存の経済的、政治的、社会的パターンを所与のものと考え、一般に道具的であり、比較的狭い範囲で判断を下しているものである。しかし、有効で適切な公共政策は利害、えこひいき、そして政治を無視できない。公共政策の策定は殺菌され、保護された、政治に無関心な過程ではない。うまく実行された政策は、生産組織間の利害の衝突や緊張関係、権力構造、社会的分化のパターンを回避することなく、それに直面し取り組まなければならない。

　第3に、研究は既に下されている決定を正当化するものとして政策決定過程に入るのである。特に、意思決定者が合理性を重視し、かつまた政治的駆け引きやえこひいきに重きを置かないことを求められる官僚制の環境では、特定の行動計画が研究に裏づけられたものだという主張は、すべての異議申し立て者に対する最も強力な防御である。下世話に言えば、政策という銃撃戦では、研究というピストルを抜くのが最も速く、研究という弾薬で最も良く装備を固めた拳銃使いが、勝利を手にする可能性が最もありそうだということである。しかし、わずかの弾薬しかなく、抜くのが遅くても、生き残れるかもしれない。

　第4に、私が論じたように、開発援助と研究が結びつくことは、研究とその政策決定過程での役割の両方を変形させ、両者にとって害を与えるものである。研究は政策に間接的に影響を及ぼし、研究が決定を正当化するために利用されることは必ずしも問題ではない。しかしながら、今日の開発ビジネスでは、同じ機関が決定、資金調達、そして研究に対する責任をますます負うようになっている。それらの機関の資金が対外援助組織を教育政策決定のテーブルに着かせるように、だからこそまた、そうした資金は研究および研究の過程に対する強力な影響力を確実なものにするのである。ほとんど予想されず、またよく理解されていなかったことから、外部からの資金融資と教育研究とのこうした結びつきは、体系的に研究され始めたばかりである。しかしながら、この関係についての大まかな輪郭は、研究者と政策決定者双方が懸念するのも当然と思わせるのに十分に明瞭なのである。問題を先鋭にするならば、研究と政策がともに危機に瀕しているということである。

2）うわべの正確さ[51]

　教育研究の多くがその部分的で、曖昧で、偶発的な成果を生み出している時、

政策研究には、信頼に足り正確で明確かつ自信に満ちた成果を生むことが期待され、定量的研究が好まれる。しかし、正確であることを求めるあまり、見込みうる正確さを誇張することがしばしばあり、そうした正確さの追及が解釈や理解を妨げる面を見落とすのである。社会科学者が相互に排他的な概念を無理に構築しようとするとき、不統一や曖昧さを排除することに伴う不利益は、はっきりとした結果となって現れる明瞭さの素晴らしさを上回るかもしれない。使われた測定の単位より小さいために、漏れて記録されないままになる時間的、空間的な変化が、推論や解釈にとって決定的なものであることが分かるかもしれない。

　もちろん、最も進歩した技術であっても元データの不正確さや不統一に対して、せいぜい部分的な救済を施すことができるだけである。第三世界に関して報告されている全国統計の多く、いや、おそらくは大半には、大きな誤差が含まれている。[52] そうした誤差の幅を深刻に受け止めるなら、全国統計を大雑把な概数として扱うことが必要である。観察された小さな、そして時にはより大きな違いは、実態よりもはっきり見えるかもしれない。従って、合理的な許容誤差の範囲内に入るような明らかな違いも、大まかな推測や公的な政策の拠り所としては弱い。数量化は発見される事柄をより正当化しうるようにするかもしれないが、それが自動的により良い理解を生むことにはならない。そうした許容誤差を深刻に受けとめるなら、研究者と政策決定者のいずれもが、基本的前提として一定程度の精確性、直線性、連続性をもつべき統計というものを拒否することが必要である。

　利用可能なデータの不確実さが広く認知されているにもかかわらず、社会科学の定評のある文献は、研究を実施し、研究を支援する者、そして自らの行動を正当化するために研究に依存する者が、研究成果の精確さを力説し、現実味のないほど高いレベルの信頼性をそれに付与するように駆り立てているのである。おびただしい数値も特定の解釈をより有効にするものではないし、政策提案をより魅力的にするものでもない。確かに、数値で覆われることで、物事は明らかになるよりも、おそらくずっと不明瞭になるであろう。

3）社会科学としての経済学

　人々が何をなし、なぜそうするのかを理解するために、われわれは人々がこれまで何をしてきたかを知らなければならない。しかしながら、社会科学者が

彼らの興味を惹いたすべての事象を直接見ることは稀である。そこで、最も頻繁にわれわれが頼るのは、誰か他の人が程度の差はあれ体系的に、通常何か他の目的のために集めた情報である。「反証可能性」や「再現可能性」についての声高な叫びを伴った社会科学における行動面での革命は、われわれを記録可能で数量の形で蓄えることのできるような種類の情報へと急き立ててきた。

定量化に向かう傾向に付随して起こり、それを刺激したのは、モード社会科学としての経済学である。経済学に関してますます影響力のある強力なこの役割は、学界内部とその外部にそれぞれしっかりと軸足を置いている。

基礎経済学の授業で教えられる方法論は、理想的な形であれば、社会科学の支配的な潮流と一致している。焦点は因果関係にあり、それは正確に定義された諸要因の間に、パターン化した規則性についての法則のような説明を導き出したり、それらの間の関係を探究したりすることによって確立される。そうした因果関係に対して無関係と思われるものは何でも無視される。研究されている関係に影響を与えるかもしれない要因は（「他の要因が同じだとして」）変化することなく、あるいは行き当たりばったりに変化しない（従って、何らの体系的な影響も与えない）ように思える。また、それらは直接的または間接的に研究者によって統制される。最終的に、検討されるべき限られたひとまとまりの要因（「変数」）が研究されうる。理想的には、それらの要因は場所や時間を慎重に選び、観察や、あるいは利用可能な情報を踏まえた変動のシミュレーションなど、ある程度規則的な方法で変化させることができることが望ましい。因果関係についての予測（仮説）はその後で否定されたり、支持されたりする。多くの学者にとって、この方向づけが社会科学的研究方法を定義づけるものである。課題となるのは、実験者があらゆる要因を操作する、統制された実験という理想に可能な限り近づくことである。

現在の経済学の素晴らしさもまた、最も重要な実用的な結果をもたらすように思える社会科学としての役割に由来する。主要な目標はかつて社会工学と呼ばれたもの、つまり、社会をいかにしてより良く機能させるかである。研究者は資金を探している時には特に、彼らが行っていることに対して自由主義的功利主義の立場から防衛策をとる。この点で、経済学はよく目的を果たしている。他の学問領域はこれに及ばない。だから、他の学問分野の洞察力、批判力、発言力はずっと弱々しくなるのである。

4）研究がコンサルティングになる場合

　教育への公的資金が不十分であるとき、教育研究のための公的資金はほとんど存在しない。まさに、教育や訓練に関する政策策定者やプランナーが革新と開発のための資金を求めるように、学者は自らの研究への支援を求めて海外に目をやる。彼らはひもつきでない研究助成金は稀であり、獲得するのが困難であることを素早く知る。より難なく利用可能なのは、国外の援助機関と委託研究の契約を結ぶことである。これらの委託研究には、適切なアプローチ、方法、そして分析の枠組みに関する詳細な取り決めが伴う。それゆえに、教育研究も援助関係の一部となるのであり、年配の研究者は一方に窮屈な研究室や空っぽの図書館、もう一方にコンピュータと携帯電話と顧客コンサルティングの充実した賃金という2つの間を定期的に行ったり来たりしているのである。

　基本給が安いために、個々の研究者は海外の資金援助機関のコンサルタントになることを強く望んでいる。生活賃金を支払えず、直接的な研究資金を提供することができないため、大学は研究者のそのような活動を大目に見て、往々にして奨励さえする傾向にある。資金および技術援助機関は、それらのプログラムや資金配分を正当化する必要があり、また国外在住の研究者ばかりにひどく依存していると非難されることから、地元の教育研究者を躍起になって雇おうとする。研究がコンサルティングになるのであり、そのことの先にはいくつかの問題が生じるのである。

　第1に、通常は契約する機関が研究すべきテーマやしばしば使用する方法まで選定する。ごく稀に、研究テーマが教育研究者、教員、学習者、そしてコミュニティの間のやりとりの中から有機的に生まれることがある。研究テーマが、教育に関する意思決定者や研究者の間の議論から生まれることはない。方法論に関しても、研究者の経験、当該地域での方法論上の議論、あるいは支配的な方法論上の方向性に対してその地域で培われた批判が反映されることは稀である。第2に、委託研究はごく限られた範囲で流通する報告書を生み出す。[53]その成果が学者や実践家による同業者評価に晒されることはごく稀である。その結果として、権威ある成果や勧告と思われているものが、部分的であったり、深刻な欠陥のあるものであったり、歪曲されていたり、あるいはそうしたことをすべて含んでいるかもしれないのである。第3に、委託研究は学術文献にほとんど加えられることがないので、多様な調査の成果を共通理解に統合するこ

とにも、成果を地元の状況に適用することにも、授業プログラムに取り入れることにも貢献しない。知の創造にとって欠かせない蓄積や篩い分けや精査よりも、委託研究は教科書のない学校や机のない教室という荒野に散らばり、ぽつんぽつんと離れて植わっているような、何本かは頑丈であっても多くが脆弱な木々を作り出しているのである。

第4に、コンサルティングとしての研究は、学術に対する報酬制度を変容させる。アフリカはこれについても最も鮮やかな例を提供する。援助機関による資金援助を受けている研究者にとって、大学での地位の上昇は、もう1つ別のコンサルティング契約を確保することに比べて重要ではなく、また、はるかに見返りの少ないものである。第5に、委託研究であっても、研究ができることに変わりはないが、それらがてんでんバラバラであることが研究機関としての評価を下げる機能を果たしている。独自の活動計画を設定したり、所属スタッフの基本的な報酬制度を効果的に管理したりすることもできないまま、研究機関は資金援助機関の優先事項や好みの変わりやすい風向きに揺さぶられるのである。第6に、政府の機能を縮小する昨今の傾向は、研究の民営化を強めている。多くの国において、研究者は彼らの個々のコンサルティング契約を超えて、国外の融資および技術援助機関に自らのサービスを売りさばく地元コンサルティング会社を形成してきた。そのこと自体は望ましく、問題はない。しかし、研究の民営化が進むにつれて、研究の拠点が確実な基盤の上に立脚した高品質の研究プログラムを確立し持続させることを可能にする研究機関としての能力や自律の開発に向かうよりも、外国のパトロンに完全に依存する組織を増大させることにつながるのである。

知識の創造は、複雑で突発的なプロセスである。大学と他の知識創造の場との境界は、しばしば効果的に曖昧になっている。そして、知識創造が功利主義的なものであると主張し、知識を創造する者たちがそのために費やされうる資金を持った者に依存するのを見出すことは、人類の歴史の中では決して目新しいことではない。コンサルティングの働きをもつ研究（それはしばしば経済学とその観点や諸仮説に特権を与える）が、どのように問題を特定し、それに取り組むべきかを決定するとき、国家的な従属が将来的に制度化されることになる。

5）方法上の正統論が批判的探求を妨げる

外国の援助機関が教育政策に影響を与えてきたことは明らかである。あま

り論じられないが、同様に厄介なのが、それらの研究に対する影響である。委託研究に携わる者の間でも論争や意見の相違があるにもかかわらず、外国による融資と研究との結びつきが、方法上の正統論を育んできた。ごく簡単に言うと、いくつかの理論や方法論が「科学的である」と呼ばれることで正当化され、受け入れ可能と考えられるようになる。途上国の地元の研究者はそうした正統論の枠組みの中で彼らのスキルを磨いているうちに、批判の切っ先が鈍ってしまう。受容された研究の判断基準が当然のこととしてあまねく行き渡っているために、地域の状況にアプローチや方法を合わせるために主流から外れた努力は、単に貧弱な社会科学として捨て去られる。例えば、数量化され客観的な教育のインパクト分析が好まれ、資金が提供される一方、概して批判的でなく参加的な評価や、民族誌的観察、およびその場の状況に即した評価などは、普通は低い優先順位を与えられるのである。

　かくして、外国からの援助と委託研究の結びつきが、教育と開発に関する特定の理解だけではなく、そうした理解がどのように生み出され、修正され、洗練されるかという在り方までも、グローバルに広めて行く上で機能しているのである。事実上、金融危機や構造調整が特定の種類の社会科学のグローバル化を強化し定着させたのである。

6）知識の神秘化と権力関係

　個々の学者が自らの仕事を純粋学術的な活動領域と金の絡む知力活動領域とで、きわめて異なった方向づけを行っていることは印象的である。前者における直接の聴衆は所属大学やその学問分野の人々、大学での同僚、講座主任や学科長である。一方、後者においては、雇用してくれる機関の担当官が重要な聴衆となっている。彼らは他の一般の教授陣よりも方法論やアプローチ、そして成果に関する好みを共有しがちであるように思える。ほとんど大学や研究機関でそうである以上に簡単に、資金援助機関は特定の学者との関係をいともあっさりと終わりにしてしまうことも可能である。

　研究がますます所有権のからむ過程になるにつれて、知識創造の過程は不明瞭なものになり、研究、そして研究が支えるプログラムに埋め込まれた権力関係を神秘的なものにする。もしそれがはっきり確認されるとすれば、大いに問題であると見なされるかもしれない権力関係は、日々の実践の中に深く入り込んでいるので、目に見えなくなる。研究者はおそらく自らの役割を完全には意

識することなく、開発と未開発に関する特定の理解のみならず、地球規模での ある種の序列の擁護者となっている。

教育と開発

　それでは、過去20～30年間に何が進歩したのだろうか。世界銀行は改善され拡張された研究基盤のおかげで、われわれが教育と開発に関してより多く知るようになったことを必ず示唆する。他方、学校は過密状態で設備は不足し、多くの国において、万人のための教育は遠い夢のままである。学校にどうにか通えるようになった多くの者はほとんど何も学んでいないのである。国際機関と国内の行政当局は、明らかに、膨大な知識を有益で持続的な実践に系統的かつ信頼しうるように変換させられないでいるのである。

　完全に結びついて一体化しているものもあれば、距離を置いて結びついているものもあるという、入り組んだ網の目のようなプロセスである教育は、その中の原因と結果を明確に立証することが難しい。従って、一方にある援助に支えられたカリキュラムや授業改革と、もう一方にある特定の開発の結果との関係が、複雑で見分けにくいことは驚くに値しない。教育と開発との連携となると、もっと一般的に依然として立証しにくい。しかしながら、いかに手強い課題であっても、プラスもマイナスも含めて、教育支援プログラムの成り行きを探究することは欠かせない。

　ここで留意すべきは、教育援助に関する論争において、受け取る側にとっての真の価値が不明瞭なままだということである。外国による援助は通常、より裕福な国からあまり豊かでない国への財の移動として示されるが、批判者は常に、外国からの援助が純資本の流出につながることを咎めてきた。支援する国からの製品やサービスや人員のために使われなければならず、そうした援助を利用することで（例えば、維持管理のための支出や援助で供給された車の燃料費など）他に出て行くものが生じるために、実際の財の移動は援助総額よりも少ないものだということである。教育援助で主張される恩恵についての分析はほとんどなかったように思える。最も裕福な国と最も裕福でない国との間の格差は明らかに拡大しており、最も貧しい国の多くが抱える負債の負担は急速に増加し、援助への依存が劇的に高まっていることから、そうした主張に異論が唱えられている。計画された依存への快速コースを競って駆け下りることは、

明らかに実行可能な開発戦略ではないのである。

　効果的な改革とは、地元にしっかりと根を下ろしたアジェンダや構想と、役人だけではなく、生徒、親、教員、コミュニティも含めて、成果における利害に関わる人々の広範な参加を必要とするものであることは明白だと思える。教育改革の受益者がその支え手とならない限り、そうした改革は初めから失敗したも同然である。外国の援助機関は、慈善を施したり、あるいは方向を決定したりするよりもむしろ、開発協力に関する自らの役割を思い描くときはじめて援助することができる。研究が大切なのはこの点である。しかしながら、教育と開発に関する多くの研究とそれに基づく提案は、実際に対話を育み、促進するのではなく、対話を弱体化させ、やる気をそぐように働いている。明瞭で確固たる成果を提供することを求めて、そうした研究は公表し、断言する。条件を定め、宣言する。専門分化した用語と狭い範囲内での機密性に守られて、そうした研究は非常に小規模な業界の外部ではほぼ接近不可能なままである。能力向上（キャパシティ・ビルディング）を謳いながら、あまりにしばしば能力を弱めているのである。

注

1）Philip G. Altbach, "Patterns in Higher Education Development: Toward the Year 2000," in *Emergent Issues in Education: Comparative Perspectives*, ed. Robert F. Arnove, Philip G. Altbach, and Gail P. Kelly (Albany: State University of New York Press, 1992), 39-55.

2）Altbach, "Patterns in Higher Education Development," 44.

3）サミール・アミンの初期の著作 *Accumulation on a World Scale: A Critique of the Theory of Underdevelopment* (New York: Monthly Review Press, 1974) および *Unequal Development: An Essay on the Social Formation of Peripheral Capitalism* (New York: Monthly Review Press, 1976) からもっと最近の研究、例えば *Empire of Chaos* (New York: Monthly Review Press, 1992) や Obsolescent Capitalism (London: Zed Books, 2003) によって生み出された見方である。

4）例としては、イマニュエル・ウォーラーステインが長を務める社会科学の再構成に関するカルースト・グルベンキアン委員会の構成がある。Immanuel Wallerstein, Gulbenkian Commission, *Open the Social Sciences: Report of the Gulbenkian Commission on the Restructuring of the Social Sciences* (Stanford, Calif.: Stanford University Press, 1996. 邦訳は山田鋭夫訳『社会科学をひらく』藤原書店、1996年).

5）Martin Carnoy, "Education and the Transition State," in Martin Carnoy and

Joel Samoff, *Education and Social Transition in the Third World* (Princeton, N.J.: Princeton University Press, 1990), 91*ff*. and n.12.

6) Martin Carnoy, *The State and Political Theory* (Princeton, N.J.: Princeton University Press, 1984. 邦訳は加藤哲朗他監訳『国家と政治理論』御茶の水書房、1992年); Martin Carnoy, "Education and the State: From Adam Smith to Perestroika," in *Emergent Issues in Education: Comparative Perspectives*, ed. Robert F. Arnove, Philip G. Altbach, and Gail P. Kelly (Albany: State University of New York Press, 1992), 143-59.

7) Samuel Bowles and Herbert Gintis, "Education as a Site of Contradictions in the Reproduction of the Capital-Labor Relationship: Second Thoughts on the Correspondence Principle," *Economic and Industrial Democracy* 2 (1981): 223-42.

8) John Boli, Francisco O. Ramirez, and John W. Meyer, "Explaining the Origins and Expansion of Mass Education," *Comparative Education Review* 29 (1985): 145-170; Francisco O. Ramirez and John Boli, "The Political Construction of Mass Schooling: European Origins and Worldwide Institutionalization," *Sociology of Education* 60 (1987): 2-17;

9) 例えば、Alex Inkeles and David Smith, *Becoming Modern: Individual Change in Six Developing Countries* (Cambridge, Mass.: Harvard University Press, 1974).

10) Immanuel Wallerstein, *The Modern World-System; Capitalist Agriculture and the Origins of the European World-Economy in the Sixteenth Century* (New York: Academic Press, 1974. 邦訳は川北稔訳『近代世界システム：農業資本主義と「ヨーロッパ世界経済」の成立』岩波書店。1981年); Immanuel Wallerstein, The Modern World-System II: Mercantilism and the Consolidation of the European World-Economy, 1600-1750 (New York: Academic Press, 1980. 邦訳は川北稔訳『近代世界システム 1600～1750――重商主義と「ヨーロッパ世界経済」の凝集』名古屋大学出版会、1993年). Immanuel Wallerstein, The Modern World System III: The Second Era of Great Expansion of the Capitalist World-Economy, 1730-1840s (San Diego, Calif.: Academic Press, 1989. 邦訳は川北稔訳『近代世界システム 1730-1840s――大西洋革命の時代』名古屋大学出版会、1997年).

11) Robert F. Arnove and Edward H. Berman, "Neocolonial Policies of North American Philanthropic Foundations," (Paris: World Congress of Comparative Education, 1984); Robert F. Arnove, "The Ford Foundation and the Transfer of Knowledge: Convergence and Divergence in the World System," *Compare* 13, no. 1 (1983): 17-18; Robert F. Arnove, ed., *Philanthropy and Cultural Imperialism: The Foundations at Home and Abroad* (Boston: Hall, 1980); Edward H. Berman,

The Ideology of Philanthropy: The Influence of the Carnegie, Ford, and Rockefeller Foundations on American Foreign Policy (Albany: State University of New York Press, 1983). F. X. Sutton, "The Ford Foundation's Transatlantic Role and Purposes, 1951-81," *Review* 24, no. 1 (2001): 77-104.

12) タルコット・パーソンズのパターン変数はそうした分化に対して科学的正統性を与えた。Talcott Parson, *Structure and Process in Modern Societies* (New York: Free Press, 1963). バレンティン・Y・ムディンベは、Valentin Y. Mudimbe, *The Invention of Africa: Gnosis, Philosophy, and the Order of Knowledge* (Bloomington: Indiana University Press, 1988) および *The Idea of Africa* (Bloomington: Indiana University Press, 1994) の中で、自分自身を近代的と見た人々が、必要な時にはそれを作り上げて、どのように「他者」に自らを定義づけるよう求めるかを検討した。Achille Mbembe, *On the Postcolony* (Berkeley: University of California Press, 2001) や Jacques Depeichin, *Silences in African History: Between the Syndromes of Discovery and Abolition* (Dar es Salaam: Mkuki na Nyota Publishers, 2005). はそうした見方を発展させた。

13) 例えば、"Some states are not yet fit to govern themselves.（「いくつかの国は自らを統治するのに適していない」)" Paul Johnson, "Colonialism's Back—and Not a Moment Too Soon," *New York Times Magazine*, 13 April 1993, 23. さらに、Robert D. Kaplan, *The Coming Anarchy: Shattering the Dreams of the Post Cold War* (New York: Random House, 2000) や Michael Ignatieff, *Empire Lite* (Toronto: Penguin, 2004) も参照されたい。

14) アメリカ下院議長ニュート・ギングリッチの1995年6月7日の発言（the *New York Times*, 8 June 1995）。アメリカの勝ち誇った態度は続いている。2008年の大統領候補者討論の中で、ジョン・マケインは「しかし、事実は、アメリカが世界の歴史の中で最も偉大な勢力だということです」と述べ、バラク・オバマは「さて、マケイン上院議員と私は、この国が地球上で最も偉大な国家であるということに合意しています。私たちは世界の中の善の勢力なのです」。(http://www.debates.org/index.Ohp?page=october 7-2008-debate-transcrip [2012.05.31])。

15) Adam Przeworski, "The Neoliberal Fallacy," *Journal of Democracy* 3, no. 3 (July 1992): 45-59.

16) World Bank, *Adjustment in Africa: Reforms, Results, and the Road Ahead—Summary* (Washington, D.C.: Author, 1994), 10-13. 報告書全文を利用するには、World Bank, *Adjustment in Africa: Reforms, Results, and the Road Ahead* (Washington, D.C.: Author, 1994), 184-196.

17) World Bank, *Education: Sector Policy Paper* (Washington, D.C.: Author, 1980),

79.

18）World Bank, Priorities and Strategies for Education: A World Bank Review (Washington, D.C.: Author, 1995), Education Sector Strategy (Washington, D.C.: Author, 1999), *Learning for All: Investing in People's Knowledge and Skills to Promote Development. World Bank Education Strategy 2020* (Washington, D.C.: Author, 2011).

19）Karen Mundy, "Educational Multilateralism in a Changing World Order: UNESCO and the Limits of the Possible," *International Journal of Educational Development* 19, 1 (January 1999): 27-52.

20）Joel Samoff, "Education Sector Analysis in Africa: Limited National Control and Even Less National Ownership," *International Journal of Educational Development* 19, nos. 4-5 (July–September 1999): 249-72. Joel Samoff, "From Funding Projects to Supporting Sectors? Observations on the Aid Relationship in Burkina Faso," *International Journal of Educational Development* 24, no. 4 (July 2004): 397-427.

21）World Education Forum, *The Dakar Framework for Action* (Paris: UNESCO, 2000), 同文書は [http://www.unesco.orgieducation/efa/wef 2000/index.shtml (2012.06.01)] で閲覧可能（2002年2月19日閲覧）。ユネスコに拠点を置き、EFA世界モニタリング・ユニットは以下の進捗状況や課題に関する年次評価文書を出版した。UNESCO, Education for All: Is the World on Track? (Paris: Author, 2002) [http://www.unesco.org/new/enieducation/themes/leading-the-international-agenda/efareport/ (2012.06.01)]. Rosa Maria Torres provides an insightful and critical perspective on the 1990 and 2000 conferences: One Decade of Education for All: The Challenge Ahead (Buenos Aires: IIEP/UNESCO, 2000), and What Happened at the World Education Forum? (Buenos Aires: 2000) [http://www.fronesis.org/documentos/whathappendatdakar.pdf (2012.06.01)1].

22）EFA世界モニタリング報告書 (n. 23) は、教育に対する援助の流れに関するデータ、そして、有効なEFA戦略をもった国々では、資金不足がEFAの目標を妨げるべきではないとする豊かな国々の約束にもかかわらず、予測された需要と実際の受け取りとの間に依然存在するギャップに関するデータを提供している。EFAのための計画された援助要件についての初期の検討には、Paul Bennell and Dominic Furlong, "Has Jomtien Made Any Difference? Trends in Donor Funding for Education and Basic Education since the Late 1980s," IDS Working Paper 51, Sussex, 1997; Christopher Colclough and Samer Al-Samarrai. "Achieving Schooling for All: Budgetary Expenditures on Education in Sub-Saharan Africa and South Asia," *World Development* 28, no. 11 (2000): 1927-44. などがある。

23) Noel F. McGinn, ed., *Crossing Lines: Research and Policy Networks for Developing Country Education* (Westport, Conn.: Praeger, 1996).

24) Edmundo F. Fuenzalida, "The Reception of 'Scientific Sociology' in Chile," *Latin American Research Review* 18, no. 2 (1983): 95-112.

25) UNESCO. *Reaching the Marginalized. EFA Global Monitoring Report 2010*（邦訳は『EFAグローバルモニタリングレポート2010——疎外された人々に届く教育へ』)、は、目標年次の2015年までにEFA目標を達成するには、基礎教育に対する現在の支援 (30億ドル) をはるかに越える少なくとも1年当たり160億ドルの外部支援が必要であると査定している (Paris: UNESCO, 2010)。[http://unesdoc.unesco.org/images/0018/001866/186606E.pdf (2012.06.01)].

26) Local Solutions to Global Challenges: Toward Effective Partnership in Basic Education. Uganda Case Study (The Hague: Netherlands Ministry of Foreign Affairs for the Consultative Group of Evaluation Departments, 2003). [http://www.oecd.org/dataoecd/6/21/35148753.pdf (2012.06.01)].

27) Joel Samoff, ed., Coping with Crisis: Austerity, Adjustment, and Human Resources (London: Cassell/UNESCO, 1994) で報告された。

28) Joel Samoff with Suleman Sumra, "From Planning to Marketing: Making Education and Training Policy in Tanzania," in *Coping with Crisis*, ed. Samoff, 134-72.

29) 私は、Joel Samoff, "Education Policy Formation in Tanzania: Self-Reliance and Dependence," in *Education Policy Formation in Africa: A Comparative Study of Five Countries*, ed. David R. Evans (Washington, D.C.: U.S. Agency for International Development, 1994), 85-126. の中にある教育政策策定のための一連の戦略を再検討する。アフリカにおける教育政策策定に関するその他の事例研究としては、Association for the Development of African Education, *Formulating Education Policy: Lessons and Experiences from Sub-Saharan Africa* (Paris: Association for the Development of African Education, 1996). がある。

30) Martin Carnoy and Carlos A. Torres, "Educational Change and Structural Adjustment: A Case Study of Costa Rica," in *Coping with Crisis*, ed. Samoff, 92. に引用されたコスタリカのアリアス前大統領の言葉。

31) Michel Carton and Pape N'Diaye Diouf, with Christian Comeliau, "Budget Cuts in Education and Training in Senegal: An Analysis of Reactions," in *Coping with Crisis*, ed. J. Samoff, 121-33.

32) Joel Samoff and Bidemi Carrol, From Manpower Planning to the Knowledge Era: World Bank Policies on Higher Education in Africa (Paris: UNESCO Forum on Higher Education, Research and Knowledge, 2004), 20-23. [http://unesdoc.unesco.

org/images/0013/ 001347/134782eo.pdf (2012.06.01)].

33) United Nations General Assembly, Resolution A/56/326, 6 September 2001.

34) 基本的文書、国別報告、モニタリング手続き、会合記録などについては、the World Education Forum のウェブサイト http://www.unesco.org/new/en/education/themes/leading-the-international-agenda/education-for-all/ (2012.06.01) を参照されたい。

35) World Bank, *Constructing Knowledge Societies: New Challenges for Tertiary Education* (Washington, D.C.: Author, 2002). 財団の1つである「アフリカ高等教育パートナーシップ（Partnership for Higher Education in Africa）」（2000〜2010）については、http://www.foundation-partnership.org/linchpin/index.php (2012.06.01) を参照されたい。

36) きわめてよく知られているものとしては、Latin American Laboratory for Assessment of the Quality of Education (LLECE); Monitoring Learning Achievement (MLA) (UNESCO/UNICEF); Program for International Student Assessment (PISA) (OECD); Programme d'Analyse des Systêmes educatifs des pays de la CONFEMEN (PASEC) (Confemen); Southern African Consortium for Monitoring Educational Quality (SACMEQ); Trends in International Mathematics and Science Study (TIMSS) and Progress in International Reading Literacy Study (PIRLS). などがある。

37) 総合的かつ批判的な概観としては、マニュエル・カステル（Manuel Castells）の一連の研究 *The Information Age: Economy, Society and Culture* (Oxford: Blackwell): *The Rise of the Network Society* (I, 1997), *The Power of Identity* (II, 1997), *End of Millennium* (III, 1998) を参照されたい。

38) World Bank, *World Development Report 1998/1999: Knowledge for Development* (Washington, D.C.: Oxford University Press for the World Bank, 1999). The Development Gateway (www.developmentgateway.org/) The African Virtual University (www.avu.org/). For an overview of the critiques, see Alex Wilks, *A Tower of Babel on the Internet? The World Bank's Development Gateway* (London: Bretton Woods Project, 2001). 同論文および進行中の活発な討論については、www.brettwonwoodsproject.org (2002年8月6日閲覧) で利用可能である。

39) James D. Wolfensohn, "The Challenge of Inclusion,"（1997年9月23日の香港での理事会における挨拶、14頁）

40) Joel Samoff and Nelly P. Stromquist, "Managing Knowledge and Storing Wisdom? New Forms of Foreign Aid?" *Development and Change* 32, no. 4 (September 2001): 631-56. その他、Rosa-Maria Torres, "'Knowledge-Based International Aid': Do We Want It, Do We Need It?" in *Development Knowledge, National Research and*

International Cooperation, ed. Wolfgang Gmelin, Kenneth King, and Simon McGrath (Edinburgh: Centre of African Studies, University of Edinburgh, 2001), 103-24. も参照されたい。

41) Mark Blaug, *World Bank, Priorities and Strategies for Education: A World Bank Review* (Washington, D.C.: World Bank, 1995), 21. この徹底的な主張につけ加えられた引用 (Mark Blaug, "The Empirical Status of Human Capital Theory: A Slightly Jaundiced Survey," *Journal of Economic Literature* 14 [1976]) は誤解を招く。なぜなら、ブローグのもっと最近の論文、例えば、"Where Are We Now in the Economics of Education?" *Economics of Education Review* 4, no. 1 (1985): 17-28. では、人的資本論に対する無条件の賞賛や、その誰もが知っている用法を拒絶しているからである。

42)「東アジア」は *Priorities and Strategies for Education* の中で、地理的意味での地域ではなく、高度経済成長を経験したとして広く評価されているシンガポール、韓国、台湾、香港の各国(およびその時は植民地)に言及するためにおそらく使われ、繰り返される言葉である。これらの国々における中心国に光を当てた批判的分析、およびもっと最近のアジアの不況や通貨危機も明らかにそうした考え方を変えさせるものではなかった。

43) Overseas Development Authority, *Into the Nineties: An Education Polity for British Aid* (London: Author, 1990), 7. 逆の結論に達する収益率分析の使用については、ケニアで初等教育ではなく、中等教育がより高い収益率を示したことがある。John B. Knight and Richard H. Sabot, *Education, Productivity, and Inequality: The East African Natural Experiment* (Oxford: Oxford University Press/World Bank, 1990). を参照されたい。

44) 援助機関が実現可能性や現実性を強調するときでさえ、それら自身の研究は前後関係や実現可能性に不注意であることについて頻繁に非難される。前者は批判や刷新を制限するように機能し、一方、後者は多様な場面のすべてに通じる一般的な助言を押し広めることを可能にしている。

45) HIPC に関する概要、融資の受給資格、その他関連の文書については、www.worldbank.org/hipc/で閲覧可能。FTI/Global Partnership for Educationに関する同様の情報については、http://www.globalpartnership.org/media/Misc./FinalGuidelineEducationPlanDevelopmentGrant.pdf. で閲覧可能。膨大な説明書を含めて、貧困解消戦略文書（Poverty Reduction Strategy Papers）については、www.imf.org/external/np/prsp/prsp.asp [2012.06.01] を参照されたい。実際には、大半の援助供給者はこの種の膨大な文書を要求するものであることに留意すべきである。

46) 外国からの援助に関する文献は急速に増えてきた。鋭い批判者の中には世界銀

行や IMF の元の上級職員も含まれている。手始めに挙げると、Steve Berkman, *The World Bank and the Gods of Lending* (Sterling, VA: Kumarian Press, 2008); William Russell Easterly, *The White Man's Burden: Why the West's Efforts to Aid the Rest Have Done So Much Ill and So Little Good* (New York: Penguin Press, 2006); David Ellerman, *Helping People Help Themselves: From the World Bank to an Alternative Philosophy of Development Assistance. Evolving Values for a Capitalist World* (Ann Arbor: University of Michigan Press, 2005); Jonathan Glennie, *The Trouble With Aid: Why Less Could Mean More for Africa* (London: Zed Press, 2008); Jeremy Gould, editor. *The New Conditionality: The Politics of Poverty Reduction Strategies* (London: Zed Books, 2005); Richard Joseph and Alexandra Gillies, editors. *Smart Aid for African Development* (Boulder: Lynne Rienner, 2009); Joanna Macrae et al., *Aid to "Poorly Performing" Countries: A Critical Review of Debates and Issues* (London: Overseas Development Institute, 2004); Akanksha A. Marphatia and David Archer, *Contradicting Commitments: How the Achievement of Education for All Is Being Undermined by the International Monetary Fund* (London: Action Aid, 2005); Dambisa Moyo, *Dead Aid: Why Aid Is Not Working and How There Is a Better Way for Africa* (New York: Farrar, Straus and Giroux, 2009); John Perkins, *Confessions of an Economic Hit Man* (New York: Plume/Penguin, 2004). Judith Randel, Tony German, and Deborah Ewing, editors, *The Reality of Aid 2004: An Independent Review of Poverty Reduction and Development Assistance. Focus on Governance and Human Rights* (London: Zed Books, 2004). Roger Riddell, *Does Foreign Aid Really Work?* (New York: Oxford University Press, 2007); Joseph E. Stiglitz, *Stability With Growth: Macroeconomics, Liberalization and Development* (Oxford: Oxford University Press, 2006); Patrick Watt. *Fast Track or Back Track? The Education Fast Track Initiative: Make or Break for the Monterrey Consensus* (London: ActionAid, 2003) などがある。

47) 集中的な批判を展開している著作には、以下のものがある。Steven J. Klees, Joel Samoff, and Nelly P. Stromquist, editors, *The World Bank and Education: Critiques and Alternatives* (Rotterdam: Sense Publishers, 2012); Birgit Brock-Utne, "Education Policies for Sub-Saharan Africa as Viewed by the World Bank: A Critical Analysis of World Bank Report No. 6934," in *Education in Africa: Education for Self-Reliance or Recolonization?* (Oslo: Universitetet I Oslo, 1993); Christopher Colclough, "Who Should Learn to Pay? An Assessment of Neo-Liberal Approaches to Education Policy," in *States or Markets? Neo-Liberalism and the Development Policy Debate*, ed. Christopher Colclough and James Manor (Oxford: Clarendon, 1991), 197-213; Christopher S. Collins and Alexander W. Wiseman, editors. *Education Strategy in*

the Developing World: Revising the World Bank's Education Policy (Emerald Group Publishing, 2012); Stephen P. Heyneman, "The History and Problems in the Making of Education Policy at the World Bank 1960-2000," *International Journal of Educational Development* 23, (2003): 315-37; Phillip W. Jones, "Taking the Credit: Financing and Policy Linkages in the Education Portfolio of the World Bank," *The Global Politics of Educational Borrowing and Lending*, editor Gita Steiner-Khamsi (New York: Teachers College Press, 2004), 188-200; Joel Samoff, "The Reconstruction of Schooling in Africa," *Comparative Education Review* 37, no. 2 (May 1993): 181-222; and Joel Samoff, "Which Priorities and Strategies for Education?" *International Journal of Educational Development* 16, no. 3 (July 1996): 249-71.

48) 援助関係の文脈で行われた研究の詳細な目録および分析的な概観については、Joel Samoff, with N'Dri Therésè Assié-Lumumba, *Analyses, Agendas, and Priorities in African Education: A Review of Externally Initiated, Commissioned, and Supported Studies of Education in Africa, 1990-1994* (Paris: UNESCO, 1996). を参照されたい。アフリカ教育開発連合（ADEA）の教育セクター分析の作業グループはブルキナファソ、ガーナ、レソト、ジンバブエを含むこれらの研究のいくつかの国別再検討を支持した。

49) Joel Samoff, "'Research Shows That…':Creating the Knowledge Environment for Learning for All," in *The World Bank and Education: Critiques and Alternatives*, eds. Steven J. Klees, Joel Samoff, and Nelly P. Stromquist, 143-57.

50) 概要については、Joel Samoff, "Chaos and Certainty in Development," World Developinent 24, no. 4 (April 1996): 611-33 がある。Abhijit Banerjee et al., *An Evaluation of World Bank Research, 1998-2005* (Washington: World Bank, 24 September 2006) は研究の質を低下させうる国際的な圧力を浮き彫りにする詳細な評価を提供している。 [http:// siteresources.worldbank.org/DEC/Resources/84797-1109362238001/726454-1164121166 494/RESEARCH-EVALUATION-2006-Main-Report.pdf (2012.06.02)].

51) こうした議論や事例をさらに敷衍したものとしては、Joel Samoff, "The Facade of Precision in Education Data and Statistics: A Troubling Example from Tanzania," *Journal of Modern African Studies* 29, no. 4 (December 1991): 669-89. がある。

52) 報告されたデータの問題点やその主要な原因はよく知られている。基礎データの欠陥はしばしば利用可能なものを（例えば、予算上の経費配分が実際の支出とほぼ同じであると仮定してしまうとか、ある1年の予算データを別の年の支出データと対照するといったように）不注意に使ってしまうことにより増大する。

53) 実践家の間では共通の使い方であるので、私はここでは委任研究（外部機関

によって始められ、資金提供された研究）とコンサルティング（与えられたサービスに対する個人および時には機関による契約）を1つにまとめている。アフリカでの教育研究がどれほど流通していないかについては、Richard Maclure, "No Longer Overlooked and Undervalued? The Evolving Dynamics of Endogenous Educational Research in Sub-Saharan Africa," *Harvard Educational Review* 76, no. 1 (Spring 2006): 80-109. を参照されたい。

第3章　国家・社会運動・教育改革

レイモンド・モロウ、カルロス・アルベルト・トーレス

　本章の目的は、比較の観点から、国家、社会運動と教育との関係を考察することである。これらにまつわる問題群は明らかに比較教育学を理解するための基礎となるものだが、社会運動と教育との関係は（個別の事例研究は別として）理論的にはほとんど明らかにされてこず、ただ国家についての理論との関係において取り上げられてきただけであった[1]。最初のセクションでは、国家に関する問題を取り上げる。それは、われわれが国家と教育とを理解するための対照的な2つの政策の方向性を分析する枠組みとして用いる、国家についての批判理論の概念に帰着する。2つの方向性とは、古典的な福祉国家モデルと、それに替わるものとしての新自由主義的（アメリカでは新保守主義的）国家である。次に、新旧の社会運動の間に見られる対照に注意を払いながら社会運動についての理論を取り上げる。大衆教育の制度化にとって重要な意味をもった伝統的な労働者階級運動のように、階級に依拠した形態とは対照的に、新しい社会運動は教育に対して異なった意味をもっていることを論じる。特にカリキュラム内容や学習の組織化についての奮闘努力においてはそうである。最後に、グローバリゼーションの衝撃が、教育政策をめぐって移り変わる状況を理解し、教育政策と国家や社会運動との関係を理解する上での課題を提起していることを示唆したい。ここでの議論は主として、ヨーロッパ、北米、ラテンアメリカでの経験に基づく事例や研究を利用し、最初に先進諸国での福祉国家についての古典的文脈に注意を集中し、それからグローバリゼーションの見出しを設けた南北格差の問題に話を移すことにする。
　国家と社会運動を取り上げる前に、この問題を文化変容と社会変容に関する理論のより大きな文脈、特に教育と文化的再生産――有名なフランスの社会学者ピエール・ブルデュー（Pierre Bourdieu）によって開拓されたトピックである[2]――との関係の中に位置づけておくことが必要である。文化的再生産の諸

理論は、教育改革によって生み出された表面的な変化にもかかわらず、支配的な制度がいかにして社会階級に関する支配的秩序を再生産し続けるかに鑑み、重要な質的変化の可能性に疑問を投げかけた。このことから、マルクス主義の伝統を受け継ぐ者は、労働者階級による革命だけが資本主義的な文化的再生産のサイクルを断ち切りうると論じた。他方、さまざまな批判的で急進的な民主主義理論は、適切な条件の下では、社会運動が文化的再生産の過程を十分に断ち切り、その結果、累積的な質的変化につながりうる国の政策が生み出されるかもしれないと論じた。しかしながら、同時に、そのような批判的アプローチは、見た目の「改革」の進歩の歴史に関する公的な説明が一般にイデオロギー的に当てにならないものであって、権力の持続的な再生産や改革の専門家たちがもつ文化資本の影響力をしばしば覆い隠していることを認めている。[3] ここでの議論は、この後半の文脈に位置づけることができ、社会運動が国の政策、特に教育政策における刷新に貢献し、民主的認識および再分配の両方を持続的に変形させうる効果をもつ可能性の条件とは何かを探るものである。

国家に関する理論

　国家に関する理論研究は、探求方法の2つの非常に異なる伝統が存在するために複雑になっている。すなわち、第1に、特定の種類の国家（例えば、貴族的か、民主的かなど）の行動を可能にしたり抑制したりする社会経済状態についてのかなり経験的で社会学的な研究に対立するものとして、理想的な形態の政府を正当化することに主として関わる規範的な政治哲学である。例えば、公式協議や学校カリキュラムに情報を与える国家というリベラルな概念に関する支配的な議論は、主として政治哲学アプローチに基づいている。従って、民主的制度は「形式上の」民主主義、例えば、参加の基礎としての投票、権力の分散（行政、司法、立法）などと同一視される。それゆえ、既存の「高度な」民主主義国家は民主主義理論の理想を実現していると考えることができる。
　とは言っても、アカデミックな政治理論ではいつもそうであるように、規範的な民主主義の理論は、既存の自由民主主義の限界に対してより批判的な多くの異なる形式をとる。例えば、共同体主義の民主主義理論は行き過ぎた個人主義の影響を嘆き、他方、自由主義的および新自由主義的理論は国家権力の拡大の影響を批判する。民主主義の「エリート主義的」特徴が実際面では認識さ

第3章　国家・社会運動・教育改革　149

れる場合さえ、そのような不平等も社会秩序を保持するためには機能的に必要であることが示唆される。しかし、そのようなアカデミックな民主主義理論は、規範的問題および民主主義の理想に関する焦点を共有する傾向がある。

　対照的に、フランスの啓蒙哲学者モンテスキュー（Charles-Louis de Montesquieu）まで遡ることができる政治社会学の伝統と結びついた探求の第2の伝統は、価値の問題あるいは既存の国の諸制度の問題——つまり、どんな種類の社会的、経済的、文化的要素が特定の価値を持ち、特別のタイプの政治制度を構築することを可能にするのかといった問題——が、当初は対象外である経験的分析から始まるものである。ここで、政治的理想の問題は本物の民主主義を可能にする実際の社会状況を考慮に入れることによってのみ論ずることができる。例えば、奴隷による生産を基盤とする社会は、たいへんな困難の下でのみ完全に民主的になることが可能である。古代ギリシャの民主主義の矛盾は、それが都市国家の男性市民にだけに取っておかれるものであり、その他のすべての者は除外されていたことであった。近代社会では、マルクス主義の伝統が、支配的な資本家階級が究極の統制を保持することを前提に、真に民主的な国家を創り出すという資本主義経済の能力に疑義を呈する分析の開拓者であった。従って、この観点からすれば、「形式上の民主主義」はイデオロギーの幻想である。なぜなら、形式上の民主主義は国家の行為がどのようにして社会階級や文化の再生産という絶対なるものによって常に制限されているかを曖昧にするからである。さらに、この立場は、資本主義生産様式の廃止によって本物の民主主義が創られうるという前提に立って、価値の問題や改良主義者の代替案の議論をイデオロギー上の気晴らしに過ぎないとして斥ける傾向がある。

　ここでの議論を特徴づけている国家に関する批判理論は、マルクス主義およびネオ・マルクス主義の伝統から若干の洞察を借用しているが、社会的葛藤や矛盾がどのように国家の行為や自治を抑制したり、あるいは可能にしたりするかについて、微妙に異なった説明をする政治社会学の諸形態を最も重要視している。[4] ドイツの社会学者マックス・ウェーバーの先駆的仕事は、特にハーバーマス（Jürgen Habermas）やクラウス・オッフェ（Claus Offe）で頂点に達する批判的社会理論に関するフランクフルト学派の伝統によって後に洗練されたが、国家に関する批判理論にとってきわめて重要なものである。より最近の影響には、ミシェル・フーコー（Michel Foucault）の権力に関する理論が含まれる。この伝統は、伝統的な労働者階級を越えた抵抗（例えば社会運動）の作

用や形式の多様性への関心を以て、この権力の分析を補完しているとはいえ、構造分析によってのみ分析しうる目に見えない権力の源があるというマルクス主義的分析からの前提を保持している。さらに、国家に関する批判理論は、民主的協議を成功裏に実現するために必要な基準点(レファレンス・ポイント)として、競合し合う集団の対立する規範や価値に関する主張を調停する必要性を深刻に捉えている。

　国家の教育政策に関する批判理論の意味合いをいっそう明確にするために、目に見えない権力の分析や多元的な民主主義理論の既存の諸形式に対する批判をより深く検討することが必要である。この目的のための重要な考えは、宗教団体、労働組合、および環境保護から保健にまで及ぶさまざまな集団の利害に関わる非営利組織といった非国家のボランティア組織から成り立つ市民社会に対峙するものとして、国家を識別することである。一方では、民主化は市民社会の相対的な力に依存し、直接的な国家権力と個人の間の緩衝装置を提供する。他方、国家もまた市民団体と支配的な経済的、社会的集団との関係を調停する上での峻別機能を有する。このように、国家に関する批判理論は、多元論的な民主主義理論に見られる政治体制、政府あるいは公権力についての古典的概念とは根本的に異なる。その何が役立つかといえば、国家の観念が社会における権力や勢力の凝縮という考え方をいかに内包しているか、つまりより深いレベルでの権力を目に見えないものにしている過程がどうなっているかということに基づいている点である。国家による権力の行使は、市民の組織（つまり非国家的な組織やボランティア団体）に対して、国の特別な機関を介して権力行為や共同行為を行うときに起こる。こうした権力の凝縮という考え方は国家についてのもう1つの中心的な側面についても当てはまる。つまり、国家は権力をかなり自律的に行使するかもしれないという考え方である。こうした権力は、時には社会の中で示された特別な関心、例えば、特定エリートの利益になるような国の行為といったものによって行使されるとはいえ、主要な社会的アクター（それらの関心の単なる寄せ集めではなく）からは自立したものである。かくて国家の権力はある特定の政治プロジェクト、階級間の協調、あるいは特別な経済的、社会的、文化的、道徳的関心の融合を反映しうるのである。国家は支配のための同盟ないし協約として出現するのである。

　ネオ・マルクス主義とウェーバー流の見方を結びつける国家についての批判理論の観点、つまり以下の議論を特徴づける観点からすれば、国家は対立する政治プロジェクトの対決の場でもある。対決の場として、国家は社会内の闘争

の絶え間ない移り変わりや、社会諸勢力間の同意や不同意に内在する緊張関係を反映しているのみならず、特定の政治プロジェクトの諸要因の枠内にある統一され連続した諸行為を行うことの矛盾や困難さを反映している。あらゆる公共政策は、支配のためのプロジェクトの一部であるとはいえ、市民社会にとって闘争の場であり、自らの考えを宣伝する場であり、またそれら内部の緊張、矛盾、政治的同意・非同意を映し出すものである。階級関係の他にも、このようなアプローチは、国が法律で規定し、裁可し、管理し、処罰しなければならないような人種、民族、ジェンダー、地理的位置、倫理的・道徳的あるいは宗教的相違に関する他の重要な対立の原因を必然的に考慮に入れている。

　国家についての批判理論ではおそらくドイツを代表する先駆者であるクラウス・オッフェによれば、国家に関する中心的テーマの1つは、資本主義的蓄積に対する国家のニーズと資本主義制度自体の正統性との間の矛盾であるという。[8] オッフェにとっては、国家とは資本主義の危機の調停者であり、国家は資本主義の基本的矛盾、つまり生産の社会化の高まりと余剰価値の個人的な専用という矛盾の調停における特別な機能を必要とするのである。この根本的矛盾を測るために、国家は教育の分野で特に明確な過程である制度的諸機能を増強する必要があるのである。[9]

　オッフェにとって、国家は資本主義社会の中で歴史的に発展してきた一群の制度上の法則や規則、伝統を反映する自己規制的行政システムなのである。さらに、資本主義国家は現在権力を行使している者（特定政権や政党の政府）に必ずしも直接的に対応するものではないし、特定の社会部門（経済的利害など）あるいは支配階級の指図に必ずしも従うものでもない。国家は資本主義制度の恒常的な危機がこの制度の生産と再生産のための条件に影響を与えないように調停し防御しようとする支配の協約であると仮定すれば、国家についての階級的視点は特定のセクトの利益を代表するものではなく、政府の諸機関を統制するかもしれない支配階級や特定政治団体の政策を反映するものでもない。[10]

　要するに、支配に関する協定および自己統制的な行政システムとしての国家は、資本主義の危機的状況における調停者として、特に蓄積と民主的正統性との間の矛盾に関する調停者として中心的役割を果たすものなのである。国家についての理論に関する議論は教育にとって、いくつかの理由から重要である。第1に、大衆的な公教育の起源や特有の性格は国家の理論との関係、およびその社会運動との関係においてのみ理解しうるからである。第2に、現下の教育

問題やその解決策についての定義、解釈、分析は、診断や解決方法を正当化したり、その根拠となったりする国家理論にかなりの程度左右されるからである。最後に、国家による新しいタイプの介入、しばしば新自由主義的国家と称せられるものは、公的行為や国家の関与についての論理の実質的な変化を反映しているからである。同時に、国家の性格に見られるこの変化は民主的契約の性格と限界についての新しい見方や、資本主義のグローバルな広がりの中での教育や教育政策の役割についての新しい見方を反映している。[11] 批判理論の観点から見れば、民主化の衰退についての規範的意味は、民主的な公共圏の減少という考え方に立って議論されてきたのである。[12]

以下2つの節では、国家についての二律背反的な見方や実践、つまり福祉国家と新自由主義国家について論じる。これら2つは教育政策に関する相異なった選択肢を提供するものである。続いて、教育についての政治経済的アプローチを用いて、新自由主義国家に関する議論を資本主義のグローバリゼーションに結びつける。また、本章の結論部分では、グローバリゼーションが国家―社会関係に及ぼす影響と、社会運動に対する問題提起についても概観する。

福祉国家から新自由主義国家へ

福祉国家は労使間の社会契約の結果である。その起源はヨーロッパ、特にスカンジナビア諸国のようなヨーロッパの社会民主主義諸国において20世紀初頭に行われた資本主義の制度的再編の中に見ることができる。[13] より最近では、合衆国においてフランクリン・ルーズベルト大統領政権下で推進されたニューディール政策が、その中では市民が教育、保健、社会保障、雇用、住宅などに関して、最低限度の社会福祉を望みうる統治の形態を示している。こうした公的サービスは慈善というよりも市民の権利と見なされている。[14]

もう1つの中心的な側面は、このモデルがケインズモデルに則った産業経済において完全就業という前提の下で機能するものであるということである。ラテンアメリカでは大衆主義的(ポピュリスト)政治経験や極端な所得配分の不公平といった多くの理由から、市民社会への干渉という強力な要素を伴う国家の形態の中に福祉国家のモデルとの類似性が見られる。しかしながら、重要な相違点も存在する。特に国家による失業手当の欠如である。このように社会と文化を近代化するものとして重要な役割を果たしている国家は、経済において保護主義的活動を行

第3章　国家・社会運動・教育改革　153

う国家であり、国内市場の成長を支え、国家と社会とをつなぐモデルの中心的側面として輸入代替を奨励するのである。

　教育の拡張と多様化が、福祉国家に非常によく似た国々、つまり教育予算を投資と見なし、在学者の大幅増加や教育予算の大増発や教員の採用など、教育機関の拡張を図る干渉主義的(インターベンショナリスト)国々で起こった。公教育の役割と機能は拡張され、国民と市場を強固なものにした19世紀の自由主義的国家の前提を踏襲したのである。国家に関するこうしたリベラルなモデルにおいて、公教育は専門分化した教育学の形成を当然のこととして仮定していた。そして、公教育の役割、使命、イデオロギー、教員養成のモデル、さらには学校カリキュラムについての基本的考え方や公認された知識などは、国家の支配的な哲学の影響、すなわち、起源においてはリベラルであったにもかかわらず、国家志向的であるような自由主義的哲学の影響を強く受けたのである。15)

　福祉国家の衰退、あるいは少なくともその規模縮小は、経済不況とインフレ(「スタグフレーション」)が合わさった結果、そして関連した「国の財政危機」の結果として1970年代に発生した資本主義の正統性の危機まで辿ることができる。民主化は公共サービスとセーフティネットに対する需要の高まりを正当化したが、増税によってそのような政策の財源を確保することはますます困難になった。国債の増発によって財政危機を先延ばしにできたが、この戦略を無期限に保持することはできないであろう。新自由主義は財政危機を克服し、資本主義的蓄積と成長の過程を再生させるための代替モデルとして出現したのである。

新自由主義国家の前提

　新自由主義と新自由主義的国家は、過去40年の間に先進資本主義国で現れ、やがてグローバルな経済制度によって発展途上にある社会に押しつけられた新しいタイプの国家を指すために使われた用語である。それは英国のマーガレット・サッチャーやジョン・メイジャー、米国のロナルド・レーガン、カナダのブライアン・マルルーニーのような新保守主義的政府の経験と結びつけられた。ラテンアメリカで実施された新自由主義の最初の重要な事例はアジェンデ政権崩壊後にピノチェット将軍独裁下のチリで実施された新自由主義的な経済プログラムであった。より近年では、アルゼンチンのカルロス・サウル・メネム政

権やメキシコのカルロス・サリナス政権によって実施された市場モデルが、アルゼンチンやメキシコの状況という特殊性はあるものの、新自由主義のモデルを示している。[16)]

　新自由主義の政府は市場の公開、自由貿易、公共部門の縮小、経済における政府の関与の削減、市場の規制緩和を推進する。開発途上国の文脈では、新自由主義は地域的に導入されたものであれ、国際的な圧力の下に導入されたものであれ、哲学的にも歴史的にも構造調整プログラムと結びついていた。[17)]構造調整は世界銀行、国際通貨基金、およびその他の金融機関が推奨する一連のプログラム、政策、付帯条件として定義される。世銀は安定化、構造調整、調整政策の３者を区別しているが、これらの用語の使用は「不正確で一貫性のないもの」と見なされている。[18)]これらのプログラムは、政府歳出の削減、輸出増進のための通貨価値の引き下げ、輸入品に対する関税の引き下げ、公共部門や個人による貯蓄の増加といった幾つかの政策助言を生んだ。このモデルの主要な側面は、国家部門の劇的な縮減、特に国有企業の民営化、給与や物価の自由化、輸出に向けて工業・農業生産を再編することによる縮減である。短期的には、これらの政策パッケージの目的は財政負債の削減であり、公債、インフレ、為替レート、関税を引き下げることであった。長期的には、構造調整は輸出が開発の原動力であるという前提に基づいている。かくして、構造調整と安定化政策は自由な国際交流を求め、物価構造の歪みを糺し、保護主義を排し、ラテンアメリカ経済における市場の影響を増進することを求めている。[19)]

　新自由主義国家に関する政治的論拠は、供給側重視の経済、通貨管理経済政策、新保守主義の文化セクター、福祉国家の再配分政策に反対するグループ、あらゆる犠牲を払っても金融負債を減らすべきだとするセクターといった理論や利益グループの入り混じったものを含んでいる。換言すれば、矛盾を孕んだ同盟である。これらの国家モデルは財政危機や、国家というものの（実態として、あるいは認識上の）正統性の危機に対応するものである。このように、市民の間の自信喪失の危機は、政府が民主的代表性を行使することや政府に対する信頼にとっての重大な危機である。こうした文化的には保守的で経済的にはリベラルなモデルの中で、国家自体、国家による介入、国有企業は問題の一部分であり、決して問題の解決策とはならないのである。新自由主義イデオロギーによっていくつかの場面で指摘されてきたように、最良の政府は小さな政府なのである。

先進的資本主義の経済再編について広く行き渡っている考え方および構造調整策という考え方は、新自由主義モデルときわめて相性がよい。両者とも公的歳出の削減、無駄とされ投資と考えられないプログラムの削減、国有企業の売却、経済界への国の介入をさけるための規制緩和のメカニズムなどを含んでいる。すでに述べたことも併せて、（教育、保健、年金、定年、公共交通、取得可能な住宅など）社会サービスの提供にできるだけ国が関わるべきではなく、こうしたサービスは民営化されるべきだと提案されている。「民間」（そして民営化）という概念は自由な市場の一環として美化されている。公的セクターないし国の部門の活動は非効率、非生産的で社会的に無駄の多いものと見なされているために、競争がもつ効率性に全幅の信頼が置かれるのである。逆に、民間セクターは効率的で効果的、生産的で小回りがきくと見なされている。その非官僚主義的な性格ゆえに、民間セクターは現代世界に生起する種々の変容に対応するのに必要な柔軟性がある。南米南部共同市場（MERCOSUR）[訳注1]や北米自由貿易協定（NAFTA）[訳注2]といった合衆国、メキシコ、カナダを取り込んだ自由貿易協定は資本のグローバルな循環のための中心的な要素の2つである輸出増大のための生産や輸入割当の削減に結びついた。これが（国が労使間の社会契約を擁護するために命令を行使する福祉国家のモデルとは対照的に）なぜ新自由主義国家が明確に財界寄りであるのか、つまり財界の需要を支援するかの理由である。にもかかわらず、ダニエル・シュグレンスキー（Daniel Schugurensky）は、こうした国家の介入からの脱却が特異なものであって、全面的なものではないと正しく指摘している。[20] 象徴的な理由からも現実的な理由からも、国家の社会プログラムのすべてを捨て去ることは不可能である。公共政策の領域において、矛盾の多い、危機的な分野を切り離すことは必要である。コスタリカやメキシコに社会連帯のためのプログラムが存在し、あるいはブラジルや他のラテンアメリカの国々が路上に暮らす子どもたち(ストリート・チルドレン)を保護する法律を通したのも、こうした理由からである。このように、国家による介入というシェーマの修正は無差別に行われるのではなく、関係者の間での権力の格付け機能を果たすものであり、そのことは社会の最貧層の連帯政策であり、彼らに対する助成策につながり、保護主義に反対の者も含む中産階級や支配層の資

訳注1　南米南部における自由貿易市場の創設を目的として、1995年に創設され、アルゼンチン、ブラジル、パラグアイ、ウルグアイ（4ヵ国）が加盟し、チリ、ボリビアが準加盟。
訳注2　1992年に基本合意に到達した米国、カナダ、メキシコ3国間の自由貿易協定。

産の転移につながるものである。さらに、国家は特に選挙運動中には、選挙によるコンセンサスを得るため、懲罰や抑圧のメカニズムあるいは富の配分（あるいはその請負）に関する大衆迎合主義的戦略を放棄したわけでもない。つまり、福祉国家の公共政策を除去することは見境なくではなく、選択的に行われるのであり、特定の対象に向けられるのである。

新自由主義の発展を理解するための中心的要素は、資本主義のグローバル化である。グローバリゼーションの現象は資本主義の変質に基づいている。それは小さな商品の生産であれ、（レーニンの見方による）資本主義の最終段階としての帝国主義的拡張であれ、あるいは合衆国のポール・バレン（Paul Baren）やポール・スウィージー（Paul Sweezy）ら新左翼に結びつく理論的潮流によって分析される独占資本主義の観念であれ、さらにはクラウス・オッフェが後期資本主義あるいは組織されない（disorganized）資本主義と呼んだものであれ[21]、資本主義が機能する上での原則を変えた。ポストモダンの観点に立って、フレドリック・ジェームソン（Fredric Jameson）はポストモダニズムを終末資本主義の文化的ロジックと特徴づけた[22]。記憶にとどめるべき重要な要素はポストフォーディズムの世界におけるグローバリゼーションという考え方である。それは資本主義の変質や国家の新自由主義モデルの変質[23]、特に「混合経済」の矛盾を理解する上で最重要な事柄である[24]。

社会運動に関する諸理論

逆説的になるが、国家論は社会運動についての妥当な諸概念とは一般に結びつかなかった。つまり「社会運動と国家の間の相互関係には驚くほど注意が払われなかった」[25]のである。こうした無視の理由は国家論のタイプによってさまざまに異なる。古典的マルクス主義は主要な点において革命的社会主義運動の理論であったけれども、それは社会運動を階級運動に単純化し、労働者階級を唯一の「正しい」階級と見なしたことにより、他の社会運動の形態を忘れてしまった。さらに、古典的マルクス主義は、階級の客観的位置づけに関して、それが革命的行為でもって頂点に達する集団的階級意識として表現される結果を必然的に決定するものであるという、きわめて単純な観念に基づいている。ある種の「対応原理」によって教育と経済を結びつける社会的再生産モデルに則って教育を概念化しようとする最近の試みは、教育の結果が主として階級的

第3章　国家・社会運動・教育改革　157

抵抗を無にするような構造的必然性の産物であると結論づける[26]。

　これと対照的に、社会についての機能主義的概念と結びついた別の形態のリベラルな多元主義的国家論、ならびに国家に関するエリート主義的諸理論は秩序や正統性の問題に関心をもつ傾向があった。それは、社会運動を主として統制され抑制されるべき破壊的形態の抵抗と見なすものであった。この文脈では、圧力団体は政治的主張を広めるための合法的な形態と見なされ、一方、社会運動は極端なイデオロギーの狂信的な表現という烙印を暗に押されるのである。多元主義的でリベラルな理論の場合には、この戦略は既成政党ないし新設政党に同化させられる運命にある利益グループの一形態としての社会運動、あるいは最悪のシナリオでは「対反乱活動」という戦略によって押さえ込まれるべき脅威としての社会運動に焦点を当てることにつながったのである。

　教育社会学が社会運動に目を向けなかったのは、思考の基本として秩序ということに注意が集中しがちであった社会理論において、社会運動は一般に周辺的存在であったことを反映している。この傾向は社会に関する機能主義理論において最も明瞭であるが、ヘゲモニーの再生産や文化の再生産を説明することばかりに注意が向いていた構造主義的な葛藤理論によって逆に強化されたのである。これらの理論はごく最近では教育におけるヘゲモニーに対する抵抗を中心テーマとしてきたけれども、その関心は主として、現実の社会運動についての歴史的に特定な説明というよりもむしろアイデンティティ・ポリティックス[訳注3]を組織化する多様な立場と結びついた表現行動の形態に集中していた。

　要するに、社会運動というトピックを取り上げるということは「集団行動（collective behavior）」や「集団行為（collective action）」、つまり既存制度の構造や文化的規範に挑戦する多かれ少なかれ自発的な活動の（群衆的な暴走から革命運動にまで及ぶ）広がりに言及する言葉に対して、いっそう明確な注意を向けることを厳しく求められるのである[27]。例外的に、フランスの社会学者アラン・トゥーレーヌ（Alain Touraine）の社会理論は、社会運動を社会と変革に関する理論の中心に据えた[28]。既存の制度に対する挑戦としての社会運動のより厳密な意味は、抵抗といったより広く普及した観念ならびに教育における「改革運動」というような、全く異なる観念とは明確に区別されるべきである。後者は正規の政治的ルート以外で政治に脅威をもたらす大衆動員とは多くの点

訳注3　多元的で複雑な社会において、主として少数派に属する個人や集団が自分の帰属性・同一性を模索し、その政治的な復権を求めて、むしろ積極的に行動しようとする運動。

でほとんど関係がないのである。社会運動に関する以下の定義は重要なポイントを捉えている。すなわち、

　　社会運動とは、共通の利害をもち、少なくとも自らの社会的存在の重要な部分において、共通なアイデンティティをもつことを理解している個人によって構成された集団的行為主体(コレクティブ・アクター)である。社会運動は政党や圧力団体のような他の集団的行為主体とは異なっている。その差は、政党や圧力団体は自らに備わった社会的な制裁措置の主要な拠り所として、つまり権力の主要な拠り所として、大衆動員を行ったり、あるいは動員を背景とする脅威を有したりしている点にある。社会運動はさらにボランィア団体ないしクラブといった他の集団とも、主として社会を防衛するかあるいは変革するかのいずれに関わっているかという点や、そうしたグループの社会における相対的な地位においても異なっている。[29]

　逆説的だが、初期の社会運動理論は、搾取や政治的無力への合理的な対抗措置として社会運動を分析した葛藤理論に立つ社会学やマルクス主義社会学とは違って、ル・ボン（Gustave Le Bon）やフロイト（Sigmund Freud）の流れを汲む集団的行為の非合理で破壊的な側面を強調する「群衆」についての心理学理論を信奉する人々の間に見られた亀裂によって特徴づけられた。[30]にもかかわらず、社会運動に関する未解決の問題は長い間、個々人の経済的利益に関する功利主義的な仮定に基づく古典的マルクス主義理論の中の未開拓の問題の１つであった。マルクス主義理論では、主観的な階級意識に基づいた階級動員は階級的搾取の客観的条件がもたらす自然な成り行きであると想定されたのである。20世紀の社会運動の脆弱な階級基盤、特に革命意識において頂点に達することに失敗したことを考慮に入れ、さまざまな説明が1930年代にまず提出された。イタリアのマルクス主義者アントニオ・グラムシ（Antonio Gramsci）にとって、その答は支配階級の文化的ヘゲモニーがどのように労働者階級の意識の向上を制限したかを考慮に入れることであった。同様に、批判理論に関するフランクフルト学派の伝統は、労働者階級に見られる権威主義的人格構造の内面化と並んで、新しいメディアという文化産業が同様に社会運動を不活性化させる効果を及ぼしていると主張した。

　1960年代以降の社会運動理論の再生は、特にパリ、メキシコシティ、その

他での劇的な対決を伴って1968年に最高潮に達した過激な学生運動の全世界的な出現に呼応し、いくつかの新しい方向へと発展したのである。それは集団的行為を不合理なものと理解することを拒絶した。そしてさまざまなアプローチが社会運動を起こす際の利己心の分析を根底から覆した。社会心理学研究の1つは集団行為を相対的剥奪論（relative deprivation theory）、つまり集団の暴走は絶対レベルの貧困や剥奪への反応というよりも膨れ上がった期待が満たされないことへの反応であるらしいという重要な観察に基づいた議論へ矮小化することに基づくものであった[31]。しかし、そのようなアプローチは、剥奪を生み出す構造上の諸条件や、ある運動は起こすのを許されるのに、別の運動は許されない要因について、ほとんど何も明らかにすることができない。

　研究のもう1つ別の伝統は、社会的利害に関するマルクスの概念を特徴づける経済論議の徹底的な修正に基づいて、動員に関する功利主義的な概念の意味の見直しを試みるものであった。合理的選択理論（rational choice theory）によれば、人間の動機づけが個々人の利己心に本質的に基づいているとすれば、ある集団の構成員は自らが参加することなく恩恵を得られるような集団の利得のために犠牲を払うことに対して合理的な関心をもたないため、集団行為の論理は矛盾したものとなる。その結果生じる「フリーライダー（ただ乗り）」的効果は、大多数の運動メンバーにとって運動の動機づけをする理想が弱いとすれば、運動への動員は極端に難しくなるという成り行きをもたらす。この点で、合理的選択理論はなぜ、そしていつ社会運動が起こるかについての説明としてよりも、古典的マルクス主義に対する批判および社会運動の失敗に対する説明として成功してきた[32]。

　最も影響力のある最近の社会学的アプローチは資源動員論であった。それは社会運動の成功や失敗をもたらした組織基盤に特別な力点を置くものである。この観点から見れば、心理的・社会的構造の決定因子は背後へと後退し、運動の組織力学が説明仮説として活力を帯びるのである[33]。中和剤としていかに有用だとしても、こうしたアプローチは社会運動に関する一般的理論として、国家の役割および運動の発動におけるイデオロギー的要因の双方を控えめに扱う誤りを犯すことになる。

国家と社会運動

　前述した社会運動に関する諸理論は心理的過程や運動組織に注目する傾向があったが、もう1つ別の探求方向として、国家に焦点を絞ることを通じて巨視的社会の文脈に注目するものがあった。3つの基本的立場がここでは有力であった。すなわち、古典的多元主義および新多元主義、階級エリート・国家中心理論、そして古典的マルクス主義およびネオ・マルクス主義である[34]。多元主義モデルは、しばしば合理的選択理論に照らして動機が検討された競合する利益団体間に位置する比較的消極的で中立的な審判員として国家を捉えている。エリート理論は「国家の力量」の問題に焦点を当て、社会運動を国家の脆弱さの表現と見なす。最後に、古典的マルクス主義の観点は、国家とは階級に根ざした反対運動による挑戦を受ける階級権力(クラスパワー)の道具と見なした。

　ごく最近の社会学的で重要な動きは、イデオロギーや文化や市民社会に焦点を絞るとともに、資源動員論の考え方を選択的に充当することによって、マルクス主義的アプローチの徹底的な修正を迫るものであった[35]。こうした観点に立つと、市民社会の活動分野が民主主義の議論や変革の中心領域としてよく見えるようになった。社会運動は市民社会の中で国家に挑戦するダイナミックなアクターの典型であり、また、教育やその他の状況における重要なアクターとなった種々の非政府組織（NGO）がしばしば社会運動を促進するのである。新しい社会運動の結果として生まれてきた理論は、分配の政治学（the politics of distribution）からアイデンティティ・ポリティックスや生活の質にも関わる社会運動へと相対的に転換してきたことを理解しようとする点において、古典的マルクス主義理論と決別したのである。変革すべき領域として（国家に対抗する）市民社会の重要性とともに、認知的かつイデオロギー的要因により大きな力点を置き、主としてヨーロッパ起源の概念である「新しい社会運動」の特徴に関する論点に議論が集中してきた。このアプローチは、見たところ特殊な問題に焦点を絞り、また新しいタイプの参加者を引きつけた抗議運動、つまり学生運動、平和および環境運動、女性運動などを理解するための（1960年代の終わりに始まった）試みから生まれた。この見方によれば、新しい社会運動は以下の諸点に関する重要な側面において異なっている。すなわち、イデオロギー（成長と再分配に対立するものとしての生活の質）、支援の基盤（産業

労働、農業あるいは民族と関わりのある社会階級に対立するものとしての多様な関心や新興のネットワーク)、参加の動機(客観的な社会的関心に対立するものとしての理想主義的関心)、組織構造(官僚的組織に対立する分権的組織)、さらに政治様式(交渉のネオ・コーポラティズム的過程へ組み込まれることに対立するものとしての議会外政治様式)である。

新旧の社会運動と教育改革

　国家と社会運動との関係が無視されたことから、教育と社会運動との関係に対する明確な注意の欠如はなおさら強まった。教育の変容や改革は教育史の中心問題であるが、機能主義的アプローチは国家と集団的運動との闘争の力学に対峙する自律的過程として、分化(differentiation)の不可避性(imperatives)に焦点を絞る傾向があった。

　社会運動に関する問題は、教育上の変化についての葛藤理論のさまざまな文脈の中で教育分野に関わるものである。第1に、教育実践の理論(例えば教授学)はしばしば、より広い社会運動と繋がっている文化的改良主義運動の基礎となってきたが、より一般的には、社会運動と教育理論の結びつきは周縁的なままであり続けてきた。今日、教育の「基本に帰れ」運動は、広く新右翼の政治運動と結びつき、同様に「批判的教育学」は新左翼運動とのつながりを持っている。

　第2に、学生運動に関する問題は、大学自体(そして時には中等教育機関)が社会運動の活動拠点となる状況と大いに関係している。そのような学生運動は、発展した産業社会において一定周期で起こる影響(例えば第一次世界大戦後のヨーロッパにおける革命運動の高まり、1930年代のファシスト、社会主義者、共産主義者を巻き込んだヨーロッパでの対決、そして1960年代末の世界的な学生運動)を与えてきた。多くの開発途上国の文脈では、学生運動は所得と機会の広範な不平等を再生産するのに寄与するような、多かれ少なかれ権威主義的国家に反対するためのアジテーションの源となり続けてきた。これら

訳注4　身分制的な職能団体が政治の意思決定過程に制度的に参加することで社会的調和を作りだし、協調によって持続的に経済成長を達成しようとする体制・構造を意味する。ネオ・コーポラティズムは特に1970年代以降に提起され、国家主導型ではなく、戦後のオーストリアやスウェーデンのような「下からの要請」に基づく協調モデルを指す。

の状況下で、大学の「自治」をめぐる闘争は学生運動のもたらした政治面での脅威が部分的には引き金となったものである。

第3に、教育政策は労働者階級の動員に関係した「古い」社会運動理論の場合のように、一般的な社会運動の明示的な部分であるかもしれない。この場合の古典的な例は、19世紀および20世紀のヨーロッパにおける労働運動の要求の1つとして教育が果たしてきた役割である。[39] 西洋における公教育の勃興は、普遍的な市民権の一部として国家による公教育支援を獲得するために、階級に根ざした社会運動が払った努力の結果と一般に説明することができる。[40] これらのうちのいくつかは主要な社会変革と結びついていた。例えば、メキシコ革命に続く教育改革は、農村の学校教育を拡張し、また農民と先住民とを同化させる広範な努力と公式に結びつけられた。

教育の発展に関するさまざまな単一説明要因に基づく理論（例えば人的資本理論や近代化理論）の衰退に伴い、教育の発展に関するより包括的なモデルは制度化された企業と潜在的な主要なアクター、つまり集団的行為を行いうる人々がせめぎ合う闘争を重視した。[41] そうした研究から導かれた一般的な結論は、「初期の教育拡張の原因は、自覚的に境界人たろうとした者の行動の中に見出され、その前提条件は、因習的な社会秩序の中での個人の位置の低下である」というものである。[42] ヨーロッパの場合には、プロテスタントとカトリック教徒の争いが主要な行為のための最初の推進力となる一方、階級に根ざした運動が産業革命に伴って後に生じた。例えば、イギリスの場合は、チャーチスト運動とオーエン主義者の運動が公教育の発展において重要な役割を果たすという複雑な過程を示している。[43] 同様に、今世紀には基礎教育を受ける権利に対する願望が、いわゆる第三世界の文脈において現代の都市住民および農民階級（大部分は小作農から構成される）に根ざした運動の一部となるのが典型的であった。

一般理論の一部として、国家と社会運動と教育を結びつける数少ない今日の明確な試みの1つは、カーノイ（Martin Carnoy）およびレビン（Henry Levin）の国家に関する「社会的葛藤」理論に見出すことができる。それは教育政策に影響を及ぼす重大な役割を果たすものとして社会運動を捉えていることから、資本主義社会における教育についての弁証法的分析を発展させるための枠組みを提供するものである。[44] この考えに立てば、教育改革を「予測し」、かつ学校教育をめぐる闘争の潜在力や限界を見積もる努力をなし得るはずである。とはいえ、このアプローチは「古い」社会運動理論の階級に根ざした前提

の枠組みを大部分そのまま使っており、新しい社会運動の特色を無視している。
　最後に、新しい社会運動理論は社会運動と教育との関係についての理解を劇的に転換させる基盤をもたらした。新しい社会運動の際立った特徴は、アイデンティティ・ポリティックスの一部として、従来から存在してきた社会・文化的パラダイムを再考することに、認知的・イデオロギー的関心の焦点を置いていることである。その結果として、新しい社会運動の重要な戦略の1つは、政治的であることとは対照的に、概して教育的であることである。新しい社会運動に対する要請に応える政策の劇的変化において多くの後退を経験したものの、新しい社会運動はその教育的努力、つまりジェンダー、人種、環境、平和および性に関する基本的態度といった種々の問題で見られた世論の著しい転換を反映する上で成功を収めた。アメリカ合衆国での人種に関わる公民権運動の場合には、白人と黒人とを分離した学校を廃止せよというのが、恐らく人種と教育とを結びつける最も根本的で広範にわたる要求であったろう[45]。実際すべての新しい社会運動はカリキュラムの変更を擁護するものであったという特色をもち、また一般に教師教育の分野や教育政策決定者の間に何人かの共鳴者を見出した。さらに、ほとんどの自由民主主義国では、公教育システムに関する多元的選挙民の意志は、大衆教育の一環として提示される「正統性」問題に関するアジェンダが絶えず更新されることを要求している。その影響は高等教育レベルで劇的に高まっている。かくして、特にアメリカでは大学キャンパスにおける「政治的に正しいとは何か」に関する最近の議論を巻き起こした[46]。こうした議論全体は人文科学分野での高等教育の内容を根本的に変更するものでないとしても、それを改革する上で新しい社会運動が収めた意義深い成功という点からかなりの程度検討することができる。また、人文科学ほどではないにしても、（社会運動からのインプットに対してもっと慣れている）社会科学についても同じことが言える。たいていの場合、これらの変化はしばしばアイデンティティ・ポリティックスに典型的に見られる単一事項を問題とする路線に沿って進んだ。その1つの帰着が教育における人種、階級、ジェンダーの関係を再考する必要性であった[47]。
　新しい社会運動を1980年代からの教育改革と結びつけ、統合しようとする努力は、批判的教育学という言葉で最も一般的に表現される文化運動と最も緊密に関係している。「ポストモダン、多文化的」教育学あるいは「ポストコロニアル」教育学などさまざまに呼ばれる批判的教育学は、そのように多様な反

抗性の運動を糾合しうる「可能性の言語」を明瞭に表現することを試みた[48]。この場合、「ポストモダン」あるいは「ポストコロニアル」教育学という概念は、西洋の普遍主義や科学的確実性が世界についての独特なヨーロッパ中心主義的見方や男性優位の見方を示すものであるとして、種々の観点から疑問視されている時代にとっての、広く普及した準拠点(レファレンス・ポイント)として想起されている。

重要な変化に影響をもたらすはずの批判的教育学が概して失敗したことから、さまざまな形をとった批判を引き起こした。最も根本的な点において、一般的な批判的教育学を発展させ、かつそれを学校での反覇権的抵抗を刺激することに適用する努力は、1968年のフランスやメキシコ、1970年のアメリカ合衆国で起こったような「社会運動・政治運動」と関わりのあるグラムシのヘゲモニー論とは一致点がないと論じられてきた[49]。より否定的な議論として、「一般に変革教育学」としての批判的教育学の失敗は、社会運動に対する歴史上の特定の関係を欠いていることから生じているのだと主張された。批判的教育学がもたらしたのは、過去の、現代の、そして新興の社会運動から新進の社会学者たちをさらに遠ざけ、教育をめぐる政治の特殊な要件を一般論で置き換え、そして、ついには歴史や政治からの逃避を禁じる社会理解をないがしろにすることである[50]。しかしながら、ポストモダニズムや多文化主義に立脚した議論の刺激を受けて、批判的教育学は「アイデンティティ・ポリティックスの分派主義的形態が困惑するほど増えていくこと」に対抗する動きの一環として、新しい社会運動からの多様な発言を組み込むよう絶えず努めてきた[51]。

批判的教育学は教育政策に対して大きなインパクトを与えはしなかったが、さまざまな社会運動に情報を提供し、またいくつかの開発途上の社会において「政治的な動員過程の一環としての重要な役割」を果たしてきた。キューバ、ニカラグアおよびモザンビークの革命的な経験があり、他方、教育改革の試みがアジェンデ大統領のチリでの社会主義運動の失敗において重大な役割を果たし、きわめて異なる文脈であるが、ブラジルのサンパウロでの革新的な政策の根拠となったのである[52]。

待ち受ける課題——資本主義のグローバル化、国家、教育における社会運動

国家、社会運動、教育の間に見られるようになった関係という観点に立てば、

ポストモダニズムやポストコロニアリズムに関わる上滑りな説明より、グローバリゼーションについての理論的に未解決の問題は、遙かに根拠があり、また経験的に分析可能な一連の課題を提示している。従って、「ちょうどポストモダニズムが1980年代のコンセプトであったように、グローバリゼーションは1990年代のコンセプトかもしれないし、われわれが第3千年紀への人類社会の移行を理解するためのキー概念であるかもしれない」と論じられてきた。一般にグローバリゼーションは長い歴史をもつが、その今日特有な意味は20世紀半ばにおけるグローバリゼーションに関わる過程がますます直線的に加速化したことと結びついている。この点で、グローバリゼーションは脱工業化、ポスト近代化、ポストフォーディズムおよび情報化社会など、さまざまに表現された過程と重なっている。要するに、それは「社会・文化的取り決めの地理的制約が減少し、また、それらが減少していることに人々がますます気づくようになる社会的過程」と定義することができる。

経済のグローバル化は、経済、科学、技術および文化のグローバル化ならびに国際的分業における深遠な変容などを内容とする世界的規模での経済再編の結果である。国際的分業の在り方が変わったことに伴って、国家や州の間での経済統合や、国家経済や地域経済の間で統合による再調整が行われた。このグローバル化は主に、労働生産性を向上させ、労働を資本で置き換え、高い生産性の新分野の発展につながった（例えばソフトウエア技術であり、それは億万長者のビル・ゲイツのような人たちやマイクロソフト社が世界中の至る所に手を伸ばした如く）情報やコンピュータ技術における変化によってもたらされたものである。こうした変化は、国家と国家との関係を再検討させつつある。そうした変化には、国際為替や短期的なハイリスクの金融商品による資本の移動が含まれる。国際的レベルでの資本と生産のすさまじい一極集中が起こっている。

現代資本主義における労働市場は均質なものではなくなっている。労働市場の分節化とは、少なくとも4種類の市場が存在することを意味する。すなわち、①通常は国境をこえた独占資本の需要に応じる市場、②第二の労働市場を代表する競争的資本の需要に応じる市場、③国際的競争から比較的保護された数少ない労働市場の1つである公共部門という市場、そして④急速に成長している境界的な労働市場であり、これには不法な取引（例えば麻薬密売）から、周辺的、アンダーグラウンド、あるいはインフォーマルな仕事と呼ばれる自営業、

内職、家族企業、小規模な生存生産、その他多数の経済活動まですべてが含まれる。

　こうした高度にグローバル化した資本主義の中心的特徴は、生産の要素が地理的に隣接した場所には存在しないということである。さらに、限界利益率は1人当たりの生産性の絶えざる向上（それは発展した資本主義において向上し続ける）およびコストの低減（レイオフ、生産の増強、高賃金労働者と低賃金労働者との入れ替え、資本による労働の置き換え）などの理由から上昇している。一次（直接）市場がより多くの収入、安定性および臨時収入をもたらすような労働市場の分節化が進んで行く中で、時間給は出来高給に取って代わられた。このことは労働者の名目賃金・給与や実質賃金・給与と、間接融資や国家の行為を通じての社会賃金との間に明確な区分を創り出している。同時に、こうした一連の変化は、経済政策について協議し、また国家支配を強調した社会協約を創り上げる際の、労働者階級の衰退や労働組合の権力の減退を暗示している。最近の30年間あるいは40年間にわたって、サービス部門が成長を続け、第一次産業や製造業が国民総生産に占める重要性は縮小してきた。

　労働と資本のグローバルな構成に見られるこうした変化は、有り余るほどの労働力が存在し、労使間の矛盾が減少している時代に起こっている。過剰労働者の増加は国際競争の激化が関係しており、また、より手厚い厚生サービスや高い給与を求めて一方的に会社に圧力を加えることはもはや不可能だと労働者階級および労働組合の側が納得していることが関係している。不可能な理由は、労働力が有り余っているからであり、あわせて国境を越えた競争的環境に置かれた企業の利鞘が減少していることに対する自覚や、その結果としての失職、さらに発展した資本主義国の地域市場から低賃金の高度熟練労働者がいる地域への資本の移転が加速化しているからである。NAFTAのような自由貿易協定の脅威あるいはGATTによって提案された新しい取り決めは、保護貿易主義的政策の限界を示している。例えば、インドのエンジニアおよびコンピュータ専門家は、ホワイトカラーを雇用するコストの何分の1かで、あるいは時には強制的な労働にも従事する中国人労働者による安い大量生産コストの何分の1かで、北米の企業の給与支払情報をデータベースに入力する。低下する利益率に対処するために、トランスナショナルな資本主義は1人当たりのより高い生産性あるいは生産の実質経費の削減を達成しようと試みるとともに、廉価で高度な技術を身につけた労働力、制限された労働組合活動、そして天然資源への

容易で、効率的で、廉価なアクセスを特徴とする免税区へその生産活動を移転しつつある。

　この新しいグローバル経済は、従来の国民経済とは非常に異なっている。国民経済はこれまで標準化された大量生産に基づき、数人の経営者が上から生産工程をコントロールし、多くの労働者が命令に従うというものであった。こうした大量生産の経済は、それが（労働の対価を含む）生産コストを削減することができ、国際的レベルで競争に堪えうるものであり続けられるよう十分に速く機械設備の改善を行うことができる限り、安定していた。通信・輸送技術の進歩およびサービス産業の成長のために、生産は「ネットワーク社会」の一部分として世界中に分散するようになった。[58]

　新しいグローバル経済は、伝統的な資本主義システムを特徴づけていた権力の静的なピラミッド構造とは対照的に、蜘蛛の巣に似て、多元化した権力や意思決定のメカニズムを備え、より流動的で柔軟である。[59]古い資本主義秩序の下での公教育システムは、訓練され信頼できる労働力の育成を目標としていたが、新しいグローバル経済は、迅速に学習し、また信頼に足る創造的なやり方でチームとして働く能力をもった労働者を必要とする。ライシュはこうした労働者を定義して、労働力の最も生産的で最もダイナミックな部分を構築する「シンボリック・アナリスト」[訳注5]と称している。[60]

　労働市場の分節化に伴って、常勤の労働者はパートタイム労働者（保険、訓練、社会保障などに対して雇用者がそれほど経費負担しないために、労働コストの実質的減少をもたらした）に取って代わられ、労働市場への女性の参加の増加、実質給与の系統立った減少、さらに社会の支配層とサラリーマンとを分ける溝の広がりなどが起こった。同様の国際的現象は開発途上国と進んだ資本主義諸国との間の社会・経済的格差の広がりの中にも見出すことができる。ただ1つの例外はアジアの新興工業諸国である。

　グローバリゼーションの時代における教育改革動向の変化を理解するためには、国家に関する理論および社会運動に関する理論の意味するものを検討することが必要である。有益な議論の中で、ニーダービーン・ピータース

訳注5　クリントン政権で労働長官をつとめたロバート・B・ライシュがその著『ザ・ワーク・オブ・ネーションズ』で使った記号分析的職業従事者を指し、具体的にはデータ・言語・音声・映像の分析を通じて問題発見・解決・戦略媒介などの活動を行う科学者、設計・建設技術者、ソフトウエア技術者、生物工学技術者、投資銀行家、法律家、専門会計士、各種コンサルタント、各種芸術家などを含む。

(Nederveen Pieterse)は、グローバル化と文化との関連づけを試みる3つの影響力のあるパラダイムを確認した。第1に、領土、言語、生態といった問題に関係のある根本的な差異がどのように和解不可能な違いの一因となるかという、ハンチントンの「文明の衝突」の議論で人気を博したアプローチに多くの者が焦点を当てている。第2のパラダイムはその逆の仮定から始まる。すなわち、文化のグローバル化が文化の標準化や均質化の過程に寄与しているという、文化の「マクドナルド化」という観念に結びつく主張である。しかしながら、教育の文脈では、教育面での初期形態の植民地主義を超越するような(未だ完全に脱していないが)カリキュラムや教育上の資格に関する前向きな国際的標準化という結果がもたらされることが往々にしてある。確かに、これら2つの見方の間の敵対が、ベンジャミン・バーバー(Benjamin Barber)の広く引用された書物、『聖戦とマクドナルドの世界』(Jihad vs. McWorld, New York: Ballantine, 1996)の基盤なのである。しかしながら、私たちは、そのようなアプローチが文化の「雑種化」やそれと密接に関連する「クレオール化」のコンセプトという、もっと根本的な重要性を見逃しているというニーダービーン・ピータースの主張に賛同する。例えば、宗教のグローバル化の複雑さはそのような可能性を示している。グローバリゼーションは教育の世俗化に対して異議を唱える宗教的・民族的原理主義運動を一方で引き起こすと同時に、他方では宗教・民族運動が共通の原理を発見することを通じて自らの立場を「相対化する」よう強いる教派の違いを越えた教会統一運動的な傾向を促進するという相矛盾した作用を果たすものであると論じられてきた。

かくして、文化の雑種化の一形態としてグローバリゼーションと教育との関係は、生じて間もない重要な研究上の決まり文句になった。分析を進める上で有望な1つの方向は、文化のクレオール化というコンセプトに基づくものである。言語学に由来するこの考え方は、雑種性(hybridity)という見出しを含んだポストコロニアル関連文献の中で取り上げられてきた諸課題に対して、経験的に検証された根拠を提供するものである。ウルフ・ハネルツ(Ulf Hannerz)は「クレオール化の文化的過程は、単に中心から周辺への絶えざる圧力の問題ではなく、より創造的な相互作用である」ことを強調している。要するに、

訳注6　多数の教派が並び立つキリスト教において、各教派間の相互理解を深め、その統合を最終目的とする運動。

第 3 章　国家・社会運動・教育改革　169

「クレオールというコンセプトは文化的多様性には希望があることを暗示している。グローバリゼーションは遠大な、あるいは完璧な均質化だけの問題である必要はないのであり、世界の相互連携の度合いが増していることにより、いくつかの文化的利得が生まれることなのである」[66]。周辺的社会の文脈では、文化の流れは主として国家と市場によって形成される。一方、最も一般的に注意が集中するのは、国家が一般に「読み書きや計算など、最も普遍的に反復される基本的技能」を教え込むとともに市民を形成するために、教育をどのように活用しているかという点である[67]。しかし、国家が「国境を越えた文化の調整者」として働くような非常に異なった過程も存在する。そうした過程を通じて、教育は中心的文化と土着的文化との間のフィルターとなるのである。後者の文化はごく周辺的にしか影響を受けないままであり、必ずそれ自身の好きなようにグローバルな文化を使うのである。国家は国境を越えて影響を取り込む道筋をつけるものの、地域の慣行に対するそれらの関係を完全にはコントロールすることはできない。より高いレベルの学校教育を受けた者は、彼らの消費パターンにおける市場を中心とする均質化がグローバリゼーションの具体的表れであると考える。それほど明瞭でないのは反対の過程であり、「クレオール化した音楽、芸術、文学、ファッション、料理法、そしてしばしば宗教もこうした過程を通じて生じる」[68]のである。

新しい展開──第 4 版のための補遺

　既存の教育政策に挑戦して生じる社会運動の潜在力、そしてその具体的な形式は、健康やジェンダー公正と並んで、教育の成果に相当の重点を置いている国連の毎年刊行される『人間開発報告』の国々のランキングと緊密に結びついている。この理由のために、1 人当たり国民総生産がメキシコに比べてごくわずかでしかないキューバのような国が、人間開発ではおよそ同じレベルにランクづけられている。いわゆる下位諸国の抵抗の動きの出現に関して、教育面での疎外や排除の──たとえ重複していても──かなり異なる影響を識別しておくことが重要である[69]。疎外は公式の市場経済や教育機関（例えば、初等教育を受ける人々の高いレベルの非識字や高いドロップアウト率に示されるように）の外側に置かれることに関係している一方、排除は、大規模で、ますます都市的になるセクターが、公式の民主的政策によれば、万人に利用可能なはずの教

育的およびその他の資源を活用する能力がないために生まれる地位獲得における不公平からもたらされる。上位にランクされた国々はかくして、地域的な貧困のくぼみ、高等教育レベルの訓練に対する不平等な機会、あるいはEUが今や北米と共通して直面する問題である難民や移民と関係がとりわけ深い民族紛争といった社会的排除の問題に、教育上の欠陥を結びつけようとする傾向がある。人間開発の面でより低いレベルの残りの国々は、疎外や排除のさまざまな結びつきに応じて、地域によって相当に異なっている。しかしながら、逆説的にではあるが、最高レベルの疎外や排除をともに抱え、人間開発のランキングに関して下半分に位置づけられ、教育改革を最も必要とする国民国家は、短期的には影響力のある変革的な社会運動を生み出しそうである。例えば、サハラ以南のアフリカの大部分、より伝統的なイスラーム政権の国々、そして権力国家^{訳注7)}は一般にそうである。社会運動によって突き動かされたものであれ、上意下達の国家政策によるものであれ、重要な教育改革は、「アジア四小龍」あるいは社会運動がアパルトヘイト後の再建で非常に重要な役割を果たした南アフリカのように、民主化に関して重要な飛躍的進歩(ブレイクスルー)——多くの場合、それは脆弱で統合されていないものであったとしても——を遂げた中レベルの国々において現れがちであった。

　ラテンアメリカのケースは特殊である。それは、1つには階級動員という古典的な革命のモデルに代わるものとしての市民団体や社会運動に関する理論のテストケースとして、この地域が21世初頭に知られていたためである。30年前、疎外は不平等を研究する際に注意を払う第一の焦点であったが、特に貧困や「新しい」社会運動の形成という都市的文脈の中で、排除が次第に最大の関心事になっていった。伝統的マルクス主義者の批評家は、2002年のブラジルでのルーラ（Luiz Inacio Lula da Silva）の選挙、次いでウルグアイ、アルゼンチン、チリその他で起こった政権交代に象徴されるもっと最近の中道左派の革新政権は、必然的にいかなる根本的変化も生み出さなかったと主張する。[70]

　対照的に、他の多くの研究者は、民主主義への移行を受けて民主的参加を拡大し、そうすることで、より長期的な変革——それは原則として教育改革により高い優先順位を与えるべきだという戦略でもある——のための基礎を構築しようとする革新政府に対して、市民団体や社会運動の圧力が及ぼす潜在力の分

訳注7　支配と被支配の関係を中心に考えられた国家概念であり、倫理的国家や福祉国家の対立概念。

析を試みた。2001年の経済危機後にアルゼンチンで生まれ、基本的な社会サービスを提供し、生産協同組合を運営するために失業中の人々によって起こされたバリオス・デ・ピエ（Barrios de Pie、"近隣住民よ、立ち上がれ"）運動と、私的財産という大前提を問題とし、包括的な農業改革を求め、ルーラ大統領の労働者党（Partido dos Trabalhadores）の経済、社会、教育政策に異議を唱えることすら行うブラジルのオス・セム・テラ（Os Sem Terra、"土地なし"）運動との交流がある。これらの新しい社会運動および民衆教育の構想は、われわれの政策決定や教育改革に対する理解の仕方、実際にはその理論、研究、政策にとっての主題に異議を唱えている。同様に、多様な都市の民衆運動が、革新政権や政党に異議を唱える主要な勢力として登場した。こうした場合、国境を越えた市民団体の成長する力が地域の運動に時折の支援を与え、時には国際的なメディアの援助やインターネットの利用を伴うものであった。

　これからの10年間以上、ラテンアメリカにおける比較事例研究は、社会運動、民主化、グローバル化が教育政策に及ぼすインパクトの成果に関して重要な評価をもたらすであろう。将来の研究によって評価される必要のある特に顕著な展開を解明する際、パラダイムに関わるような重要性をもつものとして、4つのテーマを選ぶことができる。最初の2つはまさに進行中のもので、成果は不確定ではあるが、後2者はいくぶん回顧的な評価が可能なより長い歴史をもっている。

　最初のものはいわゆるアラブの春であり、2010年12月のチュニジアにおける集団抗議行動の出現によって示され、その後、北アフリカ（例えば、エジプト、リビア、アルジェリア）や中東の至る所に広がった。最も劇的なのは、これらの民衆による抗議がインターネットとグローバルなコミュニケーションの両方によって促進され、いくつかの政権の崩壊と新しい民主的政権の樹立努力に結実したことである。民主主義再構築のための根幹である自治的な高等教育機関から始まったとはいえ、これらの民主化運動の重要な側面として、現状において最も顕著なのは、あらゆる教育段階でのラジカルな改革に対する要求であった。

　2番目のものは2012年5月に始まった。チリでは、特に中等および高等教育レベルにおいて、公立教育の防衛と拡張を主要な目標とする著しい社会運動の出現が見られた。この時点で累積的な結果を予想するのは難しいが、それは広範な民衆の支持を得ており、重大な政権の危機を生み出し、主要な改革のい

くつかの兆しを手に入れた。[74]

　第3に、過去30年間の中で最も新しい変化の表れは、（メキシコのチアパス州のサパティスタ民族解放軍[訳注8]の運動、そしてもっと最近ではボリビアにおいて最も明白に見られた）この地域に固有の運動であり、それには固有の伝統と新しい形式の文化の雑種性と二文化併存教育の構築の両方に適したバイリンガル教育に対する要求が含まれていた。[75]

　注目すべき4番目の現象は、インターネットや文化のグローバル化によって開かれたコミュニケーションや組織の新しい形式をますます利用する、国境を越えた市民団体が連続的に拡大していったことである。研究の重要なテーマはかくして、社会運動のネットワークに結びついているが、そうしたネットワークの特定の需要をめぐってだけでなく、下からのグローバリゼーションと名づけられうるような、国境を越えた同様の取り組みと協調して組織されるものである。パウロ・フレイレ研究所の用語では、そのような草の根の取り組みは今や国際的な社会運動となった地球規模の連帯(プラネタリゼーション)である。即座に心に浮かぶのは、多くの地域的、国別の社会フォーラムの火付け役となり、新自由主義の前提や実践に異議を唱える基盤として働く世界社会フォーラム (World Social Forum; WSF)[訳注9]の最近10年間の発展である。世界社会フォーラムと密接に結びついているのは世界教育フォーラム（World Educational Forum）の新たな発展であり、それは組織的に複雑であり、豊かな国際的な展開を遂げた。[76]

社会運動、グローバル化、教育改革の理論と研究——研究の検討課題

　将来の研究の検討課題を示唆する以下の6つの問いがある。
　1．グローバリゼーションは、国民国家が社会の形成をコントロールする力、従って、社会化、市民性、そして民主的環境の増進のための条件を創り上げる力を失ってしまったことを意味するのであろうか。
　2．1980年代と1990年代に社会運動は衰退したのであろうか。そして、グ

訳注8　メキシコで最も貧しいと言われるチアパス州の先住民族農民を中心に組織されたゲリラ組織であり、北米自由貿易協定（NAFTA）発効に伴い予想された農業の崩壊といっそうの困窮に抵抗する運動。かつてメキシコ革命で農民解放運動を指揮したエミリアーノ・サパタに因んで名づけられた。
訳注9　スイスのダボスで開催される「世界経済フォーラム」に対抗するために立ち上げられ、グローバル化がもたらす影響と問題を民衆の視点から捉える国際運動であり、「もう1つの世界は可能だ(Another world is possible)」をスローガンとする。

第3章　国家・社会運動・教育改革　173

ローバリゼーションの進展とともに、人を運動へ動員できない事態が引き続き起こり、21世紀に新しい文化的・社会的可能性を切り開く社会運動の力を弱めるのであろうか。

　3．われわれは、例えばマイケル・アップル（Michael Apple）とアニータ・オリバー（Anita Oliver）による分析の中で示されたように[77]、教育における右翼的社会運動の台頭を、国家の危機の象徴として描き、また進歩的で変化をもたらす力としての社会運動が再登場するのは不可能であることを示唆するものとして描くのは適切だろうか。

　4．グローバリゼーションの時代に、国家の危機と新旧いずれであれ社会運動の明白な衰えが交わり合っているとすれば、社会化、教育、市民性、そして民主主義に対してもつ意味はいかなるものであろうか。

　5．地球規模での雑種化やクレオール化の過程は、特に教育の階層化、エリートの形成および文化変容に関して、中心社会と周辺社会にいかなる影響を及ぼすのであろうか。

　6．南北間格差に関して、土着の教育に関する先例がない動きや、世界社会フォーラムの中に最も鮮明に見られる路線に沿った国境を越えた市民団体の拡大と並んで、北アフリカやチリにおける民主運動の実質的な爆発がもつ長期的な教育的意義とは何であろうか。

注

　本章の初版は1997年3月19〜23日にメキシコシティで開催された北米比較国際教育学会（CIES）の大会で発表されたものである。第4版のために、利用可能性を高め、必要な更新を行う上の改訂がなされた。

1）例えば、Robert F. Arnove, Philip G. Altbach, and Gail P. Kelly, eds., *Emergent Issues in Education: Comparative Perspectives* (Albany: State University of New York Press, 1992). を参照されたい。同書の「現代の改革運動（"contemporary reformmovements"）」の節は、国家官僚によって推し進められた改革の過程に焦点を絞っており、それゆえに社会運動の問題がほとんど書かれていないという点で誤解を招きやすい。しかしながら歴史研究は、19世紀における公教育の勃興を社会運動との関連で位置づけており、また、もっと最近の研究は、例えばアノヨン（Anoyon）やアップル（Apple）のように、比較的に扱われることは稀ながら、特定の国の状況

の中で教育改革や進歩的運動を取り上げている。

2) Raymond A. Morrow and Carlos A. Torres, *Social Theory and Education: A Critique of Theories of Social and Cultural Reproduction* (Albany: State University of New York Press, 1995).

3) Thomas S. Popkewitz, *A Political Sociology of Educational Reform: Power/ Knowledge in Teaching, Teacher Education, and Research* (New York: Columbia University, Teachers College Press, 1991).

4) David Held, *Political Theory and the Modern State* (Stanford, Calif.: Stanford University Press, 1989), 12.

5) 例えば、Michael J. Sandel, *Democracy's Discontent* (Cambridge, Mass.: Harvard University Press, 1996. 邦訳は金原恭子、小林正弥監訳『民主政の不満――公共哲学を求めるアメリカ（上・下）』勁草書房、2010、2011年）.

6) Held, *Political Theory and the Modern State*, 11-55; David Held, ed., *Political Theory* (Stanford, Calif.: Stanford University Press, 1991); Heinz Rudolf Sonntag and Hector Valecillos, *El estado en el capitalismo contemporaneo* (México: Siglo XX, 1977); David Held et al., eds., *States and Societies* (Oxford: Martin Robinson/Open University, 1983); Andrew Vincent, *Theories of the State* (Oxford: Blackwell, 1987).

7) Fernando H. Cardoso, "On the Characterization of Authoritarian Regimes in Latin America," in *The New Authoritarianism in Latin America*, ed. D. Collier (Princeton, N.J.: Princeton University Press, 1979), 33-60. 支配（domination）という言葉はここではマックス・ウェーバーの Herrschaft、つまりドイツ語で支配する者と支配される者との関係の様式に言及し、権威とか支配とか翻訳される言葉によって示唆される意味で使っている。それゆえ「支配の協定（pact of domination）」とは、支配される者が支配者の正統性を自発的に受け入れ、かくして表面的には「正統な」権威が生まれる方法をほのめかしている。

8) Claus Offe, *Contradictions of the Welfare State*, ed. John Keane (London: Hutchinson, 1984).

9) Carlos Alberto Torres, "The Capitalist State and Public Policy Formation: A Framework for a Political Sociology of Educational Policy-Making," *British Journal of Sociology of Education* 10, no. 1 (1989): 81-102; Morrow and Torres, *Social Theory and Education*, chap. 12.

10) Martin Carnoy, *The State and Political Theory* (Princeton, N.J.: Princeton University Press, 1984, 131-40. 邦訳は加藤哲朗他監訳『国家と政治理論』御茶の水書房、1992年）.

11) Carlos Alberto Torres, "La Universidad Latinoamericana: De la Reforma de

1918 al Ajuste Estructural de los 1990," in C. Torres et al., *Curriculum Universitario Siglo XXI* (Parana., Entre Rios: Facultad de Ciencias de la Educación, Universidad Nacional de Entre Rios, July 1994), 13-54.

12) Craig Calhoun, ed., *Habermas and the Public Sphere* (Cambridge, Mass.: MIT Press, 1992. 邦訳は山本啓、新田滋訳『ハーバーマスと公共圏』未来社、1999 年).

13) Gøsta Esping-Andersen, *The Three Worlds of Welfare Capitalism* (Princeton, N.J.: Princeton University Press, 1990. 邦訳は岡沢憲美、宮本太郎監訳『福祉資本主義の三つの世界——比較福祉国家の理論と動態』ミネルヴァ書房、2001 年).

14) Harold R. Wilensky, *The Welfare State and Equality: Structural and Ideological Roots of Public Expenditures* (Berkeley: University of California Press, 1975. 邦訳は下平好博訳『福祉国家と平等——公共支出の構造的・イデオロギー的起源』木鐸社、1984 年); Harold R. Wilensky, *The New Corporatism: Centralization and the Welfare State* (Beverly Hills, Calif.: Sage, 1976); Popkewitz, *A Political Sociology of Educational Reform*.

15) Margaret S. Archer, ed., *The Sociology of Educational Expansion: Take-Off Growth, and Inflation in Educational Systems* (Beverly Hills, Calif.: Sage, 1982); Adriana Puiggrós, *Democracia autoritarismo en la pedagogia argentina y latinoamericana* (Buenos Aires: Galerna, 1990); Adriana Puiggrós et al., *Sujetos, disciplina y curriculum en los orkenes del sistema educativo argentino* (Buenos Aires: Galerna, 1992).

16) 理論的な補説を作成しようと試みないなら、新保守主義と新自由主義の概念がマイケル・アップルによって右派による同一の運動の 2 派であると確認されたことを指摘するのは役に立つ。Michael Apple, Official Knowledge: Democratic Education in a Conservative Age (New York: Routledge, 1993. 邦訳は野崎与志子・井口博充・小暮修三・池田寛訳『オフィシャル・ノレッジ批判——保守復権の時代における民主主義教育』東信堂、2007 年). 2 つのイデオロギーの間のいくつかの違いに関するアップルの立場は、Carlos Alberto Torres, *Democracy, Education, and Multiculturalism: Dilemmas of Citizenship in a Global World* (Lanham, Md.: Rowman & Littlefield, 1998) の中で論じられている。

17) Larissa Lomnitz and Ana Melnick, *Chile's Middle Class: A Struggle for Survival in the Face of Neoliberalism* (Boulder, Colo.: Rienner, 1991), 9-47.

18) Joel Samoff, "More, Less, None? Human Resource Development: Responses to Economic Constraint," unpublished paper, Palo Alto, California, June 1990, 21. の中に引用されている。

19) Sergio Bitar, "Neo-Conservativism versus Neo-Structuralism in Latin

America," *CEPAL Review* 34 (1988): 45.

20) Daniel Schugurensky, "Global Economic Restructuring and University Change: The Case of Universidad de Buenos Aires," Ph.D. diss., University of Alberta, 1994.

21) Offe, *Contradictions of the Welfare State*. Scott Lash and John Urry, *The End of Organized Capitalism* (Madison: University of Wisconsin Press, 1987).

22) Fredric Jameson, *Postmodernism or the Cultural Logic of Late Capitalism* (Durham, N.C.: Duke University Press, 1991).

23) ポストフォーディズムの教育モデルに関する詳細な議論については、Carlos Alberto Torres, *Education, Power and the State: Dilemmas of Citizenship in Multicultural Societies* (Lanham, Md.: Rowman & Littlefield, 1998), chap. 2. を参照されたい。

24) Michael Williams and Geert Reuten, "After the Rectifying Revolution: The Contradictions of the Mixed Economy," *Capital and Class* 49 (Spring 1993): 82.

25) J. Craig Jenkins and Bert Klandermans, "The Politics of Social Protest," in *The Politics of Social Protest: Comparative Perspectives on States and Social Movements*, ed. J. Craig Jenkins and Bert Klandermans (Minneapolis: University of Minnesota Press, 1995), 5.

26) サミュエル・ボウルズおよびハーバート・ギンタスが Schooling in Capitalist America (New York: Basic Books, 1976. 邦訳は宇沢弘文訳『アメリカ資本主義と学校教育』岩波書店、2008年)の中で展開した社会的再生産に関する対応理論が、教育改革運動の階級的文脈の点からアメリカ教育史の解釈を試みたことは注目されるべきである。

27) 例えば、Charles Tilly, *From Mobilization to Revolution* (New York: Random House, 1978. 邦訳は堀江湛監訳『政治変動論』芦書房、1984年).

28) Alain Touraine, *The Voice and the Eye: An Analysis of Social Movements*, ed. by Alan Duff (Cambridge: Cambridge University Press, 1981).

29) Alan Scott, *Ideology and the New Social Movements* (London: Unwin Hyman, 1990), 6.

30) Clark McPhail, *The Myth of the Madding Crowd* (New York: Aldine de Gruyter, 1991).

31) Ted Gurr, *Why Men Rebel* (Princeton, N.J.: Princeton University Press, 1970).

32) Mancur Olson, The Logic of Collective Action (Cambridge, Mass.: Harvard University Press, 1965. 邦訳は依田博、森脇俊雅訳『集合行為論——公共財と集団理論』ミネルヴァ書房、1996年).

33) John McCarthy and Mayer Zald, "Resource Mobilization and Social

Movements," *American journal of Sociology* 82 (1973): 1212-41; Aldon D. Morris and Carol McClung Mueller, eds., *Frontiers in Social Movement Theory* (New Haven, Conn.: Yale University Press, 1992).

34) J. Craig Jenkins, "Social Movements, Political Representation, and the State: An Agenda and Comparative Framework," in *The Politics of Social Protest,* ed.Jenkins and Klandermans (Minneapolis:University of Minnesota Press,1995); ラテンアメリカに関しては、例えば、Susan Eckstein, ed., *Power and Popular Protest: Latin American Social Movements* (Berkeley: University of California Press, 1989); Alvarez, Sonia E., Evelina Dagnino, and Arturo Escobar, eds., *Cultures of Politics/Politics of Cultures: Re-Visioning Latin American Social Movements* (Boulder, CO: Westview, 1998); Ton Salman, *Structures of Power, Movements of Resistance: An Introduction to the Theories of Urban Movements in Latin America* (Amsterdam: Center for Latin American Research and Documentation, 1990) を参照されたい。

35) John Keane, ed., *Civil Society and the State* (London: Verso, 1988); Jean L. Cohen and Andrew Arato, *Civil Society and Political Theory* (Cambridge, Mass.: MIT Press, 1992); Joe Foweraker, *Theorizing Social Movements* (London: Pluto, 1995); Klaus Eder, *The New Politics of Class: Social Movements and Cultural Dynamics in Advanced Societies* (London: Sage, 1993).

36) Russell J. Dalton, Manfred Kuechler, and Wilhelm Búrklin, "The Challenge of New Movements," in *Challenging the Political Order*, ed. Russell J. Dalton and Manfred Kuechler (New York: Oxford University Press, 1990), 1-20.

37) Fritz Ringer, introduction to *The Rise of the Modern Educational System*, ed. Detlef Muller, Fritz Ringer, and Brian Simon (Cambridge: Cambridge University Press, 1987. 邦訳は望田幸男監訳『現代教育システムの形成』晃洋書房、1989年).

38) Alfred Willener, *The Action-Image of Society: On Cultural Politicization*, ed. A. M. Sheridan Smith (London: Tavistock, 1970)

39) Brian Simon, *The Rise of the Modern Educational System* (Cambridge: Cambridge University Press, 1987); Brian Simon, *Education and the Labour Movement: 1870-1920* (London: Lawrence & Wishart, 1965); Julia Wrigley, *Class Politics and Public Schools* (New Brunswick, N.J.: Rutgers University Press, 1982).

40) John Boli and Francisco O. Ramirez, with John W. Meyer, "Explaining the Origins and Expansion of Mass Education," *Comparative Education Review* 29, no. 2 (1985): 145-70.

41) Margaret S. Archer, "Introduction: Theorizing about the Expansion of Educational Systems," in *The Sociology of Educational Expansion*, ed. Margaret S.

Archer (Beverly Hills, Calif.: Sage, 1982), 3-64; Margaret S. Archer, *Social Origins of Educational Systems* (London: Sage, 1984).

42) John E. Craig and Norman Spear, "Explaining Educational Expansion: An Agenda for Historical and Comparative Research," in *The Sociology of Educational Expansion*, ed. Archer (Beverly Hills, CA: Sage, 1982).

43) A. E. Dobbs, Education and Social Movements, 1700-1850 (1919; New York: Kelley, 1969).

44) Martin Carnoy and Henry M. Levin, *Schooling and Work in the Democratic State*(Stanford, Calif.: Stanford University Press, 1985), 46-47.

45) Ron Eyerman and Andrew Jamison, *Social Movements: A Cognitive Approach* (Cambridge: Polity, 1991).

46) Michael Bérubé, *Public Access: Literary Theory and American Campus Politics* (London: Verso, 1994).

47) Raymond A. Morrow and Carlos Alberto Torres, "Education and the Reproduction of Class, Gender and Race: Responding to the Postmodern Challenge," *Educational Theory* 44, no. 1 (1994): 43-61.

48) Henry Giroux, *Border Crossings: Cultural Workers and the Politics of Education* (New York: Routledge, 1992); Henry Giroux, ed., *Postmodernism, Feminism, and Cultural Politics: Redrawing Educational Boundaries* (Albany: State University of New York Press, 1991).

49) 前掲 Carnoy and Levin, *Schooling and Work*, 160.

50) Philip Wexler, *Social Analysis of Education: After the New Sociology* (London: Routledge Kegan Paul, 1987), 87-88.

51) Peter McClaren, *Critical Pedagogy and Predatory Culture: Oppositional Politics in a Postmodern Era* (London: Routledge, 1995), 187. アメリカにおける地方の努力と教育改革の関係に関する優れた調査については Catherine E. Walsh, ed., *Education Reform and Social Change: Multicultural Voices, Struggles, and Visions* (Albany: State University of New York Press, 1996) を参照されたい。

52) Pia Linguist Wong, Pilar O'Cadiz, and Carlos Alberto Torres, *Education and Democracy: Paulo Freire, Social Movements, and Educational Reform in São Paulo* (Boulder, Colo.: Westview, 1998) を参照されたい。

53) Malcolm Waters, *Globalization* (London: Routledge, 1995), 1.

54) Waters, *Globalization*, 3.

55) David Harvey, *The Condition of Postmodernity* (Cambridge: Blackwell, 1989. 邦訳は吉原直樹監訳『ポストモダニティの条件』青木書店、1999年); Anthony

Giddens, *The Consequences of Modernity* (Stanford, Calif.: Stanford University Press, 1990. 邦訳は松尾精文、小幡正敏訳『近代とはいかなる時代か？——モダニティの帰結』而立書房、1993年).

56) Carlos Alberto Torres, *Education, Power, and the State: Dilemmas of Citizenship in Multicultural Societies* (Lanham, Md.: Rowman & Littlefield, 1998).

57) Martin Carnoy, et al., *The New Global Economy in the Information Age: Reflections on Our Changing World* (University Park: Pennsylvania State University Press, 1993).

58) 一般的には Manuel Castells の研究を、さらに Manuel Castells, ed., The Network Society: A Cross-cultural Perspective (Cheltenham, UK and Northhampton, MA: Edward Elgar, 2004). を参照されたい。

59) 何人かの政治学者がこれらの変化を分析した。例えば、Adam Przeworski, Democracy and the Market: *Political and Economic Reforms in Eastern Europe and Latin America* (New York: Cambridge University Press, 1991); Kenichi Ohmae, *The Borderless World: Power and Strategy in the Interlinked World Economy* (New York: Harper Business, 1990. 邦訳は田口統吾『ボーダレス・ワールド』新潮社、1994年); Robert B. Reich, *The Work of Nations* (New York: Vintage, 1991); Lester Thurow, *Head to Head: The Coming Economic Battle among Japan, Europe, and America* (New York: Morrow, 1992).

60) 前掲 Reich, Work of Nations.

61) Jan Nederveen Pieterse, Globalization and Culture: Global Mélange. 2nd ed. (Lanham and Boulder, CO: Rowman & Littlefield, 2009), pp. 43-64.

62) Martin Carnoy, *Education as Cultural Imperialism* (New York: McKay, 1974).

63) Roland Robertson, Globalization (London: Sage, 1992).

64) 例えば、Homi K. Bhabha, The Location of Culture (London: Routledge, 1994. 邦訳は本橋哲也、正木恒夫、外岡尚美、阪元留美訳『文化の場所——ポストコロニアリズムの位相』法政大学出版局、2005年), 112ff.

65) Ulf Hannerz, *Transnational Connections: Culture, People, Places* (London: Routledge, 1996), 68. この文脈における Hannerz の深い議論としては、Ronald Stade and Gudrun Dahl. 2003. Introduction: Globalization, Creolization and Cultural Complexity. *Global Networks* 3 (3): 201-206 を参照されたい。

66) 同上 Hannerz, *Transnational Connections*, 66.

67) 同上 Hannerz, *Transnational Connections*, 71.

68) 同上 Hannerz, *Transnational Connections*, 74.

69) ラテンアメリカにおける疎外から除外への移行に関する歴史的序論として

は、Bryan R. Roberts. "From Marginality to Social Exclusion: From Laissez Faire to Pervasive Engagement." *Latin American Research Review* 39, no. 1 (2004): 195-97 を参照されたい。

70) 例えば、James Petras. " 'Centre-Left' Regimes in Latin America: History Repeating Itself as Farce?" *Journal of Peasant Studies* 33, no. 2 (2006): 278-303.

71) 民主的公共圏に関する批判理論の正当性の主張としては、Leonardo Avritzer, *Democracy and the Public Space in Latin America* (Princeton, NJ: Princeton University Press, 2002). を、教育に関する事例研究としては、Julio Emilio Diniz-Pereira "Teacher Education for Social Transformation and its Links to Progressive Social Movements: The Case of the Landless Workers Movement in Brazil," *Journal for Critical Education Policy Studies* 3, no. 2 (2005). を参照されたい。同論文は www.Jceps.com/?pageID=article&articleID=51 で閲覧可能。

72) 都市の運動およびそれらの国家との関係についての理論的に洞察に富む比較研究としては、Bryan R. Roberts and Alejandro Portes, "Coping with the Free Market City: Collective Action in Six Latin Anierican Cities at the End of the Twentieth Century," Latin American Research Review 41, no. 2 (2006): 57-83. を参照されたい。

73) 国境を越える市民社会の理論と実践については、Randall D. Germain and Michael Kenny, eds., The Idea of Global Civil Society: Politics and Ethics in a Globalizing Era　(London and New York: Routledge, 2005). を参照されたい。

74) 絶えず更新される説明については、http://en.wikipedia.org/wiki/2011_Chilean_ protests を参照されたい。

75) 土着の運動に関する情報の多い概観は、Jean E. Jackson and Kay B. Warren, "Indigenous Movements in Latin America, 1992-2004: Controversies, Ironies, New Directions," *The Annual Review of Anthropology* 34 (2005): 549-73. に見ることができる。高等教育に関しては、グンター・ディエッツ率いるメキシコのベラクルス大学の研究グループが印象深い研究プログラムを開発している。Dietz, Gunther, et al. 2009. Estudios inteculturales: un propuesta de investigación desde la diversidad latinoamericana. *Sociedad y Discurso* (16): 67-68. を参照されたい。

76) 批判理論家ナンシー・フレーザーの研究は、国境を越える市民社会の意味、特に世界社会フォーラムに関する重要な焦点となった。Janet Conway and Jakeet Singh. 2009. Is the World Social Forum a Transnational Public Sphere? Nancy Fraser, "Critical Theory and the Containment of Radical Possibility." Theory, Culture & Society 26: 61-84. ブラジルでは、Moacir Gadotti の研究がこのテーマについて世界で最も洞察力に富んだ研究の1つである。彼のポルトガル語、英語、およびその他の言語による論考については、サンパウロのパウロ・フレイレ研究所のウェブサイ

ト www.paulofteire.org/principal-i.htm を参照されたい。

77) Michael Apple and Anita Oliver, "Why the Right Is Winning," in *Sociology of Education: Emerging Perspectives*, ed. Carlos Alberto Torres and Ted Mitchell (Albany: State University of New York Press, 1998).

第4章　文化と教育

ヴァンドラ・リー・メイズマン

　教育は人類学のレンズを通すことで、他の学問分野の観点とはまったく異なる観点から見ることができる。加えて、対象となるフィールドと焦点は、大規模な比較研究のものとは非常に異なり、分析単位は通常はるかに小さい。また、発見された事柄は他の比較研究ほど一般化できない。このアプローチの中で一般に用いられる民族誌的方法論（エスノグラフィック）は、何が分析され、何が発見しうるかという点において、研究者を抑制するとともに解放する。さらに、大規模な比較研究では聞くことのできない、社会から疎外され、周辺においやられた人々の声を聞くことができる。

　本章では、人類学の理論および方法の比較教育学への応用可能性を検討する。本章は、比較教育学に関わりのある文化的アプローチの基本概念を概説し、教育と文化の関係を示し、教育の研究において有用な文化人類学的方法を探る。本章での主な主張は、民族誌的アプローチは教室、学校および管理システムにおける文化の働きを研究するのに必要であるが、それは主として現象学的アプローチや、参加者の主観的経験だけに焦点を絞るようなアプローチに研究者を縛りつけるものであってはならないということである。批判理論あるいはネオ・マルクス主義的アプローチが、地元の学校での経験というミクロレベルと、最も辺鄙な地方も含めてすべての国で行われる教育の「提供（delivery）」や経験を形作っているグローバルなレベルでの構造上の諸力というマクロレベルとの結びつきを詳述するために必要であると論じられている。加えて、小学校から高等教育レベルまであらゆる教育段階で使われ、生産性志向の強い基準を拠り所とする学校の有効性に関する経済学者による分析が強まっている傾向があるが、比較教育学研究に対する文化的アプローチはこうした傾向に対抗するものとして重要である[1]。

　本章は、まず教育研究で使われる主要な概念について簡単に概観した後、教

育との文化的価値の関係を議論する。次いで、文化、教育哲学、社会階層の関係を吟味する。進化論と植民地主義の役割、そして、それらと教育の人類学的研究との関係を議論し、さらに、機能主義・科学主義と人類学との関係を論じる。また、ネオ・マルクス主義的アプローチの貢献を検討し、最後に、学校民族誌学の台頭およびその比較教育学に対する貢献を明らかにする。

文化の概念

人類学的アプローチの礎石は文化についての概念である。文化についてはさまざまな定義があるが、私が役立つと思っている定義は、文化とは「当該の伝統の中にいる個人が学習し、共有し、価値を見出す行為、考え、所産に関わるもの[2]」と記している。文化は、文化の精神的形式、社会的形式、言語、物理的な形式を含む生活のすべての面に関わるものである。すなわち、人々が抱く考え、家族の中の他者、より大きな社会制度との関係、人々が話す言語、および書き言葉や芸術・音楽の形式など人々が共有する記号形式に関わっている。文化はまた物理的な環境やいかなる社会でも使用される技術との関係にも言及する[3]。文化についての早い時期の定義、つまり、等質性についてまったく疑問を差し挟まない思いこみ、およびある特定の社会集団における複数の見方を一見否定しているように見える点などには批判が集まった。しかしながら、ある集団の人々は同一の行動様式を示さないかもしれないが、それらが同様の「統制メカニズム、つまり行動を管理するための計画、レシピ、規則、教えなどを共有している[4]」かもしれないという考えを支持する見方は依然としてある。

他の関連する用語は文化化（enculturation）と社会化（socialization）である。文化化とは、特定の文化あるいは集団の有能なメンバーになる方法を学習する過程のことである。また、社会化とは人間の文化を学習する一般的過程であると人類学者は考える[5]。（異文化との接触による）文化変容（acculturation）はある集団から別の集団への文化移転の過程である[6]。それが知識、技能、価値、あるいは態度の世代間の継承ないし集団間の伝達のいずれであっても、文化の中のどの側面がある集団から別の集団へ伝えられているかを詳しく説明することは重要であるので、これらの用語は教育研究にとっていずれも重要である。異文化間・多文化的（インターカルチュラル・マルチカルチュラル）といった用語も集団間の移転の意味を含んでおり、以前は別々の考えられた集団のより多元的組合せを含み込むために、文化の境界線

を引き直すという政治的な意味合いも備えている。これらの用語はいずれも教育が文化的構成要素をもっており、単なる情報伝達ではないという根本的な前提に立っている。

　マーガレット・ミード（Margaret Meed）は教育を定義する際に、「文化的プロセス、他の哺乳動物よりずっと学習潜在力をもった人間の新生児が、特定の人間社会の完全なメンバーに変えられ、他のメンバーと特定の人間の文化を共有するようにさせるプロセス」だと述べた。ミードは、人間が「教育」として経験するプロセスをすべてこのように定義した。他方、イェフーディ・コーエン（Yehudi Cohen）や多くの教育者が、社会化とフォーマルな学校教育とを区別している（人類学の多くの教授が知っているように、「パーティーをすること」のような、大学生の間で人気のある社会化の意味を取り除くことは、ほとんど不可能である）。

　コーエンの見方では、「社会化と教育は、程度こそ異なるとはいえ、すべての社会で見出される精神（マインド）の形成における2つの基本的に異なるプロセス」なのである。彼は、社会化を「親、兄弟、親族およびコミュニティの他のメンバーとの継続的かつ自発的な対話を通じて基本的な動機・認識のパターンを教え込み、顕在化させることに専念する活動」と定義し、教育については「標準化されステレオタイプ化した手続きにより、標準化されステレオタイプ化した知識、技術、値および姿勢を教え込むこと」と仮定した。コーエンはまた、「個人の発達において社会化が果たす量的役割は親族関係のネットワークが個人的関係のネットワークと一致する程度に比例する」という仮説を立てた。かくして、彼は、社会化と教育のプロセスがその中で役割を演じる場を提供するのは、より広い社会構造の性質であると論じた。この見方は本章の中心となっている。というのは、それが、どんな種類の教育のプロセスもそれらを生じさせる社会構造と分かちがたく結びついていると見ることに対する人類学的で、究極的には哲学的な正当化の理由を提供するからである。したがって、教育に関する民族誌的研究のプロセスは、教育のプロセスが生じる状況の認識や、教育的伝達形態の文化的内容についての認識なしに起こりえない。

文化的価値

　文化がもつもう1つの基本的特性は、それが特別の社会あるいは集団の価値

体系を示すものだということである。フローレンス・クラックホーン（Florence Kluckhohn）は、支配的で多様な価値の方向性に関する彼女の古典的研究において、「物理的・生物学的現象における実証された系統的なバリエーションと同じくらい確かに、また本質的に、文化的現象の領域には系統的なバリエーションがある」[10]と述べた。彼女は自らの議論を文化相対主義の概念を防御することに結びつけ、すべての人間集団に共通な5つの根本問題に答える価値システムの範囲を探ったのである。

第1に、人間性に固有な特徴とは何かである。それは、①悪——変化するもの、あるいは変化しないもの、②中立——変化するもの、③善と悪との混在物——変化しないもの、そして④善——変化するもの、かもしれない。言いかえれば、人間は生まれながらに、悪か、善か、あるいは悪と善の中間か、そして変化する可能性を持っているか否かである。文化において広く行き渡っている価値体系に依存すれば、教育の目標あるいは社会化とは、不易（不変）であると考えられる方向性を子どもに強制し、子どもをよりよい人（この枠組みでは、いっそう悪くなることも理論上可能であるが）に変えていくことを目指すであろう。3番目の可能性は、子ども、あるいは子どもが将来なるであろう人間の本質的性質と見なされているものによってまったく干渉されることがないというものである。

第2に、自然（また超自然）と人間との関係は何であろうか。それらは、①自然に服従するもの、②自然と調和したもの、および③自然を支配するもの、であるかもしれない。これらの価値は、自然がもたらすいかなるものでも受容するか、自然との共存を試みるか、あるいは自然に打ち勝つかの、いずれを学ぶかを強調することで表現される。

第3に、人が人生のある時点で焦点を絞るのが、過去、現在、将来のいずれであるか。

第4に、人間の活動の価値のある様相は何か。あることか、なりつつあることか、あるいは行うことか。

第5に、人々の他者に対する関係のうちで価値ある様相は何か、直系主義か、傍系主義か、あるいは個人主義か[11]。言いかえれば、人間は祖先とのつながりに価値を置くか、自らの世代で生きている人々に価値を置くか、あるいは基本的に自分自身に価値を置くかである。

これら5つの質問に対する答えは、どのような社会においても、フォーマル

第4章　文化と教育　187

であれ、ノンフォーマルであれ、社会化あるいは教育のいかなるシステムにとってもその根本的な前提となるものである。社会化や教育によって教えられるものの内容は、いかなる文化であれ基本的な価値の方向性を表している。そうした価値の方向性はほとんどの場合、システム内で一定幅で要求され受容されたバリエーションを有している。例えば、現代の大学において将来の投資として教育の実用的価値が強調されることは、芸術カリキュラムの中の美的価値あるいはリベラルアーツの中の人文学の貢献によってバランスがとられている（しかし均等にではない）。さらに、スポーツ面での優秀性の評価も、大学での活動のより知的な側面を高く評価することによって釣り合いがとられている。

　クラックホーンは、さらにこれらの支配的で多様な価値の方向性が共存し補足的であり、それらは程度はさまざまながら外からの圧力で変わるだろう、と主張した。このように、彼女は価値とは個人の心理的態度ではなく、人々がその中で役割を果たす社会の構造との関係でパターン化される社会的に構造化された方向性と捉えた。彼女は、アメリカ文化の中での社会的可動性のある人物の場合のように、人々は彼ら自身の価値の方向性に関して、ある価値群から別の同様に認可された価値あるいは望ましい価値群へと動いていくものだと考えた。[12]

　それが人類学者に伝統的に見られたように、この枠組みは文化の分析に適用することができるが、それはまた、教育の文化的基礎、フォーマルなカリキュラムおよび政策文書に関する研究、および教室の分析などに適用することができる。さらに、それは、学校の経験の意図されない文化的メッセージに潜む「隠れたカリキュラム」の研究にも適用することができる。[13] 学校についてのあらゆる民族誌的研究は、故意にせよ、故意でないにせよ、教育経験が伝える文化的メッセージを示すことができる。教育人類学者にとって、それらは明示的であれ、暗示的であれ、あるいは学校のインフォーマルな社会的生活の一部であったり、それにフォーマルに結びつけられていたりしているにせよ、教室で観察されたすべての行動やすべての印刷物ないし電子情報は、文化的知識の独自な形式を備えている。[14] したがって、教育者が「カリキュラム」と呼ぶものと文化との間の結びつきが明白に確立されるのである。

文化と教育哲学

　クラックホーンの枠組みは、過去2世紀の間のヨーロッパおよび北米における教育の哲学（コメニウス、ルソー、ペスタロッチ、フレーベル、シュタイナー、モンテッソーリおよびデューイによる）の変化の分析に適用することができる。つまり、それは子どもを悪なる者として見ることから善なる者として見る概念の転換であり、支配すべき創造物（creature）から養育されるべき創造物へと変わった結果として、子どもに関する概念が変化したのに伴って、教師中心的な教育学から児童中心的な教育学へ転換した結果であった。[15]そこにはもちろん社会や労働組織の構造変化が起こったのであり、それは価値の変化を伴うものであった。もっと高度な技術を身につけた労働力に対するニーズが認識され、学生がもっと長い年数にわたって勉強し続ける必要性が認識されたことにより、ほとんどの人々の学歴が比較的短かった時代に比べて、学校での経験はずっと長いものになる必要が生じた。

　このパラダイムの変化は、世界中で成人の教育にとっても深遠な影響を及ぼした。また、それはパウロ・フレイレの著作の中に最も明瞭に表現されている。彼は「被抑圧者の教育学」を提起したが、それは「（彼らの人間性を回復する頻繁な努力[16]）」を行う個人や人々とともに創られたのである。大人に自らの学習の方向づけをさせる哲学はもちろん、彼らにとって外部の権威や圧迫がない状況にあると述べるものではなく、彼らは種々の形式の外部権威に抵抗するために新たに覚醒された意識を使うことができると述べるものなのである。そうした外部権威は彼ら自身が抑圧的と感じ、また、「圧迫の現実を出口がない閉じた世界としてではなく、彼らが変革しうる制限的状況であると捉えなければならない。……抑圧された者はこの認識をもつことにより彼ら自身を解放する闘争に参加させたときにはじめて、そうした矛盾を克服することができる」[17]のである。

　これは、中産階級の学校の情況とはまったく異なっている。そこでは、生徒たちは彼らの生活や他の者の生活をコントロールする自由をもっていると信じるように実際のところは社会化されているのだが、あたかも本当にコントロールされていないかのように扱われるのである。バジル・バーンスタイン（Basil Bernstein）はこの見かけの矛盾について、児童中心主義的教授法（彼はそれ

を「目に見えない」ものと呼ぶ）は、子どもが服従しなければならない外的な形態のコントロールは存在しないとの前提に立っているように思われると論評した。実際、教員中心主義の教授法の最も抑圧的な形式を免れているのは、進歩的な小学校の主として中産階級の児童である。バーンスタインは、教育的伝達をコントロールするコード（言語表現を組み立てる一群の規則ないし根本原理）の変更が、文化や私事化された階級関係の基盤を変えることに関わっていると述べる。言いかえれば、社会を変える目的をもって、生徒に新しい形式の話し方や書き方を教えることは不可能である。なぜならそれは1人の個人や個人の集団の社会移動をもたらすだけであるからだ。それよりもむしろ、ある方言あるいは話し方のパターンが、ある種の特権や社会階級のステータスと結びついているような社会の構造的基盤を変更する必要がある。そうした階級は彼らの基盤を言語的秩序ではなく、経済的秩序の中にもっているのである。

しかしながら、統合コード（目に見えない教授法の状況の中に見出される）が観念のレベルで統合されているので、それらは、学校や職場といった制度のレベルでの統合には関わっていないのである。フレイレは、「西洋社会では労働は階級関係の縮図であるので（1つの集団のことしか問題にしないようでは）そのような統合は存在しない。実際、教育が労働から切り離され、自由主義の優れた伝統がすでに証明されており、教育が余暇と結びつけられていることが、階級社会における社会原理のレベルでは労働と教育とが統合され得ないという残酷な事実を覆い被している[18]」と述べている。

これはデュルケーム[訳注1]から引き出される立場である。すなわち、社会における分業は基本的特性であり、それは、学校教育による社会の統合原理の転換を決定する。そのことは、「地位やステータスに基づく儀式的秩序や統制を通じて共通の価値が伝達されるのではなく、教師と生徒とがもっと個人として向き合っているような、より人間化された統制の形態へと移っていくこと[19]」に示されている。これはデュルケームの言葉にいう「機械的な連帯から有機的な連帯への古典的シフト」である。つまり1つのアピールから共有される価値、集団への忠誠、および儀式から、個々人が個別の、専門分化した、自立的な社会的

訳注1　デュルケームは『社会分業論』の中で社会学が「道徳科学」であるとし、その目的が個々人の統合を促す道徳ないし規範の役割を明らかにすることであると考えた。また『社会学的方法の規準』では、社会学の分析対象は個人の外にあって個人の行動や考えを規定する「社会的事実」であるとした。

役割を果たすとき、個々人の間の差を認識することへと移っていったのである。しかしながら、生徒が何らかの教授法の形式を通じていかなる経験をするかを決めるのは、結局のところ当該生徒の社会階級上の地位である。外見上の価値のバリエーションは単純に文化的なものではなく、階級に根ざしている。

このように、すべての社会の中で教育、文化、階級の間で結びつき（link）がつくられている。社会化または教育のすべての形式の文化的基礎は、世界中のフォーマルな学校システムの中で彼らが経験するカリキュラム、教室での実践の内容の中や、子どもの成長に伴って親族（kinfolk）が子どもに授ける忠告や報奨の多面性の中に明示的に表れる。彼らの経験や教育への反応は、それらの社会（労働の世界）の物質的基礎とは無関係な自由主義的伝統の中で知覚される文化や価値のみに基づくものではなく、彼らの経験は彼らの近隣、コミュニティ、地域あるいは国の経済基盤によって、そして究極的にはグローバル経済によって根本的に形作られる[20]。しかしながら、教育、文化、経済の関係は単純な関係ではない。さまざまな国々の教育に関する民族誌的研究はその次元を明らかにすることができる。私はここで、この複雑さの例として植民地の経験についての考察に目を向けたい。

進化論と植民地主義

エドワード・タイラー（Edward Tyler）、ルイス・ヘンリー・モーガン（Lewis Henry Morgan）およびハーバート・スペンサー（Herbert Spencer）といった人類学者による社会に関する初期の概念化は「進化論」に基づいていた。つまり、社会は合理性の高まり、改善された技術あるいは、生物学の有機体に似た前進を基礎とし、単純なものから複雑なものへという、一連の段階を辿るものだと考えられた[21]。狩猟と収集、牧歌的な遊牧生活、農業、家畜の飼育、封建制度、工業化に基づいた諸社会は、もはや静的な実体（博物館の中に展示された蝶のようにラベルを貼られ、分類され、そして各々それ自体として、他のものとは無関係に面白い）と見られるのではなく、すべての社会が進化の梯子を上へさらに上るために通り抜けなければならなかった段階と見なされている。

合理性、人間の完全性、進歩および技術面の前進が促進されることに対する確信が高まった19世紀的文脈での進化論の台頭は、20世紀にその頂点に達した「開発」に対する確信の基礎となった。ダーウィンの生物学的進化論が公表

されたことは、それに付随する適者生存の考え方および社会がすべて同じ順序で段階を通って進歩するはずだという根本的な仮定と共に、社会進化に関するこの理論（社会進化論）を強化した。他の文化および集団に単にラベルを貼るだけのヨーロッパ的「肘掛け椅子的人類学者」はもはや存在しない。彼ら人類学者は、他のすべての人々がより複雑なレベルの社会に発展していることを提議するようになった。そのうちに、教育はこの進化のプロセスの速度を上げさせる主要な手段と見なされた。

　たとえ、人類学的理論化がそうした初期の時代以来はるかに折衷的になっており、社会をより多元論的観点から研究する意欲によって特徴づけられるとしても、フィールドとしての教育ははるかに長い期間をかけて、この絶対的な進化の枠組み（シェーマ）に執着してきた。人類学者が「社会の段階」枠組みを開発している頃に、教育学者は比較教育学を創始したのである。しかしながら、これらの初期の比較教育学者はいかなる種類の相対論も探求することなく、「自国での教育の改善に役立つ教育上の工夫を外国から借りる」ことを求めていた。[22]

　しかしながら、この絶対的な進化の枠組みは、単に試行錯誤的な装置あるいは教員イデオロギーに関する堅固な教義の息の長い名残として生き残ったのではない。「開発」概念の成長の根拠は、過去数百年間の植民地の教育を通じて植えつけられたものである。それは、ヨーロッパの列強諸国と世界の残りの地域との植民地関係の歴史によって、また、旧植民地国に独立が付与された後に出現したより新しい新植民地主義の関係によって、さらに主な国際的金融機関に対する貧しい国々の財政的依存の新しい形態が生まれたことによって保持されてきた。ゲイル・ケリー（Gail Kelly）とフィリップ・アルトバック（Philip Altbach）は、「同じ国境内に存在する外国によって依然として支配されている人々」[23]（彼らの歴史が書かれた時のアメリカや南アフリカの先住民族の場合のように）の場合には「内なる植民地主義」の形式が依然として存在すると述べている。さらに、自らの国境の中でエリートによってまだ支配されている人々（例えばアメリカの女性、アフリカ系アメリカ人および労働者階級）の場合がある。

　植民地状況において、教育はさまざまな形式を呈した。それは、植民地列強が植民地の主人（マスター）に似た市民を造り出すために学校を設立したという単純な問題ではない。ゲイル・ケリーは、植民地の学校は宗主国の経験から

きわめて懸け離れており、宗主国では役に立たない従属的な人々を生み出すものだったと述べる。他の事例では、それら植民地の学校は、特に性役割に関して、宗主国の教育の歪曲されたバージョンを生みだした。例えば、ケリーはそのことを鮮明に述べている。すなわち、アメリカのベトナム難民に英語を教えるクラスの中で、以前には自立し、収入を得ることのできる漁師だった女性が、家事を行い、レジャーに暇をつぶすという（アメリカ流に言えば）ステレオタイプ化した性役割の語句を教えられたのである。[24]

ステレオタイプ化した性役割への期待を押しつけることも、植民地の（あるいは旧植民地）国のカリキュラムの中身に反映している。別稿で私は、核家族の家庭婦人によって行われる料理と洗濯といった完全にヨーロッパスタイルの世帯の在り方に基づいた家庭科のカリキュラムが、西アフリカの女子寄宿学校で使われていた例を挙げた。実際のところは、お手伝いさんやさまざまな親類ならびに出身の村からの雇われた洗濯人が居るために、教養のある女性はこれらの仕事を行うことを期待されていないのである。このように、学校外での生徒の日常生活さえ、学校で教えられるカリキュラムの記述の中では曲げられていたのである。[25]

ヨハン・ガルトゥング（Johann Galtung）の中心―周辺理論に基づく研究は、支配国が支配される国々の中へ浸透していくプロセスの一部としての植民地教育を扱っている。そこでは「1つの国家が他の国の内面を形成し構成するようになるために、後者の皮膚の下に入りこんでしまったとき、構造的力が運営上の力になるような」方法がとられる。[26] ガルトゥングは（底辺ないし周辺からの）転覆と（上からの）監視のプロセスを区別する。後者のプロセスでは、教育制度はエリート生産の重要な制度である。植民地化された国の、あるいは宗主国自体のエリート学校で教育されることによって、植民地のエリートは、自国という周辺の国民に対するよりも宗主国の人々との間により共通性がある。このプロセスはさらに周辺の国民をばらばらにする。ガルトゥングが信じたように、周辺、つまり植民地のエリートは相対的に豊かであることから、彼らの国の国益への政治的忠誠心や、自らもその一部である世界のプロレタリアに対するよりも国際的なブルジョアジーへの政治的忠誠心をもつようになる。

彼は、構造的支配が3つのプロセスからなると考える。すなわち、搾取、分断、そして浸透である。彼はまた技術的経済的開発に関する西洋モデルが受容され、「周辺」が不可欠で他のところでは手に入らないものを「中心」によっ

て供給されていることに依存しているようなところではどこでも、こうした構造的支配が存在すると述べている。さらに、「周辺は中心の文化を採用し、これに適合したがために、また、そう思うように教えられたがために、これらのものが不可欠であると考えるのである[27]」。

　直接的な植民地関係は多くの国々が政治的に独立して以来変わったが、支配のこの形態は継続している。しかしながら、進化についてのメタファー（隠喩）は変わった。また、あたかも古い進化のプロセスを加速化させることができる新しい合理性（合理的説明）が発明されたかのように、教育開発のメタファーはますます技術的になってきている。欠けているのは社会正義や公正についての考えを含みうる政治的言説である。さらに、加速されるのは単にプロセス自体だけではなく、時間そのものの定義が直線的で、工業的なのである。クリスティーン・フォックスは新しいメタファーの特徴についてつぎのように記述している。

　　モデル構築のイメージが経済的、構造的なものに依拠して、基本計画策定にも類似の方法を用い、プログラムの実施、資材の配達、「チーム」の「送り込み」、時間的余裕のない日程表、インプット、アウトプット、成果物の流れ、モニタリングなどの青写真を作るのである。……「開発の現場で」コンサルタントによって使用される言語はしばしば特に歪んでいる。というのも、彼らコンサルタントは「パッケージ化された」時間の枠組みの中で動いており、戦略的計画と供給について語るのに対して、途上国の現地スタッフは現実の教育状況についてのもっと流動性で幅広い文化の枠組みの中で動いており、人々の人生について語るからである。[28]

　同様の主張は、教育研究や政策策定研究における時間の流れの基礎となっている文化的前提の分析や、普通の人々が彼らの生活を経験ないし計画する方法を分析した楊深坑（Shen-Keng Yang）によってもなされている。彼は、「制度化された時間」という概念に触れ、鉄道、そして今日では情報技術の開発は普通の人々が制度化された時間のスピードを上げることを経験するための手段であると指摘している。[29] 時間についての工業化以前のコンセプトでは、仕事の長さは自在に決めることができ、日、週、月および１年のうちの季節といった反復されるサイクルは、時間に関する直線的でない時間感覚の基礎を作ったので

あり、それが文化的儀式や個々の人間の一生の価値についての感覚に組み入れられていたのである。時間についての工業化時代の概念では、人間の行為は、目的とゴールを有すると見なされる直線的な連続性の中で整えられ結びつけられる。ある概念を別の概念の上に押しつけることは、計画策定者にしてみれば、自らの考えはインパクトを欠くように思えてフラストレーションを抱かせることになるとともに、そのような高度な教育を受けてはいるが非実践的な人々が短気に思えることは、計画される側（途上国の人々）にも当惑を与えることになる。

アルチュロ・エスコバール（Arturo Escobar）は、開発について以下のように言及している。

（開発というのは）第二次世界大戦直後以来の「低開発だった」国々のほとんどの社会的な設計や行動を規定した強力で網羅的な言説であったし、著しい方法で第三世界の社会の存在様式を形成してきた。また深いところでは、それらの国々がそれら自身およびその国民に関して求めていた知識に影響を与え、それらの社会的景観をマッピングし、それらの経済を形作り、それらの文化を変容させたのである。[30]

人類学者の観点から、エスコバールは次のように述べている。すなわち、もっと**開発**（強調は原筆者）が必要だという考えを否定するために、「文化の差、歴史の相対性および認識の多様性を主張する必要がある」[31]と。

彼は、開発概念の問題性についての分析を示し、その中において、すべての草の根的、その他の社会運動が「草の根に根ざした代替的な開発のためにポリティックスを創り上げる道を開いている。……そして人間のニーズ（食物、栄養および健康を含む）を満たす新しい可能性をもたらしている」と述べた。[32]彼はこのプロセスでのローカルな知識の重要性を指摘し、「ミクロな実践とマクロな思考との新しい弁証法が出現しつつあり、それは社会変容のプロセスに関わっている知識人や活動家によって進められているように見える」と述べている。[33]

ガルトゥングは、中心国と周辺国のエリートの教育に関する分析の中で、この関係についてさらに詳説している。彼は、中心国のエリートがもつ関心というのは、周辺国において中心国の社会関係を再生産しうる周辺国にある中心的

学校か、あるいは中心国自体のエリート学校かで周辺国のエリートに教育を受けさせることにより十分に満たされると述べている。ケリーの分析は、周辺国の周辺的人々の教育に関してより多くガルトゥングの考えと合致している。彼女は主として、(古典的植民地主義の場合のように)外部からの植民する側の者によるものであれ、(内なる植民地化の場合のように)内在的な植民者であれ、そうした中心を代表する者によって従属させられた周辺的人々を対象にしている。

フレイレの精神的植民地主義についての分析は、この分析をさらに進めたものである。彼は、植民地教育の主たる影響とは植民地住民が植民地開拓者のメンタリティを身につけ、植民地開拓者の観点から自己および他者を評価するようになる心的態度を生み出すことだったと考えている[34]。こうした見方が「新植民地主義的メンタリティ」の本質であった。クワメ・エンクルマ(Kwame Nkrumah)などアフリカの指導者層は公開の演説の中で、同胞に対して、以前の植民地マスターのように考え続けてはならないと警告し、強烈に非難したものだった。1960年代の西アフリカの生徒さえ、新植民地主義のメンタリティを持つことの危険に気づいていた(本筆者メイズマンの個人的回顧)。

しかしながら、アーチー・マフェジェ(Archie Mafeje)が指摘したように、新植民地主義の心的態度の危険性は、アフリカ人が自らの外観、芸術あるいは政治をヨーロッパ人のそれらになぞらえることよりはるかに深刻であった。それどころか、ヨーロッパの機能主義的で実証主義的考えの認識論が知識の探求において深く心の中に留められ、それはアフリカ人から生得的権利を奪うためのはるかに狡猾なメカニズムであった[35](本書の第1章を参照)。マフェジェは他方では、ブルジョア的植民地心性と機能主義・科学主義との間に存するものとして主要な認識論上の結びつきを見ていたのである。

機能主義と科学主義

機能主義は、人類学・社会学的思考の発展における主要な流れであった。人類学者の中で機能主義に最も深く関わった2人として、ブロニスロー・マリノフスキー(Bronislaw Malinowski)およびA・R・ラドクリフ=ブラウン(A.R.Radcliffe-Brown)がいる。マリノフスキー流の機能主義は、文化的ニーズ・アプローチに注意を向けた。すなわち、社会は、人間のさまざまな必要を

満たすために機能する制度をもっていなければならないというのである。彼はすべての社会がその構成員のニーズをいかにして満たすことができたか示すために民族誌学を考えた。ラドクリフ＝ブラウン流の機能主義は、社会制度を人体との類推で捉えた。両モデルともその基本には調和的感覚があり、矛盾および社会変容は、社会の機能についてのこれらのモデルにうまく組み込まれることはなかった[36]。

機能主義は、20世紀に基づく定量的社会科学の根拠を形成し、教育学のような社会科学の「応用」領域における研究の拠り所として非常にポピュラーになった。さらに、それは教育研究および教育統計のための基本的な研究パラダイムとなった。したがって、それは教育の研究に影響を及ぼし、恐らく、それ自身のオリジナルの専門学問領域よりもさらに強いインパクトを与えることになった。

人類学の機能主義学派に向けられた批判のすべてを本章で概説することは不可能である。アーチー・マフェジェは、このテーマに関して彼の論文で優れた業績を上げた。彼は、人類学、機能主義および実証主義が、それらが帝国主義的企ての本質的な部分だったという点で、植民地主義およびブルジョア社会科学の成功を助けたと主張する。

> 彼らが書斎を飛び出し、アフリカ、南アメリカ、アジアのジャングルの中に入っていく決定を行ったのは、未知の現地人たちへの愛情に突き動かされたからではなく、むしろヨーロッパ流の開発の至上命令が働いたものであり、それには知的好奇心や19世紀の進化論者の思弁的理論に我慢できなくなったことが含まれていた[37]。

彼は続けて、多くのリベラルな人類学者に見られる主観―客観関係に関する立場の矛盾や、知識自体についての人類学者の概念に関する議論をめぐって議論している。すなわち、

> 実証主義者が、知識と実態とのより近い関係を保証するものとして科学の概念に固執すればするほど、彼らはさらに不合理性を悪化させる。知識が分割（精緻化）によって成長し、それが客観世界から知識を抽出することができる専門分化した科目の結果（科学者）であるという確信をもって

いるために、彼らは知識形成における主観—客観関係の逆転可能性についての重要な原理を見落とした。

　初めのうち、実証主義科学が世界を作っていたように思えたとすれば、実生活での矛盾と不合理性を放り出したことにより実証科学における危機を強いているのは、まさにその同じ世界である。……同意形成のモデルとして、実証科学は本来的に矛盾や革命を否定的な仕方以外では扱えないのである。これらの用語は統語法（syntax）の問題ではなく、イデオロギーの問題であり、知識のあり得る形式に先行し、それを先決するものなのである。[38]

彼は、人類学が次のようなものであったと結論を下した。

　概して経済、政治、学問、文化のブルジョア的形式の体系的拡張である帝国主義の申し子であり、1920年代以降、人類学者は素晴らしい意図をもって植民地の仕事に関わっていったが、結局のところ兵卒—行政官仲間の意図と同じものをもつことになった。[39]

こうした議論が比較教育学の分野に対してもっている意義は、植民地や帝国の経験の全体を通じて創造された知識の形式と、多くの国々で特に第二次世界大戦の終結後に起こったフォーマルな学校教育の普及との関係の中に見出すことができる。その「比較」は、ヨーロッパ的文脈の中で発展した学校制度の種類とその他すべての形式の学校教育との間に暗示的に存在していた。さらに、科学的文化の台頭が第二次世界大戦後に多くの国々の独立と同時に起こった開発を進化と見る観念と結びついた。驚くことではないが、それらの国々で新しく樹立された教育制度は、機能主義的枠組みにしっかりと組み込まれた世界の教育研究活動と結びついた。こうした研究面での努力は、主としてヨーロッパ・北米の出版事業と結びつき、後にはコンピュータの発展と結びついた。コンピュータが「より多くのデータ」分析を促進したことに見られる暗黙の実証主義的偏向は、土着の文化に対して人類学的な関心をもつことに代わって、新興国家において新しく高度に発展した社会組織である学校に関する情報を集めるという、より社会学的な関心事へと力点の置き方が変わったことを意味した。

　その結果は、世界的な規模で高まった教育文化の均質化であり、それに伴っ

198

て、ただ1つの有効な認識論があるだけだという前提を教育者がもつようになった。機能主義の見地から見れば、科学的に最も評判がよい観点のみが広まったという前提である。

学校民族誌学

「実証主義の文化」に関するマフェジェの結論が意味するところを受け継いで、1970年代のマイケル・ヤング[40] (Michael Young) やその他の「新しい」教育社会学者は、そうした文化を拒絶し、学校における日常生活への参加者の経験に基づいて学校教育を解釈する方法を取った。このアプローチは教育研究において民族誌的アプローチを発展させる道を開くものであり、方法論的意味において、人類学的フィールドワーク全盛時代へ立ち戻らせるものであった。それは国内または海外でも、どこの学校でも効果的に実施することができるアプローチであった。アメリカのジョージ・スピンドラー (George Spindler) およびルイーズ・スピンドラー (Louise Spindler) の研究は、学校で起こっていることのさまざまな文化的文脈に人類学者の関心を向けさせた先駆的取り組みであった。[41]

メイダン・サラップ (Madan Surup) は、ネオ・マルクス主義の観点に立って教育に関する人類学的諸研究をレビューする中で、これらの教育民族誌学者が教育についての彼らの解釈を客観的に利用可能な実社会の中で根拠づけることができていないと述べた。なぜなら、そうした社会自体が彼らの方法の特徴そのものだからだというのである。サラップは問う。「その時、彼ら自身が理論を正当化するものは何なのか。また、彼らはどのようにして解釈を根拠づけるのか。彼らの理論づけを"支えるもの"は何か。また、何を根拠に自らの理論づけが他のものより良く、あるいはより適切というのか」[42]。サラップは、政治的平等主義を重んじる彼らの志向こそが、彼らの解釈の根拠となった特別な関心であることを示唆した。これらはさらなる考察に値する問題である。

比較教育学の研究に人類学のアプローチを援用することに関する私の初期の研究の中で、私は、民族誌的研究が役立ちうるさまざまな方法を概説した。第1に、社会化に関する比較文化的研究は、さまざまな文化の中で子どもが学校に入る前に学習する価値の種類や認識のカテゴリーについての情報を提供することができる点である。それは、自然史的参与観察アプローチによって、自然

な情況での学習についての研究に輝きを添えることができる。また、認識に関する比較文化的研究の詳細な説明を行うことができる。

　第2に、学校教育に関する比較研究、ならびに社会化と学校システムのフォーマルな要求との間の相互作用に関する比較研究は、コミュニティの中の学校に関する全体的な民族誌的研究によって強化される。第3に、フォーマルな制度としての学校自身で起こっていることに関する民族誌的研究は、「学力低下」のような、教育者にとっての関心事である現在の問題に対して比較に基づく貴重な洞察力を生むことができ、より大規模な概括的（survey）タイプの研究に発展するはずの理論的観点の根拠をもたらしうるのである[43]。

　本章のテーマである「内在する機能主義」をめぐって、比較教育学における民族誌的研究の活用に関するこれらの提案はすべて、暗黙のうちに機能主義のパラダイムに結びつけられているように思える。そこで、私はネオ・マルクス主義的学校民族誌学の発展に見られる限界性を検討し、「今日の学校民族誌学には、植民地民族誌学がそうであったように限界がある。それは本質的に小規模な世界であり、本質的に自律的で他から隔絶された現象として教育を見る研究者によって実施されるものである」と主張した[44]（かくして、グローバルとローカルとの弁証法は、再び私たちにつきまとうために戻ってくる。もし民族誌学が教育と仕事とは別個なものだというリベラルな認識に基づいているとすれば、教育が「外部」世界と関連することを想定する必要はないのである）。

　私は、民族誌学の研究がもてはやされる傾向を、「ハード」な教育研究から「ソフト」なものへのシフトという形容に譬えうるか否かを問うた。後者では、バースタイン的見解に立って、教育研究者自身が研究の「精密なコード」、つまりその意味に隠れた部分をもち、曖昧さ、二律背反性、判断を下すことへの躊躇、社会関係への関心、文脈の重視といった特徴に向かって社会化されてきたのである[45]。言いかえれば、ちょうど中産階級は洗練された区分および複雑な構文や語彙が含まれた言葉の生産コードに向けて社会化されがちであるとバーンスタインが仮定したように、民族誌学的研究者は、彼らの発見が「結果」へと容易には統合されないような教育研究のより複雑な形式に向けて社会化されるようになったのである。同様に、中産階級の人々は議論しうる知識の複雑さに圧倒されてしまい、イデオロギーに基づいた判断をあまり下さなくなるのに対して、労働者階級の人々は、彼らが操る言説の形式だからこそ可能なイデオロギー上の確信をもっており、回答はイエスかノーかという、ずっと明確なも

のとなる。私は、教育の成功そのものが中産階級の人々がイデオロギー的言葉で考えるのを難しくさせることに繋がっていると結論づけた。なぜならば、彼らはイデオロギーの問題がテクニックの問題あるいは、この場合には方法論の問題によって台無しにされるような知識生産の形態に深く関わっているからである。かくして、学校の民族誌的研究は教育大学で広く使用されるテクニックになったが、それは、人類学理論の歴史における本来の位置から大きく切り離されたものになっているのである。

私は、ネオ・マルクス主義的観点に立った学校の民族誌学が発展するとは思えないと結論づけた。なぜならば、統計を用いた研究の勢いが、「近代化」の概念と結びついたフォーマルな教育の普及につれて高まるからである。しかしながら、私はまた、民族誌的研究に対してネオ・マルクス主義的アプローチがもっている意義は、研究者が機能主義的実証主義アプローチの特徴である中立性や客観性についての前提をもつことを避ける点であり、また、学校や教室が自治的で孤立したものであるとの前提を避ける点であると結論づけた。ネオ・マルクス主義的アプローチはそうではなく、政治的な分析を行う機会を研究者がしっかり摑むように要求するものであり、そうした分析の中では、研究者の役割ならびに教員、学生の役割および教育上の平等自体が新しい仕方で定義されるのである[46]。

比較教育学に関する研究の中で批判的な民族誌学（基本的に人類学の方法論を用いるが、批判的社会学や哲学から導かれた理論体系に依存するような研究）の役割についてさらに吟味する中で、私は以下のような問題を提起した。すなわち、

> 「データを読み取る」こと、そして費用対効果の高い、あるいは技術的な合理性に基づく選択を行ったことの結果と単純に見られるような変化が起こりうるので、社会（あるいは教育）を研究する客観的方法を明確にするためにいっそう勤勉に努めるのが社会科学者の仕事ではないか。あるいは、アクターが「社会の現実性」について自らの見方をもっているという主観的な理解をできるだけ正確に理解するように努めることが社会科学者の仕事だろうか。あるいは、第三の見方として、客観／主観の区別を永久にぼかし、そうすることで、社会調査そのものの再定義を必要としたマルクスの用語でもって社会科学を見るような方法があるのだろうか[47]。

教育の研究に対する社会学・解釈学的アプローチについての議論の後に、私は、それらが社会的葛藤や構造主義を扱う中に見られる批判的アプローチの価値について吟味した。「学校生活についてのネオ・マルクス主義者の解釈は、教育についての確立された範疇を問題にし、学校の社会統制機能、およびそれらが作り上げ、関わりをもつ社会矛盾についての根本的疑問を提起した」[48]。この点に関して、ダグラス・フォーレイ（Douglas Foley）の研究、つまり、テキサスにおける生徒の疎外に関する彼の研究に特に注目すべきであった。彼は、生徒を技術的な合理性に向けて社会化するような行動を学校と教師が組織し、モデル化し、実践し、報奨を与えるために用いるテクニックについて研究する唯一の方法を提供しうるのは批判的民族学であると述べた[49]。

私は、比較教育学に批判的民族誌学を取り入れることができるかもしれない以下のようなさまざまな使い方を示唆することで結論とした。すなわち、好みの方言ないし国語に向けて、あるいは当該国の政治文化、エリート的価値へ向けて生徒を社会化することに関する研究、支配的なイデオロギーあるいは外から取り入れられた「革新的な」合理性の浸透に関する研究、学生への資格付与システムやコンピュータ技術の浸透に関する比較研究などである。最後に、私は、「合理性」自体に関する研究がそのまま比較教育学の興味深い新しいトピックとなりうることを示唆した。

これらの論文が書かれて以来、多くの民族誌的研究が教育の分野で、主としてアメリカとイギリスにおいて行われた。これらの研究の多くが批判的観点から行われたかどうかは疑わしい。民族誌的方法は教育研究の手段として採用された。しかし、多くの場合、その理論的基盤には触れられなかった。ブラッドリー・レビンソン（Bradley Levinson）、ダグラス・フォーレイおよびドロシー・ホランド（Dorothy Holland）は、最近の20年間に行われた批判的教育研究の主な業績を総括した。また、彼らの書物にはこの分野におけるごく最近の研究の完全な文献目録が載っている[50]。さらにその序文の中で、彼らは批判的教育研究のより最近の進展について見直した。つまり、社会的再生産、文化的再生産、文化的差異のアプローチ、民族誌学と文化的再生産、そして教養人の文化に関する研究や文化的再生産などの研究である。彼らはさらに、グローバルな文脈における西洋の学校教育のパラダイムを吟味し、「教養人というコンセプトが国家による言説と地方での実践の間でいかにして生み出され、また折り

合いをつけられるか」を探求した[51]。彼らの研究は、批判的教育研究の状態について非常に包括的で前向きな評価を下している。グローバル化状況の中での教育に関する研究に取り組んだ別の書物は、キャサリン・アンダーソン＝レビット（Kathryn Anderson-Levitt）によって編集されたものである[52]。同書は、教育ないし学校教育がますます均質的な機関になっているか否か、あるいは文化的な差異がそれぞれの文脈に依存しつつ、教育上の諸経験の多様なセットを作り出しているか否かという問題に取り組んだ一連の研究から構成されている。

　この他にも2000年以降に出版された何冊かは、比較教育学の中での民族誌学という成長分野における隙間のいくつかを埋めるものであった。1996年にオーストラリアのシドニーで開催された世界比較教育学会の大会に提出された一連の論文を基に、ボブ・ティーズデール（Bob Teasdale）とゼーン・マ・レアー（Zane Ma Rhea）は、主として高等教育との関連で土着の知識に注目し、2000年に刊行された1冊の書物を編集した。教育についての土着の観点に関する研究は、教育の民族誌的研究の中で成長している領域である。ジュディス・リウ（Judith Liu）、ハイディ・ロス（Heidi Ross）、ドナルド・ケリー（Donald Kelly）による2000年の書物は、中国の教育を「民族誌的に見る目」に焦点を合わせた。彼らの書物は民族誌的研究を行うことについての多くの異なった側面にわたっており、寄稿した筆者たちによって扱われたテーマは多く、かつ変化に富んでいる。それらは政策の問題から少数民族のための教育、少年非行、農村教育、そして民族誌学の方法論まで多岐にわたっている。それらはフランシス・バブルス（Frances Vavrus）とレズリー・バートレット（Lesley Bartlett）の下記の書物が扱った重要問題、つまり地域的、中間的、そして全国的なレベルでの比較という問題を予感させるものである。

　バブルスとバートレットは、地域、広域、全国、国際という各レベルの横断的比較を必要とする彼らのアプローチについて記述する中で、「垂直的事例研究（vertical case studies）」という用語を提唱した。彼らは、民族誌的研究の一部に含まれるものとして関係者に知られている文脈的知識の必要性を強調している。彼らは、「今日の質的比較は、学者が垂直的かつ水平的に研究することを要求している」と強く主張する（Vavrus and Bartlett 2009, p.9）。この編著の中で著者たちは、アフリカ（セネガル、タンザニア、アンゴラ、リベリア）、南北アメリカ（アメリカ合衆国、ブラジル、ペルー）、ヨーロッパ（アイルランド共和国）、そして中東（レバノン）における教育の事例研究を提供してい

る。さらに、編者たちは、より広い教育的文脈における事例研究の主要なテーマあるいは類似性によって、同書の各章をグルーピングしている。確かに、このアプローチはもしかしたら事例研究の類型を開発する可能性に結びつくかもしれず、その結果、民族誌的研究に対して何度も繰り返される、それらから一般化することは不可能であるという非難に答えうるかもしれない。

　一般に、2000年以来の教育の民族誌的研究に関する論文は、英文の専門誌、最も顕著なのはアメリカに拠点のある『季刊・人類学と教育（Anthropology and Education Quarterly）』誌の中で公表されてきた。言語上の障壁とポスト植民地時代における情報流通と出版の現実のために、さまざまな国の間で行われる教育人類学に関する意思疎通は不足してきた。2011年にキャサリン・アンダーソン＝レビットが編集した書物、『教育人類学――学習と学校教育の民族誌的研究へのグローバルな手引き』は、このギャップを改善しようと努力している。同書は、学問分野としての教育人類学の発展に関して、第二言語としてのドイツ語、フランス語、スペイン語、ポルトガル語、イタリア語、スラブ系諸言語、日本語、そして英語によって書かれた諸論文を含んでいる。英語圏の教育人類学者たちは、彼らが以前には利用できなかった豊富な研究の蓄積に触れることができるであろう。残念なのは、イギリス、アイルランドでの教育人類学の研究に関する章を欠いていることである。ブラッドリー・レビンソンとマイカ・ポロック（Mica Pollock）の2011年に刊行された『人類学と教育へのガイド』は、人類学と教育に関する協議会（アメリカ人類学会の一部である）のメンバーによって主として執筆されているけれども、同書には、今日の学生がグローバルな観点に立った民族誌学の理論と方法についての百科全書的に接しうるような、さまざまな国と言語的背景からの資料が組み込まれている。

　一般に、教育に関する民族誌的研究は、必ずしも比較教育学として特徴づけられない多様なテーマについて実施されている。そうしたテーマの中には、土着の教育、多文化・異文化的教育、移住者や移民、教育改革や革新、政策の実施、対外援助プロジェクトなどが含まれる。教育人類学の研究の機会は、往々にして当該研究者が所属する国や大学の歴史的文脈と関係がある。例えば、ロンドン大学東洋アフリカ研究学院の学生は、人類学のさまざまな下位分野において、アフリカやアジアでの幅広い選択をもっている。北アメリカの学生は都心部のマイノリティ住民、あるいは僻地の先住民族の教育に関する研究に関心をもっているかもしれない。かつては民族誌学者の研究対象であった人々によ

って行われる研究も増えている。こうした転換は、本章の検討範囲を越える認識論の変化をもたらしたのである。

結論

結論として、私は本章の主要なテーマ、特に文化と比較教育学の関係に立ち戻ろう。ゲイル・ケリーは1986年に次のような問題を提起した。「ヴァンドラ・メイズマンとダグラス・フォーレイは、比較教育学が教育のプロセスを理解しようとする定性的研究に従事すべきだと訴えた。それに続く議論はなく、さらに学校プロセスについての定性的研究が多く行われることもなかった。比較教育学はそうした問題提起を受けとめも拒否もせず、あたかも何も提起されなかったように振る舞ったのである」[53]。私はケリーほど悲観してはいない。彼女は、比較教育学の主要な専門誌の中の論文掲載状況によって、研究の受容度を測った。レビンソン、フォーレイおよびホランドの書物が資料で示したように、多くの民族誌的研究が1980年代と1990年代に行われた。

しかしながら、批判的観点がもてはやされる情況に対して別の疑問が生じている。マルクス主義の観点から見れば、認識論に関わる闘争が北（先進国）と南（途上国）との間で、そして、工業的形態の文化とよりローカルな草の根的形態の文化との間のより深い文化のレベルで行われているときに、東（社会主義圏）と西（資本主義圏）との間で行われていたのが何か唯一の闘争であったかのようで、奇妙なことに比較教育学では弁証法的な闘争に焦点を当てることが見られないのである。学校は本質的にローカルな文化形成の現場であるので、この現象は驚くにあたらない[54]。さらに、科学主義という認識論上の主要な前提を受け入れていない文化集団の闘争は、比較教育学という学問分野では広範に無視された。例えば、土着（先住民の）教育に関する最初の委員会は、1996年にオーストラリアのシドニーで開かれた第9回世界比較教育学会で初めて開かれた[55]。

工業国の教育の文化的差異は縮小しており、標準化の勢いがどんどん増しているけれども、たとえ「教育に関するデータ共有」への関心においてだけであるにしても、世界についての科学的認識論を共有しない人々と、自らの見方が勝利したと考える人々との間で依然として闘争が行われているのである。若干の抗議が聞こえてくる。例えば、国による学校システム支配に抵抗するます

ます多くのホーム・スクール在籍者から、宗教的・言語的マイノリティから、フェミニストから、ある種の哲学をもったオルタナティブ・スクールから、および世界中の先住の土着少数民族から聞こえてくる。こうした多様な発言の高まりは、本書の他の章に示されており、教育についての批判理論やポストモダニズムのインパクトに焦点を絞っている。

　人類学者は文化相対主義と並んで、他の文化を完璧に全体的なるものとして研究することを強調するあまり、文化変容に対する植民地での努力自体のインパクトを無視しようとした。さらに、植民事業は世界中の「他者」についての人種差別主義的想定を背負い込みすぎているので、西アフリカや他の地域における間接統治のような費用対効果の高い形態の行政を実行するために、人間の進歩と完全性について長々と説明する便利なフィクションの一部になり、同時にその一方で、植民地の臣下が宗主国の主人と同じ条件で学問的に競うことはできないようにする形態の教育を施しているのである。

　他方、地球規模で教育の機会を等しくする試みは、消滅の危機に瀕したローカルな文化的価値や、伝統的形式の知識および考え方の無視につながるものであった。すべての国や情況における教育に関する人類学的研究は、文化伝達の様式の豊かな多様性、および「教育的」と呼びうるきわめて多様な経験について証言するのに役立ちうるのである。

注

1) Jan Currie and Lesley Vidovich, "The Ascent toward Corporate Managerialism in American and Australian Universities,"（1996年にシドニーで開催の世界比較教育学会の第9回大会に提出された論文）.

2) Felix M. Keesing, *Cultural Anthropology: The Science of Custom* (New York: Rinehart, 1960), 25.

3) Thomas Rhys Williams, *Introduction to Socialization: Human Culture Transmitted* (St. Louis: Mosby, 1972), 125.

4) Clifford Geertz, quoted in Stanley Barrett, *Anthropology: A Student's Guide to Theory and Method* (Toronto: University of Toronto Press, 1996), 239.

5) 前掲 Williams, *Introduction to Socialization*, 1.

6) 前掲 Keesing, *Cultural Anthropology*, 28.

7) Margaret Mead, "Our Educational Emphases in Primitive Perspective," in *From*

Child to Adult: Studies in the Anthropology of Education, ed. John Middleton (Garden City, N.Y.: Natural History Press, 1970), 1.

8) Yehudi Cohen, "The Shaping of Men's Minds: Adaptations to Imperatives of Culture," in *Anthropological Perspectives on Education*, ed. Murray Wax, Stanley Diamond, and Fred Gearing (New York: Basic Books, 1971), 21.

9) 前掲 Cohen, "Shaping of Men's Minds," 22.

10) Florence Kluckhohn, "Dominant and Variant Value Orientations," in *Variations in Value Orientations*, ed. Florence Kluckhohn and Fred L. Strodtbeck (Westport, Conn.: Greenwood, 1961), 3.

11) Kluckhohn, *Variations in Value Orientations*, 12.

12) 同上書, 39.

13) Young Pai and Susan Adler, *Cultural Foundations of Education* (Upper Saddle River, N.J.: Prentice Hall, 1997).

14) George Spindler, *Doing the Ethnography of Schooling: Educational Anthropology in Action* (New York: Holt, Rinehart & Winston, 1982).

15) Robert Ulich, Education in Western Culture (New York: Harcourt, Brace, & World, 1965), chaps. 5-7.

16) Paulo Freire, *Pedagogy of the Oppressed* (New York: Seabury, 1974. 邦訳は小沢有作他訳『被抑圧者の教育学』亜紀書房、1979 年), 33.

17) 同上 Freire, *Pedagogy of the Oppressed*, 34.

18) Basil Bernstein, *Class, Codes, and Control, vol. 3, Towards a Theory of Educational Transmissions* (London: Routledge & Kegan Paul, 1977.　邦訳は萩原元昭編訳『教育伝達の社会学——開かれた学校とは』明治図書出版、1985 年), 145-46.

19) 同上 Bernstein, *Class, Codes, and Control*, 69.

20) Lynn Ilon, "Structural Adjustment and Education: Adapting to a Growing Global Market," *International Journal of Educational Development* 14, no. 2 (1994): 95-108.

21) 前掲 Barrett, *Anthropology*, 51.

22) Harold J. Noah and Max A. Eckstein, *Toward a Science of Comparative Education* (New York: Macmillan, 1969), 112.

23) Gail Kelly and Philip Altbach, introduction to *Education and Colonialism*, ed. Philip Altbach and Gail Kelly (New York: Longman, 1978), 1.

24) Gail Kelly, "Vietnam," in *International Feminist Perspectives on Educational Reform*, ed. David Kelly (New York: Garland, 1996), 146.

25) Vandra Mann, "The 'Hidden Curriculum' of a West African Girls' Sec-ondary

第 4 章　文化と教育　207

School," *Canadian Journal of African Studies* 8, no. 3 (1974): 479-94.

26) Johann Galtung, *The European Community: A Superpower in the Making* (Oslo: Universitetsforlaget; London: Allen & Unwin, 1973), 43.

27) 同上 Galtung, *European Community*, 46.

28) Christine Fox, "Metaphors of Educational Development," in *Social Justice and Third World Education*, ed. Timothy J. Scrase (New York: Garland, 1997), 60.

29) Shen-Keng Yang, "Shih and Kairos: Time Category in the Study of Educational Reform." Reprinted from *Proceedings of the National Science Council, Part C: Humanities and Social Sciences* 1, no. 2 (1991): 253-259.

30) Arturo Escobar, "Reflections on Development: Grassroots Approaches and Alternative Politics in the Third World," *Futures* 24, no. 2 (June 1992): 411-12.

31) 同上 Escobar, "Reflections," 412.

32) 同上 Escobar, "Reflections."

33) 同上 Escobar, "Reflections."

34) Freire, *Pedagogy of the Oppressed*, 29-30.

35) Archie Mafeje, "The Problem of Anthropology in Historical Perspective: An Inquiry into the Growth of the Social Sciences," *Canadian Journal of African Studies* 10, no. 2 (1976): 307-33.

36) 前掲 Barrett, *Anthropology*.

37) 前掲 Mafeje, "Problem of Anthropology," 317-18.

38) 同上 Mafeje, "Problem of Anthropology," 325.

39) 同上 Mafeje, "Problem of Anthropology," 326-27.

40) Michael Young, *Knowledge and Control* (London: Collier Macmillan, 1971).

41) George Spindler and Louise Spindler, eds., *Interpretive Ethnography and Education: At Home and Abroad* (Hillsdale, N.Y.: Erlbaum, 1987); Spindler, *Doing Ethnography*.

42) Madan Sarup, *Marxism and Education* (London: Henley; Boston: Routledge & Kegan Paul, 1978), 33.

43) Vandra Masemann, "Anthropological Approaches to Comparative Education," *Comparative Education Review* 20, no. 3 (October 1976): 368-80.

44) Vandra Masemann, "School Ethnography: Plus Ca Change?" in *Anthropologists Approaching Education*, ed. Adri Kater (The Hague: Centre for the Study of Education in Developing Countries, 1981): 85-99.

45) Basil Bernstein, *Class, Codes, and Control*, vol. 3 (London: Henley; Boston: Routledge & Kegan Paul, 1973).

46）前掲 Masemann, "School Ethnography," 94.

47）Vandra Masemann, "Critical Ethnography in the Study of Comparative Education," *Comparative Education Review* 26, no. 1 (February 1982): 1.

48）同上 Masemann, "Critical Ethnography," 11.

49）Douglas E. Foley, "Labor and Legitimation in Schools: Notes on Doing Ethnography," 1979年にミシガン州アナーバーで開催の北米比較国際教育学会の大会に提出された論文。合わせて Douglas E. Foley, *Learning Capitalist Culture: Deep in the Heart of Tejas* (Philadelphia: University of Pennsylvania Press, 1990) も参照されたい。

50）Bradley Levinson, Douglas E. Foley, and Dorothy C. Holland, *The Cultural Production of the Educated Person: Critical Ethnographies of Schooling and Local Practice* (Albany: State University of New York Press, 1996).

51）同上 Levinson et al., *Cultural Production*, 18.

52）Kathryn Anderson-Levitt, *Local Meanings, Global Schooling: Anthropology and World Culture Theory* (New York: Palgrave Macmillan, 2003).

53）Gail Kelly, "Comparative Education: Challenge and Response," in *International Feminist Perspectives on Educational Reform: The Work of Gail Paradise Kelly*, ed. David H. Kelly (New York: Garland, 1996), 99.

54）Michael Apple, *Cultural Politics and Education* (New York: Teachers College Press, 1996).

55）Vandra Masemann and Anthony Welch, eds., *Tradition, Modernity and Post-Modernity in Education* (Amsterdam: Kluwer, 1997).

参考文献

Anderson-Levitt, K. (ed.) *Anthropologies of Education: A Global Guide to Ethnographic Studies of Learning and Schooling* (New York: Berghahn Books, 2011).
Levinson, B. and Pollock, M. (eds.), *A Companion to the Anthropology of Education* (Hoboken, NJ: Wiley Blackwell, 2011).
Liu, J., Ross, H., and Kelly, D. P. (eds.), *The Ethnographic Eye: Interpretive Studies of Education in China* (New York and London: Falmer Press, 2000).
Teasdale, G. R. and Ma Rhea, Z. (eds.), *Local Knowledge and Wisdom in Higher Education* (Oxford, UK: Pergamon, 2000).
Vavrus, F. and Bartlett, L. (eds.), *Critical Approaches to Comparative Education: Vertical Case Studies from Africa, Europe, the Middle East and the Americas* (New York: Palgrave Macmillan, 2009).

第5章 比較教育学的観点から見たアイデンティティの問題

クリスティーン・フォックス

　われわれは、さまざまな時に、さまざまなニーズに応じて描かれた古い地図の助けを借りて未知の土地を航海する旅行者に似ている。われわれが旅している土地、つまり国々からなる世界社会は変わったのに、われわれが拠り所とする地図は変わっていないのである。[1]

　グローバル化の時代に、国境を越えた移住や国内での移住が起こり、また、われわれ自身の在り方や自らの定義の仕方が数多くある社会では、人々の集団の間の明確な定義ないし区別はもはや存在しない。にもかかわらず、何人かの旅行者は彼らに付き従う者たちを相変わらず昔からの本道に沿って導こうとする。つまり、差別、人種的偏見、そして他者についての他のイデオロギー的原理主義の見方という峡谷へと導こうとする。世界中の教育者、特に比較教育学者は21世紀の社会にとってより適切な新しい解決策を探索しており、新しい知識を創造している。

　本章は、文化的アイデンティティと教育との相互作用に焦点を絞った比較教育学の見方について検討する。というのも、それがさまざまな教育状況についてのわれわれの理解に影響を及ぼすからである。比較教育学者は教育のあらゆる部門の関心事を研究するために新たな理論や方法論上の手法を求めており、彼ら自身の社会から抜け出して、グローバリゼーションを通じて起こった挑戦に向けて動いている。こうした問題関心は、国際教育コンサルタントという、好奇心の強いタイプの教育学者に特に影響を及ぼす。彼らは自分本来の文化的背景以外のものに直面し、またその中にのめり込むが、健康や福祉を増進する教育改革や教育の開発について発言するという、ある種の普遍的道徳的権利を主張するのを理想とする。私は、母国であるオーストラリアで教師教育に従事する者であると同時に教育コンサルタントでもある。従って、この比較的

考察は部分的には自叙伝的なものである。私の立場は、ユルゲン・ハーバーマス（Jürgen Habermas）[2]には申し訳ないが、過去の植民する側とされる側がそうであったような権力や支配を通じてよりも、むしろ信頼と誠意に基づく強制されない異文化間理解に到達することが可能であるし、また望ましいものだというものである。異なるものを結びつけることは、二項対立を形成する潜在的兆しであり、対立が知覚されれば、権力闘争が生じる。多様な社会的条件を越えて共通の考えを結びつけることは、意味を構築しうる兆しであり、そのことが起これば教育の変革もなしうるのである。

植民する側とされる側——異文化間相互作用関連文献に関する若干の考察

　比較教育学は伝統的に教育制度あるいは教育活動・思想・イデオロギーの類似点と相違点を研究してきた。比較の初期の試みは、古い時代の物語の思い出や旅行者の話である。それらに鮮やかに記された一群の人々は、われわれ同様、生活様式とは興味深いことに実にさまざまであるということを認識していた。しかしながら、遠く離れた場所の物語はやがて征服を合法化するメカニズムとなり、そうした物語は植民地住民の人間らしさを抹殺してしまった[3]。19世紀および20世紀初頭、人類学の研究はその本領を発揮し、他者についてヨーロッパ中心的な解釈をとりまとめ、2つの想定される対立項のコントラストを強調した。「原始的」あるいは「野蛮」といったメタファーが、「文明化した」者から見れば別の世界に他者を位置づけた[4]。教育研究、ならびに「発展途上」世界の情況における教育計画は、ヨーロッパ人が他者にとって善いものと感じたことによって支配される傾向があった。

　近年では、翻訳に関する言語学と哲学とのジレンマの微妙な違いが、ある意味群を別のものに置き換える二元的過程としばしば混同されている。教育においては、異文化間相互作用の複雑なプロセスが、他者を支配的な教育規範に一方的に適応させ、あるいは組み込んでいくものとして、しばしば西洋の教育者たちによって分析されてきた。それは異邦人が彼を受け入れる社会に適応していくことに関するヤン・ユン・キム（Young Yun Kim）の理論にやや似通っている[5]。

　ポストモダニズムからの異議申し立てを受けて、根本的規範や価値あるいは一般化可能な関心といったものは、その魅力を失ってしまった。さまざまな

第5章　比較教育学的観点から見たアイデンティティの問題　　211

意見があり、多様であることが賞賛されるべきだと今や広く認識されるようになっている。多様性とは価値または倫理についての共通の合意など存在せず、すべてのものが文化的に相対的であることを示すものだという信念には、もちろん危険が横たわっている。そうした論調の結末は、文化横断的な本物のコミュニケーションなど不可能であると主張することになる。今、もしこのことが事実であるなら、そして教育者が正反対なほどに異なる文化的背景を背負っている場合には特に、比較教育学や国際教育学は死んだ学問であると論じられるかもしれない。本章はこれとは反対の立場に立っている。他者についての明確に具象化された差異は、大部分が事実に反する境界である。境界線を引くこと、改めて境界線を引くこと、否、境界線を引かないことはグローバリゼーションの結果である。そのような境界は人工的なものであり、大部分が歴史上の人種差別主義に基づいて作られたものである[6]。

　ポストモダニズムおよびポスト構造主義からは、かつて植民地国家であった場所（ポストコロニアルな場所）、あるいはそうした何世代もの植民地時代や、各国からなる世界社会（world society）の至る所での産物である人々の、現在の地位や影響についての謎の多くに取り組む一連の理論が生まれた。オリエンタリズムについての古典的作品のあるエドワード・サイード（Edward Said）[7]をはじめとするポストコロニアリズムの先駆者たちは、「われわれ」と「彼ら」に関するそうした議論が非常に重要な理論的かつ実際的な問題であるとして、世界に警鐘を鳴らした。サイードは特に、いわゆる西洋諸国出身者が中東を含むいわゆる東方の国々出身者をステレオタイプ化し、過小評価するやり方を批判した。ガヤトリ・スピバク（Gayatri Spivak）[8]は、特に西洋において、支配的地位にある多数派が彼らに付き従う人々を沈黙させることに対して熱心に批判した。ホミ・バーバ（Homi Bhabba）[9]は1994年に『文化の位置』を出版し、その中で、サイードの作品が「自己と他者とに関する排他的な帝国主義のイデオロギーを解き放った」[10]と記した。バーバは重要なポストコロニアリズムの理論家であり、植民地に関する言説、アイデンティティ、ポストモダニズム、記号論、文化といった幅広い諸概念について問い質し、批判的でポストコロニアルな視点から文化を表現するものを移し換えることに着手した。雑種性について彼の研究は、アイデンティティおよびその両面性に関する複雑な議論、不変性についての植民地的概念に異議を唱える第三の空間の創造、あるいは植民地問題に関する本質論的表現を含んでいる。不変性とは、植民地主義の言説にお

ける文化的、歴史的、人種的差異を示すものとして、表現の逆説的な様式である。「それは厳密性、変わらぬ秩序と無秩序、退化と凶暴な反復を暗示している。……ステレオタイプは……その主要で散漫な戦略である」。

ポストコロニアリズムの理論に加えて、本章は、ユルゲン・ハーバーマスのコミュニケーション的行為の理論から生じたいくつかの重要な問題を利用している。ハーバーマスは1つの仮説的な「あたかも」理想的な発言の状況、すなわち強制から自由で、そこでは合理的な対話のプロセスを通じて、対話者は相互理解を深めることができるという情況を想定している[11]。ハーバーマスの理論は、それが賞賛されうるものであるとはいえ、このことが起こる前提として、対話者の間に共通の文化的背景がなくてはならないと考えた。彼は、かくしてポストコロニアルな異文化間世界におけるコミュニケーションのほとんどの形態を捨象してしまったように思える。しかしながら、ハーバーマスのコミュニケーション的行為の理論は、グローバル化の衝撃、そして難民、熟練工、および地球の隅々へ国境なしに流れる短期逗留者といった最近のディアスポラの衝撃が起こる前に執筆されたものである。グローバル化の衝撃が社会・政治的な場でますます感じられるようになった1990年代に、社会学理論家や政治理論家によって異論を唱えられたハーバーマスは、その時でもまだコミュニケーション的行為の理論の合理的かつ道徳的要素を彼の新しい研究に取り入れる一方、法と民主主義、主権、およびコミュニケーション能力といった諸概念についていっそう理論化することにより、彼を批判する人々に応えた[12]。ハーバーマスが多くの論理的思考様式あるいは多くのアイデンティティの差異を受け入れるであろう範囲に関してはいまだに疑問が残る。バシール・バシール（Bashir Bashir）が論じているように、「熟議民主主義（deliberative democracy）についてのハーバーマス理論の包括的で、変革を促し、力量を付与する潜在力は、特殊な歴史上の不公正に直面するときには揺らぐ」のである[13]。

教育に関する真に文化横断的な専門的コミュニケーションは、望ましいだけでなく可能である[14]。真のコミュニケーションが行われる状況は、相互に信頼すること、および意図された意味内容を尊重しつつ共有することに基づいた高潔な会話である。それは、合意に達することを追求し、また共有される道徳的価値観の確認または合理的な言説（あるいはそうしたことをいくらかずつでももつこと）を通じて、直観的に、詩的に、あるいは経験的に相互理解することを追求する人と人との間の、ある種の共鳴を必要とする。文化的共存が不可能で

第 5 章　比較教育学的観点から見たアイデンティティの問題　213

あることは多かれ少なかれ避けられないものだという考え方は他者をステレオタイプ化し、また支配的でない文化を自らのものとする人々を疎外するロゴス中心主義的（logocentric）^{訳注1}な見方である。本章において探求される種々の考え方は、対照的な世界観を身につけた人々が、もし真に異文化間のコミュニケーションがとれる状況を創り上げるために協働し、つまり、自らの文化の違いを越えた空間を創り上げうるものであるとするなら、いかにして実際に多方面にわたる差異の深い亀裂に橋を架けうるかを示すものである。¹⁵⁾

　非常に異なる文化を背負った 2 人（あるいは集団）が集まり、教育の変革や刷新という文脈において、真の理解に達しうる状況を創り上げる可能性を捨て去ってしまうのは、なんと悲観的で、危険な考えであろう。集団間で異なる価値や目標をめぐって協働する道を見出すことに失敗した悲惨な結末は、全体としての国家と国家ないし民族間で暴力と憎悪をもって互いに対立し合うことである。集団またはイデオロギーの名のもとに冒される残虐行為は、21 世紀の最初の 10 年間におけるおぞましい結果で経験されたように、人間の価値体系の冒瀆である。

　支配集団、特に高度に工業化し、そして技術的に先進的な経済地域のそれらは、他者を疎外することに熟達している。しかし、情報技術の新しい形式による迅速なコミュニケーションを手に入れた今日のグローバル化された世界では、そのような分離を維持すること、あるいはそれが依然として西洋対それ以外という二分法であり得ると信じることは難しい。¹⁶⁾21 世紀の 2 番目の 10 年間に、分離と不和が中東および北アフリカの社会の多くのセクター内部から出現し、そのことは、例えば、ムスリム集団のアイデンティティについての外部者の固定した見方の不合理を改めて示した（本書の 14 章を参照されたい）。本章冒頭のセイラ・ベンハビブ（Seyla Benhabid）の言葉のように、世界は変わったが、地図は古いのである。オーストラリアのモナッシュ大学を拠点とする弁護士で学者、そして市民的文化人であるワヒード・アリ（Waheed Aly）は、例えば、アラブの春の時期に、エジプトでは政権は変わったが体制は変わっていないと、2011 年 7 月に記した。¹⁷⁾

　ハンス・ゲオルク・ガダマー（Hans-Georg Gadamer）が述べているように、

訳注 1　日常世界の背後には絶対的真理が隠されており、それは言葉（ロゴス）によって捉えうるとするヨーロッパ形而上学の中心原理であり、哲学者ジャック・デリダ（1930〜2004 年）が用いた。

真のコミュニケーションとは、他者が話していることのもつあらゆる力に対して自らを解放することを意味する。彼は、そのような解放性は合意を伴うものではなく、むしろ「行きつ戻りつ」の対話であることを示している。[18] グローバル化した政治がますます二極化している状況や、それが教育および異文化間研究に与える衝撃、そして暗に真のコミュニケーションに対する脅威に応えて、比較教育学者や国際的な教育コンサルタントが追求しなければならないのは、この可能性である。これらの問題は、2005年の『季刊 人類学と教育学』の35周年特別号においてブラッドリー・レビンソン（Bradley Levinson）とポーリン・リップマン（Pauline Lipman）によって雄弁に論じられた。[19]

異文化間コミュニケーション、教育およびアイデンティティの概念

異文化間コミュニケーションは、話者について認知された相対的な位置によって、つまり、彼らの個人的な位置取りであれ、ある状況における彼らの位置取りであれ、大きく影響を受ける。私は長年にわたって多くの教育プロジェクトに関わってきた。それらのプロジェクトは言語の使用をめぐって、また、学校教育が例えば国家の発展、人的資源の開発、あるいは就学率の向上に対して及ぼす影響と対比される、個人のアイデンティティ確立に対して及ぼす影響をめぐって重要な問題提起を行った。それらのプロジェクトには、西サモアの教育開発についての研究、英語以外の言語背景をもつ生徒が社会に参加することを期待される度合[20]、パプアニューギニアの教育における女子や女性の参加[21]、ラオスの学校での少女や少数民族の経験[22]、オーストラリアのいくつかの学校でのスペイン語を話す生徒の経験[23]、スリランカの大学での学士課程の学生の問題[24]、インドネシアの分権化した教育システムにおける管理運営改革[25]などが含まれる。こうした仕事が示したこと、および大学での私の毎日の授業が示しているのは、文化、教育そして国の経済の相互作用が公正で平和な場所へと社会を変えていくことに介在する構造的不平等を創り上げ、あるいはそれを支える傾向があるということである。しかし、こうした構造の中であっても、周辺的地位におとしめられることを拒絶する人々の働きによって文化変容が起こる可能性が大いにある。

本章において、私は、自らが社会から不当に疎外された個人、あるいは隷属的集団に属していると感じている人々に関して提起された問題のいくつかにつ

いて議論する。ここでの関心は、人々が自らの文化的アイデンティティを確立する方法に教育がどのように影響を及ぼしたか、そして、他者はいかにして彼らについてのそうしたアイデンティティを構築するかである。私は、学校教育が必ずしも不変でなく、単なる社会的・文化的再生産の場ではないと断定する。むしろ、学校、学校教育、そして代替的な学びの場（例えば、ホームスクーリング）は変容の可能性を示しうる。そうした可能性がたとえ今日、経済合理主義およびグローバリゼーションによって以前よりもっと攻撃されているとしてもである。もしそのような変容が起こるとすれば、自らを自分自身の運命を決める主体と考え、あるいは自らが何者であるかを再定義する闘いの中にいる抵抗者として捉えている人々のアイデンティティ再構築を通じて、主として起こるものだと考えられる。そのプロセス自体が個人を変容させる。しかし、それは他者の文化的アイデンティティを確認する状況の中で起こる。そのプロセスは、不平等の再生産が避けられないという一般通念に挑戦するものである。

教育、アイデンティティ、変容

　研究者が、以前には目に見えなかった、あるいは沈黙させられていたマイノリティの変容経験を資料に基づき論証することに注目するようになったのに伴い、文化の再生産に関する解釈は変化してきた。パウロ・フレイレ（Paulo Freire）やその他の研究者による開発と識字能力に関する有名な著作は、教育がいかなる方法によって変革的、すなわち意識化（conscientization）の過程となりうるかを指し示した。同様の文脈で、本書の中のアン・ヒックリング＝ハドソン（Anne Hickling-Hudson）による事例研究は、そのような変容がいかにして起こるかに関して新しい理論を示している。他の比較教育学者は、クリフォード・ギアーツ（Clifford Geertz）の著作といった人類学や民族誌学の文献や、文化と教育との意義深い交わり（本書第4章のヴァンドラ・メイズマンの章を参照）からの影響を受けた。文化、アイデンティティ、そして学校教育の相互作用に関する民族誌学の事例を集めたものとして重要なのは、2005年にブラッドリー・A・レビンソン（Bradley A. Levinson）、ダグラス・E・フォーリー（Douglas E. Foley）およびドロシー・C・ホランド（Dorothy C. Holland）によって編纂されたものであり、[26] 従属させられた集団が文化にかかわる政治や挑戦のための場として学校をいかに利用しようとしているかを例証

している。彼らの議論は、学校のような場のもつ構造的制約の範囲内で創り上げられた文化の型の生産を通じて、主観が形成され、力が伸長するというものである。

　私が論じる経験的な事例のうちのいくつかは、個別のアイデンティティと複合的なアイデンティティ（identities）形成に関してさらなる問題を提起する。アイデンティティは固定したものではない。また、単一の定義可能な「条件」でもない。さらに、アイデンティティを確立することは、不平等を形成することになり得るとともに、他者のアイデンティティを単一のステレオタイプ化された特徴に単純化しようと、その構造を変形させる強力な力ともなり得る。ジョン・B・トンプソン（John B. Thompson）は以前1990年に、「現代の各社会は多くの方法で、また多くのレベルで、国内的にも国際的にも相互につながっているのは確かだが、その社会の内部には多くの多様性、無秩序、意見の不一致および抵抗が存在することも事実であり、また存在し続けるであろう[27]」と述べているが、それは2001年9月の同時多発テロ事件のことを言い当てているかのようだ。

「決まり切った物語」

　ステレオタイプは子どもや大人によって、彼らとまったく異なっているように思える人々のコミュニティに関する「決まり切った物語」を暗唱するために依然として頻繁に使われている。ナイジェリア出身の国際的に認められた作家であるチママンダ・アディーチェ（Chimamanda Adichie）[28]は、彼女が大学院の奨学金を得てアメリカに最初に着いた時、破滅的状況、貧困と戦争の場所、無から援助を待っている場所といった、アフリカについての多くの「決まり切った物語」に出くわした。ナイジェリア東部の都市出身で、大学の経歴をもったアディーチェは、重大な誤解を与える恐れのある決まり切った物語の危険性について警告している。アディーチェが主張するように、決まり切った物語は人々からアイデンティティを奪う。たった1つの決まり切った物語は、それ自体では真実かもしれないが、不完全である。アイデンティティは多層に積み上げられた生活や文化を通じて探求されるものである。

　同様の「決まり切った物語」は、非イスラームの国々ではしばしばテロリスト、つまり顎髭を生やした男、あるいはヒジャーブを着用してかしずく女性と

しばしば同じ事と考えられる言葉であるムスリムという想像されたものを作り上げた。批判的なリテラシーに関する記事の中で、スティーブン・フェルプス（Stephen Phelps）は、イスラームについて学ぶためにノンフィクションを利用することによって、そのような決まり切った物語に逆らう方法を詳しく述べた。[29] 例えば、フェルプスは、アメリカにおいてムスリムについてのポピュラーなステレオタイプは、彼らがアラビア人で、アラビア人はみなイスラーム教徒であるというものだと指摘する。このしばしば引用されるステレオタイプは、ほとんどのイスラーム教徒のアメリカ人がアラビア人ではなく、アラブ系のほとんどのアメリカ人はキリスト教徒だという事実にもかかわらずである。フェルプスは、彼が学校や大学に推薦した多くの最近出版された本についての説明を提供している。

別の説明的事例がダグラス・フォーリーによって論じられている。[30] 彼は、アメリカの多数派である白人によって創られた学校で普通に教えられた先住アメリカ人の経験について、昔の物語に表れる「沈黙するインディアン」というステレオタイプのことを述べている。フォーリーは、何人かのアメリカインディアンがいかにして、また何故に抵抗の表現として沈黙を選んだのか、つまり「白人世界から遠く離れ隔絶した文化空間およびアイデンティティの中への政治的"引きこもり"」を行ったのかについて、迫真の個人的な「内側からの見方」を示すことによって、インディアンの生徒に関する神話およびステレオタイプを再考したのである。「沈黙するインディアン」の事例は、その時代が過ぎ去ったものであり、この「沈黙」が文化的特性であるという古くからの想定は、バフチーン的（Bakhtinian）[訳注2]意味からすれば、多面的な文化的振る舞いを極度に単純化した説明であったという事実にもかかわらず、今日でも決まり切った物語として依然として引用される。

「民族的少数派の」オーストラリア人

オーストラリアのほとんどの州の学校では、ほぼ40年間にわたって多文化政策がとられてきたにもかかわらず、外国人の生徒あるいは英語を母語としな

訳注2　ミハイル・バフチーン。言葉は対話としてのみ意味をもつと考え、あらゆる事象は科学的決定論を超えた相互関連運動であるととらえたソ連の言語哲学者・文芸理論家。

い生徒（LBOTE）が、支配的な文化や基準に適応しきれないという考え方を払拭できていない。こうした「民族的少数派の」オーストラリア人については、積極性に欠け、恐らくうすのろで、想像力に乏しいといったステレオタイプ化がなされてきた。彼ら英語を母語としない生徒で、学校を退学した者は、自らが受けた学校教育を振り返って、第二言語としての英語プログラム（ESL）が数年間続いた後になくなると、授業に積極的に取り組めなくなったと話した。他方、カリキュラムはその「知識」基盤の大部分がかなり幅の狭い文化「理解」に基づくものであり続け、そうした文化理解に精通しない者にとっては、単に混乱し、落胆し、孤立するに過ぎないものであった。[31]

デービッド・プラザ＝コーラル（David Plaza-Coral）[32]は、ニューサウスウェールズ州の3校の高校にウルグアイ人、チリ人、スペイン人の家庭から通うスペイン語を話す生徒の経験に関する研究において、彼ら生徒には能力が欠けているという学校でもたれているイメージに対して、彼らが「沈黙するインディアン」と同様のアプローチで抵抗しようとしていたことを示した。すなわち、彼らは飽きっぽく内向的といった自らについて回る見方に合わせるようにしていたのであった。だが、インタビューを受けた時、生徒たちはさまざまな理由を述べている。第10学年のある少女は、英語のクラスで音読するのは好きではないという。というのも決して褒められることなく、間違いを犯すかもしれない、笑われるかもしれないと心配でたまらなかったからだという。彼女の先生によれば、その少女はテーマに対して興味がもてず、より高いレベルになろうと努力する動機に欠けるように見えたという。

その一方で、生徒の多くは、家ではウルグアイ人とか、チリ人とか、スペイン人とかであり、学校では英語の話せない移民であり、彼らの両親の出身国を訪れるときには「英米人（gringo）」（白人の外国人）であるという、彼らの複数のアイデンティティをよしとするのである。彼らは、オーストラリアで2つの世界を生きているのである。特に彼らがオーストラリアで生まれ、バイリンガルである場合には、自らのマイノリティとしての文化ゆえに疎外されつつも、学校ではさまざまなやり方で関わっているのである。プラザ＝コーラルは、マイノリティ集団の多様な特性の多くが、彼らの皮膚の色がどれほど黒いかで決まるのではなく、優勢なグループによって彼らの英語に見受けられるアクセントや、プラザが「文化の泡」と呼ぶものに家族がどれほど留まっているかという度合いに左右されることを発見した。子どもたちは泡を越えることができ、

さまざまな形式の抵抗と従順の両方を通じて、自らの夢のうちの少なくともいくつかを実現することができたのである。文化的同一性への同様の理論的アプローチ、しかしムスリムの観点からのそれは、ナジャ・エル・ビザ（Najah El Biza）によって、オーストラリアの小学校に通うムスリムの少女の間の自尊心やアイデンティティに関する彼女の研究の中で示された。それらの少女たちもまた家族との「文化の泡」を経験しがちであり、彼女らの学校で非イスラームの社会に参加しうると感じていた。[33]

上述したオーストラリアの例のようなアイデンティティ分化の話は、国々からなるわれわれのグローバルな社会の至る所で、非支配的な言語背景を備えた集団に関してばかりでなく、豊かさに関する社会経済的な違い、あるいは有色人種や、非支配的な宗教の人々、異なる位置（例えば、農村と都市）の人々、そして先住民族と見なされている人々の間の違いに関しても、見出すことができる。アメリカでは、ユーリー・タミル（Yuli Tamir）が、権力の座にある人々の間で見られる、教育の変革によってコントロールを失うことへの恐れに関する挑発的な論文を最近公表した。彼は、教育を与える際にうまく変革を促すような転換ができれば、社会秩序を変えるかもしれないし、社会の支配集団の主導権の掌握を緩めうるかもしれないと述べている。[34]比較教育学の文献はカリキュラムや教授法を変革する数多くの方法を示してきた。ただ、そうした道筋を辿る上で障害となるのは、本章冒頭のセイラ・ベンハビブの言葉のように、古い地図の上には、その方角が指し示されていないということである。

「ジェンダー意識をもった」パプアニューギニア女性

パプアニューギニアで女性であること、それはもちろん困難、差別、暴力の犠牲者、そして貧困といった「決まり切った話」ではないが、多くの場合、容易なことではない。女性が家庭やコミュニティ、文化、そして家計に関わる上での強さや、ビジネスや開発で彼女らが果たす重要な役割、そして、公人としての生活に彼女らがますます参加するようになっていることについては、幾重にも重なった物語がある。過去20年にわたって、女性の就学は、特に小学校で著しく増加した。教育のアクセスを含む基本的な人間開発指数の比較研究は、そうした開発指数のグローバルな指標に関してパプアニューギニアがとても低位にあることを示している。しかし、2012年には人口が700万人に達するで[35]

あろうと予測された同国は、重要鉱物の埋蔵量、森林そして農地を有している。主として農村に暮らす人々の大半は、自分の土地を所有し、自分の作物を育てている。[36]

それにもかかわらず、歴史的な政策文書や統計分析が教育において女児や女性に関係のある情報をしばしば提供してこなかったことを考えれば、パプアニューギニア社会の教育を含む女性の参加に関する公的なプロフィールについて詳述するのは難しい。多くの分析が未だ在籍者数、継続在籍者数、男女別教員数、学業成績の得点あるいは修了者数の内訳を示すことを省略している。パプアニューギニアで教育開発に取り組んでいる同国の役人や国際機関は、農村部からの最新のデータを集めるよう試みるが、情報の多くは初期のデータから取り出された推量に基づくものである。加えて、教育における質の研究は未だ稀である。例えば、パプアニューギニアにおける学校の有効性に影響を与える主要な要因について最近纏められた博士論文の中で、同論文の筆者は彼のテーマに関わる1985以前のデータをあまり見つけられなかった。また、同論文の中の少女や女性に関する情報は、まるでパプアニューギニアの女性が目に見えないものであるかのように、限られたものである。[37]

女子と男子の両方の中等教育就学率に見られる肯定的な変化が、コンブラ（Uke Kombra）によって記されたものの、以前（1995年）の研究で見られた不平等のいくらかは依然として残っている。その研究の過程で、われわれは、少女や女性が学校や継続教育および大学レベルに就学することができた方法についてどのように感じているかを論じるために多くの女性にインタビューを行った。構造的不平等は明白であり、少女の就学の度合いは少年にくらべてはるかに低く、彼女らの雇用機会もはるかに限られており、また、社会的地位は概して少年や男性よりも低いものであった。女性の参加に対する最大の否定的影響は、パプアニューギニアの社会の多くで女性が圧倒的かつ系統的に隷属的地位にあることのように思えた。

この同じ訪問調査の期間中にインタビューを受けた男性の何人かは、女性の隷属的立場がパプアニューギニア社会の由緒ある文化的要因であると主張した。これらのインタビュー対象者は、社会における女性の役割および地位のいかなる転換も、公正や平等についての西洋の概念の押しつけによるものであり、それは伝統文化に反するものであると主張した。教育システムの中で男女平等を実行する責任を負っていて、その政策に原則的に賛同しているような高い地位

にある人々でさえ、強いて回答を求められた場合には、ジェンダー格差を肯定し、文化的伝統が学校で教えられる考え方より強いと主張した。したがって、ジェンダー差別を受けている他者についてのイメージの永続化ないし具象化は、物事の不平等な状態を（あたかも「それが永久で自然で、時間とは無縁の存在であるかのように」）制度化してしまいがちであった。そうした幻想は、コミュニティや学校や他の教育機関、さらに職場において地域のメディアによって創り上げられた女性のイメージによって増幅される。[38]

　しかしながら、こうした主張はインタビューを受けた女性や、インタビューを受けた男性の中で公平さを支持した者からの反発を受けた。女性の主張は、男性が彼らの権力を維持するために女性を隷属的地位に留めておくことが単に都合がよいのだというものだった。また、もし人口の半分を占める男性が賛同しさえすれば、それが文化的に決定づけられることなどはほとんどあり得なかったと主張した。彼らは、文化的ないしジェンダー面での相対論によって決定されることの危険性を見出していたのである。他者にラベル付けをし、決めつけることは権力の不平等関係を永続させる植民地主義の思考形式である。また、パプアニューギニアほど強者としての男性と強者以外の者としての女性との関係が公然としているところは、どこにもないであろう。[39]

　女性が自らの経験を変容するために学校という場を利用できた1つの方法は、カトリックの尼僧によって運営されている女子だけのためのある中等学校においてであった。この尼僧はインタビューの中で、少女たちに自立して考える人になるように、彼女らが継続教育に進んだ時には差別や暴力と闘う必要性を意識するようにと、学校で念入りに教えていたことを話した。ジェンダーを意識したアイデンティティの構築に向けてのこのアプローチは、社会の中で、いわゆる伝統的な従順なアイデンティティに挑戦したネパールの女性に関するデブラ・スキナー（Debra Skinner）とドロシー・ホランド（Dorothy Holland）の研究によって記述されたものと比較することができる。[40] この説明の中で、スキナーとホランドは、ネパールの学校がいかにしてカーストおよびジェンダー特権の名残に対する批判的言説を生み出す場となったかを説明している。生徒たちは、この場合には、彼女らの怒りと抵抗に焦点を当てた寸劇と歌に関して年末にまとめを書くことにより、彼女らの新しいアイデンティティおよび自己認識を形づくる独自の方法をもっていたのである。

「教育のある」スリランカ人

　スリランカは、高等教育に対する資源の供給およびアクセスに関して不平等があるとはいえ、歴代の政府が教育に高い優先順位を与えてきていることは幸運である。フォーマルな教育セクターにおける男女の就学状況はほぼ拮抗している。農村と都市との就学状況は平等からはほど遠く、農村地域での雇用機会は少なく、学校への資源の供給も少ない。政府は、14校の公立大学において高等教育への入学に定員割り当てシステムを採用しており、それによって一定比率の学生が国内の各州出身者になるようになっている。にもかかわらず、大学レベルの中等後教育に進む資格のある学校修了者全体の19％以上の者のうち、わずか3.5％の者しかこれらの公立大学に入学を許可されないのである。[41] こうした障害があるにもかかわらず、それ以外には高等教育レベルで学ぶことのできなかった多くの農村の学生が、これらの大学で有名な学者になっている。大学に在籍する学生のほとんどは学外学位を目指して学ぶか、あるいは私立大学に在籍しており、それらの私立大学のうちのいくつかは海外の大学と連携している。[42]

　35年以上前に、ロナルド・ドーアは、4つの国における学歴に関する有名な比較研究、『学歴社会——新しい文明病』を公刊した。[43] その事例研究には、スリランカおよびその教育システムが含まれ、その中でドーアは1人当たりの教育水準が世界で最も高い部類に入る反面、雇用や成長の度合いは当時期待されたほど高くなかったことを示した。21世紀の始まりの時点でも、学校教育修了者の比率は依然としてきわめて高く、スリランカの大学の卒業生は「教育のある人」と見られている。「教育のある」人が必ずしも就職できるわけではない。教育ある人のアイデンティティはホワイトカラーの被雇用者ないし上司と相場がきまっている。逆説的ではあるが、スリランカに関しては、2009年の大卒者の失業レベルは、大卒者以外の人々より2倍も高かった。[44] 新卒者の失業率はさまざまな専門学問分野ごとに著しく異なっている。

　スリランカの当時は13校であった国立大学の2002年度のカリキュラムと就学状況について再検討した私の報告[45]の中では、知識を有する人としての「教育のある人」の概念と、変化に対処し、資源を管理し、学習する方法を学びうる人としての「教育のある人」との間にはギャップがあることが明らかになっ

た。この複雑で、見たところ矛盾した関係（positioning）は多面的であり、決してあれかこれかという状況ではない。それは、教育のある人についての定義、そうしたラベリングにつきものの特徴、また、教育ある人に固有なアイデンティティを得るには通過しなければならない入り口と見なされている試験によって決まるのである。

結論──社会的公正の問題としてアイデンティティ問題に取り組む

　前節で簡単に触れた種々の研究は、アイデンティティ確立についての考え方が社会的に公正な社会を構築することにどのように密接に結びついているかを例証する意図をもっている。それらは多文化社会における教育と公正に関する他の研究へと注意を喚起するとともに、市民性とアイデンティティに関する最近のポストコロニアル研究を思い起こさせるものである。後者の研究に見られる言説は、誰が市民の範疇に含まれ、誰が除外されるかについて考察している。

　民族的少数派の人々にとって、文化はアイデンティティの源泉として、また排除と差別に対する抵抗を組織する方法として重要な役割を果たすものである。自らのルーツである文化への言及は、人々が自らの能力や経験を見くびられたような状態において、自尊心と個人のアイデンティティを保持するのに役立つ。[46]

　アイデンティティに関するスチュアート・ホール（Stuart Hall）らの考え方は、内面から発展していく個人という主体の捉え方を越え、また自己と社会との相互作用を通じて自らのアイデンティティが形成されるという主体の捉え方を越えて展開する文化相対主義の考えに依拠する傾向がある。[47] アイデンティティは個人が自らを取り巻く文化体系の中で、自らを示し表現する方法との関係の中で絶えず形成され、変容していく可動的な糧となるのである。アイデンティティは、生物学的にではなく、歴史的に定義されるものである。主体は時により異なるアイデンティティ、つまり一貫して変わらない自己をめぐる一貫しないアイデンティティというものを想定している。

　これまでの議論から要約すると、アイデンティティの構築は社会的状況の中でのみ実現することが可能であり、アイデンティティがいかに内省的（self-reflective）な過程でもあり、相互作用的（interactive）な過程でもあって、その過程は時間、文化、そして場所に結びつけられる以外には、決して決定され固定化されるものではないことを示している。学校教育、教育一般、知ること、

そして存在することに関するさまざまな解釈を批判する1つの状況を創り上げることは、公共圏と私圏の両方を通してアイデンティティの確立を理解することである。例えば、教育のある人に関する説明は、決してどの社会、どの時代にも共通な過程ではない。教育に衝撃を与えるグローバリゼーションを踏まえ、比較教育学者は、規則、資格付与、および学校や高等教育機関における選抜によって教育経験を均質化する試みについて熱心に議論してきた（特に、本書の第1章を参照）。

多くの作家が、現在をディアスポラの新時代として描いている。つまり、何百万人もの移住者、難民、亡命者のアイデンティティが「疎外され、細切れにされ、不当な扱いを受け、分散させられる」時代であり、言いかえれば、バーバの「寄る辺のない人々」という概念（現代世界の居住者）である。これは移住の1つの過程、すなわち、「特定の予測可能な世界から予測不可能な、変化の世界へのある種の移動」、例えばレオン・ティクリー（Leon Tikly）など多くの者が「ポストコロニアルな状況」と呼ぶもの、そして、私が本章において浮き彫りにしようとしたものである。

移住、そして文明のグローバルなスパンにおける共同体の崩壊と再生は、恐らくこの21世紀の最も重要な経験である。人々が（難民、移民、亡命者あるいは国外追放者としての）物理的な場所の移動あるいは植民地化に伴う外国文化の押しつけによって、彼ら本来の文化から分け隔てられる現象を表現するために、アンジェリカ・バマー（Angelika Bammer）は「転置」（displacement）という言葉を使っている。

アイデンティティの確立は双方向に働く。例えば、英語圏の国々に住んでいる移民の場合、当該国の住民はときどき彼らを「邪魔な侵入者」と見なす。これに対抗して、移民は新たな共同体の力の拠点を創り上げる。かくして、その国の国民と移民が交流するとき、前者は後者を不利な立場、疎外されたような位置に置き、後者は親が経験した最悪のものから子どもを守るのである。その国の国民は移民を「よそ者」と見なすのであり、その逆のこともまた起こる。このように、「他者であること」のメタファーと決まり切った話からのメタファーは、文化的差異や誤解の危険性を永続させるのである。

もちろん、アイデンティティの確立は、ある程度は人々が使用する言語をめぐって行われる。言語と多様性の関係、そして学校教育における言語と平等の関係は明確だが複雑である。こうした考察は私を本章の最初の部分に引き戻し、

またアイデンティティと権力とコミュニケーションを結ぶ関係に1つのまとまりをつけさせる。個々人が特定の位置づけをされている場合であれ、あるいは社会的文脈の中での位置どりの努力によるものであれ、異文化間のコミュニケーションは、話し手がもっていると他者が知覚する権力の相対的な大きさによって大いに影響される。多くの比較教育学者は、さまざまな国々の言語政策に関する比較研究に取り組んでいる。そうした研究には、言語政策が権力の不平等を創り上げるのに利用され得る状況をめぐるものも含まれる。[51]

21世紀のディアスポラのポストコロニアルな状況における位置づけには、英語圏の国へ移住した人々ばかりでなく、アフリカ、アジア、ヨーロッパ、アメリカの各大陸内部での移住の流れに乗った人々も視野に入ってくる。そして、受け入れ側の人々の恐れや無知、つまり、文化的伝統、言語的な欠陥、技能の欠如、共通の経験の欠如に対する恐れや無知に由来する否定的なステレオタイプ化が起こる。言語的なマイノリティは彼らの言語的な孤立、およびその情緒面での結果、つまり彼らの疎外が日常生活の中で彼らにもたらすものを経験する。「気持ちの変化がなければ言葉を変えることなどありません。だいたいが損しているっていう気持ち。言葉は家と同じ。そう、頭の上に屋根があるのが家であるのと同じくらい確かに言葉は家なんです。また、ある言語を身につけていない、あるいは言葉の間を行ったり来たりしている状態っていうのは、食べるパンがないくらい惨めなものなんです」。[52]

言語、アイデンティティ、教育、社会的公正の間の関係は、このように緊密に絡み合っている。21世紀には、変革をもたらすための教育改革がグローバル化の力に挑まれながらも、コミュニケーション技術発達の利点を利用しようとしたことが見られた。例えば、中東や北アフリカの国々の状況において非常に明らかなように、異文化間関係が不確実な今の時代には、教育上の変化や変革は、特定の状況における社会的・文化的アイデンティティの問題を包摂しなければならない。社会的公正の問題は、システム上の不平等や社会全体における不平等に取り組むとともに、特定集団の人々のニーズに目を向けなければならないのである。

注

1) Seyla Benhabib, *The Rights of Others: Aliens, Residents and Citizens*

(Cambridge: Cambridge University, 2004). さらに Seyla Benhabib, *Situating the Self* (Cambridge: Polity, 1992). も参照されたい。

2) Jürgen Habermas, *The Theory of Communicative Action*, vol. 1. Trans. T. McCarthy (Boston: Beacon, 1984).

3) M. Pratt, *Imperial Eyes: Travel Writing and Transculturation* (London: Routledge, 1992).

4) Clifford Geertz, *The Interpretation of Cultures* (New York: Basic Books, 1973. 邦訳は吉田禎吾訳『文化の解釈学』岩波書店、1987年).

5) 異文化間コミュニケーション理論の歴史的な例としては、以下のような有名な著者のものがある。W. Gudykunst, "Towards a Typology of Stranger—Host Relationships," *International Journal of Intercultural Relations* 7 (1983): 410-13; Young Yun Kim, *Communication and Cross-Cultural Adaptation: An Integrative Theory* (Clevedon: Multilingual Matters, 1988). 適応についての議論は雑誌 the *International Journal of Intercultural Relations* の数号において行われた。例えば、私が1997年に執筆した論文 ("The Authenticity of Intercultural Communication," *International Journal of Intercultural Relations* 21, no. 1: 85-104) や C. R. Hillett and K. Witte, "Predicting Intercultural Adaptation and Isolation: Using the Extended Parallel Process Model to Test Anxiety/Uncertainty Management Theory," *International Journal of Intercultural Relations* 25, no. 2 (2001): 125-40. などが含まれる。

6) Michael, Crossley and Keith Watson, eds. *Comparative and International Research in Education: Globalisation, Context and Difference* (London: Routledge Falmer, 2003).

7) エドワード・サイードの影響力のある『オリエンタリズム』(*Orientalism: Western Conceptions of the Orient*, Harmond-sworth, U.K.: Penguin. 邦訳は今沢紀子訳『オリエンタリズム』平凡社、1993年) は1978年に公表され、古典になった。たいへんな賞賛を浴びた彼の『文化と帝国主義』(*Culture and Imperialism*, London: Chatto & Windus. 邦訳は大橋洋一訳『文化と帝国主義』みすず書房、2001年) は1993年に出された。彼の最近の研究を集めた *Reflections on Exile and Other Essays* (Cambridge, Mass.: Harvard University Press. 邦訳は大橋洋一、近藤弘幸、和田唯、三原芳秋訳『故国喪失についての省察』みすず書房、2006年) は2000年に出された。

8) Gayatri Spivak, *The Post-colonial Critic: Interviews, Strategies, Dialogues*, ed. S. Harasym (New York: Chatto & Windus, 1990. 邦訳は清水和子、崎谷若菜訳『ポスト植民地主義の思想』彩流社、1992年). あわせて Sara DeTurk's "Intercultural Empathy: Myth, Competency, or Possibility for Alliance Building?" *Communication Education* 50, no.4 (2001): 374-84. も参照されたい。

9) Bhabha, *The Location of Culture* (London: Routledge, 1994).

10) 注18と同じ。さらにHomi Bhabha, "Frontlines/Borderposts,"in *Displacements: Cultural Identities in Question*, ed. A. Bammer (Bloomington: Indiana University Press, 1994), 66. も参照されたい。

11) Habermas, The Theory of Communicative Action.

12) Jiirgen Habermas, *Between Facts and Norms: Contributions to a Discourse Theory of Law and Democracy*, trans. William Rehg (Boston: MIT Press, 1996). ハーバーマスの修正された理論的立場については、ジェフリー・フリンによる批判的検討である Jeffrey Flynn's critical examination, "Communicative Power in Habermas's Theory of Democracy," in *European Journal of Political Theory*, 3 (4) (2011): 411-54. を参照されたい。

13) Bashir Bashir, "Reconciling Historical Injustices: Deliberative Democracy and the Politics of Reconciliation." *Res Publica* 18 (2012): 127-43.

14) Christine Fox, "A Critical Examination of Intercultural Communication: Towards a New Theory," Ph.D. diss., University of Sydney, 1992. この問題についてのもっと最近の議論については、Christine Fox, "Stories within Stories: Dissolving the Boundaries in Narrative Research and Analysis," in *Narrative Research on Learning: Comparative and International Perspectives*, ed. S. Trahar (Oxford: Symposium, 2006). を参照されたい。

15) Christine Fox, "Listening to the Other: Social Cartography in Intercultural Communication," in *Social Cartography*, ed. R. Paulston (New York: Garland, 1996).

16) Susan Robertson, "The New Spatial. Politics of (Re)bordering or (Re)ordering the state education-citizen relation." *International Review of Education* (2011) 57, 3-4: 2277-97.

17) Waheed Aly "After Spring" *The Monthly* 69 (2011): 6.

18) Hans-Georg Gadamer, *Truth and Method*, 2d rev. ed., trans. revised by J. Weinsheimer and D. Marshall (New York: Crossroad, 1989; originally published as Wahrheit and Metbode, [Tübingen: Mohr, 1960]) (本書第一部の邦訳は轡田収、麻生建、三島憲一訳『真理と方法 I 』法政大学出版局、1986 年).

19) Bradley Levinson, "Reflections on the Field: Citizenship, Identity, Democracy: Engaging the Political in the Anthropology of Education," *Anthropology and Education Quarterly* 36. no. 4 (2005): 329-40. さらに、P. Lipman, "Educational Ethnography and the Politics of Globalization, War, and Resistance," *Anthropology and Education Quarterly* 36 no. 4: 315-28. を参照されたい。

20) Robyn Iredale and Christine Fox, with T. Shermaimoff, *Immigration,*

Education, and Training in New South Wales (Canberra: Bureau of Immigration and Population Research/Australian Government Publishing Service, 1994); Robyn Iredale and C. Fox, "The Impact of Immigration on School Education in New South Wales, Australia," *International Migration Review* 23, no. 3 (1997): 655-69.

21) Christine Fox, "Girls, Education and Development in Papua New Guinea," in *Education and Development for Girls in Less Industrialised Countries*, ed. C. Heward and S. Bunwaree (London: Zed, 1999).

22) Christine Fox, "Tensions in the Decolonisation Process: Disrupting Preconceptions of Postcolonial Education in the Lab People's Democratic Republic," in *Disrupting Preconceptions: Postcolonialism and Education* (Flaxton Qld: Post Pressed, 2004).

23) David Plaza-Coral, "Australian Spanish-speaking background secondary school students and the construction and reconstruction of their cultural identity: a 'wog' experience." Ph.D. diss., University of Wollongong, 1998.

24) Christine Fox, "Higher Education Competencies Required for Sri Lankan Undergraduates to Promote Social Harmony,"（2003年にフィンランドのユバスキュラで開催されたユネスコの異文化間コミュニケーションに関する会議に提出された論文）.

25) Rob Allaburton and Christine Fox, "Mid-Term Review,"（2つの基礎教育プロジェクトに関して、インドネシア政府のために書かれた未刊行報告。Canberra: Australian Agency for International Development, 2006).

26) Bradley Levinson, Douglas Foley, and Dorothy Holland, *The Cultural Production of the Educated Person: Critical Ethnographies of Schooling and Local Practices* (Albany: State University of New York Press, 1996).

27) John B. Thompson, *Ideology and Modern Culture* (Cambridge: Polity, 1990), 107.

28) Chimamanda Ngosi Adichie, "The Danger of a Single Story." Opening Address at the Sydney Writers Festival in May 2009. 同演説の内容は以下のウェブサイトで閲覧可能（ZEDtalk youtube at http://www.youtube.com/watch?v=D9Ihs24lzeg.）。

29) Stephen Phelps, "Critical Literacy: Using Nonfiction to Learn about Islam," *Journal of Adolescent & Adult Literacy* 54.3 (2010): 190-98.

30) Douglas Foley, "The Silent Indian as Cultural Production," in *The Cultural Production of the Educated Person*, ed. Levinson et al.

31) 前掲 Iredale and Fox, "The Impact of Immigration." を参照されたい。

32) 前掲 Plaza-Coral, "Experience of Spanish speaking students in Australia."

第5章　比較教育学的観点から見たアイデンティティの問題　　229

33) Najah El Biza, "Becoming Me: Perceptions of identity and self-efficacy among Australian and Saudi Arabian Muslim girls" Ph.D. diss, University of Wollongong, 2011. さらに Jasmin Zine, "Honour and Identity: An Ethnographic Account of Muslim Girls in a Canadian Islamic School," Topia (Montreal) 19 (2008): 35-62. も参照されたい。

34) Yuli Tamir, "Staying -in Control; or What do we Really Want Public Education to Achieve?" *Educational Theory* 61 (4), (2011): 395-411.

35) パプアニューギアの主要英字新聞は2012年4月4日に、同国の人口が700万人を越えたと報じた (http://pidp.eastwestcenter.org/pireportf2012/ April1/04-05-15.htm (2012年4月7日閲覧)。

36) AusAID, *Papua New Guinea Country Profile* (Canberra: Australian Government 2012). 2012年3月20日閲覧 http://www.ausaid.gov.au/country/trans-png/education.cfm. さらに Fox, "Education, Gender and Development in Papua New Guinea." も参照されたい。

37) Uke Kombra, "Front Page Schools, Back Page Schools: A Case Study of Factors Perceived to Affect Academic performance of Five Papua New Guinea Secondary Schools." (Unpublished Ph.D. diss., Queensland University of Technology, 2012).

38) 前掲 Thompson, *Ideology and Modern Culture*, 65.

39) パプアニューギニアで女性の力量付与に関する多くの未刊行の論文を発表したオーストラリアの博士課程に在籍する研究者であり、以前はパプアニューギニアに居住していたスーザン・リプ (Suzanne Lipu) によって報告されているように (pers. commun.2006)、女性の地位は干渉の行われた10年間にほとんど変わらなかった。

40) Debra Skinner and Dorothy Holland, "Public Education in Nepal," in *The Cultural Production of the Educated Person*, ed. Levinson et al.

41) World Bank, *Towers of Learning: Higher Education in Sri Lanka* (Washington, D.C: World Bank, 2009).

42) 同上。

43) Ronald Dore, *The Diploma Disease: Education, Qualifications and Development* (London: Allen and Unwin, 1976).

44) 前掲 World Bank, *Towers of Learning*.

45) "Strengthening Undergraduate Education" (2002), 国際的に資金援助されるスリランカの高等教育の質保証5ヵ年プロジェクトに関して、同国政府に提言するために実施されたメルボルン大学民営部門 (Melbourne University Private) によるプロジェクト。

46) Susan Strehle, "Producing Exile: Diasporic Vision in Adichie's Half of a Yellow Sun." *Modern Fiction Studies*, 57, 4 (2011) を参照されたい。さらに、故国と受け入れ国の両方の影響を受けた自己の形成に関するバーチャの分析である S. Bhatia "Acculturation, Dialogical Voices and the Construction of the Diasporic Self," *Theory & Psychology* 12,1 (2002): 55-77. を参照されたい。

47) Stuart Hall, David Held, and T. McGrew, eds., *Modernity and its Futures* (Cambridge: Polity, 1994).

48) Bhabha, 66.

49) Leon Tikly, "Globalisation and Education in the Postcolonial World: Towards a Conceptual Framework," *Comparative Education* 37, 2 (2001): 151-71.

50) A. Bammer, *Displacements: Cultural Identities in Question* (Bloomington: Indiana University Press, 1994) を参照されたい。

51) 言語、アイデンティティ、権力の問題は本章全体を通じて述べられたが、特にどの言語、そして誰の言語が学校や公的な場で教えられるかが、分析の重要なテーマである。バージッド・ブロック＝ウトナ（Birgit Brock-Utne）はこの分野について幅広く書いており、例えば、"Education for All—In Whose Language?" *Oxford Review of Education* 27, no. 1 (2001): 115-34; "Globalisation, Language and Education" 1: *International Handbook on Globalisation, Education and Policy Research*, ed. J. Zajda (Dordrecht: Kluwer, 2005): 549-65. があり、編者としての作品には *Language and Power. The Implications of Language for Peace and Development* (East Lansing: Michigan State University Press) がある。さらに、David Crystal, *Language Death* (Cambridge: Cambridge University Press, 2000) や David Crystal, *English as a Global Language* (Cambridge: Cambridge University Press, 2003, 2nd ed.) も参照されたい。

52) A. Y. Kaplan, "On Language Memoir," in *Displacements; Cultural Identities in Question,* ed. C. Heward and S. Bunwaree (Bloomington: Indiana University Press, 1994).

第6章　教育の平等性
――新たな千年期から見た比較研究60年間の成果

ジョセフ・P・ファレル

　今世紀初頭に普遍的に見られる事柄である教育改革に関する（例えば分権化、民営化、「グローバルな競争」のための教育、インターネットのような「新技術」の使用、試験実施、「社会的説明責任」といった）議論（そして時には実際の行動）は、相当な歴史を有している。それらは多くの基本的な点において、過去60年間にわたり、またいくつかの場合には、より長い期間にわたって何らかの形式で繰り広げられた議論や改革努力が現在現れているものである。教育的平等、特にさまざまな社会の中で最も疎外された人々にとっての平等に関して現在はやりの改革運動を受け入れる可能性について真剣に考えるために、われわれはそうした歴史を見直し、その意味を理解しようとすることが必要である。これが本章の意図である。比較教育学は、学問研究の一分野として、また応用的専門学問領域の1つとして、そうした検討の中心に位置するものであった。

背景――1960年代における楽観主義的諸改革

　第二次世界大戦終結に続く25年は、教育および社会経済的な平等の問題に関して、たいへんな楽観論が広範囲にわたって風靡した時代であった。一般に考えられていたのは次のようなことであった。すなわち、諸国家間の富および権力に見られる明白な格差は迅速に解消しうるだろう。既に工業化し、戦争によって荒廃した「先進」諸国は迅速に復興することができるだろう。工業化されず、一般に貧しい諸国は（ヨーロッパの植民地であった状態から新しく独立したばかりであるか、あるいはすでに長い間独立国家であったかにかかわらず）かなり迅速に、かつ容易に「開発に向かう軌道」に乗るであろう。また、個々の国の中にいる個人や集団の間の収入や権力への接近度合いに見られ

る明白な格差も同様に迅速に縮小することができるであろう、といったことであった。さらに教育(主としてフォーマルな学校教育を施すこととして理解される)のより広範な獲得が、国家間あるいは国内の不平等の削減にとって欠くことのできないものであるとも考えられていた。教育をますます多く施すことは、富、権力、機会への接近をより平等なものにすることへと世界を導く主要な(ある人々の考えでは最も重要な)原動力と見なされていた。貧困と不平等(絶対的なものであれ相対的なものであれ、個人的なものであれ集団的なものであれ、国内的なものであれ国際的なものであれ)は、必然的で、避けられず、かつまた解決できない人間の根本条件というよりもむしろ、比較的容易に解決しうる政策問題と広く見なされるようになった。

1950年代末および1960年代初めに人的資本論が現れたことにより、教育がこの楽観主義的見方の中心にまともに置かれることになった。教育は、ある程度まで個人的に(個人の利得として)あるいは集団的に(認知された集合的利得のために税金を通じて)買い求めうる多くの競争的消費財の1つと見なされるだけではもはやすまなくなった。教育はむしろ投資の機会として形作られたのである。教育の利用可能性を増すための公的支出は、社会に掛値なしの利得をもたらすであろうし、ある社会の富の総量を増やし、またその配分を改善することになるであろう。[1] こうした事柄とそれらを理解する方法が結びつくことによって、世界中の教育予算を膨大に増加させることにつながった。また、教育へのアクセス(貧しい国家では、初等教育および成人の基礎教育へのアクセスを意味し、豊かな国家ではすでに初等教育のほぼ完全普及を達成しており、中等教育および高等教育へのアクセスを意味した)の大々的な増加につながった。さらに、社会から疎外され、あるいは不利を被っている個人や集団にとって教育をより接近しやすく、また実効性のあるものにしようとする主要な教育改革のための努力の拡大につながった。

豊かな国々では、初等教育はすでに実質的に義務制となり、普及していた。また、中等および高等教育は相対的に広く利用可能であった。それらの国々では、教育改革は中等教育を修了し、何らかの形態の中等後教育へ進学する該当年齢の青年の割合を増大させることに焦点が絞られた。また、特に「教育上の不利益を被っている」集団に的を絞って、その不利益が人種、民族、社会経済的地位、ジェンダー、地理的な場所あるいはこれらの組み合わさったもののいずれに基づくものであれ、彼らの教育「機会」を増進することに焦点が絞られ

た。そのような国の多くで中等教育施設の大々的な拡張が起こったが、その政策目標は中等教育への普遍的なアクセスであり、普通であれば誰でもそれを修了しうる状態にすることであった。既存の大学は急速に成長し、多くのまったく新しい大学が創られた。また、多くの国では、非大学および技術面に比重の置かれた中等後教育機関のまったく新しいシステムが構築された。[2] アメリカ合衆国では、学校教育の人種別の分離を終わらせるために膨大な資源と政治的エネルギーが、不利を被っていた集団の教育上の成功を増大させるかもしれない変革を開発し実行することに注がれた。西ヨーロッパの多くでは、「アカデミックな」中等教育（例えば英国のグラマースクール、フランスのリセ、ドイツのギムナジウム）は、大学につながっており、主として特権的な家庭の子どもたちである少数の該当年齢の集団に役立っていた。中等教育の「総合化」をめざす主要な試みが、さまざまな国で異なった形式をとって行われた。しかし、その一般的な目標は、大学に接続しうる何らかの形式の中等教育にアクセスする若者の割合を増大させ、社会の諸集団のいずれもがそのような教育にアクセスしうる機会を平等化することであった。[3]

発展途上国では、多くの子どもが初等教育にもアクセスできずにおり、また、ほとんどの成人が（国によって劇的な差があったものの）非識字者であった。教育上の主要な変革は単に量的な拡大に焦点が絞られ、多くの国が全国的な識字「キャンペーン」を展開した。1960年代の初めに、ユネスコは一連の地域教育大臣会議を開催したが、そこでは国家の教育計画の枠組みとして設計された量的拡大のための広範な目標が打ち立てられた。一般的な目標は、国家開発に不可欠な要素と見なされていた「普遍的な初等教育」および普遍的な識字能力にできるだけ迅速に（そして、それは実際にも迅速に行われるだろうと予想されていた）向かって進むことであった。この時代に、学者たちは「国家開発」の正確な中身について厳しい議論を交わしたが、そこには少なくとも次のような3つの主要な要素を含んだ全般的な意見の一致が見られた。すなわち、①国内でより多くの富を生むこと（経済開発）、②そうした富のより平等な分配、あるいは少なくとも富にアクセスするための機会のより平等な分配（社会開発）、③おそらく「先進」諸国で広く行き渡っているものときわめて似通ったものになるであろうが、政治的な意思決定機構とそれを支える価値の創造を実現すること（政治開発）。フォーマルな学校教育をより広範かつ平等に施すことが、これら3つの要素のすべてにとって不可欠と見なされた。大幅な在籍

者の増加が、こうした全般的見方を発展途上国の教育政策に適用することから生まれた。1960年から1975年の間に、発展途上国の学校に在籍する子どもの数は122％増加した。初等教育に在籍する該当年齢児童の割合は、同じ15年の間に57〜75％増加し、中等教育段階（14〜26％）、中等後教育段階（1.5〜4.4％）でも相応の増加が見られた。[4]

結果——予想よりはるかに少ない成果

しかしながら、1970年代の初めまでには、こうした成長と平等の名の下に行われた世界規模の大々的な教育改革への努力が予期された結果を生んでいないことは、多くの者の目には明らかであった。早くも1968年に、クームズ（Philip Coombs）は『世界の教育の危機——システム分析』という的確なタイトルをつけた書物を書いている。[5] 西ヨーロッパの制度改革は、まったくとは言わないまでも、完全に実行されることはほとんどなかった。そして多くの場合、アカデミックなタイプの中等学校をめぐる社会の仕組みを著しく変えはしなかった。アメリカ合衆国では、人種差別廃止のためのプログラムおよび他の試みられた改革は、アフリカ系アメリカ人および社会から疎外された他の集団の教育上の成功を著しく促進してはいなかった。両方の場合とも、個人的に恩恵を蒙った者はいたものの、構造的な不平等の全体パターンは手つかずのままであった。発展途上国においては、人口の増加が教育拡張の割合に比べて急速であったために、学校に通っていない学齢児童の絶対数は1960年の1億920万人から1975年の1億2050万人に増えた。[6] 同様のパターンは成人の識字能力でも見られた。全般的に識字率は上昇していた（ある場合にはきわめて急速に）が、非識字の成人の絶対数も同様に増加していたのである。さらに、1960年代に見られた教育予算の増加率は学校の拡張を突き動かしたが、ある程度の期間以上は維持することができないことが明らかになってきた。その上、多くの発展途上国は経済成長を経験していたが、既に豊かであった国々の大部分はさらに速く成長し、豊かな国と貧しい国との格差は広がる一方であった。また、多くの国では国内のより豊かな集団とより貧しい集団との間の格差もより大きくなっていた。但し、これには非常に多様なパターンが見られた。[7]

学校教育のシステム内部では、豊かな国と貧しい国での資源配分上の不平等が、ある場合には改善され、別の場合には悪化していたために、全体として変

わることがなかった。多くの社会では、都市の子どもは農村の子どもに比べて、以前よりも施されることが多くなった教育の恩恵を受けた。他の社会では、特定の民族、人種、あるいは宗教の集団がより大きな恩恵を受けた。多くの社会では、少年が少女に比べて、新たに利用可能になった学校教育をより多く受けることになった。ほとんどの社会では、初等であれ、中等であれ、高等であれ、新しく利用可能になった教育機会は、既に裕福な人々の子どもによって、主としてあるいはほとんど独占的に使われた。

　このことは、豊かな国でも貧しい国でも、政策決定者やアドバイザーの行動を方向づけていた従来の楽観的な見方に対して、多くの人々が完全にそれを否定するような、重大な修正をもたらした。非常に異なる社会・経済的条件の下に生まれた子どもの人生における機会を等しくする上で学校教育がもつ力について主張することについては、以前に比べて一般にきわめて慎重になった。ドン・アダムス（Don Adams）は、以前にこのムードの転換を「楽観的な 60 年代」から「悲観的な 70 年代」への変化であると呼んだことがある。[8]

　1980 年代から 1990 年代にかけて比較対照のための証拠が蓄積され続けるにつれて、1970 年代に確立された「悲観的な」見方が補強され、強化された。平等を増大させることを目指した教育改革はうまく実行することが非常に難しかった。かなりうまく実行された場合でさえ、各国内のさまざまな社会集団の子どもの人生における相対的な機会に対して、意図した効果をほとんど上げ得なかったことがますます明らかになった。いくつかのサクセスストーリーはあったが、ずっと多くの部分的ないし完全な失敗の例が見られたのである。多くの発展途上国では 1970 年代のオイルショックおよび 1980 年代の累積債務の危機から生まれた財政危機によってさらに困難な状況に陥った。大半の豊かな国では、困難が経済の構造調整によって増大した。それは公的な教育予算の著しい削減を生み出し、また、教育を社会移動（移ることができる仕事がほとんどない場合には、社会移動を行うことは難しい）の手段として利用してきた、社会から疎外された集団出身の若者が伝統的に目標としてきた職業である中流階級の仕事の数を著しく減少させた。1997 年に、私は過去 30 年間の経験を以下のように要約した。すなわち、

　　一般的な教訓は、教育の変革を計画することが、1950 年代ないし 1960 年代に想像されたよりはるかに困難で危険な傾向のある冒険だということ

である。比較的完全な成功の事例よりずっと多くの失敗、あるいはわずかばかりの成功の事例が存在する。何がうまくいくかについてよりも、何がうまく行かないか、あるいは普通はうまくいかないかについて、はるかに知られているのである。……さらに、計画された教育改革のもくろみが成功した場合、その実施プロセスは通常非常に長い時間がかかり、もともと予想されたよりはるかに長くかかることがしばしばであった。過去数十年間の経験の中には、好都合な条件および政治的に敏腕な計画者という2つがたまたま結びついたことで、比較的短期間に多くの教育改革が可能になったいくつかの事例があるが、こうしたことはまれであり、特異な性質のものであった。[9]

改革の失敗についての理論的説明

　部分的にはこうした経験の結果として、非常に複雑で混乱した理論的論争が展開された。この論争の詳細は本書の別の箇所で議論されているが、以下、いくつかの主要な特徴について述べておくこととする。ここでの目的にとって中心となる論争の側面は、ジョージ・カウンツ（George Counts）の1930年代からの有名な書物のタイトルである『学校は新しい社会秩序を構築しようとするのか？』の中に見ることができる。[10] こうした問いを持ち出すこと自体が上記の問題、つまり「学校は新しい社会秩序を構築しようとするのか」に対する肯定的な答えを仮定している。1960年代の楽観論はその質問に対する肯定的な答に基づいていたのである。学校はそれをすることができたのであり、また、われわれは知識、資源そして政治的意思を国内的および国際的に適切に結びつけることによって、敢えてそうすべきであった。続いて起きた広範囲の失敗に関する主要な理論的説明や提案された対策は、肯定的な答を想定し続けている。学校は新しい社会秩序を構築しうるのである。ただ問題は、われわれがまだ「それを然るべく行っていない」ということである。第1に、われわれは中途半端でかつまた不完全な、あるいは誤って解釈された知識基盤に則って動いてきたのであり、第2に、誤った、あるいは不完全な政治的アクターや利害関係者集団が政策の策定と執行の過程に関与してきたのである。その「問題」は、やり方と拠り所となる知識の問題なのである。それを「解決」するには、拠り所となる知識を（基礎的、応用的研究を通じて、またその結果の普及によっ

て）不断に改善し、その解釈を洗練されたものにし、あわせてわれわれのミクロ、マクロの政治的テクニックを磨くことである。こうした理解は、さまざまに変形しつつも、支配的な見解であり続けている。[11]

　この問題の性質について真っ向から反対する考え方が1970年代半ばに強く現れるようになり、学校は新しい社会秩序を構築することなどできないと論じた。因果関係のプロセスは反対向きに働いているのであり、社会経済的秩序を変えることが、平等主義の方向に向かって教育を変えるために必要な前提条件ないし十分条件だというのである。多くの学者、特にマルクス主義やネオ・マルクス主義の立場あるいは従属理論のアプローチに立って議論する人々は、フォーマルな学校教育が既存の社会、少なくとも資本主義社会に存在する構造的不平等の再生産以上のことはなし得ないと主張した。このことは学校教育の基本的社会・政治的および経済的機能なのである。これは必然的に資本主義社会、および依存的な経済的、政治的、社会的な関係を通じて資本主義諸国に結びついている発展途上国の通常の成り行きの一部なのである。[12] こうした見方は、学界のいくつかの部門、および発展途上国や国際援助機関の政策決定者の一部の間では相当な好評を博した。しかしながら、それは決して支配的な見方とはならなかった。1980年代の半ばになると、こうした見方をもつ学界のオピニオンリーダーの中には、彼らの初期の立場を著しく修正し始める者が現れ、フォーマルな学校教育が既存の構造的不平等を再生産することと、少なくとも民主的社会においては、構造的な変化を引き起こすことという両方の機能を果たしうると主張した。[13] 旧ソ連およびその社会主義衛星諸国の崩壊に続いて、それら社会主義諸国の構造的不平等も、資本主義諸国でそうであったように、教育の社会改良的影響をほぼ同様に阻むものであったことを示唆する新たな証拠が利用可能となった。[14] このことは、社会の平等を妨げる構造的不平等の問題が政治・経済体制の類型を越えて存在し、またわれわれが未だ見出していない何らかのより深いパターン（それは単にさまざまな社会でさまざまに異なった形態や現れ方をするだけにすぎない）によって生み出されたものであることを示唆しているかもしれない。

　中間に位置する別の見方も出てきた。それは、教育上の変革が特殊な状況の下でのみ、また、教育上の変革プログラムがそうした特殊な状況に合わせて注意深く仕立てられた場合のみ、社会秩序に影響を与えうるものであることを示唆している。これは、成功のための条件がまれで特異な性質のものであり、

従って広範に繰り返すことはできないという相当に悲観的な立場と見なすことができる。こうした見方に対するより楽観的な態度が近年現れ、教育改革がどこでもうまくいっていないのは、(いかなる理論やイデオロギーの観点を踏まえたものであれ)普遍的に行われている「誰にでも合うサイズ」的な教育改革のやり方や戦略をデザインし、また実行しようとする共通の傾向によるものだと論じた。したがって、社会的平等を促進するために教育上の変革をうまく利用することはあまねく可能だが、始められた改革が地域の特殊な条件に合わせて注意深く仕立てられているかどうかに左右される。学者の中には、一連の特殊な条件と潜在的な成功可能性を有する教育改革の手法との間に可能な関係を見出そうと努力し始める者もいた。私は別のところで、こうした見方を真剣に受け止めることが、過去数十年間にわたって比較教育学に浸透してきた近代化論者のあらゆる言説に根底から挑戦しうることになると論じたことがある。[15]

教育的平等の意味の変遷

この広範な理論的論争の過程では、教育的平等というこの言葉が意味するものが絶えず修正され、拡大され、さらに微妙な違いを示してきた。以下、私はこうした意味上の変化を簡単に振り返り、蓄積された大量の証拠について考えるのに役立ちそうな方法で、これらの意味上の変化の多くをひとまとめにする1つのモデルを紹介することにしよう。

1) 分化のカテゴリー

30〜40年前、社会的平等に関する議論は、分化についての限られた数のカテゴリーに焦点を絞る傾向にあった。それは(大規模な社会的相互作用について人が抱いていた見方がいかに決定論的であるか、あるいは偶発的(コンティンジェント)で緩やかな結びつきかにもよるが)どれほど多くの人々が(特に社会階層や人種・民族に関して)豊かな工業化された国に暮らすことができるかを決定し、あるいは影響を及ぼす、当時としては最も重要と考えられたカテゴリーであった。そして、これらの西洋のカテゴリーを発展途上国に適用する傾向があった。そのような分化についての潜在的なカテゴリーの理解は、今日ではもっと複雑になっている。現存する社会にはすべて何らかの形態の社会的分化があり、あるメンバーは他の者以上に高く評価されたり、優遇されたりする。しかしながら、そ

のような分化の程度および個人や社会集団が生活を送る上での重要性は、社会ごとに劇的に異なっている。さらに、そのような分化のもとになる基盤や基準は非常に多様である。最も一般的なもののとしては、人種、職業、民族、ジェンダー、出身地、血統、収入、政治権力および宗教がある。社会ごとに、また社会の内部において相当なバリエーションがあり、これらの基盤や基準のうちの1つ、あるいはその組み合わせが、さまざまな人々がその生活をどのように送ることができるかを決定する要素として非常に強力なのである。われわれのうちで、西洋の工業国家の歴史的経験や知的伝統を体現した者は、構造・機能主義社会理論あるいはマルクス主義社会理論のいずれを信奉しているにせよ、これらの共通な基盤や基準、特に職業、収入、また政治権力といったものを社会階層や社会的身分についての概念と一緒くたにしている。これらの理論的構成概念が豊かな国での社会分化を理解する上で最も突出したものかどうか（例えば、フェミニスト学者はジェンダーが分化のカテゴリーそのもの以上にとは言わないまでも、少なくとも同じくらい重要であると一般に主張するものである）は、今のところまったく明確ではない。また、それらの理論的構成概念を、社会において個人が示す社会的思考や行動を正確に表現するキーワードとして、あるいは有意義なカテゴリーとして、そのまますべての国、あるいはほとんどの発展途上国に適用しうるかどうかさえも明らかになっていない。

　社会分化に関する潜在的なカテゴリーの一覧表の記載項目が増えるにつれて、いくつかのカテゴリーは他のものに比べていっそう可変的で「偽装可能」と見なされるようになってきている。それらが及ぼす影響とは、子どもの人生におけるチャンスを制限するかもしれない程度や、それに対して教育が何を「為し得る」かに関わるものである。社会的カテゴリー化に関して即座に識別しうるような基盤は、一般的に言って、教育政策（あるいは、より一般的に社会政策）によって何とかすることがずっと困難なものである。例えば、民族とジェンダーは一般に不変で、直ちに識別可能な特性である。宗教は、それを信奉する際に地域の独特な服装や慣行を伴う場合を除いて、一般に、それほど容易に識別しうるものではない。これと対照的に、上昇移動の手段として教育（あるいは他のある手段）を使ったことのある誰かが元来どの社会階層に属していたかは、彼または彼女がそれを「広く宣伝する」ことを選択しなければ、しばしば特定することが不可能であり、変更可能で、多くの場合、容易に偽装可能なのが特徴である。社会階層はこのように、不変で、偽装が不可能な特性による

よりも教育によってより簡単に変更されるのである。この一連の問題がもつ意味を十分に考察することが、アイデンティティの問題、つまり人々が自ら見出したアイデンティティと他人が彼らに付与したアイデンティティをめぐる問題に複雑に関係していることが近年明らかになってきた。紙幅の関係上、私はここでこの問題の含意を完全に明らかにすることはできない。しかしながら、何人かの学者、特にポストモダンのフェミニストとしての立場から研究している学者は、不可欠で、基本的に変更不可能なものとしてのアイデンティティ（個人的に理解され、あるいは社会的に規定された）という考え方から離れて、個人的および社会的の両方の意味において、複合的で順応性のあるものとしてのアイデンティティの概念に対処すべきだと主張している。すなわち、われわれは単一のアイデンティティを考えることから複数のアイデンティティを考えることへと動くべきなのである。[16] 教育的平等に関するこれらの新しい思考方法は、比較教育学における従来の近代化論やグランドセオリー・アプローチに対する挑戦であり、それはほとんど上述した環境適応理論(コンティンジェンシー)アプローチ[訳注1]と同じくらい根本的なものである。教育的平等について私たちが理解する上で、これらの思考方法がもつ意味はまさに検討され始めたばかりであり、その言葉が意味するところは数年前に考えていたよりも摑み所がなく、理解困難になっていることがきわめて明らかになりつつある。

２）機会の平等から結果の平等へ[17]

教育的平等についての概念はもともと税金で支えられる公立学校システムの発展とともに成長してきたものであり、機会に焦点を当てていた。国の仕事はすべての子ども（例えば、人種やジェンダーゆえに、ある分野において意識的に除外された集団という例外があるものの）が、直接的な費用が無償で、一般的に類似した施設とカリキュラムをもつような学校に、少なくとも義務就学段階の期間中は就学できるようにすることであるというのが、一般的な考え方であった。このように提供される機会を利用することは子どもの責任だと考えられていた。知的能力、勤勉さ、動機づけなどの不足のために、学校でうまくやっていけない子どもに関する責任は、それに関わりのある個人にあるのであ

訳注1　条件理論、環境適応理論などと呼ばれ、外部環境の変化に応じて、組織管理の方針を柔軟に変化させようという理論。

って、国にはないというものであった。過去数十年にわたり、多くの子どもが彼らの社会的出自ゆえに、提供される教育の機会を利用できていないということがますます明らかになった。教育的平等の概念は教育の結果の平等についての概念を含むところへ徐々に拡がっていった。すべての子どもが社会的出自に関係なく、彼らが学ぶもの、ならびにそのように学んだものを後の生活の中、特に労働市場の中でどのように活用しうるかに関して、提供される教育の機会から恩恵を受ける等しい能力をもっていることを担保するところまで、国の任務が拡げられたのである。

3）類似性としての平等あるいは差異を認めた上での平等

　結果の平等に関する標準的な議論の中には、次のようなより複雑な問題群が含まれている。すなわち、われわれは結果が誰に対しても（仮に同一でないにしても）類似していることを本当に期待しているのか。われわれは「結果」ということで実際には何を意味しているのか。われわれは教育を施すことから「恩恵を受ける平等な機会」ということで何を意味しているのか。学術的文献および一般向けの文献の両方に見られる多くの議論や論争からきわめて直接的に窺いうるのは、「等しい結果」ということが、例えば、社会集団、学校あるいは国家の違いを超えた等しい学力テストの結果（「優劣比較表」アプローチ）を意味しているのか、あるいは高く評価される職業カテゴリーや給与水準への等しいアクセスを意味しているかのどちらかだということである。しかし、この見方は狭すぎ限定的すぎるものであり、異なる個人や集団が異なる種類の事柄を学習し、それを異なる人生の目的のために活かしたいと望んだり、必要としたりするのは当然のことであり、実際望ましくもあるとする論がますます強まっている。こうした代替的主張は、例えば、より大きな社会集団／民族集団（つまり、発展途上国の貧しい地域の農村児童）の間の特定の下位集団にとっての「適切な教育」に関する議論などで非常に強く唱えられる。[18]こうした「類似性よりもむしろ差異を評価する」アプローチは、異なるタイプの学習や学習方法、ならびに人生の中でのその異なった使い方が社会にとっても個人にとっても等しく（しかし異なった仕方で）価値があることを主張するのである。もし人がこうした教育的平等に関する概念を受け入れるなら、「結果の平等」が何を意味するかが明確でなくなり、われわれがそれを社会の中や社会を超えていかに評価するかに左右されることになる。

4) 公平性、それとも平等性

　平等性の問題に関する議論を整理する上で有用な線引きは、公平性と平等性との間のものである。公平性は社会正義または公正さを指す。それは主観的なモラルか倫理判断を含んでいる。平等性とはあるもの（例えば、収入あるいは就学年数といったもの）が特定の集団のメンバーの間で配分される実際のパターンを扱うものである。所得配分の平等性は、例えば、ある仮説的に完璧に平等な状態からの偏差の測定により統計的に判定することができる。しかし、何らかの目に見える程度の不平等について、個人あるいは集団がその公平性ないし公正さをどう判断するかは異なりうるし、実際にも異なっている。公平性は価値判断を含み、何が当たり前で、何が仕方のないものかについては異なった理解があるものである。社会や社会の中の集団、さらにそれらの集団内の個人はそれぞれの価値体系において異なっており、統計的に測定された所与の不平等の程度は、同じ社会の中で、ある個人または集団によってはまったく公平で合理的であると見なされるかもしれないし、別の人々によっては非常に不公平に見られるかもしれない。教育上の平等性に関する最も複雑な公の政治論議の多くや、それに関して公共政策の観点から行われるかもしれない事柄は、平等性を指向する多様な統計指標について、公平性に基づいてさまざまに解釈することをめぐって展開している。教育と労働力への女性の参加率についてのさまざま異なる解釈は、顕著な例である。

5) 小括

　過去数十年間は概念の混乱の度合いがますます高まったことが特徴であった。この概念の混乱は、さまざまな個人やきわめて異なった社会集団がどのように教育を利用し、また教育が彼らの運命にいかなる影響を及ぼすかに関して、膨大な量の比較情報が出回ったことにかなりの程度起因している。そうしたデータのうちのいくつかを解きほぐし、教育にとっての目標である平等性の意味を引き出すことが、本章での残された課題である。以下の数頁において、私はわれわれが今日その概念によって理解しているものの多くを要約し、教育的平等について考えるためのモデルを提示する。また、私はそのモデルを使って、非常に異なる社会環境に生まれた子どもたちが大人になる際、彼らの人生における機会を等しくする上で教育が果たすべき役割に関して、現在利用可能な比較

データの多くがわれわれに語りかける事柄の多くを整理し要約する。

教育的不平等の「モデル」

近年教育の不平等の問題について考える場合、われわれはますます学校教育を長期的過程として見るようになっている。その中では、子どもたちがさまざまな時点で、またいくつかの異なる方法で振り分けられているかもしれないのである。われわれは学校教育が、他のこともしているかもしれないとしても、選抜的な「社会的審査メカニズム」として動いていることを認識している。それは、ある子どもたちの地位を上昇させ、彼らに上向きの社会的ないし経済的移動のための機会を提供する。学校は別の子どもたちの地位を追認し、貧しい家庭に生まれた子どもたちは大人になっても貧しいままであり、裕福な家庭に生まれた子どもたちは金持ちの大人になるという傾向を強化するのである。このことを認識した上で、われわれは次の質問に取り組む必要がある。すなわち、上記の過程のどの時点で、どの程度、また、どの社会集団の子どもたちがいかにしてはね除けられ、あるいはその中にとどまり続けるのか。この観点から見て、平等のいくつかの面が効果的に識別しうる。

1．入口（access）での平等　さまざまな社会集団出身の子どもたちが学校システム、あるいはそれの特定の段階あるいは部分に入りうる可能性。

2．継続在籍（survival）の平等　さまざまな社会集団出身の子どもたちが学校システムの中に所定の段階（初等、中等、高等教育）の修了時点までとどまる可能性。

3．直接的結果（output）の平等　学校教育のシステムの中の確定されたポイントで、さまざまな社会集団からの子どもが同じレベルまで同じものを学習する見込み。

4．長い目で見た成果（outcome）の平等　さまざまな社会集団出身の子どもたちが学校教育に引き続き、また学校教育の結果（等しい収入を得る、大まかに見て同じ地位の仕事に就く、政治権力の場への等しくアクセスしうる、など）として、相対的に似通った生活を送る可能性。

最初の3つのタイプの不平等は、学校システム自体の作用に言及したものである。長い目で見た成果の平等は、学校システムと成人期の生活、特に（と言ってもそれだけではないが）労働市場との接続に言及したものである。最初

の3つについては、子どもたちが学校によって振り分けられ、選別されるメカニズムをそれぞれ表している。また、3つの事柄は教育システムの各段階ないしサイクル（つまり、子どもが初等学校に入るか否か、あるいは初等教育段階の最後まで在籍し続けるか否か、初等段階の最後までに他の児童と同じほど、あるいは同じ事柄を学ぶか否か。初等教育を修了して、中等学校へ入学するか否か、中等教育の最後まで在籍し続けるか否か、など）の中で起こるのである。したがって、3段階の教育システム（つまり、初等、中等、高等）には、少なくとも子どもを振り分ける9つの節目がある。4段階の教育システム（例えば初等、前期中等、後期中等、高等）には少なくとも子どもを振り分ける12の節目がある。こうした不平等のタイプの分類はそれ自体余りに単純化しすぎたものであることに注意すべきである。例えば、同じ段階の異なるタイプの学校あるいは「分岐」（例えば、大学進学予備教育か技術中等学校か、あるいは大学か第三段階の2年制技術専門カレッジか）をもっているシステムでは、アクセスの問題は、単に学生が当該段階に入学するか否かではなく、学生が入学許可される教育機関がどのタイプないし種類かの問題なのである。さらに、われわれは同じ要因が振り分けポイントのすべてにおいて子どもたちの運命に影響を与えるのではないということを心に留めておくべきである。後の方の振り分けポイントに臨む子どもたちはそれより早い時期の振り分けからの「生き残り」であるので、最も早い時点で重大な要因が後の方のポイント（既に影響を被っている）では、長いプロセスに沿って動くにつれて、新しい要因が作用し始めているので、その重要性を失うかもしれないと考えることができる[19]。ここでの焦点は若者のためのフォーマルな学校教育にあるが、4つの普遍的な問題はフォーマルであれ、ノンフォーマルであれ、いかなる年齢の学習者を対象とするものであれ、すべての組織的な学習プログラムについても、次のように問われることができ、また問われるべきであるということにも注意すべきである。例えば、それは成人の識字プログラムや職業訓練プログラムに関しても問われることができる。その社会的カテゴリー出身の人々がそれにアクセスしうるのか。どの社会的カテゴリー出身の学習者のうちの誰がプログラムの修了まで「そのコースにとどまり続け」、誰がそうでないのか。どの社会的カテゴリー出身のどの学習者が、彼らにとって利用可能となっているものをどれほど学ぶのか。どの学習者が彼らの生活を改善するために新しく獲得した知識・技術を多かれ少なかれ活用しうるのか、またそれはどの程度なのか。

第6章 教育の平等性 245

われわれは何を知っているのか

　ここでのわれわれの課題は、教育的不平等に関して過去数十年間に作成された比較データの転変の中から何らかの意味を摑もうとすることである。上に示したモデルのいくつかの面に関しては、合理的に首尾一貫した要約を行うのに十分な根拠が存在するが、その他の面に関する根拠は断片的であるか、一貫していない。

1）就学機会に関する平等

　発展途上国の大半の子どもにとって、就学機会（アクセス）が問題になるのは初等教育段階においてである。私が述べたように、1960年代初めの教育政策の主な目標は、少なくとも数年間の初等教育にすべての子どもがアクセスしうるように十分な学校施設を提供することであった。初等教育の就学率は開発途上諸国のすべての地方で過去30年間に上昇したが、こうした一般的な数字はいくつかの国――それは往々にして膨大な人口を抱える国々だが――でのきわめて厳しい現実を覆い隠してしまう。例えば、総人口が中国にほぼ匹敵するインド亜大陸の3つの国を考えてみよう。2008年におけるそれらの初等教育の純就学率は、インド88％、バングラデシュ89％、パキスタン60％であった[20]。さらに、1980年代の10年間に初等教育就学率は45ヵ国で低下したため、この期間を多くの観察者が「教育にとっての悲惨な10年間」と呼ぶ[21]。1990年代以降のユネスコのある出版物は、初等教育への就学機会の欠如に関して、次のように驚くには当たらない主要な原因を記している。すなわち、「消えてしまった子どもたちはどこにいるのか。大半は僻地の農村地帯、あるいは都市のスラムに住んでいる。大部分は少女である。大部分は社会の主流から外れた住民グループに属している。彼らは混雑した難民キャンプで日を過ごすか、人為的ないし自然による災害のために強制移動させられるか、あるいは群になってさまよい歩いている。（彼らは）しばしば言語、生活様式および文化ゆえに社会の片隅に追いやられている[22]」。1980年代のパターンが続くとすれば、初等教育へアクセスできない1億6200万人の子どもが生まれるという推計に直面して、1990年にタイで開かれた「万人のための教育に関する世界会議」が、2000年までに基礎教育への普遍的なアクセスを実現するという目標を設定し、その進展を促進し

点検するための国際的なメカニズムを入念に創り上げた。それは多くの人々には非現実的な目標に思えた。1965年から1985年の20年間に創られたのとほぼ同数の新しい学校施設の建設を10年以内に行うために、縮減されつつあった国内予算や国際機関の予算の中から財源を見つけなければならなかったのである。[23] にもかかわらず、2000年にセネガルのダカールで開催されたフォローアップ会議で確認されたように、若干の進歩が見られた。1990年から1998年の間に、初等教育にアクセスできない子どもの数は1億2800万人から1億1300万人に減少した。世紀末の時点で、1980年代に見られた初等教育の純就学率の低下を依然として経験している国の数は11ヵ国に下がった。同じ時期に、21ヵ国で就学率が15％ないしそれ以上向上した。また、膨大な人口を擁する中国、インドネシア、ブラジルをはじめとする32の発展途上国がほぼ完全普及（90％以上の初等教育純就学率）を達成した。ダカール会議はこれらの事柄を「明白だが控え目な成果」と呼び、サハラ以南のアフリカと南アジアでの課題が最大であることを認めながらも、初等教育への普遍的なアクセスのために2015年に向けた新しい目標を設定した。2011年の時点で、いくつかの機関は、その目標データを2025年まで遅らせるべきだと示唆している。

初等教育の完全普及をほぼ達成した発展途上国、そして豊かな国家では、主要なアクセス問題は一般に学校教育のプロセスの後の方で生じている。前者の国々では、問題は中等教育の入り口（それら32の発展途上国の間では、中等教育の就学率は36％のホンジュラスから95％の南アフリカまでの幅があるが、一般に50～70％の間にある）部分にある。一方、後者では、アクセスに関する重要な問題は若者が受け入れられる中等学校教育のタイプないし分岐に関わるものである。[24] ほぼ中等教育の完全普及を達成した非常に豊かな国々では、アクセスに関わる問題は中等後教育の入口で最も深刻に起こっている。最も豊かな国家でさえ、その段階の教育を普遍的に施すことは真剣に検討していない。豊かであるか貧しいかにかかわらず、すべての国の教育制度のあるポイント（時には複数）において、学校教育（あるいはそのうちで人気のあるタイプ）はすべての者が手に入れることのできない限られた財となっている。その場合、理想的な平等モデルとは公平な抽選に基づくパラダイムといった、無作為のアクセスということになる。利用可能な比較データ（直前および少し前に述べた）は、理想的な無作為のアクセス状況はめったに見られないことを示している。貧しい国の小学校の入り口での差別をもたらすのと同じ一般的な諸要

因が、より豊かな国では子どもたちの人生の少し後の時点で働くのである。

特に初等教育段階では、アクセスに関わる不平等の問題とは、ほぼ学校と教師が十分に供給されない問題に他ならないと一般に考えられている。初等教育に対する実際の需要は、ほとんどどこでも存在するのであり、十分な数の小学校を提供するための資源と政治的意思が見出されるなら、すべての子どもが学校に通うことができるであろう。私が示したように、供給サイドの障害が本当に大きいのである。しかしながら、需要サイドにも障害がある。大半の中程度の所得国（および低所得国の中のいくつかの恵まれた地方）には、すべての学齢児童のために適切な場所に十分過ぎる数の学校施設が設けられているのである。そのような状況の下で、子どもが学校に通わない場合、彼らがそうしないのは、親が子どもを学校に行かせないからなのである。親は、そこで施される教育が不適当（例えば宗教的、文化的理由で）、適合性がない、あるいは役に立たないと見なし、あるいは子どもの労働の機会費用に引き合わないと考えるのである。[25] このことは多くの国の少女の就学に対して特に深刻な障害となっている。

2）就学継続に関する平等

中位の所得の発展途上国では、第1学年に入学する者の80〜100%が初等教育段階を修了する。低所得国では、修了率はもう少し低く、一般に50〜80%の範囲内である。[26] こうした在学を継続できない者の高い比率は、①高い原級留置率、②低学年で一度ないし数度原級留置になった後にしばしば学校から中退する子どもの高い比率、が組み合わさった影響の結果である。[27] 時系列データにはむらがあるが、1980年から2010年にかけて、原級留置率の低下と継続在学率の上昇の傾向が見られる。[28] 多くの発展途上国では、中等教育ないし中等後教育レベルでの継続在学率は、このレベルまで達する人口の非常に小さな部分についても非常に低いものである。しかしながら、この段階でのパターンはきわめて多様である。いくつかの国では、中等教育へのアクセスは非常に制限されており、初等教育修了試験の得点または社会経済的な特権に基づいている。中等教育あるいは高等教育レベルにアクセスしうるごく少数の者は、その段階を高い比率で修了する傾向にある。[29]

より豊かな国家では、継続して在学させることは実際に義務教育が終了する時点、つまり通常は中等教育の半ばの時点での重要な政策課題になっている。

この段階での継続在学の比率およびパターンは、簡単には説明できないほど国ごとに非常に異なっている。政策期待は明らかに一定の効果がある。例えば、いくつかの国では、すべての生徒が中等教育を修了することが期待されている。高い「中退」率は大問題と考えられ、さまざまな政策が「子どもを学校に留める」ために講じられている。これらの政策は時々きわめてうまく行っている。例えば、カナダでは、中等教育での公式の中退率は約30％である。また、若者が学校に「戻ってくる」ことを、彼らの生活のニーズに見合った方法で可能にするさまざまな手段が開発されている。これらのさまざまな代替ルートを使って、同一年齢層のおよそ85％が25歳までに中等教育の卒業証書ないしそれに匹敵する証書を手に入れた。すなわち、公式に「中退者」と識別された者のおよそ半分は最終的に同段階を修了したのである[30]。ほぼ同様の状況がアメリカ合衆国でも見られた[31]。他方、中等教育段階のすべての生徒が完全にその段階を修了するとは予想されていない社会では、中退は政策問題と見なされておらず、自然で正常な状況と見なされている。ここに、われわれは再び平等と公正の概念の間の重要な違いを見出すのである。

すべての利用可能な比較データに関する調査は、教育制度のいかなる段階でも、貧しい子どもが裕福な子どもに比べて就学を継続できそうにないことを一般に示している。農村地域に生まれた子どもは都市の子どもより就学を継続できそうにない。原級留置と中退率は少年より少女の間で高くなっている。しかしながら、子どもの個人的状況あるいは家族状況のある特定の側面と、教育のある特定段階を修了する可能性との関係に関する証拠は、非常に少なく、また矛盾していて、一般的な結論を容易に引き出すことができない。パターンは、簡単に説明することができないほど、国ごとに劇的に違っている。就学継続の可能性に対するジェンダーの影響の多様さは特に顕著である。中位の所得の国では、少年と少女の初等教育段階での就学継続の比率は本質的に同じである。顕著なジェンダーによる差異があるわずかのケースでは、3ヵ国とも少女のほうが6％高くなっている。低所得国の間には多くの差があり、解釈は難しい。ジェンダーによる差はいくぶん大きい（ほぼ5～10％の範囲において）が、それらはほぼ同じ程度で少年または少女が高くなっている。より極端な違い（10％以上）のあるわずかなケースは、すべてサハラ以南のアフリカであるが、5ヵ国では少年が高く、2ヵ国では少女が高くなっている。しかし、同地域全体では、少年の比率が高いケースと同じくらいの数の少女の比率が高いケース

がある。中等教育段階での就学継続のパターンはほぼ類似している。ダカール会議のための統計的評価に見られるように、「全国レベルあるいは地方レベルでのジェンダーによる格差は国際的な効率、つまり教育制度の内部での就学継続に関して見れば小さなものであり、多くのケースでごくわずかに少女の比率が高くなっている」[32]。この次元ではジェンダーに関する平等に向けて全体として相当な進歩が見られた。また、女子の甚だしい不利益という、残された「くぼみ」は、国民所得、生態・文化的分野、宗教的伝統あるいは植民地遺制との明白な関連はないように思える。これは不思議なことだ！

　全人口、あるいはその中の下位集団の継続在学率は、当該社会の就学者数の統計にも言及することにより、教育政策と関連させてはじめて正確に理解することができるということを心に留めておくことが重要である。例えば、シリアとマリの両方とも、今世紀への変わり目には、第1学年に入学した子どものおよそ90～95％が初等教育の修了を迎えるようになった。シリアでは、入学資格のある子どもはほとんどすべて第1学年に入学するが、マリではわずか約40％しか入学できないのである。対照的に、エチオピアの第1学年への入学率はほぼ同じだが、その入学者のわずか約50％だけが初等教育を修了する[33]。入学時における平等あるいは継続在学における平等のいずれかに関する類似性にもかかわらず、初等教育の終了時までには、1つのタイプの不平等さの間の相互作用が3つの非常に異なる教育状況を生みだすのである。全体的な教育的平等状況を評価しようとする際に、ある国の国民の中の特定の下位集団の入学と継続在学との間の相互作用に注意することが特に重要である。例えば、ある特定の集団が学校教育へのアクセスの点で極度に差別されている場合、そのメンバーのうちで（いかなる段階やタイプであれ）学校に入学する少数者は非常に厳しいその前の選別プロセスで勝ち残ったのであり、それ以降も継続在学しうる非常に高い可能性をもっているかもしれない（また、しばしばそうである）。

3）アウトプットの平等

　あるシステムのアウトプットとは、そのシステムが直接生み出すものが何であれ、そのすべてであって、教育システムの場合には、学習ということになる。同じ年数の教育を受けた子ども（したがって等しいアクセスならびに等しい継続在学）といっても、まったく異なるものを学習したり、あるいは同じ科目をまったく異なるレベルまで学習したりしたかもしれない。学業成績のレベルの

差が特定の社会の子どもの社会的出自の違いと系統的に関係していることを示す複数国にまたがる相当な量の証拠がある。一般に、ある国の学校制度の所与の段階に達した人々の間では、貧しい、農村の、女性、あるいはその他何らかの社会的に疎外された集団出身者は学習が劣るものである。しかしながら、ここでもまた、そのような社会的特性が学習に対して与える影響に国や文化による違いがあることも印象的である。

　この国別比較データを前提として、以下の質問が教育者を悩ませた。学校での学習の相対的なレベルに対して家庭がもつ強力な影響を考えれば、社会的に疎外された子どもたちが、特に集団として、今後よりよい生活を送ることができるように、彼らの学習レベルを改善するために、学校政策や関連の実践を変えうる余地があるのか、もしあるとしても、それほど多くあるだろうかという質問である。さまざまな方法論上のアプローチを用いて行われた国を特定した多くの研究や、いくぶん小規模の複数国を扱った研究（それらの多くは、方法論的に欠陥があることが分かった）に基づいて、研究者たちは1970年代と1980年代に現れた全く明瞭なパターンと思えたものを識別した。[34] その社会の発展が遅れていればいるほど、学業成績に対する社会的出自の影響はより小さく、学校が関わる（したがって社会政策が規定する）変数の影響がより大きくなるのである。[35] しかしながら、方法論に関する批判（特に「教育の生産機能」アプローチに基づいた研究）は、全体的なパターンはかつて思われたほど明確ではないことを示唆している。[36] それにもかかわらず、そうしたすべての証拠をいくつかの明確な方法論上の伝統に照らして評価すれば、一般的なパターンは依然として生きているように見えることが示されている。なぜそのようなことになるのであろうか。

　いくつかの異なった、そして依然としてまだ暫定的な説明が行われた。パターンがちょうど明らかになり始めていた非常に早い時期から、フォスター（Philip Foster）は次のような考えを示していた。

　　　言葉の最も広い意味において、低開発国が「近代化する」につれて、国民の「客観的」分化のパターンは、貨幣経済の成長と分業の拡大とともにより複雑になる。こればかりではなく、「近代型」職業に就くことが、個人の一般化された社会的身分を決定する上でますます重要な要因となる。言いかえれば、職業と収入という客観的な基準で定義された社会階層が出

現し始める。しかしながら、初めのうち、この分化のパターンは、さまざまな下位集団の間での価値観、態度、ライフスタイルがますます広がることに代表されるような文化面での相応な程度の分化を伴わないかもしれない。しかしながら、やがてこのことが起こり、また実際に先進国で見られるものと非常に似通った階層分化のパターンに向かってわれわれは進むのである。[37]

　例えば、新興の豊かなアフリカの家族の子どもの学校での成功に影響するかもしれない育児パターン、学校教育に対する姿勢、願望、およびその他の家族特性は、現金経済にまだ参入していないか、はるかに周辺的レベルで参加しているような家族のそれとほとんど異ならないかもしれない。少なくとも社会変動プロセスの初期段階においては、そうであろう。われわれがこのことに見ているのは、貧しい国が西洋社会のようになるとき、（西洋的意味における）階層の形成プロセスに及ぼす教育の影響である。この説明は、実際のところマルクス主義的、ネオ・マルクス主義的および従来の構造機能主義的な立場に立った（それらの理論的なスタンスのいずれかだけに囚われるか、あるいはそれをイデオロギー的にかたくなに信奉する支持者たちをやや悩ましているかもしれない）社会変動の理解にはかなり適している。もちろん、社会的身分についての標準的な西洋の指標が子どもの教育上の運命に合っていない（あるいは今のところまだそうなっていない）社会では、他の伝統的な階層分化のパターン、例えば、カースト、種族、あるいは血統などが非常に重要かもしれないということは明らかに正しいのである。

　関連のある別の説明は、学校のリソースの利用可能性は先進国よりも発展途上国のほうがはるかに大きな差があるということである。例えば、豊かな国家では、ほぼ大半の児童・生徒が一揃いの教科書を持っている。また、教員がフォーマルな学校教育を受けたレベルの差は比較的小さいのである。しかしながら、発展途上国ではそのような指標に照らして、大きな差がある。貧しい国では、教科書の供給数を幾分かでも増やすことさえ、子どもの学習に対して大きな効果を及ぼすのである。豊かな国では、子どもたちは既に本が十分に供給されており、学習を向上させるには、実際に彼らの学習に影響を及ぼす本の質的側面についての知識を踏まえて本の品質を向上させるという困難で高価な改善が必要なのである。貧しい国家では、多くの小学校教員がほとんど低レベル

のフォーマルな学校教育しか受けておらず、また教育者としてのトレーニングをほとんど受けていない。したがって、養成教育あるいは現職教育の非常に控え目な変化ですら、教員のパフォーマンスを著しく改善し、その結果として児童・生徒の学習を改善しうるのである。豊かな国家では、教員はほとんどみな大学教育を受け、高度な教育者としてのトレーニングを受けており、現職教育の多くの機会がある。したがって、教員のパフォーマンスにおいては小さな改良さえ達成するのが難しく、また見出しにくくなる。

　私は、前に書いたものの中でこれら両方の説明を組み合わせた。われわれが知っているように、「学校教育の標準的モデル」の完全な形の上限に近づいている豊かな国家では、「業績において控え目な進歩をつけ加えることさえ非常に困難で高価な教育上の努力を必要とする」。発展途上国では、「ある貧しい国が現実的に目論みうる最も控えめな学校の質的改善でさえ、児童・生徒の学習における重要な向上をもたらす潜在力をもっており」[38]、なかんずく最も社会から疎外された児童・生徒の学習においてはそうである。発展途上国のアウトプットの平等性を改善する可能性は、非常に限られた利用可能な資源の中では特に重要である。なぜなら、発展途上国の児童・生徒の間での学習レベルは豊かな国家の児童・生徒に比べて体系的に低いことを示す証拠があるからである。過去数十年間に実施された学業成績の達成水準に関する国家間の比較は、主に国際教育到達度評価学会（IEA）、ユネスコおよび経済協力開発機構（OECD）の主催で行われたが、低所得および中程度の所得国の子どもの学力テストの得点が先進国の相応の年齢や学年の子どもの得点より一貫して低いことが明らかになっている。その差はある科目では大きく、別の科目では小さいが、差があることは一貫している。ごく最近、これらの国際研究は中等教育段階あるいは初等教育の高学年の少年を比較した。ほとんどの発展途上国では、上述したとおり、社会・経済的に恵まれず、勉強面で才能があるわけでもない子どもは、概して学校教育のこの段階で継続在学することができないのである。したがって、学習のアウトプットの違いは、発展途上国の大半の子どもがフォーマルな学校教育において進みうる限度である初等教育の早い段階での方がより大きくなると予測しうる[39]。1992年に報告された29ヵ国の9歳児の読解レベルに関する国際教育到達度評価学会（IEA）のデータ、ラテンアメリカの11ヵ国の第4学年における読解と数学の学力に関する1997年のユネスコの調査、そして、2011年に報告された第3学年の読解、数学、理科についてのOECDテストに

関するラテンアメリカの成績の分析は、このことが事実でありそうなことを示唆している。しかし残念なことに、これらのサンプルに含まれる発展途上国の数は、そうした結論を確実に根拠づけるには少なすぎる。[40]

もっと最近公表された証拠は、ほとんどの発展途上国の財政危機が在籍者数の増大と相俟って、児童・生徒1人当たりの利用可能な教育資源を劇的に減少させていることを示している。それは、豊かな国と貧しい国の児童・生徒の間の学習格差をやがて拡大することになるのである。[41] 前世紀の終わり近くに行われた地域別の評価は、この問題が依然として残っていることを示している。教育のために追加の資源が見出されたところでさえ、それらは概して学習レベルの改善ではなく、アクセスと継続在学を増やしただけであった。[42] 児童・生徒の学習レベルが低いまま、あるいは低下さえしているとすれば、学校教育システムへのアクセスをいっそう平等にし、継続的に在学することから、個人または社会が利益を得ることができるか否かということが問われるのである。

しかしながら、これらの分析と研究のすべてに関わる問題がある。きめの細かい国家間比較を行う上で、広範な規模の国際的な学力試験プログラムがもつ有効性や有用性に関して、多くの疑問が表明された。[43] その結果が何らかの実際の政策あるいは実践という点において、いかなることを意味するかについては、必ずしも明確ではない。例えば、A国の第6学年の児童の数学テストの中間スコアがB国より10％高いことに気づいたとして、そのことは、それら2ヵ国の若者が個人としてどのように成長するか、あるいは国の「発展」にどのように寄与するかという点で、実際にどんな違いを生ずるのであろうか。私たちは本当のところ分かってはいないのである。しかしながら、世界中の学校に割り当てられた1つの基本的な学習の目標がある。若者が他にどんなことを行おうとも、彼らが初等教育の全課程の修了時までに、少なくとも基本的な機能レベルでの識字能力を身につけることをわれわれは期待している。この点で、より貧しい国の学校がゆゆしく期待を裏切っている証拠は明白である。2006年には、アバジ（Helen Abadzi）が、国際的なテストあるいは国内のテストに基づいて、初等学校最終年度の児童の識字能力の最小限の習熟度に関して以下の報告を行った。すなわち、マラウイ：7％、モーリシャス：52％、ナミビア：19％、タンザニア：18％、コロンビア：27％、モロッコ：59％、ブルキナファソ：21％、カメルーン：33％、コートジボワール：38％、パプアニューギニア：21％、マダガスカル：20％、セネガル：25％、トーゴ：40％、ウルグア

イ：66％、イエメン：10％である。[44] 発展途上にある国々の中で相対的に高度な教育発展（初等教育の就学率が一般に90％を越えている）を示している地域と一般に見なされているラテンアメリカでさえ、シーフェルベイン（Ernesto Schiefelbein）は、入学生の各コホートのうち実際に初等段階を修了する63％の者の中で、「"一般向けの"新聞の第1面に載った短い文章を理解する者が半分もいない[45]」ことを報告している。2009年に、私はこの事態を次のように要約した。すなわち「このように、開発途上世界では、小学校に入学できない1億人を超える子どもがいる。入学した者のうち、何億もの者は全課程を修了することがない。全課程を修了する者のうち、何億もの者は最低レベルの識字能力さえ獲得していない[46]」。全体から見ると、何ともわびしい光景である！ さらに、基本的な機能的識字のレベルでさえ学習の成果がそれほど散々なものなら、ますます多くの者が学校での席に着くことに何の意味があるだろうか。[47]

4）アウトカム（長い目で見た結果）の平等

　相対的に平等な就学機会の分配、卒業までの継続在学、あるいはフォーマルな学校教育システム内での学習は、それが大人としての人生における機会（それだけとは限らないが、特に仕事上の機会）への相対的に平等な接近機会という点で、それを受ける者にとって割に合う場合にのみ、多数の者によって社会的に有益であると考えられる。教育は世代間で起こる地位の伝達継承にどの程度まで効果を及ぼすことができるのか、あるいは実際にもたらしているのか。教育は既存の構造的不平等のパターンを単に承認し再生産するのではなく、上向きの社会移動をどの程度まで、そしてどのような条件の下で生み出すことができるのか。この問題について考えることは、この論文の初めに書き留められた基本的な問いかけにわれわれを引き戻す。学校は新しい社会秩序を構築することができるか、あるいはどのような条件の下でそれは可能なのか。教育は少なくとも、社会から疎外された集団の最低でも何人かの子どものために、個人が社会移動する機会を提供することができるのか。これらの問いかけに関して、過去数十年の間に膨大な量の証拠が、ほとんど国別にだが、時には複数国にまたがって生み出された。そこから引き出された結論は少なくとも相対的な意味で系統的であるが、理論的には混乱したものである。1975年には、リン（Nan Lin）とヨージャー（D. Yauger）が、ハイチに関するデータ、3つの発展段階にあるコスタリカのコミュニティに関するデータ、イギリスのデータ、アメ

リカのデータというきわめて限られたデータをもとに報告し、「職業上の地位に対する学歴の直接の影響は、工業化の程度と曲線的な（凹面状の）相関関係がある」という結論を下した。シーフェルベインとファレル（Joseph Farrell）は、ウガンダでの3時点のデータ、および4つのブラジルのコミュニティに関するデータが同じパターンに合致することを述べている。チリに関するもっと最近の調査結果が同一パターンであることをつけ加えており、一般的なパターンとしては以下のとおりであるように見える。すなわち、非常に貧しい社会では新しく創られた行政的ポストに就く者やいくらかのビジネス界の企業家（一般には若者）を除いて、ほとんど誰もが零細農業に従事している。教育は職業上の可動性に対して効果をほとんどもち得ない。なぜなら人が移動しうるような職業上の目標がほとんどない（上述したように、そのような人々の間では教育に対する現実的需要が不足していることが部分的に説明されている）からである。地域経済が成長し、もっと分化が進むと、さまざまな新しい就職先が生まれる。そうした新しい機会を独占しうる伝統的な支配階級や手段が存在しない場合、どんなレベルの職業に就けるかに対してフォーマルな教育が決定的な影響を与えるものになる。非常に疎外されている子どもでさえ、著しい数の者が「近代的」経済での地位を獲得するために教育を活用することができる（多くの開発途上にある社会の中で、教育システムの発展は経済の成長速度をはるかに上回っており、そのために「教育を受けた者の失業」問題を生み出す。そのような社会でさえ、若者は何らかの仕事にありつけるなら、あるいは実際に仕事に就いた場合、将来手に入れうる報酬が多いことが分かっているので、しばしば可能な限り長く学校に居続ける）。社会が非常に発展するにつれて、その経済は非常に複雑で、急速に変化するようになり、また、経済的な成功への可能な手段はたいへん多様になるために、フォーマルな教育が単独で及ぼす影響は減少し始める。

1990年代の初めに崩壊した東欧の先進的な社会主義社会のデータは、この一般的なパターンが顕著に見られたことを示唆している。何人かの経済学者は、非常に発展した脱工業化経済においては「衰退する中間層」、つまり低賃金のサービス部門の仕事の人気に押されて、賃金の良い工業部門の職や中産階級の職業が失われる現象が、フォーマルな教育のもつ社会移動を生み出す潜在力をなおいっそう減少させていると論じた。ファレルとシーフェルベインはこの議論をさらに進めて、世代間の地位の伝達継承に教育が及ぼす影響に関する

データを提供し、この問題についての理論的主張の実証可能な基盤を形作っていた主な研究のすべてに欠陥があり、基本的に解釈不可能であると論じた。なぜなら、それらは経済の長期的な構造変容を考慮に入れず、またそうした構造変容が教育の為し得るものを必然的にどのように抑制するかということを考慮に入れていなかったからである。[54] しかしながら、こうした経験的、理論的混乱が増大しているにもかかわらず、教育が世代間の地位の伝達継承や社会構造の変容に対してごくわずかしか影響を及ぼさないような社会においてさえ、一部の個人や社会集団がより広範な教育の提供を受け、質の向上の恩恵を受けていることは依然として明らかである。もしフォーマルな学校教育がもっと施され、その質がより向上したとすれば、社会から疎外された集団の少なくとも若干の子どもにとっては、社会における可動性を生み、あるいは人生における機会を増強するという結果にまったくつながらないということは稀である。パケット（Jerome Paquette）とレビン（Benjamin Levin）による1990年代の分析は、[55] しかしながら、北米社会、そしておそらく他の社会についても言えそうだが、個人および社会集団の人生における機会に対してフォーマルな学校教育が及ぼすそのわずかな影響さえ消えつつある（あるいは既に消えた）ことを示唆するものと解釈することができる。

結論

この最終節で、私は本章で分析された大量の比較データを本書の中心テーマ、すなわち、われわれの世界の多くの社会の中で最も疎外された人々の教育機会や教育の結果の平等に関する最近の教育改革の動き、提案、そして時に実行された政策（例えば民営化、分権化、「国際競争力」のための教育変革、「学力試験」とセットの「標準化」の動きなど）の影響に当てはめてみたい。これは必然的にきわめて憶測を含んだ作業となる。すでに見てきたように、教育の主要な変化は一般に、失敗しがちで、遅く、また長期にわたるプロセスである。今日の児童・生徒が彼らの人生で実際に何ができ、どのように人生を送るかについて最終的な結果を見て理解し始めるには、さらに長くかかる。われわれが「楽観的な60年代」の大規模な教育改革の努力の結果を実際に理解し始めるのに、ほぼ30年間かかった。そして、今日でさえ、われわれは利用可能な比較情報の質や完全性、さらにそれをどのように解釈し理解するかをめぐって依然

として議論している。われわれは、教育改革の中のごく最近の波に関して、ほとんど何も期待することができなかった。さらに、地方、地域、世界的な出来事は、「結果」がまったく予測不能な方向に動くことがありうるというように、長期的な改革努力の文脈を著しく変えてしまうことがありうる。例えば、もしわれわれが1980年代の終わりに本書を作っていたとすれば、著者の誰も旧ソ連、およびその衛星国の突然の終焉を予言できなかったであろうし、それが教育改革や教育の平等に関するわれわれの理解にもたらしたものを、誰も予測できなかったであろう。こうしたことは依然として非常に不明瞭であり、恐らく長くそうあり続けるであろう。古代の（出所は不確かながら）諺に、「予測は常に困難であり、特に将来に関しては困難である」というのがある。過去数十年間に積み上げられた比較データから本書が引き出しうる中心的な教訓は次のことである。すなわち、教育改革案の目下の動きがもたらすかもしれない影響に関して、確信をもって話す者の言葉を決してまともに聞いてはいけないということである。しかしながら、第二次世界大戦の終結以降、われわれはいくつかのことを学んだ。これらの教訓は、長い目で見た結果について、それらを予想する方法ではなく、どのように考えるかに関するある方針をわれわれに与えることができる。われわれが学んだ中心的教訓は、高度な知的で道徳的な謙虚さ、ならびに高度の曖昧さに対する寛容さが必要だということである。

　もう1つの教訓は、過去数十年間にわたって中央政府が指揮した指令的な形式の教育改革という共通の傾向や、教育改革に関してきわめてしばしば全国的、国際的な「一時的流行を追う傾向」、「どれにも合うサイズ」式の見方は、教育上の平等の高まりから恩恵を受けるかもしれない人々の利益にあまり沿うものではなかったということである。これは、現在の教育改革の「一時的流行」という流れにも同様に当てはまる。教育上の不平等に対する現在の改革の様式がもたらしそうな、あるいはおそらく、もたらすであろう影響は、特定の地域的条件や歴史に左右される。例えば、ラテンアメリカの多くの国の大学教育は高度に「民営化」された。教育上の不平等に対する影響は、国によって劇的に違っており、その国の特定の条件に左右される[56]。しかしながら、これらの国々のうちのいずれにおいても、さらなる民営化の影響は、他の多くの国の完全な国家管理の高等教育システムにおける民営化とは非常に異なるものになるであろう。同様に、本書の第8章でマーク・ブレイ（Mark Bray）が書いているように、「分権化」は、特定の国が集権的と分権的という両極端の間のどこから

始めるかによって、異なる意味をもち、また異なる長期的な結果をもたらすのである[57]。さらに、これらの改革熱の若干のものに対する厳しい批判が、それらが元々起こった国々で巻き起こり始めた。例えば、長年にわたりアメリカの「試験、標準、社会的説明責任」を旗印とする改革運動の最も強力な主張者の1人であったダイアン・ラビッチ（Diane Ravitch）は、2010年に自説を「撤回」し、試験が「学校における最大の関心事になり、単なる手段ではなくそれ自体が目的になってしまった」と述べた[58]。教育上の不平等に対する普遍的に妥当する解決策が存在しないように、改革結果に関して普遍的に妥当する予測などないのである。しかしながら、1つの一般的な主張を行うことが可能である。過去60年の経験が何らの指針となるなら（アメリカでの経験の根拠は1世紀以上に遡るが、その「教訓」は同じである）[59]、今広く議論されている広範な改革案は往々にして採択されることはないように思える。もし採択されたとしても、それらはうまく、あるいは完全に施行されることはほとんどないであろう。また、もしうまく施行されたとしても、それらは少なくとも大多数の若者のための就学機会、継続在籍、あるいは直接的結果の平等（前に示した「モデル」の中で議論したように）に関して一般に大した効果はないであろう。また、こうした平等に関する「学校内」での諸側面を何とか改善することができたとしても、それらは、多くの貧しい子どもや疎外された子どもの大部分の人生における機会を変えることによる、長い目で見た結果の平等に大した影響を恐らく及ぼさないであろう。

　こうなると全体として、やや暗澹たるイメージがわいてくる。教育上の平等に関する著しい成果は過去60年にわたって獲得されたものである。しかし、それらは大部分が広い規模で、中央政府により主導され、国際的な援助機関に支援された改革計画の結果であった。もっと正確に言えば、それらは学校という世界の外側で起こった経済成長や社会構造変化の結果であったか、あるいは今日では一般に利用することができないか、政治指導者たちが選ぶのを躊躇する選択肢、つまり教育予算の膨大な増額の結果だったのである[60]。

　しかしながら、私は本章を希望に満ちた記述で終わろうと思う。世界（特に発展途上にある国々）の至る所で、学校教育の伝統的な教師中心モデルを根本的に変更するための大小さまざまな試みがなされている。それらは、おおむね次のような形式のいくつか、あるいはすべてを使っている。すなわち、十分に訓練を受けた教員、部分的に訓練された教員、教員介助員およびコミュニティ

内の人材の連携。ラジオ、通信教育教材、テレビ、そして稀なケースとしてコンピュータ。仲間同士の啓発。自学自習の教材。児童・生徒と教員が編纂した教材。複式学級。教員中心ではなく児童中心の教授法。学校とコミュニティの間での子どもと大人の自由な交流。地域の実情に合った授業日や学年周期の変更、などである。それらは、中央政府によって計画され命令された改革案によってではなく、一般には刷新的方法の普及過程を通じて広がったものである。それらが成功したのは、教員が上からの「命令に従う」能力あったからとか、喜んでそうしたからではなく、むしろ教員の創造的なエネルギー、熱意、個人の実践的知識が刺激され解放されたからである。そのような改革プログラムは、単に標準的学校のある一面（例えば、カリキュラムの一部）を変更するのではなく、標準的学校教育のモデルの１つあるいはいくつかの部分（例えば、教科書を増加するとか、教師教育を改善するとか）を強化し、１つあるいは２つの新しい特徴をつけ加えるものである。もっと正確に言えば、それらの改革の試みは、学習プログラムがしばしば学校で起こることをわれわれが期待するようになったものとは懸け離れているというように――それは実際に学校と呼ばれる建物の中で往々にして起こったり、拠り所となったりしているのであるが――、標準的な学校教育の徹底的な再編であり、根本的な見直しなのである。それらは、フォーマルな教育とノンフォーマルな教育との間の垣根を取り払い、教授よりも学習を重視する傾向がある。それらが評価された場合、その結果は一般に非常に肯定的なものであった。新しい学習者集団は立派な成果を上げ、そうした学習成果は標準的学校で得られたものより一般にずっと優れている。これらの初等教育プログラムを始めた子どもの90％以上がそれを修了し、評価された彼らの学習レベルは最小限の識字をはるかに越えており、それは標準的学校がしばしば施し得ないものである。また、経費は概して標準モデルのもの以下とはいかなくても、それ以上になることはない。さらに、それらは（標準モードでは）最も社会から疎外され、学業の達成や教えることが最も困難と見なされる児童・生徒にとって役立つものであり、また付加価値という点から見て、学習の結果は目を見張るものである。[61]

　これらの既存モデルを覆す教育改革のプログラムのいくつか主要な例として、以下のものが含まれる。すなわち、今や３万校近くの農村学校に達し、少なくとも他のラテンアメリカ諸国10ヵ国で大小さまざまな規模で適用されているコロンビアの「新しい学校（Escuela Nueva）」プログラムが含まれ

る。現在1300校で導入されているギニアの複式学級プログラム。現在3000校以上で見られるMECE農村複式学級の教育の質向上プログラム（Programa de Mejoramiento de la Calidad de la Educación para la Escuelas Multigrados Rurales）。バングラデシュの農村改善委員会（BRAC）により同国の3万5000もの村で運営され、都市部や他の国々にまで広がっているノンフォーマルな初等教育プログラム。パキスタンおよび他の発展途上国でアガ・カーン財団によって支援されたコミュニティ学校の広範なネットワーク。ガーナ中央部で数千校に広がったスクール・フォー・ライフ・プログラム、今や数千校で運営されているエジプト農村のコミュニティ学校プログラム。これらのプログラムで重要なことは、それらが教授よりも学習に注目し、非常に社会から疎外された若者のために教育学上の優れた経験を提供していることである。加えて、それらは一般に国の学校システムの外側、あるいは周辺部分で運営されている（実際のところ、そのようなシステムに関する設計上の主要な問題の1つは、特に初期段階では、国の学校システムに対する官僚の猛烈な干渉からいかにしてそれらを保護し隔絶するかということであった。かくして、これらの事例は、ますます「脆弱に」[62]なっている国々の衰退しつつある財政的、管理的力量に依存しないで、いかにして最も不利を被っている子どもたちに上質の学習機会をうまく提供できるかを示している。それらはもっと明るい将来について、運営の点で成功を望みうるビジョンをわれわれに提示している。

　しかしながら、これらの成功事例でさえ、貧しく社会から疎外された子どものために学校教育の利用可能性や質を大いに高めることが、そもそもそうした貧困や疎外を作り出し、維持してきた社会・経済的、政治的構造に対して、究極的に何らかの大きな効果を及ぼしうるか否かを述べるには、時期尚早である。確かに、結局のところ、われわれはそれを前もって予知することはできないのである。私が別なところで最近論じたように、人の学習はまさにその性質上、抑圧や統制に制約されないし、その将来の成り行きの予測にも制約されない。最終的な分析として、われわれが本当にできることは、可能性を与え、最善のものを望むことだけだということである。[63]このような文脈において、そうした新しい学校教育のプログラムが広い社会構造のレベルでいかなる最終的な影響を及ぼすにせよ、学校教育の利用可能性と質を大いに改善することは、それ自体が目覚ましい業績であり、非常に価値ある社会的目標なのである。

第 6 章　教育の平等性　261

注

1) 開発の性質、その原因および開発プロセスにおける教育の推定される役割に関して、多くの文献が 1950 年代および 1960 年代に生み出された。当時の学者のほぼ誰もが社会変動に関して、葛藤モデルではなく、合意や平衡モデルに則って動いていたことは注目すべきであるが、ここの紙幅では展開していたさまざまな理論的見解の詳細な分析を行うことはできない。1960 年代中頃を通じての開発に関する文献全般についての役立つ概観としては、C. E. Black, *The Dynamics of Modernization* (New York: Harper & Row, 1966) の特に 175-99 頁を参照されたい。その頃、経済・社会開発における教育の役割であると理解されていたものに関して詳細に見直すためには、Arnold Anderson and Mary Jean Bowman, eds., *Education and Economic Development* (Chicago: Aldine, 1965); Don Adams and Joseph P. Farrell, *Education and Social Development* (Syracuse, N.Y.: Syracuse University Center for Development Education, 1967) を参照されたい。

2) 例えば、1960 年代に、カナダのオンタリオ州は、(何よりも) 若い人々がみなその段階の学校教育を修了できるようにすることを目指した中等教育改革 (ロバーツ計画) を実行した。それは十分な数の新大学を創設し、その段階での収容力を2倍以上になるまで既存の大学の収容力を拡大し、応用美術と技術の 20 を超す中等後教育のカレッジの完全に新しいシステムを確立した。

3) Jean-Pierre Jallade, "The Evolution of Educational Systems in Industrialized Countries: A Summary," *Western European Education* 4, no. 4 (Winter 1972-1973): 330-36; Henry Levin, "The Dilemma of Comprehensive Secondary School Reforms in Western Europe," *Comparative Education Review* 22, no. 3 (October 1978): 434-51; G. Neave, "New Influences on Educational Policies in Western Europe during the Seventies," in *Politics and Educational Change*, ed. Patricia Broadfoot et al. (London: Croom Helm, 1982), 71-85.

4) ユネスコの統計部門からのデータを世界銀行で編集したものとして、*Education Sector Policy Paper*, 3d ed. (Washington, D.C.: World Bank, 1980), 103-6. がある。

5) Philip H. Coombs, *The World Educational Crisis: A Systems Analysis* (New York: Oxford University Press, 1968).

6) 前掲 World Bank, *Education Sector Policy Paper*.

7) Mitchell A. Seligson and John T. Passe-Smith, *Development and Underdevelopment: The Political Economy of Inequality* (London: Rienner, 1993).

8) Don Adams, "Development Education," *Comparative Education Review* 21, nos.

2-3 (June - October 1977): 299-300.

9) Joseph P. Farrell, "A Retrospective on Educational Planning in Comparative Education," *Comparative Education Review* 41, no. 3 (August 1997): 277-313.

10) George S. Counts, *Dare the School Build a New Social Order?* (New York: Day, 1932).

11) ここでの文献は膨大である。いくつかの最近の代表的な例としては、Marlaine Lockheed and Adrienne Verspoor, *Improving Primary Education in Developing Countries: A Review of Policy Options* (Washington, D.C.: World Bank, 1990); K. N. Ross and L. Mahlick, *Planning the Quality of Education* (Paris: International Institute for Educational Planning, 1990); K. N. Ross and L. Mahlick, *Education and Knowledge: Basic Pillars of Changing Production Patterns with Social Equity* (Santiago, Chile: UNESCO-CEPAL, 1993); J. M. Puryear, *Education in Latin America: Problems and Challenges,* Prealc Occasional Paper no. 7 (New York: Inter-American Dialogue, 1997); Inter-American Development Bank, *Reforming Primary and Secondary Education in Latin America: An IDB Strategy* (Washington, D.C.: Inter-American Development Bank, 2000) ; Annabette Wits and George Ingram, Universal Basic Education: A Progress Based Approach to 2025 (Washington, D.C.: United States Agency for International Development and Education Policy and Data Center, 2011).

12) この見方に関する古典的記述については、Martin Carnoy, *Education as Cultural Imperialism* (New York: McKay, 1974); Samuel Bowles and Herbert Gintis, *Schooling in Capitalist America* (New York: Basic Books, 1976. 邦訳は宇沢弘文訳『アメリカ資本主義と学校教育――教育改革と経済制度の矛盾』岩波書店、1986年). を参照されたい。

13) 例えば、Martin Carnoy and Henry Levin, *Schooling and Work in the Democratic State* (Stanford, Calif.: Stanford University Press, 1985). Daniel P. Liston, *Capitalist Schools: Explanation and Ethics in Radical Studies of Schooling* (New York: Routledge, 1990). を参照されたい。私たちは過去40年以上にわたって国際比較的な情報から多くを学んできたが、ソーシャル・エンジニアリングの一形態として学校を使うことの可能性や望ましさに関する基本な議論は、ずっと昔に遡ることを覚えておくことが大切である。P. S. Hlebowitsch and W. Wraga, "Social Class Analysis in the Early Progressive Tradition," *Curriculum Inquiry* 25, no. 1 (Spring 1995): 7-22. を参照されたい。

14) Cesar Birzea, "Education in a World in Transition: Between Post-Communism and Post-Modernism," *Prospects* 26, no. 4 (1996): 673-81.

15) D. Rondinelli, J. Middleton, and A. Verspoor, *Planning Educational Reforms in Developing Countries: The Contingency Approach* (Durham, N.C.: Duke University Press, 1990); 前掲 Farrell, "Retrospective on Educational Planning."

16) Joseph P. Farrell, "Narratives of Identity: The Voices of Youth," *Curriculum Inquiry* 26, no. 3 (Fall 1996): 1-12. およびこの編集者の辞に続く諸論文も参照されたい。その他に、Elizabeth Ellsworth, "Claiming the Tenured Body," in *The Center of the Web: Women and Solitude*, ed. D. Wear (Albany: State University of New York Press, 1993), 63-74; S. K. Walker, "Canonical Gestures," *Curriculum Inquiry* 24, no. 2 (Summer 1994): 171-80; Patti Lather, *Getting Smart: Feminist Research and Pedagogy within the Post-Modern* (New York: Routledge, 1994); Ming Fang He, "Professional Knowledge Landscapes: Three Chinese Women Teachers' Enculturation and Acculturation Processes in China and Canada," Ph.D. diss., Ontario Institute for Studies in Education/University of Toronto, 1999. も参照されたい。

17) 教育的平等の概念の初期の変化に関する特に有益な歴史分析は、James S. Coleman, "The Concept of Equality of Educational Opportunity," *Harvard Educational Review* 38, no. 4 (Winter 1968): 7-22. に見られる。

18) V. J. Baker, "Education for Its Own Sake," *Comparative Education Review* 33, no. 4 (November 1989): 507-26.

19) この議論の延長および特定の発展途上国における長期にわたる教育上の平等の問題に対する「モデル」の適用については、Joseph P. Farrell and Ernesto Schiefelbein, *Eight Years of Their Lives: Through Schooling to the Labour Market in Chile* (Ottawa: International Development Research Centre, 1982). を参照されたい。

20) UNICEF, *The State of the World's Children: Special Edition* (Paris: UNICEF, 2011).

21) UNESCO, *Education for All: Status and Trends* (Paris: UNESCO, 1993): 17.

22) 同上 UNESCO, *Education for All*, 10.

23) 前掲 Lockheed and Verspoor, *Improving Primary Education*, 31.

24) 前掲 World Bank, *World Development Report 2000/2001*, UNESCO, *The Dakar Framework for Action: Education for All: Meeting Our Collective Commitments* (Paris: UNESCO, 2000), 9-13.

25) これらの需要側の障害に関する範囲を拡げた分析については、Mary Jean Bowman, "An Integrated Framework for Analysis of the Spread of Schooling in Less Developed Countries," *Comparative Education Review* 21, no. 4 (November 1988): 563-83. を参照されたい。

26) 前掲 The World Bank. *World Development Report 2011.*

27) 同上 The World Bank. *World Development Report 2011* および UNESCO, The Dakar Framework, 9-13.

28) Lockheed and Verspoor, *Improving Primary Education* と UNESCO. *Education for All Year 2000 Assessment: Statistical Document* (UNESCO: Paris, 2000). および UNICEF, *The State of the World's Children, 2011.* とを比較されたい。

29) Joseph P. Farrell, *Improving Learning: Perspectives for Primary Education in Rural Africa*, paper presented at World Bank/UNESCO Seminar on Primary Education in Rural Africa, Lusaka, Zambia, 1998.

30) Jerome Paquette, "Universal Education: Meanings, Challenges and Options into the Third Millennium," *Curriculum Inquiry* 25, no. 1 (Spring 1995): 23-56; Benjamin Levin, "Dealing with Dropouts in Canadian Education," *Curriculum Inquiry* 22, no. 3 (Fall 1992): 257-70; Joseph P. Farrell, "Educational Problems and Learning Solutions," *Curriculum Inquiry* 22, no. 3 (Fall 1992) ; *Statistics Canada*. 2006 Census.

31) T. Bailey, "Jobs of the Future and the Education They Will Require: Evidence from Occupational Forecasts," *Educational Researcher* 20, no. 2 (February 1991): 11-20. 前掲 Hyneman 論文も参照されたい。

32) UNESCO, *Education for All Year 2000 Assessment*, 36; World Bank, *World Development Report 2000/2001*, 284-85.

33) 前掲 The World Bank, World Development Report 2000/2001, 284-85.

34) リデルは、分析のために方法論上の批判とそれが分析に対して持つ意味について、特に有用な要約を提供している。Abby R. Riddell, "Assessing Designs for School Effectiveness Research and School Improvement in Developing Countries," *Comparative Education Review* 41, no. 2 (May 1997): 178-204.

35) 古典的研究は、Stephen P. Heyneman and William Loxley, "The Effects of Primary School Quality on Academic Achievement across Twenty-nine High and Low-Income Countries," *American Journal of Sociology* 88, no 3 (May 1983): 1162-94. である。

36) 前掲 Riddell, "Assessing Designs."

37) Philip Foster, "Education and Social Differentiation in Less Developed Countries," *Comparative Education Review* 22, nos. 2-3 (June-October 1977): 224-25.

38) Joseph P. Farrell, "International Lessons for School Effectiveness: The View from the Developing World," in *Educational Policy for Effective Schools*, ed. Mark Holmes et al. (New York: Teachers College Press, 1989), 14.

39) Joseph P. Farrell and Stephen P. Heyneman, eds., *Textbooks in the Developing World: Economic and Educational Choices* (Washington, D.C.: World Bank, 1989),

3-5. 前掲 Farrell, "International Lessons," および Lockheed and Verspoor,. *Improving Primary Education.* も参照されたい。

40) W. B. Elley, *How in the World Do Students Read?* (The Hague: International Association for the Evaluation of Educational Achievement, 1992); Laurence Wolff, Ernesto Schiefelbein, and Paulina Schiefelbein, *Primary Education in Latin America: The Unfinished Agenda* (Washington, D.C.: Inter-American Development Bank, 2002), 11-15; UNESCO, *Informe sub-regional de America Latina de EFA* (Santiago, Chile: UNESCO Regional Office for Education in Latin America and the Caribbean, 2000); Alejandro J. Gaminian and Alejandra Solara Rocha. Measuring Up? How Did Latin America and the Caribbean Perform on the 2009 Programme for International Student Assessment? (Washington, D.C.: Partnership for Educational Revitalization in the Americas, 2011).

41) 前掲 Farrell and Heyneman, *Textbooks in the Developing World*, 3-4; Farrell, "International Lessons."

42) Wolff et al., *Primary Education in Latin America*; *Association for the Development of Education in Africa* (ADEA) Newsletter 14, no. 2 (July - September, 2002); UNESCO, *The Dakar Framework*.

43) Joseph P. Farrell "The Use and Abuse of Comparative Studies of Educational Achievement." *Curriculum. Inquiry* 34, no. 3 (2004) 255-65.

44) Helen Abadzi, *Efficient Learning for the Poor: Insights from the Frontier of Cognitive Science* (Washington, D.C.: The World Bank. 2006).

45) Ernesto Schiefelbein. *School Performance Problems in Latin America: the Potential Role of the Escuela Nueva System.* 2006年にコロンビアのメデジンで開催された第2回国際新学校会議（the Second International New School Congress）のために準備された論文。

46) Joseph P. Farrell. "Literacy and International Development: Education and Literacy as Basic Human Rights" in David R. Olson and Nancy Torrance (eds.), *The Cambridge Handbook of Literacy* (Cambridge, U.K: Cambridge University Press, 2009), 520.

47) この問題は "Symposium: World Bank Report on Education in Sub-Saharan Africa," *Comparative Education Review* 33, no. 1 (February 1989): 93-133. の中で熱心に議論された。恐らくアクセス/就学継続と平等の間で必然的に起こりうる相殺については、さらに万人のための教育世界会議で議論された。Kenneth King, "Donor Support to Literacy, Adult Basic and Primary Education," *NORRAG News* 7 (March 1990): 52. を参照されたい。

48) Nan Lin and D. Yauger, "The Process of Occupational Status Achievement: A Preliminary Cross-National Comparison," *American Journal of Sociology* 81, no. 6 (November 1975): 543-62.

49) Ernesto Schiefelbein and Joseph P. Farrell, "Selectivity and Survival in the Schools of Chile," *Comparative Education Review* 22, no. 2 (June 1978): 326-41.

50) 前掲 Farrell and Schiefelbein, "Education and Status Attainment in Chile," 490-506.

51) 裕福な国々の間での古典的な研究については、Christopher Jencks et al., *Inequality* (New York: Basic Books, 1972. 邦訳は橋爪貞雄、高木正太郎訳『不平等——学術成績を左右するものは何か』黎明書房、1978 年); R. Boudon, *Education, Opportunity, and Social Inequality* (New York: Wiley, 1973); R. Boudon, *Education, Inequality and Life Chances* (Paris: OECD, 1975). を参照されたい。.

52) Joseph Zajda, "Education and Social Stratification in the Soviet Union," *Comparative Education Review* 16, no. 1 (March 1980): 3-11; Alison Price-Rom, "The Pedagogy of Democracy in Seven Post-Soviet States," paper presented at the annual meeting of the Comparative and International Education Society, Orlando, Florida, March 2002; 前掲 Birzea, "Education in a World in Transition."

53) この立場に関する初期の記述については、Bob Kuttner, "The Declining Middle," *Atlantic Monthly* (July 1983): 60-72; Bob *Kuttner, Economic Growth/ Economic Justice* (New York: Houghton-Mifflin, 1984). もっと最近の議論については、前掲 Paquette, "Universal Education." を参照されたい。

54) 前掲 Farrell and Schiefelbein, "Education and Status Attainment."

55) 前掲 Paquette, "Universal Education"; および前掲 Levin, "Dealing with Drop-outs."

56) Daniel C. Levy, *Higher Education and the State in Latin America: Private Challenges to Public Dominance* (Chicago: University of Chicago Press, 1986); Joseph P. Farrell, "Higher Education in Chile," in *International Encyclopedia of Higher Education*, ed. Philip Altbach (London: Pergamon, 1991), 325-42; Laurence Wolff and Claudio de Moura Castro, *Public or Private Education for Latin America: That Is the (False) Question* (Washington, D.C.: InterAmerican Development Bank, 2001).

57) Jennifer Adams, "Teacher Attitudes toward De-Centralization in a Decentralized and Centralized System: Ontario and France," Ph.D. diss., Ontario Institute for Studies in Education, 1996.

58) Diane Ravitch. *The Death and Life of the Great American School System: How Testing and Choice Are Undermining Education* (New York: Basic Books, 2011), 12.

59) Joseph P. Farrell. "Why Is Educational Reform So Difficult? Similar Descriptions, Different Prescriptions, Failed Explanations," *Curriculum Inquiry* 30, no. 1 (Spring, 2000): 83-103.

60) 例外はもちろん存在する。教育費支出を著しく増加させる政治的意思を見出し、教育上の不平等に対する積極的な影響を及ぼしているように見える改革を効果的に実施する国がある。エジプトはそのような事例の1つである。UNESCO, *Review and Assessment of Reform of Basic Education in Egypt* (Paris: Author, 1996); Joseph P. Farrell and Michael Connelly, *From a Massive Reform Model to an Innovation Diffusion Model of Change, report for UNICEF-Egypt* (Cairo: UNICEF, 1994). を参照されたい。チリはそうした別の事例である。1990年代に、一連の民主的に選出された政府は教育への支出を倍増し、そのことはここで議論している学校内部の3つの側面のすべてにおいて著しい改善をもたらした。Noel F. McGinn, "Commentary," in Fernando Reimers (ed.),*Unequal Schools, Unequal Chances: The Challenges to Equal Opportunity in the Americas*, ed. Fernando Reimers (Cambridge, Mass.: Harvard University Press, 2000), 179-81. を参照されたい。

61) これらの「代替的」プログラムについての利用可能な証拠の要約と分析に関しては、Joseph P. Farrell, "Community Education in Developing Countries: The Quiet Revolution in Schooling." In *Sage International Handbook of Curriculum and Instruction* (Sage Publications, 2006), Chapter 21 and Joseph P. Farrell, "Educational Planning: Blind Alleys and Signposts of Hope." In Mark Bray and N. K. Varghese (eds.) *Directions in Educational Planning: International Experiences and Perspectives* (Paris: International Institute for Educational Planning/UNESCO, 2011; 63-87. を参照されたい。

62) Bruce Fuller, *Growing Up Modern: The Western State Builds Third World Schools* (New York: Routledge and Kegan Paul, 1991).

63) 前掲 Farrell, *Retrospective on Educational Planning*.

第7章 21世紀における女性の教育

ネリー・P・ストロムクィスト

　国際的な女性運動が女性の直面する社会的、経済的不平等に最初に注意を促して以来、およそ35年が経過した。この期間中に、女性の向上における教育と学校の役割を含めて、ジェンダーに関する問題の定義や理論化において実質的な進歩が見られた。フォーマルな学校システムの中での変化の種類や程度に関しては、それほど大きな進展は起こらなかった。先進工業国は、より豊富な資源をもち、より多くの組織された女性グループと、より敏感に世間の圧力に対応する制度を有しており、発展途上国に比べて大きな変化を遂げた。しかし、前者においてさえ、多くの仕事がこれから遂行されるべく残っている。

　ジェンダーと教育の関係について論ずる場合、教育一般と学校教育とを区別しておくことが必要である。教育という言葉は、ここでは国の学校システムによって授けられる広い知識や専門的な知識ばかりでなく、それらを上回る知識の伝達を意味するために使われる。教育は、フォーマルな状況でも、ノンフォーマルな状況（例えばコミュニティ・グループによって成人に提供されるプログラムやクラス）でも、そしてインフォーマルな状況（特に家庭内において、あるいはマスメディアによって伝えられた知識）でも生じる可能性がある。学校教育は、フォーマルな教育機関、つまり、主に学校と大学を通して伝えられる構造化され制度化されたタイプの知識に特に関わるものである。この区分は本質的である。というのも、大半の学校教育の保守的な性質を考えると、ジェンダーに関わる変容過程の大半が起こってきた、あるいはこれから起こりそうなのは、ノンフォーマルな教育の場においてだからである。

　本章では開発途上国における学校教育と教育について論じるが、それらがジェンダー問題に対してもっている意味や関連に焦点を絞ることとする。本章では、最近数十年間における展開に力点を置き、理論、政策および実践に沿って、ごく最近の展開を概観することに努める。

概念上および実際面での変化に関する議論は、教育に関与する特定の重要グループを識別しなければならない。というのも、彼らのジェンダーに対する立場は同じではないからである。政府および開発機関（二国間・多国籍の双方とも）の間で、女性の教育の問題は、「目に見えないもの」であった状態から、それを優先事項と考える必要性が明確に認識されるところまで変わってきた。公式の見解は現実というよりもレトリックである傾向があり、これまでのところ、近代化過程における重要な仲介者（mediators）としての女性の理解に基づくものであり、自律的な市民としての女性の理解に至っていない。国際的開発機関は政府を相手にする政策を継続しており、それらの行動は政府の側につく傾向がある。女性を向上させるために国際的開発機関が払ってきた教育面での努力は、一般に学校教育および生産技術へのアクセスに焦点を絞ったものであった。女性運動内部のグループあるいはそれと緊密に関係しているグループの間では、教育は社会的地位向上に向けての重要な手段と考えられ、また、価値のある知識はこの方向の経験から獲得されると考えられている。開発途上国の文脈でジェンダーと教育の問題を考える先駆者の1人であるゲイル・ケリー（Gail Kelly）は、女性教育がどのように社会を改善しうるかだけでなく、教育がどのように女性自身の生活を改善することができるかについても理解するよう、私たちに忠告した[1]。この点は、政府あるいは国際機関のいずれによっても未だ捉えられていない。

　1970年代のジェンダーに関する教育研究は、教育の機会（主として学校教育へのアクセス）の性別による不平等を実証することに集中していた。1980年代には、研究の焦点がこれらの機会を決定する要素、教育と仕事・報酬の関係、そして社会にとっての女性教育の利得といった諸問題を検討することに拡大した[2]。世界銀行の支援の下、1990年代におけるその後の研究は、女子教育に対する障害の検討、そして特に彼女らの教育から得られる個人的、社会的恩恵に関する検討という方向で続いた[3]。こうした研究は、女性にとっての資源としての教育の重要性と、教育はそれが与えるものとその結果のいずれにおいても中立ではないという事実を際立たせるのに有効であった。諸研究が共通して見出したのは、学校教育は女性の所得を増大させるが、彼女らの男性への経済的依存を取り除くことはないというものであった。女性が学校教育を受ける年数は結婚に関する決定に影響を与えるが、それら2つの事柄の間には直線的な関係は存在しない。女性の人生を左右するこれら2つの重大な事柄は、学校教

育が経済・社会の発展にとって重要であるとはいえ、女性の従属的地位を変えるには十分ではないことを示している。かなり高いレベルの学校教育を修了した後でさえ、女性は政界において周縁的地位にとどまったままであった。ジェンダー別の平等性がすべての教育段階で非常に接近している地域であるラテンアメリカに注目した諸研究は、共学という条件が社会的結果に及ぼす影響、教員組合への女性の参加と権力、大学レベルの政治における女子学生、成人女性に対する民衆教育の経験といった就学機会や質を超えた諸問題に注目した。[4]
ジェンダーと教育に関する2010年代に典型的に見られた第三世代の研究は、例えば、教育変革の過程で女性教員が果たす役割、歴史教科書におけるジェンダーや民族問題の扱い、女性教員に見られる専門家としてのアイデンティティと個人的アイデンティティの間の緊張といった、ジェンダーの観点から余り頻繁には見られない教育上の諸現象を検討した。そうした研究はまた、カリキュラムの中に性教育のような論争の的になるテーマを組み込むことに伴う騒擾経験に対して、[5] そして、アフリカやラテンアメリカの国々ではそれほど珍しくもないセクハラ、さらに強姦さえ行われるために、少女にとって学校が楽しくない、むしろ恐ろしい環境であるという認識に対して、より多くの注意を払った。[6]

教育制度の理解に対するフェミニズム論の貢献

社会は、社会的相互関係のうち補足的ではあってもほとんど対称的でないレベルの相互依存の上に成り立っている。いくつかの行動規範が安定した階層的社会制度を作るために使われる。ジェンダーは唯一ではないが、すべての社会において主要なタイプの差別として浸透している。フェミニズム論は、社会関係全般を理解するための中心的位置に女性と彼女らの生活を置こうと努力している。フェミニズムは批判理論の一形態であり、そのメンバーないし使用者が外見の奥に隠れたものを見出し、その基礎となっている構造を理解し、たとえ歪曲されても彼女らの生活に意味を与えることを可能にするような1つの運動と表現するのが最もよかろう。[7] ジェンダーというレンズを通して、われわれは、抑圧のメカニズムを理解し、女性および男性が彼らの生活のさまざまな局面で行う明らかに「自由な選択」を形作っている種々の力を見出すことができる。
フェミニズム論は記号(シンボル)と実体(マテリアル)、ミクロとマクロ、つまり、個人的で親密なものと制度的なもの、家族とコミュニティ、個人と周りの社会、学校と国家と

いったものを分析的に結びつける必要性を強調してきた。これらの場は現実生活の中では関連しており、それらの結びつきは学校や大学といった制度について検討する中で認識されるべきである。

学校教育はジェンダー変容の過程で逆説的な状況を呈する。学校教育は、紛れもなく文化資本、雇用そして社会移動の主要な源泉である。その重要性は非常に広範なものであるので、ほとんどの国々は万人のための義務的公教育を命ずる方向に動いてきた。同時に、しかしながら、教育機関は家父長的社会の価値や規則を反映する保守的場である。[8]

今日ジェンダー研究者の間では、学校教育の経験の全体を構成するさまざまな側面、つまり、カリキュラム、教授方法、友達同士の関係、課外活動などが検討されるように、教育機関の包括的な分析を行う必要性がますます理解されるようになっている。学校教育はジェンダー別に組織され、女子と男子とで異なった影響を及ぼし、しばしば男らしさと女らしさの政治化された形態を創り上げている。第三世界の国々より開放的な社会制度をもつ傾向がある先進国での研究は、ジェンダーに則って組織された学校の権限構造、教師の期待と教室での授業実践、そして友達同士の付き合いを明らかにしている。[9] 学校教育のジェンダーがらみの性質に関する知識は1980年代から確かに存在した。しかし、近年では、社会階層やエスニシティによる違いを越えて、これらの条件や存在が広く行き渡っている性質のものであることを示すずっと多くの証拠が蓄積されてきた。質的研究の手法は、教育機関における生徒の日々の経験を実証するのに役立った。それは、個人が自己認識や社会における自らの役割に関する認識を、徐々にだがしっかりと形作るような多くの出来事が、時にはゆっくりと、しかし累積的に起こる性質に注意を向けた。[10] 近年ではまた、ジェンダーと社会階層、そしてエスニシティの間の交差に関して、より大きな概念上の注意が払われるようになった。しかしながら、これらの関心事が実際の研究において常に具現化するとは限らなかった。なぜならば、この種の研究はかなり複雑な調査デザイン、あるいは見つけるのが簡単ではない相当に不均質な学校環境に接近する必要があるために、かなりの資金を要するからである。ソーシャルマーカー[訳注1]の交差の問題は、概念的には重要である。だが、ポストモダニズムによって厳しく批判された「大きな物語」の概念をただしたものの、状況の多

訳注1　特定の社会や集団において部内者が部外者を識別するために共有する事物。

様な可変性や捉えどころのない複雑さを取り入れることで、社会問題から政治色を取り除く恐れのある数え切れないほどの差異を取り込む危険を冒す。この葛藤、つまり、複雑で流動的なジェンダー・アイデンティティを認めることと、「女性」といった大まかなカテゴリーを扱うこととの葛藤は、十分に解決されていない（本書の第1章を参照されたい）。戦略的行動および政治的動員の目的のためには、集合的な自己認識(セルフデフィニション)をもって働くことが不可欠であるように思える。すなわち、われわれは、拡散したアイデンティティに基づいて政治的に働くことはできないのである。女性が生きていく上での多様な経験が存在するけれども、それらは女性という性ゆえに集合的に経験されるのである。[11]

今日のジェンダー理論は、社会を形作る上での権力や国家の役割により敏感である。この理解を学校教育にまで敷衍することは、女らしさ、男らしさという二元的なカテゴリーの形成において学校が演ずる役割を強調し、また、国家がそうした学校教育の擬似的独占を通じて、どのようにこのプロセスに加担しているかを強調した。コンネル（Robert Connel）などの思想家は、組織された国家権力の中心的役割を詳説し、性差を意識した主体性の発達において学校が果たす役割を強調するのに力があった。[12]

ルイ・アルチュセール（Louis Althusser）によって提案された分析枠組みによれば、学校教育は国家のイデオロギー装置として機能しているという。[13] しかし、学校教育は、生徒が自分自身の先入観を持ち込み、そうした先入観を友達からの働きかけの力によって現実に変える空間でもある。学校教育はそれ自体では機能しないのである。生徒と教師は、彼らが家庭やコミュニティの中で学んだ多くの価値、態度および信条を教室へ持ち込む。これらは、教科書、教師と生徒間の相互作用、仲間集団の付き合い、および一般に学校の文化や組織の中での女と男の捉え方を通じて、学校の中で再現されるようになる。

フェミニズム論の重要な特徴は、知識と行為の結びつきを強調することである。学校は単に「理解される」だけでなく、潜在的に変容させる力のある社会空間として見られなければならない。そこでは有用な知識が教え込まれ、既存の知識や文化についての反省が起こりうるのであり、存在や生存についての代替的方法が想像され探求されうるのである。教育と女性に関して世界で広く行われている支配的な議論は、女性の学校教育への参加、少なくとも基礎教育へのアクセスという点での参加の重要性を認めた。このように女性の教育に対する権利を護ることは、確かに歓迎されるものである。同時に、就学機会の側面

が強調されるあまり、学校教育の他の側面、すなわち家父長的社会秩序を再生産する傾向がある学校教育のカリキュラム内容、教師と生徒の相互作用、仲間文化、そして学校全般の内的風土が問題にされないまま残された。状況についてのこうした定義は、女性運動にとって重要な課題を提起している。就学機会がなければ、いかなる知識が獲得されるべきかという問題も一向に解決されないことになる。一方、既存の教育機関に疑問をもつことがなければ、獲得された知識は不平等、不公正な現状を肯定しがちになるであろう。

　批判理論と同様に、フェミニスト・アプローチは抑圧された人々による抵抗の可能性である個人および集団の作用という考え方に敏感である。そうした抵抗は、権力が公的な制度やヒエラルキーの中に存在するだけでなく、われわれの日常生活の中の複数の、低いレベルの相互作用の中にも存在するというフーコー流の信条から導かれる現象である。教師と生徒が新たな定義や個人的アイデンティティを作り上げようと努め、生徒はジェンダーがらみの支配的な表現を受け身的に受け入れるのではなく、その価値と意味について議論するという、せめぎ合いの場として学校を分析することがますます強調されている。学校での日常生活についての教師の新しい主体性と交渉の可能性が、学校教育の変容を実現するための手段としてますます思い浮かべられるようになっている。

　それゆえ、近年では、学校と大学でのフェミニストの活動はずっと先を見越した戦略に向かって動いてきた。低い教育段階では、そうした戦略には、家父長制度、性差別主義、人種的偏見を少女や少年の生活に関する議論の中に取り込み、少女が学校や教室の中で「対等な付き合い」についての経験を探り、そうした状況を作ることができる空間にしていくことを含んでいる。それはまた、生徒の性的指向についての認識や保護を含んでいる。大学レベルでのそうした実践には、さまざまな女性学のコースを受講することや、若い研究者（博士課程の学生および新進の教員）が、研究の生産性向上からテニュア付き地位への昇進の「こつを覚える」ことまで、さまざまな方法に関して、年配の教授たちの支援を受ける指導助言メカニズムの形成に参画することが含まれる[14]。

　学校教育の拡張が人生における機会に及ぼすインパクトに関するモデルは、かつてに比べればずっと完全なものになりつつある。以前であれば、そうしたモデルは放棄所得、現在および将来の利得、直接経費、学校設備の供給およびマスコミといった変数を含んでいたが[15]、今日では、早婚や若くして母親になること、娘より息子が好まれる傾向といった変数に反映される家父長的イデオロ

第 7 章　21 世紀における女性の教育　275

ギーの問題に対してより開かれたものになっている。これらの変数は、女性と男性とで徹底的に区別された役割に対する社会の信条を直接に対応するものではない。しかし、それらは、差異化の論理が働いていることを認めるものであり、必ずしも経済的な裏づけはないが、長年にわたる文化規範を反映した論拠があることを認めるものである。研究者はさらに彼らの経済的議論において、より正確になっている。その一例はクリストファー・コルクロー（Chiristopher Colclough）である。彼は、収益率分析が学校教育に関する親の負担と子どもへの経済的見返りとを比べるものであるが、実際のところ、学校教育を決定するのは子どもを学校に通わせることによる親の負担と利得であると述べている[16]。この見解は、なぜある親は子どもから幼少の数年間に学校教育を奪うことで子どもの教育上の機会に悪影響を及ぼすのかを解明している。家事労働、より具体的には農村の家庭で薪拾いや水汲みに費やされる時間の重要性を考えると、政府が物理的なインフラ整備により大きな投資を行うことにより、少女がもっと多く学校に通える機会を得られるようにすべきであることがますます明らかになっている。

　リン・アイロン（Lyinn Ilon）のマクロ経済学的・社会的変数に関する研究は、この点を補強している[17]。彼女は、輸出集約的になり、1 人当たり国民総生産（GNP）が増大している国々は、中等学校に通う女子の比率を高める傾向があることを見出している。この発見は、フェミニズムの議論および次のようなアメリカ合衆国とラテンアメリカの両方で観察された実証しうる事実と両立しうるものである。つまり、女性が労働力として男性と同じように競い合い、同一給与のための資格を得るには、女性は男性より約 4 年長い教育を必要とすることに示されるように、女性はもっと教育を必要とするという事実である。さらに、家計収入が増大するにつれて、少女の家事労働に対する必要性は縮小しているのである。

　要するに、教育に対するフェミニズムの観点からの貢献は、教育システムについて全体的に検討する必要性や、さまざまなレベルの社会組織の影響力を検討する学際的な分析の必要性、そして、起こりうる短く一時的な何らかの中断の間にある変容の機会を有効に使う政策ないしそれを擁護する立場の必要性を強調していることである。

女性の学校教育の諸条件

　学校教育への就学機会は時間とともに増大した。20～24歳のグループをより年齢の高い層と比べると、より若い世代のほうがより高い学歴を必ず示すものである。幾人かの観察者は[18]、教育システムの拡張が一国内の経済的、政治的、社会的要因とは無関係に起こると述べており、従って、影響力のある「国境を越えた力」あるいは「世界文化」が働いていることを示唆している。学校教育の拡張に対するその他の理由には、国際的な経済の力学（つまりアイロンによって示されたように、より輸出集約的になるか、1人当たりの所得が増大している国々）、社会的模倣、そして女性の学校教育の場合には、女性運動の圧力の増大が含まれる。後者の主張を裏づけることとして、たとえジェンダー格差が残っていても、また、成長のペースが1988年から1993年までの期間中に最大でも1.1％だけ女性が有利であったというように、きわめて遅いとはいえ、過去15年にわたって、教育への女性の参加は一般に男性より速く増加してきている[19]。

　教育統計に関する公的なデータは往々にして不正確だが、それにもかかわらず、そうした公的なデータはわれわれが地域間比較や国家間比較のための自由に入手しうる唯一の数字である。最近の統計は、先進国では、女性が初等教育就学者の49％、中等教育就学者の49％、高等教育就学者の56％を占めるというように、すべての教育段階においてジェンダー格差がなくなったことを示している。発展途上国では、女性が初等教育就学者の46％を占めるものの、中等教育、高等教育の就学者ではそれぞれ43％、40％を占めるだけであるというように、状況には著しい格差があることを示している[20]。1つには最近のグローバルな教育政策ゆえに、低所得国の初等教育修了率は1990年の44％から2008年の63％に上昇した[21]。しかしながら、農村や少数民族の多くの人々は依然としてフォーマルな学校教育への就学機会をもっていない。ひどく排除されている集団には、ラテンアメリカのアフリカ系ラティーノ住民、東アジアの山岳民族、インドの指定カースト・指定部族がある[22]。多くのサハラ以南のアフリカの国々では少女の小学校卒業率は50％以下であるから、女性の世界規模での非識字率は男性のそれを上回り続けるだろうと予想されるかもしれない。

　表7.1は特定の発展途上にある地域ごとの就学データを示している。同表は

表 7.1 地域、教育段階別の粗就学率に関するジェンダー平等指数

	年度	初等教育	中等教育	高等教育
サハラ以南	1970年	0.69	0.49	0.25
	1980年	0.79	0.58	0.29
	1990年	0.83	0.74	0.46
	1992年	0.82	0.80	0.55
	2010年	0.91	0.80	0.66
ラテンアメリカ・カリブ海地域	1970年	0.95	0.93	0.49
	1980年	0.95	0.99	0.58
	1990年	0.95	1.07	0.74
	1992年	0.91	1.07	0.80
	2010年	0.97	1.04	0.80
東アジア・大洋州	1970年*			
	1980年	0.83	0.70	0.56
	1990年	0.89	0.78	0.66
	1992年	0.92	0.83	0.68
	2010年	1.01	1.03	1.01
南アジア	1970年*			
	1980年	0.61	0.47	0.34
	1990年	0.71	0.52	0.66
	1992年	0.73	0.62	0.68
	2010年**	0.96	0.91	1.01
アラブ諸国	1970年	0.57	0.43	0.31
	1980年	0.70	0.69	0.45
	1990年	0.77	0.73	0.57
	1992年	0.80	0.82	0.69
	2010年	0.92	0.89	0.97

出典：ユネスコ統計、1982年、1995年、2002年、2010年。
注　*　1970年の統計については「アジア」として一括されたカテゴリーだけがあり、後の年度についてはこの区分が適用できない。
　　**　2010年度のユネスコ統計は、アジア南部地域を指すものとして南および西アジアのカテゴリーが今は使われている。

さらに、男性と比較して女性の就学状況を示すためにジェンダー平等指数（Gender Parity Index; GPI）を使っている。理想的な状況の下では、男性100人に対する女性の人数を表す指数が完全な平等を示す1.0になるはずである。ほとんどの場合、女性は男性と比べて依然として不利な立場にある。しかしながら、過去30年間に大きな転換が生じた。すべての発展途上にある地域で、初等および中等教育の安定した発展が見られた。また、高等教育における女性就学者には著しい増加が起こった。アラブ諸国では、すべての教育段階でかな

り劇的な変化が起こった。ラテンアメリカとカリブ海地域では、総計で見れば、中等教育段階では女子が男子より少し多く就学し、高等教育では今や男子を越えている（本書の第1章、第2章を参照されたい）。

通常の教育統計と違って、家族の所得情報の集計を含んでいる47の発展途上国の家計に関する調査データは、あらゆる地域、そして社会階層や年齢集団を越えて、女子が（ラテンアメリカの20〜24歳の年齢集団を除いて）男子ほど学校に通っていないことを示している。若者が青年期に達するにつれて、貧しい女子の相対的な不利は大幅に高まり、ジェンダーと社会階層との相互作用を表している。[23]

いくつかの国々、例えばアフリカのモーリシャス、レソト、ボツワナおよびナミビア、アジアの韓国、中東のヨルダン、そして、ラテンアメリカのホンジュラス、ジャマイカ、コロンビア、アルゼンチンでは、男子より多くの女子が小学校に通っているのである。このように女子がより多く就学していることは、ジェンダーによる差異の単純な欠如ではなく、むしろこれらの社会における特別のジェンダー力学を映し出しているのである。例えば、レソトとナミビアの場合には、男性が女性より物理的な可動性をもっており、男性労働力が南アフリカに輸出され、後に残されたより多くの女性が学校教育に向かうのである。ジャマイカのようないくつかの小さな島は、奴隷制度の下で家族の崩壊に苦しみ、女性がより大きな経済的責任を担い、かくして学校教育に対するより大きな必要性をもつようになったという結果がもたらされたのである。モンゴルは遊牧の国であり、そこでは性による分業や性に関する規範のために、少年のほうが監督されない仕事により向いていると考えられている。コロンビアとアルゼンチンは、若い男性が女性より低いレベルの教育にもかかわらず都市労働力に早い時期に組み入れられる傾向を示している。これらの説明はそのような現象を調査する詳細な研究に基づくものでない。なぜなら、そうした調査は行われていないからである。

さまざまな段階の学校教育への女性のアクセスが増えることは、それぞれの社会における差別の指標としてのジェンダー格差が消滅することを自動的に反映するものではないとカテゴリー別に断言しうるかもしれない。もし本当にそうであれば、男性と女性の給料、職業および政治的地位において、はるかに均衡のとれた分配が見られるであろう。社会における女性と男性の平等を測る最も承認された手段の1つであるジェンダー・エンパワーメント指数（GEM）が

『人間開発報告』によって開発されたが、それで示される平等状態に最も近い国は指数 0.76 のスウェーデンであることが明らかになっている（スウェーデンの女性は、男性のもつ経済、政治上の権力へのアクセスの 4 分の 3 を有していることを示している）。発展途上国のうちで最も高い GEM スコアはバルバドスの 0.54 である。2011 年には、GEM がジェンダー不平等指数（GII）に置き換えられた。同指数は 3 つの次元（性と生殖に関する健康、エンパワメント、労働市場への参加）について測るものである。GII の解釈はそれほど簡単ではない。すなわち、不平等がない状態であれば、GII は 0 になる。GEM が示したように、GII も国々の内部ならびに先進国と途上国との間の深刻なジェンダー不平等を示し続けている。人間開発の非常に高いレベルの国々には、平均で 0.224 の不平等がある。対照的に、人間開発の度合いの低い国々は、GII が 0.606 という不平等のレベルを示している。もう 1 つ別の重要な統計は、学校に通っていない子どもの数に関わるものである。6700 万人の子どもが小学校に通っておらず、7400 万人が前期中等学校に通っていない（その 3 分の 2 は女子である）と推測される。また、約 9 億人の非識字の若者や成人のうち、およそ 3 分の 2 は女性である。学校に通っていない女子の多数はサハラ以南のアフリカと南・西アフリカに暮らしており、そのことは水や燃料などの便利さへの彼女らのアクセス、さらに家事手伝いを割り当てられた者に付いて回る負担を映し出している。そして、およそ 8 億人の非識字の若者や成人のうち、約 3 分の 2 は女性であり、この比率は強固な安定性を示してきた。

　ブラジルとインドに関する特定のデータは、グローバルなパターンと同じものを示す。一般に、インドでは第 1 学年に入る少年の 15％が中等学校を修了するが、少女については 10％だけが同様に修了するのである。さらに、学校から除籍された者のほとんどは、指定カーストおよび指定部族の住民に属している。ブラジルは民族とジェンダーをクロスさせた研究が行われた国である。ローゼンバーグ（Fulvia Rosemberg）は、19 世紀後半までアフリカからの奴隷労働が圧倒的であったブラジルで最も農村の地域である北東部出身の黒人女性の平均的な学校教育の年限は 2.1 年であり、これと対照的に、同国で最も工業化が進みヨーロッパ化された地域である南東部出身の女性のそれは 5.7 年、同一地域の男性については 5.9 年であることを発見した。ブラジルの 7 つの州における就学前教育に注目したその後の研究で、ローゼンバーグは、7 歳以上になって就学前教育を受ける子どもの中の最大グループが黒人の子どもである

ことを見出した。彼女の見解では、多くの黒人の子どもが小学校へのアクセスの可能性がほとんどないまま、幼稚園に数年間入れておかれるのだという。就学前教育の教員は全員女性であったが、彼らの85％は就学前教育の教員としての訓練を受けておらず、79％は小学校を卒業していなかったことをローゼンバーグは知った。言い換えれば、過半数より若干多くが男子であるブラジルの就学前学校の黒人の子どもは、ほとんど準備ができていない教員によって教えられ、袋小路の学校教育の中に閉じ込められるように見えるのである。地理的な地域、年齢およびエスニシティ別に区分することなく、単に全体的なアクセス指標だけで見ても、さまざまな形態をとる差別の複雑な状況は見えてこないであろう。

総計した就学率統計はその他の重要な側面を見逃すかもしれない。インドの学者は、世界銀行による経費貸し付けの要件である事前評価のための調査団がケララ州は初等教育への完全就学の達成にきわめて近づいていることを発見したと報告している。この発見に基づいて、世界銀行はジェンダー問題への介入が必要なくなっていると断言した。しかし、この断言に反して、フィールドワークからは、結婚持参金のしきたりが広く行き渡り、女性が有給労働、無給労働という二重の重荷を背負いながら、家庭内ないし政治的意思決定にはまったく与っていないことが見出された。[30]

初等・中等教育

表7.1が示しているように、たとえ速度が非常に遅く、男子と女子の間で相当な差異が多くの開発途上地域で存在するにしても、初等教育段階での学校教育へのアクセスは男女間での平等状態に近づいている。

学校教育へのアクセスに関して同様に重要な指標は、当該教育段階の修了、学業成績、上級教育段階への（例えば、初等学校から中等学校へといった）進学である。これらの統計は非常に不足しており、利用可能な場合でも、性別による区分がなされていることはほとんどない。世界的に見て、少年は少女より多く初等・中等の各学年で留年しがちである。なぜなら、少女は圧倒的多数の国で留年するよりむしろ退学してしまうからであり、このことは、親が少年の教育を成績に関係なく、必要な投資と見ていることを示唆している。

少女や女性が社会的障壁を克服することを特別にねらった政策や活動に取り

組んでいる国はほとんどない。しかし、ごく少数の例外が存在する。最も顕著な例はメキシコの「機会」を意味するOportunidades（以前のPROGRESA）であり、これは教育、栄養、健康を視野に入れ、中等学校に在籍する少年よりも少女にわずかに多くの手当を支給し、貧しい家庭に教育補助金を提供する全国的な統合的アプローチである。グアテマラでは、小学校女子児童のための奨学金が同国の最も貧しい地方において提供されている。バングラデシュとマラウイでは、中等学校の女子生徒のための手当（家族の放棄所得を部分的に補うためのもの）が提供されている。これらのプログラムの評価は、補助金が支給される場合、少女の在籍が増えることを示しており、それは少女の教育に対する親の支援が刺激されうることを示唆している。他方、評価で見出された事柄のうちのいくつかは、家庭内労働の性別分業がめったに修正されないことを示している。放棄所得を相殺するために家族に金銭的な支援を与えるという考えは、条件付きの送金の形をとって人気を博している。しかしながら、こうした介入は貧しい生徒一般に役立つことを目指しており、若干の国を除いて、少女の通学を助けるために額に差をつけることを考慮してはいない。

　女子に焦点を絞った別の重点施策はインドで実施されているものに見られる。同政府はすべての子どもが良質の教育にアクセスできること、および女性のためのエンパワメントという2つをねらいとして、地区初等教育プログラム（DPEP）を始めた。女性の平等とエンパワメントの問題により有効に取り組むためにDPEPにさらなる情報を提供するために行われた8州でのジェンダー研究では、マハラシュトラとハリヤナの2州の教科書だけがジェンダーによる偏りが比較的ないものであることが明らかになった。[31] 400以上の村および都市のスラム街でのさまざまな学校関係者に対する構造化インタビューを通じて、研究者は女児の家庭内の仕事、兄弟姉妹の子守、親の賃金労働の手伝いが彼女らが学校を途中で辞める主な理由であることを発見した。同じ研究からは、調査された8州のうちの4州において、女児が自らの病気を学校中退の重要な理由と捉えていることが分かった。家計の貧困は女児の就学率の低さと強く結びついている。しかし、貧困自体は息子や少年のほうを大切にする文化的慣習を形成するものではなかった。それは単に偏った分業の中で女児や女性を使う必要性をより先鋭にしたのである。その研究から明らかになったのは、実際のところ親は娘が教育されることを望んでおり、親が認識していた最もありふれた理由は、教育が女子に経済貢献のための準備を与え、女子の間に肯定的な自

己イメージや自信を育てるということであった[32]。この発見は、パキスタンで最も遅れた州の1つであるバルーチスターン州での別の研究を裏づけるものである。教育省の役人を含む人々の確信に反して、親の大部分、特に母親は彼らの娘を教育する重要性を認識しており、学校施設の提供にも喜んで参加したいと思っていた[33]。

学校教育へのアクセスに関する別の重要な洞察は、ウォーウィック（Donald Warwick）とジャトイ（Haroona Jatoi）の研究に見られる[34]。それはパキスタンの学校および教師に関する大規模な調査に基づくものである。同著者たちは、数学で女子の成績が振るわない原因を探り始めた。彼らは階層線形モデル（HLM）を使って結果を分析し、その主要な原因として、あまり訓練を受けていない女性教員が圧倒的多数を占める農村地域の複式学級の学校で女子が教育されていることを特定することができた。この発見は、ジェンダー、家父長制イデオロギー、教育政策が複雑に絡み合ったものであることを検証している。家父長制の文化規範を念頭に置き、訓練を受けた女性教員は家族からの距離や安全を理由に農村地域を避ける傾向がある。より多くの女性が教員として訓練されているにもかかわらず、教育行政官が女性の専門家および母親（身の回りの世話の提供者）としての二重の責任を認識していないために、女性教員が農村地域を避けるパターンを助長しているのである。アフリカの文脈での女性教員に関して増加中の研究は、女性教員と女子生徒の在籍や修了との間には正の相関があることを示しており、女性教員が安全な環境を作り上げるとともに専門家としての役割モデルとなっていることを反映しているかもしれない。残念なことに、サハラ以南のアフリカの国々の多数では、女性教員が小さな割合しか占めていない[35]。

学校教育の内容と経験

女性と男性についての根拠のある記述や実際の状況は、自己と他者を明確化するのに役立つ。ジェンダーごとの社会化に対して学校教育が果たす役割は、教科書の内容分析および教員、行政官、生徒の観察や詳細なインタビューによって捉えることができる。教室内の力学や学校の雰囲気に関する研究は、残念なことに発展途上国では非常に不足している。この種の教育調査の大半は、修士論文や博士論文で行われたものである。こうした研究成果は通常、図書館

で簡単に利用できないために、それらの貢献が十分に活用されることはない。

1980年代に行われた諸研究は、教科書が女性に関する否定的表現を示していることを見出した。スモック（Audrey Smock）が当時見出したように[36]、教科書には女性が劣っているなどと明示的に記述されているわけではないが、女性が限定的役割の中で、弱体化された人格として表現されている。今日多くの国（例えばパキスタン、マラウイ、バングラデシュ、メキシコおよびスリランカのように）では、教科書やカリキュラムから「性別に関するステレオタイプを取り除く」努力が続けられている。そうした改革では依然として初歩的レベルでの修正が行われている。

教科書修正は3つのレベルにまとめうる。第1に、最も穏やかな努力であるジェンダー・ニュートラルなアプローチは、男性代名詞やほぼ男性を表現しているような事例の過度の使用といった偏見的な語句の除去を中心とするものである。第2に、非性差別主義（nonsexist）のアプローチは、女性と男性が行う仕事、社会の中で果たす役割、および恐らく男女を特徴づける特性に関してステレオタイプ的な言及を取り除くものである。第3に、反性差別主義（anti-sexist）のアプローチは、女性と男性についての代替的イメージを提示するものであり、異なった社会組織に到達する方法を論じるものである[37]。推測しうるとおり、反性差別主義のアプローチは最も強く変革を求めるものである。典型的なものとして、教科書の改訂における政府の役割は、教科書をジェンダー・ニュートラルな状態にするという、内容変更の最初のレベルにとどまっている。次第に、そうした努力は非性差別主義（nonsexist）の様式を含むようになっている。反性差別主義（anti-sexist）の教材は積極的にジェンダー平等主義的社会の構築を目指している。言葉に変化を取り入れ、ジェンダーについての代替的見方を導入することは容易なことではない。なぜなら、そのためには、われわれがものの考え方を変え、言葉やイメージがわれわれの思考をいかに形成するかについての深く理解する必要があるからである。

学校教育における女子の成功を確かなものにするために、彼女らの日常的な経験や、彼女らが男子の仲間とどう付き合うかを注意深く見守ることが必要である。この種の研究はジェンダーによる差異の生成に対する豊かな洞察力を生むばかりでなく、われわれが変革を目指す行動を達成するために何が必要かを理解するのを可能にするであろう。ささやかな規模とはいえ、後述するように、サハラ以南のアフリカのアフリカ女性教育者フォーラム（FAWE）によっ

て、こうした方向での研究に対して資金援助がなされている。

　先進国では、女子の教育に関する研究は、依然として存在する不平等を実証することから、①教室の状況を観察すること、特に生徒と教師の関係および生徒同士の関係を観察することによって、そうした不平等がいかにして生まれるかを研究し、②不公正な状況をいかにすれば変えることができるかを実験することに移ってきた。アメリカのいくつかの学校の場では、偏見のあるパターンが問題にされ、回避され、もっと平等な関係に取って代わられ得るように、新しいスペースが学校内に設けられている。フェミニズムの立場に立つ教育的努力の多くは、生徒の経験や声を取り入れ、自己および社会のエンパワメントを促進し、教室をもっと教員中心でなくすることを求めている。米国の学校での最近の努力は、例えば、少女たちの今日の生活状況の中にある家父長的制度、性差別主義および人種的偏見といった問題を探ろうと努めてきた。対照的に、発展途上国では、この種の努力が傾注されたことはごくわずかであった。しかしながら、身体や性を肯定し、最も広い意味での市民性に目を向けているようなカリキュラム内容が早期に注意を払われるべきであるという理解が増大している。

　いくつかの定性的研究は、発展途上国の学校でのジェンダーがらみの慣習について解明し始めている。女らしさや男らしさがどのように形成されるかに注目したメキシコのある高校に関する民族誌的研究は、力の強い女子のグループが「marimachas（おてんば娘）」と呼ばれた証拠を示し、また、この少女たちは躾がしっかりしていて、道徳的に優れていることを理由に、彼女らの指導者を守ろうと気を配ったにもかかわらず、「成績が良く、積極的に指導的地位を求める者がクラスメートの男子からも女子からも……非難される危険を冒した」証拠を示している。[38] レビンソン（Bradley Levinson）は、少女が生徒会の会長として働いたり、パレードの中で旗手を務めたり、あるいは指導的役割を果たしたりといった、男性的な力が不可欠であると見なされている領域には向いていないということが広く信じられているのに気づいた。しかし、彼は、学校での雰囲気がそれを変えることに対して開放的であることも見出したのである。レビンソンは、同高校の新しい管理者層が、女子を旗手にすること、伝統的に男子が所属するものとされてきたクラスや活動に女子が加わることなどの変革を行っていることに注目した。こうしたことは学校におけるジェンダーがらみの信念を変える可能性に関して、彼を楽観的にさせるものであった。

第7章　21世紀における女性の教育　285

　性教育に関するカリキュラムのより進歩的なデザインを開発する実質的な取り組みがいくつかの国々、特にブラジルで行われた。しばしば、既存のカリキュラムを修正して、性教育やジェンダーの社会的関わりについての議論を取り入れようとする努力が、宗教上のリーダーからの強い反対に遭うことが起こった。近代化推進勢力に対して比較的開放的な地域であるラテンアメリカに関する2つの証拠がある。アルゼンチンでは、教育省の下で実施されている「教育における女子の平等な機会の増進のための国家プログラム（PRIOM）」によって、非性差別主義・反性差別主義の立場からのジェンダーと教育の問題に関する多くの教員訓練ワークショップが開かれた。[39] PRIOMはまた、小学校レベルのカリキュラム全体に組み入れられるべき総合的な女性学カリキュラムを編成することに関して、長期間にわたって機能した。PRIOMのカリキュラムはさらに言語上の感覚にも注意を向け、スペイン語で「市民」を意味する「ciudadano」のような言葉に含まれる男性的語感の不当な使用に取り組み、「lectores（読者）」という言葉に対して「el público lector（読書する人々）」のような集合名詞を代わりに使うことを推奨して、男性的なジェンダーを使わずに済むようにした。保守的な親やカトリック教会のメンバーは、PRIOMのスタッフが家族に対して否定的で、学校に同性愛を導入しようとするものだと非難し、この苦情は政府によって速やかに聞き入れられた。PRIOMの技術チームを辞職に追い込むところまで関連文書が調査された。ジェンダー・カリキュラムの開発に深く関わった人々は、その新しいカリキュラム文書が非性差別主義的な言葉に関心さえなかったと述べている。[40]

　メキシコでは、親と政府の役人を分断した「ねじれ」の中で、親が教育省の州支部によって編集された教科書を非難し、それが使われないようにすることに成功した。同教科書は、思春期に性行動を行うことのプラスとマイナスの結果についての議論も含めて思春期の性を取り扱おうとしていたのである。保守的な親およびカトリック教会の高位者は、代わりに禁欲の原理を思い起こさせ、セックスは「適切な時に」「夫婦間で」行うべきものであるという、同国の現実にはまったく無関心な説を主張した。[41]

　女子の中等学校段階への就学機会を増加させるための取り組みはきわめて稀であり、内容を修正する取り組みはさらに限られたものである。就学機会に関して、目を引く例外はバングラデシュでの中等学校女子のための奨学金プログラムである。その試行バージョンが評価された時、それは女子の就学を倍増さ

せることができたのである。[42]

小学生のためのノンフォーマル教育のプログラム

　近年における相当に重要な動きは、女子の教育を拡張するためにノンフォーマル教育の場が使われることである。このアプローチは、特にバングラデシュ、パキスタン、インドなど、非常に低い就学率と大きいジェンダー格差が見られる人口の多いアジアの国々で主に試みられている。バングラデシュの少女のための主なノンフォーマル教育プログラムはバングラデシュ農村向上委員会（BRAC）によって1985年以来実行されている。このプログラムは現在およそ65万人の子どもを対象として、ノンフォーマル教育センターで行われ、各センターでは小学校第1年次から第3年次までともに進級する30～33人の一まとまりの児童が教えられている。BRACのプログラムは、各センターで教えられる生徒の少なくとも70％が女子になるように設計されてきた。カリキュラムはきわめて革新的で、女子の中に自信と自己主張が育つのを促進することを目指す多くの活動を含んでいる。正規のフォーマルな学校と異なり、ほとんどの教師が女性であるという事実は、生徒に肯定的な役割モデルを与えるものである。BRACのセンターは、所定の課程を修了させる点で大いに成功を収めた。しかし、生徒が初等教育（第4学年および第5学年）を修了するように、彼らを正規の学校へ編入させる上で問題が生じた。1996年の研究によれば、BRACプログラムの女子の約30％は、恐らく早婚であるかあるいは正規の公立学校からの距離のために、次の教育段階に進まない。[43]加えて、BRACプログラムの女子はBRACプログラムの男子よりも正規の学校でのドロップアウト率が高い（このことが、新しい環境が非友好的であるからか、あるいは通学距離ないし家事労働がさらに続けて就学することを阻んでいるからかは不明である）。

　インドのノンフォーマル教育のプログラムであるシクシャ・カルミ（Shiksha Karmi）およびロク・ジュンビシュ（Lok Jumbish）は、それらの農村の教師の多くが男性であることを除いて、BRACのプログラムの特徴のいくつかを示している。他方、インドのプログラムは小学校の全期間をカバーするものであり、その仕事は非政府機関（NGO）によって単独で行われるのではなく、政府の役人と一緒になって行われている。この共同参加の方式は、調整され相互

に支援し合う実行計画を保障するものである。パキスタンのバルーチスターン州では、BRAC のものと似たプログラムが NGO によって実施されるが、やはり州政府との協力で行われている。このプログラムは計画的に、多くの少女のために役立つように、また現地で採用された女性教師を使うようにされている。それはジェンダーに敏感なカリキュラムを提供し、学校運営に親の協力を得る点で成功を収めた。同プログラムに関する統計によれば、女子が数多く就学するようになっただけでなく、高い出席率を示すようになっている。バルーチスターン州のプログラムの中で学校に関する決定を親が行いうるようにする村落教育委員会の運営に、教員および母親として女性が参加することは、伝統的なコミュニティにおいて女性に新しい別の役割をもたらした。[44] インドやパキスタンのノンフォーマル教育のプログラムは主として外部からの支援で展開している。政府の資金は当該経費の一部を賄うためにより多く割り当てられるようになってきたが、これらのプログラムがドナーからの資金なしに継続しうるか否かは今のところ不明である。

高等教育

150 年前の 1897 年 5 月にケンブリッジ大学は、女性に学士号（bachelor of arts）を授与するという決議をきっぱりと無効にしたということを思い出すのはよい対照点になるかもしれない。[45] そのような立場は今日では多くの国でまったく受け入れられないことに思えるであろう。だからといって、人々は高等教育における女性の教育的状況が劇的に改善したと結論を下すべきであろうか。

数量から見た大学への就学機会の点では、初等・中等という他の 2 つのレベルと同様に、女性の高等教育への在学者数が拡張し続けていることは、疑う余地もない。女性は高等教育において同等であることを手に入れ、いくつかの国では、女性のほうが大学でより多くなるということが起こっている。2 つの地域、つまりサハラ以南のアフリカと南・西アジアにおいてのみ、女性は少数派である。変えることが依然として難しいのは、典型的な女性的分野に女性が集中しており、それと反対に、科学や技術を扱い、男性的なものと捉えられている分野では男性が過剰な優位を示していることである。農業や工学のような分野に対して女性の観点が潜在的に貢献しうるにもかかわらず、そうした分野への女性の進出は取るに足らないもののままである。女性にとって社会的に見て

適切と思われる分野を女性が選択することは、複数の社会的・文化的諸力の影響を映し出している。しかし、そうした選択はまた、女性のアカデミックな経験が、この影響に輪をかけていることを示唆している。大学レベルでの女性の経験を変えるための努力の例はほとんど存在しないが、1つの例外は、ジェンダーに関する偏向を探るとともに、教育やジャーナリズムの分野でカリキュラムをよりジェンダーに敏感なものにする方法を探り始めたチリにおける初歩的努力である。

発展途上国の高等教育で近年における最も積極的な動きは、女性学プログラム・部門の急増である。フェミニスト学者と人気のある女性運動に参加している女性との間の連携が強い国であるインドとブラジルでそうであるように、これら女性学プログラム・部門はきわめて広範囲に及んでいる。そうした大学の女子学生はジェンダー問題についての修士論文や博士論文を書くように奨励されており、彼女らは、ジェンダー差別や権力の非対称を分析し、それと闘う方法について議論することに知的空間を見出している。女性学プログラムの何人かの卒業生は、中央省庁や進歩的なNGOの中のジェンダー関連ユニットで仕事を行うようになり、それによって、社会活動の重要な現場における彼女らの地位を通じてジェンダーに敏感な価値や見方の普及に貢献している。時間とともに、フェミニスト運動を進める女性は、ジェンダー・イデオロギーや慣習面で変更を行うには、女性が経済学や財政学についてのより深い理解を育む必要があることを自覚しつつある。これらの分野は、現在の新自由主義的政策の下で意思決定において実質的な役割を果たしており、それゆえに公共政策の策定に影響を及ぼしており、社会計画への国の支出のわずかな配分をしばしば決定しているものである。そして、そうした配分のうちでも教育が最も影響を受けるものの1つである。

成人女性のための教育

ほとんどのフォーマルな学校教育の場はジェンダーに敏感である変更に対して、どうしようもない制度上の障壁を示すものであるから、フォーマルな学校制度の外側に位置する成人教育の変革的役割を検討することが必要である。そのような教育に関して増大したジェンダー意識は、学生に影響するだけでなく、彼らが大人になったとき、彼らの子どもたちにも伝わるのである。家庭環境の

主要なオルガナイザーとして、女性は子どもたちが行うことや家庭内で学ぶことに影響を及ぼすことができる。

　不公正に対峙する反対の言説および実際行動の両方の形式により、女性の教育に変革をもたらす仕事は、女性に依拠し、あるいはフェミニズムの立場に立つNGOによってほぼ行われてきた。[46]　それらが取り組んだ領域には、エンパワメント、法に関するリテラシー、家庭内暴力、収入創出といった課題が含まれた。ラテンアメリカでの女性に依拠するNGOの当面のテーマは、市民性教育、ロビー活動や支援運動のスキル、健康教育の実践、そしてトレーナーの養成といったことに関わるものである。ラテンアメリカのNGOはまた、女性に関する不平等で搾取的な状況をただ非難することから、統計と情報に基づいて提案を作成し、養成のための場を作り、政府に具体的な要求を行うことへと動いている。[47]

　成人女性に教育の機会を提供するのは簡単ではない。成人教育プログラムに低収入の女性を参加させることに焦点を当てたさまざまな研究は、たとえノンフォーマル教育プログラムが女性にとって受講可能なスケジュールや場所をしばしば提供したとしても、女性の家事労働、頻繁な家庭内暴力、子どもと家族へのサービスのために、教育を受けるような時間や気持ちがほとんど残っていないことを明らかにした。[48]

　重要な教訓がこれらの経験から引き出された。識字クラスや簡潔なプログラムをもって何年もの努力を続けても、それを受け取る人がほとんどいないことから、インドの学者や実践家は、スキルや教育を女性に押しつけることはできないことを学んだ。[49]　インド政府による関与や外部団体からの相当な経費を備えたマヒラ・サマキャ（Mahila Samakhya）プログラムは数年間にわたりインドで実施されている。このプログラム中で女性は識字訓練を与えられるのではなく、社会の場で彼女らの経験と願望について議論する機会を与えられたのである。村レベルの公開討論会がもっぱら女性のために組織されたが、その際に想定されたのは、これらの女性が「時期が来れば、順当な要求を掲げ、不正と戦い、女性に対する"平等な"扱いのための環境を築く強力な圧力団体となりうる」というものであり、そして、これらの公開討論会は彼女らが「女性としてのアイデンティティや問題を発見し、再発見し、彼女らにとって優先度の高い問題をめぐって結集すること」を可能にするであろうというものであった。[50]　ほとんど誰に聞いても、マヒラ・サマキャの女性は彼女らの自己イメージを変え

ることに成功し、地方政府に対する要求を実現させることに成功したということであった。これらの女性は、彼女らの服従状態を分析する技術および洞察を身につけた。そして、ある観察者が要約したように、彼女らは「恐れ」を「理解」に振り向けることができたのである。[51]

成人教育はジェンダー問題を変える多くの可能性を示している。成人教育は、受益者としての低収入の女性、およびNGOのリーダーやスタッフとしての中間所得層の（しかしますます低収入になりつつある）女性など、さまざまな社会階層出身の女性を連帯させる傾向がある。これらのグループは、通常次のような2つの要求に直面している。すなわち、基本的ニーズ（女性の実際的ニーズと呼ばれたもの）とほぼ結びついた差し迫った問題に取り組むこと、そして、（通常、女性の戦略的ニーズと呼ばれる）家族、賃金、信用の獲得などに影響を与える公正な法制といったマクロなレベルの諸問題に取り組むことである。[52] これらの緊張関係の解決は取り組み甲斐があるとはいえ、制度を変え、新たな政策の実行を必要とするより広範で長期的な目標に向けて、女性が変わりうることを示す勇気づけられる事例が見られる。社会の中で大規模な変化を作り上げるには政府に影響を与えることが必要だということが、これらの女性を基盤とするNGOにとってますます明らかになってきており、そのためにはこれらのNGOが動員し組織し、また社会的活動に従事するスキルを身につけることが求められるであろう。[53] 逆に、変革をもたらす教育面での主要な努力は、女性に指導されるNGOの関わりを抜きにはありえず、その結果、これらのグループは過去においてそうであったよりずっと多くの資金を国および国際的諸団体の両方から調達することを請け負うであろう。1980年代にラテンアメリカでは、経済危機および独裁政体の存在により、先例のないような女性の動きが、低収入の女性の多くにとって予期しないスキル、つまり意見を表明し、要求を示し、他者を代表するために語るといった彼らが持ち続けて来たスキルや習慣をもたらした。さらに、彼女らは対人関係や自分自身の人間的成長がもつ社会的機能に関して、より正確な評価を生み出すことができるようになったのである。[54]

現在、NGO一般、さらに女性に依拠したNGOは特に、「市民権」および「社会生活」といった当たり前と思われる諸概念を再定義し、「エンパワメント」のような新しい概念を導入するための努力を行っている。ノンフォーマル教育の学生になる上での女性の大きな負担やロジスティック面での諸問題と同時に、

模倣することや非公式な見習い期間を通じて学ぶことを彼女らが好むものだという相互認識が、フェミニズムの立場に立つ成人教育指導者を刺激して、社会教育の過程での「仲介者」の重要性を認識させた。これらの仲介者は訓練の提供において有効な役割を果たすことができるのである。ウォルターズ（Shirley Walters）は次のように説明している。すなわち、「このアプローチは、問題の焦点を学校教育をあまり受けていない多数の人々から仲介者へと向け直すものである。階層、言語、文化などの差を越えて人々のために役立つことを学び、学習が日常的な経験を通じてより有効に起こるようにできるかどうかは仲介者次第なのである[55]」。

NGO が学校教育改善のために取り組んでいる主要な努力に関する 2 つの事例がある。アフリカ女性教育者フォーラム（FAWE）は、教育大臣、大学副学長および他の上級の政策決定者といった当該国で重要な教育上の公務に就いている約 44 人の女性からなる地域組織である。このグループは、少女および少年の数学と理科の学業成績の点検、教育関係者のジェンダーに対する意識強化、中等学校でのセクシュアル・ハラスメントの程度の調査、さらに授業や教育管理における女性にまつわる諸問題への取り組みをはじめとする種々のプロジェクトに従事している。そのメンバーが傑出した人々であることから、FAWE の仕事は学校システムの中で、直接的に、かつまた障害物が比較的少なく実施に移されるものと期待されている。ラテンアメリカでは、女性民衆教育ネットワーク（the Popular Education Network of Women; REPEM）が、ラテンアメリカおよびカリブ海諸国の成人教育協議会 (the Adult Education Council of Latin America and the Caribbean; CEAAL) に加盟している。18 ヵ国の 150 の女性に依拠した NGO から構成され、ジェンダーの視点をもって民衆教育の強化に取り組む REPEM は、非性差別主義・反性差別主義の教材の開発に集中して働いている。

国家と女性の教育

国はカリキュラム内容、教員の準備、さらには授業料、教科書、制服や家族が負担すべきその他の経費といった金が関わる措置を管理する政策を通じて教育を形作る。国の政策はさらに、親にかかる機会費用を埋め合わせるために、女子に対する奨学金や手当といったインセンティブを提供することによって学

校教育に影響を及ぼすことができる。

　大半の教育システムに見られる女子の置かれた不利な状況にもかかわらず、この状況に取り組む公的な政策がほとんどないことは、早くから注目されていたことについて、私は上述した。女子に焦点を当てたプロジェクトの大半がドナー機関に支えられた実験的プロジェクトとして始まり、そして終了しており、国の政策に取り込まれることは稀である。一方、1985年以来、各国が女子の教育の発展に向けて働くために一連の民衆大会や公式の会議に関わってきた。このことは第3回世界女性会議（1985）の終わりにナイロビで署名された「将来戦略」の中で明示的に確認された。その取り組みは、北京で開催された第4回世界女性会議（1995）で署名された行動綱領の中で繰り返され、さらに拡大された。関係書類の流布は、おそらくサハラ以南のアフリカで見られるほどには他のどこにも見られないであろう。基礎教育と女子に対する国内および国際的な支援という点で、1つの突破口となることが広く同意された文書であるジョムティエンでの「万人のための教育」宣言（1990）以来、アフリカ各国の政府は、アフリカの子ども支援国際会議（1992）、女子教育に関する汎アフリカ会議（1993年のワガドゥグー宣言としても知られている）、人口と開発に関する国際会議（1994）、人間および社会の開発に関するアフリカ共通の位置（1994）、および第5回アフリカ地域女性会議（ダカール、1994年）で起草された文書に署名した。これらの会議で承認された文書はすべて、女子教育を国家的優先課題の首位に位置づけている。いくつかの協定はさらに、男子と女子の間に存在する教育の不均衡を縮小する方法として積極的差別是正策（アファーマティブ・アクション）の採用を要求している。但し、レトリックと実際の行動との間には広い乖離が見られる。すなわち、これらの文書の多くが知られ、流布しているのだから、教育における平等や公正を求める女性および男性がこれらの約束を使って、政府がそれを遵守するよう強く働きかけることが望まれているのである。

ドナー機関とそれらの教育支援

　世界規模での多くの協定やさらには（国際法の効力を伴うような）国際合意の中でさえ謳われている平等に関する諸説と、「北」における権力の不調和や不平等の現実を論じることを避けながら、世界銀行によって承認され、国際通貨基金によって裁可された構造調整プログラム（現在では貧困解消戦略文

第 7 章　21 世紀における女性の教育　293

書が取って代わった）や、新規貸し付けを通じて実行に移される政府の緊縮財政を支持する立場との間には大きな隔たりがあることに注目しなければならない。ナイロビ、およびもっと最近では北京で行われたもののような大々的な女性会議、さらには万人のための教育（EFA）やミレニアム開発目標（MDGs）を踏まえて、「ジェンダー」ということが二国間・多国間の開発機関にとってのより明示的な政策目標となった。1996 年には、例えば、スウェーデン国際開発庁（SIDA）がその 6 つの開発目標のうちの 1 つとしてジェンダーを取り入れた。上述したように、政府はジェンダーに関わる問題に自己の資金を投資することに積極的でなく、そうした問題が自らの支持者層の一部から強い反対を招く恐れがある場合には特にそうであるから、女子教育の側に立った擁護論およびドナー機関からの財政的援助は、この問題への注意を促すのに役立った。開発機関の間では女子教育への支援が広がっている。但し、この支援は基礎教育に限定される傾向がある。にもかかわらず、女子の学校教育を支持するユニセフおよび国連開発計画（UNDP）のような機関、および女性の教育を支持するオランダやスカンジナビアの諸機関の強いリーダーシップが、国の開発をめぐる政治の中でジェンダーを避けられない問題に押し上げた。影響力のある 1995 年版の『人間開発報告』[57]は、多くの政府の潜在意識の中に埋め込まれたように思えるフレーズである「もし人間の発達がジェンダーに目を向けないなら、それは危険にさらされている」というスローガンを作り出した。

　ところが、開発機関の現実の行動は矛盾している。これらの機関内のスタッフの相当数は、（女子教育や女性教育への関わりに関する多くの国家宣言および国際宣言が誤って前提となっており）、ジェンダー問題に対する注意を強く求めることが、ある種の文化帝国主義となっていると信じているのである。いくつかの機関は、結局のところ女性を差別することになるかもしれない「被援助国の責任」とか「プログラム支援」のような国際的な援助に関する新しい原則に基づいて動いている。これらの 2 つの原則は、政府とのはるかに大きな対話や被援助国のより大きな自由裁量権を求めるものである。国の発展に関する多くの問題について、政府による自律性は望ましい状況である。しかしながら、ジェンダーの場合には、この自律性が容易にジェンダー問題を回避することにつながりかねないのである。ジェンダー問題の追求に政府が興味をもっていないことを非常に強く示しているのは、女性（あるいは女子の）教育に焦点を絞ったプロジェクトのほとんどすべてが、国際機関からの貸付金ではなく、無

償資金援助によって賄われているということである。ジェンダーや教育の分野で専ら政府を相手にすることのさらなる弱点は、そうした政府がほぼ就学機会の問題をめぐって動く傾向にあることであり、また、もしカリキュラムや教科書の改訂が含まれているとしても、ジェンダー的に中立な（初等）レベルで変更がなされるのである。

　しばしば、開発機関はたとえそれらの新しい原則が目標に叶っているとしても、ある状況についての限定された定義を示すものである。例えば、近年、世界銀行は「グッド・ガバナンス」という、グローバル経済の中で競うことに躍起になっている国々にとっての行動規範的キャッチフレーズの問題に非常に関心をもつようになっている。ジェンダー平等に関する政策をめぐる世界銀行の1995年の出版物は、法的行為を通じて取り組まれるべき女性の福祉に影響を与える4つの領域を明示している。すなわち、土地および財産権、労働市場政策および雇用法、家族法、そして金融関係諸法規である。しかし、これらの領域で改革を行う規定が、女性の不平等の原因に関する深く完全な理解に基づいていないために、被援助国はまったく問題がないかのように、これらの改革の実施を割り当てられるのである。たとえNGOが重要な「市民社会からのプレーヤー」であると認められているにしても、女性に依拠したNGOや明らかに女性運動と同一視される市民社会の他の勢力が、こうした社会経済的な変革において果たしうる役割についての特定の認識は存在しない。

　しかしながら、今日、女性は社会および経済政策の中で重要な仕事を行う機関について、より明確に認識している。世界銀行は現在フェミニズムからの強い圧力の対象となってきた。こうした注目が始まったのは、世界中の900の女性団体が署名した手紙が、世界女性会議に参加した最初の世界銀行総裁であるジェームズ・ウォルフェンソンに手渡された1995年の北京での第4回世界女性会議からである。その手紙には、世界銀行がマクロ経済政策の設計に草の根の女性がもっと参加しうるようにすること、ジェンダーに関する見方を世界銀行の政策やプログラムにおける標準的慣行として制度化すること、世界銀行の投資を教育、保健、農業、土地所有、雇用、さらに女性への金融サービスの分野において増大すること、が要求されていた。[58] 北京会議の後、女性たちは世界中のさまざまな地域に支部の置かれた、「世界銀行に対する女性の目」（Women's Eyes on the World Bank）と呼ばれる統括組織を作り上げた。1997年初頭、このグループがインターネット上で広く流布した第2の手紙をウォル

フェンソン総裁に宛てて書き送ったが、そこには、世界銀行の1996年における種々の取り組みを精査したところ、「ジェンダー不平等とそれが開発に対してもつ意味に関して、多くの銀行スタッフの間には依然として理解が不足しており、賞賛に値する上層部の関与が、世界銀行の大半のプログラムや業務の具体的なアクションの中にさらに行き渡るようにすべきである」ことが分かったと記されていた。初等教育の質および効率を改善し、教員や校長を訓練する際にジェンダー問題に取り組み、女子のための教育、特に先住民女子の教育を提供するように設計されたある特定のプロジェクトを精査したところ、その実績評価のもとになる指標が性別に区分されてさえいないことが分かった。[59] 世界銀行の教育における立ち位置を評した何人かの人々は、世銀のジェンダーに関する道具主義的発想を批判している。そこにあるのは、女性は教育すればするほど子どもを生まなくなって、労働力として参加するであろうし、乳児死亡率はより低くなり、労働の可能性が高まり、収入も増加するであろうという理由から、女性は有用だという発想である。それよりむしろ、女性が単なる経済的手段としてではなく市民として見られるという、より社会的、政治的な発想をこれらの評者たちは要求しているのである。[60]

1990年にジョムティエンで署名された万人のための教育（EFA）宣言に見られる深い関わりは、EFA の主要な目標の中に、基礎教育を普遍化することだけでなく、各国内のジェンダー格差の縮小も視野に入れている。これは2000年までに達成されるはずであった。しかし、セネガルのダカールで開かれた「EFA の十年」の終わりに行われたユネスコによる評価は、「進展は一様ではなく、非常に遅かった」というものであった。今日、初等教育レベルでジェンダー不均衡を縮小するという、経済の領域で影響を及ぼすには本当に余りに小さすぎる試みは、新しい期限がいかにすれば守られるかを説明する何の明確な分析もないまま、2015年まで延期された。189ヵ国によって同意され、国連によって推進された教育、健康、エコロジー、国家発展についての行動計画であるミレニアム開発目標を今日では多くの開発機関や国が追求している。教育は、「ミレニアム・ゴール」の8つの目標の中で際立っている。目標2は、男子と女子が共に教育へ普遍的にアクセスできることを提案しているが、それは引き続き基礎教育に限られたものである。目標3は「ジェンダー・エンパワメント」を求めている。しかし、この指示の下に検討された主要措置は、専ら全教育段階においてジェンダー不平等を取り除くことに注意を向けている。エ

ンパワメントについてのこの定義は非常に狭く、多くの点で一歩後退したものである。なぜなら、フェミニズムに基づく現時点における多くの考えや研究結果はエンパワメントに関してもっと広い理解を有するものだからである。すなわち、後者の理解は、分析的で社会的に積極的な精神を伸ばすことと教育へのアクセスを同一視しないものであり、むしろ、個人および集団のレベルでの批判的な思考や働きの伸長を可能にする過程としてエンパワメントを定義するものである。

　実際の資源に関する最近の調査は、1990年代半ばの二国間援助機関からの基礎教育に対する援助が、ジョムティエン会議の前よりも実質ベースで低下していることを示した。二国間援助機関に関する20の調査に基づくこの研究からは、そうした援助がこれらの機関のうちの6機関では増加したが、残り14機関では横ばいか、下降していることが分かった。ベネル（Paul Bennell）によれば、1994年には21億6000万米ドルと、主要な貢献者だった世界銀行が、1996年の時点では17億米ドルにまで融資額を相当に減少させたという。[61]これらの融資額が50億ドルに達するには2010年までかかった。[62]政府およびドナー機関の両方が女性の支援を承認しているが、主として技術トレーニングを通じて経済的生産性を高めることを目的に行っている。生産力を過度に強調することは、フェミニズムの立場に立つ学者によって拒絶されているのである。ロングウィ（Sara Longwe）は、「これに反して、ジェンダーがらみの訓練は、参加者が以前にはそれが当たり前と捉えていた（かもしれない）社会に現存する不平等なジェンダーによる差別に対して、不満をもつようになるための分析ツールを提供することに主として関わるべきである」[63]と述べている。この意味は、学校教育の内容や学校内での生徒の経験が、学校教育への就学機会やそれを修了することと同じくらい教育政策の目標とならねばならないというものである。ジェンダーの変革を目指す視点に立った訓練は、ジェンダーがらみの問題やそうした問題に取り組む民衆的行動の分析に女性を立ち上がらせうるようにすべきである。

　1975年から1998年の間の157ヵ国の行動を踏まえた定量的分析は、次のことを発見した。すなわち、（国境を越えたネットワークとの接触に加えて）国が女性を国家機構（つまり、女性やジェンダー関連の中央省庁といった政府組織）へ組み込むかどうかの予測に関する最も強力な判断材料には、大臣ポストに就いている女性の割合、当該国の民主主義の程度、そして、中等教育への女

子の就学機会が男子のそれと同じである程度が含まれる（興味深いことに、同研究は就学している女性の割合に結びついたインパクトを示すことなく、むしろ中等教育への就学に関する男女間の同等性の度合いに結びついたインパクトを示しており、平等がカギとなることを示唆していた[64]）。これらの発見は、説明の仕方において、女性運動の中でますます理解されるようになったものを捉えている。国境を越えたレベルでの政治的な可動性は効果的であり、政治的地位にある女性は男性ではあり得ないような政治的なアジェンダを取り上げるものであり、そして男性と同じ数だけ（初等教育を越えて）上級レベルの教育へ就学しうることは、女性の間にエンパワメントの強力な条件を作り上げるものである。言い換えれば、教育のアジェンダは政治的なアジェンダを伴わなければならないということである。

発展途上国における課題

　過去25年間、女性は教育への就学機会をますます多く手に入れてきた。世界のいくつかの地域では、少なくとも初等教育レベルにおいては、ジェンダーに関して同等であることへ向かう明らかな傾向が見られる。学校教育の肯定的な内容、経験および結果は、今日あまり当然とは考えられておらず、その問題の性質に比して非常に控え目であるとはいえ、女性の教育の条件改善のために努力が払われている。こうした背景に対して、次の4つの主要な課題が残っている。

　第1に、グローバル化であり、これは、すべての国々、そして特にその学校制度を批判的な理解に向けてではなく、経済的な競争に向けるようなプロセスである。グローバル化の勢いは科学・技術コースの増加を促しているが、こうした拡張の中に女性を取り込むためのいかなる努力がなされているかは確かではない。競争は教育の「質」、つまり、何人かの観察者が効果、過程、適切性という3つの次元を含むと考える課題に対する要求を生んだ。効果の積極的側面は、単に学校に通うことに対立するものとしての学習に焦点を当てることである。過程の次元は、学習の過程が成功を収めるのにすべて必要な、よい施設設備、訓練された教員、よい教科書および適切な教授法といった、インプットの質を強調する。しかしながら、「適切性」は、個々人の社会的・情意的成長というよりも、むしろ教育の経済的有用性を強調する傾向があるという点で、

いくぶん保守的な思考を持ち込むものである。例えば、ラテンアメリカにおいて教育制度を刷新する努力は、読解力、数学および科学といった領域での教育制度の質の悪さを認めており、さらに教職の軽視、不平等の存在を確認している。しかし、この3番目の認識は、専ら社会階層ばかりに注目して、ジェンダーおよび民族の両方の面での差異を軽視する傾向がある。[65]

皮肉なことに、グローバル化は、それが女性に関係のある場合、マルクス主義思想によって最初に導入された考えに似たものに基づいているように見える。マルクス主義における「女性の問題」では、女性の抑圧とは女性が経済活動の中に生産的に参加することから排除されていることに起因するものであり、女性を労働力の中に組み込むことで、彼女らの服従は消滅すると論じられたのである。グローバル化は、もし女性が労働市場に参加するなら、多くの恩恵が女性および社会にもたらされるだろうということを示唆している。2つの場合とも、女性にとっての変革を作り上げるのは労働市場だというのである。しかし、出産における女性の無賃労働、労働ならびに家庭・社会内の資源に関する性差別、さらに家父長的イデオロギーの広範な影響といったことを、2つの見方とも見落としている。

第2の課題は、多くの発展途上国が依然として直面する重大な経済危機、そして世界銀行や国際通貨基金の構造調整策が実施した新自由主義的政策によって当該国に課された緊縮財政のいまだに残る影響に由来するものである。生活必需品の価格の上昇と、ヘルスケア、家族計画、育児、教育といった社会サービス事業の削減が、貧困層および中間層の世帯に影響を及ぼしたように、構造調整策のプログラムは以前よりも多くの貧困を生み出したという広範な合意がある。女性や少女は家庭内労働やフォーマルおよびインフォーマルな労働市場に参入することがますます増えたことを通じて、構造調整策の最も重い負担を抱え込むことになった。[66] サハラ以南のアフリカ諸国は、同地域へ流れ込む財源より多くの資金が負債の償還のために海外に流出するという特徴をもった支払い不能な対外債務のサイクルに陥った。当初の融資は多額の利息を生んだ。格好の事例は1987年から1997年までのものであり、国際通貨基金はサハラ以南のアフリカ諸国から、同基金が新たな融資としてこの地域に提供したよりも40億米ドルも多く受け取ったのである。[67] 構造調整策を経験した国々を特徴づける国の緊縮財政は、女性にマイナスの結果をもたらした。なぜなら、明らかに国家こそが圧力を加えるとともに大規模な変革を起こしうる主要な機関であ

るからである。
　経済調整策を経験した発展途上国とそうでない国とを比較してみると、文教予算が経済調整策の被害を被り、初等教育レベル（教員給与を含む）が最も大きな影響を被ってきたことを明白に示している。明らかに、教育投資のための公的資金の削減は特定の人々に配慮する能力と意欲が縮減することも意味する。経済的負債との絡みで最も重い1人当たりの負担を抱えた国々は、男性と女性の間の最大の格差を抱える国でもあることから、このことは一定期間にわたり少女と女性の教育が軽視されることを予想させる。
　第3の課題は、発展途上国における教育研究の不足から生じている。非常に限られた国の資金しか研究開発に利用できず、既存のジェンダー研究は国際的な援助の後押しによって実施されたものである。世界銀行やその他の機関が発展途上国に対して行った高等教育レベルでの補助金を削って、その代わりに学生ローンを提供すべきだという頻繁な要求は、そうすることによって提供される資金が、教育システムの他の領域で使用されうることを示唆している。研究はおそらくそうした領域の1つであろう。しかしながら、学者の中にはこれを疑問視する者もいる。例えばコルクローは、ローンと奨学金にはより多くの管理運営費がかかり、補助金の典型的な構造より割高であるである、と主張している。彼の見解では、代替的な方策はもっと良い累進課税的な構造を作り、教育を提供する上で民間企業を利用することであるという。女性の場合には、累進課税的構造のほうが社会階層の重荷を軽減するであろう。しかし、民営化の力学はそれほどジェンダー平等に関して支えにならないかもしれない。特に、女子の教育を投資としてよりもむしろ単なる出費と考え続ける低所得の親の間ではそうである。女子や女性の教育は多くの家族、特に低所得の家庭によって（投資ではなく）消費と見なされる傾向があるので、民営化は結局のところ彼女らの就学、特に高等教育への就学にとって悪影響を及ぼすことになるかもしれない。研究、特に定性的研究が、ジェンダーに関わる支配的な規範と実際との乖離の隙間を識別し、作用が起こり始めている実例を示すために必要である。第4の課題はおそらく課題の集まりの中で最も著しく起こりそうなものである。それは教員に関わるものである。批判理論の文献では、教員は「越境」の巨大な潜在力、つまり、彼ら自身と彼らの生徒に他の社会・民族集団の立場を正当に評価させる能力を有する変革の重要な主体と認識されている。同時に、教員も他のすべての人のように、彼らの時間と環境の産物であるから、彼らの

多くは伝統的なジェンダーに関する見方に賛同している。いくつかの発展途上地域、特にラテンアメリカでは、女性が小学校教員の相当大きな部分を占めている。教員は社会およびジェンダーの役割に関する省察を増進する役割を果たすように育てられうる。彼らはさらに、ジェンダーに関する表現や規範の変革のために働くように育てられうるであろう。うまく行くためには、教員自身も変革を経験する必要があろう。このことは教員に対して適切な現職研修および養成訓練とジェンダーに敏感なカリキュラムを提供することを必要とするであろう。教員に関する研究は工業先進国では進んでいるが、発展途上国では、この分野はごく例外的な状況（すでに論じたアルゼンチンの事例はその1つである）でのみ考慮されてきた。

　女性と男性はいずれも、女性の教育に関するこの再検討の中から3つの主要問題を考えるべきである。すなわち、①われわれは、長きにわたって存在してきた家父長的教育制度をいかにして変革するのか、②われわれは、いかにして女性主導のNGOの教育プログラムを通じて、ジェンダーに関わる変革をさらに促進しうるのか、③われわれは、どのようにすれば連帯的で、社会的省察を伴うというよりもむしろ競争的で、道具的な傾向のある社会・経済の状況の真っ直中で、今日いかにして変革のための空間を作るのか、である。あわせて考えておくべきは、テクノロジーの拡張に伴い、マスメディアが至る所にあり、ジェンダーに関するメッセージの主要な情報源となっていることである。このことの意味は、「教育上の」インパクトに関する研究はもはや学校教育に限定したり、成人教育まで含めても、それらに限定したりできるものではなく、テレビ、ラジオ、ポピュラー音楽、そしてインターネットを使ったソーシャルメディアが、ジェンダー・イデオロギーの伝達や強化、さらにはこれらのメディア・チャンネルが女性の状態の改善にいかに使われうるかを確認する上で果たす機能についての理解を含んでいなければならないということである。

　アメリカ議会の元議員で非常に活動的なフェミニストである故ベラ・アブズグ（Bella Abzug）の次の言葉を引用することで本章を終わるのが適切かもしれない。

　　　女性が権力のための権力を欲しているだけだと考える人々への回答として、それはまったく当たっていない。それは単に主流を行く女性のことでもない。それは汚染された流れに加わる女性のことでもない。それは流れ

をきれいにし、淀んだプールを新鮮で流れる水域に変えることである。私たちの努力は、無秩序、暴力、不寛容、不平等および不公正の泥沼へ滑り込むことに抵抗することである。私たちの努力は、社会、経済、生態面での危機の傾向を逆行させることである。[71]

注

1) Gail Kelly, "Research on the Education of Women in the Third World: Problems and Perspectives," *Women's Studies International Quarterly 1*, no. 4 (1978): 365-73.

2) 例えば、Audrey Smock, *Women's Education in Developing Countries: Opportunities and Outcomes* (New York: Praeger, 1981) を参照されたい。

3) この点での最善の例としては、Elizabeth King and Anne Hill, eds., *Women's Education in Developing Countries: Barriers, Benefits, and Policies* (Baltimore: Johns Hopkins University Press, 1993) がある。

4) Nelly Stromquist, ed., *Women and Education in Latin America: Knowledge, Power, and Change* (Boulder, Colo.: Rienner, 1992).

5) Nelly Stromquist, ed., *Gender Dimensions in Education in Latin America* (Washington, D.C.: Organization ization of American States, 1996).

6) GCE RESULTS. *Making It Right. Ending the Crisis in Girls' Education. A Report by the Global Campaign for Education and RESULTS* (Johannesburg and Washington, D.C.: Global Campaign for Education and RESULTS, 2011).

7) John Wilson, "The Subject Women," in *Theory on Gender/Feminism on Theory*, ed. Paula England (New York: Aldine de Gruyter, 1993).

8) Gail Kelly and Ann Nihlen, "Schooling and the Reproduction of Patriarchy: Unequal Workloads, Unequal Rewards," in *Cultural and Economic Reproduction in Education*, ed. Michael Apple (London: Routledge, 1982), 162-80; Sara Longwe, "Education for Women's Empowerment or Schooling for Women's Subordination?" (1997年2月24～28日にタイのチェンマイで開催されたPromoting the Empowerment of Women through Adult Learning と題するセミナーに提出された未刊行論文)

9) アメリカ女性大学人協会（American Association of University Women、AAUW）主宰のアメリカに関する以下の一連の研究を参照されたい。AAUW, *How Schools Shortchange Girls* (Washington, D.C.: Author, 1992); AAUW, *Hostile Hallways: The AAUW Survey on Sexual Harassment in America's Schools* (Washington, D.C.: Author, 1993); Judy Cohen, *Girls in the Middle: Working to Succeed in School* (Washington, D.C.: AAUW, 1996); Peggy Orenstein, *School Girls: Young Women,*

Self-Esteem, and the Confidence Gap* (New York: Doubleday, 1994); Valerie Lee et al., *Growing Smart: What's Working for Girls in Schools* (Washington, D.C.: AAUW, 1996).

10) 大学レベルでの社会化に関する民族誌学的説明については、Margaret Eisenhart and Dorothy Holland, *Educated in Romance* (Chicago: University of Chicago Press, 1990) を参照されたい。

11) Kate Soper, "Postmodernism and Its Discontents," *Feminist Review* 39 (1991): 97-108.

12) Robert Connell, Gender and Power: Society, the Person, and Sexual Politics (Stanford, Calif.: Stanford University Press, 1987 邦訳は森重雄ほか訳)『ジェンダーと権力——セクシュアリティの社会学』三交社、1993 年); Robert Connell, "Poverty and Education," *Harvard Educational Review* 64, no. 2 (1994): 125-49.

13) Louis Althusser, *Lenin and Philosophy and Other Essays* (New York: Monthly Review Press, 1971. 邦訳は西川長夫『レーニンと哲学』人文書院、1970 年).

14. 例えば、J. Aaron and Sidney Walby, eds., Out of the Margins: Women's Studies in the Nineties (London: Falmer, 1991) を参照されたい。

15) Mary Jean Bowman, "An Integrated Framework for Analysis of the Spread of Schooling in Less Developed Countries," in *New Approaches to Comparative Education*, ed. Philip Altbach and Gail Kelly (Chicago: University of Chicago Press, 1986), 131-51.

16) Christopher Colclough, "Education and the Market: Which Parts of the Neoliberal Solution are Correct?" *World Development* 24, no. 4 (1996): 589-610.

17) Lynn Ilon, "The Effects of International Economic Dynamics on Gender Equity of Schooling," *International Review of Education* 44, no. 4 (1998): 335-56.

18) Francisco Ramirez and John Boli-Bennett, "Global Patterns of Educational Institutionalization," in *Comparative Education*, ed. Philip Altbach, Robert Arnove, and Gail Kelly (New York: Macmillan, 1982), 15-36.

19) UNESCO, *1995 Statistical Yearbook* (Paris: Author, 1995).

20) UNESCO, *Global Education Digest 2010* (Paris: Author, 2010).

21) UIS, *Global Education Digest 2010* (Montreal: UNESCO Institute for Statistics).

22) World Bank, *Toward Gender Equality: The Role of Public Policy* (Washington, DC.: World Bank, 1995).

23) Cynthia Lloyd, ed., *Growing Up Global. The Changing Transitions to Adulthood in Developing Countries* (Washington, D.C.: The National Academies Press, 2005).

第7章　21世紀における女性の教育　303

24）UNDP, *1995 Human Development Report* (New York: Author, 1995).

25）UNDP, *Human Development Report 2011. Sustainability and Equity: A Better Future for All* (New York: UNDP, 2011).

26）UNICEF. 2011 Global Initiative on Out-of-School Children. UNICEF and the UNESCO Institute for Statistics (New York: UNICEF).

27）UIS. *Global Education Digest 2010* (Montreal: UNESCO Institute for Statistics, 2010).

28）National Council of Educational Research and Training, Education of the Girl Child in India: A Fact Sheet (Delhi: Author, 1995). 指定カーストおよび指定部族はインド社会において伝統的に不利を被って来た少数民族を代表しており、それゆえに、雇用、教育およびその他の領域において特別な補償措置を受けることが憲法上認められている。

29）Fulvia Rosemberg, "Education, Democratization, and Inequality in Brazil," in *Women and Education in Latin America*, ed. Nelly Stromquist (Boulder, CO:-Rienner, 1992); Fulvia Rosemberg, "EducaciOn, Genero y Raza" (1997年4月17～19日にグアダラハラで開催されたラテンアメリカ研究学会 [the Latin American Studies Association] 第20回大会に提出された論文).

30）Usha Nayar, "Planning for UPE of Girls' and Women's Empowerment: Gender Studies in DPEP," in *School Effectiveness and Learning Achievement at Primary Stage*, ed. National Council of Educational Research and Training (New Delhi: National Council of Education Research and Training, 1995).

31）同上 Nayar, "Planning for UPE."

32）同上 Nayar, "Planning for UPE."

33）Nelly Stromquist and Paud Murphy, *Leveling the Playing Field: Giving Girls an Equal Chance for Basic Education—Three Countries' Efforts* (Washington, D.C.: World Bank, 1995).

34）Donald Warwick and Haroona Jatoi, "Teacher Gender and Student Achievement in Pakistan."

35）UIS, *Global Education Digest 2010* (Montreal: UNESCO Institute for Statistics, *Comparative Education Review* 38, no. 3 (1994): 377-99.

36）前掲 Smock, *Women's Education*.

37）Janice Streitmatter, *Toward Gender Equity in the Classroom* (Albany: State University of New York Press, 1995).

38）Bradly Levinson, "Masculinities and Feminities in the Mexican Secundaria: Notes Toward an Institutional Practice of Gender Equity,"（グアダラハラで1997年4

月 17 〜 19 日に開催されたラテンアメリカ研究学会第 20 回大会に提出された論文）

39) Gloria Bonder, "From Theory to Action: Reflections on a Women's Equal Opportunities Educational Policy," （1994 年 10 月 10 〜 14 日にニューヨークの国連の女性向上部会で開かれた「ジェンダー、教育、訓練」に関する専門家会議のために準備された論文）

40) Lea Fletcher, "No hemos hecho demasiado bien nuestra tarea," *Perspectivas* 5 (1997): 7-10.

41) Barbara Bayardo, "Sex and the Curriculum in Mexico and the United States," in *Gender Dimensions in Education in Latin America*, ed. Nelly Stromquist (Washington, D.C.: Organization of American States, 1996), 157-86.

42) Anne Hill and Elizabeth King, "Women's Education and Economic Well-Being," *Feminist Economics* 1, no. 2 (1995): 21-46.

43) Gajendra Verma and Tom Christie, "The Main-streaming of BRAC/NFPE Students," （1996 年 12 月にマンチェスター大学の教授陣のために準備された論文）

44) 前掲 Stromquist and Murphy, Leveling the Playing Field.

45) "1897: Degrees Denied," International Herald Tribune, May 22, 1997.

46) 多くの NGO が女子教育のインフォーマルな手段として役立つ母体の健康および幼少期診療を提供している。この種の教育は有用ではあるが、ジェンダー関係を変えるものではない。女性が農業指導員から教育を受けることはほとんどない。女性はこの種の教育によって生産力を高めることができるであろうが、それはやはり通常は変革をもたらさない。

47) Celita Echer, "The Women's Movement in Latin America and the Caribbean: Exercising Global Citizenship," （1997 年 2 月 24 〜 28 日にタイのチェンマイで開催された Promoting the Empowerment of Women through Adult Learning と題する国際セミナーに提出された論文）

48) Nelly Stromquist, *Literacy for Citizenship: Gender and Grassroots Dynamics in Brazil* (Albany: State University of New York Press, 1997); Shirley Walters, "Democracy, Development and Adult Education in South Africa," （1997 年 2 月 24 〜 28 日にタイのチェンマイで開催された Promoting the Empowerment of Women through Adult Learning と題する国際セミナーに提出された論文）

49) Sharda Jain and Lakshmi Krishnamurty, *Empowerment through Mahila Sanhas: The Samakhya Experience* (Tilak Nagar, India: Sandhan Shodh Kendra, 1996).

50) 同上 Jain and Krishnamurty, *Empowerment through Mahila Sanghas*, 13, 16.

51) 同上 Jain and Krishnamurty, *Empowerment through Mahila Sanghas*, 63.

52) Maxine Molyneux, "Mobilization without Emancipation？ Women's Interests,

State and Revolution in Nicaragua," *Feminist Studies* 11,no. 2 (1985):27-54;Marcy Fink and Robert Arnove, "Issues and Tensions in Nonformal and Popular Education," *International Journal of Educational Development* 11, no. 3 (1991): 221-30.

53) Renuka Mishra, "Promoting the Empowerment of Women through Adult Learning,"（1997年2月24～28日にタイのチェンマイで開催された Promoting the Empowerment of Women through Adult Learning と題する国際セミナーに提出された論文）

54) Virginia Guzman, *Las organizaciones de mujeres populares: Tresersectivas de analisis* (Lima: Centro de la Mujer Peruana Flora Tristan, 1990); あわせて前掲 Fink and Arnove, "Issues and Tensions." も参照されたい。

55) 前掲 Walters, "Democracy."

56) 前掲 Hill and King, "Women's Education."

57) 前掲 UNDP, *1995 Human Development Report*.

58) Laura Frade, "Women's Eyes on the World Bank," *Social Watch* 1(Montevideo: Instituto del Tercer Mundo, 1997):　67-70.

59) 同上 Frade, "Women's Eyes."

60) 同上 Frade, "Women's Eyes." さらに、Nelly P. Stromquist, "The Gender Dimension in the World Bank's Education Strategy. Assertions in Need of Theory," in Steven J. Klees, Joel Samoff, and N. P. Stromquist (Sense Publishers, 2012), *The World Bank and Education: Critiques and Alternatives* も参照されたい。

61) Paul Bennell with Dominic Furlong, "Has Jomtien Made AnyDifference? Trends in Donor Funding for Education and Basic Education since the Late 1980s," IDS Working Paper no. 51 (Sussex, U.K.: Institute of Development Studies, 1997).

62) World Bank. *Annual Report 2010. Year in Review* (Washington, D.C.: World Bank, 2011).

63) 前掲 Longwe, "Education for Women's Empowerment," 1997.

64) Jacqui True and Michael Mintrom, "Transnational Networks and Policy Diffusion：The Case of Gender Mainstreaming," *International Studies Quarterly* 45 no. 1 (2001).

65) Jeffrey Puryear and Jose Joaquin Brunner, "An Agenda for Educational Reform in Latin America and the Caribbean," in *Partners for Progress: Education and the Private Sector in Latin America and the Caribbean*, ed. Jeffrey Puryear (Washington, D.C.: Inter-American Dialogue, 1997), 9-13.

66) Lourdes Beneria and Savitri Bisnath, *Poverty and Gender: An Analysis for Action* (New York: UNDP, 1996).

67) Development Cooperation. "Borrowed Burden," *Development and Cooperation* 2 (1997): 33

68) Fernando Reimers and Luis Tiburcio, *Education, ajustement, et reconstruction: Options pour un changement* (Paris: UNESCO, 1993).

69) 前掲 Colclough, "Education and the Market."

70) 例えば、Michael Apple, "Work, Gender, and Teaching," *Teachers College Record* 84, no. 3 (1983): 11-28; Henry Giroux, *Border Crossings: Cultural Workers and the Politics of Education* (New York: Routledge, 1992) を参照されたい。

71) Bella Abzug, "Women Will Change the Nature of Power," in *Women's Leadership and the Ethics of Development*, by Bella Abzug and Devaki Jain, Gender in Development Monograph Series, no. 4 (New York: UNDP, 1996).

第8章 教育の統制
——集権化と分権化の問題と葛藤

マーク・ブレイ

　教育システムの中で統制(コントロール)をいかに適切に位置づけるかに関する議論はしばしば白熱し、普通は結論を得るのが難しい。その理由は技術的であるとともに政治的でもある。というのは、集権化あるいは分権化の性質および程度が、教育システムの規模と形態に影響を及ぼすばかりでなく、さまざまな集団の教育への就学機会にも影響を及ぼすからである。

　さまざまな統制の在り方の長所および短所に関する比較研究からは、多くのことが学びうる。比較分析からはまた、なぜいくつかの社会やシステムが特有の形態をもっていて、特定の方向に動いているかについての理解を深めることができる。さらに、改革に着手する政治家や行政官に対して、比較研究は特定の前提条件や支援制度の必要性を実証してみせることができる。

　本章では、いくつかの定義を示すことから始めて、集権化と分権化に対する動機のうちのいくつかに着目し、管理運営のいくつかのモデルを見出し、集権化と分権化の度合いを測る方法に関する議論の要点を述べる。その後で、本章はさまざまな場所における行政制度のバリエーションを示すために、いくつかの特定領域に言及することとする。事例として選ばれた3つの分野は、学校の修了資格、教科書、そして大学である。次の2つの節では、効率ならびに社会的不平等にまつわるさまざまなタイプの統制の在り方がもつ意味について論評する。最後から2番目の節では、行政改革のデザインの中で考慮されるべきいくつかの特別な要因を示し、さらに最後の節でこうした議論を締めくくりたい。

意味、動機、モデル、測定

1）意味

　集権化、分権化という言葉は受け止める人によりさまざまな意味をもちうる。それゆえ、本章ではまず関連する用語のいくつかについて、考えられる意味を述べることから始めなければならない。

　出発点は集権化と分権化が過程かどうかという点を述べることである。それらは静止した状態というより、むしろ「〜化している」ものである。したがって、本章はさまざまな出発点に関係しており、従来は分権化されていたシステムの集権化について議論するが、その上でさらに、すでに集権化されたシステムのさらなる集権化についても議論する。同じく、統制がいったん集権化されたが、その後それほど集権的でないようにされた制度や、すでに分権化されていたものがいっそう分権化が進んだシステムといった点にも触れる。

　その次に注目するのは、集権化および分権化という用語が通常はヒエラルキーの頂点で始められる周到な過程を意味するものだということである。しかしながら、時としてパターンは慎重な行為によってではなく、むしろ怠慢によって変化する。さらに、権力は中枢部の妥協により、あるいは中枢部による抵抗に遭いながらも中枢部から取り除かれるかもしれない。

　次には、さまざまなタイプの集権化および分権化を区別することが必要である。このトピックに関する文献の議論は完全に一貫しているわけではないが、いくつかの点で共通の認識がある[1]。その１つが、機能的次元（ファンクショナル）と区域的次元（テリトリアル）との区別である。機能的な集権化ないし分権化とは、さまざまな省庁の間で併行して運用される権力の分配における変化を指す。例えば、

・いくつかの国では、教育に関して単一の省庁が公教育システムのすべての面に対する責任を担っている。こうした組織を基礎教育管轄の省と高等教育管轄の省とに分割する動きを機能的分権化と呼びうるかもしれない。

・いくつかのシステムでは、公に行われる試験のすべてが教育省によって運営されている。その役割を引き受ける別個の試験管轄機関を設置することは、もしその試験管轄機関が引き続き政府によって直接統制されるとしても、機能的分権化と呼びうるかもしれない。

・多くの国では、学校は政府と並んでボランティア組織によっても運営され

ている。ボランティア組織が運営する学校に対する政府の統制緩和は機能的分権化と呼びうるかもしれない。反対に、統制が強化されることは機能的集権化の形態である。ボランティア組織が運営する学校の国有化は、それらを政府の直接統制下に置くことであり、機能的集権化のいっそう明白な形態となるであろう。

対照的に、区域的集権化ないし分権化は、国、州・県、地区、そして学校といった管理のさまざまな地理的な段階の中での統制の再配分を指す。上級から下級への権力の移譲は区域的分権化と呼ばれるであろう。これはこの言葉の空間概念である。区域的分権化のカテゴリーは3つの主要な下位カテゴリーを含んでいる。すなわち、

・権限の分散（Deconcentration）は、中央の当局が自らの職員を配置する、出先機関ないし現場組織を設ける過程である。かくして、教育省の人員がすべて同じ中央の庁舎で働くかもしれないし、あるいは、中には州や地区のポストにつけられるかもしれない。

・業務の委任（Delegation）は、地方レベルでのより強い意思決定の権力を意味する。しかしながら、地方当局に「貸し出す」ことが決まった委譲された制度の中の権力は、基本的には依然として中央当局の下に置かれている。

権力は法的手段をとることなしに反故にすることができる。

・権限委譲（Devolution）は区域的分権化に関するこれらの3つの形式のうちで最も極端なものである。権力は公式に地方レベルによって掌握され、当該レベルの官僚は彼らの行為に関してより高次の承認を必要としないのである。地方レベルの官僚は自らの決定について中枢部に通知することを選ぶかもしれないが、中枢部の役割は主として情報の収集と交換に限定される。

何人かの論者は民営化を分権化の別の形態であると評している[2]。民営化は学校に対する国の権限が縮小される分権化の形態かもしれない。しかしながら、民営化は必ずしも分権化ではない。民営化のいくつかの形態は教会あるいは大規模な民間会社の手に権力を集中させる。そうした場合、民営化はたとえ非政府組織であっても統制を集権化するかもしれない。

2）動機

教育の統制に関する集権化ないし分権化の動機は一般に政治的なものであるが、さらに行政上のものであったり、あるいは両者の組み合わさったもので

あったりするかもしれない。政治的動機をもつ改革は、（集権化の場合）支配集団の権力を強化するか、あるいは（分権化の場合）他の集団に権力を分散することを目的とする。行政的に動機づけられた改革は、官僚による操作を促進することを目指すものである。しばしば、教育改革の始まりは、教育セクターの個別の事柄からではなく、より広い政治的、行政的変革の中に存するものである。

政治的動機をもつ改革の最も劇的な実例としては、エチオピア、フィリピン、スペインにおける区域限定の分権化策があった。これらの国々での地域に密着した権力分離の運動は、もしより大きな自治が与えられなければ分断の恐れがあるほど強力であった。中央当局は全国的枠組みの中にとどまるように分離論者のグループを説得するために権力を与えた。

しかしながら、分離論者の脅威は違った反応につながることもありうる。例えば、1961年にガーナ政府は強力に中央集権化された統一的国家を創ることにより、アシャンティ連合の中の分離主義者の動揺に対処した。インドネシアの政府はイリアンジャヤ州の分離主義的傾向に対して、1960年代に同様に反応した。あるいは、中央政府は「分割支配」の戦略を以て分離論者の威嚇に応答するかもしれない。例えば、ナイジェリアの連邦政府が1967年にビアフラの分離によって脅かされた時、同政府は同国の4地方を12の州へ分割することを決定した。さらなる政治的な要求に応えるために、ナイジェリアでは州の数が1976年に19に増え、1987年には21に、1991年には30に、そして1996年には36に増えたのである。

政治的な動機をもつ他の例は、改革を通じて特定の集団を意思決定に加えたり、そこから排除したりする欲求を含むものである。1989年のコロンビアの戦略は反主流派を引きつけ、そして国民のすべての主要構成部分を組み込むことによって統合に努めるものであった。対照的に、メキシコの分権化は、給与に関する交渉を中央政府から州政府のレベルに移すことによって教員組合の力を弱めることになった。[3][4]

より官僚制的な次元では、集権化と分権化は両方とも効率を高めるために主張されるかもしれない。集権化に関する主要な議論は、併存する機能や地方組織の厄介な重複を避けて、中央の小規模な計画策定グループによって管理運営がより効率的に指揮されうるというものである。分権化に関する主要な議論は、併置された専門的な機関のほうが顧客のニーズによりよく焦点を合わすことが

できるというものであり、区域ごとに分権化された地方の部門のほうが顧客により近く、地域的な多様性により良く応じることができるというものである。区域的分権化に関する効率の議論は、中央政府によって提供される初等、中等教育の高い単位経費に焦点を当てるものが典型的である。インターネット時代は通信費を減らしたが、首都の役人は、地方労働者市場の状況や建築のための価格格差に気づいていないかもしれない。

　こうした一連の正当化と同類のことは、文化的な差異を拠り所とするものである。ワイラー（Hans N. Weiler）は、地域により教育的ニーズに違いがあることにより敏感になるために、分権化が主張されるかもしれないことを指摘した。

　　　非常に小さな、あるいは文化的にきわめて同質的な社会を除いて、ほとんどの国では、地域、コミュニティ、そして言語集団の間で、学習の文化的・社会枠組みに関して相当な違いがある。歴史、植物学、社会科およびその他の分野の学習のための準拠枠組みは、イタリアの南部と北部、アラバマとカリフォルニア、あるいはババリアとベルリンとでは明らかに著しく異なっている。こうした違いがあることから、ドイツ連邦共和国とアメリカのような国では、教育の管理に対する連邦と地方のそれぞれが構造を有することをよしとし、教育の内容に関する限り、地域別のさまざまな差異の度合いを支持する議論が歴史的に保持されてきた[5]。

　対照的に、当該国内における学習文化の多様性が過剰であり、少なくともカリキュラムや授業のコアになる要素については標準化される必要があるという理由から集権化が主張されるかもしれない。これは1930年代にアメリカで行われた部分的な集権化を正当化する理由の1つであり[6]、またもっと最近ではイギリスでも同国の政府が1988年に中央集権的なナショナルカリキュラムを導入したときの理由でもあった[7]。同じ調子で、多くのアフリカの国では、それらの政府がカリキュラムを国家建設のための重要な道具と見なしているために、カリキュラムは中央集権化されたままである。

　最後に、分権化に対する消極的な動機は、中央政府が財政逼迫のために教育に対する自らの責任を縮小したいという気持ちである。教育サービスを適切に提供するのに十分な財源をもっていないことを認識した中央政府は、下級の行

政区画ないし非政府団体に責任を分散することによって、その問題を回避することを選ぶのかもしれない。これは、教育に対するより大きな責任を地方機関に委ねるナイジェリアやその他いくつかの西アフリカの国々での改革の根本的な考え方であった[8]。それはまたさまざまな民営化構想の主要な動機でもあった[9]。

3）モデル

　すでに示したように、教育の管理運営に関するモデルの範囲は非常に広いものである。モデル選択の決定は、政治的イデオロギー、歴史的遺産、および言語の多元性、地理的な大きさ、コミュニケーションの容易さといった要因との関係の中で行われるに違いない。

　明白な出発点は政府の全体的な構造に関わっている。オーストラリア、カナダ、インド、ナイジェリア、アメリカはいずれも連邦制度を有しており、その中で実質的な権力が州または県政府に付与されている。例えば、カナダにおいて州が行う意思決定の程度は非常に大きなものであるので、教育の構造および内容はアルバータとケベックのような州では本質的に異なっている。最も明確な違いは、前者では教育が主として英語によるものであるのに対して、後者では主としてフランス語によって行われている点である。アメリカの各州の間ではそれほど明確な違いはないものの、同国ではやはり州が主体である。したがって、これらのシステムは高度に分権化されているように見える。

　多くの統一されたシステムもまた高度に分権化しているように思える。例えば、1976年にパプアニューギニアでは19の州政府による疑似的連邦制度を採用し、それら州政府のそれぞれが教育に関わる事項を含めて相当な自治を有することになった[10]。イギリスは連邦制度をとっていないが、同国を構成するイングランド、北アイルランド、ウェールズ、スコットランドの分権化のレベルは非常に高いものである。イングランドとウェールズの教育システムは緊密に結びついているが、スコットランドと北アイルランドの教育システムは別々に動いている[11]。

　いくつかの連合的なシステムは、いっそう高度な地方分権を有している。例えば、スイスは26の県をもっているが、その各々に独自の学校法と教育システムがある[12]。県当局は、システムの構造、カリキュラム、教授言語、各学年での各科目の配当時間を決める権限を与えられている。中央政府は意思決定の過程において、いかなる役割もほとんど果たしていないのである。

言語の多元性は、すでに言及した国々のいくつか、特にナイジェリア、カナダ、スイスにおいて重要な役割を果たしている。ベルギーは、フランス語の話者とフランドル語の話者に役立つように、並置された教育システムをもっている。そして、言語の多元性はパプアニューギニアにおける領域別分権化の背後にある要因である。対照的に、バヌアツでは単一の省庁の下で、英語を教授言語とするシステムとフランス語を教授言語とするシステムを調整する努力、つまり機能的集権化の一形態である取り組みが行われた。

地理的な大きさに関して、カナダ、インド、ロシア、アメリカといった面積の大きな国々を見ると、そのいずれもが連邦制度を有しており、大国はすべて分権化した管理を行っていると考えたい誘惑にかられるかもしれない。しかしながら、そうではないという事実がインドネシアと中国を考察することによって明らかになる。これらの国は最近まで高度に集権的な管理を行っていた。反対に、小さな国が必ず集権的なシステムであると仮定することもできない。マルタとブルネイ・ダルサラームのようないくつかの小さな国では確かにそうである。しかし、セントルシアとガンビアには該当しない。後の2ヵ国は地区別の管理を実施し、学校レベルでの意思決定も認めている。

考察の1つのレベルとして学校が重要であることは、強調しておくに値する。1980年代半ば以来、自律的学校管理（School-based management）ということが広範な国々で相当に強調されてきた。例えば、ニュージーランドでは、遠大な構想から同国政府の教育省が廃止され、学校レベルの理事会が設けられた。[13] 理事会はそれらが所在するコミュニティとの間で契約的協定を結ぶことを求められ、学校予算を管理し、教員を任免する権限を与えられた。[14] 同様の構想はオーストラリア、カナダ、アメリカおよびイギリスでも始まった。[15] スペインでの改革は、学校評議会が校長を選ぶ権限をもつことまでを要求する民主化を行った。[16]

最後に、管理運営のモデルはコミュニケーションが容易か否かの影響を受けるものである。例えば、コンゴ民主共和国では、単にコミュニケーションが貧弱なだけのために、他に替わるものがないので管理は分権化されている。中央は、周辺部で何が行われているかを知っていないし、周辺部はおそらく、望んだとしても、中央からの定期的で詳細な指示を得ることはできないであろう。世界のその他の場所では、インターネットの出現が距離を大きく縮め、中央のより強い監督を可能にした。

4）集権化・分権化の度合いの測定

　集権化、あるいは分権化の複雑さは、それをいかに測るかについて努力がなされる際にさらに明らかになる。高度に集権化されたシステムを頂点とし、一方、高度に分権化されたシステムを最下部に置いて、国々を1つの尺度でランクづけることができると多くの人々が考えている。しかしながら、そのようなランキングを作成する試みは問題があり、潜在的に誤解を招きやすいということが普通は分かるものである。

　最初の問題は、分析単位として国民国家を想定する慣行から生じる。国境はほとんどの場合恣意的であり、国境は非常に大きさの異なる国々を形作っている。したがって、集権的管理をしているとして日本（人口1億2260万人）について記述することは、集権的管理をしているとしてトンガ（人口9万7000人）について記述することとは非常に異なる意味をもつであろう。同様に、インドの政府は同国の分権化された地区初等教育プロジェクトの宣伝に打ち込んだが、[17] これらの地区のいくつかは500万人以上と、多くの国々の総人口よりもかなり大きな人口を有しており、政府の基礎単位としては依然として非常に大きいと感じる人がいるかもしれない。

　この点を敷衍すれば、ソ連が1つの国家であったとき、アゼルバイジャン、グルジア、ラトビアといった個々の共和国によって保持されていた自治は、行政システムが分権化されていると思わせたものであった。それらの共和国が独立国となった今、国民国家という観点からすれば、それらの教育システムの管理は中央集権化されていると一般に記述される。反対に、香港が特別自治的領土となった時、その行政は集権的なものとして広く記述された。[18] しかしながら、中華人民共和国に返還された1997年以後、香港はかなりの自治を有する特別行政区のままであり、少なくとも北京（中国政府）の観点に立てば、高度に分権化された仕組みがとられているように思えた。[19]

　集権化か分権化かを測る上での別の難しさは、さまざまな権限の重要性やその他の事柄についての価値判断から生じる。したがって、学校組織の構造、あるいは教授言語を決定する権限は、非常に重要であると考えられるかもしれない。対照的に、学校の清掃員を雇う権限は、あまり重要でないと考えられるかもしれない。これは測定のための何らかのモデルの中で比重のかけ方を変えることを必要とするであろう。

さらに複雑なことには、改革が同時に反対方向に進むこともありうるという点である。1980年代に、イギリス政府は教育上の意思決定の性格を大きく変えた[20]。すでに述べたように、改革の中身の1つがナショナルカリキュラムの導入であり、それは中央政府の手に権限を集中するものであった。しかしながら、改革の別の中身は、すべての学校が予算、教員の採用、施設といった事柄に関して相当な権限をもつ理事会を置かねばならないという要求であった。集権化と分権化の2つの傾向が併存することは、分類する上での主要な障害となる。

さらに大きな障害となるのは、いくつかのシステムは中央集権的でもあり、同時に分権的のようでもあるという事実である。かくして、例えば、マレーシアは「中央集権化された分権化」をもつものと記述され[21]、中国では集権化、分権化、そして再集権化が同時に進んでいると記述されてきた[22]。この点に関連して、管理システムがどの程度集権的か分権的かは、地方レベルの組織があるかないかというだけで簡単に判断することはできないのである。多くの憲法が拒否権を連邦政府に与えており、それは州ないし県の政府に相当な制限を加えるものとして働き、また、一見するとそのシステムが分権化したものではないことを意味している。さらに、連邦政府および疑似連邦政府の権力は、主な財源を統制することによって一般に強化される。対照的に、州ないし県政府をもたない国々でさえ、中央政府当局は喜んで学校レベルに実質的な権力の分権化を行うかもしれない[23]。

最後に、権限の分散（Deconcentration）は通常分権化の一形態として記述されるが、それは地方により大きな意思決定を委ねるためのものというより、周辺部に対する中央の統制を強化するためのメカニズムとなりうる。周辺部に配属された中央政府の人員が地方のニーズと優先事項を反映させた地方の決定を下すことが許される場合にこそ、権限の分散は分権化の一形態と評されるのが理にかなっているかもしれない。しかし、周辺部の人員が中央政府によって決定された政策の実施を厳格に進めることに責任を負う場合、権限の分散は集権化の一形態と評されるのがより理にかなっている。

しかし、これらのすべての複雑さや、そこから生じる諸問題にもかかわらず、何人かの論者は集権化か分権化かを測る努力を続けた。そうした1つの試みが表8.1に示されている。この表は、調査対象となった16ヵ国のうちでルクセンブルグを最も集権化した国と記述しているように見える。これに次ぐのがイタリアとメキシコである。もう一方の端では、イングランドが最も分権化して

表 8.1　公立前期中等教育に対する意思決定に関する行政レベル間のバランス（％）

	中央	州／省	市町村	学校	計
オーストラリア	0	56	0	44	100
オーストリア	27	22	22	30	100
チェコ共和国	6	0	33	61	100
デンマーク	19	0	40	41	100
イギリス	4	0	5	91	100
フィンランド	2	0	76	22	100
アイスランド	23	0	37	40	100
イタリア	31	16	6	47	100
日本	12	21	45	21	100
韓国	7	36	8	49	100
ルクセンブルグ	68	0		32	100
メキシコ	30	50	0	20	100
ノルウェー	25	0	40	35	100
スコットランド	17	0	53	30	100
スペイン	9	52	3	36	100
スウェーデン	18	0	35	47	100

出典：OECD, *Education at a Glance 2008* (Paris: OECD, 2008), p. 488.

おり、これに次ぐのがチェコ共和国である。

　これらの数値はこの問題に対して手がかりを与えたけれども、十分に注意して見られるべきである。第1に、ルクセンブルグは非常に小さな国であり、例えば、オーストラリアのほとんどの州よりも人口や面積が少ないのである。第2に、権力の分配状況を示すために、著者たちは機能を数え上げ、それらに各各1つの得点を振り分け、各行政レベルの権力分配の比を計算した。同書は、授業の組織、人事管理、計画、立案、財源などを含む特定の機能に関して、さまざまな表を呈示した。いくつかの機能は恐らく他のものより重要であるが、これらにはすべて等しい比重が割り当てられた。さらに、この表は意思決定における自治の度合いを反映していない。いくつかのシステムでは、決定は上位の省庁によって定められた枠組みの範囲内で下されるか、あるいは教育システムの中の他の組織との協議の後に行われうる。そして最後に、この表は、私立システムを含むすべての教育段階についてというより、むしろ特に公立システ

ムの中の前期中等教育に言及しているけれども、前期中等および公立の定義は一貫したものでなかったかもしれない。そのため、この例は比較する目的で国々を単一の数直線の上に並べる努力の利点と同時に危険性も示している。

テーマとバリエーション

異なるモデルの背景にある諸要因およびさまざまな仕組みがもつ意味について、さらに事例でもって説明しうるかもしれない。意思決定に関する特別な3つのポイントがここで示される。それは、学校修了資格、教科書、大学の運営である。

1）学校修了資格の統制

中等学校教育の修了時に与えられる資格の管理には相当な多様性が見出されるかもしれない。あるところでは法的管理が教育省によって厳しく保たれ、一方、他のところでは、政府系機関あるいは民間団体によって運営される試験機関が主要な役割を果たしている。管理の他の側面に関するように、さまざまな仕組みの根底にある要因は、歴史的に受け継がれたものと慎重な政策とが組み合わさったものを映し出している。イギリスは独立した試験機関の長い伝統があり、そのいくつかはロンドン大学、オックスフォードやケンブリッジといった高等教育機関と連携している。伝統と決別して、2003年には、エデクセル（Edexcel）の名で取引をするロンドン・クオリフィケイションズ株式会社と呼ばれる企業が、これまでロンドン大学によって行われてきた試験を運営するために設立された。これは民間の営利目的のセクターがこの構図の中に初めて参入したものである。[24] ポーランド、ルーマニア、ロシアといった他の国々は、教育省の管轄下にある試験機関を備えたもっと集権化された伝統を有している。

アイスランド、スウェーデンといった、これ以外の国々は正式の修了試験をもっていない。これらの国々の学生はその代わりに、中等学校での経歴全体にわたる学校ごとの評価に従っている。高等教育機関は種々の入学試験を設けるかもしれない。しかし、その過程は中等教育の修了証書とは別個の活動とされうるものである。日本には標準化された全国的な大学入試がある。一方、韓国の高等教育への入学許可は学校での学業成績、校外活動への関与、そして全国的な大学入試に基づいている。[25] スウェーデンにも大学入試があるが、日本や韓

表8.2 中等学校修了資格のために主に外部評価ないし内部評価を使う管理カテゴリー

主に外部評価を使用	主に内部評価を使用
デンマーク	日本
エストニア	韓国
ギリシャ	オーストラリア・クィーンズランド州
アイルランド	スペイン
ラトビア	スウェーデン
オランダ	スイス
ポーランド	トルコ
スロベニア	
イギリス	

出典:Andrew Boyle, The Regulation of Examinations and Qualifications: An International Study (London: Office of the Qualifications and Examinations Regulator, 2008), p. 30.

国と違って、学生が入学許可を得るために、この試験を受験することは必須ではない。

　表8.2は、16ヵ国における外部評価と内部評価の間のバランスについて詳述している。左側の欄は「主に外部評価を使用」という見出しになっているが、アイルランドは極端で、学校の自立的評価が資格認定にまったく寄与せず、評価はすべて外部的なものである。もう一方の極端として、日本では義務教育段階の児童・生徒に対する全国的な公的評価システムはなく、後期中等教育の卒業証明書の等級づけが外部からの管理のない、主として教員による評価に基づいている。しかしながら、著者の言葉によれば、「大多数の国の仕組みは適度に内部評価あるいは外部評価に賛成するもの、あるいは混合システムをもっているものと考えられうる」という。この言葉はやはりシステムを分類することの難しさをはっきりと示している。試験に焦点を絞ることは、教育の過程に対する真の統制の中心がどこに隠されているかを示すのに役立つ。試験は、実際の（表向きに構想されたものとは対照的な）学校カリキュラムの主要な決定要素である。そして、教えられるものと試験されるものとの間に違いがある場合、生徒は一般に後者をより大事と考えるものである。

2）教科書の統制

　教科書政策の共通性と多様性は、多くの共通性をもちながら、大きな違いも

示す東アジアの4つの地域のパターンを比較することにより実証されるかもしれない。以下の説明は中国、台湾、香港およびマカオに焦点を絞ったものである。これら4つの国・地域はいずれも華人の民族性を含んでおり、それらの支配的な文化には儒教のルーツがある。1つは共産主義の政府であり、他の3つは資本主義の政府である。香港とマカオは、ヨーロッパ列強によって植民地化された歴史を共有している。しかし、この共通性にもかかわらず、それらは教育を施す上での性質に関して著しい違いをもっている。

　中国政府は主として共産主義の公式イデオロギーを広げるために、かつてはカリキュラムと教科書に対する厳しい統制を保持してきた。1949年の人民共和国の建国直後に、同政府は、北京で人民教育出版社によって発行される1種類の基本的教科書だけが学校で使用を許されると決定した。しかしながら、1985年以降、中央政府は教科書の生産および内容の多様化を増すことを許可した。こうした変化は市場経済の導入、ならびに経済・社会緒部門の多元性に対する寛容度が増したことを反映するものであった。統制の緩和は上海から始まり、経済的に進んだ他の沿海地区、それからそれ以外の地区が続いた。[27]

　台湾は政治的なイデオロギーの多くの面で中国とは対照的である。最も明確なのは、中国が1949年の革命後に共産主義社会になったのに対して、台湾は大陸での政治的変更に強く敵対して資本主義社会のままにとどまったことである。しかし、このイデオロギーの違いにもかかわらず、台湾当局は長い間カリキュラム内容を統制することにおいて、中国大陸の相手方と同じくらい敏感であった。2001年の改革、そして2007年にいっそう進んだ改革は、学校に自らのカリキュラムを編成する上での自治を与えた。[28]この変化以前には、教科書は国立編訳館によって標準化され公刊されていた。初等教育の公式の目的には、愛国心と反共主義を教え込むことが含まれており、教科書はこれらの目的を達成する主要な手段とみなされていたのである。[29]

　香港は長い資本主義の伝統を備えたもう1つの社会であるが、1842年から1997年までの間、イギリスの植民地であった。予想しうるように、植民地当局も教科書の内容について関心をもっていたのであり、そうした書物が政府によって押し広められた考えと矛盾するものをどの程度行き渡らせるかについて、特に関心をもっていた。しかしながら、香港の植民地政府の政策は中国や台湾ほど厳密なものではなかった。当局は学校が公式リストに掲載された本だけを使用することを認めていた。しかし、学校は、独立した出版社によって作

られ、公開市場で売られている本を選ぶことができた。[30]

マカオは別のモデルを提供している。香港と同様に、マカオはヨーロッパ列強の植民地であった。しかし、マカオの行政は香港よりさらに一段と放任主義であった。マカオは1557年にポルトガルの植民地になり、4世紀以上にわたってポルトガル政府の下にあった。1987年には、ポルトガルと中国の政府が、マカオに関する主権が香港返還の2年後の1999年に中国へ返還されることで合意した。そうした政治的な新たな取り決めは、教育システムにおいてもいくつかの変化を引き起こした。しかし、学校は市場に出ているどの教科書を使用したいかについて決定する上で完全に自由な立場のままであった。マカオの政府はそれ自体が学校用のいかなる教科書も作成することはなく、統制が不足していたために、さまざまな機関で実際に教えられていた事柄に関して相当な多様性が生じることになった。[31]

この一連の事例は、一方では類似した行政システムが異なる政治的な環境の中に見出され、他方、異なる行政システムが同一の政治的な環境の中に見出されるかもしれないことを示している。一方は共産主義、もう一方は資本主義だったが、中国と台湾の両方の政府は教科書に対する厳しい統制を行った。中国の市場経済への動きは統制緩和を伴うものであり、その点において、中国はずっと市場主義をとってきた台湾と対照的であったが、台湾では学校が教科書選択の自由を与えられることは決してなかったのである。香港とマカオは両方ともヨーロッパ列強の植民地であった。しかし、香港の植民地政府は綿密に調べられた教科書を学校が使用するのを認めていたのに対して、マカオの植民地政府は完全な自由放任主義を採用していたのである。この事例における違いは、1つには宗主国当局にとって当該植民地がもつ重要性を反映していた。香港はイギリス政府が安定を維持することを切望したかなり大きな植民地であった。一方、マカオは、19世紀までのポルトガルの王国にとって重要だったが、やがて重要性が下がった非常に小さな植民地であった。その結果として生じた無関心は、教育を含むすべての部門で明白であった。

3）大学の統制

政府と大学の関係に関して、2つの主要モデルが見出されるかもしれない。[32] 最初のモデルは国家による統制（state-control）モデルであり、ヨーロッパ大陸部の高等教育システム、特にフランスのそれによって歴史的に例証されうる。

これらのシステムは国家によって創られ、ほぼ完全に国によって財政的に賄われてきた。少なくとも形式的には、国家がこれらの高等教育システムの力学のほぼすべての面を統制してきた。中央の教育省が入学条件、カリキュラム、学位要件、試験、教授陣の任免や報酬を法律で規制してきた。この詳細な政府による規制の1つの目的は、いくつかの国において大学自体によってではなく国によって授与される国家学位の標準化である。

このモデルでは、国家の権力は正教授レベルでの強い権威と結びついている。後者は学部や大学の内部において各人が平等に相当な権限を有している。したがって、このモデルは強い頂点（国家）、弱い中間部（大学内部の管理運営）、そして強い基層部（正教授）によって特徴づけられる。

対照的なのは、最近までアメリカやイギリス、ならびに多くのかつてのイギリスの植民地で見られた国家による監督（state-supervising）モデルである。このモデルでは、正教授が強い権限をもっているが、一方、大学内部の管理運営が適度な権限をもち、国もまた控え目な役割を引き受けている。各大学が自らの学生を募集し、自らのスタッフを雇い、それ自身のカリキュラムを決定するのである。イギリスのモデルによって影響を受けた多くの制度が、1919年から1988年までのイギリスで運営された大学補助金委員会を手本とした緩衝機関を有している。表8.3は、9ヵ国における緩衝機関に関する情報を要約したものである。同表はそれら緩衝機関の役割におけるバリエーションを示しているが、同機関は典型的には大学と政府を結んでおり、一方で大学の自治を尊重することに努めながら、他方では公的資金の使用における説明責任を確実なものにすることに努めている。国家による監督モデルは、私立でありながら、ある程度は国家によって規制されている多くの大学を有するという、フィリピンに見られるような制度である。

2000年代に、ますます多くの政府が統制モデルから監督モデルへ転換した[33]。多くの者は、監督モデルのほうが急速に変化する状況に対処するのに必要と考えられた各大学内での各種タイプの変革を簡単に容認し刺激しそうだと感じた。チリ、アルゼンチンおよび中国はこのモデルの方向に進んだ。しかしながら、国家による統制モデルもまた長所をもっており、他の高等教育システム、例えば、ケニア、ウガンダ、ガーナのそれは歴史のさまざまな時点でその方向に進んでいった。こうした正反対の方向への動きの理由には、政府が高級人材のアウトプットを統制し、大学からの政治的な威嚇を制限し、また、相対的にエ

表 8.3　9 ヵ国における大学財政緩衝団体の機能

	カナダ(マニトバ)	香港	インド	ケニア	ナイジェリア	南アフリカ	スリランカ	イギリス	ジンバブエ
戦略的計画	×	×	×						×
政策分析/問題解決	×	×		×	×		×	×	
高等教育機関のミッション定義				×	×				
学術的プログラムの点検	×			×	×	×			×
予算開発/資金調達助言/配分		×	×		×	×	×	×	×
プログラム管理	×	×		×	×	×		×	
モニタリング/社会的説明責任	×			×	×	×	×	×	
質保証/基準の点検		×			×	×	×		×
学生の入学許可数の決定	×		×			×	×		×

出典：John Fielden, *Global Trends in University Governance* (Washington, D.C.: The World Bank, 2008), p. 10.

リート主義的なシステムを通じて財源へのプレッシャーを抑制したいと考えることが含まれる。これらの点の最後のものについては、イギリスの動きが示唆に富む。同国では、大学補助金委員会（UGC）は、1988年に大学財政審議会（UFC）に移行したが、それによって政府はずっと直接的な統制を行いうるようになった。[34] これは機能的集権化の一形態である。それは、政府が大学に対して研究のアウトプットの量や教育の質を測定するよう要求するのを可能にした。

同時に、政府は高等教育がますます国境を越えて提供されるようになっていることを認めざるを得ない。オンライン教育は、大学の海外キャンパスがそうであるように、ますます普通のことになっている。政府はそれゆえに、国内の教育の提供者と並んで外国の提供者についても考慮しなければならず、こうした教育の提供者に対する規制はかなり手腕を問われるものである。[35]

効率に対する意味

先に述べたように、さまざまな状況の中で、効率に対する議論が集権化と分権化の両方を支持するために使われるかもしれない。これらの点は、関わっている要因の種類を識別するよう吟味してみるのに値する。

パプアニューギニアの経験は議論のための良い出発点となる。[36] 1977年に、パプアニューギニアの政府が、新しく作られた19の州政府に対して分野別に権限を委譲する主要な計画に着手した。その改革には批判者がなかったわけではない。例えば、1978年には、野党の党首が州レベルの政治家の数が増えることに伴う経費がもつ意味を次のように強調した。

> パプアニューギニアは600人を超える有給の政治家がいる。われわれの人口は300万人である。オーストラリアには約600人の有給の政治家がいるが、1400万人の人口である。現在の600人の政治家を擁する段階に発展するのにオーストラリアはほぼ100年を要した。われわれは3年かかった。人口4000万人のイギリスにはパプアニューギニアと同数の政治家がいる。パプアニューギニアのような発展途上国がこれほど大きな政府をもつ余裕があると、いったい誰が本気で信じるであろう。[37]

しかしながら、同改革は前に進んだ。州政府は教育を含むほとんどの分野で

実質的な責任を担うように形作られた。そして各州にはそれぞれ1人の教育大臣が置かれた。

改革の1つの結果は官僚制の大拡張であった。このことは州レベルで特に目についたが、より多くのスタッフが調整と訓練に必要であったために、中央レベルでも明らかであった。1977年と1983年の間に、ある州では、小学校の就学者は15％増え、中等学校の就学者は7％増えたが、上級の行政職員の数は208％も増えたのである。最も小さな州の人口はちょうど2万5000人（どこか他のところでは小さな町に匹敵する規模である）であったが、他のすべての州と同じ主要な部門を備えた官僚制度を必要とした。さらに、当時の発展段階では、パプアニューギニアは熟練した人員がひどく不足していた。これらの状況から見て、1990年代に改革が大きな問題にぶつかり、2000年代に段階的に揺り戻しが起こったことは恐らく驚くことではないであろう。

しかしながら、他のタイプの分権化は効率を高めうるものである。そうしたものの中には、オーストラリア、イギリスおよびニュージーランドで始められた学校ごとの自立した管理運営のプロジェクトがある。これらのプロジェクトの典型的な特徴は、生徒と教員をめぐって学校間で競争させることと、校長および他の管理者がニーズと優先事項に応じて予算費目間での変更ができるように、学校レベルに包括的な補助金を配分することを含んでいた。ほとんどの計画はある年から翌年にかけて資金を繰り越すことを認めるものであり、これは学校レベルの管理者に対して単に会計年度の終わりごろに余剰金をすべて支出するのではなく、むしろ蓄えておくインセンティブを与えるものである。評価は学校レベルで個人のストレスを増すことを示した。そして、批評家は、校長の教授法上の目標のうちのいくつかが管理主義の需要から取り入れられたと主張した[38]。しかしながら、一般に改革はコストおよび効率の向上方法に関してより大きな意識をもつことにつながったと思われる。

さらに、効率問題に関連して、分権化されたシステムの中での調整が必要である。これは相当な労力と時間を消費するかもしれない。スイスモデルは、人々と彼らの教育システムとの間の密接な結びつきゆえに、効率的と認められるものとして記述されてきた[39]。分権化の擁護者からの反応は、変化は遅いが、それらが広範な人々による受容に根ざしていることから、確実なものとなりそうであるというものであろう。この見解は、変化の速度が効率の単なる1つの指標にすぎず、変化の有効性が別のものとして含まれなければならないことを

示唆している。この例は、問題の複雑さや行政改革への含意の複雑さを改めて示している。

社会的不公正に対する意味

　一般に、分権化は社会的不平等を容認し、恐らく促進するであろう。反対に、集権化は不平等を縮小するためのメカニズムとなるが、そのメカニズムが実際に使用されるかどうかは、システムの頂点に位置する目標や意志力に左右される。ここでの解釈は地理的に分配された不平等および特別の住民の間での社会経済的不平等に焦点を絞ったものとなろう。

　地理的な格差に関して、議論は通常、州ないし省レベルへの区域別の権限委譲から始めうる。そのような権限委譲は、地方公共団体が開発の性質および方向を決定することを許すものである。いくつかの団体は他のものより積極的になりがちであり、そうした場合には、教育の量と質の両方またはいずれか一方に関する地域間格差を増すであろう。ヒエラルキーのずっと下級、つまり、地区や個々の学校についても同様のことが言えるであろう。通常、権限委譲は単なる意思決定の問題ではなく、資源配分の問題でもある。高度に分権化したシステムは一般に地方公共団体に対して、それらが創出する資源の大部分あるいはすべてを保持することを許可する。豊かなコミュニティがより上質で、あるいはまたより多くの教育を提供することができるのであり、格差はそのまま残るか、さらに拡大さえする。

　先に挙げた例について詳述すれば、パプアニューギニアの権限委譲パッケージの主要部分は、州政府が地元で創出された収入を、それまで認められていたよりはるかに多く手元に留めうることを規定するものであった。中央政府は海外からの援助やその他さまざまな収入を統制し、このメカニズムを通じて、いくつかの格差問題を改善することができた。しかしながら、中央政府は、権限委譲の枠組みが生み出した構造的不均衡に対する十分な補償を行うことができなかった。[40]

　行政構造はアメリカでも州の内部および州間での不均衡を生み出した。恵まれない人々の教育に対して、ますます多くの連邦資金が配分されてきたとはいえ、アメリカの憲法は連邦政府に教育を直接管轄する役割を与えていない。州の内部では、いくつかの学区は他の学区に比べて、教育のための財源を財産税

表 8.4　アメリカの公立初等・中等学校に対する財源分布（％）

学年度	連邦	州	地方
1919 - 1920	0.3	16.5	83.2
1929 - 1930	0.4	16.9	82.7
1939 - 1940	1.8	30.3	68.0
1949 - 1950	2.9	39.8	57.3
1959 - 1960	4.4	39.1	56.5
1969 - 1970	8.0	39.9	52.1
1979 - 1980	9.8	46.8	43.4
1989 - 1990	6.1	47.1	46.8
1999 - 2000	7.3	49.5	41.2
2008 - 2009	9.5	46.7	43.8

出典：*Digest of Educational Statistics, 2000* (Washington, D.C.: U.S. Department of Education, 2000. http://nces.ed.gov/programs/digest/d10/tables/dt10_180.asp?referrer=dist. から 2012 年 1 月 22 日にダウンロード).

やその他の財源からずっと簡単に捻出できるという問題がある。歴史的観点に立って、表 8.4 は、20 世紀に初等・中等学校教育のための資金提供のバランスが連邦、州そして地方の間でいかに変わってきたかを示している。1919 - 20 年には、歳入の大部分が地方レベルで準備されていたが、1979 - 80 の時点では連邦と州政府からの歳入がより顕著になっている。このことからは、2008 - 2009 年に生徒 1 人当たりの平均支出 1 万 9811 ドルに対して、ユタ州では 8929 ドルにすぎなかったというほど、格差は依然として残っているものの、不均衡を解消するためのメカニズムが存在することが分かる。

　不平等はまた特定の社会経済的集団の内部においてさらに悪化するかもしれない。例えば、教育に対するコミュニティ財政に関する文献は、より豊かなコミュニティが貧しいコミュニティに比べて自助プロジェクトにより良く取り組むことができることを指摘している。[41] 例えば、ジンバブエでは、コミュニティ・レベルへの分権化政策が恵まれた地域がリードを保つのを可能にした。マラバニカ（O. E. Maravanyika）は次のように述べている。

　　かつての白人居住地域の学校は政府と管理運営協定を結んだ。こうした

協定は経営委員会が親から経費を徴収することを可能にした。その結果、学校は学校の備品やその他の教材を追加して購入した。また、白人の親の中には政府の定めた教員対生徒比率が効果的な教育を行うには高すぎると考える者がおり、それを下げるために追加のスタッフを採用したり、あるいは、音楽やコンピュータといった政府によってカバーされない専門的科目を導入したりすることができるようになった。[42]

これらの学校の経営委員会によって課された高額の経費は、一般に普通の黒人の親の支払い能力を超えるものであり、したがって、このシステムは社会経済的な不平等とともに人種的不平等を永続させるものであった。

非常に異なる状況の下ではあるが、同様のことがニューヨーク市でも行われた。この場合の改革は、コミュニティの教育委員会のほうが親と生徒の差し迫ったニーズにより的確に反応するであろうという考えから、意思決定の権限をコミュニティ・レベルに分権化することをねらったものであった。しかしながら、多くのコミュニティの政治は市全体の政治と少なくとも同じくらい党派に分かれていることが分かった。そして、党派が支配権を握った時、それらはマイノリティに対するそれらの政策と実践において少なくとも同じくらい排他的であった。エルモア（Richard F. Elmore）が観察しているように、

> コミュニティの政治がプエルトリコ出身のヒスパニック系住民によって上手に支配されているイースト・ハーレムでは、アフリカ系アメリカ人であることは、ニューヨーク市全体でアフリカ系アメリカ人が置かれているよりもさらに小規模のマイノリティなのである。[43]

彼はつけ加えて、

> そこで、"人々"のより身近なところに小規模な機関を創ると、たいていは、人々の民主的な意見が分析に取って代わることになる。……しかし、あるレベルの"人々"が他のレベルの"人々"よりいくらか賢明で、情報が多く、意思決定を行うのによりよく準備されているという絶対的な確信はない。ただ1つ考えられるのは、党派の利益が、異なるレベルの集団にそれぞれ異なる影響を及ぼすであろうということである。[44]

逆のタイプの改革を行えば、集権化された当局にとって必要性を抱えている人々を監督し、彼らに資源を再配分するより大きな余地がもちろんある。このことは実際に起こるかもしれないし、また、マルタと中国という大きく異なる国で集権化を支持するために使われた議論の中に見られた。しかしながら、多くは権力の座にある者の意図に左右される。というのは、集権化された政権が恵まれない集団のニーズにより敏感だということではもちろん必ずしもないからである。

行政改革の前提条件とサポートシステム

行政改革に関する文献は、有効な集権化を達成する方法に対してよりも、有効な分権化を達成する方法に対して、はるかに大きな注意を払っている[45]。それは分権化が集権化よりも達成するのが難しいという認識を反映しているかもしれないが、恐らくそうした文献を生んだ個人や組織の価値判断を反映するものであろう。本章での事例が指摘したように、ある場合には、集権化は分権化よりも望ましいし、単に法令を出すことにより集権化を達成することができると考えるべきではない。

プラウダ（Juan Prawda）は、ラテンアメリカの教育セクターにおける分権化の努力から得られた教訓に注目している[46]。彼は7つの教訓を示したが、それらのうちのいくつかは集権化の試みにも当てはまるように思われる。分権化の成功には下記の事柄を必要とすることを彼は示唆している。すなわち、

1. 中央、地区、州、市などの指導者層による十分な政治的関与
2. 教育の機能および責任が、中央のレベルと、分権化された小規模の政府諸部局、あるいはまた民間セクターの間で、より効率的、効果的に配分されるようにする問題を扱い、そして、さまざまな参加者の説明責任の程度を明確化したモデル
3. 実施戦略と工程表
4. 明瞭な運用手引書と手順
5. 政府の中央および分権化された部局で実施されるべき技術レベルの持続的な訓練

第 8 章 教育の統制 329

6. 運営情報システムを通じて政策決定者や高級官僚によって継続的に点検されるための適切な業績指標
7. 一連のプロセスを保持するための適切な財政的、人的および物理的なリソース

　逆のタイプの改革に目を向けると、ほとんどのアナリストが集権化のために最も重要な要件は中央指導者層の十分な関与と下級における黙諾であると考えている。キャパシティに関する問題は分権化の構想についてと同様に集権化にも関係があるかもしれない。なぜなら、予め約束された便益をもたらさない場合には、両方とも潰れてしまうかもしれないからである。
　プラウダのリストに欠けているのは、改革のニーズについて説明するＰＲ活動であり、それは集権化改革にとっても分権化改革にとっても等しく価値のあるものであろう。そのようなキャンペーンと結びつけて、教員組合や同様の集団からの協力を確保する必要性があろう。
　さらに、すべての改革において重要なのは時間的要因である。改革が完全に有効になる時間的余裕をもつ前に、政治勢力の差し迫ったニーズが結果を求めることが時々ある。これがいくつかの国で集権化から分権化へ、そしてまた元へといった揺り戻しが起こる１つの理由である。プラウダはメキシコとチリの分権化の最初の成果が改革に着手されたわずか５年後に明らかになったことを指摘している[47]。しかしながら、そのような期間は多くの政権にとって長すぎるものであるかもしれない。1991 年から 2000 年にかけて、ラテンアメリカでの教育大臣の平均在任期間は 2.81 年であった[48]。

　結論

　改革の政治的背景は最も強調に値する点の１つである。集権化と分権化はしばしば技術的な観点から公式に正当化されるが、政治的要因が通常最も重要である[49]。集権化と分権化は統制の問題、資源配分に関わるものであり、教育セクターでは個人と社会集団の両方にとって生活の質に根本的に影響しうる教育機会へのアクセスに関わっている。
　変数の操作より感情に左右されない分析に関心のある学者にとって、集権化または分権化について見直す上での最初の仕事は、それぞれの場合に使用され

る言葉によって、いったい何が意味されるかを正確に識別することである。本章は、集権化、分権化という言葉がさまざまな意味をもちうることを示した。これらの用語は曖昧でないばかりか、判断を下す人の状況や見方に左右されて、矛盾する複数の意味をもつことすらあるかもしれない。例えば、権限の分散は中央の教育省から見れば、分権化の一形態のように見えるかもしれないが、周辺部により厳しい統制を加えるメカニズムかもしれないし、それゆえに周辺部にいる人々から見れば集権化の一形態と見なされるかもしれない。同様に、単一の教育省を2つの部分に分割することは、緊密に深く関わり合っている人々から見れば分権化に見えるかも知れないが、もう少し離れた立場の人々にとっては違いがほとんどないように見えるかもしれない。地方コミュニティに権限をもたせる試みは分権化の賞賛に値する試みであるように見えるかもしれないが、そのようなコミュニティが党派のエリートによって支配されているかもしれないという事実は、他のグループを少なくとも以前と同じほど疎外されていると感じさせたままにしておくかもしれない。

　さらに、特記すべき重要なことは、教室での教授・学習に関する構造的改革のインパクトに関して、やや冷静に評価することである。アメリカにおける統制に関する議論やパターンの変化について見直したタイヤック（Tyack）は、「管理運営改革は生徒が学習するものからほぼかけ離れている[50]」と結論づけた。同様の見方はエルモア（Elmore）によっても次のように示された。

　　アメリカの教育において、集権化と分権化に関する政治がいかなるものであろうと、……それは、基本的に、あるいは直接に教授と学習と関係していない。構造上の改革と学校教育の中核的技術との間のこうしたズレは、主要な改革が教育システムに押し寄せ、生徒が学校で実際に何を学んでいるかに対して、いかなる識別可能な効果も与えることもなしに、経費、時間、親や教師や管理者のエネルギー、選ばれた官僚の政治的資本といった乏しいリソースを大量に消費することを意味している[51]。

　世界の他の場所のアナリストはこれらの点がもつ力を認識しているであろうが、統制の重点が移ることが教室での活動に影響しないなどと示唆するのは誇張になるであろう。確かに、諸改革は教授と学習と基本的に、あるいは直接に結びついていないかもしれないが、多くの改革はさまざまな集団によって学校

カリキュラムや教育へのアクセスに著しい影響を及ぼしたのである。実際のところ、教育に対する統制に関する闘いが非常に激しいのは主としてこの理由からである。

　本章の冒頭に述べたように、比較分析は管理運営のさまざまなモデルの長所と短所を確かに浮き彫りにすることができる。比較分析はまた、ある社会や制度がなぜ特別の形態をもち、ある方向に進んでいるかについての理解を深めさせることができる。また、改革に乗り出す政治家や管理者のために、比較研究は特定の前提条件やサポートシステムに関するニーズを示すことができる。しかしながら、すべての国に適合するような単一のレシピを得ることは不可能である。強く確固とした民主主義の価値およびよく教育された人々を備えた社会は、分権化したシステムを求め、それが機能するように求めがちであるように思える。しかし、このことでさえすべての場合には当てはまらない一般化である。過去と同様に、将来も世界のすべての場所で管理運営の形態に引き続き動きが見られるであろう。これらの動きのうちのいくつかは集権的なものであり、別のものは分権化するであろう。しかし、その他のものは集権化すると同時に分権化することもありうるであろう。このことが原因で当惑したり絶望したりする必要はない。むしろそれは、人間の努力の常にある力学の一部と捉えることができるのである。

注

1) 例えば、Christopher Bjork ed. *Educational Decentralization: Asian Experiences and Conceptual Contributions* (Dordrecht: Springer, 2006); Holger Daun and Petroula Siminou, "Decentralisation and Market Mechanisms in Education: Examples from. Six European Countries," in *Decentralisation, School-Based Management, and Policy*, eds. Joseph Zajda and David T. Gamage (Dordrecht: Springer, 2009), 77-101; N.V. Varghese, "State Is the Problem and State Is the Solution: Changing Orientations in Educational Planning" in *Directions in Educational Planning: International Experiences and Perspectives,* eds. Mark Bray and N. V. Varghese (Paris: UNESCO International Institute for Educational Planning, 2011), 89-108. を参照されたい。

2) 例えば、Joseph Zajda ed. *Decentralisation and Privatisation in Education: The Role of the State* (Dordrecht: Springer, 2006). を参照されたい。

3) E. Mark Hanson, "Democratization and Decentralization in Colombian Educa-

tion," in *Comparative Perspectives on the Role of Education in Democratization. Part I: Transitional States and States of Transition*, eds. Noel F. McGinn and Erwin H. Epstein (Frankfurt am Main: Peter Lang, 1999), 143-203.

4) Carlos Omelas, "The Politics of Privatisation, Decentralisation and Education Reform in Mexico," in *Decentralisation and Privatisation in Education: The Role of the State*, ed. Joseph Zajda (Dordrecht: Springer, 2006), 207-28.

5) Hans N. Weiler, "Control versus Legitimation: The Politics of Ambivalence," in *Decentralization and School Improvement: Can We Fulfill the Promise?* eds. Jane Hannaway and Martin Carnoy (San Francisco: Jossey-Bass, 1993), 65.

6) David Tyack, "School Governance in the United States: Historical Puzzles and Anomalies," in *Decentralization and School Improvement: Can We Fulfill the Promise?* eds. Jane Hannaway and Martin Carnoy (San Francisco: Jossey-Bass, 1993), 3.

7) Nick Adnett and Peter Davies, "Schooling Reforms in England: From Quasi-markets to Co-opetition?" *Journal of Education Policy* 18, no. 4 (2003), 393-406; 前掲 Daun and Siminou, 83-86.

8) UNESCO, *Decentralization in Education: National Policies and Practices* (Paris: UNESCO, 2005), 17-20; Macleans Geo-Jaja, "Educational Decentralization, Public Spending, and Social Justice in Nigeria," in *Education and Social Justice*, eds. Joseph Zajda, Suzanne Majhanovich, Val Rust, and Elvira Martin Sabina (Dordrecht: Springer, 2006), 122; Candy Lugaz and Anton De Grauvve, *Schooling and Decentralization: Patterns and Policy Implications in Francophone West Africa* (Paris: UNESCO International Institute for Educational Planning, 2010).

9) Clive R. Belfield and Henry M. Levin, *Educational Privatization: Causes, Consequences and Planning Implications* (Paris: UNESCO International Institute for Educational Planning, 2002).

10) Mark Bray, *Educational Planning in a Decentralised System: The Papua New Guinean Experience* (Waigani: University of Papua New Guinea Press; Sydney: Sydney University Press, 1984); Charles Hawksley, "Papua New Guinea at Thirty: Late Decoionisation and the Political Economy of Nation-building," *Third World Quarterly* 27, no. 1 (2006), 161-73.

11) Mark Bray and Jiang Kai, "Comparing Systems," in *Comparative Education Research: Approaches and Methods* eds. Mark Bray, Bob Adamson, and Mark Mason (Hong Kong: Comparative Education Research Centre, The University of Hong Kong, and Dordrecht: Springer, 2007), 138-41; David Phillips ed., *The Education Systems of the United Kingdom* (Oxford: Symposium Books, 2000).

12) Iwan Barakay and Ben Lockwood, "Decentralization and the Productive Efficiency of Government: Evidence from Swiss Cantons," *Journal of Public Economics* 91, nos. 5-6 (2007), 1197-1218; G. M. Hega, "Regional Identity, Language and Education Policy in Switzerland," *Compare: A Journal of Comparative Education* 31, no. 2 (2001), 205-23.

13) Ibtisam Abu-Duhou, *School-based Management* (Paris: UNESCO International Institute for Educational Planning, 1999); Brian Caldwell, "Centralisation and Decentralisation in Education: A New Dimension to Policy," in *Decentralisation, School-Based Management, and Policy*, eds. Joseph Zajda and David T. Gamage (Dordrecht: Springer, 2009), 53-66; Anton De Grauwe, "Improving the Quality of Education through School-based Management: Learning from International Experiences," *International Review of Education* 51, no. 4 (2005), 269-87.

14) Government of New Zealand, *Tomorrow's Schools: The Reform of Education Administration in New Zealand* (Wellington: Government Printer, 1988).

15) Brian Caldwell, "Decentralisation and the Self-Managing School," in *International Handbook of Educational Research in the Asia-Pacific Region*, eds. John P. Keeves and Ryo Watanabe (Dordrecht: Kluwer Academic Publishers, 2003), 931-44.

16) Julian Luengo, Diego Sevilla, and Monica Torres, "From Centralism to Decentralization: The Recent Transformation of the Spanish Education System." *European Education* 37, no. 1 (2005), 46-61.

17) N.V.Varghese, "Decentralisation of Educational Planning in India," *International Journal of Educational Development* 16, no. 4 (1996), 355-65; M. V. Mukundan and Mark Bray, "The Decentralisation of Education in Kerala State, India: Rhetoric and Reality," in *Decentralisation and Privatisation in Education: The Role of the State*, ed. Joseph Zajda (Dordrecht: Springer, 2006), 111-31.

18) 例えば、Paul Morris, *The Hong Kong School Curriculum: Development, Issues, and Policies* (Hong Kong: Hong Kong University Press, 1996), 91-95. を参照されたい。

19) Mark Bray and Ramsey Koo, eds., *Education and Society in Hong Kong and Macao: Comparative Perspectives on Continuity and Change* (Hong Kong: Comparative Education Research Centre, The University of Hong Kong, 2004; and Dordrecht: Springer, 2005); Bob Adamson and Paul Morris, *Curriculum, Schooling and Society in Hong Kong* (Hong Kong: Hong Kong University Press, 2010). を参照されたい。

20) David Turner, "Privatisation, Decentralisation and Education in the United Kingdom: The Role of the State," in *Decentralisation and Privatisation in Education: The Role of the State*, ed. Joseph Zajda (Dordrecht: Springer, 2006), 97-107.

21) Molly N. N. Lee, "Centralized Decentralization in Malaysia," in Christopher Bjork ed. *Educational Decentralization: Asian Experiences and Conceptual Contributions* (Dordrecht: Springer, 2006), 149-58.

22) John N. Hawkins, "Walking on Three Legs: Centralization, Decentralization, and Recentralization in Chinese Education," in *Educational Decentralization: Asian Experiences and Conceptual Contributions*, ed. Christopher Bjork (Dordrecht: Springer, 2006), 27-41.

23) David Chapman, *Management and Efficiency in Education: Goals and Strategies* (Hong Kong: Comparative Education Research Centre, The University of Hong Kong, and Manila: Asian Development Bank, 2004); Vitalis Chikoko, "Educational Decentralisation in Zimbabwe and Malawi: A Study of Decisional Location and Process," *International Journal of Educational Development*, 29, no. 3 (2009), 201-11.

24) http://www.edexcel.com/Aboutus/who-we-are/our-history/Pages/Ourhistory.aspx,（2012 年 1 月 8 日閲覧）.

25) Andrew Boyle, *The Regulation of Examinations and Qualcations: An International Study* (London: Office of the Qualifications and Examinations Regulator, 2008), 24.

26) 前掲 Boyle, Examinations and Qualcations, 30.

27) Qi, Tingting, "Moving Toward Decentralization? Changing Education Governance in China after 1985," in *The Impact and Transformation of Education Policy in China,* eds. Alexander W. Wiseman and Huang Tiedan (London: Emerald Group Publishing, 2011), 19-41; Zhang, Xiangyang, "New Curriculum Reform and Basic Education Experiment," in *China's Education Bluebook*, ed. Yang, Dongping (Beijing: Higher Education Press, 2004), 226-51.

28) William Yat Wai Lo, "Educational Decentralization and its Implications for Governance: Explaining the Differences in the Four Asian Newly Industrialized Economies," *Compare: A Journal of Comparative and International Education*, 40, no. 1 (2010), 71.

29) Yi-Rong Young, "Taiwan," in *Education and Development in East Asia*, eds. Paul Morris and Anthony Sweeting (New York: Garland, 1995), 120.

30) J. Y. C. Lo, "Curriculum Reform," in *Education and Society in Hong Kong and Macao: Comparative Perspectives on Continuity and Change*, eds. Mark Bray and

Ramsey Koo (Hong Kong: Comparative Education Research Centre, The University of Hong Kong, 2004; and Dordrecht: Springer, 2005), 161-74.

31) Mark Bray and Kwok-chun Tang, "Building and Diversifying Education Systems: Evolving Patterns and Contrasting Trends in Hong Kong and Macau," in *Educational Decentralization: Asian Experiences and Conceptual Contributions*, ed. Christopher Bjork (Dordrecht: Springer, 2006), 71-95.

32) John Fielden, *Global Trends in University Governance* (Washington, D.C.: The World Bank, 2008), 2; Guy Neave and Frans van Vught, "Government and Higher Education in Developing Nations: A Conceptual Framework," in *Government and Higher Education Relationships across Three Continents: The Winds of Change*, ed. Guy Neave and Frans van Vught (Oxford: Pergamon Press, 1994), 9-11; N. V. Varghese, *Higher Education Reforms: Institutional Restructuring in Asia* (Paris: UNESCO International Institute for Educational Planning, 2009).

33) 前掲 Fielden, Global Trends in University Governance, 2.

34) Geoffrey Walford, "The Changing Relationship between Government and Higher Education in Britain," in *Prometheus Bound: The Changing Relationship between Government and Higher Education in Western Europe*, eds. Guy Neave and Frans van Vught (Oxford: Pergamon Press, 1991).

35) Jane Knight, "Cross-Border Higher Education: Issues and Implications for Quality Assurance and Accreditation," in *Higher Education at a Time of Transformation: New Dynamics for Social Responsibility*, eds. Cristina Escrigas, Bikas C. Sanyal and Peter Taylor (New York: Macmillan, 2009), 185-88; David W. Chapman, William K. Cummings, and Gerard A. Postiglione eds., *Crossing Borders in East Asian Higher Education* (Hong Kong: Comparative Education Research Centre, The University of Hong Kong, and Dordrecht: Springer, 2010).

36) 前掲 Bray, *Educational Planning in a Decentralised System*, 99-114.

37) Iambakey Okuk, "Decentralisation: A Critique and an Alternative," in *Decentralisation: The Papua New Guinean Experience*, eds. R. Premdas and S. Pokawin (Waigani: University of Papua New Guinea, 1978), 21.

38) Joseph Zajda and David T. Gamage, eds., *Decentralisation, School-Based Management, and Quality* (Dordrecht: Springer, 2009).

39) 前掲 Barakay and Lockwood, "Decentralization and the Productive Efficiency of Government."

40) 前掲 Bray, *Educational Planning in a Decentralised System*, 72-87.

41) Mark Bray, "Community Initiatives in Education: Goals, Dimensions and

Linkages with Governments," *Compare: A Journal of Comparative Education* 33, no. 1 (2003), pp. 31-45; Andrea Clemons, "Decentralisation in Senegal: Ambiguous Agendas for Community Education," in *Decentralisation, School-Based Management, and Policy*, eds. Joseph Zajda and David T. Gamage (Dordrecht: Springer, 2009), 159-74.

42) O. E. Maravanyika, "Community Financing Strategies and Resources within the Context of Educational Democratization"(ロンドン大学教育研究院で1995年に開催された「教育と開発のパートナーシップ――経済と文化との緊張関係」に関する会議に提出された論文), 12.

43) Richard F. Elmore, "School Decentralization: Who Gains? Who Loses?" in *Decentralization and School Improvement: Can We Fulfill the Promise?* eds. Jane Hannaway and Martin Camoy (San Francisco: Jossey-Bass, 1993), 45.

44) 前掲 Elmore, "School Decentralization," 46.

45) Joseph P. Farrell, "Blind Alleys and Signposts of Hope" in Directions in *Educational Planning: International Experiences and Perspectives*, eds. Mark Bray and N. V. Varghese (Paris: UNESCO International Institute for Educational Planning, 2011), 75.

46) Juan Prawda, "Educational Decentralization in Latin America: Lessons Learned," *International Journal of Educational Development* 13, no. 3 (1993), 262.

47) 前掲 Prawda, "Educational Decentralization," 262.

48) Margarita Poggi, "Key Issues in Educational Agendas: New Perspectives for Educational Planning in Latin America" in *Directions in Educational Planning: International Experiences and Perspectives*, eds. Mark Bray and N. V. Varghese (Paris: UNESCO International Institute for Educational Planning, 2011), 245.

49) Ernesto Schiefelbein, "The Politics of Decentralisation in Latin America," *International Review of Education*, 50, nos. 3-4 (2004): 359-78; Susara J. Berkhout, "The Decentralisation Debate: Thinking about Power," *International Review of Education*, 51, no. 4 (2005), 313-27.

50) 前掲 Tyack, "School Governance," 1.

51) 前掲 Elmore, "School Decentralization," 35.

第9章 ポストコロニアルな変革における成人教育・コミュニティ教育の役割を考えるためのリテラシー論

アン・ヒックリング＝ハドソン

　本章では、国家の発展において成人教育が果たす役割について考察する手段として、さまざまな「リテラシー（能力）」の概念を探る。その際、最近までかつてのヨーロッパ諸帝国の一部であり、第二次世界大戦終結に伴いようやく独立を達成したポストコロニアル社会に特に言及する。しかしながら、社会的文脈における諸リテラシーの分析は、社会階層化したいかなる社会にもおそらく関係がある。私は事例研究の手法を使って、成人基礎教育および民衆教育の2つのアプローチに関するカリブ海地域の経験を比較することから、ポストコロニアル社会が学びうる教訓について論じる。主な問題は、安上がりに学校教育の遅れを取り戻すための教育を提供するという意味ではなく、相変わらずほとんどの社会に定着している不公正、非能率、機能不全に参加者が挑戦することを可能にするようなリテラシーを高めるという意味において、社会的・政治的変革に貢献する成人教育の潜在力、つまり、これまで成人教育に欠けていた事柄に関するものである。人口約9万人の微小国家であるグレナダの事例は、社会主義指向の革命（1979〜1983年）、この変革のプロセスの崩壊、そして1984年から今日までの市場先導型の開発という伝統的な道への回帰を比較分析することが可能であることから、上記の事柄を探るのに役立つ[1]。本章での議論は成人教育についての2つのモデルを比較する。1つはポストコロニアルな社会主義的志向という状況の中でデザインされたものであり、もう1つはどちらかと言えば新植民地主義の資本主義的特徴をもつものである。長所の反面、両モデルとも欠点をもっており、われわれは今日緊急になすべきことを満たすために、それら2つのモデルを乗り越える必要があることを私は論じる。
　成人教育の2つのモデルを比較するに当たって、私は比較の理論的枠組みを

示しておきたい。第1に、私はこの事例の文脈について説明するためにポストコロニアルな見方を利用する。次に、私は階層化された社会の教育の分析に力を発揮するリテラシーに関する3つの概念をリテラシー分析に組み込む。それから私は、この理論的枠組みを、いかなる社会の教育の分析にも意義深い手法である事例研究の理解に適用する。

ポストコロニアルの文脈

ポストコロニアル理論から引き出された観点は、背景・状況(コンテクスト)を分析することから始まる。なぜなら調査される事例に影響を与えるのは背景・状況だからである。ポストコロニアルな見方とは、植民地という歴史的状況がもつイデオロギー面での力を理解すること、つまり、この力はどのようにして地球全体での物的状況に影響を及ぼし続けるか、そして、それがどのように異議を申し立てられているかといったことに特別な注意を払うものである。それはまた、植民地的なものがポストコロニアルな経済、社会、制度、そしてイデオロギーの中にどれほど埋め込まれているかを分析し、また、変革の過程における矛盾や曖昧さを分析する[2]。グレナダは、脱植民地状況の諸矛盾を孕む発展途上の社会の一例である。すなわち、一方では貧困、低開発、北への依存、そして植民地時代から受け継いだ社会階層によって形作られているが、他方ではこれらのひずみに挑戦し、より公正でより成長力のある暮らしに向かって進むために奮闘している。教育を含むカリブ海の社会の諸制度の多くは、この地域の経済の未発達を反映し、それを再生産している[3]。植民地主義を特徴づけたモダニズムに対する信念、つまり、西洋の「理性」、西洋のメタ・ナラティブ、あるいは、労使関係に見られる問題の多い記録や環境破壊にもかかわらず、「進歩」は消費者中心主義の経済モデルの採用によってもたらされるという、あらゆるものを含み込む大きな物語に対する信頼が依然として根強い。ポストコロニアルの諸概念は、これらのモダニズムに基づく前提に挑戦し、植民地主義に端を発した諸制度を分析し修正しているが、現時点では単に部分的であり、そしてしばしばあまり効果があがっていない。教育、とりわけ成人教育が修正不十分な制度の範疇に分類されている限りは、さらに前進するために改革の限界や弱点を認識することがいっそう喫緊の課題である。

グレナダの革命は、1983年10月にアメリカによる侵略と革命の崩壊の道を

開く同胞相争う対立で終わりを告げたが、重大な意義をもつ社会的遺産をもたらした。そこで試みられた社会主義への推移の道筋は、停滞した経済を立て直し、再生させる上で、保健と住宅に関するより良い社会福祉事業を確立する上で、恵まれない集団、特に女性および労働組合のための新しい権利を模索した法制を実施する上で、成人のための教育を大々的に拡張する上で、そして、コミュニティの生活を改善し、より文化的に自信に満ちた国家ビジョンを明瞭に表現するために、コミュニティと集団を鍛え上げる上で始められ、成功するように見えた代替的開発モデルの例であった。しかしながら、きわめて限定された党員および公的説明責任に関する不適当な構造をもった党組織の弱点は、そのような変革を支援するには脆弱な基盤であり、究極的には革命の崩壊につながるものであったことが明らかになった。[4] この実験の後、同社会は、開発途上国のためにアメリカおよび「北」のその他の政府によって積極的に主張され支持された従属的な資本主義の地域モデルに戻った。このモデルは貧しい経済のためにグローバルなビジネス機会を拡げる一方、同時に「自由」貿易と、廉価で最小限保護された労働力を求める外国資本に対して経済をいっそう開放し、伝統的な輸出農業および観光業を維持し、さらに、公共部門での雇用や教育を含む公共サービスを縮小するものである。これまでのところ、それは、既に貧困に陥っていた大衆と少数の富裕な者との間のギャップを広げた。[5]

現時点でのカリブ海地域の大半の人々と同様に、グレナダ人はグローバル化する資本主義以外に他の実行可能な選択肢があるようには思えない状況の中で、こうした新自由主義のモデルを保持するさまざまな政党に投票している。革命が崩壊し、社会主義の革命的リーダーシップが一貫して参加的で実行可能な変革のプロセスないし経済モデルを世界的に確立することにほぼ失敗したことを考えると、こうした伝統への揺れ戻しは避けられないものである。しかしながら、グレナダでは、革命の崩壊や、そのプログラムの大半の逆転、さらに保守的な資本主義への揺れ戻しにもかかわらず、同社会にもたらされた成果についての記憶はかき消されていない。そして、この種の記憶は他の貧しい国々における将来の政治的展開を占う上でも重要かもしれない。[6] 成人基礎教育や民衆教育はこうした社会的記憶の重要な要素であり、革命の特に創造的な成果と思われる。次節では、諸リテラシーについての理論、成人のための基礎教育および民衆教育における革命の実験、そして、新自由主義的モデルとの比較において、そうした実験がいかなる強みと限界をもつかについて論じる。

各種リテラシーの理論と教育変革の分析

　社会・政治的な枠組みに組み込まれた識字能力、各種リテラシーに関する理論は、成人教育の実践および改善に関する問題を分析するために必要である。本節では、成人教育の保守的な、システム維持の役割と、もし成人教育が当該社会の変革に貢献する上で大きな違いをもたらすものであるなら、その点で果たす役割との比較を促すようなリテラシー理論を簡潔に概説する。「成人教育」という言葉は、本章では、補償的な、あるいは二度目の学校教育や職業訓練（基礎教育）の機会、さらにすべての市民がアクセス可能な任意の構造で組織されたコミュニティ教育（民衆教育）に総合的に言及するものとして使われる。それは時にはノンフォーマル教育として知られていることを私は認識しているが、民衆教育としてこれに注意を向ける[7]。

　各種リテラシーに関して政治的意識のある理論は、効率や有効性について技術的観点からのみ狭く解釈された成人教育関係の報告書や分析の中ではしばしば無視される問題を、分析家が探求するのを可能にする。成人のための「基礎教育」「民衆教育」の構造は、植民地を脱した社会に深く根ざす不公正を反映し、それを強化するであろうか。あるいは、それらはより大きな民主主義を確立することを目指して、不公正に挑戦するであろうか。あるいは恐らくそれらが入り交じったものになるであろうか。なぜ成人教育の中で、また成人教育を通じて民主主義的変革を達成するのがこれほど難しいのであろうか。そのような変革はいかにすれば前に進めうるのか。

　識字に関する研究者たちは、それを読むことと書くことの統一された技術ではなく、所与の文化の中で種々の仕事に適用される一連の言説や能力であると見なしている。彼らは、人々が社会経済的・文化的地位に応じてさまざまな方法でこれらの言説に導かれ、各種のリテラシーは基礎的なところから批判的かつ強力なところまで幅のある段階を追って実践されることを実証している[8]。識字がまさにその本質上、人の力量付与(エンパワメント)につながっていると考えるのは適当ではない。ランクシャー（Colin Lankshear）他が論じているように、エンパワメントに関する主張を明確にするためには、少なくとも以下の4つの変数を完全に押さえておくべきなのである。エンパワメントの主体（個人または集団）、主体がエンパワメントされることに関連する、あるいはそれに反対する権力構

造、エンパワメントが起こるプロセス、そして、エンパワメントされることから生じうる、あるいは実際にもたらされるような結果、である。識字能力獲得の結果は必ずしもエンパワメントにつながらない。なぜなら、人々は強力な、あるいは支配的なものではなく、力を削ぐような、従属させるような各種リテラシーを獲得する可能性があるからである。[9]

　マコーマック（Rob McCormack）によって提案されたモデルは、少なくとも4つの領域を伴うものとしてリテラシーを概念化するのに役立つ。その領域の各々がある種の知識および一連の能力を具体化している。[10] 認識のリテラシー（epistemic literacy）の領域は、伝統的な専門学問領域の区分に沿って概念化されたフォーマルな知識と結びついて書かれたテキストを用いることを指す。技術のリテラシー（technical literacy）は実際の行為の領域における手続きに関する知識として解釈されている。発展途上にある社会では、専門的で技術的なスキルは情報工学のスキルと同じくらい依然として経済的に重要であるけれども、現代の職場における高度な技術的リテラシーは、情報を作成し、蓄積し、伝達するテクノロジーに依拠した形態の能力を必要とするであろう。人間主義のリテラシー（humanist literacy）は、個々人が彼らの文化的、社会的、またはジェンダーに関するアイデンティティを概念化し、説明し、かつそこから力を引き出すことを可能にする物語を構築する能力を指している。公共のリテラシー（public literacy）は、見解、論争、政治的判断を理解し、それらに寄与し、また集団的アイデンティティを形成することができるといった公共圏に参加する能力と見なされている。

　私が提案するアプローチは、これらの概念を組み合わせて、社会分析にそれらを適用することである。リテラシーの諸領域（マコーマック）、基礎的なものから強力なものへのリテラシーの連続体（ジー）、そして、支配的リテラシー／従属的リテラシー（ランクシャー他）といった強力なアイデアを組み合わせて、それらを社会学的に適用することは、われわれが単に社会階級の線に沿った識字能力獲得の領域だけでなく、現状を維持する上での社会的に分割された各種リテラシー獲得の役割を探ることを可能にする。カリブ海地域および地球上の至る所にある他のポストコロニアルな社会のような社会的に階層化された教育システムの中では、市民に対して、彼らの社会経済的な階層／身分に応じて各リテラシーの領域が繰り返し教え込まれることがかなり明確になっている。学校教育を通じて、人々は教育のヒエラルキーの中で特定のコースやル

ートに位置づけられるのである。ある人々は彼らの教育と躾を通じて各領域の支配的なリテラシーに関する内容や技術への加入を許され、このことはその後、彼らが（最良の学校や大学によって裏打ちされた）エリート教育のルートならびに社会経済的な支配的地位および政治権力の中に居続けることを正当化するために使われるのである。一方、それ以外の人々はこれに加わることを否定され、その代わりに、あまり適切でなく、しばしばひどく資源を欠き、軽視された教育のルートに押しやられ、そこでは隷属的なリテラシーが与えられ、社会の中で劣った価値や地位にある者として不利益をもたらされるのである。[11] これらの経済的に貧しい人々の諸々の「リテラシー」は社会の恵まれない層の中で生き抜くためには役立つかもしれないが、[12] 彼らが権力につながるルートや政治的変革のテコとなるものに系統的に接近することを可能にするものではない。こうした階層化されたリテラシーのモデルは、階層に分割されたいかなる社会にも存在する。しかし、ポストコロニアルの社会では、階層区分はきわめて深遠で、階層移動に対するハードルはきわめて高い。そうした社会は、最近まで植民地であった歴史のために、いびつに発展し、ねじ曲げられた経済を抱え、世界の資本主義システムの中で下位に位置づけられている。カリブ海地域はおしなべて、機能的なリテラシーが広く行き渡っているとはいえ、それは大多数（おそらくキューバは例外かもしれないが）の国に関して最低限の従属的レベルにある。成人教育は初等段階の教育の補充および必要最低限の生活のための職業訓練を与えるものであり、あまりに未発展のために、成人が給料の良い仕事に必要な教育や社会移動に必要な教育を受けたり、あるいは制度全体を民主的に変えるために一貫して圧力をかけるのに必要な政治的手腕を獲得するために適切な機会を提供しうるものになっていない。それどころか、成人教育は社会経済ピラミッドの最低レベルの位置に成人を固定するものである。従って、成人教育の社会的役割は、恐らく主としてシステムの維持であろう。[13]

　政治過程において公正に関する変革を真剣に導入しようとしている場合、これらのリテラシーの階層化された性質を変える方法を学習しなければならない。ポストコロニアルな経験では、この課題を真剣に受けとめたのは社会主義を指向する政権であった傾向がある。なぜなら、革命的な変革を支援し防衛するように人々を鼓舞するような条件を提供することがそうした政権の関心事であり、その条件にはより多く、より良い教育を提供することが含まれていたからである。[14] 20世紀における社会主義の形というオプションは大部分が様相を変えて

しまったが、根本的な変革を求めることは、社会的不公正によって社会から疎外された人々にとって依然として死活に関わる問題のままである。不公正に挑戦する変革には、否定的な社会的パターンを批判し、その変革を可能にするのに十分に役立つようなリテラシーの獲得が含まれていなければならない。社会正義を求めて努力する観点から見て、教育は人々が実行可能な自己と集団の雇用のための経済構造プロジェクトを作り上げ、かつまた公平で、持続可能で、社会的な説明責任のある開発政策に国が関与するよう要求するのを支援することにより、社会全体の物的条件の改善に向けて貢献すべきである。教育は社会階級や階層およびジェンダー・グループの間の常識を外れたレベルの不平等を維持している障壁を解消するのに役立つように、教育と職業に関する階層化されたルートの背景にあるパターンを変えていくべきなのである。政治に関して、教育は人々に次のように準備させるべきである。すなわち、自ら政治システムの質と実績を評価しうること。不公正に関する国際的パターンや変化を分析すること。政治家に社会的説明責任を果たさせること。国内的に、また国際的な運動と提携して問題解決について議論し実験すること。そして、情報に通じていて創造的な政治要綱に基づいて地方や国政選挙に立候補すること、である。そのような役割を果たすことに関する成人およびコミュニティ教育の潜在力を検討するために、その強さと限界を測るための実験が必要であり、さらにこうした基礎の上に設計された新たな実験を必要とするのである。この分析の重点は、どれほど多くの成人教育プログラムがあるかとか、どれほど多くの成人学生がそうしたプログラムが与えるテストに合格するかなどということにあるのではない。重点はこれらのプログラムの社会的役割にあるのであり、それゆえに、先に示したポストコロニアルな政治・経済の枠組みの中でリテラシー理論という道具が必要なのである。

成人基礎教育――構造とカリキュラムの問題

　グレナダ革命の中で教育者は、ほとんどが自給自足の農民や季節農業労働者である貧困に陥った人々のために成人基礎教育を施す全く新しいシステムを設計した。新しいシステムは、民衆教育センター（CPE）として知られるようになり、全くの非識字から最低限の識字能力のある者まで幅があると評価された約1万7000人の成人のおよそ24％にあたる4000人の登録学習者を引きつ

けた。カリブ海地域の数ヵ国を含む多くのポストコロニアルな社会が、成人のための補償教育や職業教育のシステムやプログラムを設計し実施した。しかし、グレナダの民衆教育センターが教育段階の接続問題、アクセスおよびプログラム・デザインの問題にどのように取り組んだかについては、他とは異なる特徴が見られた。第1に、新たな、経費が完全に政府により提供されるプログラムが作られ、ある教育段階が別の段階（識字、初等、中等、中等後、高等）につながるようになっていた。第2に、同プログラムは学校教育に匹敵することを意図されたが、まったく同じというわけではなかった。それは職場のニーズや成人の関心や成熟度に合わせて特別に設計されたカリキュラムであった。第3に、各段階は初等教育から始まって、義務的な職業教育や成人に職業に向けた準備をさせる証明書の授与を含んでいた。第4に、中等レベルのプログラムを修了すれば職業教育か、あるいは高等教育が拡大しつつあった同国内ないし外国、多くの場合にはキューバで大学教育を受けるための奨学金獲得に進むことができた。キューバは高等教育奨学金によってグレナダ政府を支援していたのである。そして第5に、その新しく編纂された教科書の中で説明されていた同プログラムの政治的なエートスは、文化的・国民的アイデンティティを自信と創造性をもって再構築することに貢献したいという政府の願いを反映していた。革命の推進力は成人教育の学生の高度なコミュニティ参加につながった。彼らは民衆教育センターのプログラムや近隣での課外活動を組織することを行ったのである。[15] こうした様相のそれぞれが認識のリテラシー、技術のリテラシー、そしてある程度まで人間主義のリテラシーを押し広めたのである。

　この成人教育の新しいモデルは、革命の崩壊とアメリカによる侵略の後に、民衆教育センターが廃止され、その教科書が廃棄されるとすべてが消え去った。その後、成人教育は新しく統合されたグレナダ国立大学の一学科に引き継がれた。そして、後にT・A・メアリーショー・コミュニティカレッジ（TAMCC）と改称された。成人教育は英語圏のカリブ海諸国の他の国々に共通する古いモデルに沿って再構成されたのである。その重点は、カリブ海試験委員会あるいはイギリスのGCE試験により行われる毎年の中等学校修了試験を授業料を支払って受験する成人に対する訓練に移ったのである。1992〜1993年には、約800人の学生がこれらのプログラムに在籍していたが、ほとんどが高校に通ったものの、期末試験で不合格になるか、中途退学した人々であった。その時以降、この数字は増え続けた。最も不利を被っている成人に対しては、相対的に

小さな注意しか払われず、彼らは識字能力や初等教育を求める人々であり、革命期には最も多くの注意が払われた人々であった。成人識字プログラムは依然として政府によって資金が与えられているが、今や100人に満たない学習者を抱える最低限の初心者プログラムになってしまい、特別に編纂された識字教材の提供はなされていない。成人のための初等教育は、革命時にそうであったように、円熟するためや職場のニーズのために特別にデザインされたプログラムとしてもはや考えられなかった。その代わりに、成人はあまり恵まれない学校の「成人初等教育」プログラムに入ることを期待されたが、それは中等学校への進学を許されなかった青年のためにデザインされたものであった。1990年代に成人初等教育試験は毎年100人ほどの大人が受験していたが、それはそのレベルの教育を必要とする人数をずっと下回るものであった[16]。当時、このモデルは、政府による資金提供の徹底的な削減、政府および民間によるプログラムでの「受益者負担」の推進、大人が十分に識字能力が付くとすぐに学校のカリキュラムや選抜試験に組み込まれることや、職業訓練の縮小といった特徴をもっていた。同モデルはすでに基礎的な学校教育を終えている成人のために、学校で訓練された認識のリテラシーを向上させるために提供されているが、技術のリテラシー、人間主義のリテラシーを伸ばす機会を減少させているようであり、どうにか経費の負担はできる読み書き能力のない大人のために特別にデザインされた体系的な教育の提供をなおざりにしている。

民衆教育センターは、グレナダ革命の時期には革新的なプログラムを擁し、4000人を超える成人学習者が在籍していたとはいえ、もっと適切なものを今後開発するために当該モデルの教訓を理解するための努力がなされるものであるなら、検討されねばならない重大な弱点を抱えていた。世界中の成人教育プログラムに共通の特徴である約3分の2という中退率が見られたのである[17]。これは、民衆教育センターの構造が政府の利用可能な資源によって効率的に運営しうる以上に規模が大きく複雑であり、ボランティアの教員および経済的に貧困な学習者の双方にとって巨大な負担となっていたことが原因の1つだった。革命政府は民衆教育センターを非政府組織（NGO）や他の団体からの慈善的援助を歓迎するような、そしてまた、教材の作成を手伝ったキューバ以外の多くの国々から資金調達を求めうる独立性のある法定組織にすることを考えるべきであったかもしれない。民衆教育センターが革命的な国家に完全に依存していたことは、政府が変わると消滅するほど、同センターを脆弱なものにしたの

である。

　民衆教育センターが平均的な成功以上のものでなかったのは、別の、もっと質的な要因が関係していたかもしれない。すなわち、新しい成人教育の制度は、教育に関する植民地モデルに染みついたエリート主義的考え方を問題にすることはなかった。なぜならそうした考え方を認識すらしていなかったからである。階層化が非常に浸透しているため、教育者のうちの最も急進的な人々でさえ、物事をいかに変えるかについてほとんど分かっていないのである。結局、彼らは西洋の教育に関する昔から強いられた大きな物語の中で社会化されたのである。その中には、批判的な内容というよりもむしろ規範的な内容や、主として書かれたテキストに依拠した教授学、さらにフォーマルな教育制度の各段階と類似の連続した段階の中で「学校化されたリテラシー」の必要性といったものが含まれている。これが民衆教育センターの特徴であり、その後のグレナダでの成人のための継続教育プログラムの特徴でもあった。民衆教育センターは新しい酒を古い革袋に注いだようなものであった。新しいのは急進的な内容と参加的な構造の諸要素であり、古いのは中産階級の伝統ではなく民族的伝統の中で育てられた多数の者にとって、特に不公平な規制的教育観が続いていたことであった。その教育観とは、学校の生徒に与えられるタイプの形式張った識字を少しずつ広めるような制度化された教育の必要性を想定するものである。このアプローチは対話型というよりむしろ説教型で、地元の言葉を無視するか格下に置き、また、左であれ右であれ、政治的に規定された内容を押し広める傾向がある。このことは各成人教育プログラムに共通に見られる需要に比べて魅力が少ないことや高い中退率を説明するものであるかもしれない。大人がそうしたプログラムを通じて、ある程度の知識や技術・職業上のリテラシーを獲得したとしても、それらのリテラシーは従属的なものに留まる。それは不利を被っている人々が社会的、政治的、経済的に上昇移動する上での障害を克服することを可能にする支配的なリテラシーではなく、これらの障害を除去する構造変革を起こす力を彼らに与えうる強力なリテラシーにははるかに及ばないものである。その土地特有のリテラシーを尊重せず、それに基づかないアプローチは、新しい内容や構造の政治的に過激で人間主義的な潜在力を無意味にしてしまう。

　個々人に学校教育の遅れを取り戻させ、職業訓練を提供する成人基礎教育が、上述したような不公正に挑戦する変革の急進的な目的のいくつかを実行する可

能性を限られたものにしたと私が主張するのは、この理由のためである。地元コミュニティの政治的、文化的諸力を発展させることに基づいた民衆教育には、そのような目的を実行する上でのより大きな潜在力がある。これは成人基礎教育が必要ではないということではなく、民衆教育制度を豊かにする状況の中で、デザインし直す必要があるということである。次節において、私は、グレナダで経験された民衆教育の強さと限界を検討することをもって、この問題を論じる根拠とする。

グレナダの民衆教育──強さと限界

　民衆教育の経験は市民社会における権力関係を変える上で、どの程度まで寄与することができるであろうか。参加者は、通常中産階級である指導者によって彼らに与えられる成長の機会を手に入れ、必ずしも指図されるわけではない創造的な方法で「それらの指導者たちと付き合う」ことができるだろうか。もし彼らがこの役割を学ぶことができ、他者がそれを学ぶことを助けることができるなら、それは確実に文化革命の一部になる可能性があり、あるいはフレイレが記しているような種類の「自由のための文化的行動」となるであろう[18]。それまでグレナダや実際にはカリブ海地域では以前一度も経験されていなかったコミュニティ教育および社会改良に民衆を動員し関与させるというグレナダ革命の中での試みによって、これらの問題に光が当てられているのである。この民衆教育運動は、同国政府のほとんどのメンバーがそこから生まれた「新しい宝石運動（NJM）」という革命的な政党によって指導された。その目標は、職業に関する知識を増進するフォーマルな教育制度の枠外、すなわち、疑似学校の性質をもった民衆教育センターや職業訓練プログラム以外のところで、コミュニティを基盤とし、職場を基盤とする教養ある社会改良運動の伝統を創り上げることであった。その新しいグループには国民の幅広い層が参加しており、政治的目的と教育的目的を組み合わせたものであったので、私はそれらをコミュニティ連合と呼び、その教育的側面を民衆教育過程と呼んでいる。コミュニティ連合には2つのカテゴリーがあり、2つのタイプの活動を代表していた。第1に、市民のコミュニティは地方および全国的な目標や変革のための政策についての考え方を議論し、提供するために集まった。このカテゴリーには、労働者地方行政区会および地区会議と呼ばれる組織から成り立つ全国規模の人々

の会議と、国家予算の編成を支援するために、国中から集まった地域コミュニティが政治家やテクノクラートと対面する民衆による予算編成過程が含まれた。第2に、利益集団が彼ら自身の特定集団の発展のために、地方規模ではなく全国規模で活動した。これらは大衆団体と呼ばれ、女性、青年、農民、および労働組合員を中心に集団を形成していた。[19]

コミュニティ連合の政治的役割は、公共的および人間主義のリテラシーの開発におけるそれらの役割と分かちがたく結びつけられていた。コミュニティ連合は、従来は政府によって扱われてきた国事において新たな発言の場をグレナダの人々に与える主要な手段であった。コミュニティ連合を通じて、広範な人々が知性ならびに情緒が絡む経験的方法で進行中の文化革命へますます惹きつけられていった。

「人間主義の」リテラシーと文化的アイデンティティ

人間主義のリテラシーを発展させる上でのコミュニティ連合の役割は、社会階層の役割、ジェンダーおよびナショナル・アイデンティティに関わる伝統的なイメージに挑戦し、それらを新しい方法で作り変える点で貢献することであった。例えば、階層化された経済的役割に関する先入観が作り変えられ始めた。コミュニティ連合の活動を通じて、万人が「労働者」となった。中産階級の専門的職業人は「知的労働者」と見なされ、彼らは同じディスカッション・グループの中で肉体労働者としばしば会い、対話した。異なる社会階層に属する人々が互いの言うことを聞き、対話しながら、問題点を識別し、優先順位をつけ、実行する上で交流し協力する方法を学ばなければならなかったことから、政治的および社会的役割が作り直され始めた。コミュニティ連合のほとんどのメンバーはエリート学校に通ったことがなく、したがって、エリート学校のカリキュラムや課外活動の中では提供される公共のリテラシーや人間主義のリテラシーの諸力を獲得する機会を奪われていたのである。コミュニティ連合は人々に「公共」および人間主義の知識を与えるのを支援し、民衆教育センターによって提供される教育を補充したが、その主たる力点はリテラシーのうちの認識および技術的な側面に置かれた。

コミュニティ連合は、人々がグローバルな状況の中で自信に満ちたナショナル・アイデンティティを創り上げるために大切なものに取り組むことができ

第 9 章　ポストコロニアルな変革における成人教育・コミュニティ教育の役割　349

る主要な場であった。人々はコミュニティ連合を通じて、政治変革に関わったジャマイカのマイケル・マンリー（Michael Manley）、モザンビークのサモラ・マシェル（Samora Machel）、アフリカ系アメリカ人の活動家ハリー・ベラフォンテ（Harry Belafonte）とアンジェラ・デイビス（Angela Davis）、さらに文化変革に関わったバルバドス人の小説家ジョージ・ラミング（George Lamming）、ガイアナの詩人マーティン・カーター（Martin Carter）やロビン・ドブロー（Robin Dobreau）といった、国際的に有名な人物の訪問や彼らのスピーチを経験した。人々はまた彼らのリーダーが語る国際的な出来事についての説明を聞き、自然災害を被った国々を救援するための募金活動のようなキャンペーンに関わった。この集合体の中で、グレナダ人はやはりそうしたグループに加わっていたカリブ海諸国およびそれ以外の国々の多くの国際主義を信奉する労働者と共に働き、親しくなった。ナショナル・アイデンティティは、コミュニティ連合の文化活動を通じて、よりいっそう表現された。そうした活動は、今まで経験したことがなかった土地の言葉を使ったクレオール人の詩、ドラマ、音楽の中の芸術的表現方法がわき起こりつつあることを広く知らしめる文化行事を組織するために、コミュニティが用いた主要な手段であった。[20]

　ジェンダーをめぐるアイデンティティの領域では、女性が男性と平等な権利を与えられていることを、多くの男性と同様に一部の女性にも説得する必要があることが分かった。女性の社会的・政治的な役割についての新しいイメージは、コミュニティ連合を通じて形成された。とりわけ全国女性機構（the National Women's Organization; NWO）は一時およそ8000人もの会員を擁していた。[21] 男性がこの挑戦に屈するまでには長い道のりがあった。しかし、それでもともかく始まったのである。全国女性機構は政府に対して彼女らが望んだ女性のための法的、社会的変革について明確に発言するために、伝統的な政治的区分に関わりなく、女性を動員する上で重要な役割を果たした。紆余曲折の道のりは次の事実に表れている。すなわち、政府は一方では失職することなく有給出産・育児休暇、女性のための最低賃金および同一賃金を制度化するといった法律や、女性労働者の性的搾取を終わらせようとして、それに対して制裁を課すといった法律を可決した。しかし、他方では、性差別主義が「新しい宝石運動（NJM）」自体にも存在し続けたのである。性行動における男性のダブルスタンダードがはびこり、家庭内での自らの責任が余計に増えることを考慮して、NJMの男性メンバーはいくつかの場面で女性に対していかなる譲歩

をすることも拒絶したのである。克服すべきであった性差別主義に関するこれ以外の問題は、自らの子ども全員に対する経済的支援の責任を均しく引き受けることに対する男性の抵抗であったし、指導的地位に就く男性が圧倒的に多いことであった。[22] ジェンダーに関わる不平等の多くの領域に女性が向き合うのは初めてのことであり、一時的なものであった。そして、「男らしさ」と「女らしさ」を見直すことにはほとんど注意が向けられなかったのである。しかし、リーダーシップ教育がもつ中産階級の、説教じみた考えという問題と一緒くたになったこれらの欠点さえ、社会全体に役立つ変革を起こす上で、グレナダ女性の戦略的力量を本質的に高めうる女性組織の実績と強力な潜在力を鈍らすことはなかった。

公共のリテラシーと政治参加

コミュニティ連合は公共のリテラシーを高める上で大きな役割を演じた。それらの働きについて熟考することは、マコーマックによって考え出されたこの「公共のリテラシー」という概念をより深く、より複雑にすることを助長した。グレナダの経験は、公共のリテラシーが少なくとも3つの主要な側面をもっていると理解されうることを示唆している。1つの側面は、政党が何を行うか、また、いかに動くかについてのイメージに関わるものである。別の側面は、参加、責任、そして指導力の開発である。さらにもう1つの側面は、社会階層間の権力関係と関わっている。これらの側面のすべてにおいて、批判力を発達させることこそが高度な公共のリテラシーにつながるものである。「意見の性質と構造、政治的判断や政治的な議論、政治的行為の力学、政治意識の諸形態、政界がその過去を独り占めにし、その将来を見通し、またその歴史的継続性を概念化する方法」[23] に関する理論的理解をもたらしそうなのは、これらのコンピテンシーの相互作用である。

英語が話されるカリブ海地域では、イギリスの政党モデルに倣って選挙の手段として形作られた伝統的政党が互いに敵対し、ジャマイカでは時には緊張した選挙の準備段階で何百もの殺人が起こる状態にまで至る傾向がある。競合し敵対する政党組織内の政治的社会化に関するこの新植民地主義的伝統とは対照的に、グレナダ人は彼らの革命を通じて相互支援的な、コミュニティ指向の政治過程を発展させた。大衆組織、市民の各種協議会、そしてグレナダで発展し

第9章　ポストコロニアルな変革における成人教育・コミュニティ教育の役割　351

た労働者教育クラスは、人々の過去ないし現在の政治的信条がいかなるものであれ、教育的、社会的、政治的活動にグレナダ人の広範な各層を巻き込み、統合するために努力したのである。全国女性機構のようないくつかの大衆組織は、この目標の達成において他の組織より成功した。他の大衆組織は政治的に多様な状況を統一する上でそれほど成功しなかった。例えば、全国青年機構や生産的農民組合は、主としてNJMのメンバーや支持者から成っているという評判であった。

　コミュニティ連合は、変革の構造を形成し、集会で演説し、リーダーになるといった人々の取り組みを実現させる手段であった。このことは特権的な階層やそれほど特権的ではない社会集団のいずれにも影響を与えた。労働者階級および農業労働者に対して、コミュニティ連合は民衆教育センターで成人学習者として登録した人々だけでなく、誰にでも開放されている参加機会を提供したのである。コミュニティ連合は、中産階層の人々に関する限り、彼らの多くの者をカリブ海地域の複数政党制では普通である政治活動に引き込んだのである。労働者の教会区別協議会は、労働者のニーズについて議論するとともに、この国の社会・経済開発に関わる政策アイデアを形成するために、NJMの政治家、政府の役人、そして地域コミュニティが集まる定例会議であった。例えば、ある会合では、新しく設立された国の電力会社であるグレンレック（Grenlec）の経営者が古い電気機器の問題ならびに修理と開発の政策について説明した。別の会合では、政府の都市開発プランナーが土地利用のための現在の法規および将来の計画のいくつかについて説明した。その説明の後で、これらの代表は人々の質問に答え、人々の関心事を書き留め、課題に対処しなければならなかった。各会合で、出席したNJMのリーダーは、前回の会合で提出された問題に絞って、その後どんな進展があったかを人々に説明しなければならなかった。労働者の教会区別協議会の会合には、質問をぶつけたい政府の役人の出席を前もって要請する権利があった。1年の間に、これらの会合に出席する者の数が非常に多くなったので、中に入りたい何百人もの人を収容できるほど大きなホールが見つからなくなった。その後、労働者の教会区別協議会は、教会区内にあるいくつかの村の集まりである地区別の協議会に分割された。最も多かった時には、およそ36の地区別協議会が存在した。[24]

　政府は改革のために地域の提案に喜んで耳を傾け、支援しようとしたが、資金が不足しており、全国的なボランティアの努力なしには何もほとんど実現す

ることができないことが明らかになった。時間と努力がボランティア的に寄せられることの重要性が強調された。教育水準を上げることに着手するばかりでなく、貧困に立ち向かい、それを根絶するために働く長く複雑な道のりを歩み始めるという彼らの希望と力を結集するボランティア活動に、民衆教育センター、地区別の協議会、そして大衆組織をすべて集めると、何千人ものグレナダ人が関わったのである。

　教会区別および地区別の協議会、そして大衆組織で起こった政治的活動は、カリブ海地域に独特で先例がない人民革命政府（People's Revolutionary Government）の「人民の予算」の成功を確かなものにした。これは、財務省によって管理され、従来は秘密裏に、テクノクラートが国家予算を編成するという毎年繰り返されたやり方を、多くの人々の参加を直接取り入れた立案作業へと転換するものであった。1982年に始まり、1983年にも繰り返された人民の予算のやり方は、約3ヵ月間延々と続く手続きであり、この間に国の経済計画が検討、批判、提言のために国中の至る所のコミュニティに開示された。その後、国の経済計画は政治家と技術顧問、そして人々の間のやりとりを通じて修正されたのである。

　　最初に、すべての政府省庁から出された概算要求がバーナード・コアード（Bernard Coard）率いる財務省によって検討された。それから、予備的な予算案が議論のための人民革命政府の内閣に提出された。これに続くのは、財務省の役人が労働組合、大衆組織、地区別および教会区別協議会と地方行政区会とその予算案について議論する期間であった。クライマックスは……経済に関する全国会議であり、それはすべての大衆組織の代表が参加するものであった。経済の特定分野に絞ったワークショップに分かれ、各代表は予算案に関して詳細なコメントや批判を行った。その後、予算案は最終的な修正のための財務省に戻され、それから承認のために内閣に送られた。最後に、人々への詳細な報告が財務省によって作られ、また、どの提言が否定され、それはなぜかについての説明が行われた。[25]

　これらの活動に個人的に関わったことが、それが深甚な教育の過程であるという私の理解の基になっている。教育について教えている私の同僚の多くと同じように、私は、地域コミュニティの問題や予算案について議論するために、

第9章　ポストコロニアルな変革における成人教育・コミュニティ教育の役割　353

セントジョージ教会区の大規模な労働者協議会のすべて、そして小規模の地区別協議会の会合の多くに出席した。労働者の教会区別協議会で溢れかえる聴衆の中に誰とは知られることなしに入り込み、政府の役人が国のプログラムについて説明し、質問に答え、批判に応答し、群衆のメンバーからの提案を書きとどめる一連の流れを興味深く単に聞いていることは可能であった。しかし、より小規模の地区別協議会で単に聞いているだけというのは不可能であった。これらの地区別協議会はわれわれの隣人や、地域に住む人々を巻き込んだものであり、議論は活発であった。予算案について検討する小さなグループの中で、われわれは国内総生産（GDP）、インフレ率、実質成長、貿易収支、社会賃金等々といった多くの経済概念に関わる用語に向き合う上で互いに助け合わなければならなかった。われわれは提言を政府に送り、最終的な予算会議に出席した。クライマックスは、国家予算として最終的に採択されたのが、社会の広範な各層や利害を巻き込んだ3ヵ月に及ぶユニークな協議過程の産物であるということが現実のものになったことであった。官僚テクノクラートは大衆に分かる言葉で経済状況を説明するよう要求され、人々は次には国の開発問題に取り組むように促された。[26]

　公共のリテラシーの第三の主要な側面は、特権階層とそうでない社会階層との間の権力関係に関わるものである。コミュニティ連合は民衆教育センターでの教授・学習の限られた活動を超えるものであった。つまり、民衆教育センターでは、学習者に比べて中産階級の教員が、彼らの高い地位に伴う文化資本と、民衆教育センターの教材を作成し、そこでの教授法を決定する上での支配的な役割ゆえに、明らかに大きな権力をもっていたのである。公共のリテラシーに対するコミュニティ連合の貢献は、そうした伝統的な階層化された関係を徐々に作り変えることにおいて、それらが果たした役割であった。コミュニティ連合は、社会から疎外されていた人々が変革を形作る上での彼らの価値と貢献を認識することを学び、中産階級の人々が権力を共有する方法を学び始めた公開の場であった。コミュニティおよび政治的な仕事に内在する相互作用は、教師とその他の教育のあるボランティアが、彼らが教えていた人々から多くのことを学んだプロセスであった。国家予算の準備に関するコミュニティ協議の過程に関与した1人の教員は、中等学校に行ったことがなく、学位ももっていない人々がそのように良い考えをもっていることに気づいたのは「驚くべき体験」であったと述べた。[27] 若いグレナダ人であり、23歳のときに財務省の会計

課長に任命されたアングス・スミス（Angus Smith）は、人民の予算について議論する際にコミュニティ・グループとの対話の過程で自分自身がいかに成長したかを述べている。

　　他の多くの人々のように、私は、予算作成の全過程を通じて人々の高い意識、全体的な事柄についての彼らの知識、そして彼らの関わることへの積極性に驚いた。われわれ自身のような専門家が思いつきもしなかったような事柄、問題についてのはるかに広い見方をわれわれに与えてくれた事柄、そして国中の人々の心の中にあった考えなど、実に多くの実際的で有用な考えが絶えず生み出された。……あの経験は、われわれ専門家が単に机上からだけなく、物事についてのはるかに広い見方をもったり、できるだけ広い角度から国を見たりする必要性をわれわれに痛感させた。われわれの社会では誰でもある見方をもっており、われわれはそれらをすべて結集すべきなのである。日々われわれの机を通り過ぎて、人々の生活の生きた現実の中へ入っていくこれらの予算の数字を解釈できたこと、また、そうすることによって、わが国民がいかに暮らしているかを学ぶことができたことは、われわれにとってまさしく喜びであった。[28]

　コミュニティ連合は、言葉の問題の重要性を示した。読み書きを教える教員よりもずっと広範な中産階級の人々がコミュニティ連合に関わり、何人かの批評家がそうであろうと感じていたように[29]、おそらく土地の言葉であるクレオール語ではなく、少なくとも専門用語やエリートの言葉から距離を置くように努めるという意味において、コミュニケーションの適切な形態を模索し始めなければならなかった。このことは、人民の予算のプロセスにおいて特に明らかであった。財務省のテクノクラートは、彼らが問題を議論することになっていたコミュニティ集会のために経済や予算問題に関する情報を記した書物を編集する責任を与えられた。彼らはそれを行うに際してティーチャーズ・カレッジの教員に助けを求め、この予算に関する書物はそれらの教育者が言葉づかいをより直接的で、より明確にするように手伝った後ようやく編集されたのである。同書の使用によってディスカッション・グループは支援され、ディスカッション・グループは諸概念をよりいっそう明確にするよう財務省の世話人を促した。
　コミュニティ連合は巨大な民主的潜在力をもっていた。しかし、それらは同

第9章 ポストコロニアルな変革における成人教育・コミュニティ教育の役割 355

時に変革のプロセスの出発点にあることと結びついた問題を抱えていた。地方の、無党派のリーダーシップが現れ始めていたものの、コミュニティ連合はNJMのリーダーシップに大幅に依存していた。多くのグループ・リーダーは、グループのメンバーが革命のメッセージの普及を狙って準備されたテキストに即したセッションを聴くことを期待する傾向があった。リーダーが社会主義のビジョンに関して抱いている往々にして頑迷なイメージに基づく「政治教育」のクラスを実施しようとした場合、たいていは説教じみたコミュニケーションの過程がその特徴となった。教員はコミュニティの仕事で交流した人々の言葉に耳を傾ける中から多くの知識を獲得した事実があったとはいえ、そうしたことが時には起こったのである。NJMリーダーの弱点のいくつかを分析したある報告書の中で、チャールズ・ミルズ[30]（Charles Mills）は、彼らの多くが、マルクス主義の「科学的思想」に基づいているからという理由で、グレナダの状況に関する彼らの政治的な分析を唯一の正確な解釈と見なしていたようだと論じている。この主張は、NJMの哲学にはある程度の力があったにもかかわらず、カリブ海地域の住民の考え方や人気のある伝統の貢献を十分に考慮しなかったと見なすものである。NJMの哲学は、実践の哲学が常識を批判するとともに受け入れることを弁証法的に行うようにしなければならず、万人が哲学者であることを示すために、常識を拠り所としなければならないというグラムシ（Antonio Gramsci）の見解に注意を払わなかった。「それは科学的形態の思想を人々の個人的生活の中にゼロから取り入れる問題ではなく、既にある活動を刷新し批判的にする問題なのである[31]」。ミルズが示唆しているように、もしNJMがいくつかの重要な活動領域において、この教育学的弁証法を達成できなかったとするなら、「このことは必然的に、人々から離れて行き、マルクス主義の強みでもあり潜在的な危険でもある素人向けの人気のある言説や物事を見る方法から部分的に乖離することにつながるであろう[32]」。この狭い社会観がモダニズムの伝統の重大な弱点のうちの1つ、つまり、それはたった1つの規範的な見解のみが社会問題に対する解答を作り上げることができ、またそうする権利があると思いこんでいる点である。このことは政界の「左」と「右」の両方をともに苦しめ、人々は根拠のある批判を成し遂げたり、あるいは変革に関するいくつかの見方を混ぜ合わせることで得られる強力な相乗作用を求めて努力したりすることもできなくなるという結果をもたらした。こうした洞察は、グレナダのそれを含む多くの革命に見られる失敗した領域を解明するのに役立

つ。グレナダの革命政党の戦略、リーダーシップ、構造、そして改革のペースをめぐる内部矛盾は、それぞれの党派が正しい見解をもっていると確信していたため解決されることなく、互いに武装闘争を繰り返すところまで至ってしまった。投獄された闘争の生き残りの 1 人であるバーナード・コアードが、コミュニティ連合の潜在的な力をいかにすればもっと利用できたかについて、次のように反省したのは、あまりに遅すぎた。

　私は過去 5 年にわたって、もし多数党派のいずれか一方の少数派が理に適ったやり方で問題を大衆に示していれば、何が起こっていただろうかとしばしば考えたものである。そして、地区の教会区、女性、青年……の会議や集会以外に、そのことをよりよく行えた場は何であったろうかと。印刷され、人々に配布されたすべての関連ある議事録のコピーを準備し、リーダーシップにおける両方の傾向を代表する者が議会の中で人々に彼らの見解を提示して見せ、……また逆に人々から質問され、厳しく追及され、人々の考えに耳を傾け……われわれの違いを解消するために、いったいどんなより良い方法があったのだろうか。[33]

革命的な民衆のためのコミュニティ教育のプロセスを革命後に逆戻りした伝統的なアプローチと比較することは、民衆教育の改善を求めて努力する際に考慮される必要のある重要な問題を解明するのに役立つ。革命の新しいコミュニティ構造は、コミュニティにおける権力の社会的基盤の再編成を生み出し、さらにそれを基礎として、社会全体の権力の社会的基盤の再編成を生み出すために、何が民衆教育の基本的な推進力であるべきかを模索した。社会から疎外された人々は、諸々の要求を結びつけ、特定の目的を遂行するために組織を構築し、教養ある政府高官や政党政治家と意見を交換し、これらの人々が約束を責任をもってずっと実行するようにさせ、過去の党派の対立を越えて連合するようにさせるなど、政治的に行動する上でのより強力な方法を取り入れることに向けて教育された。コミュニティ連合は、真に参加的な学習やリーダーシップの強さと、説教じみた権威主義の弱点という、そのプロセスの矛盾対立する両方の面を表していた。コミュニティ連合がもった変革のための潜在力は、民衆の権力に関するレトリックと矛盾する欠点、例えば、国のリーダーたちの社会的説明責任が選挙プロセスの欠如と、マルクス・レーニン主義流の中央集権的

組織の秘密主義のために限定されていたという事実によって弱められた[34]。

革命の後に復活した伝統的なイギリス流の政治モデルでは、選挙プロセスがはるかに開放的で、与野党の競合的な構造が保持された。このことは多数の張り合うライバル政党（グレナダでは、少なくとも9つの政党が1983年の米国の侵略以来、権力をめぐって競い合ってきた[35]）が許容されているが、これらのグループの支持者間の協力ないし合意の可能性はほとんどない。民衆教育は社会変革に関わるような全国規模ではなく、地域のごく小さな規模で行われるものである。それは多数の階層が対象ではなく、経済的に不利を被っている人々を対象として教養ある階層によって指導されている。それは、特定の、狭く定義された社会問題に関する意識昂揚の形態をとり、宗教団体、演劇グループ、いくつかのバラバラな女性グループを通じて何らかの圧力団体の主張を実行するものである。最新の出来事を語るといった限られた政治情報の提供が若干のグループ、例えば、革命がまだ存続していた時期に設立された組織の1つであるNGOで、農村改革庁が資金援助するグレナダ人のグループの中で行われている。一般に、政治的リテラシーや人間主義のリテラシーを育む教育はごくわずかだが展開しており、世論やコミュニティの声を助長し、あるいは支配的な構造の中で変革を求める集団的な政治運動を促している。将来に向けて為すべきことは、開かれた選挙のプロセスと参加的民主主義を促進する民衆教育の形態とのバランスをとる方法を見つけること、つまり、コミュニティ開発のための全国規模での有意義な集団的活動を促し、そのことを通じて、強力な、変革の知識を生み出す方法を見つけることである。

成人教育——進むべき道

成人のための基礎教育や民衆教育のカリブ海地域の実験に関して、グレナダ革命中のものと伝統的政体におけるものとを比較考察することは、成人教育を社会的ヒエラルキーの底辺で最小主義（ミニマリズム）の教育ルートに位置づけるモデルから脱却する方法を成人教育が探す手掛かりをポストコロニアル社会に提供する。まず、社会的背景に関して、グレナダ革命の中で教育改革を推し進めたのは、社会主義の影響を受けたビジョンと、教育のある熟練労働者をますます必要とした関連経済改革に関する政治的目標とが組み合わさったものであった。脱工業化の変化や新しい貿易圏が新植民地主義的な依存型経済モデルを不要なものに

している今日の社会的背景の中で、そのような労働者がいっそう緊急に求められている。革命の古典モデルに基づいた社会主義指向の道筋は、ほとんどのポストコロニアルな世界において実行可能でなくなっている。しかし、その答は、カリブ海地域で続いているような新自由主義的構造の中には存在しない。ごく少数の者だけがハイテクでグローバルな市場における新たな機会に向けて発展し、多くの者は搾取されるか社会から疎外された位置に留まっている。2つの考え方に頼る変革が必要である。1つは、不公平に社会から疎外された者のために、より広範囲でより持続可能な雇用を促進する経済組織と労働条件、そしてより大きな政治権力のモードを探る社会正義の考え方に基づくものである。もう1つは、グローバルで脱工業化的な新たな機会をとらえる用意のできている企業家と労働者が、新しい企業やニッチ市場で創造的で知識や経験に基づいた反応をすることが緊急に必要であると強調する経済学者の考えを反映するものである。弱い新植民地主義的経済をポストコロニアルな目標に取り組みうるように変容しうるか否かは、生産部門、政治制度、そして当該社会の教育および研究開発機関の間のよりよい結びつきに左右される。[36] それはさらに、貧困に陥った国々にとって不公正である状態が続く構造を変えるために、国際経済システムに対して持続的に連帯して圧力をかけ続けることが必要である。[37] 国民のいかなる層も、政治、経済、文化面で相互に連係した能動主義という、このビジョンに不可欠な部分となる教育改革から除外されることはできない。国民の中の雄弁な社会集団が政府を促すのに十分なほど情報が与えられ動機づけられれば、政府は必要とされる種類の改革を支援する方向に動かされうるものである。市民社会の中の社会的連携は、もしそれらが生態学的に持続可能な開発、フェミニズム、リテラシー、メディア改革のためといった地球規模での変革運動を伴う勢いに乗るとすれば、もっと効果的に変革を求める地域の行動に携わることができるであろう。基礎教育と民衆教育とが、相互に情報を与え合い、結びつくことによって支援されうるのは、こうした種類の活動である。

　次に、成人教育の構造や目的について再考することが必要である。いかなる種類の機関やグループが、互いにいかなる位置取りの中で、また雇用との関連において、基礎教育や民衆教育のこの結びつきを最も良く形作るであろうか。詳細に記述することはできないが、成人教育の構造を強化し、基礎教育や民衆教育を相互に育むための原則は、批判と現状改革主義を促進する「強力なリテラシー」に向けて、リテラシーのあらゆる分野を発展させることの重要性を

第9章　ポストコロニアルな変革における成人教育・コミュニティ教育の役割　359

理解することであろう。それは、多くの現代の成人基礎教育の主要機能に思えるような、単に必要最低限の生存ニーズのための道具主義の教育を提供したり、半熟練の労働者を訓練したりすることではない。それは、洗練された現状改革主義の一般的および政治的な知識を含む、アカデミックな教育と実用的な教育とを結びつける多くの機会を提供するであろう。

　このような教育を推進しうるような構造をもったブラジルの事例は、現代のカリブ海地域でよく知られている「諸々の下位リテラシーのための影の学校教育（シャドウスクーリング）」を与える成人教育のアプローチに挑戦している。カジャマール研究所は、プランテーション農業に支配されていたブラジル北東部地域の労働者によって設立された。パウロ・フレイレは1986年にこの研究所の協議会議長に選ばれた。彼は、労働者がいかにしてかつてはモーテルとして使われていた120の部屋のある建物を獲得し、「労働者階級、農夫そして都市労働者を彼らの責任の下に訓練する」ための組織としてそこにカジャマール研究所を作ることができたかを説明している。セミナーや授業が一部は週末開催方式で労働者のために開かれた。同研究所のスタッフには、労働者階級出身の教員や大学の知識人出身の教員が含まれており、フレイレによれば、これらの人々の政治的な選択は彼ら（労働者の）選択と一致しており、そして、「彼らは労働者に与えるべき真実を自らがもっているとは考えず」「労働者が物事を知る過程を尊重し、労働者と共に成長したい知識人」であったという。研究所の教育プログラムは、ブラジルの歴史および社会、特にブラジルの労働者階級の闘争についての批判的理解を広げることにねらいを定めていた。フレイレは、同研究所が伝統的なモデルの形式主義を脱することができる民衆大学のための一種の種子であり、同研究所は「労働者が理論的な文脈を離れたところで為していることについて、批判的に省察しうる理論的文脈」として重要な役割を果たすことができると見なしていた。カジャマール研究所のような労働者の機関は、男性と女性が「闘争の理由を理解し、この闘争のためのより良い方法を考え出し、いかに選ぶかを理解するために[38]」、日々の仕事からの距離を置いて、社会を理論的に研究することを助長しうる役割を果たすことができた。

　成人教育の主催者は、そのような目的を達成するために、現在の政治状況である厳しい財政運営の、臆病で保守的な政権に普通は頼ることができない。時として、発展の最大の可能性は政府のコントロールや干渉の外側にあり、国が管理するものであれ、民間機関であれ、狭い道具主義的な成人教育機関の限

られた地平を越えたところにある。成人教育部門を備えた最も有名な自立的なNGOの1つは、1970年代からバングラデシュの人々によって発展させられてきたBRACである。何百万人もの貧困に陥った人々に対して、小規模貸し付けやノンフォーマル教育を通じて彼ら自身の生活に変化をもたらすよう力量を与えることに専心する国内NGOとして始まったBRACは、今日ではアフリカとアジアの9ヵ国で同じことを行って他のコミュニティを助ける国際組織になっている。ホフとヒックリング＝ハドソン（2011）によって論じられたように、グリーンピース、オックスファム、国際開発のためのワールド・ラーニング（World Learning for International Development）といった国際的な非政府組織（INGOs）の重要な役割が、グローバル化の挑戦に対応して拡大してきた。カリブ海地域では、小さなNGOの例としてジャマイカの社会活動センターやトリニダードのSERVOLが含まれる[39]。それらは潜在的に強力な成人教育運動に替わるものの基盤を形成することができた。既存のグループや新しいグループは、系統的な知識の交換や開発のために互いに地域的に交流しあうことにより、また国際的機関やネットワークの支援に頼ることによって強化されることができた。こうしたネットワーキングは、国による管理の境界の外側でエンパワメントおよび独立の源になるであろう。しかし、国家主導の構想はもし生涯学習のためのダイナミックな体制を実現することができるなら、時には発展のための触媒になり得る。このことの可能性は強いように思える。例えば、セントルシア市で世紀の変わり目に生まれた成人教育の構造は、教育的で、実践的、市民的、文化的スキルや自律的な学習の能力を成人に身につけさせるように設計し直された。開設コースは学校や高等教育と結びついた新しい適格認定システムの中に体系的に位置づけられた。コースの教材は同島の個人、グループ、機関によって設計されており、かくして内容の柔軟性と対応性を高めるものになっている。民俗文化やクレオール語のリテラシー、ならびにグローバルな文化や英語が押し広められた[40]。トリニダード・トバゴは、非政府組織と協力するとともに、基礎教育から職場教育まで、また市民に関わりのある事柄からレジャー、家庭生活に関する教育まで、幅広い学習クラスを提供する全国規模のセンターを運営することにより、成人対象の国営の成人教育部門をもった別のカリブ海地域の国である[41]。

　国の機関であれ、民間の機関であれ、成人教育に携わる者は、国内および国際的に、富裕な階層の善意に頼るため、資金集めの能力を高める必要がある。

第9章　ポストコロニアルな変革における成人教育・コミュニティ教育の役割　361

労働者・農民教育のために建物を獲得したり、建設したりするために、図書館、スタッフ、教材の充実のために金を払うために、そして、社会から疎外された人々の現実的なニーズを満たすために物資的基盤の面で成人の学習を打ち立てるのに必要な経済的、文化的プロジェクトを支援するために、資金が緊急に必要となるであろう。これらのニーズには、地域および国際的な活動家の連携を強化することができる、現代的なコミュニケーション技術（特にインターネットだが、他のソーシャルメディアや廉価の携帯電話なども）に関する訓練が含まれる。大洋州の社会におけるこの種のコミュニケーションに関する研究では、ハリス（Usha Sundar Harris）が最終製品よりもメッセージ作成の過程がエンパワメントにとって不可欠であることを指摘し、疎外された人々の声を公共圏に伝えるためにラジオ、ビデオ、インターネットの力を強調している。[42] ラジオ生産およびコミュニティ・ラジオの技術に関して成人の学習者を訓練することが、情報や娯楽のために主としてラジオに依存している貧困なコミュニティにとって特に重要である。[43] 時には、ありそうもない筋からの資金が真の民衆教育のために使用されることがありうる。米国国際開発庁（USAID）の資金が中央アメリカの3ヵ国、コスタリカ、ホンジュラス、グアテマラにまたがる地域で組織されるコミュニティ教育プログラムを設けるために中央アメリカで使用されたことがある。この参加のための教育プログラム（PEP）は、例えば、①公共の資金やサービスに対する要求を行い、②地域や全国的な政治活動に従事することを通じて、生活環境の改善する上で民衆的なプロセスを効果的に使うことを集団として可能にする知識や技術を参加者の間にもたらすことを目指していた。ロバート・アーノブ（Robert Arnove）によって行われた詳細な評価は、同プログラムが主要な目標を達成しており、時には目標を超えていたことを報告している。民衆教育に関する進歩的なラテンアメリカの伝統の中で働くことにより、このことは成し遂げられた。そこでは、必ずしも正式に読み書きの技術に関わっていたわけではないが、それでも貧困に陥り、社会から疎外されたコミュニティの中で、コミュニティの諸機関が自らの問題を明確にし、問題に取り組むための行動戦略を設計し実行することを可能にした参加的教育アプローチを作り上げたのである。[44]

　成人教育が進むべき道筋の3番目の本質的要素は、リテラシーと教育の結びつきについて再検討する必要があるということである。成人教育に携わる者にとって基本的課題は、「リテラシーについて書き改めること」、すなわち、基

礎教育であれ、民衆教育であれ、教育機関によって施される学習活動を批評し、再構成し、再開発することである。その基礎となるのは、諸々のリテラシーの各領域、哲学的な特質や言説、社会的実践、そしてダイナミックな潜在力である。グレナダ革命の時期の民衆教育センターの教育者を特徴づけた発展段階において、教育の変革とは、労働者・農民の役割を強調する社会主義の理想と、認識のリテラシーに関する中産階級の概念を結びつけることと見なされていた。現在必要な発展段階は、口伝えや民間伝承に対しても、また、学習者が一定の広がりのある見方や学習経験を以て新しいことを行ってみる力を身につけうるような「越境する」柔軟性に対しても教育上の敬意を払うことを含むまで、公平性に関する目標を拡大しなければならないというものであろう。グレナダのコミュニティ連合で実験されたタイプの民衆教育には、それなしでは伝統の否定的側面に挑むことがほとんどできないほどの自信に満ちた文化的アイデンティティの基礎として、人間主義のリテラシーを構築するための強力な潜在力がある。これは、民族のルーツである読み書き能力が下位に置かれてきた多くのポストコロニアルの国々にとって、認識のリテラシーを書き改めることに向けての第一歩である。認識のリテラシーに新たな装いを持たせることは、Ｃ・Ｌ・Ｒ・ジェームズ（C.L.R.James）やウォルター・ロドニー（Walter Rodney）、パウロ・フレイレの著作に含まれていたようなポストコロニアルな認識論の進歩に人々のリテラシーを結びつけることを必要とする。インフォーマルなコミュニケーションや娯楽ではなく真剣な研究の対象として土着の言葉、つまりクレオール語の読み書き能力の妥当性を確認することは、このことにとって不可欠である。[45]

　もう１つ必要なことは、予め決められた内容がその中に「貯蓄された」対象としてよりも、むしろ主体として学習者を見るフレイレ流のアプローチによって特徴づけられる参加的教育の教授法である。コミュニケーション実践としての教育、それは社会分析、社会的な現状改革主義、そして省察のサイクルの中に、学習者と教員の声を組み入れるものであり、教員と学習者に関する哲学的な基礎の一部にならねばならない。[46] しかし、リテラシーについて書き改めるためのもう１つの要件は、（国際的な資本主義の現在の開発モデルがもつ社会的、生態学的に破滅的なインパクトを考えると）開発の中に女性を統合するという、古い観念に異議を申し立てるフェミニズムの観点を導入し、ジェンダーに敏感で、持続可能な開発を模索することに置き換えることである。[47] 最終的に、再概

念化された諸々のリテラシーおよび教授法は、多くのポストコロニアルの国々で当然と考えられた教材に依拠し、学校をまねた成人教育のモデルに依存する必要はない。成人教育は、経済的、文化的、あるいは政治的なプロジェクトの1つの構成要素として創造的に位置づけられることが可能である。それは、中央で編成された学校教育に関するカリキュラム基準、教材、試験に従属する影のような単一の国家システムの形式をとる必要はない。各プロジェクトは当該プロジェクト、参加者の教育レベル、彼らの抱負、そして彼らが示すかもしれないその他のニーズに結びついた学習経験をデザインする教育チームをもちうるのである。プロジェクト間で方法や考え方が調整される必要があるが、それは、効果的な社会・経済開発を探究する中で、地方と中央の関心事の間に質を高めるような関係が生まれる方法でなければならない。

結論

成人教育ないしコミュニティ教育、特に貧困に陥った国々のそれらは、物質的問題と文化的問題に同時に取り組むためのアプローチの開発を促進しなければならない。例えば、グローバルなマスメディアの拡大する力と、地方文化の最良のものに対する信頼とを文化的にバランスをとり、地方の市場とグローバルなニッチ市場の両方に適した小規模企業を設計し、労働者の権利および環境を保護する一方で、国際的な関心をもって労働の機会をとらえ、政府および国際機関に依存しない一方で、それらを活用する必要がある。そのような目標は、知識を共有し拡大するのに際して、階級、ジェンダー、位置の境界を越えることが必要である。それらは、グローバルにもローカルにも動く同じ考えをもった人々の集団的なネットワークによって、より良く探究されうるものである。支配的で排他的なリテラシーを支配に当たる少数派に与え、多数派には従属的リテラシーを与えるというカリブ海地域の伝統に挑戦するために、グレナダの民衆教育センターやコミュニティ連合によって実行された革命的な変革のうちの最善のものを利用し、やり直すことが今まで以上に必要になっている。成人教育の構造は、社会・政治的変革のための積極的行動に成人が関与するためのリテラシー全般を押し広めるとともに、教材改革の進み具合に基づく必要がある。教育者と受講生は代替的なカリキュラムを共にデザインすることができる。そのカリキュラムは、政治的・公共的コンピテンシー、文化や認識力および技

術力の深い探求や正しい理解、評価や認識の今までとは違う形式、そして、土着の言語のごくわずかな使用ではなく、英語と並ぶ総合的な使用を増進することなどを論じたリテラシーの理論を系統的に活用するものである。そのような変化は人々に自信を与え、「南」に位置する社会の中で凝り固まった教育ルートの階層性の終焉を要求させるであろう。グレナダの成人教育の実験について考えることは、われわれがそれらの弱点から学び、またそれらの強みを利用しうるばかりでなく、不利な状況を克服するための教育戦略を探究する中で、そうした実験を越えうることを知るためにも役立つのである。

注

1) カリブ海地域の成人教育に関する2つの深い研究として、Didacus Jules, "Education and Social Transformation in Grenada," (Ph.D. diss., University of Wisconsin, 1992). および Anne Hickling-Hudson, "Literacy and Literacies in Grenada: A Study of Adult Education in the Revolution and After," (Ph.D. diss., University of Queensland, 1995). がある。

2) Anne Hickling-Hudson, Julie Matthews and Annette Woods, "Education, Postcolonialism and Disruptions," in *Disrupting Preconceptions: Postcolonialism and Education*, ed. A. Hickling-Hudson, J. Matthews and A. Woods (Flaxton: Post Pressed, 2004). さらに、Leon Tikly, "Post-colonialism and Comparative Education Research," in *Doing Comparative Education Research*, ed. Keith Watson (Oxford: Symposium Books, 2001). も参照されたい。

3) カリブ海地域の経済と制度に横たわる開発の危機については、Kenneth Hall and Dennis Benn, eds., *Contending With Destiny: The Caribbean in the 21st Century* (Kingston, Jamaica: Ian Randle, 2000); Carmen Deere et al., *In the Shadows of the Sun: Caribbean Development Alternatives and U.S. Policy* (San Francisco: Westview, 1990); Stanley Lalta and Marie Freckleton, eds., *Caribbean Economic Development The First Generation* (Kingston, Jamaica: Ian Randle, 1993), 特にその第4章である "The Path Forward" で論じられている。開発の文脈でのカリブ海地域の教育の問題と可能性については、Anne Hickling-Hudson, "Caribbean 'Knowledge Societies': Dismantling Neo-colonial Barriers in the Age of Globalisation," *Compare* 34, no. 3 (2004): 293-300. で論じられている。

4) 以下を参照されたい。Anne Hickling-Hudson, "Literacy and Literacies in Grenada," 254-56; Fitzroy Ambursley and James Dunkerley, *Grenada: Whose*

Freedom? (London: Latin American Bureau, 1984);Gordon K. Lewis, *Grenada: The Jewel Despoiled* (Baltimore: Johns Hopkins University Press, 1987), chap. 7;Tony Thorndike, "People's Power in Theory and Practice," Paget Henry, "Socialism and Cultural Transformation in Grenada," in *A Revolution Aborted: The Lessons of Grenada*, ed. Jorge Heine (Pittsburgh: University of Pittsburgh Press, 1991), 29-50, 51-82. 1970年代のジャマイカ、および1979年から1990年までのガイアナは、社会主義志向の変形として実験を行った、英語が国語である別のカリブ海諸国であった。経済およびイデオロギーの弱点とは、このアプローチが維持できなかったことを意味する。"National Experiments: The Radical Options," in Clive Thomas, *The Poor and the Powerless: Economic Policy and Change in the Caribbean* (New York: Monthly Review Press, 1988), 210-37, 251-64. を参照されたい。Colin Lankshear with James Gee, Michele Knobel, and Chris Searle,*Changing Literacies* (Buckingham, Milton Keynes, U.K.: Open University Press, 1997), 63-79.

5）カリブ海地域における新自由主義的グローバル化の影響については、ティローネ・ファーガソンが論じている。Tyrone Ferguson, "Social. Disintegration in the Context of Adjustment and Globalisation: The Caribbean Experience," in *Contending With Destiny: The Caribbean in the 21st Century*, ed. Kenneth Hall and Dennis Benn (Kingston, Jamaica: Ian Randle, 2000). グレナダでは、1988年の1人当たりGDPは1346ドルであった。カリブ海地域の英連邦諸国の平均は、バハマ諸島地域を除いて、約2254ドルであった。

6）Joel Samoff, "Education and Socialist (R)Evolution," *Comparative Education Review* 35, no. 1 (1991) の特集号。

7）Alan Rogers (2004) "Looking again at non-formal and informal education: towards a new paradigm," *The Encyclopedia of Informal Education*, www.infed.org/biblio/non_formal_paradigtn.htm を参照されたい。

8）James Gee, "What Is Literacy?" and "Discourse Systems and Aspirin Bottles:On Literacy," in *Rewriting Literacy: Culture and the Discourse of the Other*, ed. Candace Mitchell and Kathleen Weiler (New York: Bergin & Garvey, 1991), 3-12, 123-38; Peter Freebody, *Research in Literacy Education: The Changing Interfaces of Research, Policy and Practice* (Brisbane, Australia: Griffith University, 1994); Daniel Wagner, "Literacy Assessment in the Third World: An Overview and Proposed Schema for Use," *Comparative Education Review* 34, no. 3 (1990): 112-38; Ian Winchester, "The Standard Picture of Literacy and Its Critics," *Comparative Education Review* 34, no.1 (1990):21-40.

9）Colin Lankshear with James Gee, Michele Knobel, and Chris Searle, *Changing*

Literacies (Buckingham, Milton Keynes, U.K.: Open University Press, 1997), 63-79.

10) Rob McCormack, "Framing the Field: Adult Literacies and the Future," in *Teaching English Literacy in the Pre-Service Preparation of Teachers*, ed. F. Christie et al. (Darwin, Australia: Northern Territory University, 1991).

11) この議論は Anne Hickling-Hudson, "Literacy and Literacies in Grenada" 117-33. の中でさらに展開されている。高い教育を受けた少数派（約3％）と、教育をそれほど受けていない多数派との間のフォーマルな学校教育の学歴水準に見られる巨大な違いを示す数字は、*Time for Action: Report of the West India Commission*, ed. S. Ramphal (Jamaica: University of the West Indies, 1993), 237. に見られる。

12) 地域的な文脈の中での諸々のリテラシーの機能的な実践に関する概念を強調した研究としては、*The Social Uses of Literacy: Theory and Practice in Contemporary South Africa*, ed. Mastin Prinsloo and Mignonne Breier (Capetown, S.A.: Sached Books/John Benjamins, 1996). がある。

13) 成人教育のシステム維持機能については、*Nonformal Education and National Development*, ed. John Bock and George Papagiannis (New York: Praeger), 3-20; Thomas LaBelle and R. E. Verhine, "Nonformal Education and Occupational Stratification:Implications for Latin America," *Harvard Educational Review* 45 (1975):161-90; Robert Arnove and Harvey Graff, "National Literacy Campaigns in Historical and Comparative Perspective:Legacies, Lessons, Issues," in *Emergent Issues in Education: Comparative Perspectives*, ed. R. Arnove, P. Altbach, and G. Kelly (Albany: State University of New York Press, 1992). において探究されている。

14) 前掲 Joel Samoff, "Education and Socialist (R)Evolution."

15) 前掲 Hickling-Hudson, "Literacy and Literacies in Grenada," の第6章。

16) 同上 Hickling-Hudson, "Literacy and Literacies in Grenada," の第8〜9章。

17) Robert Arnove and Harvey Graff, "National Literacy Campaigns in Historical and Comparative Perspective:Legacies, Lessons, and Issues," in *Emergent Issues in Education: Comparative Perspectives*, ed.R. Arnove, P. Altbach, and G. Kelly (Albany: State University of New York Press, 1992), 287. を参照されたい。

18) Paulo Freire, *Pedagogy of the Oppressed* (Harmondsworth, U.K.: Penguin, 1972. 邦訳は小沢有作他訳『被抑圧者の教育学』亜紀書房、1979年), 81-82. Carlos Alberto Tones, "Education and Social Change in Latin America," *New Education* 12, no. 2 (1990): 2-6 も参照されたい。

19) これらの成人教育協会については、Didacus Jules, "The Challenge of Popular Education in the Grenada Revolution," in *Critical Literacy: Policy, Praxis and the Postmodern*, ed. Colin Lankshear and Peter McLaren (Albany: State University of

New York Press, 1993), 133-66; Thorndike, "People's Power in Theory and Practice" および Hickling-Hudson, "Literacy and Literacies in Grenada," の第7章で記述され、分析されている。

20) Chris Searle, *Words Unchained: Language and Revolution in Grenada* (London: Zed, 1984). を参照されたい。

21) David Franklin, "The Role of Women in the Struggle for Social and Political Change in Grenada, 1979-1983," (B.A. diss., University of the West Indies, Mona Campus, 73).

22) NJM Women, "Proposals for Women with Children within the NJM," report for the New Jewel Movement, Grenada, 1983; Charles Mills, "Getting Out of the Cave: Tensions between Democracy and Elitism in Marx's Theory of Cognitive Liberation," (1988年5月25〜27日にグアデロープで開催されたカリブ海研究学会 [the Caribbean Studies Association] の第13回大会に提出された論文)

23) 前掲 Rob McCormack, "Framing the Field," 32.

24) 前掲 Tony Thorndike, "People's Power in Theory and Practice," 41.

25) Ambursley and Dunkerley, Grenada: Whose Freedom? 38.

26) Didacus Jules, *Education and Social Transformation in Grenada* (Madison: University of Wisconsin Press, 1992), 183, 327.

27) Didacus, *Education and Social Transformation in Grenada*, 327.

28) Angus Smith, quoted by Chris Searle and Don Rojas in *To Construct from Morning: Making the People's Budget in Grenada* (St. Georges, Grenada: Fedon, 1982), 56-58.

29) グレナダの革命政府の言語政策に対する主な批判者である批評家ヒューバート・デボニッシュ（Hubert Devonish）は、教育者たちは以前よりも土着語のクリオール語を推奨するようになったが、それを重要な教授用語として振興するのではなく、口頭表現（あるいは、高い地位の英語の学習へのせいぜい繋ぎとして）の低い地位に追いやり続けたと論じている。

30) 前掲 Mills, "Getting Out of the Cave."

31) Antonio Gramsci, *Selections from the Prison Notebooks* (New York: International Publishers, 1971), 120.

32) 前掲 Mills, "Getting Out of the Cave."

33) Bernard Coard, *Village and Workers, Women, Farmers and Youth Assemblies during the Grenada Revolution: Their Genesis, Evolution, and Significance* (London: Caribbean Labour Solidarity and the New Jewel Movement/Karia Press, 1989), 10-11.

34) Brian Meeks, *Caribbean Revolutions and Revolutionary Theory* (London:

Macmillan, 1993), 153,160-165.

35) James Ferguson, *Revolution in Reverse* (London: Latin American Bureau, n.d.), 41-65. を参照されたい。

36) Clive Y. Thomas, "Alternative Development Models for the Caribbean," in *Caribbean Economic Development: The First Generation*, ed. Stanley Lalta and Marie Freckleton (Jamaica: Ian Randle, 1993), 326. あわせて、Paul Sutton "Caribbean Development: An Overview," *New West Indian Guide/Nieuwe West-Indische Gids*, vol. 80, nos. 1 and 2 (2006): 45-62; Anne Hickling-Hudson, "Caribbean 'Knowledge Societies': Dismantling Neo-colonial Barriers in the Age of Globalisation," *Compare* 34, no. 3 (2004): 293-300. この地域で以前には非常に支配的であった新自由主義のアジェンダに対する反覇権主義的立場は「我がアメリカの人民のためのボリビア人同盟」を意味するスペイン語の頭文字をとった ALBA によって代表されている。ALBA はベネズエラ、キューバ、およびその他この地域のパートナーに支援されている（本書第12章のアーノブ他の論文も参照されたい）。

37) Trevor Farrell, "Some Notes towards a Strategy for Economic Transformation," in *Caribbean Economic Development*, ed. Stanley Lalta and Marie Freckleton (Jamaica: Ian Randle, 1993). われわれは同システムの権力関係を変えるために闘争する活動家に立ちはだかる葛藤に気づかされているが、「われわれは変革しうるために生き延びなければならない」のだから、同時にその中で働くのである (Peter Mayo, "A Rationale for a Transformative Approach to Education," in *Journal of Transformative Education*, vol. 1, no. 1, January 2003, pp. 38-57)。さらに、A.Sivanandan, "New Circuits of Imperialism," *Race and Class* 30, no. 4 (1989):1-19 も参照されたい。

38) Myles Horton and Paulo Freire, *We Make the Road by Walking: Conversations on Education and Social Change* (Philadelphia: Temple University Press, 1990), 213-14.

39) 前掲 Anne Hickling-Hudson, "Literacy and Literacies in Grenada," 360, Patricia Ellis and Angela Ramsay, *Adult Education in the Caribbean at the Turn of the Century* (Kingston, Jamaica: Office of the UNESCO Representative in the Caribbean, 2000), 139-40; BRAC website : http:// www.brac.neticontentlwho-we-are-0（2012年3月25日閲覧）; Ian Smillie, *Freedom From Want: The Remarkable Success Story of BRAG, the Global Grassroots Organization That's Winning the Fight Against Poverty*, 2009; Lutz Hoff and Anne Hickling-Hudson, "The role of International Non-Governmental Organisations in promoting adult education for social change: A research agenda." *International Journal of Educational Development*, vol. 31, no. 2 (2011): 197-98.

40）Didacus Jules, *Adult and Continuing Education in St. Lucia: Addressing Global Transformation and the New Millennium* (Castries, St. Lucia: Ministry of Education, Human Resource Development, Youth and Sports, 1999). さらに、Hubisi Nwenmely, "Language Policy and Planning in St. Lucia: Stagnation or Change?" *Language and Education* 13, no. 4 (1999): 269-79. も参照されたい。

41）Patricia Ellis and Angela Ramsay, *Adult Education in the Caribbean at the Turn of the Century* (Kingston, Jamaica: Office of the UNESCO Representative in the Caribbean, 2000), 136-54.

42）Usha Sundar Harris, "Community Informatics and the Power of Participation." *Pacific Journalism Review*, vol. 13, Issue 2, 2007: 29-45. さらに、Anthoy Rodriguez-Jimenez and Sandra M. Gifford, "Finding Voice. Learnings and insights from a participatory media project with recently arrived Afghan young men with refugee backgrounds." *Youth Studies Australia*, vol 29, no. 2, 2010: 33-41 も参照されたい。

43）ニカラグア革命におけるラジオ放送による教育および開発の重要性については、Penny O'Donnell, *Death, Dreams, and Dancing in Nicaragua* (Sydney: Australian Broadcasting Corporation, 1991), 110-41. で論じられている。

44）Robert Arnove, *An Evaluation of the Program of Education for Participation (PEP)* (Washington D.C.: United States Development Agency, Bureau of Latin America and the Caribbean, 1989).

45）Hubert Devonish, *Language and Liberation*; Nan Elasser and Patricia Irvine, "English and Creole: The Dialectics of Choice at a College Writing Program," *Harvard Educational Review* 55, no. 4 (1985): 399-415. を参照されたい。クレオール語がどのように真剣な学習のために使われうるかの議論としては、Hickling-Hudson, "When Marxist and Postmodern Theories Won't Do," がある。

46）Anne Hickling-Hudson, "Towards Communication Praxis: Reflections on the Pedagogy of Paulo Freire and Educational Change in Grenada," *Journal of Education* 170, no. 2 (1988):9-38.

47）Peggy Antrobus, "Gender Issues in Caribbean Development," in *Caribbean Economic Development: The First Generation*, ed. Stanley Lalta and Marie Freckleton (Jamaica: Ian Randle, 1993).

第10章 オーストラリア、イギリス、アメリカにおける教育改革の政治経済学

ジャック・キーティング、ローズマリー・プレストン、
ペニー・ジェーン・バーク、リチャード・ヴァン・ヘルトゥム、
ロバート・F・アーノブ

　過去40年にわたるオーストラリア、イングランドおよびウェールズ、そしてアメリカにおける教育改革への取り組みのイデオロギー基盤は、これらの国々の異なる政治構造およびそれぞれの学校システムの多様な組織類型にもかかわらず、著しく似通っている。3つの場所における改革への取り組みを結びつける共通要素は、教育に対する公的統制を弱める一方、同時に教育サービスの民営化と市場の力に対するより大きな信頼を奨励しようとする試みである。これらの国々は、独特な連邦主義のオーストラリアの事例に示されるように、中央政府と地方政府との関係においては国ごとに違いが存在するものの、いずれも主に標準化、品質管理、そして社会的説明責任と選択を通じて、より中央集権化された政府による教育システムの統制を手に入れようと努めてきた。これらの改革は学生が労働へと移行する際に、彼らがより生産的になるのに必要な技術を提供する一方、個々の学校内の効率を高めるであろうと、改革の擁護者は主張する。

　こうした確信を補強しているのは、経済合理主義原理の受容であり、この原理に則った国の経済成長に関する決定が、教育に影響するものも含めて、すべての公共政策策定における決定要因となっている。政治的民主性の諸問題は、計算され評価される経済に関わりのある問題としてますます定義づけられる。次いで、経済合理主義は更新された人的資本論を頼りにする。それは、教育があり熟練した技術的に有能な労働力を基礎とする場合にのみ、現代の経済は発展しうると考えるものである。しかしながら、1960年代にそれが最初に現れた時と今日のこの理論への憧れとの間には大きな違いがある。サイモン・マー

ジソン（Simon Marginson）が記しているように、「今日優勢な自由な市場という風潮の中で、強調されるのは公的投資よりもむしろ私的投資である」[1]。

　さまざまな説得方法を用いる政治家が3ヵ国すべてにおいて、市場の見えざる手にはほとんど神秘的で解放をもたらす力があると捉える一方、公共部門の役割をどれほど過小評価しているかを考えれば、こうした強調はほとんど驚くに当たらない。市場の力に対するこの新自由主義的な関与と必要最低限度までの小さな政府という考え方は、主要な資源の国有制の縮小、そして、かつては公の仕事に組み込まれていたサービス、例えば、最も明白なものを挙げれば、鉄道、公営事業、健康管理といったものの民営化が付随して起こることにつながった。公と民の間のバランスを明らかに後者に肩入れして転換するというサッチャーおよびレーガン流のやり方の成功、そして彼ら当事者が政権を離れた後の時期でさえそれが続いていることは、結局のところ国有部門の縮図である学校への公的支配の継続が寄って集って攻撃される理由を説明するのに役立つ。

　公共部門に対する攻撃は、肥大化し非効率になっていると非難された公務員を削減する努力に付随して起こった。批判者たちが主張するのは、中央集権化された意思決定が福利に関する事柄に対してより大きな発言権を必要とする地域コミュニティから遙か遠くに引き離されたということである。教育システムの中では、この論拠に基づいて学校の諸活動に関する（必ずしも権限ではない）責任が地方レベルにまで委譲される一方、中央省庁の権限が縮小されるという管理上の革命をもたらした。このことは、それに次いで学校財政に対する地方の統制力を増すことや、もっと学校に依拠した意思決定、そして学校の事柄に地域住民のグループを引き入れるためのより活発な取り組みを生んだ。これらの新しいやり方を大雑把に検討してみると、こうした努力は公共部門において学校の管理をもっと参加型で、したがって民主的な形式に向かって動かそうとしているという確信に結びつくかもしれない。しかしながら、これは状況を見誤らせることになるであろう。会計および政策の責任は中央省庁から各学校へ、部分的に下方へ移されてきたが、そのモデルはアテネの都市国家(ポリス)ではなく消費市場のそれである。市場では、消費者の力は市民であることに伴う平等な権利によってではなく、個人の手中にある購買力によって決まり、それは個人的富と社会的地位によって変わるものである。同時に、予算に対する監査、達成すべき実績の要件、標準化された管理、そして測定された結果に基づく社会的説明責任が、公共部門の諸学校に対するより綿密なイデオロギー的、政治

的コントロールを確実なものにするために用いられた。教師やその他の教育専門家と政治的に積極的な親や地域社会との連携に基づいて、より民主的に管理された公共部門を目指した1960年代および1970年代の傾向には歯止めがかかった。いくつかの場合には地方自治が継続している。しかし、それは管理され、法人化されるようになった。学校と大学の管理運営は地域社会のニーズを熟考し、明瞭に表現し、それを満たすことにではなく、むしろ市場において自らがより競争力があるように見せることに焦点を絞るようになった。そして、アメリカのチャータースクール、イギリスのアカデミーやフリー・スクール、オーストラリアの私立学校や独立学校がより多くの自治を有している時でさえ、それらは地元のコミュニティや教員を弱体化させる一方、公立学校として同じ基準に縛られるのである。

逆説的ではあるが、イギリスやオーストラリアの私立学校、アメリカの私立大学といった、政府によって資金供給の行われる私立の教育機関は、非常に異なった扱いを受けてきた。市場の競争と私有制を促進する政策枠組みでは、私立の教育機関には増加の一途をたどるべき正当性がある。それらは本質的に公立の教育機関より優れており、公共部門につきものと考えられる官僚主義、「生産独占」、低い生産性、疑わしい基準といった問題を意図的に回避していると見ている。その顕著な成果は、公立の教育機関では学生1人当たりの単位予算が下がり、政治的統制が強まるのを見て取れるのに対して、私立の教育機関は中央集権的な政治的統制が同時並行的に強まることなく、政府による増額された資金供給を受けてきたことである。

例えば、3ヵ国いずれの公立学校部門においても、個々の学校は予算や地方教育行政の事項に関してより大きな自治を獲得し、サービスを販売し、助成金を募り、かくして追加の資金を手に入れたが、それらの学校は自らが受け取る政府の予算出資額の規模に対して、さらに投入された資金の教育上の用途に対する統制を減らすことに対して何らの発言権もないのである。予算配分は引き続き中央で決まり、学校は中央省庁に学生・生徒の成績に関する追加的なデータを供給するよう要求される。さまざまなレベルの学生・生徒に対する試験が増えたことは、これを遂行する最善の方法と見なされている。中央で作られた全国共通カリキュラム、中央集権化された教員養成、地方の（特に貧しい学校において）カリキュラムや授業の中身を決めつけないにしても具体化する諸々の試験を目指すような、より大きな動きも起こっている。しかし、恐らく、引

き続き中央で決定され続ける最も重要な事柄は教育の再編成自体である。目下、改革のプロセスに力点が置かれることによってますます曖昧になっているとはいえ、オーストラリア、イギリス、アメリカにおける学校改革の努力を突き動かしている正当化の根拠は、紛れもなく、それが役に立つと考えられているからである。教育改革を主張する者は、グローバル経済の中で経済競争力を確保する必要性を論じており、往々にして、それらの改革を成功の実証的な証拠あるいは教育の広範な目標一般に照らして正当化することを怠っている。

このように明らかに右寄りで、手段としての面を重んじる方向に公共政策の言説が転換してきたことは、その擁護者が望むほど均一ではなく、また、多くの矛盾を覆い隠しうるものでもない。上述したとおり、市場の力および小さな政府に対する新自由主義の立場からの傾倒は、教育に関する決定に対する中央政府の力の縮小ではなく、むしろ増大を伴うものであった。オーストラリアでは、キャンベラにある連邦政府が教育政策に対して先例がないほどの支配権を握る一方、さまざまな州政府は学校カリキュラムに対するそれらの縛りを強めている。英国におけるサッチャー流の改革およびそれを踏襲した改革は、ロンドンの中央政府各省により多くの権力を集中する一方、民主的に選ばれた地方教育当局（LEA）の影響をかなり弱いものにした。同時に、中央政府の命令が大学の伝統的な自治をひどく弱体化させた。その一方で、政府が支配する規制機関の監督権限がいっせいに強化された。アメリカの改革は、アメリカが地球規模の覇権を持続しうるか否かは、学校の大規模な再編成にかかっていると主張する会社の重役たちと州の役人が一緒になった支援運動に起因している。これには標準化された全国共通カリキュラムと、広範囲に及ぶ改革の効果を確認するための強制的な試験による測定を実施する要請が伴い、2001年の「どの子も置き去りにしない（No Child Left Behind, NCLB）法」で頂点に達した。

公共部門を「小規模化する」努力と同時に、市場の活動に対する政府の監督を弱めることは、19世紀の放任主義の政治経済学を再構築する努力を示している。それは、かなりグローバルな趣を備えるものであったけれども、支えとなる投資環境および豊富で柔軟な労働力の存在を確信した資本主義の強健な企業家を特徴とするものであった。19世紀には、医療や教育の機会といった社会福祉的サービスを利用できる人々はほとんどいなかったというのは重要である。1950年代までに、大多数の市民が医療や教育を受ける機会ももつようになった。1970年代に新自由主義の改革が導入されたことで、こうしたサービ

ス提供の質は悪化した。その改革は教育への参加を拡大し普遍化するという、長きにわたる世間の動きを弱めるものであった。すなわち、雇用への入り口としての教育の役割は高まる一方であったにもかかわらず、ある場合には、在籍者数の減少を実際にもたらした。また、ほとんどすべての場合に、富裕層が通う学校や大学の価値はより高まっていく一方、貧困層によって占められた学校や大学はますます貧弱になる傾向があるので、教育機関のヒエラルキーの底辺における参加の価値を弱めた。（経済成長、消費者自らの利益）といった物質的利益を首位に置く経済合理主義的議論には、自己の発達か集団の発達かといった問題、参加、公正、社会正義あるいは民主主義といった問題さえ議論の余地がほとんどない。オーストラリア、イギリス、アメリカの教育改革は、財産権や経済エリートの権利への関心が、取って代わることはないにしても、どの程度まで市民権への関心に異議を申し立てるようになったかという点に相当な光を当てた。以下の要約された事例研究は、現在の教育政策が策定される中で、市民権へのこだわりがどのようにして財産権へのこだわりに従属させられたかを実証している。また、それらの事例研究は、これらの国々を特徴づける相当な文化的・政治的差異にもかかわらず、それらを包括するイデオロギーの傾向がどのようにきわめて類似した展開を示したかを実証している。

オーストラリアの教育改革における中央集権化と市場化

１）制度と構造

　オーストラリアにおける教育政策および教育実践は、制度的構造の相互作用、それらの発展、そして最近数十年の間にほとんどの国に影響を与えたイデオロギーの潮流によって形づくられてきた。中等学校はグラマースクールであり、その大部分は私立学校であるという中等教育制度、形式的に未分化の大学セクターが支配的な高等教育制度、そして産業訓練のモデルに立脚して構築された職業・専門教育という構造的特徴は、過去数十年間にわたる教育政策内部のイデオロギーの流れに異議を唱えた。相互の連携（channeling）もオーストラリアの連邦主義の発展によって強力に形成された。これらの制度の強さは、それが政策的合意に影響を及ぼすように、オーストラリア的政体と呼ばれうるものの中に各制度がしっかりと納まっていることのみならず、それらの相互関係や変化の中にも見られた。

国（連邦）と州政府の間の縦の財政的不均衡と呼ばれるように、連邦政府は税金5ドルのうちの4ドルを徴収することが認められている。しかしながら、各州は保健、交通、教育という高額予算費目に対する責任を担っている。この不均衡は、OECD加盟諸国（アメリカ、カナダ、ドイツ、ベルギー）のすべてのうちで最も明白なものであり、過去半世紀の間に著しく高まった。州はまた、ギャンブル税、給与税および財産譲渡税へのそれらの依存を減らすべきだという最大級の圧力の下に置かれている。ある首相が「州知事とバケツ1杯の金の間に決して介在するな」と言ったと噂されるのは、何ら驚きではない[2]。

　連邦と州政府との関係に見られるこれらの変化およびその必然の成り行きは、憲法上、州の責任である保健や教育という重要な社会政策分野において、より強硬な連邦政府に役立った。この強硬さは恐らく、1980年代半ば以降、グローバルな経済・教育方針に関する物語の発展を通じて、オーストラリアの政体と1つにまとまったものであろう。

　政府の制度的構造や発展と並行していたのは、公立学校教育と私立学校教育とを峻別する学校システムであった。州の教育省によって所管される相対的に集権化された19世紀後半の公立教育システムの形は、宗教学校（confessional schools）の排除によって部分的に作られた。このことは大規模で自律的なカトリックのセクターが独自の道を辿るのを見ることになり、都市の私立グラマースクール各校と、各州の州都にそれぞれ1校ずつ設置された公立大学との密接な連携を確立した少数の公立グラマースクールがリードする中等教育文化の基礎を築いた。公立教育に対する取り組みの多くは交易指向の技術学校に向けられた[3]。

　大規模で自律的なカトリックのセクターと、グラマースクールと大学との関係に基づいた中等学校という、連邦主義の制度的特徴の発展は続いて1960年代にさまざまな危機が重なったことでさらに影響を受けた。州と連邦政府との間の財政収支の変化、政治的な機会、そしてカトリック教徒の投票を獲得したいというニーズや経費の値上げと親の期待の高まりから引き起こされたカトリック教育の危機は、連邦政府に教育への投資を大々的に行わせ始めた[4]。

　これはオーストラリアの教育の2つの永続的な特徴に結びつき、3番目の特徴の一因となった。1番目の特徴は特に中等教育レベルで私立学校教育の影響が増大したことである。連邦政府が1970年代に当時貧しかったカトリックのセクターに資金を提供する政治的な必要性や機会は、独立学校に対する

大規模な資金提供への門戸を開いた。今や、たいていは公的資金を受けながら自治的な私立学校あるいは非政府立学校（カトリック系や独立学校）が、全学校在籍者の34.5％、第12学年ないし高等教育に進む前の最終学年の在籍者の41.3％を占めている。[5] これらの割合は1970年代末以来、約0.4％という安定した比率で伸び続け、そうした在籍者は中程度の所得や高所得の家庭出身の生徒にひどく偏っている。したがって、ほぼ私立のグラマースクールが主導する少数の生徒のための中等教育という歴史的パターンは、大衆的な中等教育システムに作り替えられた。さらに、私立学校と並行して選抜的な入学を行うグラマースクールを設立する国の教育システムという歴史的なやり方は継続された。2000年から2010年までの10年間に、5つの本土州すべての労働党政権は追加的に選抜的グラマースクールを導入するか、あるいは既存の学校の定員を拡大した。これらの構想や他の措置は、1970年代末に始まった中産階級在籍者の公立学校教育離れに直面して、本質的にそれを防衛しようとするものであった。2004年刊行のワトソン（Louise Watson）とライアン（Chris Ryan）の書物は、そうした公立学校離れの中心的理由が非政府立学校への高い水準の公的補助であったと結論づけた。[6]

　グラマースクールと大学の関係に部分的に基づいた2番目の理由は、ほぼ大学からなる高等教育システムの発展であった。オーストラリアは、他のほとんどのOECD加盟国のように、1970年代末以来、若者のための労働市場が一貫して縮小してきている。1991年に州政府と連邦政府との間で合意された第12学年の修了率を引き上げることに関する国の政策は各州政府によっても踏襲され、今や第12学年ないしその「同等の段階」の修了率を90％にするという目標として設定されている。[7] この90％の者にとって、重要で、社会的、経済的に有力な進路は大学である。

　中等教育のグラマースクール・モデルおよび大学が支配的な初等・中等学校後の進路という展開が繰り返された。1980年代に若者のための労働市場が縮減するにつれて、地位と経済的見返りがどれほどのものと考えられるかに見合った大学教育の初期の成長が、中産階級の間に見られた。それゆえ、中等学校は大学への準備や大学教育に合わせて、それらのカリキュラムを順応させることを強いられた。中等学校の中心的目標は、大学による選抜のどこに位置づくかの競争の中で、上級学校進学得点値（TER）で高く位置づけられるのに十分な成績を生徒に収めさせることであった。残存していた中等技術学校は消滅

し、学校修了者にとって利用可能な大学の定員数を拡大せよという連邦政府への圧力が高まった。このことは、ほとんどが学位ではなく修了証書（ディプロマ）を授与する技術教育や専門教育を施すカレッジと大学との統合の過程を通じて、また全般的な定員の拡大を通じて達成された。拡張のための資金は、一部は高等教育拠出金制度（the Higher Education Contribution Scheme; HECS）として知られている学生ローン制度によって支援された学生登録料の導入によって賄われた。その後の統合された高等教育セクターは、今や37校の大部分が学位を授与する公立大学と3校の私立大学、それと共に少数ながら増大しつつある私立の非大学の学位授与カレッジとから成り立っている。

圧倒的多数の中等学校生徒が大学進学を自ら希望する学校修了後の目標と見なしていた以前のパターンは続いた。統合された大学セクターは、修了証書を授与する技術教育・継続教育機関（TAFE）のシステムと併行して作り上げられた。技術教育・継続教育機関のシステムは、技術教育および継続教育に関する1975年のカンガン報告[8]によって実質的に形作られた。技術教育・継続教育機関は、多くの役割を担うこと、あるいは、グージー（Gillian Goozee）の言葉（1995年）を使えば、「すべての人々にすべてのものを」[9]ということを求められた。これらの役割の1つが中等学校後の高等教育への進路である。それゆえ、技術教育・継続教育機関は中等学校後のヒエラルキーにおいて、大学を終えた後、および多くの男性にとっては、常勤の仕事や徒弟仕事を終えた後の第2、あるいは第3の選択肢に位置づくものである。

中等教育と高等教育との間でのこの反復するプロセスは続き、過去6年間にわたって技術教育・継続教育機関の修了証書コースでは在籍者が減少してきたが、高等教育機会に対する需要は続いてきた。その後これらのパターンは政策構想の中に反映されてきた。2008年の高等教育再考、つまりブラッドリー報告書を踏まえて、連邦政府はすべての有資格の中等学校卒業者のために公立大学に機会を保障する政策を取り入れた[10]。

このことは、多くの学生にとって大学へのルートの補充であった技術教育・継続教育機関という高等教育の第2段階にプレッシャーをかけた。技術教育・継続教育機関の修了証書コースの在籍者は過去5年にわたって急速に減少し、技術教育・継続教育機関のうちの11校が今や学位レベルのコースを提供している。しかしながら、これらの戦略は、技術教育・継続教育機関の学位取得コースの減少率が過去2年間に急速に高まったことを見ると、成功したようには

第10章　オーストラリア、イギリス、アメリカにおける教育改革の政治経済学　379

思えない[11])。

　これらの2つの動きは、オーストラリアの職業教育・訓練（VET）セクターの特徴の第三の形態の一因となった。職業教育・訓練セクターはおよそ62校の公立の技術教育・継続教育機関と大規模で増大しつつある私立の訓練機関あるいは公認トレーニング機関（RTOs）から成り立っている。公認トレーニング機関には学校と大学とが含まれうるが、大半が営利目的の機関であり、ごく小規模のものから中くらいのサイズのものまでさまざまである。職業教育・訓練セクターは徒弟制度と一般的および専門的技術・職業カレッジの混ざったものが一緒になって、公立の技術教育・継続教育機関システムに統合されることを通じて発展した。

　中等教育と大学教育との共生の関係、そしてオーストラリアの連邦主義の制度的特徴が、1980年代末および1990年代初頭に重大な発達段階にあったオーストラリアの職業教育・訓練が主として産業訓練モデルに向けて強化されたことの一因であった。1983年にオーストラリア議会で政権をとった労働党政府は、オーストラリア労働組合評議会と「賃金と物価に関する合意」を結んだ[12]。同合意は1970年代に前の労働党政府を悩ませたインフレへの圧力を緩和するため、労働組合の側は賃金抑制を受け入れ、代わりに、主として保健、福祉、教育の分野での社会賃金への投資を効果的に行うものであった。その後、1980年代半ばに構造的な経済危機と見なされたものが到来すると、同合意は構造的経済改革への一種の協調組合主義的アプローチの基礎として利用された。徒弟制度の「救済」を含む構造改革は、部分的に、産業技術や労働生産性を向上させる手段であった。連邦政府と（合意を通じての）組合、そして（連邦政府が支援するオーストラリア商業協議会を含む）雇用者の間の3者間同盟が、全国職業訓練改革計画（National Training Reform Agenda）をやり抜くために使われた。これは、州と訓練の供給者（技術教育・継続教育機関）の抵抗と見なされたことをものともせずに行われた。その改革は、中等教育からは構造上分離した産業訓練モデルとしてのオーストラリアの職業教育・訓練を確立した。1990年代に能力に基づくモデル（competency based model）が採用されたことは、大学や学校セクターとはまったく異なり、いくぶん異質な職業・訓練セクターに関する知識の構成概念を作り上げた。

　学校セクターの側としては、職業・訓練を展開することにまったく関心がなく、職業のための学習や応用学習への投資を引き上げる過程を継続した。上記

の職業訓練改革計画は、能力に基づくプログラムの強制を除けば、産業界のリーダーシップと、私立の職業・訓練供給者の市場参入を奨励する開放的訓練市場の原則を目指すものであった。したがって、技術教育・継続教育機関セクターは、雇用労働者や失業中の労働者、雇用者、青年、成人、移民および他の社会集団からなる地域コミュニティのための教育と訓練の供給者という1975年のカンガン報告の構想と、高等教育の2番目の段階としての役割、そして、より広範な職業訓練市場における競争者としての役割の間で疲弊していた。

2）イデオロギー

イデオロギーは、その構成概念、位置づけおよびインパクトにおいて非常に複雑な現象である。教育政策に盛り込まれる事柄は、国内的にも国際的にも、あまりに容易にイデオロギーに結びつけられうる。オーストラリアの教育に対する新自由主義イデオロギーのインパクトは、初等・中等学校教育、高等教育、そして職業教育・訓練の市場指向の強さに明確に見られる。学校、大学、そしてこれらのセクターに跨る技術教育・継続教育機関は、しばしば下位市場の中のこととはいえ、いずれも生徒・学生獲得のために競い合う。成長しつつある外国人学生市場がこれに加わったことで、市場指向が強まった。2006～2007年の教育サービスは、オーストラリアの3番目に大きな輸出部門となり、教育サービスが2009～2010年にはすべてのサービス輸出の36％を占めた。[13] 中等および職業教育・訓練セクターの学生修了者数は近年落ち込んできたが、高等教育においては伸び続けている。

しかし、ホール（Stuart Hall）が2011年の書物で指摘しているように、新自由主義には多くの形がある。[14] オーストラリアは英国と同じく、その新自由主義的なシンクタンク、特に自主研究センター（the Centre for Independent Studies）や公務研究所（the Institute for Public Affairs）を擁していたとはいえ、その政治形態は、サッチャー政権や今のキャメロン政権、あるいは（レーガンやジョージ・W・ブッシュの下の）アメリカと同様な、政治的・イデオロギー的な攻撃と操作を結びつけたものに晒されることはなかった。それはオーストラリアの連邦主義という統治構造が、制度的調停を有効に行うことが分かったということかもしれない。[15] その下で、もし市場に完全に委ねられたとすれば、州は保健および教育サービスの提供の崩壊に直面したであろう。あるいは、衰退しているとは言っても、イギリスやアメリカに比べて勢いのある勢力であ

り続けている労働組合との連携を労働党がいくぶん維持しているからかもしれない。理由が何であれ、オーストラリアの教育には、アメリカのチャータースクール運動やイギリスのフリー・スクールに当たるものが未だ見られない。年間の授業料 9000 ポンドという枠組みを決めたイギリス、そして、大部分が私立で、学費に依存しているアメリカの大学システムと比べれば、オーストラリアの大学は依然として主に公費で運営されている。

しかし、オーストラリアは、ホールが 2011 年の書物で政治的権利や新聞界に君臨するルパート・マードック（Rupert Murdoch）のイデオロギーがらみの物語の至る所で、「議論と投資に関して相矛盾する路線を縫合するもの」と呼んだことを現在経験している。[16] 労働市場の規制緩和、逆進課税の削減、福祉の縮小や締めつけが、より広範な保護や社会や産業界に対するより大きな監視を求める声と混ざり合っている。これらの物語がどれほど実現されるかは、政治の変動、連邦主義の制度的制約をはじめとする規制の有効性によって影響されるであろう。

オーストラリアの教育における政策イデオロギーの独特な高まりを広い意味で識別することは可能である。基本的な市民的目的や国家建設目的に役立つ初等教育、社会的再生産および（安定した社会構造および進歩的職業の基礎としての）能力主義の進行と、工芸技術を施す技術教育とを組み合わせたものに基づく中等教育の歴史的モデルは、1960 年代まで無傷のままで残った。社会的・経済的発展という向上心のある動機を教育へ持ち込んだカトリックのコミュニティからのこうした政策調停に対しては、いくつかの小さな異議申し立てがあった。[17] しかしながら、この展開は厳密に能力主義の考えに基づくものであり、第二次世界大戦後の年月に発展し、その後急に高まった社会民主主義的圧力とは異なる。

こうした圧力の出現は、主としてアイルランド出身のカトリック系労働者階級の社会における向上、戦後のヨーロッパからの移住者の熱望、そして社会・経済投資としての教育の価値に関する政策実現によって強められた。各州がほぼ中等教育に対する新しい社会的需要への対応で忙しくしている間に、保守的な連邦政府は、中等教育への目標を絞った投資や大学教育に対する資金提供を増額することを、社会的および経済的価値があるとともに、政治的好機であると見なした。就学機会をより開かれたものにするという原則や、大学教育を望むすべての者の権利は（教育への投資に関して認知された社会的価値がそうで

あったように)、無償の大学教育を確立し、初等・中等教育および移民や農村の児童・生徒、先住民や不利を被っている生徒のためのプログラムに多額の投資を行った1972〜1975年の労働党の連邦政府において、最も見事に花開いた。それはまたカンガン報告書を通じて技術教育・継続教育機関モデルを確立した。[18]

　この社会民主主義的モデルは比較的短命であり、最もイデオロギー色の強い物語であったために、常に条件付きであった。それは教育上の選択の機会に関する自由主義的原理と歩調を合わせたものであり、ある程度まで私的な利害あるいは特権を隠すイチジクの葉であった。1970年代の終わりまでに、「石油危機」が引き金となって起きた経済不況と若者のための労働市場の凋落が、それに先立つ10年間の理想主義を抑制し、特定個人が雇用に足る技能を身につけることに関する経済アジェンダを導入した。特権に対する選択に関する自由主義の原理と同様に、社会民主主義と技能付与のアジェンダが1980年代を通じて併存していた。このことは増大する国内およびグローバルな経済的変化という状況の中で、それに関連するイデオロギーの変化や表現とともに起こった。

　この多くのことが混ざり合った状態は、さまざまなセクターの至る所で、さまざまに現れた。社会民主主義の理想は、総合制モデルの中に実質的なカリキュラム面での足跡を残し、[19]標準化テスト体制の押しつけに対する教員による強硬な抵抗、そしてそれほどではないにしても保護者組織の抵抗が起こった。しかし、同時に、自治的な私立教育セクターに対して増額された公的資金提供を通じて、社会的特権にてこ入れするために選択の原理が使われた。高等教育への就学機会を拡げるという理想はその拡張を支えたが、学生1人当たり経費を下げ、入学料の導入をはじめとする他の資金源を見出すことを大学に強いる措置を伴うものであった。技術教育・継続教育機関セクターの初期の拡張の後には、イギリスでは同時期にほとんど放棄された徒弟制度を維持するための大々的な努力が行われた。しかし、1980年代の終わりまでに、同セクターは経費の合理化、能力に基づくモデル、そして、より開放的な職業訓練市場に左右された。

　新自由主義の時代と見なされるかもしれないもの、あるいは少なくともその要素は、1990年代の初めに発生し、2000年代初めに絶頂期を迎えた。私立学校の設置やそれへの資金提供に関する制限が取り除かれ、増額された大部分は無条件の資金提供がそれらに対して行われた。いくつかの州は学力テスト体制を導入し始め、また、いくつかの州は、主として右寄りの政府の下で、学校間

の競争を奨励し讃え始めた。大学に対する連邦政府の資金提供は縮小され、学生による支払い額の値上げが導入された。発展した「企業大学」は、リベラル・アーツの縮小とビジネス関連コースの急速な成長の中で、自由主義的な慎みからはほど遠かった[20]。職業・技術教育セクターの至る所で、産業に主導され、需要に突き動かされるモデルが、特に見習い訓練を支えるプログラムでは競争性の原理によって強化された[21]。

イデオロギーは一貫せず、各セクターはそれぞれつじつまの合わないところをもち続けた。初等・中等学校セクターは相対的に普通教育課程のカリキュラムを保持した。大学に対する公的資金提供は公立大学に制限された。徒弟を置く雇用者に対する多額の補助金を割り引いて考えないとすれば、ほとんどの公的資金は技術教育・継続教育機関に注入され続けた[22]。

新自由主義は個人の自律や財産と生命の保護は別として、あらゆる制約に抵抗する必要についてのハイエク流の考え方に共通の哲学的基盤があるが、それには経済、社会、テクノクラシー、政治的な自由主義など、さまざまな形態があり、これらの形態の間のさまざまな相互作用を有している[23]。その最も基本的で、オリジナルの形式でさえ、自由主義はベンサムやミルの立場に示されるように変わりうる道徳的基盤をもっている[24]。さまざまな形態の自由主義および新自由主義の間の相互作用の表れは、過去20年間のオーストラリアの3つの教育セクターに跨る複雑で一貫性のない政策パターンの中に示されている。

3）当面の政策論議

政策はイデオロギー、政治権力および政治プロセスの結果であり、制度的構造およびプロセスの結果である。政策には状況的要素が介在するが、そうした要素のうち危機は政策結果の中で最も目に付きやすく、明白なものである。危機は政策、特に教育における政策の高まりの引き金となる。フォークランド戦争に際して、マーガレット・サッチャーがきわめて巧みに行動で示したように、危機から生じた政策論は異質だが急進的な政策論を正当化するために使われることができる。危機は、脅威と犯罪者の捜索を正当化するが、その中には教育機関やそれらを統制していると見られている人々も含まれうる。

マルクスや他の人々が数世紀にわたって観察した資本主義の周期的な歴史は、1970年代以来、一定期間の危機を継続してきた。オーストラリアでは、こうした危機は1980年代初め、1980年代末、そして2008年以降長引く最近のグ

ローバルな金融危機において最も明白であった。

　これらの危機が教育に与えた政策面でのインパクトは、職業教育セクターにおいて最も差し迫ったものとなる傾向がある。政策面のインパクトの雇用および雇用可能性という考え方との結びつきは明白であるが、職業教育セクターは社会的な支持基盤が弱く、政策面のインパクトを抑制する制度的能力が弱い。同セクターの成員はバラバラで、ほぼ中産階級以外の生徒が基本で、ほとんどがパートタイム労働者や非正規労働者である。それは、初等・中等学校セクターおよび大学セクターの卒業生や専門職団体に見られる影響力のある親の関心を欠いている。「トレーニング・パッケージ」内の知識が職場での比較的顕著な能力に絞られた職業教育・訓練カリキュラムの維持、開放的なトレーニング市場、そして公的資金を私立のトレーニング提供者も利用可能にすることによって、競争を市場に取り込む最近の動きは、学校や大学セクターに課されたものよりもっと急進的なパッケージを作り上げている。

　あらゆるセクターがこうした後期資本主義段階に固有の危機感の影響を受けた。知識経済のレトリックおよび技術に関するグローバルな競争はあらゆる政府をとらえ、教育・訓練をより広範な政策体制の中に持ち込んだ。この体制は、政府の首脳、財務や貿易関係省庁（企業集団、国際機関、国際会計企業、そして教育の福音を熱く説くさまざまな人々に与えられた諮問的、さらには指導的役割さえも併せて）などから構成され、行動面の改革の処方箋を力説する[25]。2007年には、労働党の連邦政府が、教育を含む一連の政策分野での保守主義と急進的な自由主義との混合物を示してきた11年に及ぶ連立政権に取って代わった。政権の交代は8州と特別地域の政府のすべてが労働党政府となるという、オーストラリアの政治史で前代未聞の状況を生み出した。一見すると、それは、労働党がオーストラリアの連邦主義によって伝統的に作り上げられてきた制約から相対的に自由な改革アジェンダを制定し実施するユニークな機会となった。

　連邦政府は、ブレアやクリントン政権と同じく、教育をその主要な優先事項として政権についた。同政府は、人的資本という持論を踏まえて「教育革命」と名づけられたものを形作った。ブレア政権と同じく、連邦政府は社会的包摂（social inclusion）のための能力を経済的包摂と結びつけたが、それは、職を得る能力に左右されるものである。この点で国は個人に本質的責任を託しながら、可能性を与える役割を果たしているのである[26]。

第10章　オーストラリア、イギリス、アメリカにおける教育改革の政治経済学　385

「教育革命」の下の学校教育政策は、全国教育協定（National Education Agreement）およびいくつかの州や特別地域との協力協定（National Partnership agreements）を踏まえて作り出された。ここで、連邦政府は2つの目的によって突き動かされていた。1つはブレアに似た人的資本および社会的包摂のアジェンダであり、国際機関や「専門家」が押し進める見方と一致し、教員の質に力点を置くものであった。これは16歳以後の教育・訓練、ならびに幼児教育での学業成績や就学のレベルを高めることを含んでいた。それはまた、1970年代半ばの平穏なカーメル報告時代よりもっと焦点の絞られない形をとっていたとはいえ、平等原理の復活と教育的不利益への対策を含んでいた。この原理は1990年代半ばから休止状態であったが、続く10年間に政権の座についた各州の労働党政府の下で復活したものである。3つの協力協定が、教員の質、幼児期の識字および初歩的計算能力、そして社会経済的に地位の低いコミュニティという各領域で結ばれた。連邦政府はさらに半世紀以上にわたって労働党を悩ませて来た私立学校教育の問題に直面した。[27] 私立学校への資金提供を削減するか、（大半のカトリック系学校が含まれる）学費の安い私立学校を政府がすべて資金提供するシステムに組み込むかという連邦政府にとっての選択肢は、カナダ、イギリス、ニュージーランドで起こったように、もはやオーストラリアでは政治的に実現不可能である。2番目の選択肢は、州と特別地域が政府立ないし「公立の」学校を管轄し、ほぼ資金提供しているので、大きな運用上の困難に直面するであろう。

　これらの選択肢を欠いた状態で、連邦政府はより大きな開放性と社会的説明責任の構築に目を向けた。このアプローチは、すべての財源や在籍者数を公表すること、そして、学校教育の4つの段階ですべての児童・生徒・学生を対象に行う読み書きと計算能力の試験の新しい体制に基づく結果を含めて、学業成績を公表することを含むものであった。この社会的説明責任体制は政府立と私立のすべての学校に適用され、歳入、在籍者数および成績に関するデータは、「私の学校」（マイスクール）というウェブサイトで公表されている。これは本質的に公的な社会的説明責任への市場本位のアプローチである。それは、学校を選ぶ際に親のためのより開かれた情報システムを作り上げる試みである。連邦政府は次に、学校への資金提供の見直しを通じて、より公正な財政システムを確立することを望んでいる。学校教育市場の中で条件をもっと平等にしようとするこれらの試みは、公立学校と私立学校の間では自治のレベルが異なるという欠陥に対処

できていない。皮肉にも、このことは、チャータースクール、そしておそらくフリースクール・モデルの路線に沿って、より大きな学校自治を導入することを熱望する連立政権の州政府によって対処されるかもしれない。[28]

有資格の生徒に大学入学を保証する連邦政府による 2008 年の決定もまた、コース振り分けに際して生徒のニーズに基づく方法を含んでいた。同時に、それは不利な社会経済的条件を抱える学生をより多く在籍させるよう大学に働きかけ支援するための資金を提供した。[29] 高等教育の供給拡大を達成するために市場主導のアプローチを使うことは、「改善された」全国資格枠組みと新基準に準拠した質保証体制や作用を備えたことで強化された。これらの政策が一緒になって、大学中心の高等教育セクターと結びついた普通教育課程ないしグラマースクール指向の中等教育システムという構造上の特性を強めている。

一方、他の諸州および連邦政府は 2010 年にビクトリア州によって取られた財政戦略を踏襲しているので、職業教育・訓練セクターは競争力を下げ続けてきた。[30] この点に関して、技術教育・継続教育機関は、ニーズに基づくモデルの下で市場により積極的に反応する大学や、弱い質保証体制の中で低コストで卒業証書を与えることのできる私立の訓練提供機関に負けて、在籍者を失っていることから、それらの修了証書コースの需要減少に直面している。オーストラリアの職業教育・訓練の産業訓練モデルの中では、技術教育・継続教育機関にはほとんど味方がいないのである。加えて、技術教育・継続教育機関はそのコミュニティ教育の役割の希薄化に直面している。技術教育・継続教育機関が存続するには、より開放的な訓練市場で競争するために、コストと製品デザインの測定法を吟味する必要があろう。

従って、オーストラリアの教育政策は 20 世紀の大半に発展した構造的特質の中で作り上げられてきた。こうした構造をめぐって生まれた政策イデオロギーはこうした構造によって作られ、それがさらにこれらの構造を形作ってきたのである。自由主義的で多少エリート主義的な教育の理想の名残と、1960 年代および 1970 年代の社会民主主義の高まりは、依然として現在の政策、特に初等中等学校と高等教育セクターの政策の中に見出すことができる。こうした哲学が市場システムやオーストラリアの教育の政策傾向の中で将来にわたって存続する可能性は、近い将来に起こる政治の成り行きの影響を受けるであろう。オーストラリアは、間もなく保守的な連邦政府および州政府の政治的将来に直面する。教育における包摂（エデュケーショナル・インクルージョン）や、個人レベルでもコミュニティのレベルでも、教

育上の不利益を認識し、それを補う必要性を認めるオーストラリアの教育政策と、選択、競争性、民間投資を強調する市場本位の政策との間に明瞭に表れている現在の緊張関係は、より厳しいものになるであろう。より長期的に見れば、オーストラリアの教育政策のこうした緊張関係の成り行きは、ホールが指摘したように、つじつまの合わないことと共存し、それを良いと思わせる市場イデオロギーの力に大きく左右されることになるであろう[31]。

イギリスにおける新自由主義的推移

第二次世界大戦後、イギリスの福祉状況は、教育を改革の柱として、富める者と貧しい者との機会の格差を縮小した。改革が私営部門のプレパラトリースクールやパブリックスクールというエリートシステムに手をつけなかったとしても、大多数の者が（1944年から1975年の間に）初等教育から中等教育へのより公平な就学機会を手に入れ、より多くの少数派が義務教育後の技術訓練、後期中等教育、そして高等教育レベルへと進んだであろう[32]。将来の保守政権が労働党の成し遂げたことをやり直し、金持ち本来の力を回復するであろうという長期的な見通しがあったが、逆に作用する経済条件と教育条件が結びついて、親市場的な合理化とイギリスの保健、教育、社会サービスに関する戦後システムの作り直しが可能になるには30年かかった[33]。

1970年代の石油危機と雇用危機に続いて、1979年に急進的な保守派が政権に就き、マーガレット・サッチャーの下で、家族と個人の「伝統的な」価値への回帰に加えて、生産力、効率、企業家精神、消費者の選択、財政依存の縮小を推し進めた[34]。1980年代の保守党のプロジェクトは、アメリカ流の通貨供給管理の原則に則って、イギリスを衰退した混合経済から勃興する自由市場に変えることであった[35]。マーガレット・サッチャー（1979年、1983年、1987〜1990年）およびジョン・メージャー（1990年、1992〜1997年）の政府が、業績不振の産業への支援を引き上げ、生産と雇用の柔軟性を促進する議論を製造業の崩壊と大量失業にぶつけた。国有化された産業、公益事業、運輸が民営化された[36]。固定化された予算上の支援は公的サービスから転換され、競争入札のシステムに置き換えられた。税制上の調整は金持ちに有利になり、貧困層や中産階級を差別することになった[37]。

教育に目を向けて、この節では、1979年から現在の期間までの歴代イギリ

ス政府の公共セクター改革が教育機会と教育の成果に関してイングランドで意味したことを検討することとする。

1）初期の保守党時代の形成

労働党は 1960 年代の後期に選抜的でない総合制中等学校教育を導入した。次に続く保守党政府は（選抜にこだわったが）、総合制システムが 1950 年代および 1960 年代に成長することを許し、それが初等教育後の主要な選択肢となった。1970 年代半ばの時点で、イギリスの業績はドイツやフランスのそれの後塵を拝しており、大半が専門職やホワイトカラーの家庭出身のごく少数の子どもの機会だけが改善されるというように、大衆的な中等学校教育は不平等なパターンを再生産していたことを示す証拠があった。大多数の子どもは依然として、雇用者によって要求される最低水準以下の資格や基本的技能を身につけないまま学校を卒業していた。OECD からの国際的報告書は、イギリスの教育科学省（DES）が教育をより広い社会経済的な開発に結びつけたり、政策の刷新に関して教員や地方当局と相談したりすることに失敗していることを浮き彫りにした。

成長を促進し、あるいは不平等を解消する上での教育に対する信頼が低下していたことが、サッチャー政権の 1979 年から 1988 年までの改革を正当化した。教育科学省は教員、労働組合および地方教育当局（LEA）に罪を負わせ、下部機関の至る所で膨大な政策文書や法規の作成を命じたが、それらはいずれも初期の中道派傾向および新しい経済思想と合致するものであった。それらは、長年にわたって行われてきた公立セクター教育の（中央政府と地方自治体、そして教員の）3 者間での管理と、個々の教員によって考案されたシラバスを脅かすものであった。1950 年代にそうであったように、政府は公立学校の子どもたちのための席を準備する私立学校に資金を提供する一方、親がどの公立学校に自らの子どもを通わせるかを選ぶ権利を与えた。地方教育当局は学校管理機構に親を加え、学校のためのカリキュラムを当該地域で刊行することになった。また、学校は地方教育当局の管理から抜け出て、自ら民間の信託組織を立ち上げることを奨励され、地方教育当局は学校への資金配分の要求を正当なものとしなければならなくなった。1987 年には、高等教育レベルのポリテクニックとカレッジに対する地方教育当局の責任は、中央政府の特殊法人（Quasi Autonomous Non-Government Organization）であるポリテクニックおよび

カレッジ財政審議会（Polytechnic and College Funding Council）に委譲された。それとは別に、大学の終身地位保証（テニュアー）への威嚇、厳しい予算削減、財政管理の中央政府への移譲などが別の特殊法人である大学財政審議会（Universities Funding Council）の下で起こった。最後に、大規模な都市の地方教育当局（1986年には、大ロンドン庁の当局を含めて）を解体し、政府は労働党が統括した革新的なインナー・ロンドン地方教育庁の終焉に向けて動き、1990年に実施された。

地方教育当局に対する攻撃を越えて、中産階級の専門家に対する保守党の不信は、教員の俸給や勤務条件への攻撃、義務内容、勤務時間、現職訓練要件の明細化をもたらし、教育科学省が給与を決定するものとして、協議に基づく給与ないし交渉権を無効にした。その結果として起きた産業界の抗議行動（順法闘争とストライキ）は政府によって人々の怒りを教員や組合に向けさせるために使われ、仕事のあらゆる分野における過剰負担と結びついた専門的な関心事から注意をそらした。中央集権化された学校のためのカリキュラムへの要件は、自立した学校協議会の終結をもたらし（1984年）、カリキュラム開発の権限は2つの新しい特殊法人、すなわち、国が指定する学校試験審議会と実践重視の学校カリキュラム開発審議会に移され、後には教員免許・カリキュラム局に組み込まれた。

新しい学校を拠点とする職業化は、14歳から18歳の者に対する技術職業教育推進計画（Technical and Vocational Education Initiative）を含むようになった。教育科学省を回避して、技術職業教育推進計画は欧州連合のプログラムであり、イギリスの履行状況は雇用省に対して釈明義務を負う特殊法人であるマンパワー・サービス委員会によって監督されるものである。20校の独立した都市技術中等学校（City Technology College）が、ビジネス界からの資本的投資と国からの経常費提供をもって、初等教育後の11歳から18歳までの者のために作られることになった。将来の準民営化のモデルになるために、都市技術中等学校は教育的願望が高くない（と想定された）地域の人々に技術的熟練を保証し、かつまた彼らの就職斡旋を支援する予定であった。

義務教育後のレベルでは、職業教育・訓練プログラムのうちの普通教育科目は国が定めたものであった。16歳から17歳の者のための在職青少年訓練計画が、職場配置、報酬、政府による資金供給をもって（教育科学省、1982〜1986年）始められた。政策は職業教育・訓練を雇用者のニーズに合わすこと

であった。[61]

　1987年に、万人のための自立的教育と、学校を地方教育当局によって拘束されない市場に転換させること、そして、親に彼らの子どもが消費したサービスの代金を請求することを強く促す影響力の強い保守的知識人たちによって、新しい措置が支持された。1987年の総選挙での大勝利を前にして、これらの新右翼の文書のタイミングは、1988年に疑わしい政策が同時発生する前触れとなった。[62]すなわち、「見かけの家族関係としての同性愛の受容について教えることの推進」を禁止する地方行政法（Local Government Act）の悪名高い「第28項[63]」と、保守党時代のきわめて重要な教育上の機会である教育改革法（ERA）とである。

　多くの論評の中にあって、スチュアート・マクルーア（Stuart Maclure）は2つの戦略が組み込まれたものとして教育改革法を見ている。[64]すなわち、変革に関する上意下達式の政府の方向性とそれを実現するための法律制定、そして、増強された消費者による選択と運営上の刷新を通じて基準を向上させるメカニズムである。多くの者が同法の急速な起草とそれを実行するための計画に気付いている。[65]それは、識別された諸問題（地方教育当局の非能率、教室ごとに異なるカリキュラムによる不適切な学習、管轄区域ごとの学校の割り当て）とそれらを解決するために提起された措置との連係を正当化できていなかったことであり、政策レトリックは広範な矛盾を含んでいたことである。[66]さらに、選択に関する市場志向の考え方に向かう動きは、すでに恩恵を受けている（個人、学校、地域）に有利に働く傾向があり、学校や労働市場において、それほど恵まれない人々の機会を減らすものであって、剥奪と排除が組織された反乱、市場の失敗、社会不安をもたらすのは時間の問題であった。

2）後期の保守党時代

　教育において、政府内の変化（ジョン・メージャーが1990年にマーガレット・サッチャーに代わった）と選ばれた大臣（そのうちの何人かは非常に短い期間務めただけであった）[67]は、政策意図およびその実現における調整をもたらした。重要な一歩は評判の高い学校監査の民営化であった。それは新しい教育水準監査局（Office for Standards in Education; OFSTED）に取って代わられ、[68]幼児期の学習、初等、中等教育、そして教師教育を含む義務教育後の継続教育機関の標準に対する責任を担うものになった。1994年の新法は、別の特殊法

人であり、教師の養成教育と現職教育に対する責任を担う教師教育局（Teacher Training Authority）の下で、教師教育のための全国カリキュラムを編成した[69]。議会は試験体制に関する提案を受け入れ、水準向上の重要な要素としての学校の実績指標および学校別成績一覧表(リーグテーブル)の公表を取り入れた[70]。成績不振校および競争力増強のために十分な措置を講じない学校を向上させるための制裁手段も取り入れられた[71]。

中等学校後の職業教育セクターでは、職業訓練・企業審議会（Training and Enterprise Council）が失業者の訓練や小規模企業のスタッフの専門職的開発を仲介するために1989年に作られた[72]。継続教育およびよりアカデミックな後期中等教育（第6学年(シックスフォーム)）カレッジへの資金提供に対する責任は、地方教育当局から移され（1992年）、教育科学省に属する継続教育財政審議会（Further Education Funding Council）に渡された[73]。仕事に依拠した現代的な徒弟制度が訓練を受ける失職中の若者に対する更新された社会保障支援とともに、1994/1995年度に導入された[74]。学校の職業紹介サービスは、職業訓練・企業審議会を通じて民間との契約で行われることになった（1994年）[75]。1995年に、教育省と雇用省が教育・雇用省として合併され、貿易産業省との統合の中で、消去不可能な職業教育のスタンプがすべての学校教育および継続教育システムに押された。

高等教育では、新しい法律が学生、スタッフ、そして行政を対象とした。大学の管理運営に関する調査と提言作成の責任を負った1985年のジャラット報告は、大学をより明瞭な管理構造とスタイルによって、より有効で効率的にすることを目指した多くの措置を提言した。また、1986年には、研究評価（Research Assessment Exercise; RAE）が始まった。「高等教育の中の企業」構想が1987年に発表され、「企業と一緒になって」大学卒業生の供給を増加させることが目指された。一連の5年計画が、それに伴う相当な額の呼び水式経費をもって、大学とポリテクニックで進行した。そのアイデアは「企業」をもっと一般的に学位プログラムに統合して、高等教育を職業化することであった。1991年以降、学生数は資源を最大限に活用するようにし、従来は除外されたものにまで手を伸ばし、学費収入を増加するために引き上げられた。

1991年の白書である『高等教育——新しい枠組み』は高等教育の二元システムの終結を提起し、新しい財政審議会を設置したが、ポリテクニックが大学の地位を獲得することに至るのは1992年である。質をめぐる枠組みは、資金

配分に情報を提供するための質評価とともに導入された。18歳から19歳の3人のうち1人が高等教育に進むと予想されるというように、引き続き拡張が進むと予想された。すべての大学およびカレッジは単一の資金提供メカニズムに組み込まれ、資金を提供する審議会の助成金や学生のための補助金が公表された。1994年の白書は、全国職業資格レベル3につながる18歳から19歳の者のための加速化された現代的見習い制度に対して、1997年から1998年の間に3億ポンドが支出されるべきだと提案した。その後、1996年の教育法は、学生が学生ローン会社と同じ条件で銀行から金を借りることを可能にした。

アメリカ式のローン計画は、卒業後に、将来の収入レベルに応じた比率で支払いうる負債を残すことになった。[76] 1992年代半ばまでに、大学に対する学生1人当たりの資金配分はかつての半分から3分の1に落ち込み、一方、ポリテクニックが大学に昇格したとき（1992年）、機関数は増加した。[77] 新しいイングランド高等教育財政審議会は大学間の競争的な資金提供方法を導入した。[78] その時までに、大部分の大学は、イギリスおよび海外において（財団、企業、コンサルタント会社から）研究・開発の業務を誘致するために、既存のビジネス・メカニズムを拡張していた。それらはさらに管理運営の中心を各学科に移した。終身地位保証は廃止され、短期の教育・研究契約の数が増加した。[79] 自己評価、査定、業績に基づく報酬支払いは、自尊心と仕事量に関するさまざまな意味合いを持ちながら、契約更新や昇進を特徴づけた。学校でそうであったように、大学間および大学内部の部局間の競争が、次第に多くなる指標に基づいて測られるサービスの質、効果、効率、社会的影響力を開示することをねらって公表される業績一覧表によって高まった。[80]

大学は、各学科が予め決まったカリキュラムどおりに事を運ぶことを契約した政府の代理業者のようになるにつれて、教師教育に対するコントロールの多くを失った。時に過酷な教育水準局（OFSTED）の検査を受けねばならないので、多くの優れた学科が教師教育から撤退した。[81] 1990年代半ばから、大学教育の質に関する周期的なテーマ別点検（subject review）が行われたが、それは内容ではなく、学習が展開される組織環境に力点を置いたものであった。同点検は外部評価者による2日間の訪問調査のために数ヵ月の準備が必要であったが、彼ら評価者は他機関の同僚であり、自らも同じく審査プロセスを経ることになっていた。[82] 同様に厳しい研究評価（Research Assessment Exercise）が1986年に導入され、今日では研究卓越枠組み（Research Excellence Framework)と呼ばれるものは、大学や学科にとって重要な財政的意味をもつものであった[83]。高得点の学科やセンターは、財源を見つけるために精一杯のことをする低得点のところを尻目に、相当額の研究資金が与えられる。そのプロセスは新興領域や学際的領域、そして新設の機関（以前のポリテクニック）といった、研究の姿形（プロフィール）を確立するというよりも、それを創り上げつつあるようなところを差別するものである。

3）「新しい労働党」の役割

1997年の選挙で政権に返り咲くことが新しい労働党の優先事項であった。現実的には、その計画は1990年代半ばから保守党の改革の新自由主義的な政治的および経済的基盤を変更するものではなく、すでに所定の政策を新しい労働党の価値と結びつけ、改革のプロセスを継続することであった[84]。

1997年に圧倒的多数議席を占めたことにより、たくさんの新しい政策が準備され、学校に影響を及ぼした。学校選択制に反対して、1997年には補助学籍制度（assisted places scheme）[訳注1]の無条件反射的な廃止があり、1998年には「独立した」トラスト・スクールとして補助金によって維持される地位の表面的見直しが行われた[85]。2005年には、新しい労働党が地方教育当局の統制から抜け出るように学校を説得する精力的なキャンペーンを始めた。しかしながら、その提案は学校を慈善会社へ変えるための保守党の失敗した構想と受け取られた。支持を増やすために、トラストという言葉は2006年に学校が抜け出ることを選択するためのファウンデーションという言葉に置き換えられた[86]。

新しい目標がリテラシーのために立てられ、すべての学校で義務的な読書と数学的基礎力を養う必須の授業時間が設けられた（1999年）[87]。刷新的なビーコン学校プログラム[訳注2]が、近隣の学校の水準や成績を上げるのに有効な実践を広めるために、優れた業績を上げている学校の間の協力関係を構築した[88]。1998年に試験的に始まり、2005年までに1150の協力関係ができあがった。中等教育段階では、同プログラムは協力校の水準を向上させる構想を支援する先端的革新協働プログラム（Leading Edge Partnership Programme）に置き換えられた

訳注1　1981年に平均以上の能力を持つ低所得家庭の子どもが私立校に進学する機会を与える目的で導入された仕組みであり、受け入れ児童数に応じた補助金が学校に支払われた。

訳注2　教育改善に成功した学校を点滅する光で船や航空機を導く灯台や標識になぞらえられて命名されたものであり、他の学校をより良い方向へ導くことが企図された。

(2007 年までに 205)。

　ジョン・メージャーの下で始められた 11 歳から 18 歳の者のためのスペシャリスト学校は 1997 年の 196 校から 2002 年には 1000 校に、そして 2005 年には 2000 校まで増加し続けた。11 歳から 18 歳の者のための 1980 年代の都市技術中等学校（City Technology College）を再現して、20 校の独立したシティアカデミーが 2008 年に作られ、2010 年には 200 校まで増加した。アカデミーは、政府が経常費相当の経費を支出し、民間のスポンサーによって自主的に所有され管理されることになっていた。[89] 地方教育当局は、他の新しい機関別資金提供の必須条件として、アカデミーを作ることをますます強要された。アカデミーに対する親の強い抵抗が起こり、続いている。[90]

　訓練プログラムは地方教育当局の長や校長に対して、ビジネス界の重役のような役割に関する新しい経営スキルを導入した。[91] 高い俸給を与えられる教師は改革の実行に関してかつての同僚を監督するようになり、[92] 一方、その多くが資格をもたず、時間給で働く教室内の助手は実際に教えることを含めて、ますます重い責任を担っていた。[93] 自律的学校経営（LMS）ローカル・マネジメント・オブ・スクールと一定しない中核資金獲得のための競争入札が原因で、何人かの校長は、教育技能省指定の政策目的予算（例えば、ビーコン学校のような）が地方に優先権があることが既に承認済みの事柄（例えば、教員の任用のような）の履行を制限したと述べた。[94]

　コミュニティの需要、およびテロとの戦いの促進からの余波に応えて、[95] 信仰学校（faith school）の数と範囲の拡大が起こったが、[96] それは複雑な新しい国際化戦略に沿うものであった。[97] アメリカでそうであるように、業績不振の学校を向上させる教育改善地域（Education Action Zone）の開発が、私的な契約に基づいて行われた。[98] 家族支援、親の訓練、しつけ、不登校の対策が種々の社会的問題に対処するために導入された。その中には、栄養、小児肥満症や運動、破壊的な子ども、逸脱行動をとる子ども、粗暴な猛烈な子ども、そして攻撃的な親などが含まれる。他の方法が遵守されない場合には、不登校児の親の収監を含めて、法的な罰則が選択肢として導入された。[99]

　義務教育後のレベルでは、より良質の職業訓練へのアクセスを増加させるために、職業訓練・企業審議会が 1998 年から復活することになっていた。2001 年までに、それらは非政府部門の公益法人である学習技能促進委員会（Learning and Skills Council; LSC）の下に統合され、[100] 全国の至る所に地域事務所が置かれた。[101] この学習技能促進委員会は雇用者のニーズに労働者の技術を合わせる権

限をもって、膨大な基礎教育後のセクターを統合した。同委員会は 16 歳以上の、一般教育、職業教育、コミュニティ教育、成人の学習、若者のための仕事に基づいた実務講習、成人のための継続的な専門職能開発をカバーしていた。

　大学レベルでは、ローンが民営化され、ヨーロッパ圏の居住者（イギリス人住民を含む）に対しては授業料が導入され、最初は年額 1000 ポンドであり、2006 年には 3000 ポンドに上がった[102]。何万ポンドもの負債を卒業生が抱えるという見通しは、就学を拡大しようとする明確な政策アジェンダにもかかわらず、2006 年および 2007 年のイギリス人の入学志願者が社会的偏見のため低下することにつながった[103]。優れた科学者を採用したいという明確な関心があったものの、採用が困難なために、時に老舗学科の閉鎖につながるということも往々にして起こった[104]。大学入学のための第二外国語の必須要件が取り除かれたことで、外国語コースの需要が下がった[105]。授業料全額負担の外国人大学院生をイギリスの各コースに受け入れることが依然として重大な導因となり、一部の大学はイギリスと欧州連合出身者の在籍を同一集団の小部分（例えば、25％以下）に制限する程であった。貿易産業省の「輸出のための教育」構想に支援されて、イギリスの各コースの海外での広範な提供や、知識サービスの国際的なフランチャイズ化が進展した[106]。

　多様性を讃える多文化主義のせいで、選ばれたマイノリティが専門職や教育の面で成功を収めることには異論がなかった。しかし、国籍や宗教を含む出身家庭の背景特性がどれほど統合や成績に影響を及ぼすかについての説明は、学校ではほとんど考慮されていなかった[107]。1979 年以降、貧弱な質の教育を与えられていた民族的マイノリティはより悪化した労働や住宅条件を強要され、民族的マイノリティが高比率をしめる学校が彼らの子どもたちのための唯一の選択肢となった。白人の親がマイノリティの目立って多くない学校を好んだことから、ゲットー化が悪化した[108]。難民、保護施設を求める者、そして彼らの子ども達のための公共サービスは、教育への就学機会を含めて限られており、増加する移民家族に対してはまったく与えられなかった[109]。学校が関わる人種がらみの攻撃は頻繁であり、時には学校の敷地の内外で死者まで出る事態も起こった。それらはより広いコミュニティにおける不安のパターンを反映しており、そこでは、教育とも関わりのある民族、ジェンダー、貧困の問題が、不安の中心的パラメーターであり続けた。

　新労働党の下、中央政府は重大かつ従来以上に大きな役割を果たしたが、ス

リムになった各省庁は実績を点検する複雑な基準に沿って、さまざまな下位セクターを管轄する執行委員会(イグゼクティブ・カウンシル)に責任を委譲した。[110]地方教育当局は諸学校の支援と管理に関して、ますます縮小された役割を担うことになった。拡張した大学セクターは、手慣れた研究、教育、そしてイングランドおよびさらにその他の地域において幅の拡がった顧客に対するサービスを提供した。

そのような政策的連続性は、新労働党の下で何が成就されていたかという問いに結びついた。新しい民営化が官民の協働によって促進され、そこでは、営利企業や非営利企業が（しばしば両方で）国が資金提供する基礎的なレベルの教育や学習への就学機会を促進した。[111]教育からの利益追求を防ぐ制約条件の下では、すでに運営されていた3つの公立学校の民営化モデル（ファウンデーション・トラスト、スペシャルスクール、およびシティアカデミー）にとっては、スポンサーを見つけるのが難しいという事態が起こった。それはおそらく高い取引費用への恐れと結びついたためであろう。参加する営利会社は、非営利ベースで国主導の教育を促進していた。[112]

教育の管理に対して企業的取り組みが不可欠であることから、広く行き渡った職業教育重視主義があらゆる教育を席巻していた。テクノロジーが年齢5～16歳の学習に溢れた。子どもを専門的キャリアに向けて準備させたいという中産階級の要求が、広義の一般教養的中等教育や高等教育を提供しているアカデミックなコースや機関に取り入れられた。大学出身者が期待に見合った仕事を見つけられなくなり始めるにつれて、中産階級家庭出身者は、彼らが望んだポストを見つけるための自らの恵まれた社会資本を使い、就学拡大を目指す明確な政策にもかかわらず、自らの社会的利得を維持した。その後、（高いステータスの会社での見習いとしてでさえ）ますます長期化する期間、無報酬のポストに就き、彼らはしばしば新しく資格づけられた仕事をめぐって、彼らほど資格のない競争相手に取って代わった。

4）連立政権

保守党と自由民主党は2010年の総選挙後に連立政権を組織した。イングランドの学校システムへの資金供給と管理に関する地方教育当局の役割は、保守党主導の連立政権の教育改革の下で変化した。これらの教育改革は教育方針の進展にとって2つの重要な意味合いを持っている。第1に、「学校を国有化する」[113]ことであり、第2に、アカデミーに対する地方教育当局の影響を縮小する

ことである。
　教育の市場化への移行、および学校を地方自治体の統制から「自由にする」ことに向かう動きは、多くの教育改革とともに連立政権の下で加速化した。その中には2010年のアカデミー法が含まれ、今では地方自治体からではなく新しい若者学習支援局（教育省の一局）から予算を受けている。連立政権は2011年11月に『教育の重要性』と題する白書を作成した。[114] これは学校システムにとって急進的な改革プログラムに着手するものであり、学校を中央政府の方向づけから引き離し、教員を学校改善の中心に据えるねらいをもっている。これは不必要と思われる政府の職務、プロセス、助言、要件を除去するための措置を含んでいる。白書の中の主要な措置は、しつけと立ち振る舞いを改善するために教員の権限を増強し、学校からの子どもの排除に対して新しい手法を試みることを含んでいる。白書は、厳格な評価と資格に支えられた改訂学校カリキュラムに対するビジョンについて記述し、アカデミーやフリー・スクールの成長を奨励し、最も社会経済的に不利を被っている子どもの集団により多くの経費が流れるように児童手当を導入し、上意下達式の構想に代えて学校主導の学校改善を導入している。他の急進的な手法には、「軍人を教員に（Troops to Teachers）」プログラムの開発が含まれる。それは、軍隊の退役者を教員として訓練するために支援するというものである。
　2011年教育法の下で講じられた措置は、例えば、カリキュラムに対する苦情を検討する義務を地方自治体から取り除き、閣内相（Secretary of State）が直接検討することによって地方自治体の役割をさらに減少させた。すべての学校のための学校改善パートナーを任命する地方教育当局の職務も削除された。これにもかかわらず、政策アドバイザーは「惰走する学校」に対する懸念を投げかけ、ある者は地方教育当局の関与は価値あるものとして残っていることを認めた。[115] アカデミーは教職員のために自ら報酬や勤務条件を定める自由、カリキュラムを提供する上や、学期や通学日の長さを決める上でのより大きな自治を含めて、学校により多くの自由を与えるものとして現れている。いくつかのアカデミー、つまり、概して業績不振校と思われる学校に取って代わるために設置されたものはスポンサーをもっている。スポンサーは、業績の良い学校、企業、大学、慈善団体や信仰団体など、多様な背景をもつものである。連立政権はさらにフリー・スクールの発展を主張したが、それは、慈善団体、大学、企業、教育産業、教員あるいは親など、広範な提案者によって設置されうるも

のである。こうした展開はすべて、教育の市場化と民営化のレベルの高まりに向けた動きであることを示している。

そのような傾向は高等教育セクターの政策の展開にも映し出されている。2010年のブラウン報告[116]に続いて、連立政権は高等教育における教育予算のかつてなかったような削減を打ち出し、公的資金を個人の学費で置き換える方向に向けて劇的な動きを示した[117]。2012年9月から、学士課程の学生は年額9000ポンドの学費に直面するであろう。そして、いくつかの大学は次の5年間、それらの予算が90％まで削減されることに直面するであろう。自然科学、工学、エンジニアリング、数学分野に焦点を絞った投資が意味するのは、芸術、人文科学、社会科学を専門とする諸大学は特にこうした予算カットの影響を受けやすいということである。

連立政権が行う改革は、教育政策や実践の形成における新自由主義イデオロギーの支配と、学校、カレッジ、大学の市場化を含むものであり、個人の選択にますます力点が置かれるようになるといった、過去30年間にわたって導入された傾向を確かに加速するであろう。教育が以前は公立形式であったものが民営化することは、高等教育において公的資金の代わりに個人の学費を使うことや、学校においてビジネス界からのスポンサーが果たす役割を含めて、積極的に進んでいる。そのインパクトは教育や社会において進行中の不平等の拡大をいっそう広範なものにしそうであり、選択性の度合いを増し、各学校、カレッジ、大学間でのより大きな競争をもたらし、社会的排除、不利益、差別の悪化が進むであろう。

アメリカの教育改革を推し進める州と個人の利害

過去30年にわたるアメリカの教育政策に見られる変化は、教育の焦点を主として経済的要請に絞り、社会的説明責任と選択のアジェンダを押し進め、政策や改革の主導権において州や連邦政府の役割、そして企業の役割を増大させたことである。新しい常識の中心に、ますます競争的になっているグローバルな世界の中で教育がアメリカの経済的ニーズを満たすべきであり、不平等、民主主義、社会的一体性、そして個人の発達へのより幅広い関心に取り組む試みは第二義的なものだという信念がある。この新しいアジェンダは、レーガン政権が作成を委託した報告書である1983年の『危機に立つ国家』にその最初の

刺激を受けた。同報告書は、アメリカが教育の成果において他の先進諸国に後れをとっており、そのために新しい世界秩序の中での競争上の優位を危くしているという事実を浮き彫りにした。それはよく知られているように、システムや制度上の問題よりもむしろ、学校を非難し、教員、生徒を非難した。覚醒した連邦政府は、皮肉にも教育政策を策定し執行する上でより積極的役割を果たし始め、それが2001年の「どの子も置き去りにしない（NCLB）法」で頂点に達した。新自由主義と新保守主義のアジェンダが政府の規模と役割を縮めるべきだという考えで融合していたにもかかわらず、教育においてはより中央集権的な管理に向かう動きが起こったのである。政策と実践に対する連邦政府の影響力および州や地方自治体の影響力の高まりの両方が、この正反対の傾向を先導した。同時に、ビジネス上の関心や保守的関心をもつグループが、教育システムに関して認知されている欠点を克服するには劇的な変革が必要だと主張するアメリカの教育言説を変えるために働いた。多様性に焦点を当て、また、就学機会や公平さの向上を促進した1960年代および70年代の政策アジェンダから遠く隔たった新しいアジェンダ、つまり、積極的差別是正措置や「偉大なる社会（Great Society）」の遺産に対する保守派からの革命的攻撃の上に構築されたアジェンダに向けて動いた。そうした政策の転換は冷戦時代のようにエリートを訓練せよという要求を繰り返すことはなかったが、貧しいコミュニティ、家族、そして生徒自身が確実に原因である人種別の学力格差をなくす上での停滞した歩みに対する非難は行った。この変化に関する中心的な正当化の論議は、経済と教育の両方における危機をテーマとするものであり、社会的説明責任、選択、そして、最終的には教育および知識生産自体の道具化に向かう動きを先導した。

１）学校における企業の影響の高まり

報告書『危機に立つ国家』が流布した後、多くの企業、学者、政府の官僚が、学校教育に関するより法人的モデルを強く求めた。それは制度上同型のもの、あるいは、ビジネス界で役立ったものはアメリカの公立学校の立て直しにも役立つという信念に基づいていた。アメリカで最大の企業と金融機関とのコンソ

訳注3　リンドン・ジョンソン大統領が就任にあたって掲げた貧困撲滅と公民権の確立を柱とするリベラル色の強い政策。

ーシアムである経済開発委員会は、『私たちの子どもへの投資——ビジネスと公立学校』と題する報告書を1985年に刊行した。この文書は何よりもまず「経済の生産性と教育の質は分かちがたく」「人的資源は物的な資源より重要である」と言及した。委員会スタッフによって集められたデータは、特にヨーロッパやアジアのアメリカにとっての主要な競争相手と比べて、アメリカの人的資源の不適切さに対する疑念を立証した。この問題の解決策は明らかであった。求められていたのは「まさに教員の役割および学校管理の革命以外の何物でもなかった[121]」。

アメリカの学校を徹底的に再点検する上で企業側の急先鋒の重要人物は、ゼロックス株式会社の前会長であり、経済開発委員会の有力なメンバーであったデービッド・カーンズ（David Kearns）だった。アメリカの学校の役割に関するカーンズの見方は、改革を推奨する彼の理由とともに、1987年の新聞インタビューの中に簡潔に要約されている。その中で彼は、公立学校を「50％の欠陥率」の労働者を作り出す罪深い「失敗した独占企業」と非難した[122]。1989年9月、ジョージ・H・W・ブッシュ大統領は、教育システムをめぐる諸問題について議論するために50人の州知事を招集した。その会合の結果は、『アメリカ2000——教育戦略』の表題で、カーンズが教育省次官補となった後の1991年4月に出版され、学校改革のためのブッシュ政権の最初の提案の基礎となった。『アメリカ2000』の提案のうちのいくつかは、例えば、「すべての子どもは学習するつもりで学校へ来るべきだ」という提案のように、当たり障りのないものであった分だけ広く受け入れられた。しかしながら、ブッシュ政権の提案のその他の点、特に学校システムの大部分の民営化を促進し、また関連した選択制やバウチャー規定を推奨する点をめぐって反対が巻き起こり始めた。全国カリキュラムについての提案および児童・生徒に対する義務的で標準化されたテストも、その擁護者たちは導入に向けて熱心に働き始めたけれども、やはり反対を生んだ。

ブッシュ政権の教育省は、公立学校システムの中で意味のある改革を実施することを次第に諦めた新保守派の知識人グループがそのスタッフに含まれていた。これらの人々の中で最も声の大きかったチェスター・フィン（Chester Finn）およびダイアン・ラビッチ（Diane Ravitch）は官僚制の中において影響力のある政策策定の地位を占めており、しばしばひと握りの気の合う仲間からの提案を選りすぐっていた。そうした仲間の多くはワシントンD.C.の保守

的なシンクタンク、例えば、アメリカン・エンタープライズ研究所、ヘリテージ財団、ハドソン研究所といったものの１つに属していた。カーンズと『頭脳競争に勝利する』の共著者であったデニス・ドイル（Denis Doyle）のように、ジョン・チャブ（John Chubb）およびテリー・モー（Terry Moe）もこのグループの中にいた。アメリカにおける学校教育の役割についてのドイルの見方は単刀直入でもあり、レーガン政権とブッシュ政権の期間中、教育方針に影響を及ぼした助言を代表するものでもあった。1994年の論文の中で、彼は「公立学校は他の組織を見習い、そして真摯に生産力の問題に取り組むことを学ばなければならない」と書いた。競争、民間主導、政府介入の削減、市場の力、これらがアメリカの学校を正しい道に引き戻すのに必要な要因だというのである。[123]

初代のブッシュ政権は、連邦の教育に対して主導権を発揮することへの伝統的な制限にもかかわらず、学校改革を実施するいくつかの試みを直接行った。1992年半ば、新アメリカ学校開発会社（New American Schools Development Corporation）が革新的な教育プロジェクトのための最初の助成金について発表した。ブッシュ大統領の依頼で財界指導者たちは同開発会社を民間財団として組織し、その資金は個人資産から集められた。同法人の社長はレーガン政権での元労働省長官であった。しかしながら、ブッシュ・チームは、革新的な学校プログラムを支援する全国の435の下院議員選挙区のいずれにも100万ドルを与えるという、いわゆる435プラス法案など、別の取り組みではそれほど成功を収めなかった。

私立学校へ公的援助を提供する努力、および生徒により広い教育環境の選択肢を提供する努力は、クリントン、ブッシュ、そしてオバマ政権でも継続され、チャータースクールの著しい増加という最も広範に拡がった結果を生んだ。[124] 社会的説明責任および消費者の選択と同様、市場原理はこれらの実験のほとんどを特徴づけ、提案者たちは、学校間の競争が必然的に教育の質を高め、重苦しい官僚統制からの有り難い救いを提供するだろうと主張する。これらの努力への支持は単に企業利益や政治的な保守主義者からのみ生じるものではなく、クリントン、オバマ、そして教育における代替モデルを求めた教育省長官のアーン・ダンカンのような自由主義者から、また、自らの子どもたちのためのより強い宗教・道徳教育を好む教区立学校の支持者からも、さらに、最近では、その選択は都心部学校の悲惨な状況に対する唯一の有効な対策を提示するかもしれないと信じるアフリカ系アメリカ人からもなされている。

2000年以来、アメリカの公立学校の再設計における別の主要な立役者は、ビル・アンド・メリンダ・ゲイツ財団であった。同財団は、フォード、ロックフェラー、カーネギーのような他の主要な財団がはるかにかすんで見えるほど、断然最大の教育面での慈善の立役者となった。2010年には、同財団は単独で主要な3つのプログラム、すなわち、①大学教育への準備、②中等教育後の成功、③アメリカの特別戦略に3億ドル以上を費やした。ゲイツ（Bill Gates）は、刷新的な授業や学校組織を支援し、ビデオを使った授業研究や最善の実践を特定することを含む新しい評価戦略とともに、落ちこぼれの恐れがある生徒が高校を修了し、大学に入学するより多くの機会を提供するなどの努力をしている。同財団は多くの積極的な仕事を行ってきたが、その手法は、業績に基づく教員への報酬、チャータースクール、増加し改善された評価、仕事関連の技術に特定した焦点化、より多くのオンライン学習機会などに賛成するものであり、企業国家アメリカの教育に関する言説の大体の趣旨にしばしば一致している。実際のところ、2011年の年次書簡の中で、ゲイツは間接的に学校に対する追加融資に反対する一方、論争の的になったドキュメンタリー映画「スーパーマンを待ちわびて」を賞賛し、そして、それから年功序列や上級学位に基づく教員報酬を止め、業績に基づくシステムに移ることを要求するなど、こうしたことすべての前に、数学、読解力、科学知識に関するOECDによる生徒の学習到達度調査（PISA）におけるアメリカの貧弱な成績にはっきりと言及している[125]。

民間部門が公教育に直接浸透した度合いに関するもっと明瞭な例は、タイム・ワーナー・メディア・コングロマリットの一部門であるホイットル・コミュニケーションズの波瀾万丈の物語によって示される。1980年代後半に、企業家クリス・ホイットル（Chris Whittle）は、かろうじてそれと分からないようにした広告と一緒に、気持ちを高揚させるスローガンを特色とした無料のポスターを公立学校に配布し始めた。数年後に、ホイットルは学生アナウンサーをキャスターにした全国ニュース番組「チャンネルワン」を始めた。そして、彼の企業は、同プログラムの視聴をすべての学生の義務にするという個々の学校からの誓約書と交換に、約5万ドル相当の通信機器を参加する地区に供給することに合意した。このたいへん論争を引き起こした冒険は毎日10分のニュース番組を呼び物にして、そのうちの数分間は特に若者の好みに合う製品の広告に充てられた。この高価なプロジェクトに融資するための収入は、学校に

通う生徒たちの心を動かすことの旨味が分かっていた企業スポンサーによって払われた料金から出たものであった。他の多くの企業が、廉価か無料の製品や、ビジネス指向のカリキュラムを提供し、それら自身のアジェンダを強化する一方、資金繰りが厳しい学校に資金を提供することにより、教育を浸透させていった。[126]

しかし、公立学校システムに浸透しようとする企業努力の別の表れは、学区全体を取り仕切ろうとする多数の管理会社が最近10年間に現れたことに代表される。公的な学区の管理運営が営利目的の企業の責任になるという、これらの「外注的」仕組みの数は相当に増加した。現存しないエジソン・スクールのように、測定可能な学業成績に関するそれらの業績はどんなによく見ても疑わしいものであったが、[127]最もよく知られている会社の中には、ナッシュビルを拠点とするアメリカ教育サービス（Education Service of America）およびミネアポリスを拠点とする教育オルタナティブ社（Educational Alternatives Inc.）などがある。これはバウチャー・プログラムの普及を強く要求する保守主義者と結びつけられた。バウチャー・プログラムは、ある程度の成功を収めたが、落ちこぼれ学校の生徒が私立学校に通うための経費相当の資金を州が提供するものである。貧しい親の間での支持は時として大きなものであったが、実施となると、2004年ではウィスコンシンでの長期間にわたるプログラムやワシントンD.C.のそれなど、少数の都市で広く採用されただけであった。ワシントンD.C.の改革は、学士号をもたない教員や不十分な物資が崩壊した学校に在籍する生徒に供給され、また、ミッシェル・リー（Michelle Rhee）元市教育長の下でテスト成績の改竄が行われるという大スキャンダルが発覚したというように、バウチャーが実際にはいかに貧しい学生の機会を台無しにするかに関する完璧な例である。[128]ウィスコンシン州ミルウォーキー市のプログラムはもっと効果的であったが、他の都市で同モデルを使用する実行可能性に関しては重大な問題が残っている。また、マケイン（John McCain）上院議員の2008年の大統領選での政治綱領はワシントンD.C.のプログラムを国中に拡げることを含んでいたが、この提案に対する国民の支持がほとんど得られなかったことは、今ではその実行可能性の終わりを示しているように思える。

そうした新しい教育言説から利益を得た最後のグループは、公立学校での役割の劇的な高まりが見られ、測定可能な結果を示すことなく、大きな利益を手にしたカプラン社のようなテスト会社である。テスト指導に関するタイ

トルＩが NCLB 法の採択後に 2001 年の 15 億ドルから 4 年後の 25 億 5000 万ドルまで急増された。この同じ期間に、カプラン社の収入は 2000 年の 3 億 5400 万ドルから 2005 年の 20 億ドル、そして 2010 年の 29 億ドルにまで増加した。しかし、それらの努力は測定可能な肯定的な結果を収めておらず、そのことはカプランがその有効性に関する統計を保持さえしていないという事実によって裏づけられている。[129] 同社の執行チームの元メンバーが大まかに述べているように、同プログラムは、厳密に型どおりのカリキュラムを含んでおり、外部での準備はまったくなく、それらがサービスを与える学校や生徒についての調査や少ない出席者についての調査もほとんど含んでいないのである。[130] シカゴは生徒の学業成績における測定可能な改良なしに 2004 〜 2005 年だけで 4000 万ドル以上を費した。ニューヨークの学校はほとんど成功の跡の見られないテスト準備プログラムのために生徒 1 人当たり 2000 ドルもの金を使ったのである。そして、デトロイト・フリー・プレス社は、ミシガン教育評価プログラム（MEAP）の第 5、第 8、第 9 年次生のテスト準備サービスの有効性に関する評価を行い、まったく測定可能な成果がみつからず、いくつかのケースでは成功率がむしろ下がったことを示した。[131] カプラン社は対面サービスや学校へのオンラインでのサービスを提供し続けている間に、カプラン大学に関するスキャンダルに巻き込まれた。すなわち、それはメディアによる批判、訴訟、そして過去 10 年間にわたって劇的に在籍者が増えた営利目的の教育機関の有効性に関する議会での審議の結果として、在籍者および利益の劇的な減少を見たのである。

企業方式や市場依存の解決策への動きの中で、公教育がまさに始まった時からのより大きな目標は大いに弱められた。そして、教員および教員組合に対する攻撃が本気で始まった。それは「スーパーマンを待ちわびて」や「ザ・ロッテリー」のような人気を博したドキュメンタリー映画の中であれ、公教育の状態を攻撃する本の中であれ、両陣営の政治家の間であれ、あるいはまたオバマ大統領の下で拡大した教員の雇用、昇進、給与を生徒のテスト得点に結びつけようとする過去数年間の努力の中であれ、今日まで続いている非難である。[132]

2）新自由主義的変革

こうした変化に対する知的推進力は、フォーディズムからポスト・フォーデ

訳注 4 　リンドン・ジョンソン大統領が就任にあたって掲げた貧困撲滅と公民権の確立を柱とするリベラル色の強い政策。

ィズムへの推移、グローバルな貿易および交流の劇的な拡大、2回の重大な石油危機、テクノロジー・遠隔通信面での爆発的刷新、そしてその結果として生じたスタグフレーションと拡大する不平等など、アメリカの経済の劇的な変化に対する反応として1970年代に出現したケインズ流福祉国家経済に取って代わるものとしての新自由主義の台頭から生じている。新自由主義は、イギリスのマーガレット・サッチャーやジョン・メージャー、アメリカのロナルド・レーガン、カナダのブライアン・マルルーニーという新保守派政府において最初に実行された。これらの政府は開放的な市場、自由貿易、公共部門の縮小、経済における国家による干渉の減少、市場の規制緩和を促進した。それらは自由市場や放任主義的経済政策についての伝統的な自由主義的考え方をとり、そして、それを自由貿易と自由民主主義がグローバルな繁栄および国際平和のための唯一のルートとして提供されたグローバルな文脈にまで拡大した。

　西側の経済では、市場への国家干渉から遠ざかる動きが促進され、エネルギー、教育、ヘルスケア、年金や退職後の生活、公営住宅といった公共財に関する規制緩和、民営化あるいはそれへの公的資金供給の削減を通じて、福祉国家の解体と新経済政策後の社会契約の弱体化が達成された。経済における連邦の役割は完全雇用の維持や銀行業務、市場、企業の規制から転換して、インフレを抑制し、グローバルな土俵での比較優位を最大化にするビジネス寄りの環境を提供すること、バランスのとれた予算に賛成すること、長期債務を減少させることへ移った。つまり、これらすべてがサービスの中で「見えざる手」が魔法を使うことを可能にするものである。レーガンは政府による社会福祉事業を縮小し、積極的差別是正措置を攻撃し、資本への課税を（15％まで）、所得への課税を（70％の最高税率を28％に）劇的に削減することと合わせて、経済を規制緩和するプロセスを始めたが、新自由主義的改革が壮大な規模で達成されたのはビル・クリントンが大統領職にあった時だった。

　クリントンの下で、アメリカは民主党指導者会議（Democratic Leadership Committee）の「3番目の道」政治戦略の一部であった一連の改革を目の当たりにした。それには犯罪法を強化し、1996年に主な福祉改革法案を可決する一方で、連邦政府の規模の縮小、赤字の削減、予算のバランスを保つこと、電力、メディア、刑務所といった公共財の多くを民営化することなどが含まれた。クリントンはまた北米自由貿易協定をほとんど独力で押し通し、カナダからメキシコまでの自由交易圏を設立した。さらに、市場を「解放し」、「自由貿易

圏」を樹立することに向けての新自由主義的傾向を強化する多くの他の条約や政策を実行した。[133] そして彼は1999年のグラム・リーチ・ブライリー法（Gramm Leach Bliley Act）の成立を助け、60年続いたグラス・スティーガル法（Glass-Steagall Act）、つまり、投資銀行業務と商業銀行業務を分離し、恐らく2008年の金融危機の一因となった法の大部分を原則的に覆した。[134]

　教育分野では、クリントンは主として彼の前任者の仕事を継続し、アメリカの将来の経済的繁栄にとって教育が中心を占めることを公言した。これは、教育改革は数学、科学、技術的なトレーニングおよび幼児期の発達における改善に焦点を絞るべきだと主張するマヌエル・カステル（Manuel Castells）、ロバート・ライシュ（Robert Reich）、ピーター・ドラッカー（Peter Drucker）、ビル・ゲイツの著述によって優勢を手に入れた「情報社会」に関する言説を彼が率直に受け入れた結果として起こったものである。[135] クリントンは、労働省長官ロバート・ライシュによるリードに合わせてアメリカの国際競争力の支柱に教育を置き、新しいグローバル経済で成功裡に競争するために、われわれは高度な技術を身につけ、高い教育を受けた労働者の数を増加させる必要があると主張した。柔軟で、適応力があり、創造的であり、また、協働、実践の共同体、ネットワーク、代替的評価方法が強調される将来の「学習組織」の種を播く「知識労働者」を作り上げることが、この中には含まれていた。クリントンの教育次官補が1995年に論じているように、「［政府内の］人的資本に対する関心の主要な論拠は……国際的な経済競争および変化する労働の場からの絶えず存在する挑戦に基づいていた」。[136]

　しかしながら、社会的説明責任や選択制を求める運動が真にその擁護者を見出したのは、彼の後継者であるジョージ・W・ブッシュの下においてだった。ブッシュが2001年に政権に就いたとき、彼はテキサスでの教育改革および改良に関して非常にもてはやされた記録とともに登場した。彼の構想の成功と言われているものを支える証拠のうちのいくつかについて、その後データから見て異論が唱えられることはあるにしても、彼がテキサスで教育における政府の役割を根本的に変え、そして次にはより大きな合衆国で変えたことは明らかである。[137] NCLB法は、過去30年間に地球上の至る所で広がった新自由主義的な種々の教育改革を大いに踏襲している。それらの改革には、標準化、専門主義、試験に基づく社会的説明責任体制、そして教育の地方分権化と民営化を推し進めることが含まれる。[138] NCLB法は明らかに地方分権化とは反対に機能するよう

だが、ブッシュや他の多くの保守主義者は民営化および学校選択制を強く要求し続け、そして、多くの学校が落ちこぼれ、つまり、厳しい試験の目標の下で駄目になり、かくして親が代替的な教育上の選択肢を自由に選べるようにさせたいという点において、NCLB法によって、ある程度それを本質的に達成したのである。[139]NCLB法はまた、試験に合格することに主として焦点を絞った現実のカリキュラムを押しつけることにより、教職を単純作業化し、教員を無力化させる傾向を持続するものであるが、法律により強制された目標値を満たすことは、貧しく労働者階級が通う学校には特に困難である。[140]そして、NCLB法はさらに、知識をそのより広い文脈の外側でとらえ、それを一連のかろうじて関連する事実や定式にし、学習をもっぱら目的のための手段として扱うことにより、知識を道具化している。

　NCLB法は、学校が満たさなければならない基準を確立し、そうしない学校に対する罰を確立することにより、各州の教育に関する自治を縮小した。[141]NCLB法は基準（ベンチマーク）を高め、すべての生徒が質の高い教育を受けることを保障すると主張される。しかし、その目的に見合う資源はほとんど与えられず、代わりに、連邦が定めた読解力や数学能力のレベルを満たすという重荷を各州や地方学区に押しつけたのである。カルロス・オバンドー（Carlos Ovando）は、NCLB法がカリキュラムや授業の諸事項に対する統制力を、それが本来あるべき教員、教室、学校および地方学区から動かして、州や連邦の教育官僚および政治家の手に委ねたものであり、連邦の教育政策史において、学校に対する地方の統制への単独で最大の攻撃を示していると論じている。[142]

　2011年の末までに、オバマはブッシュの下で実行された教育政策の基本路線を踏襲し、若干の修正を加えつつNCLB法を支持し、また、アーン・ダンカン（Arne Duncan）教育長官の後見の下で、「トップへの競争」（Race to the Top）プログラムを実行した。同プログラムは、生徒の成績に基づいて教員を追跡調査し等級づけするデータ収集を実行する上で先頭に立った州だけに資金を提供するものである。デラウェア、ワシントンD.C.、フロリダ、ジョージア、ハワイ、メリーランド、マサチューセッツ、ニューヨーク、ノースカロライナ、オハイオ、ロードアイランド、テネシーの各州は、これらの改革を実行するための資金提供に際して34億5000万ドルを受け取り、オバマは2011〜2012年度に同プログラムを拡張するために追加の13億5000万ドルを要求した。[143]実際のところ、ニューヨーク市は最近個々の教員の業績に関するデータを

公表したが、そうした取り組みの懲罰的性質には多くの者が批判した。2011 年、オバマは企業モデルの改革を引き続き強く求めているが、NCLB 法が今日まで効果が上がっていないことを認識して、各州がその改革の要件から抜けることを許した。さらに、彼はクリントンの下で最初に始まった傾向、つまり、チャータースクールの数の劇的な増加を支持し続けた。

チャータースクールは、学校の教授法、カリキュラム、管理に関して地方行政官により大きな自由と統制力、任用や給与の決定におけるより大きな柔軟性、特別のコミュニティのニーズにより容易に役立つ能力を与えるものである。多くの保守主義者や進歩主義者がこの数年にわたってチャータースクールを支持してきた。つまり、保守主義者からはバウチャーのより実行可能な代替物と見なされ、進歩主義者からは刷新の場と見なされたのである。しかしながら、チャータースクールに対する人々からの支持は、測定可能な成功に裏づけられてはいない。10 年間以上にわたって社会的説明責任と選択制の運動を擁護してきたダイアナ・ラビッチ（Diane Ravitch）は、彼女の驚くべき 2010 年の書物『アメリカの学校の生死』の中で、チャータースクールに関するデータがどんなに欲目に見ても疑わしく、また、ゆっくり時間をかけて公立学校教育の民営化を図るメカニズムであり、教員や教員組合に対する攻撃であるように思えると述べた。

新しい社会的説明責任と選択制を求める運動の下で、市長による学校の接収の著しい増加が起こった。すなわち、シカゴのリチャード・デーリー（Richard Daley）市長に始まり、ニューヨーク市のマイケル・ブルームバーグ（Michael Bloomberg）、ニューメキシコのマーティン・チャベズ（Martin Chavez）、ボストンのトマス・マニーノ（Thomas Menino）、そして、その他の大都市の多くの市長がこれに続いた。市長による都市の学校の統制に関する実績は、地方政治がしばしば専制的支配に向けて市長を後押しするために仲裁し、試験と社会的説明責任措置に強い力点が置かれ、教員および地方の統制に対する攻撃、学校運営許可証の膨張、データの改竄など、どんなに欲目に見ても疑わしいものである。ブルームバーグ市長は恐らく彼の教育に関する実績によって、選挙でかろうじて再選されたが、多くの批評家が彼は単にテストを簡単にすることで基準を下げたに過ぎないと論じている。地方のテスト得点には向上が見られたが、もっと信頼できる全米学力調査（NAEP）の得点は横ばいのままであった。ブルームバーグ市長およびジョエル・クライン教育長官の業績に関する

批判を行ったトマス・B・フォーダム研究所のマイケル・ペトリリ（Michael Petrilli）は、議論された「ニューヨーク市は同市の子どもの大半に、少なくとも州の試験で測定できるような基本的技能を習得させるのには成功した。しかし、それらの技能は21世紀の経済において成功するにはほとんど十分ではなくなるであろう。［さらに］平均的な白人の生徒が平均的なマイノリティの生徒より遙かにずっと上位にいるという事実について、正直な話がなされるべきである」[149]と論じた。ワシントンD.C.では、リー教育長官が試験の得点操作に関するスキャンダルが発覚した後、屈辱のうちに職を離れた。本質的に、ワシントンD.C.、ニューヨーク市、そして他の主要な都市では、リーダーたちが地方による管理、教員や学校自治、そして教員組合をほとんど肯定的な効果をもたなくなるまで弱体化させた。これらの新しい権力的仕組みの中で出現している大問題は、仮に統計を改竄してでさえどうしても結果を示すという政治家にとっての必然なのである。また、このことは一般にNCLB法に関して増大する後遺症であるように見える。全国の至る所の州が基準を下げたり、結果を操作したり、試験をより簡単にしたりしても、基準を満たし得なくなる態勢になっているのである。[150]

社会的説明責任と選択制に向かう勢いが牽引力を得るにつれて、アメリカの社会における次の2つの傾向がますます明言されるようになった。1つは、1980年以来の所得格差の広がりであるが、それは多くの点で1920年代の金ピカの大好況時代へわれわれを引き戻し、過去数年間に著しく増大した。もう1つは、1970年代に始まり学校を統合したバス通学プログラムの多くに終止符が打たれ、1980年代の一連の最高裁判決の支持を受けて高まった住民の実態としての人種隔離であった。それらの統合プログラムは1970年から1990年にかけて人種的な学力格差を半減させる上で恐らく重要な役割を果たした。一方、学校が人種的分離に逆戻りするにつれて、改善は沈滞した。[151] アメリカの学校における最も重要な資金源が地方の財産税に由来し、連邦政府は予算全体の約10.8％[152]を提供しているだけだということを考えれば、このことが意味するのは、生徒の人種的分離がほとんど暗黙裏に白人の中産階級とマイノリティおよび貧しい生徒との間の劇的な財政格差を指しているということである。[153] 積極的差別是正措置に対する攻撃は実際のところ大学システムでゆっくりと進み、合格判定の一要素としての人種が外される動きが見られ、一流大学へのマイノリティ学生の劇的な減少（比率の上で伸び続けたアジア系住民を除いて）に結

びついた。さらに、高等教育に進む人々にとって、学生への財政支援は急騰する経費を賄うには通常不十分であり、多くの学生とその家族に重い負担となる予算を何年もそのままにした。次節では、所得格差とその教育上の成績不振との関係について考察する。

３）不平等と執拗な人種間の学力格差

　賃金労働者の上位 10％に不釣り合いに配分される生産力と利益が増大し、そして、さらに大きな割合が上位 1％の者に配分されるというように、所得格差が過去 30 年の間に劇的に広がってきた。1980 年から 2008 年の間に、賃金労働者の下位 90％はわずかに 300 ドル、つまり 1％に満たない昇給を見ただけであったが、その一方で、上位 1％の者は彼らの所得が倍増して 110 万ドルになり、上位 0.01％の者は 4 倍のほぼ 400 万ドルになるのを見た。今日、上位 30 万人のアメリカ人が底辺の 1 億 5000 万人とほぼ同じほど稼いでいるのである。貧富の格差がそれほど顕著になったために、1970 年代に平均的な労働者より約 30 倍多く稼いでいた最高経営責任者（CEO）は、1980 年代には 116 倍に、そして、今日では 500 倍以上を稼いでいる。[154] 実際、3 人のアメリカ人のうち 1 人、あるいはおよそ 1 億人が貧困か、あるいは危険なくらいに貧困に近づいている。[155] 広がる収入と雇用のギャップはマイノリティ住民によって最も深く感じられてきたのであり、彼らの教育機会や社会移動は新たな経済の現実によってひどく損なわれた。

　人種間のギャップが持続し増大する一方、広く行き渡っている議論は人種的不平等についての理解を変容させるように働き、業績や収入／富のギャップの責任が犠牲者自身にあるとして、大いに非難されるべきだと論じられている。そうした議論は、積極的差別是正措置と生活保護対象の母子家庭の母親に対するレーガン大統領の攻撃、1994 年の悪名高い書物『ベルカーブ（正規曲線）』、イデオロギーに関する連続体のどこにも分布する社会科学者の間、ビル・コスビー（Bill Cosby）による 2004 年の全米有色人種地位向上協会（NAACP）での演説、そして、大衆紙や主流メディア文化の中で聞かれた。[156] これらの意思表明はいずれも、リチャード・バレンシア（Richard Valencia）の欠陥思考、つまり、人種的不平等が個人、家族あるいはコミュニティの「欠陥（deficit）」によって説明されるという誤った考えに近いものを共有している。[157] 他の者はもちろん、文化的・構造的人種差別主義が不平等の中心にあると論じ続けている。[158]

現代のアメリカ社会において人種が引き続きもつ重要性を例証するために、若干の統計が役立つはずである。1973 年には、平均的な黒人家族の収入は白人家族のそれの 63％であった。2009 年には、彼らは 61％を稼いでおり、それは平等に向かって着実に進歩しているという主張が偽りであることを示している。[159] 黒人は白人の 2 倍の失業率であり（2012 年 2 月に 7.3 対 14.1）、週に 615 ドルを稼いでいたが、これに対して白人は 775 ドル、ラテンアメリカ系住民は 549 ドル（2011 年）であった。[160] 白人家庭の平均財産は黒人家庭の約 20 倍であり、ラテンアメリカ系住民家庭の 18 倍である。[161] 経済学以外についても、黒人は白人の 6.4 倍も投獄される可能性があり、一生のうちのどこかの時点で黒人の 30％が投獄されるという。これは主に麻薬がからむ犯罪によるものであり、受刑者総数が 1973 年の 20 万人から 2008 年の 230 万人に上昇したのである。[162] 最後に、ヘルスケアを見れば、多くの研究が黒人は同じ医者からさえ劣ったサービスを受けていることが示しており、また、彼らの平均余命は白人よりも 5 年（73.3 歳対 78.3 歳）短い。[163] 金融危機が 2007 年に始まって以来、高失業率（いくつかの都市では 50％もの高さ）がいっそう明確になり、幼年期および全体的な貧困の高まりと機会の欠如が、全国の至る所で貧困なマイノリティのコミュニティを苦しめている。

特に教育において、われわれはブラウン対教育委員会裁判での約束事の失敗や、レトリックとアメリカの学校の現実の間の距離を目の当たりにしている。公立学校教育は依然として大半のアメリカの社会悪に対する万能薬として施されており、アメリカン・ドリームとこの国の将来の繁栄の両方の源泉とますます見なされている。その一方で、就学可能性や機会に見られる不平等がこうした主張をどんなに欲目に見ても疑わしいものにしている。実際、2007 年のメレディス対ジェファーソン郡教育委員会裁判の最高裁判決は、主として人種に基づいた人種分離計画を策定したり、維持したりすることを非合法とすることによって、本質的にブラウン判決を覆し、シンシナティ、シアトル、ルイビルや多くの都市の中心で長年にわたって成功したプログラムを直ちに廃棄したのである。[164] 1964 年の市民権法の後、学校は人種差別を廃止し始め、また、1970 年代から 1990 年代にかけて、学力の格差は半分に縮まった。しかし、黒人がしばしば分離され、コース分け（トラッキング）のようなシステムが強化され、質の高い教育を受ける上でマイノリティ生徒の能力に悪影響を及ぼすことが確実になるような障壁が学校の中に築かれてしまった。[165] デレク・ベル（Derek Bell）は、ブラウ

ン判決は誤りであり、労働者階級とエリート白人の間での「利害の収斂」が不平等を今日まで維持するために機能していると論じている[167]。

　学校と社会全般の人種再分離と並んで、2つの関連する傾向も続いて起こった。すなわち、高く、さらに高まる中退率と、執拗な人種間の学業成績ギャップとである[168]。市民エンタープライズ（Civic Enterprise）による2006年の報告書『静かなる流行病』は、すべてのアフリカ系アメリカ人、ヒスパニック、アメリカ先住民の学生のほぼ半分が高校を卒業していない（2010年の数字は、白人77％、アジア系81％、ラテンアメリカ系56％、黒人54％であり、合計130万人のアメリカの高校生は所定の期間で卒業しない）ことを明らかにした。研究は、中退者が年間ほぼ1万ドル弱を稼いでおり、貧困と投獄のより高い比率を示し、片親で、連邦からの援助を受けがちであり、一般にそれほど健康ではないことを示している[169]。このことは人種間の学業成績ギャップが存続しているために起こっており、ハーバード大学ケネディ行政大学院の教育政策・行政プログラムによる2011年の研究は、同年のアメリカの高校の卒業年次クラスにおいて、アジア人の50％や白人の42％と比べて、わずか11％のアフリカ系アメリカ人の生徒、15％のラテンアメリカ系の生徒が数学に堪能であることを発見していることにも見られる。読解力においても同様の差異が存続し、白人およびアジア系のそれぞれ40％と41％に対して、黒人の13％、ラテンアメリカ系の4％が堪能である[170]。そして、このことは、黒人とラテンアメリカ系が公立学校在籍者総数の45％を占めるというように、有色人種の生徒が学校在籍者全体のますます多くの割合を占め、また、この国の将来が主として高度な技術や高度な教育を身につけた労働者の訓練にかかっている時に起こっているのである。実際のところ、南部がその節目に最初に到達した地域であったが、今やニューヨーク、テキサス、ワシントンD.C.、カリフォルニア、および他の諸州でも、マイノリティが今や公立学校在籍者総数の50％以上を占めている[171]。ペドロ・ノゲラ（Pedro Noguera）が述べているように、NCLB法がすべての生徒に対して質の高い教育を保証すると主張しているときでさえ、実際にはこの手強い仕事を実現するための資源や道具を提供してはいなかったのである[172]。従って、NCLB法の美辞麗句が生徒全員がアメリカン・ドリームに近づけると約束しているように見える時でさえ、現実はどうかと言えば、あまりにしばしば低いレベル、特別支援教育におけるオーバーな表現と不足したサービス、高い中退率、より貧しい学校やしかるべき資格をもたない教員、生徒すべてに

成功への平等な接近機会を与える上での制度的失敗などである。学校は不平等を克服するための源としてよりも、むしろそれを正当化する要因としてあまりにしばしば働いているように思える。

4）危機についての言説

危機についての言説は、社会的説明責任、一発勝負の試験や選択制といった新自由主義的改革のアジェンダを押し広めることを正当化する主要な要因の1つとして役立った。実際、アメリカの教育における大改革は、それが現実であったか、そう思われただけであったかは別にして、常に危機を前面に押し出してきたと論じうるかもしれない。19世紀初頭のアメリカの公教育の誕生は、マサチューセッツの住民が社会の凝集性やプロテスタントとしてのアメリカ人のアイデンティティを損なうのではないかと心配したアイルランドからの大量な移民の流入に続くものであった。かくして義務的学校教育は、マーティン・カーノイ（Martin Carnoy）が説得的に論じているような、産業の新しいニーズを満たすためばかりでなく、「アメリカ流の」様式に移民を文化変容させるために生まれた。このことは、アメリカ教育の父であるホーレス・マンや彼の同時代人の演説や議論の中に明らかである。彼らは、中枢的な州による管理構造やコミュニティから権力を奪う制度を設ける代わりに、デービッド・タイアック（David Tyack）が「民主的な地域主義」と呼ぶものを求める動きを撃退したのである。アイルランド、イタリア、東ヨーロッパや西ヨーロッパからの移民の第二の波が19世紀末に到来したとき、公立学校教育へのさらなる変更が生じた。それには、貧民層や労働者階級の子どもの中から就学する者が増大し、最終的にハイスクールやミドル・スクールが設置されたことが含まれるが、これらすべてが南北戦争後の経済成長および独占資本主義の誕生に役立つものであった。

次の大きな危機、つまり1929年に始まった世界恐慌の期間中、連邦政府は無償の学校給食と職業訓練に資金を提供するなど教育の場に足を踏み入れたが、それはほんの2回目であった。続く数年の間、連邦の役割を増大させる動きはさまざまな政治団体による抵抗に遭ったが、連邦政府は第二次世界大戦直後には公立学校教育の著しい問題への取り組みにおいて積極的になった。そうした問題には、すべてベビーブームの結果として増幅された不十分な資金、あまりにも少ない教員や学校などがあった。数年後に、1957年のロシア人によるス

プートニク号の打ち上げは、別の危機に向けてアメリカを突き動かした。すなわち、学校が柔軟すぎ、非能率的すぎ、あまりにも選抜的でないと主張することによって、進歩主義的な教育改革との釣り合いをとりながら、冷戦に勝利するために不可欠な科学・技術エリートの発掘と養成に焦点を絞った新しい教授法を確立するニーズであった。1944の復員兵援護法は、大学に何百万人もの兵士を送り込み、マッカーシー時代とともに、アメリカが優位に覇権を握る上での重要な側面として学校教育を構想することに向けた動きにつながった。

しかし、初期の公民権運動の見通しが不成功に終わったことで、南部出身のマイノリティ住民が北部の諸都市に溢れる状況が見られた。続いて白人の郊外への移動が急速に起こり、ますます多様化する高校在籍生徒にいかに対処するかという新しい危機が生じた。実際、1950年には都市の学校の10人の生徒のうち1人だけが貧しかったが、1960年代までには、その数は3人に1人へ、そして1970年代までには2人に1人にまで下がった。上述したとおり、ブラウン対教育委員会裁判（1954年）および1964年の公民権法は、ジョンソン大統領がその当時のアメリカにおける2つの最も大きな問題と呼んだもの、つまり貧困と人種的不平等と格闘する試みにおいてより積極的な役割を担う権限を連邦政府に賦与した。かくして1960年代は教育における別の変化の到来を告げ、公正さ、多様性、補償教育、そしてすべての子どもが学校で成功することを保証するよう試みることに大きな力点が置かれた。全体として貧困率が22％から12％に下がり、黒人の貧困率が55％から27％に下がり、学業成績のギャップも半減したように、これらの変化はある程度効果的であった。しかし、1968年にリチャード・ニクソンの選挙で徐々に沸き上がり始めた保守革命は、最終的には「偉大なる社会」政策の業績だけでなく新経済政策についてのコンセンサスをも解体するように働いたものだった。

1981年のロナルド・レーガンの選挙で、その種子は、教育政策や教育改革についての議論の方向や性質の劇的な変化のために蒔かれた。これは、アメリカの経済覇権に対する挑戦を予言する前述の1983年の報告書『危機に立つ国家』で始まった。しかし、もっと重要なことには、税を引き下げ、支出を増やしたレーガノミックスの流れにわれわれを乗せ、その後、教育のような社会サービス事業の切り詰めを正当化するのに使われる前代未聞の国内外の負債を作ったのである。経済危機と教育危機の言説が相前後して働いたことで、標準化と社会的説明責任に対する要求が意味をなし、教員は問題であり、合理化され

たビジネスモデルこそがこの新しいグローバル経済の中で競う唯一の方法であるという考えを後押しした。

新しい常識および危機のテーマは、教育が不振に陥ったアメリカの経済的覇権と階層や人種の線に沿った執拗な不平等という二重の問題を解決しうると論じたNCLB法の採択で最高潮に達した。オバマ政権の下では、「トップへの競争」が各州に新しいデータ収集手法を実行するための追加融資を提供した。しかし、これは教育への資金提供の削減、教員の一時解雇、組合潰しのチャータースクールの増加や学校閉鎖が、生徒・教員比率を高め（生徒の成績を改善するものと経験的に根拠づけられた道の１つを逆さにするものである）、教育全体の改善要求を弱体化させた時に起こった。したがって、教育における議論は、アメリカの経済的および政治的将来に関する最新の、まさに現実の危機を軸とするものであった。「危機」言説は、それがしばしばプログラムや資金提供を削除するときに、急を要する変革の必要性を確立したのであり、それにより、その中心的な信条に屈することを確実にしたのである。教育分野でこのことが意味したのは、貧困層や労働者階級の通う学校から資源を搾り上げ、それから学校を非難するためにテストを使い、すべての学習をそうした評価方法に順応させながら、他のものすべてに被害が及ぶほど経済的要請にますます力点が置かれるようになることであった。そもそも危機を煽ったまさにその政策をいっそう実行することによって取り組まれた新自由主義的改革が、30年間にわたって危機を作り上げ、本質的に市場とその奉仕人たちの命令や利益に仕えながら、不平等、貧困、そして教育上の業績不振を増大させたと広い意味で論じることができよう。

５）危険なものとしての知識

アメリカの教育の新しい政治経済学は、政策の原動力としての経済的要請の優位、そして人間の状態（ヒューマン・コンディション）の改良において学校教育や知的追求が果たす役割をおそらくそれらから切り離す知識の道具化（instrumentalization）を軸にまとまっている。フランクフルト学派およびそれに続く批判理論家たちは、1950年代にこれらの傾向の始まりを列挙した[176]。その上、学校教育が国家の経済的利益に役立つ基本的技能や知識にますます結びつけられるにつれて、知識の道具化は1980年代以降加速した。ビル・クリントン大統領（そして、恐らくイギリスのトニー・ブレア首相）の下、われわれは、ケビン・ロビンス（Kevin

Robins) やフランク・ウェブスター（Frank Webster）が道具的進歩主義と命名したものの下で、外見は進歩的な改革が実は知識は国家およびグローバル経済の経済的ニーズに見合うという目的のための手段であるという考えをいっそう確固たるものにしたように、これらの考えが最も明瞭に表現されていることを知る。それはまた、見たところ個々の生徒のニーズに力点を置いているようでありながら、意図した目的に向けて学習を方向づける個別化されたポートフォリオの作成により、生徒と彼らの学習の関係の性質を変えた。[177]

学校教育の意図におけるこうしたおびただしい変化を受けて、ある知識が危険であるという考えは、教育および民主主義自体の根本的な潜在力を弱体化させるために利用可能な強力な道具となった。それはまた、子どもの保護を援助するという理由から、直接および間接の力が知識の非政治化を常態にしてしまった現代の学校教育を組織する中心的原理となった。テオドール・アドルノ（Theodor Adorno）およびマックス・ホルクハイマー（Max Horkheimer）がまず論じたように、知識の道具化は啓蒙と理性の限界を指している。

個人や社会を改善する手段として知識を利用するのではなく、道具化は社会の統治を改善するメカニズムや、支配と統制のメカニズムとなる。[178]知識の創造および普及が公益を求める努力から遠ざかって国家の経済力や軍事力およびエリートの経済利益を高めることに向かい、教育はより良い人間や市民の形成から離れて、市場の要請に奉仕することに向かうのである。[179]

知識と政治が厳然と結びついているという確信を突きつけるのは新自由主義であり、主として試験に合格することに焦点を絞った現実のカリキュラムを押しつけることにより、教職を単純作業化し、教員を無力化させるために働く。このことは生徒の関心、好奇心、文化に携わる教員の力を弱体化させるが、併せて確立された知識や権力に挑戦し、世界を見たり、そこに存在したりする上での代替的方法を探る空間と時間を縮める。NCLB法や他の新自由主義的改革は、学校教育を主として訓練と選り分けに集中させることによって、政治からの切り離しをさらに確固たるものにし、個人と社会の成長、そして周りの世界についての批判的な好奇心の発達の両方を培いうるという教育に関するより全体的で、批判的な考え方を損なうのである。[180]教員と学校を脅かすことによって、新しい試験実施体制は、授業をほぼ専ら基本的技能、読み書き能力、数学的素養、そして、試験によってカバーされる特定の基準に集中させている。

このことは、法律によって強制された基準を満たすために奮闘していそうな

アメリカの内外の貧しい学校に関して当たっている。関連する次の3つの傾向が、かくして教育や学校の能力賦与の可能性を弱める上で中心的な役割を果たしている。すなわち、①基本的技能や国全体の経済競争力に焦点が絞られ、それが幼稚園から第12学年までの芸術、音楽、公民教育、さらには体育までも取り止めたり、大学レベルのリベラル・アーツや人文科学に対して攻撃したりすることの弁解に使われている。②カリキュラムの標準化および教職の単純作業化が、生徒の特別のニーズや関心に取り組む能力を取り除いている。③真に批判的思考や問題提起的教育を、生徒がそうした観点をもつように操作する試みとして教室にもち込むいかなる努力も攻撃している。アーノブが論じているように、「参加型の市民や国民統合の形成、並びに国際的な連帯や個人的充実にとって従来は支配的であったテーマは、公正な就学機会、参加、達成といったことを規定するのではなく、むしろ教育の卓越性や優れた質に重点を置く傾向のあった政策の改革や改変の中でほとんど言及されることがないか、二次的な考慮がなされただけである」[181]。

パウロ・フレイレは、新自由主義に対して、また、それへの批判を弱め、かつそれ自体を歴史上の進歩の不可避的到達点として定義するような傾向に対して、いち早く深遠な批判を加えた[182]。このパラダイムは、教員と教員組合に攻撃を加えることで教育の内部にこうした見方を固めるものである。ロイス・ウェイナー（Lois Weiner）が指摘したように、2004年の世界銀行の草案報告書はこの主張を明確にして、「組合、特に教員組合はグローバルな繁栄に対する最も大きな脅威のうちの1つである」[183]と論じた。教員を攻撃する動きはそこに内在する新自由主義の論理とその市場自由化の計画に結びついており、本質的には教育的目的に役立つように学校を変えていこうとするものである。

より深いレベルでは、新自由主義のアジェンダは、学校がイデオロギー色の強い機関として、新自由主義自体の背後にある言説や合理性に異議を唱えうる点を攻撃しているのだと論じることができよう。これはそうした動きが、教員の力を弱めて「どんな教員でも教えられる（teacher-proof）」カリキュラムを確立し、大学までのすべての段階における中立性や政治的に無関心な教室であることを要求し、カリキュラムを標準化し、全員に対して一発勝負の試験を使う一方で、各種職業に向けた訓練的側面以外の教育の時間は取り除くためのものであることを説明するであろう[184]。この新しい論理は、学校には幅広い社会的目標のための時間などまったくなく、ただ将来の労働者を教育することに執着

すべきであり、教育は民主主義や自由を拡張する源泉であるというかつての大きな夢を損なうものである。

結論

上記3ヵ国すべてにおいて、教員の質、標準化されたカリキュラム、社会的説明責任、選択制に対して高まった関心は、教育政策劇変のより深いイデオロギー的含意を覆い隠そうとするものである。これらの変化はすべての教育段階の学校を、民主主義、社会正義、あるいは公共の利益に対するいかなる責任ももち合わせない訓練と選別のための施設に変えつつある。その代わりに、学習の焦点や形態を明確にして、市場の命令に役立つような決定があらゆる教育段階で下されているのである。改革に関する言葉は、通常は仕事の場から直接取り出された譬えで表現される。このことは20世紀初頭の、少なくともアメリカではそうであった。当時、工場の作業現場に関して考え出されたF・W・テーラー（Frederick W. Taylor）の科学的管理の原則が国の教育病理への万能薬として広く歓迎されたのである。今日の改革気運の中で、学校は実績指標を開発するように言われる。詳細な計画は数量化されうる分だけ効率的で有効であるはずであり、報奨は生産性（つまり生徒の学習）をうまく高めた者のために取っておくべきだとされる。学校の民営化に見られるように、学区とビジネス界の利益との連携が3ヵ国のいずれでも推奨され、それはしばしば選択制導入の努力と結びつけられる。高等教育機関もまた、州や連邦からの資金提供が削られ、学生の学費負担が劇的に増えているので、今以上に企業の後援を探し求めるように諸官庁から強く働きかけられている。教育改革のための適切な方向に関する政策助言が、右派系シンクタンクのネットワークによって提供され、それは、政府によるサービスや所有権の縮小と、学校の事項への市場原理の適用を強調する。オーストラリアでは、こうした意見が政策研究センター、公務研究所、自主研究センターから頻繁に発せられる。イギリスでは、そのような助言は、政策研究センター、経済問題研究所およびヒルゲート・グループから出される。一方、アメリカでは、これらの考え方はヘリテージ研究所、アメリカ企業研究所、ハドソン研究所、そしてごく最近ではブルッキングズ研究所の共通の方針である。

3つの社会のすべてにおける社会福祉予算の削減は、全国レベルでの堅調な

経済成長とそれに対応する富の不公平な分配と同時期に起こった。この結果、アメリカとイングランドでは、貧困の中で暮らしている子どもの数が、今やそれぞれ4人に1人、そして3人に1人ということで広く合意されているように、顕著に増加している。学校や大学は、緊縮予算の中で同じ（あるいは今まで以上の）サービスを行うことを求められる。オーストラリアからアメリカまで、その結果は予想どおりに同じもの、つまり、最も大きなニーズを抱える者に対する必要な補償的および支援的サービスの削減である。

　オーストラリア、イングランドおよびウェールズ、そしてアメリカにおける教育改革の努力は、新たに現れた女性や有色人種の中産階級が市民権を要求し始める前の、もっと繁栄した時代に祖国を戻そうという新保守主義者による一致した取り組みの文脈の中でのみ理解することができる。これらの逆行した取り組みは、国の影響力を縮小し、それを以前の、それほど複雑でなかった時代に存在したと新保守派が想像する「自由な市場」競争の形式と置き換える試みと一致している。ここで、保守主義と新自由主義は一致する。役に立つ結果、丸暗記、説教的な教授法と標準化されたテストに焦点を当てる「基本に帰れ」運動は、同時に保守的な文化やその社会秩序への回帰、効率を求める明快な声、親、生徒、産業界のいずれもが理解できる言葉に教育を引き下げること、そして、知識生産の商品化された形式を認識することを意味する。教育の提供者の間でのより大きな競争は、消費者の「主権」を高め、学校への配属における選択の幅を増し、教育の提供における政府の影響力を最小化し、効率を無理矢理高め、市場原理を最大限にすることを企図するものである。そのようなやり方の優位を支持するための証拠は、例えば、チャブとモーの『政治、市場、アメリカの学校』の中に集められた社会科学の、噂では「客観的な」データの形で容易に利用可能である。

　ジム・カール（Jim Carl）は問題を次のように簡潔に要約した。すなわち、「新右翼による学校改革の中心となるのは、公立学校教育を官僚主義や劣った学校と同一視し、私立教育を市場や優れた学校と結びつけて考えるイデオロギーの構築である」。これは、特に1945年以来、民主主義における発言権や経済分野における機会の向上を獲得するために、学校を含む公立セクターに依存してきたグループにとって、良い兆しではない。公共セクターに対する右翼の持続的な攻撃と規模縮小は伝統的に社会から疎外された人々、つまり、公立学校教育がなくてはならないものであった人々の進歩を妨げるだけなのである。新

しい常識の中心にあるのは、学校教育の目的が主として国の経済的利益に叶うことであり、グローバルな比較優位を求める中では政治的に無関心であるべきだという確信である。

しかし、政治は常に教育に関わっており、教育は常に政治の大義に役立つ。教えることは、フレイレが繰り返し論じたように、世界の中で1つの立場をとることを意味しており、それが社会的不公正や不正義に関連する政治問題に暗黙のうちに携わる場合にのみ、民主主義と社会変容のために貢献することができる。[185] 教育は、公定知（official knowledge）の内容と広がり、つまり、いかなる観点からその知識が形作られ、また、誰の声が学習の中に含まれたり、除外されたりするかを明確にする。[186] 中立で、バランスのとれた立場に留まろうとして、教員は生徒に対して、生徒の理解の幅を広げることができるような代替的見方や確実な知識と主張できるものを提示することなく、また、世の中と関わり、かつ世の中の見直しを迫る批判的なツールを提供することもしないことで、現状を維持する主導的立場を効果的にとる。

アメリカそして地球上のほぼ至る所の教育システムは、不平等と対峙し、社会的および政治的緊張を減らし、民主主義を拡張する上で教育システムがもつより深い可能性を無効にする危険性の中に置かれている。すべての教育段階の教室から政治および真に批判的な思考を根絶しようと努めることにより、また、社会の不平等や不公正、さらに非民主化が確実に存続し強まり続けるようにすることにより、そうなるのである。恐らく立ちはだかる最大の問題は、「客観的」と称される知識が一般に過去を繰り返すだけで、問題やその解決策を探究する新しい、あるいはユニークな方法を無視することに基づいている点である。それはまた、新自由主義の新たな常識に固有な皮肉な考えや希望からの逃避を助長し、公教育がその開始から約束してきた社会変革や公益への途を閉ざしてしまうのである。

注

1）Simon Marginson, *Education and Public Policy in Australia* (Cambridge: Cambridge University Press, 1993), 40.

2）Curtis Lyndal, "Blame Game Ends in a Wrestle for Cash," *Australian Broadcasting Commission*, May 25, 2011. http://www.abc.net.au/news/2010-04-21/blame-

第10章　オーストラリア、イギリス、アメリカにおける教育改革の政治経済学　421

game-ends-in-a-wrestle-for-cash/40421 で閲覧。

3）A. G. Austin, *Australian Education 1788-1900* (Melbourne: Sir Isaac Pitman & Sons, Ltd., 1961) を参照されたい。

4）2006年の国勢調査でオーストラリアの人口のおよそ26％がカトリック教会への加入を表明した。この数字は半世紀にわたり安定している（ABS Census of Population and Housing）。宗教はオーストラリアの政治形態の中で小さな役割を果たしてきたし、また、そうあり続けている。しかしながら、最大の宗教団体、そして、比較的階層的組織として、カトリック教会はオーストラリアの政治において最も実際に活動している政治勢力であり、教会立学校のための資金面での政府の援助を獲得する上で、過去半世紀にわたって特に効力を発してきた。

5）Australian Bureau of Statistics (2011), "Schools Australia, 2010," Cat. No. 42210.0, Canberra.

6）L. Watson and C. Ryan, *The Drift to Private Schools in Australia. Understanding its Features* (Canberra: Australian, National University, 2004). http://econrsss.anu.edu.au/pdfDP479.pdf で閲覧。

7）Finn Brian (chair) (1991), *Young People's Participation in Post-compulsory Education and Training*, Report of the AEC Review Committee, Canberra, AGPS; Council of Australian Governments (2009), *Communique*, 30 April, http://www.coag.gov.au/coagmeeting_outcomes/2009-04-30/docs/20090430_communique.pdf で閲覧。

8）M. Kangan (chair), "TAFE in Australia: Report on Needs in Technical and Further Education," Report of the Australian Committee on Technical and Further Education Canberra: Australian Government Publishing Service (1974).

9）Gillian Goozee, *The Development of TAFE in Australia* (Adelaide: National Centre for Vocational Education Research, 1995).

10）Denise Bradley (chair), "Review of Australian Higher Education." Final Report, Commonwealth of Australia, http:11www.deewr.gov.au/HigherEducation/Review/Documents/PDF/Higher%20Education%20Review_one%20document 02.pdf で閲覧。

11）Department of Education, Employment and Workplace Relations, 未刊行データ。

12）Gwynneth Singleton, *The Accord and the Australian Labour Movement* (Carlton, Vic.: Melbourne University Press, 1990).

13）Department of Foreign Affairs and Trade, "Analysis of Australia's Education exports," (2011). http://www.dfat.gov.au/publications/stats-pubs/analysis-of-australias-education-exports.pdf で閲覧。

14）Stuart Hall (2011), *Soundings*, Issue 48, Summer, pp. 9-27.

15）Brian Galligan (2008), *Processes for Reforming Australian Federalism*,

University of New South Wales Law Journal, 31(2), 617-42.

16）前掲 Hall, Soundings, p. 18.

17）W. A. Greening, "The Mannix Thesis in Catholic Secondary Education in Victoria," in E. L. French (ed.), *Melbourne Studies in Education* (Melbourne: Melbourne University Press, 1961), 285-302.

18）Peter Karmel (chair), "Schools in Australia: Report of the Interim Committee for the Australian Schools Commission," Canberra: Australian Govt. Pub. Service (1973).

19）包括的な理想は、すべてあるいはほとんどの生徒のニーズを満たし、学校を終えた後の複数の行く末に見合った幅広いカリキュラムを提供する非選抜的な中等学校である。Mark Halstead and Graham Haydon (editors), *The Common School and the Comprehensive Ideal: A Defence by Richard Pring with Complementary Essays* (Oxford, Wiley-Blackwell, 2008). を参照されたい。

20）Simon Marginson and Mark Considine, *The Enterprise University: Power, Governance and Reinvention in Australia* (Melbourne: Cambridge University Press, 2000).

21）訓練での競争性の原理は、公であれ民間であれ、訓練の提供および資金供給に関して訓練の実施者が競うことを要求している。これは、資金が在籍生徒数に基づいて配分される場合、公的な訓練プログラムの分配のための競争入札か、あるいはより純粋な市場モデルを通じて行われることができる。後者の場合、バウチャー・モデルによるか、あるいはさまざまなカテゴリーの生徒やコースのための確保されたコース定員に関して、オーストラリアの各州の至る所で今や採用されているアプローチによってなされることができる。

22）オーストラリアでの訓練に対する公的資金全体のおよそ半分は、（4年以内の）徒弟制度と、（ほとんどが1年の）研修生に場所を供給する雇用者に対する補助金である。

23）David Harvey, *A Brief History of Neoliberalism* (Oxford: Oxford University Press, 2004).

24）ベンサムは、いかなる形式の自然法あるいは自然権も拒絶し、最大多数個人の最大幸福を道徳の基礎に置く高度な形式の功利主義を提案した。ミルの道徳的立場は、個人の自由がもし他者に害を及ぼさない限りにおいて許されるという「危害の原理」に基づいており、したがって集団的なものに対しては最小限の配慮を認めた。

25）これらの処方箋のうち最も頻繁に引用されるのは、マッキンゼー・アンド・カンパニーの世界で最良の教育システムに関する次の2つの報告書がある。McKinsey and Company (2007) *How the World's Best-Performing School Systems Come out on*

第10章 オーストラリア、イギリス、アメリカにおける教育改革の政治経済学 423

Top (http://mckinseyonso-ciety.com/how-the-worlds-best-performing-schools-come-out-on-top/) and McKinsey and Company (2010), *How the World's Most Improved School Systems keep Getting Better* (http://mckinseyonsociety.com/downloads/reports/Education/How-the-Worlds-Most-Improved -School-Systems-Keep-Getting-Better Download-version_Final.pdf).

26) Paul Smyth, *In or Out? Building an Inclusive Nation*, The Australian Collaboration and the Brotherhood of St Laurence, 2010. http://www.bsl.org.au/pdfs/Smythin_or_out building_an_inclusive_nation.pdf で閲覧。

27) Coombs cited Ben Chifley, the Labor Prime Minister from 1945 to 1949: Education is a state matter under the constitution. Besides it is all mixed up with religion and causes all sorts of trouble in the Labor party," in H. C. Coombs, *Trial Balance* (South Melbourne: Macmillan, 1981), 194.

28) 例えば、Liberal Party of Australia (2011) *Coalition Education meeting supports greater school autonomy*. http://www.liberal.org.au/Latest-News/2011/04/11/Coalition-supports-greater-school-autonomy.aspx を参照されたい。

29) 前掲、注10のBradley, "Review."

30) Victoria Skills, Victorian Training Market Quarterly Report, Q2 2011. http://www.skills.vic.gov.au/skills-and-jobs-outlook/training-market-reports#victorian-training-guarantee-progress-reports を参照されたい。

31) 前掲 Hall, *Soundings*.

32) 今日しばしば「独立学校」として知られるイギリスの授業料が必要な「パブリック」スクールは国立セクターの学校と混同されるべきではない。Melissa Benn and Fiona Millar, *A Comprehensive Future: Quality and Equality for All Our Children* (London: Compass, 2006). を参照されたい。

33) Reginald Crosland in Phillip Brown, "The Third Wave: Education and the Ideology of Parentocracy," *British Journal of Educational Sociology* 11, no. 1 (1990), 65-85.

34) Conservative Party, *The Right Approach* (London: The Margaret Thatcher Foundation/ Conservative Central Office, 1976).

35) 短い要約に関しては、Will Hutton, *The State We're In* (London: Jonathan Cape, 1995). を参照されたい。

36) Richard Edwards, Katherine Nicholl, Nicky Solomon, and Robin Usher, *Rhetoric and Educational Discourse: Persuasive Texts* (London: Routledge and Palmer, 2004), chapter 9.

37) John Scott, *Poverty and Wealth: Citizenship, Deprivation and Privilege*

(Harlow: Longman, 1994).

38）ウェストミンスターの議会はイングランドとウェールズの教育を管轄している。1999年に設置された新しいウェールズ議会はウェールズ語、ウェールズの歴史と文化のカリキュラム、学校監査、学校別成績一覧表の廃止、7歳以下の子どもに対する無償ミルクの再導入、ウェールズ・バカロレア方式の試験導入に関してさらなる役割を果たしている。ウェールズの特別扱いの余地はもはや残されていない。R. Daugherty, R. Phillips, G. Rees, eds., *Education Policy-making in Wales: Explorations in Devolved Governance* (Cardiff: The University of Wales Press, 2000). Gareth Elwyn Jones, "Policy and Power: One Hundred Years of Local Education Authorities in Wales," *Oxford Review of Education* 28, nos. 2-3 (2002): 343-58; R. Daugherty and P. Elfed-Owens, "A National Curriculum for Wales: A Case Study of Education Policy-making in the Era of Administrative Devolution," *British Journal of Educational Studies* 51, no. 3 (2003): 233-53 を参照されたい。

39）前掲 Benn and Millar, *A Comprehensive Future*.

40）Stuart Maclure, "Through the Revolution and out the Other Side," *Oxford Review of Education* 24, no. 1 (1998): 5-24.

41）前掲 Phillip Brown, "The Third Wave."

42）Kogan, 1975,（Fletcher, "Policy-making in DES."に所載）

43）教育を管轄する政府部門の名前と位置づけは長い年月の間に変わった。1944〜1965年は教育省 Ministry of Education、1965〜1992年は教育・科学省 Department for Education and Science (DES)、1992〜1996年は教育省 Department for Education (DFE)、1996〜2001年は教育・雇用省 Department for Education and Employment (DfEE)、2001以降は教育・教育技能省 Department for Education and Skills (DfES) である。

44）前掲 Fletcher, "Policy-making in DES."

45）DES, Education Act (London: HMSO, 1980); John Fitz, Tony Edwards, Geoff Whitty, "The Assisted Places Scheme: An Ambiguous Case of Privatization," *British Journal of Educational Studies* 37, no. 3, (August 1989): 222-34.

46）Stephen Ball, *Politics and Policy-making in Education: Explorations in Policy Sociology* (London: Routledge, 1990).

47）DES, *Better Schools* (London: HMSO, 1986).

48）ロンドンのサッチャー政府は、独立した諮問委員会の既存のネットワークを新しい執行機関に取り替えた。独立していると言われていても、それらは分離した法的実体ではほとんどなく、それらの親機関である省庁の内部で会計報告が提出された。付託権限が以前には委譲されていた地方当局の責任を管理し、次には国の政策や

監督システムを開発することになったために、それらの数と権力は増大した。それらは軽んじられ、あるいは疑似的な自治的非政府組織を意味する QANGO として知られ、一纏めにして特殊法人群 (quangocracy) として知られていた。軽蔑的な含意を避けるために、それらは今では外郭公共団体 (NDPB) ないし執行委員会 (Executive Council) と記述される。

49) DES, *The Education Reform Bill* (London: HMSO, 1987).

50) DES, *Higher Education: Meeting the Challenge* (London: HMSO, 1987).

51) Ian Gordon, "Family Structure, Educational Achievement and the Inner City," *Urban Studies* 33, no. 3, (1996): 407-24.

52) DES, *School Teachers Pay and Conditions of Employment* (London: HMSO, 1987).

53) Chris Pierson, "The New Governance of Education: The Conservatives and Education, 1988-1997," *Oxford Review of Education* 24, no. 1 (1998): 131-42.

54) 前掲 Hutton, *The State We're In*.

55) DfEE, *Education Act 1997* (London: HMSO, 1997).

56) 注 47 の Better Schools を参照されたい。

57) Paul Sharp and J. R. Dunford, *The Education System in England and Wales* (London: Longman, 1990); Martin Merson, "Exploring the Reform of In-Service: TRIST in Three Authorities," *Oxford Review of Education* 15, no. 1 (1989): 73-83.

58) Geoffrey Walford, "The Privatisation of British Higher Education," *European Journal of Education* 23, nos. 1/2 (1988): 47-64; Fitz et al., "The Assisted Places Scheme."

59) P. Branwood and R. Boffy, "Full Circle? The Further Development of General Studies in Further Education," *Journal of Further and Higher Education* 5, (1981): 10-16.

60) DES, *A New Training Initiative: A Programme for Action* (London: HMSO, 1980), 同プログラムは 1981 年に実施された。

61) J. R. Shackleton and S. Walsh, "The UK's National Vocational Qualifications: The Story So Far," *Journal of European Industrial Training* 19, no. 11 (1995): 14-27; S. Williams, "Policy Failure in Vocational Education and Training: The Introduction of National Vocational Qualifications (1986-1990)," *Education and Training* 41, no. 5 (1999): 21-22.

62) Hillgate Group, *Whose Schools? A Radical Manifesto* (London: The Hillgate Group, 1986); Hillgate Group, *The Reform of British Education-From Principles to Practice*, (London: The Claridge Press, 1987).

63) Local Government Act, Section 28 (2A), http://www.opsi.gov.uk/acts/acts1988 で閲覧。

64) 前掲 Maclure, "Through the Revolution."

65) 前掲 Maclure, "Through the Revolution"; Fletcher, "Policy-making in DES."

66) 前掲 Pierson, 同論文の注 53 を参照されたい。

67) サッチャー時代の教育相は、Carlisle（1979～1981 年）、Joseph（1981～1986 年）、Baker（1986～1989 年）、McGregor（1989～1990 年）である。メージャー時代の教育相は、Clarke（1990～1992 年）、Patten（1992～1994 年）、Shepherd（1994～1997 年）である。ブレア時代の教育相は、Blunkett（1997～2001 年）、Morris（2001～2002 年）、Clarke（2002～2004 年）、Kelly（2004～2006 年）、Johnson（2006）である。

68) DES, *Education (Schools) Act* (London: HMSO, 1992).

69) DFE, *Education Act* (London: HMSO, 1994).

70) ベンとミラーの書物（Benn and Millar, *A Comprehensive Future*）は、イギリスの子どもが世界のどこより厳しくテストされていることを示唆している。

71) Sally Tomlinson "Sociological Perspectives on Failing Schools," *International Studies in Sociology of Education*, 7(1):81-98.

72) Robert Huggins, "Local Business Co-operation and Training and Enterprise Councils: The Development of Inter-firm Networks," *Regional Studies* 32, no. 9 (1998): 813-26.

73) DES, *Further and Higher Education Act 1992* (London: HMSO, 1992); Alan Felstead and Lorna Unwin, "Funding Post Compulsory Education and Training: A Retrospective Analysis of the TEC and FEFC and Their. Impact on Skills," *Journal of Education and Work* 14, no. 1 (2001): 91-111.

74) Alison Fuller and Lorna Unwin, "Creating a 'Modern Apprenticeship': A Critique of the UK's Multi-sector Social Inclusion Approach," *Journal of Education and Work* 16, no. 1 (2003): 5-25.

75) Susan Harris, "Partnership, Community and the Market in Careers Education and Guidance: Conflicting Discourses," *International Studies in the Sociology of Education* 7, no. 1 (1997): 101-19.

76) DfES, "Higher Education Student Support," www.dfes.gov.uk/studentsupport で閲覧。

77) 高等教育機関の一覧については、www.scit.wlv.ac.uk/ukinfo/alpha.html for a full list を参照されたい。

78) DFE, *Further and Higher Education Act 1992* (London: HMSO, 1992).

79) Colin Bryson, *Hiring Lecturers by the Hour: The Case for Change in Higher Education* (London: NAFTHE/AUT, 2005), 40.

80) DFE, *Higher Education: A New Framework* (London: HMSO, 1993)。同書は新しい高等教育統計局（Higher Education Statistics Agency、略称は HESA）に関する規定を示した。M. Tight, "Do League Tables Contribute to the Development of a Quality Culture? Football and Higher Education?" *Higher Education Quarterly* 54, no. 1 (2000): 22-42.

81) Jim Campbell and Chris Husbands, "On the Reliability of OFSTED Inspection of Initial Teacher Training: A Case Study," *British Educational Research Journal* 26, no. 1 (2000): 39-48.

82) 前掲 Tight, "Do League Tables Contribute."

83) Kelly Coate, Ronald Barnett, and Gareth Williams, "Relationships between Teaching and Research in Higher Education in England," *Higher Education Quarterly* 55, no. 2 (2001): 158-74.

84) Martin Powell, "New Labour and the Third Way in the British Welfare State: A New and Distinctive Approach?" *Critical Social Policy* 20, no. 1 (2000): 39-60; Lindsay Paterson, "The Three Educational Ideologies of the British Labour Party, 1997-2001," *Oxford Review of Education* 29, no. 2 (2003): 165-85.

85) これは保守党と労働党との間で続く闘いを示している。保守党の最初の動きは、1970年代に労働党によって廃止された後、補助学籍制度と国庫維持学校を再度導入することであった。

86) DfES, *Higher Standards, Better Schools for All: More Choice for Parents and Pupils* (London: The Stationery Office, 2005); Fiona Millar, "Johnson's Junk Mail," *The Guardian*, May 22, 2006. http://commentisfree.guardian.co.uldfiona_millar/2006/05/post 109.html で閲覧。

87) DfEE, *Excellence in Schools* (London: HMSO, 1997).

88) See DfES, "The Beacon Schools Programme," www.standards.dfes.gov.uk/beacon-schools/ で閲覧。

89) Richard Hatcher, "Privatisation and Sponsorship," *Journal of Education Policy*, vol. 21 Issue 5 (2006): 599-619

90) Fiona Millar, "Whose Schools Are They?" *The Guardian*, July 6, 2006.

91) Sonia Blandford and Linda Squire, "An Evaluation of the Teacher Training Agency Headteacher Leadership and Management Programme (HEADLAMP)," *Educational Management and Administration* 28, no. 1 (2000): 21-32.

92) BBC News, "'Super-teachers' to Receive Super Salaries," March 2, 1998,

news.bbc.co.uk/1/hi/uk/61246.stm.

93) Barbara Lee and Clare Mawson, *Survey of Classroom Assistants* (Slough, U.K.: National Foundation for Educational Research, 1998), 65; Staff and agencies, "Classroom Assistants to Get Recognition," *The Guardian*, January 16, 2002, education.guardian.co.uk/schools/sto7/0,5500,634478,00.html.

94) 1980年代以降使われているのは、特定プロジェクトの資金の保護を保証している。ring-fencing guarantees the protection of funds in specified projects.

95) 「テロとの戦い」は、アル・カイダが犯行声明を出した2001年9月11日のアメリカに対する攻撃への直接の反応の中で始められ、「国際的テロを終結させる」と述べられた目標をもって進行中のキャンペーンにアメリカとその同盟国からつけられた名前である。Wikipedia, "War on Terrorism," en.wikipedia.org/wiki/War_on_terror.

96) DfES, "Race Equality Impact Assessment prepared in response to the White Paper and Education Bill 2006," February, 2006, 45; DIES, *Achieving Success* (London: The Stationery Office, 2001).

97) DfES, *Putting the World into World-class Education—An International Strategy for Education, Skills and Children's Services* (London: The Stationery Office, 2004).

98) 前掲 Hatcher, "Privatisation and Sponsorship."

99) *The Guardian*, "No Place for a Mother. Truancy is Bad: Prison Won't Solve It," May 15, 2002.

100) 上記NDPB関連の注48を参照されたい。

101) 数え切れないほどの機関や協力関係を通じて届けられるサービスをもって、600万人の学習者、50万人のスタッフ、4000の職業資格の管轄に対して責任を負うイギリスで最大の教育行政機関である教育・職業技能省予算の3分の1に相当する87億ポンドがその最初の年に準備された。Frank Coffield et al., "A New Learning and Skills Landscape? The Central Role of the Learning and Skills Council," *Journal of Education Policy* 20, no. 5, (2005): 631-56.

102) John Mace, "Top-up Fees: Theoretical and Policy Issues," *Higher Education Review* 34, no. 1 (2001): 3-17.

103) BBC News, "Q&A: Student Fees," May 26, 2006, news.bbc.co.uk/go/pr/fr/-/1/hi/education/3013272.stm で閲覧。

104) Stephen Court, "Subject to Closure," *Public Finance Magazine*, December 8, 2006, www.publicfinance.co.uk で閲覧。

105) Court, "Subject to Closure."

106) 要約したものとして、Stephen Adam, Carolyn Campbell, and Marie-Odile

Ottenwaelter, "Transnational Education Project Report and Recommendations" (2001年3月にフランスのパリで欧州連合大学長会議に提出された論文), 34-36. を参照されたい。

107) J. A. Glossop, D. Warwick, and R. A. Preston, *The Measurement of Home Background and School Effects, Final Report to the DES* (Department of Sociology/School of Education, University of Leeds, 1984), 358.

108) Sally Tomlinson, "Diversity, Choice and Ethnicity: The Effects of Educational Markets on Ethnic Minorities," *Oxford Review of Education* 23, no. 1, special issue on Choice, Diversity and Equity in Secondary Schooling (1997): 63-76.

109) Rosemary Sales, "The Deserving and the Undeserving? Refugees, Asylum Seekers and Welfare in Britain," *Critical Social Policy* 22, no. 3 (2002): 456-78.

110) これらの執行委員会の原型は各部門の長、営利組織および非営利組織の（有給、無給）理事からなる委員会である。

111) 前掲 Hatcher, "Privatisation and Sponsorship."

112) 同上 Hatcher, "Privatisation and Sponsorship."

113) Baker, Mike (2011) "Anyone noticed the Tories are 'nationalising' schools?" *The Guardian.* 17 October 2011 http://www.guardian.co.uk/education/2011/oct/17/local-education-authorities で閲覧。

114) DfE (2010) *The Importance of Teaching: Schools White Paper 2010.* Department for Education (DfE). https://www.education.gov.uk/publications/eOrderingDownload/CM-7980.pdf で閲覧。

115) Baker, Mike (2011) "Anyone noticed the Tories are 'nationalising' schools?" *The Guardian.* 17 October 2011 http://www.guardian.co.uk/edueation12011/oct/17/local-education-authorities で閲覧。

116) Browne, J (2010) Securing a Sustainable Future for Higher Education. *An Independent Review of Higher Education.* 12 October 2010. http//www.independent.gov.uldbrowne-report で閲覧。

117) Vincent Carpentier (2010) in Elaine Unterhalter and Vincent Carpentier (eds.) (2010), *Global Inequalities and Higher Education: Whose interests are we serving?* (Hampshire: Palgrave).

118) "A Nation at Risk: The Imperative for Educational Reform" (Washington, D.C.: Commission on Excellence in Education, 1983).

119) Michael Apple, *Educating the Right Way: Markets, Standards, God, and Inequality* (New York: Routledge Falmer, 2001。邦訳は、太田直子訳『右派の／正しい教育――市場、水準、神、そして不平等』世織書房、2008年).

120) Henry Giroux, *Stealing Innocence: Corporate Culture's War on Children* (New York: Palgrave Macmillan, 2000).

121) *Investing in Our Children: Business and the Public Schools* (Washington D.C.: Committee on Economic Development, 1985).

122) Pat Ordovensky, "Failed Monopoly: 'Defect Rate' 50 Percent from Public Schools," *USA Today*, October 27, 1987.

123) Dennis Doyle, "The Role of Private Sector Management in Public Education," *Phi Delta Kappan* 76. October 1994.

124) Christopher Lubienski and Peter Weitzel, *The Charter School Experiment: Expectations, Evidence and Implications* (Cambridge: Harvard University Press, 2010).

125) この情報はビル・アンド・メリンダ・ゲイツ財団の2010年度年次報告による。http://www.gatesfoundation.org/annualreport/2010/Documents/2010-annual-report-ceo-letter-english.pdf) and the 2011 Annual Letter from Bill Gates (http://www.gatesfoundation.org/annual-letter/2011/Documents/2011-annual-letter.pdf) both available on their website www.gatesfoundation.org.

126) Henry Giroux, "The Business of Education," Z Magazine (1998); Henry Giroux, *Stealing Innocence: Corporate Culture's War on Children* (New York: Palgrave Macmillan, 2000); Jonathon Kozol, "The Big Enchilada," *Harper's Magazine*, 315:1887 (2007): 7-9を参照されたい。

127) Peter Schrag, "F is for Fizzle: The Faltering School Privatization Movement," *American Prospect*, November 19, 2001 and Chaka Fattah, "Edison Schools Perform Poorly Nationwide," *Education News* (2004) を参照されたい。

128) Theola Labb, "Voucher Program Puts D.C. Kids at Risk, Study Says," *The Washington Post*, October 11, 2007; Jack Gillum and Marisol Bello, "Ex-D.C. Schools Chief '100%' Behind Test Scores Probe," *USA Today*, March 31, 2011を参照されたい。

129) カプラン社のK12 Learning Servicesのウェブサイト（http://www.kaplank12.com/us/resources）を参照されたい。効果的な実践に関する彼らの短い事例研究はすべて次の警告を含んでいる。すなわち、「この事例研究は情報提供だけを目的とするものである。結果は、この事例研究では議論されていない変数を反映しているかもしれないし、また、生徒がカプラン社のプログラムに参加した後に、どのような実績を示すかについての代表的ないし予言的であるものとして提示されるものでもない」。

130) Jeremy Miller, "Tyranny of the Test," *Harper's Magazine* (2008).

131）2009 年 1 月 20 日からネット上に掲載された Schools Matter 情報による。(http://www.schoolsmatter.info/2009/01/title-i-funds-to-tutoring-companies.html).

132）Mary Compton and Lois Weiner, *The Global Assault on Teaching, Teachers and Their Unions: Stories for Resistance* (New York: Palgrave MacMillan, 2008).

133）Lois Weis, Cameron McCarthy, and Greg Dimitriadis, *Ideology, Curriculum, and the New Sociology of Education. Revisiting the Work of Michael Apple* (New York: Routledge, 2006).

134）Sewell Chan, "Finaricial Crisis Was Avoidable, Inquiry Finds," *New York Times*, January 25, 2011.

135）Manuel Castells, *Volume 1: The Rise of the Network Society, The Information Age: Economy, Society and Culture* (Oxford: Blackwell, 1996); Robert Reich, *The Work of Nations: Preparing Ourselves for 21st Century Capitalism* (New York: Vintage, 1992. 邦訳は、中谷巌訳『ザ・ワーク・オブ・ネーションズ——21 世紀資本主義のイメージ』ダイヤモンド社、1991 年); Peter Drucker, *Post-Capitalist Society* (New York: HarperCollins, 1993. 邦訳は、上田惇生訳『ポスト資本主義社会』ダイヤモンド社、2007 年);Bill Gates, *The Road Ahead* (London: Viking, 1995。邦訳は、西和彦訳『ビル・ゲイツ未来を語る』アスキー出版局、1995 年).

136）Marshall S. Smith and Brent W. Scoll, "The Clinton Human Capital Agenda," *Teachers College Record*, 96.Spring 1995 (1995).

137）"Education and the 2000 Election: Texas Miracle Debunked" (World Socialist website, 2000).

138）Carlos Alberto Tones, "The NCLB: A Brainchild of Neoliberalism and American Politics," *New Politics*, X.2 (2005); Carlos Alberto Torres and Richard Van Heertum, "Educational Reform in the U.S. Over the Past 30 Years: Great Expectations and the Fading American Dream," *Educating the Global Citizen: In the Shadow of Neoliberalism, 30 Years of Educational Reform in North America*, eds. Carlos Alberto Tones, Richard Van Heertum and Liliana Olmos (Oak Park: Bentham, 2011), Donald Macedo, Bessie Dendrinos, and Panayota Gounari, *The Hegemony of English* (Boulder, CO: Paradigm Publishers, 2003).

139）Rosalind Rossi, "Only 1.5 Percent of State Public High Schools Met Federal Progress Marks," *Chicago Sun Times*, November 22, 2011.

140）Richard Valencia, Angela Valenzuela, Kris Sloan and Douglas Foley, "Let's Treat the Cause, Not the Symptoms: Equity and Accountability in Texas Schools," *Phi Delta Kappan*, 83.4 (2001), Jonathan Kozol, *The Shame of the Nation: The Restoration of Apartheid Schooling in America* (New York: Three Rivers Press, 2005).

141) Elizabeth Debray, "The Federal Role in Schools Accountability: Assessing Recent History and the New Law," *Voices in Urban Education* (2003).

142) Carlos Ovando, "Teaching for Social Justice: A Critique of the No Child Left Behind Act," CAFE Conference, Los Angeles, CA, 2004.

143) アメリカ教育省のウェブサイトのデータによる。http://www2.ed.gov/programs/racetothetop/index.html.

144) Mary Ann Giordano, "Gates Defends Teachers, Denounces Public 'Shaming,'" *New York Times*, February 23, 2012.

145) Julian R. Betts and Richard C. Atkinson, "Better Research Needed on the Impact of Charter Schools," *Science Magazine*, 335 (2012).

146) Diane Ravitch, *The Death and Life of the Great American School System: How Testing and Choice Are Undermining Education* (New York: Basic Books, 2010).

147) Martha Moore, "More Mayors to Take over Schools," *USA Today*, March 22, 2007.

148) Elissa Gootman and Robert Gebeloff, "Gains on Tests in New York Schools Don't Silence Critics," *New York Times*, August 4, 2009, Jennifer Medina, "Debate on Mayoral Control of Schools Is Renewed," *New York Times*, January 30, 2009, Glenn Pasanen, "The Comptroller's Reality vs. The Chancellor's Reality," *Gotham Gazette*, August 4, 2009.

149) Gootman and Gebeloff, "Gains on Tests in New York Schools Don't Silence Critics."

150) Thomas F. Risberg, "National Standards and Tests: The Worst Solution to America's Educational Problems... Except for All the Others," *George Washington Law Review*, 79.3 (2011).

151) Carmen Arroyo, *The Funding Gap* (Washington, D.C.: The Education Trust, 2008), Gary Orfield and John Yun, *Resegregation in American Schools* (The Civil Rights Project, Harvard University, 1999).

152) アメリカ教育省によれば、2011～2012年に全国で教育に費やされたおよそ1兆1500億ドルのうち、支出の約87.7%は州、地方、個人の出資など、連邦以外の財源によるものである。(http://www2.ed.gov/about/overview/ fed/role.html).

153) Kozol, *The Shame of the Nation: The Restoration of Apartheid Schooling in America*, Arroyo, *The Funding Gap*.

154) David Johnston, "9 Things That the Rich Don't. Want You to Know About Taxes," *Willamette Week* (2011).

155) The Editors, "The Poor, the near Poor and You," *New York Times*,

November 23, 2011. 同時に、Steven Rattner, "The Rich Get Even Richer," *New York Times* March 20, 2012, p. A 12 も参照されたい。同記事の中で，筆者は前年以降に得られた金に関して、「上位1%の者が追加収入の93%を得た」ことを指摘している。

156）Richard Herrnstein and Charles Murray, *The Bell Curve: Intelligence and Class Structure in American Life* (New York: Free Press, 1994). を参照されたい。コスビーのブラウン判決50周年を記念する全米有色人種地位向上協会での2004年の演説内容は以下のサイトで閲覧可能である。http://www.americanrhetoric.com/speeches/billcosbypoundcakespeech.htm. この演説に対する批判については、Michael Eric Dyson, *Is Bill Cosby Right? Or Has the Black Middle Class Lost Its Mind?* (New York: Basic Civitas Books, 2005). を参照されたい。

157）Richard Valencia, *The Evolution of Deficit Thinking: Educational Thought and Practice* (Washington, D.C.: The Falmer Press, 1997).

158）Derek Bell, *Silent Covenants: Brown v. Board of Education and the Unfulfilled Hopes for Racial Reform* (London: Oxford University Press, 2004).

159）2009年のアメリカ国勢調査のデータによる。(http://www.census.gov/compendialstatab/cats/income_expenditures_poverty_wealth.html).

160）According to the Department of Numbers website: http://www.deptofnumbers.com/ unemployment/demographics/.（2012年3月20日閲覧）

161）U.S. Bureau of Labor Statistics (2011): http://www.bls.gov/opubke/2012/cps/annual.htm#earn.

162）Rakesh Kochhar, Richard Fry and Paul Taylor, "Wealth Gaps Rise to Record Highs between Whites, Blacks, Hispanics," *Pew Research Center*, July 26, 2011. 2009年の家庭の平均資産の数字は、白人11万3149ドル、ヒスパニック6325ドル、黒人5,677USドルである。歴史的に見れば、白人対黒人の平均資産の比率は、1984年には12:1、1995年には7:1、2009年には19:1であった。ヒスパニックに関する比率は1984年8:1、1995年7:1、そして、2009年15:1であった。持ち家率は、白人が76%、黒人が46%であった。

163）Bureau of Justice, *Prison Statistics Update* (Washington, D.C.: U.S. Department of Justice, 2008).

164）Peter Schrag, "Schoolhouse Crock: Fifty Years of Blaming America's Educational System for Our Stupidity," *Harper's Magazine*, September 2007.

165）Emily Bazelon, "The Next Kind of Integration," *New York Times Magazine*, July 20, 2008.

166）Jeannie Oakes, *Keeping Track: How Schools Structure Inequality* (New

Haven, CT: Yale University Press, 1986), Jeannie Oakes, "Matchmaking: The Dynamics of High School Tracking Decisions," *American Educational Research Journal*, 32.1 (1995), Richard Valencia, *Chicano School Failure and Success: Past, Present and Future* (New York: Routledge Falmer, 2002).

167) 前掲 Bell, *Silent Covenants*.

168) Christopher Jencks, Jared Bernstein, Mindy Kornaber, Wendy Williams, Claude Steele, Meredith Phillips, Stephen Ceci, Richard Rothstein, and Glenn Loury, "The Black-White Test Score Gap," *American Prospect*, 13.21 (2002).

169) 慈善団体「卓越した教育のための同盟 (the Alliance for Excellent Education)」によれば、2009年の中退者の経済コストには生涯所得の損失3350億ドル、医療費170億ドル、そして増える犯罪行為での何十億ドルもが含まれている。全体として、同報告書は、もし有色人種の生徒が白人の生徒と同じ比率で卒業するとすれば、3100億ドル以上が2020年までにアメリカの経済に追加されるだろうということを見出している (http://www.all4ed.orglfiles/National_econ.pdf)。2003年のある研究は、州の受刑者の75%、そして連邦の受刑者の59%が高校中退者であり、中退者が彼らの一生のうちに逮捕される可能性は3.5倍も高く、平均的な教育レベルが1年伸びれば、逮捕者を11%減らすことができることを明らかにした (http://www.dropdutprevention.org/sites/default/files/School_Dropout_Facts-2005.pdf)。さらに、John Bridgeland, John Dilulio, and Karen B. Morison, *The Silent Epidemic: Perspectives of High School Dropouts* (Bill & Melinda Gates Foundation, 2006). も参照されたい。

170) 2011年8月の報告 Paul Peterson, Ludger Woesmann, Eric Hanushek, and Carlos Lastra-Anadon "Globally Challenged: Are U.S. Students Ready to Compete?" は、次のURLで見つけることができる。http://www.hks.harvard.edu/pepg/PDF/Papers1PEPG11-03_GloballyChallenged.pdf. この報告書もまた、経済との関係で教育の業績を調査する前述の傾向をしめす好例であり、数学の授業や成績が改善されれば、短期および長期的に30〜50%の経済成長をもたらすと論じている。

171) *Investing in Our Children: Business and the Public Schools* (Washington, D.C.: Committee on Economic Development, 1985). カリフォルニアでは、2011年の在籍者比率は、白人26.6%、アフリカ系アメリカ人6.7%、ラテンアメリカ系51.4%、アジア系8.5%である (http://www.kidsdata.org/data/topic/table/publie_school_enrollment-race.aspx)。テキサスでは、2010〜2011年に、ラテンアメリカ系が公立学校在籍者の50.3%を数え、一方、白人は31.2%、黒人は12.9%であった。(http://www.tea.state.tx.us/acctres/enroll_index.html). 全体として、アメリカ教育省は、ラテンアメリカ系と黒人生徒が公立学校在籍者の45%を占め、12の州とワシ

第10章 オーストラリア、イギリス、アメリカにおける教育改革の政治経済学　435

ントン D.C. は在籍者の 50％以下が白人であると報告している (http://nces.ed.gov/programs/coe/indicator_1er.asp)。Esther Cepeda, "How Minority Teachers Help All Students," *The Sacramento Bee*, March 11, 2012.

172）Pedro Noguera, "Standards for What? Accountability for Whom? Rethinking Standards-Based Reform in Education," *Holding Accountability Accountable*, ed. K. Sirotnik (New York: Teachers College Press, 2004).

173）Arun Ramanathan, "Results Are in; How Will We Respond," *New York Times*, January 16, 2012.

174）Martin Carnoy and Henry Levin, *The Limits of Educational Reform* (New York: Longman, 1976).

175）David Tyack, *The One Best System: A History of American Urban Education* (Cambridge: Harvard University Press, 1974).

176）Herbert Marcuse, *One-Dimensional Man: Studies in the Ideology of Advanced Industrial Society* (Boston: Beacon Press, 1964), Jurgen Habermas, *Knowledge and Human Interest* (Boston: Beacon Press, 1972), Henry Giroux, *Theory and Resistance: A Pedagogy for the Opposition* (South Hadley, MA: J. F. Bergin, 1983).

177）Kevin Robins and Frank Webster, *Times of Technoculture: From the Information Society to the Virtual Life* (London: Routledge, 1999).

178）Theodor W. Adorno and Max Horkheimer, *Dialectic of Enlightenment* (New York: Continuum, 2002).

179）Jürgen Habermas, *Theory and Practice* (Boston: Beacon Press, 1973), Jurgen Habermas, *The Theory of Communicative Action, Volume 1: Reason and the Rationalization of Society* (Boston: Beacon, 1984), Herbert Marcuse, *Reason and Revolution: Hegel and the Rise of Social Theory* (New York: Humanity Books, 1999).

180）John Dewey, *Democracy and Education* (New York: The Free Press, 1916), Paulo Freire, *Pedagogy of Freedom* (Lanham, MD: Rowman & Littlefield Publishers, Inc., 1998).

181）Robert Arnove, "To What End: Educational Reform around the World," *Indiana Journal of Global Legal Studies*, 12.1 (2005): 81.

182）Francis Fukuyama, *The End of History and the Last Man* (New York: Penguin Books, 1992).

183）Mary Compton and Lois Weiner, *The Global Assault on Teaching, Teachers and Their Unions: Stories for Resistance* (New York: Palgrave MacMillan, 2008).

184）David C. Berliner and Sharon L. Nichols, *Collateral Damage: How High Stakes Testing Corrupts America's Schools* (Cambridge: Harvard Educational Press,

2007).

185) Paulo Freire, *Pedagogy of the Oppressed* (New York: The Continuum International Publishing Group, Inc., 1970. 邦訳は、小沢有作訳『被抑圧者の教育学』亜紀書房、1979年), Paulo Freire, *Education as the Practice of Freedom: Education for Critical Consciousness* (New York: Continuum, 1973), Freire, Pedagogy of Freedom, Paulo Freire, *Politics and Education* (Los Angeles: UCLA Latin American Center Publications, 1998).

186) Michael Apple, *Ideology and Curriculum* (New York: Routledge Falmer, 2004. 邦訳は、門倉正美、宮崎充保、植村高久訳『学校幻想とカリキュラム』日本エディタースクール出版部、1986年).

第11章　グローバル化時代における高等教育の再編成
——他律的モデルに向かうのか

ダニエル・シュグレンスキー

　ごくわずかのページで高等教育の国際的な動向を検討しようとするいかなる試みも、必然的にある程度の一般化や簡略化の危険を冒すことになる。この種の世界規模での分析は、国ごとの発展モデルやすべての国の高等教育システムの歴史や組織、また個別の機関の内部あるいはその間に見られる著しい差を説明することができないからである。しかしながら、いくつかの普遍的な傾向について記述し、世界システムとの関わりの中で、そうした傾向について論じることは可能である。21世紀に、高等教育システムは機関ごとの多様化、地域分化そして職業化に向かう動きを続けている。多くの国々では、ますます多くの女性、少数民族、成人学生がシステムの中に参入するようになり、（男子、上流階級、若年者という）数十年前の典型的な学生がもはや標準的でなくなっている。技術の進歩は情報伝達において先例がないほどの革新を生み出しており、知識の生産や転移の量と速度に大きく影響を及ぼしている。

　大局的見地から見て、過去10年間に、私たちは、高等教育に影響するさまざまな重要な社会的、文化的、経済的、政治的な動きが激しさを増していることを目撃してきた。それらの動きの中で顕著なのは、経済のグローバル化、福祉国家の衰退、そして知識の商品化である。このことは政策領域におけるケインズ理論から新自由主義へのイデオロギー転換によって補完され、それとともに、民営化の波、社会的交換における市場力学の高まり現象が見られた。大学に対するこれらの動きのインパクトは、金銭、社会的説明責任、計画、資金の効率的運用、よい管理、資源配分、単位原価、業績指数および選択性といったことの価値を強調する新しい言説に認められる。大学教員の終身在職権は攻撃に晒され、各専門学問分野は経済に対する貢献度によってそれぞれの価値を証明しなければならない。国の財政危機は予算削減につながり、（ビジネス部門

および受益者負担と結びつけることにより）歳入の私的財源への依存度がますます高まり、入学者定員に対する制限、私立機関の増殖、労働条件の規制緩和、採用者の凍結、そして教授陣の企業家主義を生んでいる。

　連鎖反応のように、これらの動きは他の多くのものにも影響を与える。大学予算の財源（例えば、より高額の学費や企業に対するいっそうのサービスなど）の変化は、入学可能性や自治にとって重大な意味合いをそれぞれもつかもしれない。入学可能性が制限されれば、次には、学生の多様性の減少や二流大学の増殖に結びつき、高等教育システムの中に二重、三重あるいはそれ以上の層を作り上げる可能性がある。同様に、自治の縮減は管理運営、カリキュラム、研究上の優先事項のような領域に影響を及ぼすかもしれない。一般に、これらの変化の多くは、大学の事柄に対して、市場と政府がより大きな影響力をもつことになったことの表れである。全体として、それが長期的にもつ意味合いゆえに、恐らく世界規模での最も重要な動向は高等教育システムの抜本的な再編であろう。このプロセスの核心部分には、大学、国家、そして市場の相互関係を定義し直すことがあり、それは大学の運用方法だけでなく、その社会的目的も変えうるものである。

　現在の再編プロセスの顕著な特徴は、さまざまな社会的、政治的、歴史的、また経済的特徴をもつ多種多様な国々で起こっている変化の類似性と並んで、生じている変化に見られる先例のない広さおよび深さである。この変化の速度や力学は各国それぞれの歴史的条件や社会の形成の仕方によって異なるものであるが、世界中の政府によって実行に移された最近の政策構想を再検討してみると、改革の方向が紛れもなく同じ方向に向かっていることが明らかになる。すべての大陸において、無数の政府計画、憲法改正、立法機関制定の法律、規則そして勧告が、大学を国と市場の要求により近づけるように動かしている。このことは高等教育の財政、管理運営や使命にとって、また究極的には、自らの基本方針（アジェンダ）を積極的に決めるという個別の大学が享受してきた自治の度合いにとって深刻な結果をもたらすものである。

　この再編成（再配置、再設計、合理化、規模縮小、調整などとも呼ばれる）は、ある事態への１つの対応というほどのもので、それほど純粋な改革ではない。改革と対応のいずれも変化を伴うものであるが、改革は積極的であり、自ら進んで行うものであるのに対して、対応は反応することであり、不可避のものである。[1]実際、大学の再編成が内部関係者の間の民主的な熟慮から生まれること

第 11 章 グローバル化時代における高等教育の再編成　439

はほとんどなく、ほとんどの場合、外からの圧力で生まれるものである。再編成は時には教授陣や学生からの相当な反対にもかかわらず実行されるが、これは高等教育政策に影響を与える国の内外からの政治的、経済的諸力がますます強まっていることを反映している。

大学変容の背景

　最近の30年間に多くの高等教育システムで生じた変化は、3つの同時に起こったプロセスから切り離すことができない。すなわち、グローバル化の力学、福祉国家の後退、そして知識の商品化である。グローバル化とは、(技術的な障壁や政治的な障壁、あるいは法的な障壁を浸食して)情報、商品、資本の地球規模での国境を越えた流れの強まり、新しい通商圏の発展、さらに超国家的な統治機関や軍事的勢力の強化を指している。このますますグローバル化する経済は、強大国、国際金融機関、多国籍企業（MNC）からなる国境を越えたエリートによって大部分がコントロールされている。さらに、ほとんどの多国籍企業は地球の「北」にそれらの本拠地をもち、「南」との財政・技術的な格差を強めている。発展途上国では、政府は、金融機関による緊急融資を受ける資格が得られるように緊縮財政政策プログラムを実行するように圧力をかけられている。これらの構造調整プログラム（SAP）は、国の再配分機能を縮小し、社会における種々の取引を規制する上で市場の役割を増大させることをねらうものである。金融機関によって推奨される政策の中には、輸入の自由化、補助金の取り止め、公営企業の民営化、公共サービスの有料化、そして保健、教育、住宅、衛生、交通および環境といった分野における政府予算の徹底したカットがある。グローバル化の力学は、生産力が資本や労働力の量ではなく、科学、技術、知識、そして管理に圧倒的に依存する脱工業化経済の出現から切り離されることができない。このニュー・エコノミーはますます情報処理活動に基礎を置き、規格化された大量生産というフォーディズムのモデルから、トヨティズムとして知られる特別注文による柔軟で無駄のない「ジャスト・イン・タイム」モデルへ移っている。このニュー・エコノミーでは、生産工程、市場、資本、管理、テレコミュニケーション、そして技術は、国境を飛び越えているのである。国民国家は依然として権力の重要な中心であるが、国内経済は今やグローバル経済にリアル・タイムで取り込まれており、そしてますます依存を強めている。

福祉国家⁴⁾の後退は、教育、保健、住宅、社会保障のような公共サービスの普遍的な提供に関わることから国が撤退することを意味しており、それらは今や市場によってますます左右されるようになっている。より低い税や労働の柔軟性によって資本に対するインセンティブを増すことと結びつけられたこの後退は、社会福祉から企業福祉への転換を意味し、低賃金、高い失業率、職の不安定さ、富の高度な集中、そして経済的不平等をもたらした。

要するに、福祉国家は、社会的支出の削減を実行し、経済を規制緩和し、民営化を推奨する新自由主義国家に取って代わられたのである。民営化の提案は、一般に意思決定の効率化、公平性、民主化を促進するという理由で擁護されるが、それは通常かつては譲ることのできない権利と考えられたサービスに関して、国民の大部分が享受する資格のないものとされることにつながる。確かに、新自由主義は一連の政策を指すばかりでなく、社会・経済問題の原因が過度の国家予算と大きすぎる国の官僚機構にあるとするイデオロギーも指すものであり、規制緩和された市場で作動する民間部門がそれらの問題に対する最良の解決策であると見なすものである。

同時に、知識の生産、伝播、消費がますます商品化される。文化財の商品化は、知識が生み出され、分配される方法を変えている。文化、科学の面での努力が利益を生む活動にならなければならないとともに、文化財が商品となり、大衆は顧客として再定義され、大学は供給者、学習者そしてサービスの購入者となる。技術の進歩は、「宅配される」電子化された文化財（ケーブルテレビ、インターネット、ビデオ、授業など）の日の出の勢い、文化財の生産および分配における巨大企業の優位、そして人間の意思疎通の時間的・空間的圧縮と密接に結びついている。

大学はこうした新しい風潮に対して免疫がない。フォーディズムの時代に大学は公共投資の中で最も重要なものと認識されていた。しかし、フォーディズム後の時代になって大学は経済問題の主要な部分と見なされている。入学可能性、社会批判、文化の発展、そして大学の自治といった大学が追い求めてきたものは、経済危機の3Rs、つまりrecession（景気後退）、rationalization（合理化）そしてrestraint（抑制）に付き従わされており、さらに多くの発展途上国では対外債務の返済（repayment）のRによって事態はより悪化している。高等教育への国の予算の減少は多くの場合、顕著になってきており、大学が私的な収入源を探し、授業料や諸雑費を値上げすることを強いてきた。ある大学

第11章　グローバル化時代における高等教育の再編成　441

の学長であった人が述べているように、「われわれはかつて州によって丸抱えされ、次に州からの援助をいくぶん受けるようになり、そして今やこの州に居場所があるだけになっている」のである。しかし、予算削減は由々しい問題ではあるが、財政危機は進行中の再編成プロセスのほんの1つの要素にすぎない。大学はより少ない資源で同じことをしなければならないが、大事なこととして、今までとは違ったことを、違った方法で行うべきなのである。

　世界の至る所で起こっている大学の再編成の広がりと深さは、非常にさまざまな状況の中で似通った政策や実践が採用されており、偶然に起きたというにはあまりに目覚ましく、公立高等教育に対する大衆的な不満の自発的な高まりであると単純に説明することはできない。一方において、さまざまな国で同時に起こっている動きは、共通の問題に対する共通の反応を示している。ある程度まで、高等教育の再編成は技術的な分析やそれに続く提言から生まれるものである。それは、専門家のネットワークを通じて、彼らが最も理にかなった代替案と見なすものを借りるという文化的伝播の過程において、国から国へ（普通は先進国から発展途上国へ）と流れるものである。このプロセスは通常ばらばらに、会議、討論、文献、そして海外留学プログラムといった場を通じて起こるものである。他方、この再編成はそうした新しい経済のパラダイムに大学（そして教育一般）を適応させる強力な利益集団の意識的な努力の本質的な部分である。この努力は、財界と政府の代表が一緒になって、大学がその優先事項を見直し、新しい運営原則を受け入れるように圧力をかける制度的仕組みを通じてまとめ上げられる。それらの制度的仕組みは、中心的な国と周辺的な国とでは表れ方を異にする。前者では、企業部門の利益が、一群の産学公開討論会、共同研究グループ、政財界の諸会議、ねらいを定めた資金提供などを通じて高められる。後者では、サモフ（Joel Samoff）が「外国からの援助の知的／財政的複合体」と呼び、1つの屋根の下に、研究、資金提供、政策形成を集中する手段を有しているものによって高められる。これらのドナーやローンの貸し主は発展途上国の教育政策に影響を及ぼす支配力をもっている。しかしながら、このことは再編成の手段がすべての国において常に一貫して適用されることを意味しない。ほとんどの高等教育システムは同様の方向に動いているけれども、その推移には適合もあれば、部分的な拒絶や矛盾も充ち満ちている。それ自身の歴史や教育の伝統を有する各国の制度の中で、被援助国の関係者は政策提言と懸命に奮闘している。さらに、同じ国の中でさえ、再編成のプロセス

は個々の大学のユニークな特徴によって変わってくる。

　何人かの著者はグローバル化と国際化を識別している。この観点に立てば、グローバル化とは、①世界経済の統合、②新しい情報およびコミュニケーション技術、③国際的な知識ネットワークの存在、④英語の役割、そして⑤学術的な機関の力の及ぶ範囲を超えた他の諸勢力として理解される。国際化は、①学生の海外留学プログラム、②海外分校の設置、③教授陣の交流、④大学間のパートナーシップ、⑤カリキュラム内容の国際化といった、グローバル化に対応するために政府と大学が実施する多くの政策やプログラムを指す。いくつかの国では、外国人学生のいわゆる「市場」が国内経済への重要な貢献になった。オーストラリアでは、外国人学生が高等教育在籍者総数の20％を占めており、石炭と鉄に次いで、そして、観光よりも上位の、3番目に大きな輸出収入となっている。ニュージーランドでは、外国人学生はワインの輸出より多くの収入を生み出しており、また、イギリスでは、外国人学生が自動車や金融サービスより多くの収入を生み出している。カナダでは、外国人学生による支出額が木材と石炭の輸出を越えている。カタール、シンガポール、アラブ首長国連邦のような他の国々は、これらの国の学生の就学機会を拡大するためだけでなく、当該地域にとっての高等教育の「ハブ」として役立つために、外国の有名大学が海外分校を設置するよう、特に積極的に招致している。他の著者たちは、国際化についての言説と現実とのギャップを批判した。言説では、国際化は世界の経済、政治、社会、文化、技術、環境に関する力学を批判的に理解し、寛容、相互理解、持続性の価値によって導かれる地球市民の育成に関わるものだという。実際には、それは収入創出の資金繰りが厳しい高等教育機関にとっての収入創出に関わるものだと彼らは論じている。

収斂

　比較高等教育研究の分野の開拓者の1人であるフィリップ・アルトバック (Philip Altbach) が20年前に指摘した収斂に向かう傾向は今や強まっている。この収斂は、すべての高等教育システムがまったく同一だというのではなく、それらがますます同様の圧力、手続き、そして組織パターンを経験するようになっていることを意味している。国の財政危機が続いている中で、世界中の大学が深刻な財務上の制約に影響されている。近年の予算削減は、公立大学に対

第11章 グローバル化時代における高等教育の再編成　443

して、さまざまな手段を通じて経費を削減し、かつ新たな財源を探すよう強いてきた。このことは、教育と研究における大学と企業との連係を強化し、大学がもっと資金集めの活動に依存し、授業料や種々の学費を徴収してきていたところではそれを値上げし、これまで徴収してこなかったところではそれを課すように促してきた。実際のところ、長きに渡り無償の公立高等教育の砦であったラテンアメリカ、ヨーロッパでも今や授業料や学費が徴収されるようになっている。

　民営化は公立大学の中に私的な要素を取り入れることに表れているだけでなく、いくつかの国では私学セクターが今や学生人口の50％を越えるほどになっているという、高等教育の私学セクターの急成長にも表れている。こうした成長があまりに急速であったために、ラテンアメリカからアジアまで多くの政府が学術的な質を点検する上での困難を抱えている[10]。さらに、私立大学に対する国による直接・間接の財政的援助により、多くの国々で出現していることは、すべての大学における公的、私的特徴を組み合わせた混合システムであり、もしこの傾向が続くとすれば、数年で、少なくとも資金調達の点から見て、私立大学と公立大学を区別するのは難しくなるだろうというところにまで達している。公立・私立併存のシステムから混合型モデルへの転換は、高等教育システムのアメリカ化に向かう一般的傾向のいくつかの要素の1つである。この傾向は必ずしも新しいものではない。さまざまな理由のために、アメリカのシステムが過去数十年の間に支配的な高等教育のパラダイムとなっている[11]。何が新しいかと言えば、収斂のプロセスの広がりと激化である。

　グローバルなレベルでの高等教育システムの収斂は、高等教育政策に対する国際および国内組織の影響、地方ブロックの統合、そして国際的な知識コミュニティのより広範な統合という、少なくとも3つの関連した現象と関係がある。第一に、高等教育政策に関連した国際的な機関や金融機関の役割は、特に発展途上国において、大学システムの方向を理解する上で考慮すべき重要な要素である。これらの組織は資金調達を需要の中で、国にまさる大きな強制力を有している。そして、この強制力は信用貸し付けを得るための融資条件（公立セクターへの支出削減と親市場的改革に基づいた構造調整政策）を通じてのみならず、議事の設定、データの収集と解釈、ワークショップや会議、提言やコンサルティング等々を通じて発揮される。先進国では、これらの国際組織の役割は、概して企業寄りのアジェンダを推し進めるさまざまなシンクタンク、国と産業

界の各種委員会、そして企業と高等教育の連携によって果たされる。[12]

　高等教育システムが世界的に一方向に収斂するプロセスは、国民国家が北米自由貿易協定（NAFTA）、南米共同市場（メルコスール）、欧州連合（EU）、東南アジア諸国連合（ASEAN）あるいはアフリカ経済共同体（AEO）のような通商圏への統合を果たすときに生じる地域ごとの収斂プロセスによって支えられてきた。これらの共同市場は、それらの政治的、法的、経済的、文化的要件や地域協調の必要性から、大学に対して新しい要求を作り出している。例えば、労働力の可動性に関する協定は資格証書のより厳密な認定や、同等物の移動につながり、それは次にはカリキュラムの均質化や、教育経験の標準化、特に専門職プログラムに関する標準化に影響を及ぼす。1つの適切な事例は、ヨーロッパの高等教育システムの構造の調和をねらいとするボローニャ・プロセスである。

　同時に、これらの地域社会の統合は、大学間協力、共同プロジェクト、そして学生交流や学術交流事業の高まりを促した。このプロセスに関する世界的レベルでの直近の表現は、高等教育を国際的に取引される商品にするために、貿易とサービスに関する一般協定（GATS）を通じて、世界貿易機構（WTO）によって行われた努力である。確かに、GATS/WTOは国境を越えたサービスの4種類の取引を認めている。すなわち、①（今や教育サービスの輸出と見なされる）留学、②国境を越えた供給（例えばインターネット上での授業やCD-ROMSあるいはDVDの形式による授業の販売）、③（例えば、外資系企業によって運営される私立大学の開設など）業務拠点の存在、および④自然人という手段の存在（例えば外国人教師の雇用）、である。

　高等教育システムの収斂はまた、大学の指導者間の言説や見通しの均質化を急速に加速化させる国際的な知識コミュニティ（さまざまな分野に跨る問題と解決策の程度の差はあるにせよ合意された定義を生むネットワーク）のより広範な統合と関係している。学術エリートは伝統的な手段（会議、セミナー、専門誌、海外派遣プログラムなど）を使って自らの考えを広め続けているが、リスト・サーバーの急増、ニュースグループ、テレビ会議、オンラインでのコロキウム、そして学術や科学の世界での共通語としての英語の普遍化が、このプロセスを相当に速めた。

第 11 章　グローバル化時代における高等教育の再編成　445

言語、科学、依存

　科学的なコミュニケーションの主要な言語としての英語への依存は、英語話者ではない学者や学生が彼らの研究を広め、また、当該分野での進歩に後れないようにする上で困難を抱えるという排斥的力学に対する懸念を生んだ。このことは新植民地主義と文化帝国主義に関してずっと以前からある論争を復活させ、（アラブ諸国やフィリピンといった）いくつかの国の状況では、大学レベルでの授業のための最も適切な言語に関して議論が行われてきた。こうした懸念は、英語の教授法、教科書、そして学生や教授陣の英語に対する習熟度だけでなく、英語の使用というやり方が国内の言語の保存に対してもつ潜在的に有害な影響にも関わるものである。こうした英語のみへの没頭は、貧しい国だけに限られるものではない。例えば、フランスでは、現地語とその文化の保存という理由から、インターネットに対して慎重であることが進められた。オランダでは、国語としてのオランダ語の潜在的な消失とそれが英語に取って代わられるという問題が、「高等教育および研究の国際化がオランダ語以外の言語の使用を不可欠にしているために」、容易な仕事ではないことを認識しつつも、オランダ教育科学省が全国紙で「オランダ文化を繁栄させ、そのために学校での授業言語、政府および裁判所での言語としてオランダ語を使い続けること」を表明するという事態を生んだ。[13] 地球の「南」の大学にとって、言語をめぐる状況はより深刻な問題の徴候である。少数の例外を除いて、研究・開発の生産と分配は依然として中心国に集中している。周辺に当たる諸国では、対 GNP 比率として見た研究開発費は中心国で見られる投資のごく一部に相当する。すべてのラテンアメリカとアフリカの国々の研究開発に対する公的支出を一緒にしても、多国籍企業 2、3 社の研究開発経費に相当するものであり、従って、これらの 2 つの大陸における科学上の生産性が、世界全体の生産の 3% 未満にしか当たらないというのは驚くべきことではない。

　大半の発展途上国で実行される現行の開発モデルは、外資と外国の技術に高度に依存しており、土着の知識の生産および適用のために最も好都合な条件を提供しない。これらの国の多くでは、科学における他国への依存は、研究・開発に十分な注意を払わない高等教育システムが間接的な原因である。例えば、多くの発展途上国では、常勤の学術スタッフの割合を高める努力が続いている

にもかかわらず、ほとんどの教授はまだパートタイムあるいは時間制で働いている。そのことは、多くの場合、研究者の臨界質量(クリティカルマス)を伸ばす可能性を制限するものである。同じく、大学の活動の力点は大部分が学士課程の学生の専門的訓練に置かれている。大学院課程が最近は拡大しており、学際的なプログラムが増えてはいるが、ほとんどの学生の経験は彼らの専門分野の狭い範囲内に留まっている。こうした専門的志向では、柔軟なカリキュラムの余地がほとんどない。学生は、1年目からそれぞれの専門学問分野に特化し、大まかに言って、大学院課程で必要とされる研究のツールや学際的なスキルをもって訓練されていない。例えば、ラテンアメリカでは、最近の報告によれば、わずか2％の大学が研究型大学に類似しており、圧倒的多数は教育のみを行う大学、あるいはごく限られた研究活動を行う教育型大学である[14]。

こうした状況の下では、『タイムズ高等教育版』（*Times Higher Education Supplement*）による世界のトップ200の大学ランキングの中に、ラテンアメリカのわずか1大学（第178位）が入っているだけで、アフリカからは1大学さえも入っていないのは、まったく驚きではない。このランキングに使用された指標のうちのいくつかに納得できないにしても、富の分配における世界の不平等が科学知識の生産と分配における国際的な不平等に関係していることに異議を唱えるのは難しい。発展途上国の技術面での外国依存および科学者の相対的に低い所得は、他にも要因はあるものの、先進国への人的資本の移動が継続的に起こることの一因となっている。大学卒業生のための適切な雇用機会の不足と並んで、発展途上国の慢性的貧困や生活環境の悪化は、頭脳流出の深刻化をもたらし、それはやがて技術や科学における依存のサイクルを悪化させる[15]。先進国と途上国の間で科学の発展および労働条件の格差が続く限り、人材流出は継続しそうである。

技術と授業

高等教育の授業は、遠隔教育プログラムにおける量的、質的変化を促進する新しい双方向性通信技術の急速な発展に影響される。これらのプログラムは拡大しているだけでなく、書簡、電話あるいは一方向にテレビで放映される授業という20世紀型モデルから、特にインターネットやブログの使用を通じて、教員と学生の間での瞬時の対話というより洗練されたモデルへとコンセプトが

改まっている。技術の進歩が多くの「バーチャル大学」の出現を許し、バーチャル大学では学生はキャンパスに足を踏み入れることなく、オンラインで学位を取得することができる。最大の発展を遂げた遠隔教育の分野は、双方向テレビによるばかりでなく、学生が好きな時間や場所で使用できるソフトウェアによる、非同期式コース（いつでも／どんな場所でも）の分野である。この「柔軟な学習」という新興モデルは、政府から特別な注目を集めている。なぜなら、それは、授業のコスト削減、質の改善、就学機会の拡大という、通常は一緒に見られることのない3つの目標達成を約束しているからである。さらに、新たに現れてきた開放的な情報源やそれへの自由な接近という構想は、情報を検索し、これまでの貢献を踏まえながら、知識という社会の富に寄与する知的な共同作業を作り上げることに対して、機会を提供するための経費を削減する。もちろん、オンラインの教育は新しいものではない。しかしながら、ちょうど10年前、オンラインの授業は大部分がごくわずかの学校、あるいは何人かの技術通の教員によって実行された面白い実験であった。今日、オンラインの活動は多くの大学の中核になっている。

　何人かの者の予測では、あらゆる情報が学習プロジェクトを追求したい誰でも容易にオンラインで接近可能になるので、インターネットが大学を究極的には時代遅れなものにするだろうということであった。将来を予測するのは難しいが、学習が情報の吸収を越える社会的、情緒的なプロセスであることを覚えておくのは適切である。それはまた、それについて熟考し、評価し、解釈し、総合することも意味している。さらに、相矛盾するデータに向き合い、首尾一貫した議論を展開し、明瞭な言語で他者に考えを伝えることも意味している。インターネットは情報を利用可能にすることによって、学習者が第一歩を踏み出すのを助けることができる。大学は、オンラインと対面式の両方で、よい授業のモデルを提供し、育成的な個別指導、活力のある学びの共同体を提供することにより、学習の別の諸側面をもって支援することができる。大学はまた、学習者が情報、知識、イデオロギーを区別し、分析的で批判的な技術を伸ばし、複合的な観点から検討するのを助けることができる。

予算削減の影響

　前世紀の後半に起こった先例がないほどの大学の規模拡張は、確かに積極的

な展開であったが、在籍者の増大がそれにふさわしい予算の増額を伴わなかったとき、種々の懸念を生んだ。いくつかの大学システムは戦後期にエリート段階から大衆的な大学入学機会への移行をうまく行ったが、予想されたユニバーサルな大学入学機会への移行は[16]、より厳しい入学許可政策およびより高い授業料や学費によって減速させられた。大規模な拡張の中断を正当化するために政府が持ち出した2つの主要な議論は、20世紀後半の急速な在籍者の拡張が質の下落につながり、また、財源を無制限に増やし続けることができないというものであった。福祉国家が縮小し、政府予算の削減が現実になったために、高等教育機関は入学者規模を縮小し、収入を増加させ、コストを削減することを強いられた。それから多くの大学は、それらの財源を企業部門との契約、顧客から徴収する料金、卒業生からの貢献、寄付金を含めて多様化するとともに、特定のプログラムやサービスを選択的に削減し始めた。自ら帳尻を合わせるプログラムが促進され、募金活動が前面に押し出された。常勤の教授陣をそれほど高給でないスタッフに置き換えること、早期退職契約条項、自然減、より大規模な教室、外部委託、図書館の定期購読雑誌の中断、設備の主な更新の取り消し、設備購入の縮小など、さまざまな戦略によって経費の削減が達成された。管理者はさらに以前であれば大学に直接雇用されていたスタッフによって行われたさまざまなサービスを外部に発注することにより、労務費や勤務上の矛盾を減らしている。

　こうしたゲームの新しい規則が、いつでも矛盾なく受け入れられているわけではない。例えば、予算削減、限定的な入学資格、授業料や諸雑費は、世界のさまざまな地域、特に発展途上国において教員や学生の反対運動の新しい波を刺激した。時に学生の抵抗があったにもかかわらず、受益者負担の学費が、無償の高等教育の長い伝統をもった多くの国において現実の一部となっている。このことはちょうど10年前からかなり動き始めたが、その頃には、公立大学に通うことに対して学生に料金を請求する可能性など考えられないことであった。授業料および諸学費といった当時はタブーであった問題が、今や公然と議論され、実行されている。入学可能性に対する社会のニーズに対処するために、多くの政府が大学以外の中等後教育機関の拡張を促進している。こうした制度上の多様化は、政府が高校卒業者の新しい層に対処し、大学のための財源を専門学校、地方大学、コミュニティカレッジおよび職業訓練プログラムといったより廉価な機関へ移すことを可能にしている。高等教育機関の多様化の影響は、

これ以外にも見ることができる。一方で、非大学の中等後教育機関の増加が、より大きな選択の可能性と高等教育システムへの接近可能性を増した。他方では、それは高等教育のいっそうの階層化に結びつくかもしれず、そこでは民主主義や能力主義の外見の下で、閉鎖性のあるメカニズムが見直しを迫られ、また覆い隠されるのである。

さらに予算上の増加を伴うことなく、入学可能性を求める圧力をいっそう下げるために、多くの政府(特にラテンアメリカ、アジアおよび従来の社会主義圏)が私立高等教育の成長を許した。私立部門は、高等教育に対する社会の需要が公共部門による供給を上回った時には、それを吸収するばかりでなく、それはさらに制限された学生運動により政治的な対立を緩和し、異なる内容、そして(理論的には)より良質のものを提供することにより選択の可能性を高めるのである。高等教育への市場力学の導入は競争を促進し、効率と質を高めうるが、それは場合によっては、エリートのための高価で良質の教育と、大衆のための質の落ちる、貧しい教育とが併存した二重構造をもたらしうるのである。[17]

多くの発展途上国では、エリート的および非エリート的な私立大学の両方が安定した成長を続けている。これらの大学に対する需要は、公立大学の質が下がってきたと信じる人々、公立大学の過度の政治に不満を持つ人々、私学の資格認定証書のほうがより市場価値が高いと信じる人々、そして、学問的な理由で公立大学に拒否された人々から生じている。[18] ほとんどの発展途上国では、国の発展に対する私立大学の貢献が認められるが、これらの大学のうちのいくつかに対する国民感情は必ずしも積極的であるとは限らない。それらが学問的な価値よりも金銭的な事柄により大きな価値を置いている営利追求ビジネスと捉えられる場合には、特にそうである。こうした認識は、いくつかの国では、かなりの割合の私立大学が売れ口がよく、簡単なインフラが必要なだけで、確実な収益率が見込めるプログラムのみに専ら投資を行う傾向があるという事実によって補強される。さらに、1つには厳密な適格認定のメカニズムがめったに存在しないために、研究活動は乏しく、また質に関する基準は通常秩序だっていない。

職業化

豊かな国であれ貧しいであれ、多くの国では、高等教育と労働市場の関係は

不完全な相関を示している。入学者数の拡大と景気の減速が著しい数の高学歴失業や（本来の資格以下の仕事をこなしていたり、あるいは、一種の国内的な頭脳流出として、卒業した分野と異なるところで仕事をこなしていたりする）不完全雇用をもたらし、また、（同じ仕事を本質的に行うために、より高い学位が要求される）学歴偏重主義の深刻化をもたらした。この状況は高等教育の職業化に肥沃な土壌を供給した。つまり、伝統的な専門学問分野を犠牲にして、高い市場からの需要のある職業的、専門的プログラム（特にビジネスや情報通信技術の諸分野）を拡張する傾向である。

職業化を求める圧力は、より実用的になり、物的報酬および報酬のよい仕事に注目する学生、職場のニーズに応えるカリキュラムを要求する商工業界、教育と経済発展のより密接な関連（雇用可能性）を要求する政府、そして、大学が現実離れし、独りよがりだと非難する（主として政治家およびメディアといった）オピニオン・リーダーから生じている。高等教育機関がこれらの圧力に応えるのは、市場からの需要があるからだけではなくて、これらの人気のあるプログラムは通常、主要な収入源となる結構な授業料を課すことができるからである。[19]

従って、職業・専門教育プログラムの成長は、教育的な配慮よりもむしろ、いわゆる「卒業証書製造工場（ディプロマ・ミル）」も含めて、商業的な配慮を優先させる機関において特に目立つものである。このように商品としての高等教育に力点を置くことは、（知識それ自体が価値ある目的であるという考えの）リベラル・エデュケーションの伝統と、真理を探究する自立した学者の共同体という大学のイメージを弱体化させるものである。さらに、長い目で見れば、絶えず変わる労働市場の中で労働のニーズを予測することの難しさを考えると、今日最も人気のあるプログラムに力点を置く限定的な職業教育に関する見解にひどく焦点を絞ることは逆効果かもしれない。これらのプログラムの卒業生はまた、ポストフォーディズムの労働環境に特有の変化に富んだ状況や新技術に適応する問題解決のスキルや柔軟性に欠けている時には、雇用者の恨みを買い、学生の雇用見通しを限られたものにするかもしれない。

学生集団の多様化および再階層化

構成員の動態に関して、伝統的な高等教育の学生集団は女性、マイノリティ

第 11 章 グローバル化時代における高等教育の再編成 451

および成人学生がますます参加するにつれて変容してきた。多くの国では、今や女性が在籍者数のおよそ 50％に相当する。しかしながら、規模の拡大は入学しやすさを高めたが、高等教育の完璧な民主化は未だ生まれていない。在籍者の増加にもかかわらず、就学機会の不平等は依然として存在し、高所得家庭出身の学生は貧困家庭出身の学生に比べて、大学に通う者が数倍も多いようである。さらに高等教育システムは依然として階層化されており、高いステータスや高給を伴う分野には女性やマイノリティ学生が少なく、低いステータスの職業や教育機関に過剰になっている。積極的差別策を実施した高等教育機関では、不利を被った集団による抗議の増加が起こった。「是正の原理」の下で1960 年代および 1970 年代に確立されたこれらの進歩的政策は、機会を均等化し、実際より低く評価されている集団の大学への就学機会や合格者数を増やすことを目的とし、また、積極的差別是正措置（アファーマティブ・アクション）、必要度に応じた助成金や奨学金、補助金付きの学生ローンなど、さまざまなプログラムを生じさせた。

　今日、保守的思想によって支配された環境では、これらの政策はイデオロギー的および法的に異議申し立てがなされている。そうした立場の批評家は、積極的差別是正措置が乱用されており、不公平な定員割り当て制が確立され、質が下落したと疑われている状況の一因はそれであると主張する。いくつかの場合には、積極的差別是正措置に対する攻撃が政治的、法的行為によって功を奏し、公平性や入学可能性に対する否定的影響をもたらすことになった。現在、いくつかの政府は高等教育機関に卒業率を上げるように圧力をかけている。これは称賛に値する目的である。しかし、卒業の比率に専ら焦点を絞ることは就学機会の不平等を悪化させうる。なぜなら、高等教育機関は無事修了する可能性がありそうな応募者、つまり、家族への責任がなく、十分な財源をもつ優秀な高校卒業の若く頭のよい生徒をより優先しそうだからである。これは、学業を全うしそうでなく、また、すでにあまり在籍していない集団に不利益な影響を及ぼすであろう。例えば、カリフォルニアでは、学生からの需要は高まっているにもかかわらず、40 万人を超える入学希望者が目下コミュニティカレッジから入学を拒否されている。さらに、卒業率を強調することは、卒業を促進するために学術的な厳密さを下げることや基準の低下（例えば、必修単位の削減や難しい授業の除去）をもたらす場合がある。[20]

大学教授陣と社会的説明責任の圧力

　大学では教授陣の再構成が起こるというように、労働がますますどのようにも変えられることも見られる。このことは大学人が伝統的に安定性や良好な労働条件を享受してきた国々で特に起こっている。最近の数十年間に、常勤の教員の割合は相当に縮減する一方、パートタイムの、あるいは非永続的な職位（期間限定雇用者、助手、併任、非常勤講師など）に就くスタッフの数が先例のない勢いで増加した。他の労働市場と同じく、大学人も（高い安定性と良好な労働条件を備えた）小規模な中核労働者の集団と、勤務の不安定という幽霊によって永久に脅かされる薄給で取り替え自由な労働者の大群とに再階層化され、細切れにされている。大学での勤務の中で新たに勃興している部門では、その中核労働者は研究プロジェクトの調整や大学院教育に専念する終身地位保証（テニュア）付きの教授になりそうである。メキシコのような、いくつかの国では、彼らに対する報酬の一部は「生産性」（発表した論文や獲得研究助成の数）に基づいている。その他大勢の労働者は、学士課程の学生を教え、また暫定的方式で研究プロジェクトに協力することになりそうである。労働の柔軟化の要点は、テニュアに対して着手された攻撃である。それは、（学問の自由の保護という）テニュア本来の目的が教授陣の職務保証に歪曲されてきたという理由からであった。テニュアの除去を求める圧力は時には功を奏した。しかし、これまでのところ、学界はそれを保存するか、少なくともそれをめぐって交渉することができている。しかしながら、テニュア条項の維持にもかかわらず、大学管理者は、財政上の緊急事態とかプログラムの重複といった新条項、そしてテニュア制の枠外にある教授陣の割合を増やすことにより雇用者を解雇するという経営面での柔軟性をますます享受するようになっている。

　大学教授陣の強化と相俟ったテニュア制除去の要求は、大学をより「効率的」で、「社会的説明責任のある」ものにせよという政府からのより大きな圧力の一部である。予算制約の時代に、州の役人の間で広範に広がっている考えは、大学が費用対効果の高い機関でなく、社会のニーズにも応えていないというものである。その結果、大学の活動の評価に関する重要性が増している。一般論として、高等教育機関の質の評価は、（教授陣の学術面の資格証明書、図書館の蔵書、実験室や研究施設、教員対学生比率、教員対職員比率、学生1人

当たり予算など）専らインプット面に依拠したアプローチから、プロセスや結果を含むアプローチへと転換してきている。しかしながら、結果は、質的データを軽視し、個々の大学に特有な「歴史的使命」を無視する傾向がある業績指標（課程修了率、卒業生と雇用者の満足度など）の点から一般に測られる。

業績指標は、大学を（教育、研究、社会サービスに関して）評価する最も適切なツールとして、政治や行政の言説の中で広く受け入れられているけれども、実際のところ、それらは主として効率、速度、生産性に関する統計的手法を提供するものである。大学の活動が社会的に説明され、評価されるべきであるという一般的同意はあるものの、評価をめぐる2つの概念、エバリュエーション（evaluation）とアセスメント（assessment）の違い、質の定義、それを評価する最善の指標、そして効率を測定するための基準に関して、論争が起こった。議論は評価の技術的な側面だけでなく政治的な側面も検討し、誰が評価を行い、そしてどんな理由で行うのかという点にたいていは向けられた。例えば、論争は、最も適切な評価主体（評価が最も良く行われるには、政府、大学内の組織、その両者から受け入れられうるチームのいずれが行うべきであるのか）、および評価の目的（大学がそれらの業績を改善するのを助けるためか、あるいは財布の力を以て表彰したり、罰したりするための客観的と思われる情報を政府に提供すること）に関して展開された。

高等教育の再編成――他律的モデルに向かって

世界中で現在起こっている高等教育の変化に共通な傾向は、大学の自治が徐々に失われていることである。自治とは、大学がその目的や使命、教育の内容と方法、評価基準、入学および卒業要件、研究計画、昇進や降格の手続きなどを、大学人の間で、外部の干渉から自由に設定することを許すものである。その中世における起源以来、そして教会および国家との間で相当な軋轢があったにもかかわらず、大学は大々的に自治を享受してきた。学者の自治的共同体としての大学が、外部勢力からの自立を保証されていたことは、そうした教会指導者たちによって早くから認められていた。その際の前提は、比較的自律的で、そのメンバーが高度の学問の自由を享受する機関において、科学知識が最も効果的に生産され、維持され、普及させられるということであった。機関としての自治および学問の自由に加えて、中世の大学は、学習と探究への参加的

アプローチ、協働的な内的統治、自由な入学制度、そして知識それ自体に対する確信によって特徴づけられていた。[21]

しかしながら、今日のグローバル化の圧力、市場と調和した新自由主義的経済改革、国による調整、社会的説明責任の要求の真っ直中で、自治の原則は異論を唱えられ、徹底的に見直されている。ほとんどの公共機関は新自由主義的政策、民営化のプロセス、予算削減の影響を受けているが、大学をめぐる事態は、それが経済発展に果たす貢献に関して一般に信頼されていないために、よりいっそう悪いものになっている。こうした不信頼は、時には政府、財界、そして一部メディアによって仕向けられるものであるが、高学歴者の失業や不完全雇用の増大、大学が「現実の世界」から乖離した「象牙の塔」であるという広く行き渡った確信、真偽は不確かながら浪費や管理不行き届きがあるということに対する不満、テニュアをもつ大学人の生産性に対する疑念、さらに学生運動に関連した諸問題によっていっそう悪化する。

こうした状況の中で、大学は英語表記の頭文字にアルファベットのCを持つ10の事柄によって特徴づけうる他律的モデルへの[22]（時には自発的な、あるいは強制的な）転換を経験している。ウェーバー（Max Weber）によれば、大学はその使命、行動計画および成果が大学の内部統治機関より、外的な統制や強制によっていっそう規定される場合、他律的であると考えられうるという。つまり、他律的大学とはその進む道筋を積極的に組み立てることがますますできなくなり、また、その成功が外部からの要求に有効かつ迅速に応えることから生まれるような大学である。自治は自制を意味し、独立し、自由で、自発的な状態や質のことを指すのに対して、他律は対照的に、他者の決まりないし支配に服従することを意味する。利用可能な証拠を見ると、世界中のかなりの数の大学が市場の需要ならびに国の命令に応えることにより、自らの自治の程度を縮小することをますます強いられていることが分かる。[23]

他律的大学は、自由放任政策および国による干渉主義という2つの明らかに矛盾する力学の組み合わさった影響から生じる。確かに、この新たに生まれてきたモデルは、通常この話題に関する文献の中では独立したものとして扱われる「営利目的」モデルと「国による支配」モデルという、2つの大学モデルを包含している。営利目的の側面は、私立大学、企業に似た管理、教授陣の企業家精神、顧客負担の各種料金、消費者志向のプログラム、産業界との契約、そして、資金集め、原価回収、経費削減に関する多様なメカニズムを推し進める

さまざまな政策的手段を含んでいる。同時に、国は予算削減や、在籍者数をそれほど拠り所とせず、むしろ業績評価や大学間の競争を拠り所とする新しい資金提供の手続きを通じて大学の行動に影響を及ぼすことができる。営利目的の大学においては、そうした大学は企業となり、教授陣は企業家となり、学生と研究成果はサービスの最終的な顧客である企業にとっての製品となる。伝統的な価値や組織パターンが市場のもつ価値やパターンに取って代わられるにつれて、大学は「アカデミック・キャピタリズム」^{訳注1}の段階に本格的に突入する。²⁴⁾このことには、学園から切り離された管理運営構造の先例がない成長が含まれ、その結果として、管理運営の専門家主義が意思決定における究極のモデルとなる。アカデミック・キャピタリズムという新しい現象は、マクドナルド・モデルに似たフランチャイズ方式で、直接に関与することなくカリキュラムや学位を提供するものである。²⁵⁾

企業的な合理性はまた、学科、学部、そして大学間の合併の中に、自治的な単位組織の発展を促す学科の構造の中に、報酬メカニズムの中に、そして雇用、昇進、および解雇の基準の中に表現される。上述したとおり、市場の論理はまた、外部委託、効率と経費削減の戦略に対する一般的な強調、システムを構成する個別機関の多様性を増すこと、差別化や選択を奨励することの中に表れる。それはまた、時には過度の実利主義につながる労働市場の要件と緊密に結びついた短期システムの導入を伴って、高等教育システムがますます職業化することの中に認められうる。その上、卓越性強調の言説、および不利を被っている集団のための無試験入学あるいは補償を行うことが正義であるとするモデル(つまり、積極的差別是正措置)の明確な拒否を伴う、より制限的な入学者選抜政策が、長期にわたる質と均等とをめぐる議論において揺り戻しを引き起こしている。

同時に、公立および私立大学の個々の教授、学科や学部は、資金調達、補助金、契約、そして学生をめぐって市場で広く行われているものに似た競争的行動に従事しなければならない。大学人の間では、起業家精神が非常に奨励され、テニュアは危険に晒され、また、パートタイムの教授陣が増加する。教育は、

訳注1　Sheila Slaughter and Gary Rhoades, *Academic Capitalism and New Economy: Markets, State, and Higher Education*, The Johns Hopkins University Press, 2004（S．スローター，L．L．レスリー著，成定薫監訳『アカデミック・キャピタリズムとニュー・エコノミー——政治，政策，企業的大学』法政大学出版局、2012年）が詳しい。

奪うことのできない権利あるいは公平無私な知識の探究というよりも、私的な消費ないし投資と見なされる。受益者負担金、合理的選択、就職可能性、および私的収益率に重点を置いた言葉がますます支配的になり、営利追求のモデルがパラダイムになるとともに、競合する諸モデルに対する攻撃が激しさを増す。「学問の安息の地」モデル（汚されていない環境で真実を追求する学者）は、見当違いの象牙の塔と捉えられ、これまでの数十年間の教育の拡張につながった「人的資本」モデルは、労働予測の度重なる失敗の後に疑われており、また1960年代および1970年代に非常に多くの支持者をもっていた「社会変革」モデルも大学の活動の極端な政治化につながる安っぽいポピュリズムとして今や描かれている。[26]

営利目的モデルは、国によって設けられ実行されるますます多くの管理メカニズムによって補完される。確かに、アカデミック・キャピタリズムの強化が国の完全な撤退を意味しないことに注目することは重要である。撤退は他でもなく金銭上の事柄であり、何人かの観察者の期待に反して、減少する国の予算割当額は必ずしも大学により大きな自治を与えるものではない。他律的モデルに関する逆説の1つは、政府は高等教育機関が私的な財源（学費、寄付金、研究契約など）にますます依存するように要求する時でさえ、高等教育の成果に対する統制や規制を強化するというものである。個々の機関を含めて、システム全体の方向を定める上で国が行使する影響力は、縮減する予算を異論のある基準に基づく業績評価に結びつけることで大いに高まる。

「遠隔評価」として知られる新しいモデルの下で、大学は、学内問題について決定する自治と表明された目標を達成する手段（プロセス管理）を保持しているが、一方、国はそうした目標を決定する権力（製品管理）を有するのである。[27] この条件付きの資金供与（それは社会的説明責任を理由に国の官僚によって防御される）は、大学の手続き上の自治を増す一方、その本質的な自治は減じているのであり、それはまた国がさまざまな分野での学生募集数、伝達される技術の種類、強化されるべき中等後教育機関の種類、専門学問分野に跨る研究に対する資源、学生1人当たりのスタッフ数などを決定する上で重要な役割を果たすことを可能にするのである。[28] 国による資金供給条件の一部として、大学は、在籍者数の少ないプログラムの廃止や、人文学、創造的な芸術といった脆弱な（市場性の低い）分野の廃止、あるいは図書館蔵書の購入や研究・教育設備の取りやめといった厳しい選択を行わなければならないのである。韓国で

最近起こったように、時として政府は大学指導者の選挙にもっと関与することによって、公立大学に対するより大きな直接的統制力を手に入れようと試みる。

結論

　第二次世界大戦後の時期に、世界中の高等教育で起こった最も重要なただ1つの傾向は、紛れもなく高等教育システムの拡張であった。しかしながら、21世紀の幕開けに際して、最も重要な傾向は恐らく自治から他律への転換であろう。現代の動きについての比較分析は、この転換が特定の大学や特定の国における危機的変容を越えて、本来構造的で、広がりにおいてグローバルなものになりつつあることを示唆している。この転換の背景には、経済、イデオロギー、そして政治に関する諸力の再構成がある。その中には、経済のグローバル化、新保守主義的および新自由主義的政策の実施、国際的な企業力の拡大、そして国の役割の見直しがある。これらの諸力は均質ではなく、複雑で相矛盾する力学によって特徴づけられ、ローカルなレベルではさまざまな面で表れるが、現代の開発に関する比較分析は、他律性への転換が所与の大学、あるいは特定の国における特定の変化を飛び越して、性質において構造的で、範囲においてグローバルなものになっていることを示唆している。諸大学はこれらの国際的な諸力および国内的な諸力の影響を免れないが、変化を指示する大学関係者と特定の変化に抵抗する大学関係者との間の力学は、これらの外圧や各大学の状況における最終結果を調停する。しかしながら、これら起こりつつある変化の多くのまさにその性質が、大学をそれほど自律的でなくし、また、学風に深遠な転換をもたらすために、大学共同体はますます抵抗力がなくなり、そして、時には、同じ方向での変化に対して受容的にさえなり、代替的政策をそれほど策定し得なくなるのである。これらの理由のために、他律的モデルはしばしば故意に企図されたというよりもむしろ、自由な選択の行使を通じて大学共同体に課される傾向がある。この新興モデルは大学と国家との関係や市場との関係を変えるのみならず、その目標や基本方針、そして大学が学内問題を管理する方法を変えるのである。

　他律的大学に向かって進行中の転換の全面的な影響を目にするのはまだ先である。肯定的な面を見れば、政府のより厳格な規制が重複を回避し、効率を高め、基準を点検し、社会的責任を確かなものにし、公的資金を優先的な開発目

標に結びつけ、公正さと質を補強し、そして、一般に大学の社会的説明責任を増大させるのに役立ちうる。同様に、市場的価値や慣行を採用することは、よりよい管理手続きの採用を促進し、効率を高め、大学間の健全な競争を促進し、資金繰りの苦しい大学に追加融資をもたらし、それがパートナーである両者に等しく裨益することがありうる。

　しかしながら、この推移に潜在的危険性が内在することを指摘しておくことは適切であろう。これまでのところ、最近の数十年間において、大学の事柄に対する市場と政府のより大きな影響力は、予算削減、収入に関する私的財源（より高い授業や諸雑費を含む）に対する依存度の高まり、私立大学の成長、そして労働条件の規制緩和に表れた。もしこの傾向が続けば、他律的モデルは、大学の社会的使命、大学の自治や学問の自由、大学が平等と入学可能性を追求すること、あるいは公平無私に真実を探求すること、そして情報の自由な流れといった重要な価値や伝統が浸食されることにつながりうるのである。同じ調子で、大学は社会の批判的な意識、新しい知識の原動力、そして公益の長期的な守護者であるべきだという観念が、その時代の経済や政治の長とより密接に結びついた見方に置き換えられることが起こりそうである。大学は1948年の世界人権宣言の第26条やさまざまな国際的協定に宣言されたような教育機会の平等性、環境面の持続性、人権、平和、また開発の公正なモデルを促進する役割を果たすべきであるという考え方とも置き換えられるかもしれない。関連する危険性は、知識の生産が人間発達、持続性、民主主義を促進することを目指さないで、知識生産の恩恵の大半が工業先進国、多国籍企業、そしてエリートに流れ込む傾向のあるシステムの強化を目指すことである[29]。同様に、評価は主として大学の仕事に見られる問題を診断し改善に向けてフィードバックを行うために使われるべきであるという考え方は、議論の余地のあるアメとムチ、社会的説明責任の手段や業績指数によって影が薄くなるかもしれない。

　もし他律的モデルが支配的になれば、市場との連携は強化され、高い質の大学への入学要件はより高くなり、限られた雇用機会しかないプログラムへの定員割り当てが課され、学生はより高額の授業料を払うことになり、より多くの教授陣が政府や企業によって支援され、研究活動がより直接的に市場への応用や産業と大学の間の共同ベンチャーに結びつけられることが期待しうる。さらに、公立大学がおそらく私的財源からより多くの収入を集めるだろうという予測が考えられるし、一方、私立大学は政府からより多くの補助金を受け取り、

その規模と数を拡大するであろう。人員雇用策の点では、フルタイムの契約を交わした専門的大学人の割合が減少し、パートタイマーおよび特定の授業だけを教えたり、限られた契約の下で研究プロジェクトを支援するためだけに雇われる期間雇用者の割合の増大を予測しうる。多くの国で、教授陣の給与の減額は教授が公立大学に留まろうという気をそぎ、国内での、そして外国との頭脳流出を長引かせるであろう。さらに、大学のプログラムに資金を提供する民間企業は、人事や研究の基本方針といった学術的な事柄に影響を及ぼそうとするであろうし、それは実際すでに起こりつつある。[30]

　この推移にはこの他にも考慮すべき危険信号がまだ存在する。もし他律的モデルが確固たるものになるとすれば、道具主義が強調され、社会批評に関係した授業が周辺化されるといった、カリキュラムの変化が起こるかもしれない。低いランクの大学は、遠隔教育やメディアの集中的な使用によって埋め合わされるとはいえ、超満員の教室や実験室でやっていかなければならないであろう。大学人の同僚同士による意思決定という管理運営モデルは大幅に減らされ、企業的な合理性に基づいた階層制の意思決定プロセスに取って代わられるであろう。研究集約的な大学では、学術活動の組織の変化は、大学の主要な諸使命の間のバランスを見直し、今日以上に研究に力点を置く報酬構造をもつようになる。

　もし大学の基本方針が市場の力学および国家管理によってますます形成されるなら、大学の活動とその産品は強力な経済的、社会的、政治的なグループに恩恵を与えるものになりそうである。換言すれば、他律的大学は、公益に役立ったり、知識の真の探究や社会の中で最も疎外されたセクターの需要に役立ったりするより、産業の特定の利益や、時の政府の政治的な基本方針、そして、上流階級の社会的、経済的願望に迎合する可能性がありそうである。さらに、外圧は大学人が仕事の優先事項や方法に関してもっている選択の幅を狭め、公立大学の多くの歴史的伝統を変えるかもしない。例えば、自己のペースでの仕事、研究の組織や管理に関する自由裁量、コミュニケーションや出版の自由といったもので特徴づけられる大学という環境における仕事のプロセスは、利益や商業化、期限、秘密、所有権、市場での競争的優位を強調する産業界の論理や、しばしば予算削減、官僚による統制、短期の政治的便宜主義などを強調する政府の論理に取って代わられうる。

　手短に言えば、知識の生産および分配における徹底的な変化は、就学可能性

にこだわり、開かれた議論を信頼し、そして社会において批判的発言を行うといったことを陳腐化するような新しい操作方法の確立を大学に強いるであろう。他律性、つまり外部からの力により依存することは、工場に似たモデルに結びつきうるものである。同モデルにおいては、肝心な点は黙諾と費用対効果であり、学習者は顧客ないしアウトプットと考えられ、知識人は真理の探究よりも市場の命令に導かれるのである。このことは次には学術環境の悪化に結びつく場合があり、より多くの検閲のケースや利益の対立[31]、職業訓練や専門的訓練の強調、基礎研究や市場性のない学問分野に対する少ない支援、不利を被っている集団のさらなる排除、そして学問の自由の削減につながるかもしれない。さらに、市場の需要への反応的なアプローチは長期的な発展にとって有害な意味合いをもちうるであろう。この状況についての事例は、在籍者の点で不人気な（しかし戦略的ニーズの点から重要な）コースあるいは非応用研究が除去されることである。このことはやがて国が専門的訓練と研究開発の両方に関して持続可能な計画を立てる力量を減少させることになるであろう。この議論をさらに敷衍して、もし次の数十年間に大学の資源がマッチングファンド、宣伝活動の基本方針と結びついた後援、商業化の取り決めを通して、より利益の上がる研究や教育プログラムに大々的に振り向けられるとすれば、大学での研究と軍需産業とのますますのなれ合い関係に誰が注意をむけるのであろうか、また、恐らく今世紀に人類が直面する主要な問題となるであろう生態学的な懸念を誰が提起するのであろうか。

　面白いことに、市場の圧力と国家による管理という2つの論理はしばしば補完的なものであるが、時には矛盾した力学を生み出すこともありうる。大学は一方で、消費者として行動し金額に見合う価値を要求する学生顧客の要求を満たさなければならない。他方では、資金提供を受けるために、政府によって開発された業績指標を満たさなければならない。この状況は新しい問題に対して門戸を開くことになりうる。例えば、学生が消費者として行動するならば、彼らはより低い教員対学生比率および教授とのより多くの接触時間を要求するかもしれない。大学がこれらの2つの圧力にきちんと対応した場合、考えられる成り行きは、学生1人当たりのより高いコストと、学術誌に掲載される教授陣による論文数の減少である。このことは次には資金供給のカットという形での政府による処分につながるのである。その結果、学生に質の良いサービスを提供するための大学の力量を低下させることになり、それがこの循環を生む元々

の問題であった。

　先に概観した懸念は、予測として読まれるべきではなく、もし他律的モデルに対抗勢力がほとんど、あるいはまったく無い場合には、起こりうる可能性のあるシナリオと解釈されるべきである。確かに、経済の需要や選ばれた政府が定める優先順位、そしてより良い社会的説明責任のメカニズムに大学がいっそう密接に結びつくことは、称賛に値する目標である。しかしながら、民主主義というよりも金権政治に似ている現在の政治経済の状況下では、公益を守るための指針を作り上げることが重要なのである。それゆえ、大学にとっての主要な課題は、品位、開放性、自治、そして社会的利益を保持しつつ、いかにして経済発展に寄与するのか、いかにして能率的運営と同僚が平等な権限を有する民主的管理とのバランスをとるのか、質を維持しつつ、いかにして拡大するのか、そして、倫理的価値や生態学的価値によって導かれる科学的、技術的冒険にいかにして取り組むかである。

　多くの国において、他律的なアジェンダは対抗しえないほどの主導権を達成した。機関としての大学は外部の諸勢力と競うにはあまりにも弱体化し、また、ほとんどの教授陣や管理者は彼らが確実な防御を開始するのは不可能と感じているように思える。しかしながら、大学は他の機関とは異なる点を明確に表現し、また、大学が運営されている原理が産業界や政府のそれとはいかに異なるかを明確に述べ、さらに、大学がなぜ特権を享受しなければならないかを社会に対して説明することが、今までなかったほど難しくなっているように思えるとしても、歴史の中で最終的な台本などは何もないということを覚えておくことが重要である。再編成の深さと速さは、個々の国民国家および個々の機関の力の相互関係や歴史的伝統に左右されるのである。多くの国では、過剰な他律的モデルの蔓延状態に立ち向かっているのは、それに反対し抵抗する社会に実在する主体である。そして、彼らは個々の大学にふさわしく、また、公益を増進する自治と他律のバランスのとれた実行可能な代替案を最終的には提示する可能性がある。

　注

1）チェリッチとサバティエによれば、改革とは所与のコミュニティによって共有される一群の価値と一致する計画された意図的なプロセスであるが、他方、対

応はある状況に反応して行われなければならない何かである。L. Cerych and P. Sabatier, *Great Expectations and Mixed Performances: The Implementation of Higher Education Reforms in Europe* (Paris: Trenharn, 1986) を参照されたい。

2) 新しいグローバル化した状況において大学の向かう方向に関する詳細な議論については、Robert Rhoads and Carlos Alberto Torres, eds., *The University, State, and Market: The Political Economy of Globalization in the Americas* (Stanford, CA: Stanford University Press, 2006) を参照されたい。

3) David Held, "Democracy, the Nation-state, and the Global System," *Economy and Society* 20, no. 2 (May 1992): 38-72.

4) 福祉国家とは、階級間対立を縮小し、かつ資本主義的生産様式の長期的な再生のための条件を提供するために、社会政策、プログラム、基準、規則の形式をとる資本主義国家による介入を指す。福祉国家は社会再生の次の5つの主な領域において介入する。①労働者階級の物理的な再生（万民対象のヘルスケア、補助金支給の住宅、補助金支給の育児、子ども手当や家族手当、食料引換券などのような母親と子どものための社会的便益）、②特定技術や態度を身につけさせることにより労働市場に対する新しい世代の準備（普遍的で無償の基礎教育、技術教育や職業教育の機関など）、③適切な労働供給と労働条件の準備（補助金支給の公共交通、最低賃金に関する規則、労働時間、児童労働、退職年齢、訓練、傷害保険、移住など）、④階級間対立のための制度的枠組みの準備（団体交渉権、組合の承認、雇用、健康そして安全基準など）、⑤「非生産者」や退職者のための収入の供給（失業保険、老齢年金など）。Gary Teeple, *Globalization and the Decline of Social Reform* (Toronto: Garamond, 1995); および Claus Offe, "The German Welfare State: Principles, Performances and Prospects after Unification,"（1997年のカリフォルニア大学ロサンゼルス校での年次コロキウムシリーズ「国民国家の終焉（The End of the Nation-State?）」に提出された論文）を参照されたい。

5) ミシガン大学元学長のジム・ドゥーダーシュタット（Jim Duderstadt）の言葉であり、Nancy Folbre, "When State Universities Lose State Support," *The New York Times*. October 5, 2009 に引用された。http://economix.blogs.nytimes.com12009/10/05/when-state-universities-lose-state-support/.

6) Joel Samoff, "The Intellectual/Financial Complex of Foreign Aid," *Review of African Political Economy* 53 (March 1992).

7) Philip Altbach, Liz Reisberg, and Laura Rumbley, *Trends in Global Higher Education: Tracking an Academic Revolution* (Paris: UNESCO, 2009).

8) Martin Haig, "Internationalisation, Planetary Citizenship and Higher Education Inc.," *Compare* 38, no. 4 (2008): 427-40.

9) Philip Altbach, "Patterns in Higher Education Development: Toward the Year 2000," in *Emergent Issues in Education: Comparative Perspectives*, ed. Robert Arnove, Philip Altbach, and Gail Kelly (Albany: State University of New York Press, 1992).

10) Ho Mok, "The growing importance of the privateness in education: Challenges for higher education governance in China," *Compare* 39, no. 1 (2009): 35-49.

11) 実は1970年代に、アルトバックはPhilip Altbach, *Comparative Higher Education: Research Trends and Bibliography* (London: Mansell, 1979), p.28. で「高等教育計画の策定者やその他がしばしば彼らの国の学術の発展にとって最も適切なモデルとしてアメリカを頼りにしていることは何の疑問もない」と述べていた。

12) この議論の延長として、D. Schugurensky, "Global Economic Restructuring and University Change: The Case of Universidad de Buenos Aires," (Ph.D. diss., University of Alberta, 1994). を参照されたい。

13) Ministry of Education and Sciences of the Netherlands, *Information on Education*, no. 0-02-F, (February 1992; cited by Zaghloul Morsy in introduction to *Higher Education in International Perspective*, ed. Zaghloul Morsy and Philip Altbach (Paris: UNESCO, 1993).

14. Jose Joaquin Bruner, "La idea de universidad en tiempos de masificación," In J. J. Brunner and Rocio Ferrada (eds.), *Educación Superior en Iberoamerica. Providencia* (Santiago: Centro Interuniversitario de Desarrollo [CINDA], 2011).

15) Philip Altbach (ed.), *The Decline of the Guru: The Academic Profession in Developing and Middle-Income Countries* (New York: Palgrave MacMillan, 2003).

16) Martin Trow, *Problems in the Transition from Elite to Mass Higher Education* (Berkeley, Calif.: Carnegie Commission on Higher Education, 1973). を参照されたい。トロウの分類では、当該年齢層の10%未満が在籍する時には、高等教育システムは「エリート的である」と考えられ、在籍者が当該年齢層の15%以上になった時には「マス(大衆的)」であり、そして、当該年齢層の50%以上が高等教育に進む時、「ユニバーサル」な状態であると見なされる。

17) J. Tilak, "Privatization of Higher Education," in *Higher Education in International Perspective: Toward the Twenty-first Century*, ed. A. Morsy and P. Altbach (Paris: UNESCO, 1993), 59-71.

18) この状況は、ラテンアメリカで特に明瞭である。Daniel Levy, "Recent Trends in the Privatization of Latin American Higher Education: Solidification, Breadth, and Vigor," *Higher Education Policy,* no. 4.1 (1993). を参照されたい。

19) Cristina Escrigas and Josep Lobera, "New dynamics for Social Responsibility,"

in *Higher Education at a Time of Transformation: New Dynamics for Social Responsibility*. (Lon don: Guni Series, Palgrave, 2009). さらに、Altbach, "Patterns in Higher. Education." も参照されたい。

20) Gary Rhoades, *Closing the Door, Increasing the Gap: Who's Not Going to (Community) College?* (Tucson: Center for the Future of Higher Education, 2012).

さらに、California Faculty Association, "The CSU Graduation & Achievement Gap Initiative," CFA White Paper, 2010; Susan Meisenhelder, "Higher Education at the Crossroads: The Graduation Rate Craze," Huff Post College, March 2, 2011. も参照されたい。

21) Ronald Barnett, *The Idea of Higher Education* (Buckingham, U.K.: Society for Research into Higher Education/Open University Press, 1990).

22) 他律的大学の特徴は頭文字にCをもつ10の言葉で要約できる。それらのうちの7つは「営利目的の大学」に対応している。すなわち、①私立・外国の大学の育成（cultivation）、②消費者（customer）による料金負担、③顧客指向（client-oriented）のプログラム、④企業的（corporate）合理性、⑤産業界との協力（cooperation）、⑥労働のパートタイムへの切り替え（casualization）、⑦外注（contracting out）である。他の3つのCは統制される大学に触れたものである。すなわち、⑧削減（cutbacks）、⑨条件付きの（conditional）資金提供、⑩調整（coordination）であり、それはシステムの中での「共同作業（collaboration）」や「競争（competition）」の力学と次には結びつく。これらの特徴について詳述したものとして、Daniel Schugurensky, "The Political Economy of Higher Education in the Time of Global Markets: Whither the Social Responsibility of the University?," *The University, State and Market: The Political Economy of Globalization in the Americas,* ed., R. A. Rhoads and C. A. Tones (Stanford, CA: Stanford University Press, 2006), pp. 301-20 を参照されたい。

23) 他律というこの言葉に関する4つの解釈をこの時点でしておくことが適切であろう。最初に、大学が国および個人の利害によって以前にも条件づけられていたのは事実である。しかしながら、新たに現れているパターンは、種々の寄付ないし寄贈を通じて実業家が特定の大学をコントロールする古典的やり方を越えて、また、特定の大学ないし国民国家における政府による大学自治の危機的侵犯を越えて、市場に依存したり、国に服従したりするという新しい構造的でグローバル化されたモデルとなっている。第2に、この文脈で使われる他律という言葉は、大学が機関としての自治のあらゆる名残をはぎ取られつつある（あるいは近い将来そうなるであろう）ということを示唆するものではない。それはむしろ、自らの論理や利害を押しつける力をますますもつようになっている外部勢力によって、このスペースが狭められ、徐々に取って代わられていることを示している。それは、大学が非学術的

な主体によって運営されるということではなく、むしろ（その機能、内部組織、活動、報酬の構造など）日々の営みに関して、国や市場が課してくる論理に組み込まれるということなのである。第3に、他律というのは、ここでは抽象概念として使用され、従って、特定の現実の分析にそれが適用される場合には、適切にその状況が説明されるべきなのである。最後に、他律的大学への移行は学界のすべてのメンバーによって歓迎されるスムーズで、直線的な合意のプロセスではない。このプロセスは、大学に関する代替的見方の擁護者からの抵抗によって通常妨害される。

24) Sheila Slaughter and Larry Leslie, *Academic Capitalism: Politics, Policies, and the Entrepreneurial University* (Baltimore: Johns Hopkins University Press, 1997).

25) Philip Altbach, "Franchising: The McDonaldization of Higher Education," *International Higher Education* 66 (Winter, 2012).

26) これらのモデルについての詳細な記述は、J. Newson and H. Buchbinder, *The University Means Business: Universities, Corporations, and Academic Work* (Toronto: Garamond, 1988). を参照されたい。

27) G. Neave and F. Van Vught, eds., *Prometheus Bound: The Changing Relationship between Government and Higher Education in Western Europe* (New York: Pergamon, 1991).

28) バードハル（Berdhal）は本質的な自治と手続き上の自治とを分けている。本質的な自治とは、それ自体の目標やプログラムを決定する上での大学の権限を指し、一方の手続き上の自治はその目標やプログラムが追求される手段を決定する権限のことである。Robert Berdhal, "Academic Freedom, Autonomy and Accountability in British Universities," *Studies in Higher Education* 15 (1990): 169-81.

29) United Nations. *Understanding Knowledge Societies* (New York: UN, 2006).

30) Canadian Association of University Teachers. Wilfrid Laurier and Waterloo "Universities Face Academic Censure," CAUT, April 30, 2012. http://www.caut.ca/pages.asp?page=1083.

31) 利害の対立は生物医学の研究、経済学、エネルギー、農業といった分野でより頻発する。Bernard Lo and Marilyn Field, eds. *Conflict of Interest in Medical Research, Education, and Practice* (Washington, D.C.: The National Academies Press, 2009); Gerald Epstein and Jessica Carrick-Hagenbarth. "Financial Economists, Financial Interests and Dark Corners of the Meltdown: It's Time to Set Ethical Standards for the Economics Profession," Working Paper Series #239 (Amherst: University of Massachussetts, 2010); *George DeMartino. The Economist's Oath* (Oxford: Oxford University Press, 2011; Jennifer Washburn. *Big Oil Goes to College: An Analysis of 10 Research Collaboration Contracts Between Leading Energy*

Companies and Major U.S. Universities (Washington: Center for American Progress, 2010); Henry Etzkowitz. "Research Groups as 'Quasi-Firms': The Invention of the Entrepreneurial University," *Research Policy* 32, no. 1 (2003): 109-21. を参照されたい。

第 12 章　ラテンアメリカの教育
――依存と新自由主義から開発への代替的道へ

ロバート・F・アーノブ、スティーヴン・フランツ、
カルロス・アルベルト・トーレス

　21世紀に入って二度目の10年間におけるラテンアメリカの教育を理解するためには、その国の性質を見るとともに、国際的な経済的、政治的な諸力が学校システムの管理、財政、機能および結果にどのように影響を及ぼしているかを見ることが必要である。各国の状況およびその教育との関係を明確にした後に、われわれは、この地域の多くの政府の分配政策に関して近年劇的な変化があったと主張する。進歩的、左翼政治体制の出現は、ほとんどの国が20世紀最後の20年間に国際資本と市場へのアクセスを手に入れるために追随した優勢な新自由主義的経済・社会政策を無効にする政策につながった。新自由主義的諸政策は国々の中で富む者と貧しい者との格差拡大につながり、公教育のための国の資金提供の削減、そして、その結果として非常に不公正な教育システムをもたらした。今や逆転が起こっており、より大きな資源がすべての段階の教育に注がれている。これらの政策はこの地域において、教育の地方分権化、規制緩和、民営化を含むもう一方の教育改革構想としばしば矛盾しつつ共存している。

　この地域における現在の政策転換から誰が利益を得ているのかを識別するために、本章はさまざまな層の集団、特に女性、農村住民や先住民、そして社会階層（そのすべてが得失を決定する上で互いに交わっている）による入学と修了パターンの違いを検証する。

　その後、われわれはさまざまな改革構想について、それらがどこから始まったものか、上位層か、底辺層か、中間層かを議論する。これらの改革の中には、低所得家庭が彼らの子どもを学校に通わせ、適切な栄養や保健サービスを手に入れられることを目標にした現金支給プログラムがある。また、例えば、多

くの先住民を抱える国々でのバイリンガルの異文化間の教育、中等および中等後レベルの教育を国際化し、不利を被っている住民に役立つように高等教育拡張の支援活動を拡張する努力、そして、ブラジルの教育者パウロ・フレイレ（Paulo Freire）の教育原理に基づいた成人教育プログラムなども含めて、カリキュラム上の刷新もある。われわれは次のように主張する。すなわち、もっと参加的で公正な社会を作り上げるのに絶対不可欠な、より公正でより民主的な教育システムを作れるかどうかは、単に国による主導に頼るだけではなく、エリートの利益や、それがどれほど善意のものであっても、独裁主義政府の命令に対しては反対する勢力として役立つ強い草の根運動および強い市民団体の存在にも頼ることにかかっているのである。

対象国およびその教育との関係の明確化

　一般に、国家というものは、党派間の協約、葛藤の場、そして競合する政治的プロジェクトの間から選択を行わなければならない目的をもった主体として概念化されるかもしれない。カルドソ（F. H. Cardoso）によれば、国家は「社会階級あるいは支配階級の党派間に存する支配に関する基本的協約であり、従属させられる階層に対して彼らの支配を担保する規範」[1]と考えられるべきであるという。対決の舞台として、国家は競合する政治的プロジェクトの緊張や矛盾を表すとともに、市民社会の政治的協定も表している。さらに、社会階層、人種、民族、ジェンダー、地理、倫理ないし道徳、そして宗教に関わる諸要因が、社会政策を立法化し実行する際の国の行為に影響を及ぼす。資本主義社会の国家は、まさにその性質によって、資本主義システムの形成と再生産に向けての政策に好意を示すけれども[2]、国民全体の代表でもあり、そして自由で民主的な社会においては、より多くの大衆が個人の権利の拡張および公共政策の決定に参加することの擁護者である[3]。従って、すでに述べたとおり、国には2つの性格がある。すなわち、それは支配の協約でもあり、競合する領域でもある。さまざまな集団が自らの利益に役立つ公共政策を形成するために介入する。教育は政治システムを正当化するために利用されうるが、それを問いただす役目も果たしうる。教育システムは社会的分業を永続させるために機能するかもしれないが、労働の場を人間味溢れるものにし、かつまた社会の階層構造を変革する術や知識を個人に身につけさせることもできるのである。

「条件づけられた」国家

　キューバという顕著な例外はあるものの、ラテンアメリカの国々が最近まで他国に従属し、あるいは「条件づけられた」資本主義国であったという事実のために、教育政策および教育プログラムは、歴史的に見て、基本的な社会変革や大多数の者の生活の改善をもたらす能力においてかなり限界があった。カルドソによれば、「連携従属的発展」がラテンアメリカを特徴づけるものであるという。彼が述べているように、ラテンアメリカの経済体制は国の官僚や運営者、多国籍企業および各国のブルジョアのうちの最上層部の連携の上に構築されている。多国籍企業だけでなく、過去100年にわたり同地域を手中に収めたアメリカの覇権（特にカリブ海と中央アメリカにおける頻繁な軍事介入を含む覇権）が、経済発展の代替的モデルやもっと自律的なモデルを挫折させた。ラテンアメリカの典型的な政治経済学は、本質的にそれほど再配分が行われず、被支配階層を排除するような、かなり権力集中的な経済システムを補強するものであった。

　マーチン・カーノイ（Martin Carnoy）によれば、ラテンアメリカの従属的な資本主義がもつ教育的含意は、「①国がしばしば公教育（国が定める知識）を広く利用可能にするために十分な資源を注入することを好まず、あるいはそうすることもできなかったし、②教育が広く利用可能になったとしても、民間の生産セクターと国はしばしば、平均的な教育を受けた者を吸収する十分な賃金労働を提供することができなかったことである」。

所得格差と教育上の公正性

　「条件づけられた国家」および「従属的発展」であることのみならず、富に関して付随する格差も、誰が最高水準で最も有名なタイプの教育を修了するか、その結果、誰が経済の近代部門での最も有利で最も望ましい仕事に就く機会を得るかを大いに左右するのである。ラテンアメリカは、最近まで、他の発展途上地域よりも大きな所得格差によって特徴づけられていた。そして、ジョージ・サカラポーラス（George Psacharopoulos）他が述べているように、「教育は所得格差に対して最も強いインパクトをもつ変数である」。

米州開発銀行の報告書『教育――ゴルディアスの結び目』は、「ラテンアメリカの所得格差の根本原因を見つけたければ、その歪曲された教育システム以外の多くのものを見る必要はない」という。チリのサンティアゴでの1998年4月の米州サミットの前夜に出た同報告書は、この地域の公立学校が危機に陥っていることを見出した。同報告書は、学校教育が進歩に貢献するよりもむしろ、「貧困を強め、不平等を永続させ、経済成長を阻止している」と述べた。問題は就学機会ではなく、修了率であった。第5学年の時点で、最も裕福な児童・生徒の93％が教育システム内に留まっていたのに対して、貧困層のほぼ40％は中途退学していたのである。第9学年の時点では、最も豊かな者の58％と比べて、最も貧しい生徒のわずか15％の者だけが学校に留まっていた。

　しかしながら、われわれは、経済不況の根本的原因が教育システムに存するのではなく、1980年代半ば以来この地域の多くの政府によって実行された経済政策によって生まれた社会的および経済的不平等に存すると言いたい。ユネスコの国際教育計画研究所2005年1～3月のニュースレター所載の報告「ラテンアメリカの教育と公正」によれば、さまざまな経済成長と社会復興の政策に着手された10年後に、この地域の社会情勢は改善しておらず、公正をめぐる教育改革のインパクトは最低限のものであるという。同報告は次のように続けている。

　　　その一方では、貧困はもはや危機とインフレに関する経済シナリオからは生まれるものではなく、この地域のほとんどの国々に採用された新成長戦略の結果である。……この地域における貧富の差は相当に広がり、富の分配が社会状況の分析の中心になった。

　同報告は、「裕福な者に恩恵を与える富の分配パターンは、一部の者が世界最高水準の暮らしの1つを楽しむことを可能にしている」と記している。これにつけ加えるならば、つまり、ボリビア、エクアドル、ペルー、グアテマラ農村の先住民、そして、ブラジルの北東地域のアフリカ系アメリカ人の状態に関する適切な記述として役立つかもしれない内なる植民地主義状況であったアパルトヘイト中の南アフリカにおいて、白人によって享受された特権的地位ときわめて類似したような暮らしである。これらの国々のみならず、ニカラグア、ホンジュラス、エルサルバドル、ハイチ（これらの国すべてが外国からの干渉

や新植民地主義の歴史とともに、内戦や自然災害で苦しんできた）も、驚くに当たらないが、この地域では最も高い非識字率や中退率を抱えていた。上に挙げた事例各国では、国民の多数は赤貧の中に暮らし、ラテンアメリカ経済委員会（Economic Commission for Latin America）によれば、平均貧困率が2009年には全地域で33.1％（都市では27.8％、農村では52.8％）であった。また、極貧については、平均比率は13.3％（都市では8.8％、農村では30.0％）であった。[13]

ラテンアメリカは歴史的に、世界の他の発展途上地域より高い比率の子どもや若者が学校に在籍してきたが、この在籍パターンはこの地域の特別な歴史を反映している。多くの国では、在籍に関して二峰性分布が見られた。社会の中で最も恵まれないセクター（少数民族、農村住民、女性）出身の生徒の多数は、初等教育に通ったり、それを終えたりすることがなかったが、その一方で、過去においてしばしば、ヨーロッパ諸国を越えるほどの相当な数の学生が大学に通っていた。同時に、ラテンアメリカの労働者はアジアや中東の労働者より短い年数の学校教育しか受けていなかった。成人人口（15〜64歳）の学校教育[14]の平均年数は6年間未満である。

反覇権運動と政策

上述したラテンアメリカの条件づけられた国家の記述は、過去15年間で劇的に変わってきた。キューバに加えて、より社会主義および社会民主主義寄りの路線に沿った開発の道を追求する多くの国が出現した。巨万の富を有するベネズエラを筆頭に、以下、必ずしも年代順ではないが、ブラジル、ボリビア、アルゼンチン、エクアドル、ウルグアイ、パラグアイ、エルサルバドル、ニカラグア（2006年にサンディニスタ民族解放戦線が政権復帰）、そしてチリ（2000〜2010年、リカルド・ラゴスとミッシェル・バチェレ率いる中道左派の与党連合コンセルタシオンの期間）が続いた。これら左翼系政府の出現は、世界経済の下降、およびラテンアメリカに対するアメリカ合衆国の関心の低下とアジアへの関心の増大と一致していた。ブラジルは、（アメリカと中国ほど国柄が異なっていても、国々が熱心に求めたエタノールに使われるサトウキビ、そして大豆など）基本作物の農産品輸出国としても、また主要な工業大国としても浮上してきた。2001年の国際投資筋への支払い不履行の後で、ア

ルゼンチンは急速な経済成長を経験し、あわせて、その中部平原地域(パンパス)の牛の放牧地の多くを大豆の作付け地に変えた。

「ラテンアメリカの不平等および貧困」に関する西半球問題委員会(Council on Hemispheric Affairs; COHA)による2011年の報告書『下落は続きうるか』は、多くの国における著しい収入格差と貧困と相関性のある実質的な経済成長を浮き彫りにしている。同報告書が指摘しているように、「ラテンアメリカおよびカリブ海地域のほとんどの国は依然としてきわめて高いレベルの不平等と貧困に苦しんでいるが、この地域はそうした統計数字を下げる上で重要な最初の大股での歩みを始めた」。0から1までの尺度で不平等を測定するジニ係数(0が完全な平等状態)は、「ウルグアイが2009年に0.433、ベネズエラが2008年に0.412であり」、2009年に0.468であったアメリカよりも所得面で平等であった。他の国々については、ペルー、サルバドール、エクアドル、コスタリカは、西半球問題委員会が指摘しているように、「いずれもアメリカの数値以下のジニ係数を記録しており、また、2009年にアルゼンチン、チリ、ウルグアイはそれぞれアメリカより低い貧困率を示した」[15]、2006年に左翼サンディニスタ党が政権に復帰したニカラグアもまた、貧困率の低下と、人間開発指標(HDI)に関するランキングでの向上が見られた。

しかしながら、われわれが以下に見るように、これらの数字は、この地域全体では、そして、米州ボリバル同盟(Bolivarian Alliance for the Peoples of Our America; ALBA)の大部分を構成する諸政府サイドによる強力な再分配努力のせいで貧困率の低下を見た国々でさえ、その在籍率や修了率には依然として相当な差異が存在することを明らかにしていない。ALBAはキューバの支援を受け、ボリビア、エクアドル、ニカラグア、またアンティグア・バーブーダ、セントビンセント・グレナディーン、ドミニカ共和国というカリブ海地域の島嶼国家を実質的に組み込んで、ベネズエラによって2003年に始められた。ALBAは、自らをこの地域におけるアメリカの影響に対する反覇権ブロックと見ている。ALBAは、君臨する新自由主義的経済アジェンダ、つまり、社会のすべての領域の市場化や民営化、基本的な社会福祉事業の提供における国家の役割の縮小、国同士の競争的関係、個人主義を強調することに対抗する価値を主張する。そういったことの代わりに、ALBAは、国内で最も貧困な地域や住民に資源を向け直す上での国の役割の拡張や、国々の間の地域統合や協力関係、そしてアメリカやヨーロッパ、またそれらの援助機関だけでなく世界銀行や

第12章 ラテンアメリカの教育 473

IMFのような政府間機関からのものも含めて、この地域への外部からの干渉に反対して国家主権を主張するのである。ALBAを構成する国々は、代替的な資金提供機関や技術援助機関（例えば「南の銀行 Banco del Sur」）、そして相互安全保障体制を形成する対策を講じた。教育における協力については、例えば、キューバがベネズエラおよびニカラグアに識字キャンペーンについて助言する教員を送るとともに、貧しい都市近郊の診療機関に人員を配置するために医者を送ることなどが含まれる。次には、ベネズエラがキューバに低価格の補助金付きの石油を供給し、2001～2002年の経済的崩壊からの回復を支援するために、アルゼンチンのような国々に実質的な財政支援を行ったのである。より政治的に急進的な国々、ならびにより穏健で保守的な国々の教育改革への取り組みがどのように展開するかについては、次節で検討する。

教育と就学のパターン

1）都市と農村、および所得水準の違い

　1990年以来の小学校在籍者の増加にもかかわらず、2004年には、6ヵ国を除く他のすべての国において、年齢6～18歳の就学率は90％未満であった。コロンビア、エルサルバドル、エクアドル、グアテマラ、ホンジュラス、ニカラグアでは、6～18歳の間の子どもの25～40％強の者が学校に通っていない。[16] ドミニカ共和国、エクアドル、エルサルバドル、ニカラグアでは児童の4分の1は第6学年まで達しない。[17] 同時に、ヨーロッパに比べて1990年以来の高等教育の緩やかな拡大にもかかわらず、アルゼンチン（69％）、チリ（59％）、ウルグアイ（63％）、ベネズエラ（78％）の2009年の就学率は、イタリア（66％）、ポルトガル（62％）、ハンガリー（66％）、ルーマニア（64％）に勝るとも劣らない。[18] 高等教育の就学率は、中央ヨーロッパおよび東ヨーロッパ地域については65％である。

　通学率に関して都市と農村の格差を縮めるための最も著しい歩みを示した国々は、ブラジル、チリ、ペルー、ベネズエラである。農村の通学率は上昇しており、今これらの国の都市部での比率の90％に当たる（われわれはここでは中等教育に注目する。なぜなら、小学校の差異は教育システムの次の段階ほど鋭くないからである）。5つの国、すなわち、エルサルバドル、ホンジュラス、グアテマラ、ニカラグア、そして、驚くべきことにウルグアイについては、農

■都市 ■農村

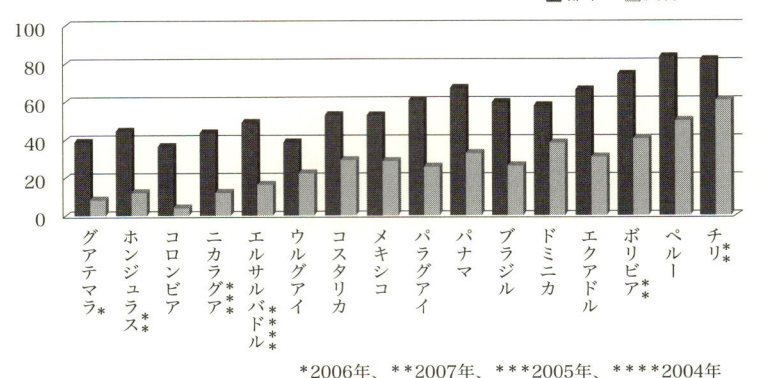

図12.1 2008年の都市・農村別中等教育修了率（％）
*2006年、**2007年、***2005年、****2004年
出典：CEPAL, Social Panarama of Latin America 2010 (Santiago, Chile:Author, 2010), Table 11.A-2.

村での通学率は都市の比率より約20％低いものである。[19] 図12.1は、都市と農村別に見た中等教育の通学率と修了率を示している。驚くべきことは地理的分布による修了率の格差である。グアテマラ、ホンジュラス、コロンビア、ニカラグア、エルサルバドルの5ヵ国では、農村の生徒の修了率が都市の生徒に比べて65％強も低いのである。

施設の不備、コミュニティからの学校までの距離、さらには家庭や田畑での子どもの労働の必要性に加えて、学校の修了率および学業成績に影響を及ぼす別の変数は教員の質である。メキシコの2州（アグアスカリエンテスとソノーラ）に関するトマス・ルシェイ（Thomas Luschei）による最近の研究は、国家試験での生徒の成績に最も強い相関関係のある資質をもった教員が都市の学校、特に貧困率のより低い学校に配置されている可能性がありそうだということを明らかにした。[20] しかしながら、ルシェイのデータは、強力でプラスのインセンティブがあれば、より経験豊富で質の高い教員が農村地域で働くことにつながりそうだということを彼に推測させている。[21]

さまざまな段階の学校教育を修了する農村住民にとってかつては深刻な障害があったにもかかわらず、過去30年にわたって劇的な進歩が見られた。それでもやはり、表12.1に見られるように、多くのなすべきことが残っている。例えば、2006年時点で、グアテマラの大多数の農村住民の就学年数は0～5年間であったが、都市住民のほぼ4分の3は6～9年の就学年数を有していた。

表12.1　1979-2007年の農村・都市地域別就学年数田舎の市街地（15～24歳の人口中の比率）

国	年度	農村地域の就学年数				都市地域の就学年数			
		0～5年	6～9年	10～12年	12年以上	0～5年	6～9年	10～12年	12年以上
ボリビア	1997	48.3	34.9	15.3	1.5	11.9	31.1	44.4	12.6
	2007	16.3	37.6	40.3	5.9	5.0	22.4	50.1	22.4
ブラジル	1979	86.8	9.7	1.9	1.6	48.2	34.6	14.1	3.1
	2007	35.0	42.2	21.9	1.0	13.1	38.4	41.3	7.2
チリ	1990	16.6	57.1	22.4	3.9	5.7	33.2	45.4	15.8
	2006	3.3	38.3	51.8	6.5	1.3	26.5	53.0	19.2
キューバ	2002	3.9	54.1	29.8	12.2	1.4	36.2	39.3	23.1
	2007	1.7	29.6	52.5	16.2	0.6	21.4	52.4	25.6
ドミニカ共和国	2000	37.4	38.7	20.4	3.5	13.1	35.5	37.1	14.3
	2007	16.4	38.7	36.3	8.6	8.0	31.0	45.0	16.0
エルサルバドル	1995	60.4	31.2	7.3	1.1	20.6	41.4	28.8	9.2
	2004	38.9	44.9	14.8	1.4	14.8	40.5	32.4	12.3
グアテマラ	1989	75.9	21.8	2.1	0.2	33.9	42.6	19.2	4.3
	2006	55.2	37.4	7.1	0.3	23.0	46.4	25.3	5.4
ホンジュラス	1990	57.6	39.8	2.3	0.3	24.1	55.7	15.3	5.0
	2007	32.6	56.2	10.5	0.8	11.2	50.2	29.7	8.9
メキシコ	1989	31.4	59.2	7.7	1.7	8.3	60.5	22.1	9.1
	2007	11.5	57.6	27.0	3.9	3.5	45.2	34.1	17.2
ニカラグア	1993	68.9	26.5	4.3	0.3	24.6	53.8	19.5	2.1
	2005	49.3	39.5	9.9	1.3	14.7	46.4	29.9	9.0
パナマ	1979	20.5	61.3	16.2	1.9	6.3	49.1	35.5	9.1
	2007	13.6	49.7	30.1	6.6	2.1	34.1	45.5	18.3
ペルー	1999	25.1	49.0	22.7	3.2	3.4	32.9	49.6	14.1
	2003	19.9	47.5	26.5	6.1	3.9	25.8	47.8	22.5

出典：CEPAL, Social Panorama of Latin America 2008 (Santiago, Chile:Author, 2008), Table 25.

　他方、ブラジルのような国々は都市と農村の格差が縮小している。1990年には、農村住民の約20％の就学年数は6～12年であったが、一方、都市住民の大多数が同等の学校教育を受けていた。2007年の時点で、都市住民に関する就学年数は6～12年の間で上昇し続けたが、農村住民についてはその大多数が今や10～12年間の学校教育を受けているというように大幅な進歩を示した[22]（こうした進歩は、前に示唆したように、家族が子どもを学校へ通わせられるよう

■第V五分位　■第Ⅰ五分位

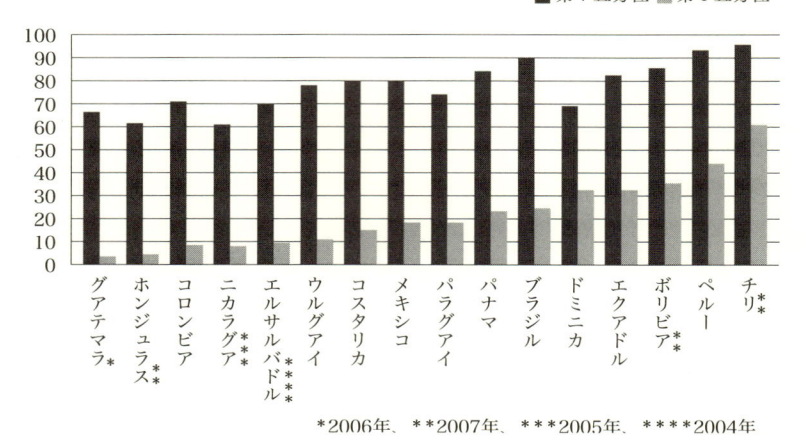

*2006年、**2007年、***2005年、****2004年

図12.2　2008年の所得水準別中等教育修了率（％）

出典：CEPAL, Social Panarama of Latin America 2010 (Santiago, Chile:Author, 2010), Table 11.A-2.

に資金やサービスの提供対象を転換し、最低所得の住民に恩恵をもたらす進歩的社会・経済政策がとられたことを反映している）。所得水準が中等段階での学業成績にいかなる影響を及ぼすかに関して、図12.2は、低所得層の生徒（第Ⅰ五分位）の修了率が高額所得層の児童・生徒（第Ⅴ五分位）より84％低いことを示している。しかしながら、グアテマラ、ホンジュラス、ニカラグアという例外はあるものの、所得は通学率に与える影響はより低いものであるように思える。この不可解な発見は、さらなる検討を要する。[23]

2）ジェンダー

　識字能力のレベルおよび学業成績に関してはジェンダー格差がある。しかし、この何年来、特に世界の他の地域の女性と比較した場合、ラテンアメリカの女性は実質的な進歩を遂げた。例えば、1994年の時点で、発展途上国に関する推計の非識字率は全体として32.8％であり、女性については42.0％であったのに対して、ラテンアメリカに関する当該の数字は全体15.7％、そして女性17.2％であった。[24] 2009年には、非識字率は全体として8.9％であり、女性については9.6％であった。識字率には依然としてジェンダー格差があるものの、その差は実質的に縮まっている。但し、次に見るように、階層、エスニシティ、

地理的条件を考慮に入れる場合を除けば、である。

1980年以降、教育の3段階すべてにおける女性の就学率の上昇率は、ラテンアメリカを含む発展途上地域において減速した。1990年代には、経済的な債務危機を解決するために新自由主義的アジェンダによって推進された緊縮政策ゆえに、就学率の上昇はほとんど皆無であり、初等教育では46%、中等レベルでは43%、高等教育レベルでは40%であった。

これに対して（そして、やや驚くべきことには）、ラテンアメリカに関する女性の就学率は21世紀の開始時点で「先進」諸国のそれらと同等であり、初等教育では48%、中等レベルでは52%、高等教育レベルでは51%であった[25]（さらなる議論については、本書第7章を参照されたい）。2008年の時点で、中等教育段階での就学率では女子が男子を上回っており、修了率についても、男子49%に対して女子55%である。アルゼンチン、ブラジル、コロンビア、キューバ、エルサルバドル、ニカラグア、パナマ、ウルグアイ、ベネズエラでは、女性が高等教育の学生の50%ないしそれ以上を占めている[26]。

ラテンアメリカでは、就学機会が増え、ジェンダーによる非識字者の比率の差が縮まっているにもかかわらず、2009年の時点で同地域にはおよそ2000万人の非識字の女性が依然として存在する[27]。社会階層、地域、そしてジェンダーの複合的な効果を考慮に入れた場合、最も高い非識字率が農村地域に暮らす貧しい女性の間に見られる[28]。識字能力に関するジェンダー格差は、エスニシティが考慮に入れられる場合にさらに著しくなる。農村地域に住んでいる先住民の女性の3分の2から4分の3より高い非識字率を見出すことは珍しくないのである。

3）エスニシティ

先住民、あるいは「最初の人々」および民族的マイノリティ（特にアフリカ系ブラジル人）は、教育サービスを受ける機会に関して、2つの理由から他の住民に比べて最も差別されている。第1に、彼らは一般に当該国の中で最も貧しく、そして低開発の地域に暮らしており、第2に、最近の改革構想に至るまで、その教授言語は相も変わらずスペイン語である（ブラジルではポルトガル語）。学校教育の最初の学年あるいは2年目に母語による授業を始める努力がなされる場合でさえ、教育段階を上がっていくにつれて、スペイン語（あるいはポルトガル語）が教授言語となる。最多の先住民を抱える国々、すなわち、

表 12.2 エスニシティ別初等・中等教育修了率 (%)

国名	初等教育修了		前期中等教育修了		後期中等教育修了	
	先住民・アフリカ系	先住民・アフリカ系以外	先住民・アフリカ系	先住民・アフリカ系以外	先住民・アフリカ系	先住民・アフリカ系以外
ボリビア a	90	95	76	88	55	71
ブラジル	93	95	74	78	47	56
エクアドル	89	95	47	73	31	59
エルサルバドル b	74	78	60	57	37	36
グアテマラ c	49	71	19	44	13	33
ニカラグア d	58	71	34	44	21	32
パナマ	73	97	36	79	12	60
パラグアイ	82	93	62	77	40	56

出典：CEPAL, Social Panarama of Latin America 2010 (Santiago, Chile:Author, 2010), Table II.1
注；a 2007 年、b 2004 年、c 2006 年、d 2005 年

第12章　ラテンアメリカの教育　479

ボリビアやグアテマラは、最も高い非識字率と最低の通学率や修了率になる傾向がある（表12.2を参照されたい）。このことはまた貧しい北東地域に居住する元アフリカ奴隷の多くの子孫を抱えるブラジルにも当てはまる。ブラジルでは、アフリカ系ラテンアメリカ人の子どもたちの修了率は、後期中等教育段階での同級生の修了率の84％である。これは理想的ではないが、ルイス・イナシオ・ルーラ・ダ・シルバ大統領の労働者党の諸構想は、アフリカ系ラテンアメリカ人の大学進学率を高めるのに役立った。

　より劇的な違いは中央アメリカやいくつかの南アメリカの国々の先住民とアフリカ人の血統を受け継ぐ住民に関して見出される。すなわち、例えば、パナマでは、非アフリカ系血統の生徒の60％が後期中等教育を修了するのに対して、アフリカ系の生徒はわずか12％だけである。グアテマラでは、ケクチ・マヤ語族の人々の平均就学年数は1.8年であるのに対して、スペイン語話者については6.7年である。ボリビアでは、ケチュア語やアイマラ語を話す人々は、スペイン語話者に比べて、就学年数がそれぞれ4年および2年も短い[29]。2008年にパラグアイでは、先住民族生徒の25％が中等教育を修了しているのに対して、先住民族以外の生徒の修了率は62％である。近年の政府の進歩的政策の結果として、エクアドルについても、31％と59％のように、同様の結果が見られる。非識字率については、グアテマラ、ボリビア、パナマでは、非先住民集団の非識字率よりそれぞれ40％、70％、87％高くなっている。

　これらのデータは、多くの先住民を擁する国々で2言語併用の異民族間教育に関する改革の取り組みを実行する難しさを浮き彫りにしている。例えば、ペルーでは、2003年の法律により2言語併用の異文化間教育が促進されているが、それはもっと平等主義的で民主的社会を発展させる努力に結びついている。しかし、そのような善意の取り組みは、スペイン語話者が先住民の言葉を学ぶのではなく、先住民がスペイン語を学ぶことを強調することにつながる、依然として深く凝り固まった人種的偏見という、歴史や種々の背景から生まれた現実に直面している。異文化間言語学習に向けての努力は、都市の学校ではなく農村の学校で行われる傾向がある。先住民のことが教科書や課外活動の中で取り上げられる場合、その構図は都市への上昇移動を行う移住者に対立するものとして、古風な趣のある村や「彼ら本来の場所にいるインディオたち」といったようにロマンチックに描かれるものである。以前には人種・民族がらみの言葉で表現されていた差別が、今や文化上の基本的な差異として覆い隠され、メ

スティーソ身分に移行したインディオは適切な文化資本や社会関係資本を欠くものと捉えられている。[30]

教育、累積債務危機、新自由主義的アジェンダ

　この地域中の国々が追求した歪められた経済政策は、しばしば開発の「失われた10年間」として言及され、1980年代の累積債務危機からの残滓を反映している。1950年代から1970年代まで経験した高速の経済成長は、1980年代から90年代に相当に減速した。1960年代に、ラテンアメリカ経済の毎年平均のGNP成長率は5.7%であった。1970年代には、成長率は石油危機によって引き起こされた困難にもかかわらず5.6%であった。1980年代の時点で、ラテンアメリカの国々の年平均のGNP成長率は1.3%まで落ち込んだ。[31]下落したGNPは、大多数のラテンアメリカの人々にとって1人当たりの収入減に形を変えた。平均して、ラテンアメリカの1人当たりの収入は9%落ちたことになる。

　絶えず深まる経済危機への対応として、多くのラテンアメリカの政府は、IMFや世界銀行のような国際的なドナー機関によって促進された新自由主義的な財務の安定化および経済調整策を採用した。新自由主義という用語は、これらの機関とそのコンサルタントによって解釈された新古典主義の経済理論に由来している。同理論は、古典派経済学者のアダム・スミス（Adam Smith）やデビッド・リカード（David Ricardo）の研究に基づいている。彼らは、市場の自由な活動、需要と供給の法則、そして競争上の優位に基づいた自由貿易が万人の利益に必然的に寄与するような状態を確立することが国家の役割と考えた。これらの考えに基づいた政府の政策は、社会的支出、経済の規制緩和、輸入政策の自由化における国の役割の徹底的な縮小に結びついた。教育の面でこれらの政策に対応する事柄には、公立学校システムを地方分散化し民営化する動きが含まれる。

　新自由主義政策はインフレを抑制する一方、国の財政赤字や外部負債を縮小することを企図しているが、それらはまたラテンアメリカ地域の貧困を深化させる一因ともなった。多くの国々では、保健、教育および他の基本的サービスのうち政府が補助金を交付するサービスによって提供される社会的セーフティネットが廃止された。その結果、社会階層間の格差が拡がった。所得の損失は貧困者の中でも最も貧しい者に影響を与えただけではなく、階層尺度の中間に

位置する世帯の50％が収入の3％から10％を失った。その結果、豊かなセクターと貧しいセクターがますます広いギャップによって引き離され、ラテンアメリカの階層構造はいっそう二極分化することになった。このことは、この地域の他の国々にとって構造調整のモデルとしての役目を果たしたメキシコ、チリ、アルゼンチンにも当てはまった。

経済不況により、ラテンアメリカ諸国は軒並み国民総生産および公財政支出総額に占める教育予算の減少を経験した。新自由主義の下では、1960年代から70年代にかけて行われた教育支出の著しい改善が、徹底的な教育費支出の削減によって事実上打ち消された。平均すれば、ラテンアメリカでの1人当たりの加重されない教育費支出は、1975年から1980年の間に1年で4.29％ずつ増加したが、逆に1980年から1985年にかけては6.14％ずつ減少した。フェルナンド・ライマース（Fernando Reimers）によれば、「70年代に遂げた教育財政の進歩が80年代に壊滅したのである」。

ラテンアメリカでの教育支出の削減はまず教材の購入や校舎の維持管理のような経常費支出に実質的な影響を及ぼした。さらに、教育費支出の削減は教員給与に直接影響し、68％の賃金切り下げを経験したエルサルバドルのように、教員給与が多くの国で劇的に下がった。削減された予算、時代遅れの教授法やカリキュラム、そして制限された就学機会のすべてが教育の質の全般的な下落の一因となった。

累積債務危機が悪化し、将来の資金供給も制限されることが教育省に明らかになるにつれて、多くの省庁が財政的援助の他の手段を求め始めた。そうした選択肢の中で真っ先に挙がったのは民営化と地方分権であった。これらの2つの政策は、世界銀行とIMFといった国際的なドナー機関によって一般に支持された教育の効率改善のための好まれた方法である。国際的ドナー機関は1980年代から90年代に多くのラテンアメリカ諸国に必要不可欠な財政的援助を行った。

従って、教育省は、ある程度まで、ドナー機関の政策を認めざるを得なかったのである。その結果、「（ドナー機関は）教育のプロセスへの政府の介入の度合いを減らし、民間セクターの役割を増やすことを主張し、さらに第三世界の教育システムの構成に市場原理をより多く採り入れることを主張した」。

1990年代末以降、教育費支出が再び増加に転じたことは注目されるべきである。しかしながら、ラテンアメリカの全般的な財政の構図は、GNPの1％

分を教育費支出として増やしても、ラテンアメリカの人口の年齢構成ゆえに高まる教育需要を満たすのには不十分という事実があるために、より複雑なものである。不相応に多い学齢期の子どもの数を考えると、この地域の国々は、子ども1人当たりの教育費支出の適切なレベルに到達するためにGNPのかなり大きな割合を投入する必要があるだろう。さらに、同程度の収入の国にふさわしい教育レベルを備えた労働力をもつには、25年にわたって1年当たり0.5%の追加出資が必要であろう。[36] これらのゴールを達成することは、後で検討するように、すべてではないにしても多くの国では、経済政策を踏まえると非常に問題がある。それらの国は社会的支出を削減し、ラテンアメリカの社会の中で最も裕福な層に経済成長の恩恵を不公平に配分したのである。ここでの最重要の問題は、国際的な金融機関および技術援助機関によって、押しつけられたものではないにしても推進された新自由主義的な教育政策から誰が恩恵を受けているかである。ラテンアメリカならびにどこか他のところでも、教育システムを民営化し、地方分権化する主要な取り組みを簡単に検討する中で、われわれはこれらの改革が主として金持ちや有力者の利益になったと言いたいのである。

民営化

民営化では、以前に無償だった公立学校で受益者負担金を課すことを含むさまざまな形式がとられた。教育セクターが教育的営為に資金を供給する上で私的利益に目を向けたので、政策立案は個人投資家を受け入れるように変わった。私的利益に叶うようにという教育省の願いと並行してあったのは、独立経営の学校システムを作る必要性であった。これは、教育省が公教育に対する融資や支援を放棄したという意味ではない。むしろ、教育省は私立の教育機関（初等、中等、高等教育）の成長と適格認定の加速化を許したということである。多くの国、特にチリなどは私立学校に補助金を交付し、公立学校システムから意図的に離れた親に対しては税額控除を行ってきた。選抜的で質の良い私立教育機関は中産階級や上流階級の生徒にとっては魅力的である。なぜなら、それらは小規模クラス、改善された設備、そして、より学習の助けになる全般的な雰囲気を提供するからである。大学レベルでは、私立大学はあまり政治色を帯びず、したがって、授業を中断させたり、学期や学年を休止させたりする学生デモが起きにくいと見られている。

第12章　ラテンアメリカの教育　483

多くの私立学校、特に営利目的の学校はその正反対のものである。混み合った教室、不適当な設備、薄給で酷使される教員、そして質の悪い授業がそれらの特徴になっている。低所得層の生徒が家族への大きな負担を負いながらこれらの学校に通う可能性が高いとき、彼らは中等後教育段階における機会を拡げることとまったく縁のなさそうな二流の教育を提供されるのである。

高等教育段階では、多くの国の公立大学が増大する中等学校卒業生からの膨れ上がった要求と国からの不十分な財政支出に直面している。したがって、公立大学は一流私立大学で課されるのとしばしば同じほどの授業料や諸雑費を課すことに頼るようになった。たとえルイス・イナシオ・ルーラ・ダ・シルバやジルマ・ルセフ（Dilma Rousseff）の進歩的な労働党政府が公立の機関数を増加させたといっても、ブラジルでもこのような状態である。

アルゼンチンには、この地域の大国の中で私立大学の学生が最もわずかしかいない（20％）が、大学院レベルや専門課程では授業料が課されている（学士課程レベルでは、無試験入学で無償である）[37] 同様のことは、かつて社会から疎外された人々のために高等教育への障害を除去することを試みたニカラグアのような他の左寄りの国々についても妥当する。

2011年には、コロンビアで高等教育の民営化を支持していた法律の採択を阻止した学生や教員の抗議に対して、相当な新聞報道がなされた。チリでは、2010年に高校生の抗議行動が、彼らが人間性を失わせる教育であると考えたものをめぐって教育システムを麻痺させ、大規模な学生デモが噴出した。高校生たちの懸念に続いて、大学生や教授陣による2011年の広範なデモや建物占拠が起こり、さらに、教員、労働組合、そして、1990年のアウグスト・ピノチェト（Augusto Pinochet）の独裁政治の崩壊後でさえ強化され続けた新自由主義的経済モデルに不満をもつ他の集団も加わった。

学生は高い授業料、教育のための公的資金の不足、そして、ラテンアメリカで最も民営化された教育システムをもたらした経済モデルおよびその価値に抗議していたのである。何万もの人々が大衆の参加するデモに加わった。セバスティアン・ピニェラ（Sebastián Piñera）の新たに始まった保守政権は実質的な譲歩を行った。そうした譲歩には、その後の4～6年にわたって教育予算を40億ドル増加すること、幼稚園への就園機会を増加すること、教師教育および免許の改革、そして、地方の公立学校管理の改革が含まれていた。大学レベルでは、ピニェラは、「公立大学のための資金提供の増加、著しい債務者のた

めの支払い条件の緩和、教育ローンの利率の引き下げ、最も貧しい40%の学生に対する授業料全額相当の奨学金の支給」[38]を申し出た。しかしながら、これらの申し出はすべての者が就学可能な無償の公立の高等教育を提供するのではなく、高い授業料を支払う学生に依存したパラダイムに基づくものであったので、学生はそれらを承諾しがたいものと見なした。学生にとっては、国の歳入の増加分は公教育の経費に充てられるべきだと思われたが、これには税制の改革が必要であった。アンドレス・ベルナスコーニ（Andres Bernasconi）によれば、「教育システムの単なる調整では十分ではありそうにない。彼らは、チリの自由市場、開発の新自由主義的モデルを変革する手段として、彼らがチリの"自由市場""新自由主義的教育"と考えているものを作り変えることを望んでいる（望んでいた）」[39]という。その後、政府はその申し出を取消し、問題の解決をチリ国会に委ねたが、国会では学生の要求に対する行動は、立ち枯れないまでも、止まってしまった。

非常に一般的なレベルでは、選択制や私学教育に対する国の助成を含めて、市場モデルの適用が教育システムの全般的な質や公平性に対していかなるインパクトをもつかという問題が存在する。この問題は、ラテンアメリカのみならず、世界のあらゆる地域にも関わるものである。[40] 中産階級の親が公立学校システムを離れると、学校の質に対して最も多く発言する者が姿を消すことになるのである。下層階級は、人口の多数を構成しているが、公立学校システムの質を向上させるのに必要な政治的および経済的な影響力を欠いている。中産階級からの支援を失い、減少する資金提供に直面して、多くの公立学校システムが凋落に陥った。教育の質と設備の両方が著しく悪化したのである。これらの問題は国の教育システムの地方分権化によって深刻化している。

地方分権

地方分権は、近年の財政危機に対処するために教育省によって追求された別の選択肢である。それはまた独裁体制の崩壊に続く民主主義への移行を経験した国々の市民社会を強化する取り組みとも一致している。高度に地方分権化したアメリカの学校システムと異なり、多くのラテンアメリカ諸国では、強い中央の教育省が予算およびカリキュラムに関する決定のすべてを支配してきた。

地方分権化する決定は、特定の国では人気があったが、論争を呼んだ。多

くの国がその教育システムを地方分権化するための対策を講じ、多くの財政やカリキュラム計画に関する責任ならびに人事上の決定を州、県、市、さらに（1993年から2006年までのニカラグアでのように）地方の学校レベルにまで下ろしていった。全国的な地方分権化政策を実行した国々の顕著な例は、コロンビア（1968年と1986年）、アルゼンチン（1976年）、メキシコ（1978年）、チリ（1981年）である。[41] より下級の行政区画・政治的構成単位が、地元の学校に対する財政面での重要な責任を与えられた。その考え方とは、質とサービスにおいて優れていると見なされた学校がより多くの生徒を引きつけることができ、それによって当該校の資金獲得力を増すことができるというものである。国は部分的に教育に補助金を交付する。しかし、地方行政区画・政治的構成単位が差額を払う責任を担うのである。例えばチリでは、就学前および初等教育（第1学年および第2学年）のレベルで、政府が教育費のおよそ50％を補助し、普通教育課程の中等教育と技術系の後期中等教育にはおよそ60％を補助している。[42]

　地方分権化したシステムは財源の豊かな都市や近郊地区では成功するかもしれない。しかし、下層階級の住む市や農村地帯にとっては重大な問題をもたらすものである。これらの地域には政府補助金によって賄われない教育経費を補うのに必要な財源がない。また、これらの地域は、新しい教育の実践として政府によって導入された市場原理と費用抑制のインセンティブに関する詳細な情報を得た上で決断を行うための同様な資源をもっていないのである。[43] 民営化と地方分権化の両方は、教育システムに前から存在した社会経済的不平等を悪化させるものである。エリートは質の高い教育から利益を受け続けるが、不公平にも全住民のうちの社会から疎外された人々が高まる教育危機の犠牲者になっているのである。チリのような国々において全国的な共通試験の結果は、都市の私立学校の生徒が最も高い得点をとり、農村の公立学校の生徒が最も低い得点をとる傾向があるというように、社会階級を直接反映しているものと有識者たちに考えられている。

　地方分権はまた、場合によっては、教えることやスタッフの任免、学校予算、カリキュラムや課外活動に影響を与える決定に親やコミュニティが実質的に関与する学校運営会議を設けるという政府の構想を指している。学校レベルの地方分権化の有効性は、親やコミュニティのメンバー（しばしば社会階級を映し出すものである）が有する知識や技能により、また、①学校外のメンバーに重

要な仕事を割り当てる教員や校長の意欲や、その一方で、②教員の力量の及ぶ領域内で彼らの専門的権限や自治を保護することを含む、責任の明瞭な説明に左右される。

　教育システムのレベルでは、本当に有効な地方分権は、財務やカリキュラムに関する取り組みのバランスがうまくとれていることを含んでいなければならない。過去の政策は、われわれが考えるところでは、一連の誤った政策上の主眼をもっていた。すなわち、それらは、何が教えられるべきかを決定する一発勝負の全国試験に関するカリキュラム規則を厳格化しつつ、財政面での規制緩和を強調したのである。そうではなくて、ラテンアメリカの教員が一般に好むのは、地方の現実を反映するためにもっと地方分権化されたカリキュラム政策をもちながら、国のすべての地域にとって公正な教育財政を保障するような中央集権化された公的資金提供であることをわれわれは発見した。

　地域の状況に敏感な教育政策は、共通試験を強調する強力な国際的、ならびに全国的な流れに対抗する政策を採用するように、草の根運動や市民社会がどれほど中央当局に圧力をかけるかという、その程度まで達成されそうである（そのような試験は、教育システムがどれほどうまく機能しているかについての、単一のものとしては最も重要な指標と見られているが、われわれはそうした広く行き渡った想定に賛同しない）。これらの外部からの、上意下達的な圧力、つまり、新自由主義的および新保守主義的な経済および教育のアジェンダによって情報を与えられた圧力に対抗する社会運動は、多くの場合、ブラジルの教育者であり、恐らく20世紀後半の最も重要な皆に知られている知識人の1人である パウロ・フレイレの哲学や教育学によって刺激を受けたのである。

民衆教育およびその他の革新

　国家支援の教育プログラムとは対照的に、ラテンアメリカの多くの草の根教育プログラムは、「民衆教育」運動の一部を形作っている。資源には限りがあり、範囲も小さなものであったが、それにもかかわらず、これらのプログラムは、ある国の国民すべての権利であるはずの社会福祉サービスや資源に関して、政府に要求する力を個人とコミュニティに与える教育の代替モデルを提示するという意味で重要なものである。

　1960年代以来、ノンフォーマル教育および民衆教育のプログラムは、ブラ

ジルの教育家である故パウロ・フレイレの批判的意識を高める哲学や教育学によって刺激を与えられ、フォーマルな学校教育セクターの重要な代替物であった。ノンフォーマル教育は、標準的な教育の範囲外で起こる教育的経験を意味する。民衆教育はノンフォーマル教育の一部分であるが、その教授法上の特徴や政治的特徴によって区別されている。[44]

教授法に関して、民衆教育のプログラムは、教員と生徒が対話し、学習者の知識が授業の内容に組み入れられるという、上下関係のない学習状況を重視する。カルロス・アルベルト・トーレス（Carlos Alberto Torres）によれば、「教育は、知識あるいは社会の文化的信念の単純な伝達というよりも、むしろ知ることの活動のように思われる」[45]という。政治的に、民衆教育プログラムは社会から疎外されたセクター（女性、失業者、農民、先住民グループ）の特別のニーズを満たすことに向けられる傾向がある。それらは、この地域の過去20年間の経済危機に対処するための集団的な生き残り戦略の開発を促進する上で重要な役割を果たした。さらに、多くの民衆教育プログラムの究極の目標は、困窮した住民にとっての単なる適応や生き残りではなく、もっと公正な社会につながる社会改革を徹底的に行うことである。[46]民衆教育の１つの例はモンテビデオに本拠地がある REPEM（「ラテンアメリカとカリブ海地域の女性の民衆教育ネットワーク」Red de Educación Popular Entre Mujeres de América Latina y el Caribe）である。この NGO は地域および国レベルで、140 の組織を結びつけている。それは、フォーマルな学校教育をほとんど受けていない低所得の女性を代表して研究、情報普及および擁護のための中心として役立っている。REPEM の主要な目標は、女性のより大きな平等や機会と、代替的な社会改革戦略の構築に積極的に参加する機会に対する要求を満たすことである。

民衆教育プログラムはコミュニティ・レベルでは一般に有効であるものの、しばしば政府の政策レベルでの変化をもたらさない。例えば、新自由主義的政策を実行する政府は民衆教育のプログラムを国の取り組みの代用品と見ている。識字、成人基礎教育そして種々の形式の民衆教育に関わっている人々にとっての懸念は、そのようなプログラムに対する国からの資金提供が近年底をつき始めたということである。国の学校システムは、学齢期の子どもあるいは35歳未満の大人に対する識字への取り組みにますます焦点を絞っている。この傾向に関する１つの理由は、教育変革のための取り組みに対する最大の外的資金提供源である世界銀行が、識字プログラムにその予算の2％以下しか配分してい

ないからであり、そして、過去何年間も、そのローンの受領者に関して、若年層に焦点を絞るように促してきたからである。[47]

ラテンアメリカに根を下ろす別の革新は国際バカロレア（IB）である。国際バカロレアは、生徒がグローバルな問題を全体論的な方法で学習するための批判的で問題解決的な手法を展開し、初等教育プログラムから中等教育修了証書に至るまでの国際的に承認された厳密なカリキュラムである。現在、ラテンアメリカの国々には330の国際バカロレア学校と283の国際バカロレア資格授与プログラムが存在する。国際バカロレアが最大のインパクトをもたらしている国々は、メキシコ（89校の国際バカロレア学校を擁する）、エクアドル（51校）、アルゼンチン（49校）、ペルー（27校）、コロンビア（26校）、チリ（25校）である。

国と市民社会との協働

それにもかかわらず、伝統的にサービスを受けてこなかった住民に役立つような意欲的な国が支援した教育上の革新の例がある。1つの例は、「信頼と幸福」（Fe y Alegria）である。ベネズエラのこの非政府組織はたった1つの部屋で100人の子どもを教育することから1955年に始まった。2001年までに、同プログラムは14ヵ国に拡大し、3万3000人以上の教職員を擁する500以上のセンターの、フォーマルな教育およびノンフォーマルな教育プログラムに在籍する100万人以上の生徒を抱えている。ライマースによれば、「信頼と幸福」の使命は、「アスファルトの道路がなくなり、水、電気あるいはサービスがないところに、"信頼と幸福"が始まる」[48]という。ライマースは、「信頼と幸福」のような革新的なプログラムが自ら実績を証明してみせるまで、通常はラテンアメリカの省庁によって受け入れられないと述べている。[49]「信頼と幸福」は当初私的財源で賄われていた。しかし、多くの場合、相当な額の政府の資金提供が保障されるように変わっていったのである。

国が支援する革新

国に支援された革新の目覚ましい例はコロンビアの「新しい学校」（la Escuela Nueva）である。それは、地域社会のニーズや価値に力点を置いたカリキュ

ラムを編成することにより、農村の学校とコミュニティの特別なニーズを満たすことを目指している。「新しい学校」の改革は、学校とコミュニティの強い関係、地方の農業生産の周期に合わせた柔軟な学校の年間予定と推進策を積極的に推奨している。「新しい学校」の目標のうちの1つは、地方の教育方針に関する重要な決定に生徒と親の両方が参加するよう奨励することによって、市民の価値を教えることである。「新しい学校」が参加と意思決定に力点を置くことは、このプログラムの骨組みを作っている児童中心的で構成主義的な包括的哲学に合致している。

この教育改革の有効性は、学業成績に関するユネスコの1997年の研究において、農村の第3学年の子どもが標準化された言語試験で都市の同学年の子どもより成績が上であり、また、大都市を例外として、標準化された数学の試験テストでも都市の子どもを上回った唯一の国がコロンビアであったという事実から説明されるかもしれない。「新しい学校」の生徒はまた、市民としての知識、技能、態度面の傾向に関連したさまざまな測定において、民主主義を強く重んじていることを示している。

アルフレード・サルミエント・ゴメス（Alfredo Sarmiento Gómez）が記しているように、「新しい学校は、経済的に持続可能で、教授学的に熟練した方法で農村の学校の諸問題を……解決する枠組みとして強化された」[50]。1989年の創設から1990年代半ばまでの間に、同プログラムは8000校から農村児童のおよそ40％に行き渡る2万校以上の学校へと拡大した。

広く賞賛され見做われてはいるが、地方の実際状況に相当に適応することなく「新しい学校」を模倣する試みは、コロンビアの国内でさえ、問題があることが分かった。この改革、そしてその他いかなる改革でもあっても、その成功の鍵となるのは、教員の準備であり、ヘンリー・レビン（Henry Levin）が指摘したように、絶えざるモニタリング、問題解決そして調整なのである[51]。「新しい学校」運動の創始者の1人であり、元教育省副大臣であるビッキー・コルベルト（Vicky Colbert）は、それが（時間とともに）中央集権化した教育省の管理の下で過度に官僚主義化するようになった様子に、いささか幻滅した。彼女は1987年に自身の私的な財団（「新しい学校（人間への回帰）財団」la Fundación Escuela Nueva Volvamos a la Gente）を創設するために政府を離れたが、それは、この改革の指針を各々の学校における改善の主導者になると思われる草の根グループに広めるためであった[52]。

「新しい学校」プログラムの限界が何であれ、その有益な特徴は、ラテンアメリカの国々がより公正な万人のための教育を成就するために行う必要のある理想的なモデルの特徴に合致していることである。ラテンアメリカおよび他の地域の関連研究に関する調査は、社会から最も疎外され不利を被っている住民に対する教育機会およびより公平な結果という、もっと大きな平等に寄与するいくつかの全般的政策構想があることを示唆している。

推奨された改革には次のものが含まれる。すなわち、質の良い幼稚園、栄養補充を伴った幼児期プログラム、およびヘルスケア・サービス。貧しい子ども、農村の子ども、先住民の子どもが都市や私立学校のより恵まれた同世代の子もが享受しているのと同じと同じ快適さ（学校、机と椅子、電気、水道水、トイレ）をもつことができるようなより適切な学校インフラ。国内のさまざまな地方にある学校の社会経済的な状況に見合った柔軟な学校の年間予定。適切な言語で書かれた教科書や社会的に整合性があり、かつまた文化に敏感な教育資料の十分な供給。改訂されたカリキュラムに準拠した教師用手引き書。個々の子どもに個別的にも注意を払うとともに共同作業を取り入れた、生徒中心の、より活発な教授法。著しく改善された教員のための養成教育と現職教育ならびに専門的な力量開発のプログラムや機会。（ルシェイの研究に関して上述したような）困難な条件の下で働く教員のためのインセンティブとなる給与、そして一般により適切な報酬や教職の重要性についての社会的認知。さらに、重要なこととして、教員、親、そしてコミュニティが（「新しい学校」によって示されたように）自ら確定したニーズを満たすための教育プログラムの設計にもっと参加することである。政策的取り組みの最後のものは、家計所得への支援、就学や学業修了のための助成に関わるものである。

この最後の取り組みは、この地域の広範な貧困を考慮すると、特に重要である。つまり、この地域では、児童労働から生じる収入と、家族に将来より大きな所得をもたらすという疑わしい見込みを抱きながら学校に通うこととの損得評価がしばしば見られる。貧困な家族へ現金を直接送ることに関する最大のプログラムは、子どもたちが基礎教育を修了するためのインセンティブ用の資金をもって、2006年までに1140万戸の家庭に手を差し伸べる計画（実際には1,100万戸の家庭および4000万人）があったブラジルに見られる。メキシコでは、同様のプログラムが今や2000万人に手を差し伸べている。同プログラムの厳密な評価からは、学校に通い、（米や豆のような）主食となる食糧や

学用品のための経費を含む送金を受け取っている子どもたちは、対照群の子どもたちよりも健康で長く学校に留まっていたことが明らかになった。ローレンス・ヴォルフ（Laurence Wolff）とクラウディア・デ・モウラ・カストロ（Claudia De Moura Castro）によれば、メキシコの「プログレサ（教育・保健・栄養）計画」（PROGRESA Programa）は農村地域の前期中等学校への入学率を20％高めたという。[54]

　スペイン語でfocalización（ターゲット化）として知られている、恵まれない人々に的を絞った基金も論争がないわけではない。ラテンアメリカの教育に関する多くの優れた学者は、そうした政策がさまざまなレベルの貧困をしばしば区別することなく、従って、最も絶望的な家族を助けるのに十分な支援を提供していないことを示唆した。彼らはこれらの資金移転が主として改良主義的で、貧困の根本的原因を攻撃していないと非難した。また、彼らはある国の生徒の大多数のニーズを満たすもっと総合的な政策に賛同している。[55]

大学の役割

　最後に、大学が研究、開発、普及活動を通じて、社会の中で最も不利を被っているメンバーに関して果たすことができる重要な役割を指摘しておく必要がある。この役割において、大学は、債務危機と現下の新自由主義的アジェンダの壊滅的な影響を克服するための収入や職業の創出、そしてインフレと財政赤字をコントロールするための経済再建に寄与することができる。ニカラグアのセントラル・アメリカン大学（UCA）の元学長である故ハビエル・ゴロスティアガ（Xabier Gorostiaga）のような高等教育のリーダーは、「南の大学群」にとっての新しい役割に関するビジョンを提案した。彼のビジョンは、実験、訓練、および民衆教育の中核としてUCAに属する学科別の大学拡張プログラムや研究開発研究所を活用することを呼びかけるものである。農村を拠点とするセンター群によって生み出される知識を中心として大学教育を構築することは、自らの社会についてより現実的な理解を有しているがゆえに、最も緊急な問題に取り組む準備がより良くできている専門家の形成に寄与するであろう。さらに、そのようなセンターの仕事は「生産する大多数の者」が彼らを社会から疎外し搾取してきた不満足な現状を変革する上での、歴史的な主役になる力量を賦与することに役立つであろう。このような努力は、適切かつ持続可能な技術

の開発と普及にとって決定的な意味をもつものであり、ゴロスティアガによれば、「北」と「南」の大学間の協働の可能性を指し示すものであるという。[56]

結論

　ラテンアメリカの経済を自由化し、世界の資本主義システムによりしっかりと組み込む1980年代の構造調整策の実施は、同地域の至る所での多くの危機を引き起こした。世界銀行とIMFに推奨された経費削減政策の一部である基本的な社会福祉サービスの提供における国の役割を縮小する際に、社会から最も疎外された住民に提供される社会的セーフティネットがその後の20年間に大々的に取り除かれてしまった。金持ちと貧困層との距離が拡がってしまった。この状況は、最も脆弱な人々が質の高い教育を受ける機会や人生における公平な機会を手に入れるのを制限した。さらに、経済を地方分権化し、民営化する動きは、教育の資金提供における国の役割を縮小する取り組みと並行していた。そのような取り組みの意図されたもう1つの結果は、全国教員組合の交渉力の弱体化であった。多くの場合、組合の声は生産的な経済的役割のためのだけでなく、民主的な市民権の行使に対しても個人を準備する、普遍的で無償の教育システムを求めるただ1つの最も重要なものである。
　これらの財政の緊縮および構造調整政策は、政府を脅かし打倒した社会不安の高まりや大衆的なデモを生んだ。ボリビアとエクアドルが2つの顕著な例である。教育分野では、教育システムの中にこれらの新自由主義の経済政策や保守的イデオロギーのアジェンダが導入されたことが多くの抗議、すなわち、アルゼンチンからメキシコまで広がる国々での教員ストライキ、生徒と親による学校や教育省の建物の占拠につながった。アーノブがニカラグアに関する彼の事例研究の中で実証したように、これらの構想は、社会的コンセンサスを実現する手段として教育を利用するという政府の表向きの目標にもかかわらず、教育を二極分化させてしまった。[57]
　われわれが本書『21世紀の比較教育学』の旧版で論じたように、教育をめぐるコンセンサスが経済発展のモデルをめぐる国民的な同意なしに達成しうるということは可能だが、しかし起こりそうにない。このモデルは、「北」の主要な大都市中心部で決定された経済のアジェンダではなく、むしろ個々別々の歴史や社会的・文化的力学を反映した経済政策や社会政策を工夫するために、

第12章　ラテンアメリカの教育　493

個々の国々の自治と主権を保護することに基づくものでなければならない。それは、草の根レベルでの、そして、いわゆる貧困層のための産業、つまり多くのラテンアメリカの国々の労働者の半分もの人々に仕事を提供する経済のインフォーマル・セクターでの自律的で持続可能な開発を認識し支援するモデルになるであろう。例えば、1つのモデルは、財やサービスを生み出す自由市場経済の特徴を参考にするとともに、誰もがそこそこの暮らしができる基本的な条件である社会的セーフティネットを提供する社会民主主義的なものを参考にしたものになるであろう。別のモデルは、もっと急進的な分配政策がからむものであるかもしれない。

　今日、ラテンアメリカでは、他のところでもそうであるように、誰が国の経済・社会政策の目標、プロセス、結果を決定するのかに関して、闘いが起こっている。より公平な開発を達成することは、国々がその集団的利益とともに国家主権も確認する能力と完全に結びついている。そうするためには、同じ考えの国々が、目下唯一の超大国であるアメリカによってばかりでなく、国際的な金融機関や技術援助機関、貿易機関、つまり、ごく最近では世界貿易機関（WTO）まで広がる国境を越えたアクターによって、それらの国に押しつけられた外からの制約に異議を申し立てるために連携することが必要である。近年政権の座に就く進歩的政府（すなわち、アルゼンチン、ボリビア、ブラジル、チリ、エクアドル、エルサルバドル、ニカラグア、パラグアイ、ウルグアイ、ベネズエラ）の数が増えていることは、国民が既存の状態にうんざりしているという徴である。これらの国のリーダーは、貿易の条件、および「北」と「南」の不平等な関係を転換するためにアフリカや中東の国々に働きかける一方、米州自由貿易圏（FTAA）や中央アメリカ自由貿易地域（CAFTA）に代わる代替経済圏を形成することを今や試みている。IMFの融資条件を拒絶し、より有利な条件での対外債務について再交渉を行ったアルゼンチンのより急速な高度経済成長から、2003年の9月のカンクンでの世界貿易機関の有害な自由貿易協定に異議を申し立てる上で、進歩的なラテンアメリカの諸政府および他の第三世界各国が果たす指導的役割に至るまで、事態が変更され得るかもしれない証拠が存在する。

　国際的な資本の流れとグローバルな組立てラインをさらに容易にするために今や準備万端整った技術も、国境を跨ぐ進歩的な社会運動を連携させるために使われることができる。自らの居住環境を保護し、文化的アイデンティティや

共同体を保存し、安全な場所で生活賃金を受け取り、もっと公正な社会を実現するために、今や国境を越えて動員される労働組合、農民連合、先住民利益保護の主唱者、フェミニスト、環境保護やその他の運動についても、そのようなことが現実になってきた。そうした社会運動は、国としての権利を売り払った腐敗堕落した政府を転覆させるとともに、もっと大衆に目を向けた国家主義的政府を選ぶことへの原動力であった。教育の分野には、グローバル化や「万人のための教育」の問題に関わる学者、政策決定者、実践家を結びつけるネットワークが存在する。2005年の春に、イギリス教員組合議長のメアリー・コンプトン（Mary Compton）は「グローバル化と民営化の諸勢力と戦うために、世界中の教員が連帯すること」を呼び掛けた。彼女が記しているように、「われわれこそが世界そのもの（We are the World）」なのである。

経済や社会の発展がどのように起こるべきかに関して、また、ラテンアメリカとカリブ海地域の国々にとってのより望ましい未来に貢献する上での教育システムの役割に関して、より満足な合意がさまざまな主唱者と敵対者との間で達成されうるとすれば、それは、多国籍企業や国際組織の恩恵でもなく、人々によって選ばれた政府の恩恵の結果でさえないであろう。それは、将来についての代替的ビジョンに鼓舞されたこれらの草の根運動の持続的で集合的な努力の結果になるであろう。世界中の社会正義の問題に関わる研究者、教育者、活動家として、われわれは知識の生産と普及への多くの関わりを通じて、そうした闘いに貢献することができる。むしろ、人間性に迫ってくる国境を越えた深刻な問題の大きさに絶望するよりもむしろ、われわれは、グローバル化の性質、その肯定的ならびに否定的な特徴、そして、すべての者にとってのよりよい将来に結びつくいっそう有望な行動方針に対して為し得ることで貢献するという挑戦や機会に感謝すべきなのである。

注

1) F. H. Cardoso, "On the Characterization of Authoritarian Regimes in Latin America," in *The New Authoritarianism in Latin America*, ed. David Collier (Princeton, N.J.: Princeton University Press, 1979).

2) Claus Offe, *Contradictions of the Welfare State* (Cambridge, Mass.: MIT Press, 1984);Claus Offe and V. Ronge, "Theses on the Theory of the State," *New German*

Critique 6 (Fall 1975): 137-47.

3) Martin Carnoy and Henry Levin, *Schooling and Work in the Democratic State* (Stanford, Calif.: Stanford University Press, 1985); Samuel Bowles and Herbert Gintis, *Democracy and Capitalism* (New York: Basic Books, 1986).

4) Sheryl L. Lutjens, *The State, Bureaucracy, and the Cuban Schools: Power and Participation* (Boulder, Colo.: Westview, 1996); Richard Gott, *Hugo Chavez and the Bolivarian Revolution* (London and New York: Verso, 2000).

5) F. H. Cardoso, "Las Contradicciones del desarrollo asociado," *Desarrollo económico* 14, no. 53 (1974); F. H. Cardoso, *Political Regime and Social Change: Some Reflections Concerning the Brazilian Case* (Stanford, Calif.: Stanford University/ University of California, Berkeley, Stanford-Berkeley Joint Center for Latin American Studies, 1981), 28-29.

6) 例えば Walter LaFeber, *Inevitable Revolutions: The United States in Central America* (New York: Norton, 1993) を参照されたい。

7) Martin Carnoy, cited in Carlos Alberto Torres, *The Politics of Nonformal Education in Latin America* (New York: Praeger, 1990), x.

8) George Psacharopoulos et al., *Poverty and Income Distribution in Latin America: The Story of the 1980s* (Washington, D.C.: World Bank, 1992). 同書は、Jere R. Behrman, "Investing in Human Resources," in *Economic and Social Progress in Latin America: Annual Report* (Washington, D.C.: Inter-American Development Bank,1993), 196. に引用。

9) Inter-American Development Bank (IDB), *Education: The Gordian Knot: Shortfalls in Schooling Are at the Root of Inequality* (Washington, D.C.: Author, 1998); 次のウェブサイトでも閲覧可能（www.iadb.org/idbamerica/Archive/stories/ 1998/eng/e1198e4.htm.）

10) 前掲 IDB, *The Gordian Knot*.

11) International Institute of Educational Planning (IIEP)/UNESCO, "Education and Equity in Latin America," *Newsletter*, vol. XXIII, no. 1 (2005).

12) 同上 IIEP, "Education and Equity," 1.

13) Comisión Economica para America Latina (CEPAL), *Anuario Estadistico de America Latina y el Caribe*. (Santiago de Chile: Author, 2011): 74.

14) Stephen Franz and Robert Arnove, "Education and Development in Latin America," in *Understanding Contemporary Latin America*, 4th ed., ed. Richard S. Hillman (New York: Rienner, 2011).

15) Mark Loyka, "Inequality and Poverty in Latin America: Can the Decline

Continue?" Council on Hemispheric Affairs, July 21, 201（www.coha.org. で閲覧）

16) Programa de Promoción de la Reforma Educative en America Latina y el Caribe (PREAL), Quedandonos Atras: "Un Informe del Progreso Educativo en America Latina" (Santiago, Chile: Author, 2001), 13, 42-46,（同論文は www.preal.org および Behrman, "Investing in Human Resources," in *Economic and Social Progress in Latin America: Annual Report* (Washington, D.C.: Inter-American Development Bank, 1993, 205-206 で閲覧可能）

17) Miguel Urquiola and Valentina CalderOn, "Apples and Oranges: Educational Enrollment and Attainment across Countries in Latin America and the Caribbean," *International Journal of Educational Development* 26 (2006): 572-90.

18) UNESCO Institute for Statistics, "Table 12: Measures of Progression and Completion in Primary Education," 次のウェブサイト（stats.uis.unesco.org/TableViewer/tableView.aspx?Reportid, 167）で 2012 年 1 月に閲覧。

19) Economic Commission for Latin American (CEPAL). *Panorama Social de America Latina* (Santiago de Chile: CEPAL, 2010), Table II.A-2. 農村と都市別、および社会・経済的地位別の中等教育に関する差異、ならびに国の政策が社会階層による経歴をいかにして恵まれない人々に好意的に乗り越えられるかに関する最近のデータについては、Stephanie Arnett, "Inequality in Mexico: Considering the Impact of Educational and Social Policy on Mexican Students,"（2012 年 4 月 24 日にプエルトリコのサン・ファンで開催の北米比較国際教育学会の 2012 年度年次大会に提出された論文）を参照されたい。

20) Thomas Luschei, "In Search of Good Teachers: Patterns of Teacher Quality in Two Mexican States," *Comparative Education Review* 56 (February 2012): 69-97.

21) Lusechi, "Good Teachers," 92.

22) UNESCO Institute for Statistics, "Table 14, Tertiary Indicators," 次のウェブサイト（stats.uis, unesco.org/TableViewer/tableView.aspx?ReportId=214）で閲覧可能であり、2012 年 1 月に閲覧。

23) こうした地理的条件と所得とによる就学の差の格差は、低所得層からのえり抜きの生徒集団が中等学校に通っている可能性によって説明しうるかもしれない。さらに、CEPAL, 2010, Panorama Social を参照されたい。

24) Urquiola and Calderón, "Apples and Oranges."

25) CEPAL, *Panorama Social de America Latina* (Santiago, Chile: Author, 2005), Table 30.

26) 同上 CEPAL, *Panorama Social*, 2010.

27) UNESCO Institute for Statistics, "Table on Literacy and Nonfonnal Education

Sector, Regional Adult Illiteracy Rate and Population by Gender," 次のウェブサイト (www.uis.unesco.org/enlstats/statistics/UIS_Literacy_Regional2002.xls) で閲覧可能であり、2012年1月に閲覧。

28) 同上 UNESCO Institute for Statistics, "Table on Literacy."

29) Education for All Global Monitoring Report, 2010.

30) Mariella I. Aredondo, '"Mira a Esas CholasP: A Critical Ethnographic Case Study of an Educational Community in Arequipa, Peru," (未刊行博士論文), Indiana University School of Education, 2012.

31) 例えば、James W. Wilkie, ed., *Statistical Abstract of Latin America*, vol. 31 (Los Angeles: UCLA American Center Publications, 1995), 1, Table 900 および UNESCO Institute for Statistics, "Gender Breakdown of Illiteracy Rates of Selected Countries in Latin America and the Caribbean," (www.uis.unesco.org/ev.php?URL_ID=4928&URL_DO=DO TOPIC&URL SECTION=201&reload=1043161154)

32) ECLAC, *The Millennium Development Goals: A Latin American and Caribbean Perspective* (Santiago, Chile, 2005), 91, Figure 111.7, 次のウェブサイト (www.eclac.org/publicacioneshcm110/21540/chapter3.pdf.) で閲覧。

33) Fernando Reimers, "The Impact of Economic Stabilization and Adjustment on Education in Latin America," *Comparative Education Review* 35, no. 2 (1991): 322, 339.

34) Ernesto Schiefelbein Wolff and Jorge Valenzuela, *Improving the Quality of Primary Education in Latin America and the Caribbean* (Washington, D.C.: World Bank, 1994), 154, さらに、PREAL, Quedándonos Atrás; and Organization for Economic Cooperation and Development (OECD), "Education at a Glance," (Washington, D.C. Author, 2002) を参照されたい。

35) Edward Berman, "Donor Agencies and Third World Educational Development, 1945-1985," in *Emergent Issues in Education: Comparative Perspectives*, ed. Robert Amove, Philip Altbach, and Gail Kelly (Albany: State University of New York Press, 1992), 69.

36) PREAL, Quedándonos Atrás; CEPAL, Panorama Social de América Latina (Santiago de Chile: Author, 2002). さらに、Daniel Salinas and Pablo Fraser, "Educational Opportunity and Contentious Politics: Emergence and Development of the Chilean Student Movement,"（2012年4月24日にプエルトリコのサン・ファンで開催の北米比較国際教育学会の2012年度年次大会に提出された論文）を参照されたい。

37) Faizaan Sami, "Higher Education in Latin America 2011: The Burden of the

Youth," Council on Hemispheric Affairs (www.coha.org. で閲覧).

38) Andres Bernasconi, "Chile: The Rise and Decline of a Student Movement," *International Higher Education* 66 (Winter 2012): 27-29. 有効に実施しうる公平な税制が存在するならば、すべての者に対する実質的に無償の高等教育システムに資金提供するために税金を使用することが可能かもしれない。しかし、金持ちと有力者に彼らの公平な税の負担分を支払わせることは、ラテンアメリカでは非常に困難である。

39) 前掲 Bernasconi, "Chile."

40) David Plank, Jose Amaral Sobrinho, and Antonio Carlos ça Resurreiçáo Xavier, "Obstacles to Educational Reform in Brazil," *La Educación* 1, no. 177 (1994): 81-82.

41) Mark Hanson, "Education Decentralization: Issues and Challenges," (2002年3月6〜10日にフロリダ州オーランドで開催の北米比較国際教育学会の年次大会に提出された論文) および Maria Moreira de Carvalho and Robert Evan Verhine, "A Descentralizacáo da educacáo," *Revista sociedade e estado* 16, no. 2 (1999): 299-321 を参照されたい。さらに、キューバはその1986年の中央集権化された政府の"調整的"総点検の一環として、教育の地方分権化を開始した。他のラテンアメリカの国々のように市レベルに権限を移す計画と異なり、それは、地方学校評議会やさまざまな形式の「人民の権力」へ移す傾向があった（前掲 Lutjens, State, Bureaucracy を参照されたい）。

42) Patricia Matte and Antonio Sancho, "Primary and Secondary Education," in *The Chilean Experience: Private Solutions to Public Problems*, ed. Christian Larroulet (Santiago: Trineo, 1993), 106.

43) Juan Prawda, "Educational Decentralization in Latin America: Lessons Learned," *International Journal of Educational Development* 13, no. 3 (1993): 262.

44) Marcy Fink and Robert Arnove, "Issues and Tensions in Popular Education in Latin America," *International Journal of Educational Development* 11, no. 3 (1991): 221-30; Cyril Poster and Jürgen Zimmer, eds., *Community Education in the Third World* (New York: Routledge, 1992).

45) Carlos Alberto Torres, "Paulo Freire as Secretary of Education in the Municipality of Sao Paulo," *Comparative Education Review* 38, no. 2 (1994): 198-99.

46) Carlos Alberto Torres and Adriana Puiggros, "The State and Public Education in Latin America," *Comparative Education Review* 39, no. 1 (1995): 26. さらに、Moagir Gadotti, "Latin America: Popular Education and the State," in *Community Education in the Third World*, ed. Cyril Poster and Jurgen Zimmer (New York: Routledge, 1992); Rosa Maria Torres, Para Revencer la Educación de Adultos (New

York: UNICEF, 1995) も参照されたい。

47) Robert F. Arnove, "The World Bank's 'Education Strategy 2020': A Personal Account," in Steve J. Klees, Joel Samoff, and Nelly P. Stromquist (eds.), *The World Bank and Education: Critiques and Alternatives* (Rotterdam: Sense, 2012).

48) Fernando Reimers, "Role of NGOs in Promoting Educational Innovation: A Case Study in Latin America," in *Education and Development: Tradition and Innovation, vol. 4, Nonformal and Non-governmental Approaches*, ed. James Lynch, Celia Modgil, and Sohan Modgil (London: Cassell, 1997), 35.

49) 前掲 Reimers, "Role of NGOs," 38.

50) Alfredo Sarmiento Gómez, "Equity and Education in Colombia," in *Unequal Schools, Unequal Chances: The Challenges to Equality Opportunity in the Americas*, ed. Fernando Reimers (Cambridge, MA: Harvard University Press, 2000): 233.

51) Henry Levin; "Effective Schools and Comparative Focus," in *Emergent Issues in Education*, ed. Arnove, Altbach, and Kelly (Albany: State University of New York Press, 1992), 240.

52) 2002年4月19日、コロンビアのボゴタでの (the Fundación Volvamos a la Gente) 理事長で「新しい学校 la Escuela Nueva」共同創始者でもあるビッキー・コルベルト (Vicky Colbert) との会話。同要約情報はパンフレット *Improving the Quality of Basic Primary Education: The Case of Escuela Nueva from Colombia* (Bogota: Ministry of Education, Back to the People Foundation, and National Federation of Coffee Growers Association, n.d.). に掲載。

53) Celia W. Duggan, "To Help Poor Be Pupils, Not Wage Earners, Brazil Pays Parents," *New York Times*, January 3, 2004, 3.

54) Laurence Wolff and Claudio De Moura Castro, *Education and Training: The Task Ahead* (Washington, D.C.: Institute for International Economics, 2003): 196.

55) さらなる議論については、Xavier Banal and Aina Taberini, "Focalización y Lucha contra la Pobreza: Una Discusión Acerca de los Limites y Posibilidades del Programa Bolsa Escola," *Globalización, Educación y Pobreza en America Latina: Hacia una Nueva Agenda Politica*, ed. Xavier Banal (Barcelona: Editorial Bellaterra, 2006). ならびに同書の他の所載論文を参照されたい。

56) Xabier Gorostiaga, "New Times, New Role for Universities of the South," *Envio* 12, no. 144 (July 1993): 24-40. Also see, Carlos A. Torres, C.A. "Public Universities and the Neoliberal Common Sense: Seven Iconoclastic Theses." *International Studies in Sociology of Education* 21 (Issue 3, 2011): 177-19.

57) Robert Arnove, *Education as Contested Terrain: Nicaragua, 1979-1993*

(Boulder, CO: Westview, 1994).

58) Gorostiaga, "New Times."

59) Larry Rohter, "Economic Rally for Argentines Defies Forecasts," *New York Times*, December 26,-2004, Al, 8.

60) これらの取り組みのうちの典型的なものは、新自由主義のアジェンダに代わるものについて議論するために、先住民、労働、環境、フェミニズム関係、そして反グローバル化の諸運動が2006年12月8～9日にボリビアのコチャバンバに結集したことであり、同時に、南米12ヵ国の国家元首が地域統合について議論するために集まったことである。集会は、ボリビアのエボ・モラレス (Evo Morales) 大統領の国家間連携の構想を踏まえ、南米諸国連合（Conuinidad Sudamericana de Naciones; CSN）によって始められた国境を越えた諸勢力の結集を示していた。"Evo Morales Propane CSN para 'Vivir Bien.'" を参照されたい。連絡情報はウェブサイト info@alainet.org. で利用可能。

61) 例えば、1990年のジョムティエン、2000年のダカールでの国際会議の続報として、ローザ・マリア・トーレス (Rosa Maria Torres) の諸構想 (fronesis.org/prolat.htm) を参照されたい。

62) Mary Compton, "We are the World," *Rethinking Schools* (Spring 2005): 8-9.

第13章 アジア・太平洋地域の教育
――いくつかの持続する課題

ジョン・N・ホーキンズ

　2011年11月にホノルルで開かれたアジア太平洋経済協力（APEC）の会議で、バラク・オバマ大統領は、アメリカ合衆国がアジア太平洋の大国であり、この地域が居場所であると発表した。すなわち、「アジア太平洋ほど私たちの長期的な将来の経済を形成するために役立つところはない」[1]というのである。彼は、アジアが世界で最も速く成長している地域であり、世界の国内総生産（GDP）の半分以上を占めていることを参加者に思い出させた。これは国際的、国内的政策の両方の転換を示すものであり、近い将来、アジアの出来事がアメリカを含む多くの国にとって、政治的、経済的、そして恐らく文化的な方向性を支配しそうだという未来の見取り図を明らかに描くものであった。

　21の加盟国経済界からの参加者に対して筆者が行ったインタビューの中で、この地域の将来の成長および成功は、各国が教育システム、特に高等教育システムの収容規模と質の両方を発展させ成長させ続けうる程度に左右されるだろうと明言された[2]。実際のところ、多くの人々は、アジアが過去20年あまりの間にグローバル経済を支配するレベルに達したのは、この地域が第一級の教育システムを目指して早い時期に取り組んだために他ならないと結論づけた。

　2011～2012年の見通しは、それぞれ9.5％および8％の成長が見込まれている中国およびインドに牽引されて、この地域全体としては平均約7％の安定した経済成長という過去数年のパターンを継続するようである。貿易の成長、GDP、資本流入および他の経済的手段は、アジアの長期および短期の経済予測に関して積極的なままであるが、株価の下方リスク[訳注1]を回避するために改良が

訳注1　株価を押し下げる要因のことを指し、国内外景気、為替相場、企業業績、競争力、政治などが含まれる。

必要な分野もある。不平等、特に東部と南西アジア、南アジアとの間の地域的不平等の解消は、そうした分野の1つである。各国内では、不平等は、中国のような高度成長経済においてすら問題を残している。教育に明らかに結びついており、社会の安定のための不可欠な分野である雇用見通しを上げる継続的な努力が必要である。財・サービスへの国際的な需要に対して内需拡大もまた今後数年先には優先事項となりそうである。これはこの地域の教育システムの技術教育セクターにおける訓練や教育に重要な影響を及ぼすであろう。[3)]

APECの会議は、この地域のほとんどの加盟国が同意する4つの永続的な問題が21世紀における高等教育の変革にとって重大であることを明らかにした。リストの一番上にあるのは、引き続き就学機会（アクセス）や公平性（エクイティ）に関係する問題である。日本、韓国、台湾のようないくつかの国の教育システムは、ユニバーサル・アクセス（幼稚園から高等教育まで）に近づいているが、この地域の多くの国は引き続き農村と都市の格差、都市周辺の就学機会の不足、少数民族・女性・その他の排除された集団に対する差別と闘っている。より多くの無試験入学や収容規模を備えたところでさえ、社会的階層分化が教育システムを支配しており、高い社会・経済的地位にある集団が最高の大学や大学入学準備機関のより多くのスペースを意のままに占めているため、公平性が相変わらず問題となり続けている。

就学機会と公平性の問題に直結した第2の分野は、質保証（QA）である。地方の教育システムが成長し、より多くの者を収容することが可能になるにつれて、「それがどれほど良いものか」の問題が、さまざまな利害関係者によって提起されている。この地域の国々がランキング競争および「世界クラス」の地位の追求に加わるようになったのに伴い、質保証は特に高等教育の中でホットな話題になった。

収容規模と質がアジアの教育発展に組み込まれるにつれて、その両方の増大が新しい種類の社会、すなわち、この地域を以前の「発展途上」のパラダイムから、技術、知識創造、発見、そして更新された労働力の世界に転換させる知識社会をもたらすだろうという考えがもたれた。もちろん、このすべてが新しい種類の教育システムを必要とする。アジアは特にデジタル革命の最先端に立ってきたが、それはすべての段階の教育に関係している。シンガポールのようないくつかの社会は明らかにこの領域のリーダーであり、一方、バングラデシュなど他の社会ははるかに遅れている。にもかかわらず、教育政策決定者の

間では、新生の知識社会という概念がこの地域において巨大な姿を現し、特に就学機会、公平性、質保証の分野でのさまざまな議論に油を注いでいる。

学生や学者の可動性や移動は、アジアでは長きにわたって教育の景観の重要な側面であったけれども、それが主として外向きの（西洋を目標とした）動きから内向きの動きと国境を越えた交流とが合わさったものへと転換するにつれて、新たな重要性をもつようになってきた。このことは第3の永続的な傾向を示すものである。なぜなら、学生や学者（そしてアイデア）がますます大量にこの地域中を動いていることは、この移動が実際に与える衝撃の程度に応じて、さまざまな問題に直面することになるからである。

最後に、探求されるべき第4の分野、おそらくアメリカの連邦主義ならびに欧州連合における教育の「調和」のための取り組みから着想されるのは、地域統合（regionalism）の問題である。各国がそれらの歴史的な経済協力を教育と人的資源開発を含むようなものへと拡大する方法を見つけようと努力していることから、このことはアジアで新たな重要性を帯びてきた。これは予想よりかなり困難であることが分かったが、アジア地域の教育および国家発展のために多くの新しい挑戦の可能性を切り開くものである。

就学機会と公平性

就学機会、公平性、収容規模（キャパシティ）といった概念、さらにそれらから生じるさまざまな実践は、基礎教育および中等教育政策の「代物」として最も馴染み深いものであった。しかしながら、1990年代初期以降、特にアジア大洋州では国家開発と人口動態が強く結びついて、方法は異なるものの、これらの概念をそれぞれ高等教育政策論議の中心に押し上げた。

3つの異なる発展軌道によって特徴づけられるものとしてアジア大洋州を見ることが普通になった。この地域でかなり昔から発展した国々である日本、韓国、台湾は迅速に老化を経験している。これらの国はよく知られているパターンの経済発展を追求し続けながら、労働力不足、特に雇用構造の下層部での不足と、過度に膨らんだ高等教育の収容規模を抱えていることに気づいている。1970年代末からごく最近の時期まで、急速に拡大した高等教育の需要の受け皿になるため、これらの構造は今や国内の人口の割にはいくつかの点で過剰であるのが分かっている。数直線のもう一方の端にインドと中国がある。それら

の大規模な経済は急速に拡大しており、それら自身の必要条件を満たすためとならんで、きわめて細かく分けられたグローバルな労働市場の必要条件を満たすために、常に新しい労働力ニーズを作り上げている。2つの国では、政府の一連の政策は必要性が自覚された高等教育の定員拡大に取り組むものであった。この数直線の中のどこかに、この地域の他の国々がある。特にインドネシア、タイ、マレーシア、フィリピン、ベトナムなどであり、これらの国の経済発展パターンはそれほど単一の様相を示していない。また、それらの継続的な高い出生率は若者に偏った人口動態を生み、彼ら若者は定員や就学機会の拡大を通じて、高等教育の拡張が継続的に行われることを強く求めている。教育政策の策定者は、教育の拡張、就学機会、公平性と、高等教育に進もうとする者により高い平等性をもたらすという究極の目標との関係のより複雑な性質に気づくようになった。もちろん就学機会の公平性の問題、つまり、誰が拡張した高等教育システムに入るのかという問題が存在する。社会階層やジェンダーによる多様化は勿論のこと、民族、言語、宗教、カーストなどによって多様化した国民がいないような事例をアジアで見つけるのは困難である。これらの違いを説明する決定を下すべきか下さざるべきか、そして高等教育への就学機会を高める行動を取るべきか取らざるべきかである。

　しかし、「積極的差別是正(アファーマティブアクション)」措置が高等教育セクターへの入学を容易にするために講じられたとしても、合格基準に達するかどうかの問題が存在する。また、一旦入学したとしても、いかにして在学し続けられるのだろうか。このことは教育政策の策定者にとってそもそも重要なのだろうか。「しかるべく遇されていない」人々を支援して、伝統的に高等教育に通ってきた人々と競争しうるようにするのに、プログラムは準備万端に整っているのだろうか。一旦そこに入ったら、どのようにして留まるかが問題なのである。これは教育政策決定者の関心事かも知れないし、そうでないかも知れない。これはアウトプットの問題と無関係ではない。今新たに入学許可された人々は、より伝統的な学生層と同じレベルで同じ事柄を学ぶのであろうか。また、彼らが一旦卒業すれば、彼らは支配的グループと同じような生活や仕事上の経験をするのであろうか。これらはいずれも難しい問題であり、典型的な「高等教育への就学機会」の議論の中ではしばしばなおざりにされる。

　問題は、われわれが就学機会と公平性との関係に見られるバリエーションをより深く調べようとすると、さらに複雑になってしまう。これらの関係を見る

第13章 アジア・太平洋地域の教育　505

場合、家計所得は最も明白な変数である。高等教育に入学許可された者の所得分布は、「潜在能力（capability）の貧困」[訳注2][5]というような評価方法と強く関係している。そこでは高等教育の入学許可への道において特定の人々が他の者と公平に競争する能力の中に、栄養、健康、教育といった基本的要因が組み込まれる。分権化がどこで公平さや就学機会にとっての阻害要因となりうるか、また、ハンディをなくすために国家による介入がなされうるかに関する事例がここにある。

　各国内でもさることながら、このアジアという地域には、就学機会や公平性の方程式に、どの要因を取り入れるかに関して大きな地域間格差がある。特定グループが「周辺的場所」に置かれ、高等教育への彼らの入学機会がなおざりにされていることを知るというように、ある住民グループの地域による格差は構造的、政治的、あるいは民族的問題に左右されるかもしれない。ここには多くの政策問題があり、また、これらの問題に取り組むために多くのアプローチが試みられた。すなわち、農村の学校の現実との整合性を高め、質を向上させ、履修内容と市場の需要を一致させる問題に取り組むために職業・技術教育を活用し、さらに、地域間や地域を跨ってより公平な資源配分がなされるように効率を高めること、などである。いかなるアプローチであれ、この地域間格差の問題はしばしば大きく立ちはだかり、そして、中国のケースのように、最高レベルの国家政策に影響を与え、この「西側の問題」（この場では中国の西部農村地域を指すのであるが）に対して一貫して言及されてきた。[6]

　地域の多様性がいったん明らかになり、少し深く掘り下げようとすると、社会・文化的な多様性の問題が浮上する。このように、よく知られている差別化の範疇である民族、言語、宗教、カースト、ジェンダー、その他の際立った特性が政策決定の中心問題となり、高等教育への就学機会や公平性に関する戦略に影響を与えるようになる。こうした形態の多様性に対する広範な対応は、完全な差別から積極的差別是正措置まで広がっているのが見出しうる。多くの場合、地域的疎外と社会・文化的疎外との関係は強いものである。

訳注2　アマルティア・センは貧困とは単なる生産性の問題や財の多寡としては扱えない問題であるとして、「人間の幸せ」「人間社会の善」などの新しい基準として、「ケイパビリティ」概念による貧困の新しい測定を考えた。たとえ同じ所得や財、物を手にしていても、その財を生かすための行動はその人の諸条件により制約を受けており、同じとは限らない。この違いが人の潜在能力（ケイパビリティ）の違いとなる。

最後に、構造的な対応とメカニズムとが政策決定のジレンマの締めくくりになる。ほとんどのアジアの事例に見られる主要な問題は、一発勝負の国家試験体制が関わる問題である。アジアの多くの高等教育の主要な点検と防衛メカニズムは、全国入試の形式である。中等教育の後半部分で通常実施されるこれらの試験は、誰がさまざまなレベルの高等教育への入学許可を与えられるか決めるものである。しかし、もっと重要なことは、誰が将来の職業と収入の将来を決定するような最もプレステージの高い高等教育機関への入学を許可されるかである。これらのシステム、特に日本、台湾、韓国、中国、インド、シンガポールなどの全国試験を批判する大量の文献が存在する[7]。これらの批判は、人が何を期待するか、すなわち、それらの試験の性質に基づいて想像される「利点」にもかかわらず、最終結果は通常、人種、民族、収入、ジェンダー、地域、そしてすでに議論したようなその他の変数によって階層に分けられる。あるいは、本章の初めに指摘したように、支配層エリートの再生産は国家試験パラダイムの中で支援されている。これらのシステムの改革は何年にもわたって試みられて来た（最も劇的なものは日本においてアメリカの占領軍がそれらをまとめて廃棄すべきだと助言し、また、中国で文化大革命中に同様の改革が実行されたことである）。すべての場合に、それらの試験はいったん取り止めになっても復活し、高等教育への入学に関するゲート・キーパーの役割を果たし、そしてしばしば、初等・中等教員が全国入試に向けて「教える」ために、下級教育段階のカリキュラムを動かすことが今日まで続いてきたことが明らかになった[8]。

　能力別編成のメカニズムはまた、多くの場合、中等学校修了者の一部を職業の世界に導き、他の者を高等教育機関に導く立場にある。新自由主義がこの地域の政策としてますます受け入れられ、予備校あるいは「詰め込み学校」（日本の塾、台湾、中国、香港、シンガポールの補習班、韓国の学院など）のような対策が、誰にも利用可能だが、金のかかる影の教育システムを作り上げるにつれて、公と私に関する議論が展開されている。

　現代の政策過程のこれら積年の問題に対して解決の手掛かりを示す取り組みにおいて、多くの基本的問題に特別な扱いをすることが必要なように思える。1つのモデルは、就学機会、公平性、収容規模の問題に取り組むという独特な目的をもって動いて来たように思える国、地域あるいは都市に関する数多くの事例を探ることかもしれない。それを説明する1つの事例は、トロント大学の

第13章　アジア・太平洋地域の教育　507

ジョセフ・ファレル（Joseph Farrell）の研究である。彼は初等教育がこれら3つの問題を扱おうとしたときに、そこに生じたさまざまな危機や窮状に対する「新しい」教育上の反応を吟味することに努めた。ファレルの研究は、世界中の事例を調査して、多くの驚くべき事実を示している。就学機会と公正性の問題に対処する上で最も革新的な解決策のうちのいくつかを発展させるのは、往々にして伝統的な支援の点で特にうまくいっていない状況（従来の用語では、定員が不足しているということになる）に置かれた人々だというのである。

　人が取り上げたいかもしれない別の問題は、高等教育への就学機会が「もてはやされているほどのもの」かどうかということである。すなわち、さまざまな社会が急速に就学機会や収容規模に取り組んだように、支配的な傾向は、既存の機関やシステムの構造上のモデルに従って収容規模を増大することであった。この結果、高等教育機関が歴史的に受け継いできたのは主にエリート教育の拠点として機能することであったのに、そのシステムにさらに多くの学生を加えることになった。これは、しばしば要求された教育水準に対して明らかに準備ができていない多くの学生を高等教育へ運び込むという問題を引き起こした。この「問題」は次には高等教育機関がカリキュラムを「薄める」必要があるという状況につながることになり、あるいは、多くの学生が確立している基準を満たすことができないことが分かるという状況に直面することになる（西洋における成績インフレはその問題を繰り返し思い出させるものである）。最も明瞭な方法で就学機会の問題を解決しようと努力すると、その方法が単により多くの学生に多くの「座席」を準備するという既存システムの「単純な」再生産に結びついていることから、国家的問題に取り組むには不適当なカリキュラムの展開という結果をしばしばもたらした。これは確かにアジアの多くに見られる事例である。いくつかの国（例えばインド）の実際の例は、この傾向が国の行政をひどく悩ませる履修内容と市場の需要との不一致の強力な推進力になっていることを示している。

　1つ示唆しうるのは、これら3つの価値観を作り上げる支配的な言説、特に収容規模と就学機会を結びつけることを主張する言説は見直される必要があり、おそらく新しい功利主義的な根拠を求める政策的言説と結びつける必要があろうということである。つまり、高等教育の卒業生は何のためにいるのかを問うのである。また、そのような問いに対して、非常にバラバラな答えが出るかもしれないという実際の可能性を心に抱きながら、問いを発する必要がある。そ

のような問いは、(最近しばしばそうであったように)高等教育をもっぱら限られた職業関連の結果だけに結びつける決まり切った反応に終始する必要はない。かつてないほど短い周期の刷新や新機軸の採用に基づくことが増えている社会にいるのとともに、ますますグローバル化する相互作用や依存という変化し転換しつつある雰囲気の中にあって、各国内で取り揃えられているインプットがどのように用いられているかに対して、われわれが新たな注意を払う必要があるというのは確かに正しいかもしれない。[11] 1つの見方は、就学機会、公正性、収容規模に関する問題は、フォーマルおよびノンフォーマルな高等教育あるいは第三段階の教育の混合という観点から、より明示的に組み立てられるべきだというものである。そのような動きは、世界クラス、エリート高等教育機関にそれほど焦点を絞らないで、きわめて多様な国内のニーズや地方のニーズに応えようと努力するコミュニティカレッジ、農村の協同組合や公開大学にもっと注意深く目を向けるという、より分化した教育モデルの方向にわれわれを向かわせるであろう。そのように焦点を転換することは、社会における諸々の努力の全体を通じて価値を生むような言説や結果をわれわれが見出すことを可能にするであろう。この場合もやはり、これらはアジアの至る所での教育政策の最先端にある問題である。[12] 特に第二次世界大戦以降のアジアの高等教育に対する需要の高まりは、われわれが今日見ている大衆化をもたらしたが、「学歴病」の大量発生や、しばしば仕事の世界から遊離した学歴偏重主義の台頭についての批判も生むことになった。[13] 20世紀末の変動する社会構造の中で生じた高等教育の分化は、質に関してピンからキリまで長く伸びたものとなり、次には質保証を求める運動が巻き起こることになった。

このすべてが、アジア太平洋地域の新自由主義と、いくつか挙げるだけでも、民営化、自由経済市場への移行、自治、企業化など、その多くの分化した表れという文脈の中で起こった。今、この同じ地域は先例がないグローバルな金融危機に直面している。高等教育、特に公立高等教育に対する意味合いも含めて、この危機の最先端はアメリカであるが、その波及効果はアジアに及ぶであろうし、このことは来たる数年の間、明らかに注意深く吟味されるであろう。

アジア地域の就学機会と公正性の複雑さについては、さらに詳しく述べることができる。しかしながら、ここまで簡単に論じてきた諸要因は、さまざまなレベルの高等教育への入学を求める人々にとって、いかにさまざまな障壁が存在するかについて、また、この基本的な教育のジレンマから生じる諸問題に関

する議論の枠組みを作るのに役立つような全般的考え方を提供するものである。

質保証

　2006年10月、およびその後の毎年、環太平洋大学協会（the Association of Universities of Asia and the Pacific）は年次大会を開催し、その主題は高等教育の環太平洋品質保証および適格認定に焦点を絞ったものであった。19ヵ国からの200人以上のメンバーを代表する参加者は、質保証の問題、質の指標、質の記録一覧、汎アジア適格認定、およびより高い基準を達成したいというアジア地域の大学・カレッジの願いに関係した他の主題について議論している。
　これらの会議（そして、アジア太平洋地域で最近開催された他の多くの会議）は、この地域の高等教育のリーダーたちが「質保証」についてもっている関心事を象徴している。さらに、アジアのトップの大学がこの協会のメンバーではないという事実は、高等教育の質保証問題が発生する場合、アジアに存在する矛盾および緊張を示している。
　他方、この地域のほとんどの高等教育機関は、上海に拠点を置くアジア太平洋クオリティ・ネットワーク（APQN）のメンバーであり、同ネットワークはこの急速に変化する分野での新しい動きに遅れないようにする機会をメンバーに提供している。[14] この地域に新設された多くの高等教育機関にとって適格認定の問題は、関係者が金額に見合う価値に当然関心があることから、予測が非常に難しいものである。中国やインドのような国の多くの疑わしい高等教育機関（例えば、中国の民営大学ないし半私立の機関、およびインドの加盟カレッジ）の台頭は、評価をいっそう難しくしているだけである。
　質保証に関して高まった関心がアジアで起こっている状況は、注目に値する。ちょうどわれわれが1970年代および1980年にアメリカ高等教育の変化の「幸福なアナーキー」状態を見たように、アジアの大学もまたそれら自身とそれらが所在する社会との間で力点の置き方が多少異なる転換を経験している。高等教育の地方分権化が一方で起こりながら、他方では質保証に対する中央（つまり教育省あるいは他の国家機関）へのこだわりという矛盾が生じており、何人かの学者が「中央集権的な地方分権」[15] と呼んでいるものをもたらしている。この曖昧さは質保証に対する情熱と皮肉の両方を助長した。アジアにおける質保証の高まりは多くの力や要因、なかんずく新自由主義、管理主義、企業化と

いった哲学を含むものと合致している。それらのすべては、国内の質保証ないし適格認定機関、学会、協会、そして高等教育の質を測定するその他の構想の設立に寄与した。高等教育の関係者が彼らの高等教育機関がいかに機能しているかになぜ関心があるかについては、もちろん十分な理由がある。アジアの高等教育の大衆化と多様性は、この地域における高等教育の景観を代表する無数の大学やカレッジに関するより多くの情報に対する需要の高まりをもたらした。一方カレッジや大学は箔をつける目的や、この地域を代表する機関の混乱の中で、自らの適所を得るために質保証を利用することができる。国のベルでは、政府が質保証は高等教育に対するそれらの統制やテコ入れを増すのに有用であると考えており、(多くの場合、地方分権化の結果、しばしば縮小されたとはいえ)継続的な国による資金提供は、さまざまな調査の結果に基づいて、ますます条件付きのものになっている。

　明らかに観察しうることは、「下から上への」高等教育の変革過程から外部からの影響の高まりへの転換、つまり、統制の数直線の上で緩やかなものからより強いものへの転換が起こってきたことである。歴史的に見れば、この地域のほとんどの国家にとって、質保証はフロント・エンド、つまり、高等教育の設立過程での準備段階で行われていた。そして、教育省によって量的データが定期的に要求され、高等教育機関の構造面での変化についても教育省によって認可されること以外には、フォーマルな正規の評価方法はほとんどなかった。この展開の１つの結果は、「品質管理」がより緩やかに組み合わされ、そして恐らくより学術的な管理スタイルに取って代わったことであるが、そのスタイルは質保証から生まれた考え方が組織の中に浸透し、収集されるデータや実際に行われる内部評価が外部からの要求に確実に応えるようにするものであった。良くも悪くも、１つの評価文化がこの地域で出現したのである。

中国

　この地域で最大の高等教育システムの２つは中国とインドである。しかし、規模と複雑さの類似性にもかかわらず、高等教育の質保証に対するこれらの国のアプローチはまったく別である。中国では、過去においてそうであったように、さまざまな省庁間で分割されるよりもむしろ一点に集中した規制的な責任体制を作り上げる上で教育部が中心的な役割を果たしてきた。この集中化は、

学習、適格認定および学位授与の分野で適用される資格基準に関する統一的なシステムを可能にした。このことは非公立セクター（鄭州市の黄河大学、西安の西安翻訳大学、上海の杉達大学のような民営の大学・学院）が台頭したがゆえに、特に興味深く重要になった。これらの大学は印象深い教育力を発展させており、学術的な卓越性の概念に挑戦している。[16)]

　高等教育機関は今や経常経費と研究費を賄うために必要な資金の約50％を創出しなければならないことから、財政の自己責任への動きは質保証の発展にも影響を及ぼした。ここで提起される問題は、これが質保証を助けたり、あるいは妨げたりする程度である。OECDの世界貿易機構（WTO）は、市場に向かう動きが功罪相半ばする結果を生んでおり、必ずしも学習成果を改善していないと述べた。教育部はこのことに気づいており、消費者への情報提供をはじめとして、質に関するいっそうのモニタリングと質保証のための改革に着手する処置を講じていたことが報告された。[17)] 2002年以来発展した一般的な質保証システムはさまざまなレベルの調査から成り立っている。中央の官僚主義的な当局は一般に質保証と適格認定に対する主たる責任を有しているが、1994年以来、非政府組織の中国科学評価研究センターのような独立した評価団体を目指す動きが起こった。しかしながら、このアプローチは期待された結果を生まなかった。そして、教育部は最近、適格認定に関するアメリカモデルや欧州品質管理財団（the European Foundation for Quality Management; EFQM）のような機関に関心を抱くようになっている。2003年までに、3つの基本的なタイプの機関評価が出現した。すなわち、資格認定評価（中国語は「合格評估」）、卓越性の評価（中国語は「優秀評估」）および随時実施のレベル評価（中国語は「随機性水平評估」）である。[18)] 最初のメカニズムは機関としての力量が弱いと認定された高等教育機関に的を絞ったものである。卓越性の評価は、一般に機関としての強い力量を有すると認定された高等教育機関のためのものであり、随時実施のレベル評価はその中間に位置する。

　全般的な評価手続きは、この地域の多くの手続きと共通な3つの要素から構成され続けている。すなわち、①自己評価および報告、②専門家による実地訪問、③実践の修正や改良である。評価過程の全般で考慮される第1レベルの指標（教育観、教員、教材、および教授学習などに関連した事柄）、および第2レベルの指標（教授陣の人数や構造、専攻、倫理や価値

など）がある。このシステムは、定量的評価基準よりも質的評価基準のほうに近づいているように思われる（例えば、以前には大学への実地訪問のために必要であった筆記試験はもはやその過程の部分でなくなっている）。そして、評価指標は、当該機関の哲学、教授陣の問題、授業内容の開発といった「ソフト面の」テーマにより焦点を絞ったものである。[19]

最後に、他の機関が見做うべき模範者を使うという、変革のための時間を限って試練を与える中国のやり方は、211工程と985工程という2つの主要なプロジェクトでも目下使われている。これらのプロジェクト（211工程は21世紀の間に100校の大学を強化すること意味し、985工程は1985年5月の江沢民による演説に由来するもの）は、両方とも、「高品質」ということが意味するのは何かを実際に示すのに役立ち、従って質保証システム全体に影響を及ぼしうる高等教育における卓越モデルを作り上げることに努めてきた。1つの結果は、高等教育の評価やモニタリングには独立した外部機関ならびにNGOを取り込むべきだという認識であった。もう1つの結果は、中国の重点大学に対して、よりよい内部的な質保証の努力を要請したことである。[20]

中国の質保証システムは目下、（中央政府、教育部、省および高等教育機関、さらに、外部や国際的機関が関わることに引き続き関心があるなど）各レベルが入り交じったものから成り立っており、また、（質保証は形成的なものであるべきか、それとも最終的なものであるべきか、ランキングはどれほど力点が置かれるべきか、政府の行う質保証と他の「緩衝」機関の関係はいかにあるべきか、競争はどれほど強調されるべきか、質保証の評価はどのように使われるべきかなど）多くの挑戦や問題に直面している。明白と思えることは、第一級の高等教育機関の核を構築するために質保証を使うことに対する強い政策的な関心である。

インド

インドはアジアでもう1つの大規模な高等教育システムである。そのことについて、最近、同政府はひどく批判的であった。インドの高等教育にはイギリス英国流の調節機構の長い歴史がある。設置された大学補助金委員会（UGC）は1994年に全国認定評価審議会（National Assessment and Accreditation

Council; NAAC）を設置したが、同審議会は自己評価、（事前に決められた評価基準に基づく）当該分野の専門家による評価、そして、自発的に等級分けされた5点尺度の適用からなるよく知られた質保証のメカニズムを採用した。[21] インドが直面してきた主要な問題は、加盟関係の伝統であり、それによって1つのカレッジが学士課程の教育で主導権を握り、他のカレッジや大学と緩やかに接続されているのである。ステラが次のように述べている。「ほとんどのインドの大学は加盟タイプのものであり、それらを傘下に置く大学が教育課程を制定し、その加盟大学・カレッジのために共通のシラバスに基づいて統一的に試験を実施し、及第者に学位を与えるのである」[22]（Stella, p.2）加盟カレッジを擁するいくつかの大学は400校以上の加盟カレッジをもち、そのために質保証を問題のあるものにしている。加盟カレッジの多くは基準を満たしていないことが知られているのである。私立機関の主導権の高まりが、インドにとって困難をもたらした。全高等教育機関の約70％は、（たとえ多くのところが「カレッジ無償援助基金」を通じて国による相当程度の資金提供を受けていたとしても）私益信託組織（プライベートトラスト）によって運営されている。

インド高等教育の「質」問題の大きさは、大学補助金委員会の一部門である全国認定評価審議会による部外秘の報告書が流出したことによって最近暴露された。同報告書は、インド中の123の大学および2956校の加盟カレッジが評価され、大学の68％とカレッジの90％が「粗悪」であることが判明した。[23] これ以外の質保証に関わる問題は、在籍者数が低下し、教授陣のポストが満たされず、教員は資格証書を欠き、さらにIT機器も不足していたことである。M・シン首相は次のように述べた。

> わが国の大学システムは荒廃状態にあり、われわれはよりよい設備、より多くの優れた教員、大学システムをより現実に相応しいものにするカリキュラム開発への柔軟なアプローチ、より有効な教授・学習の方法、そして、もっと意味のある評価システムを必要としている。……（われわれは）機能不全の将来の市民を生み出しうるだけの機能不全の教育システムを抱えている。温情主義と腐敗に関する苦情が聞かれる。……私たちは政府の側の不必要な介入から大学に関する取り決めを解放するべきであり、自治と社会的説明責任を増進しなければならない。[24]

かくして、インドにおける質保証のための挑戦はかなり実体のあるものになっている。インドで大学の大部分を構成する学位授与権のない加盟機関の問題に取り組む努力の中で、シン首相はさらに、新たな学位授与権のある中心的大学を、それを欠く16の州のそれぞれに設置することを提案した。これらの新しい機関の各々は最も高い学術的な基準、および効率性のモデルに沿って運営される、学術的な卓越性の象徴となることを意味している。シン首相は、これらの新しい機関の設置のための戦略を準備するように、インド高等教育の調節機関や計画立案委員会に指示した[25]。このように、高等教育を発展させる主要な取り組みは、インドではもっと厳格な質保証を始める主要な戦略のように思える。現在の質保証メカニズムも問題になっている。しかし、焦点は、世界基準を満たす新しい機関の設立を通じて、インドの高等教育を問い直すことにある。

インドは優れた高等教育に向けての進歩を促進する多くの長所をもっている。しかし、現在の質保証システムが強調しているとはいえ影響を与えることができないように思える本質的な短所が存在する。インド工科大学、全インド医科学研究所およびタタ基礎研究所のような質の高い高等教育機関が存在する。しかし、これらの機関の在籍者は学生人口の1%未満に過ぎない[26]。グローバルな競争力をもった一連の機関を創設し、それによってすべてのインドの高等教育機関の質保証のレベルを引き上げるために提案されている行動方針は、大胆かつ危険な（そして高価な）ものである。しかし、アルトバック（Philip Altbach）が述べているように、「これらの大学なくしては、インドは科学に関して澱み状態のままになる運命にある[27]」のである。

日本

中国とインドがその巨大な高等教育システムを前に押し進め、同時に質的水準を高めようと奮闘している時、日本は東アジア地域の伝統的に紛れもない高等教育のリーダーとして、質保証とは何を意味するかを見直し、また、既に手に入れた質を維持するために奮闘している。日本は、第二次大戦後のアメリカによる占領の結果として受け継いだアメリカのシステムに倣った公式の適格認定の長い歴史をもっている。大学基準協会（JUAA）は1947年に組織されたが、47の大学によって設立され、今日では322の大学（国立41校、公立

第13章 アジア・太平洋地域の教育 515

28校、私立253校）が加盟している。これは日本のすべての大学の45％に当たる[28]。2004年まで、大学基準協会は日本における唯一の適格認定と評価のための組織であった（文科省はもちろんすべての高等教育機関の設置を認可する唯一の権限を有しているが、最小限度の基準を提供するだけである）。すべての高等教育機関は定期的に自己点検を実施することを文科省によって求められ、その結果は公表された。しかし、高等教育機関が外部機関によって点検されるべきだという明示的な要求は存在しなかった。大学基準協会による適格認定は質保証のための任意参加で自治的なシステムであり、多くの高等教育機関が主として自らの教育的使命の向上に役立つように、それに参加した[29]。

文科省がそれ自身の機関である大学評価・学位授与機構によってそれ自身の評価システムに着手した2000年に、質保証の過程は変わり始めた。大学評価・学位授与機構はイギリスの質保証システムをモデルとしており、厳密な意味での適格認定ではなかった。世界貿易機関（WTO）およびヨーロッパの適格認定の動きに刺激され、大学評価・学位授与機構のアプローチは「適格認定に関するヨーロッパ諸国の動向を参照し、また品質改良に対する国内の要件という観点ではなく、むしろ国際的な競争力のある国境を越える教育の提供という文脈での質保証の必要性を示すものであった」[30]。文科省は大学基準協会を利用することがあまりなかったが、大学は国際的な質保証運動への参加を象徴するものとして大学基準協会を好んだ。

学校教育法が2002年に改正され、2004年には新しい適格認定の計画である認証評価システムが制定されることが提案された[31]（森、2011）。文科省は今や認証評価を行うためのいくつかの適格認定機関を公認したが、その過程は依然として中央集権的である。日本は以前の大学基準協会のような、分権化され、任意参加のモデルから離れて、適格認定のための国家機関を設置するというグローバルな傾向を辿っているように思える。米澤が指摘するように、

> 日本における適格認定のオーナーシップをめぐる政府の強いこだわりは、議論の余地がないほど、その概念を混乱させる一因となった。現在、日本のアプローチはヨーロッパの新興の（そして他のいくつかのアジアの）構想にいくぶん相当するものであるけれども、現在、日本にとって唯一頼りになる適格認定のモデルはアメリカの非政府型のモデルである。適格認定システムのオーナーシップの感覚は、日本の大学によってほとんど共有さ

れていない。……日本の高等教育機関は適格認定が20世紀半ばにアメリカの力によって導入された後、それに関する自らのオーナーシップを守るために団結することは決してなかった。[32]

こうしたオーナーシップ感覚の欠如は、質保証の過程での信用を獲得する上での文科省やその他いかなる適格認定機関によるどのように真剣な努力も骨抜きにしそうである。森は認証評価が卓越性とはほとんど関係がないと述べている。国際的な圧力や国内市場からの圧力の方が質保証へのずっと大きなインパクトにはるかにそうなりそうである。大学基準協会は縮小しつつあり、（他のすべての質保証機関がそうであるように）今や文科省に報告する義務を負っている。またしても、高等教育機関の分権化政策は文科省官僚によって更新された中央集権化によって無効にされたのである。日本の多数の私立大学は、それら自身の適格認定機関を立ち上げることを決めた。営利目的の機関および国際的な機関までもが新しい法制の下で適格認定機関として公認されることができる。新しいシステムの1つの特徴は競争になるであろう。大学ないしカレッジがある質保証評価の結果を好まない場合、次の7年の期間には別の評価機関に変えることができる。[33] 日本における質保証方法の改善は大学内部の質保証を強化し、高等教育機関が個々別々に社会的説明責任を果たしうるものになるよう力量を付与されるであろうと論じられている。[34] こうしたことのすべてが日本の高等教育における質保証の重要性に関する問題を提起しているのである。

台湾

同じような質保証の代替案探しが台湾で起こっている。1966年以来、台湾の高等教育システムは21校の高等教育機関から2011年の163校にまで拡大した。この拡張はグローバル化という国際的競争力と相俟って、質保証を教育の指導者やアナリストにとっての最優先事項にした。国際的に競争し、他のアジア諸国の良質の高等教育機関と並んで「ランキング」に入ることができるように、教育部は台湾の高等教育機関に圧力をかけてきた。[35] 質保証の運動の進行に拍車をかけるために、3つの基本的なメカニズムが利用された。すなわち、①高等教育機関にもっと基本的な自治を与えること、②変革のためのインセンティブとしてより多くの資金を提供すること、③同時に、機関と教育プログ

ラムの両方の定期的な評価を行うために、新しく、より良い質保証システムを開発すること、である。アメリカでよく知られている機関別の適格認定方法が、1975年に始まり1990年代までの質保証の発展の初期に台湾に影響を与えた。その過程は常に中央集権化され、教育部が中心的な役割を果たしていた。2005年には、教育部が「台湾評鑑協会（TWAEA）」と呼ばれる新しい組織に委託し、同協会がプログラム評価と機関評価の両方を行うことを承認した。さらに、「高等教育評鑑中心基金会（HEEACT）」が、全国的な大学プログラムの評価を実施し、研究業績のランキングの基礎を構築するために設立された。台湾評鑑協会は大学人や産業界からの個人によって設立された非営利組織であり、高等教育評鑑中心基金会は教育部所管の団体である。最新の全国高等教育評価はこれら2つの団体が教育部の指導の下に共同の取り組みとして行ったものである。[36]これは現在進行中の過程であり、何人かの学者によって、教育、研究、学習の改善よりも国際的なランキングや参加団体の成績順一覧表に焦点を絞ったものと見られている。[37]

　使用される方法はやはり、アメリカの適格認定のアプローチとヨーロッパのボローニャ・プロセスに由来する諸経験を混ぜ合わせたものである。このことはより完全に高等教育機関自体を巻き込み、評価過程に学生を巻き込み、卒業生の質や雇用可能性（エンプロイアビリティ）に注目し、国際的競争力のあるものになることを意味している。[38]日本や中国と同様に、質保証過程は教育部により高度に中央集権化されたままであり、当該部局が指導的役割を果たし、外部機関が質保証の吟味の特定側面にますます組み込まれている。[39]台湾の質保証について少なくとも1人の学者は、教育部が実際の監査や評価を実施する上で外部のもっと自立した機関に依存しつつ、その過程の完全性を担保する立場へ後退することによって望ましい将来があることを示唆している。[40]

シンガポール・香港

　シンガポールと香港は質保証過程のもう1つ別の事例である。そこでは、高等教育機関に関する全般的な地方分権と高められた自治が、質保証に関して国が引き続き強い存在感を示していることと結び付いている。国が一般に高等教育に対する統制を緩めるのと同時に、質保証の文脈で高等教育に対する「再」規制が起こることに莫家豪（Ka Ho Mok）は言及している。香港は、1997年

に行政会議がすべての高等教育機関の質保証過程を始める権限を大学補助金委員会に与えたとき、この地域で最初に質保証を体系的に行った最初の高等教育システムだったかもしれない。「大学補助金委員会はその使命についての記述の中で、高等教育機関の学問の自由および機関としての自治を守ることを誓約する一方で、同時にそれら機関が提供する教育の質と費用対効果を担保するために努力し、高等教育に注入される公的資金の額に対して公に社会的説明責任を果たしうるものであることを誓っている。……品質保証という言葉で（大学補助金委員会が意味するのは）、教育と学習、そして研究や社会サービスのいずれにおいても、ある高等教育機関で合意された役割や使命に見合う最も高い基準を維持することである。……"目的との合致""正しいことを真っ先に行う""付加価値""業績指標"などの言葉が急増している」[41]。次に香港の中央レベルで焦点になっているのは、質そのものを評価することよりもむしろ、香港の高等教育機関が質保証のための適切なメカニズムをしかるべくもっていることを見つけ出すことである[42]。

各大学内に質保証委員会および実践、計画、評価、開発に関する各部局が、評価の４つの構成領域、すなわち、優れたプログラムの枠組み（使命の記述、展望、目標など）、優れたプログラムの公式の活動、優れたプログラムに対する支援、価値とインセンティブ（質保証実施に伴う利益の構造は何か）に焦点を絞るために設置された。香港は、強力なプログラムが発展するよう奨励し、逆に脆弱なプログラムを見出すための「卓越の拠点（COE）」計画を開始し（日本や台湾がこれに続いた）、莫家豪は、「これらすべての変化が管理主義の考えや実践がいかに香港の大学セクターに影響したか説明している。紛れもなく、香港における大学管理は伝統的な合議的アプローチから管理指向で市場モデルによるものへ転換した」[43]との結論を下している。香港はより最近では、監査方法やさまざまな成果測定手段を利用した「統合品質管理」モデルに近づいてきた。分権化の１形式（遠くから操作するもの）が出現したが、それは、抑制されてはいるものの依然として十分な政府の存在感を維持している[44]。

シンガポールはいくつかの方法で質保証に対して対照的なアプローチを提示している。香港では、力点は経費削減と効率に置かれたが、シンガポールでは、焦点が国際競争力の維持に絞られている。質保証が香港において本格的に始まった（1997年）のとほぼ同時期に、シンガポールのゴー・チョクトン首相は、「私たちは身が引き締まるような将来に向けて備えなければなりません。すな

わち、厳しい（グローバル化した）競争と比較優位が移り変わる将来、技術やコンセプトとが急速に入れ替わる将来、そして価値観が変化する将来に向けてです。教育や訓練は各国がこのような将来にどうしたらやっていけるのかの中心となります」[45]と述べた。この競争の準備をするために、シンガポールの2つの主要な大学、すなわち、国立シンガポール大学（NUS）とナンヤン理工大学（NTU）は、両大学を「世界クラス」の大学に転換するという目標をもって、内部的な質保証メカニズムを適宜設置した。教育省は、両大学の外部的質保証分析を行うために、高くランクづけられたアメリカ、ヨーロッパ、そしてアジアの諸大学の著名な11人の学者からなる国際的な質保証チームを形成するという、新しいアプローチを採用した。その目標は、両大学をアジアのハーバード（NUS）とマサチューセッツ工科大学（NTU）に変えるような提言を行うことであった。点検が機関レベルで実施され、教育省は、テニュアに関する規則を引き締め、優れた教育や研究に対しては金銭的インセンティブを提供し、より望ましい教員－学生比率を押し広めるなどの政策を導入することによってこれらの取り組みを強化した[46]。香港とシンガポールの両方の事例では、質保証は非常に存在感がある。そして、国の空洞化の時期に質保証が起こっていながら、国はそれぞれの教育省を通じて非常に深く関わっており、つまり、分権化しながらも中央集権化している別の2つの事例なのである。

その他の状況

質保証政策の変化は東アジアだけに限られず、この地域の至る所で生じている。この地域のいくつかの国の名前を挙げるだけでも、インドネシアとパキスタン、カンボジア、ベトナム、タイでの取り組みが、本節の導入部分で示唆したように、熱心さと冷ややかさの両方の中で急速に生じている。インドネシアでは、適格認定は未だ「外国の」概念であり、インドネシアの高等教育の伝統とは相容れないものという、いくぶん疑念をもって見られている。パキスタンでは、教育政策決定者にとっての目標や課題は妥当な質保証への道を見出し、国際的基準で高等教育機関を一列に並べながら、パキスタンの国家的・文化的状況に相応しい適格認定のメカニズムを見つけることである。ベトナム、タイ、カンボジアはいずれも適格認定に対するもっと中央集権的アプローチを選んだ。そして、この執筆の時点では、より自立した過程に向かういかなる動きもあり

そうにないように見える。

移動と移民

　今日のグローバル化の顕著な特徴は、過去30～40年間にわたって生じた尋常でないほどの移民や移動であった。この期間に世界が目の当たりにしたのは、国家間の、また世界の主要地域内および地域間の、そして国内での人々の先例がないほどの流動であった。先進地域と発展途上地域との間で起こった資本と製造業の巨大な動き、それはほぼ間違いなく、このグローバル化時代の恐らく前触れであったろうが、何百万人もの人々が集中した経済発展とそれが生み出した仕事に向かって移動した。引き続く地球規模の人口増加によって加速され、これらの経済的再配置が基本的に都市的な世界を生み出した。すなわち、2000年の時点で、21世紀にはずっと続くと思われる傾向として、人類史上初めて、農村よりも都市に暮らす人間のほうが多くなったのである。ほとんど想像を絶するやり方で、送金経済が世界中で登場したが、その多くはアジアであり、多くの経済を依存の段階に向けて刺激するようになる労働力移動や経済収益の循環を創り出した。要するに、居住地、仕事、経済的収益、持続可能性の世界は、この期間中に著しい変化を遂げ、そして、そのことの原因だった構造や力学が、次には教育を含む他の社会制度全般を形作り決定するのである。

　高等教育はこれらの過程によって変容した制度の1つであり、それらによって強力に影響され続けている。恐らくきわめて明らかに、大衆化の過程が何百万人もの人々を世界中の高等教育へ運び込んだ。アジア大洋州では、高等教育の大衆化は既存の機関と生み出されたおびただしい数の新しい機関、公立セクターと私立セクターのいずれもの定員の膨大な拡大をもたらした。この動きに引き続いて、高等教育機関の環境の強力な変化が起こった。それは、われわれが質と質保証に関して見てきたような基本的に重要な諸問題に触れるものであり、カリキュラムと教授法の変化、さらに、高等教育の中で何が教えられるべきか、また、そうした科目を絶えず成長する経済のニーズといかに結びつけるべきかについての激しい全国的な議論であった。高等教育が直面する課題のうち突出しているのは、着実に現れてきた知識社会がもたらした重要な社会的、経済的、文化的変容を目の前にして、いかにしてそれらとの整合性をもつか、また、保ち続けるかを探ることである。

第13章　アジア・太平洋地域の教育　521

　移民や移動の問題は、その拠点が今日の高等教育機関であることから、こうした社会の変化のその他諸々の流れの中心に位置している。特に、ここで関係があるのはアジアとアジア以外の国々との間の人材の動きであり、ますます高まるアジア太平洋地域内の動きである。こうした動きは歴史上常に起こってきたが、今や高等教育と国家発展にとって桁外れの大きさと、同じく桁外れに重要な意味をもつようになってきたのである。奇妙なことに、グローバル化の諸側面（財、サービス、技術、資本、非熟練労働者の移動）は、大いに注目を集めたのに対して、この動きは注目されなかったのである。この議論の中心となるのは、大半の高等教育の主要な責任に焦点を当てること、つまり、学生の教育および彼らが新たに起こっている移住や移動のパターンによってどのように影響されるかについて調査することである。この関心は卒業生と高等教育の教授陣の両方の移動パターンと密接不可分であるが、その現象は一般に両方とも頭脳流出、つまりある国（ないし地域）の状況から別のものへの学生や卒業生の移動や、それに続いて起こる社会的、経済的成り行きを指すものになってきた。そしてより最近では、頭脳獲得や頭脳流入、すなわち主としてある国から別の国への卒業生の動き、そしてさらなる移動の段階、それはしばしば元元の送り出し国への回帰を指すものになってきている。[47]

　いくつかの国々（例えば、日本と台湾）では「過剰な規模の高等教育」にまで発展し、他の国々（例えば、オーストラリア）は高等教育の規模を拡大するために学生の獲得を基本とする高等教育モデルを積極的に追求したことから、移民や移動に関するこれらのパターンはアジア太平洋地域ではますます重要性を増している。しかしながら、ここで、内部および相互間でさらに重要な移動が起こっている高等教育環境の別の側面にも触れておこう。例えば、この地域内でのアイデアの動きのパターンは、より多くの関心をもって注目されうるであろう。すなわち、大学がどのように組織され、あるいは、監督され、管理されればよいものか（あるいはされるべきか）についてのアイデア。「グローバルな競争力」を備えるとは何を意味するのか、また、そのことは高等教育の場で何が教えられ、何が研究されるべきかを意味しているのかに関するアイデア。高等教育におけるアセアン意識を発展させる取り組みといったような、高等教育の中の国家的および地域的類似性に関するアイデア。あるいはこの地域内での「学術」の交流の発展、例えば専門誌、共同で資金を供給することによるプロジェクトやコンソーシアム、学術的会合などに関するアイデア、などである。

表13.1 各国および地域の出生率

国／地域	2000–2005	2005–2010	2010–2015
中国	0.67	0.58	0.54
インド	1.62	1.46	1.31
インドネシア	1.31	1.16	0.98
日本	0.014	-0.02	-0.18
韓国	0.46	0.33	0.18
マレーシア	1.95	1.69	1.47
フィリピン	2.08	1.9	1.67
タイ	0.76	0.66	0.5
アメリカ	1.03	0.97	0.89
東アジア	0.62	0.52	0.47
東南アジア	1.4	1.27	1.11
ヨーロッパ	0.07	-0.02	0.09

出典：*World Population Prospects, 2010 Revision,* U.N. Population Division, http://esa.un.org/unpp/.

これに関わるのは、高等教育の「かたち（forms）」の移転や転換である。この過程は、20世紀初めや第二次大戦後の時代に起こった以前の一方通行的な「借用」を越えるものであり、アジア太平洋地域の内外で今や起こる態勢が整っているものである。

アジア太平洋地域内の移住の動態は、世界的な移住の全般的状況の中で、この地域が例外的な変化を経験し、また経験し続けていることを示している。世界の人口の半分以上がアジア・太平洋地域に暮らしており、具体的には、ごく最近の国連アジア太平洋経済社会委員会（UNESCAP）のデータ（2011年）によれば、世界の約70億人の人口のうち、約60％がアジアに住んでいるのである。[48] 恐らくより重要なのは、インド、インドネシア、マレーシア、フィリピンといった、この地域の大きな国々のうちのいくつかが最も高い出生率を示していることである。表13.1が示すように、今後数十年間に、世界の多くの地域で（そして、急速に高齢化している国々では激減し、マイナスの出生率に落ち込み）一地域としては全般に出生率が下がる時でさえ、出生率が比較的高止まりするのである。問題の中心にあるのは、今からわずか13年後の2025年には、この地球という惑星には、さらにおよそ13億人の人間が増え、その大

部分はアジアに住み、そして、その大部分が都市に住むだろうということである。

　アジア地域では、中国、インド、インドネシアといった国々が膨大な人口基盤を有していることから、国内の移住は世界の他の国々の移住を小さなものに感じさせた。例えば、1990年代の10年間における中国国内の移住については、1億5000万人以上が農村から都市へ移動しており、恐らく世界の歴史で単独では最大の移住と見積もられている。すべての段階の教育にとって、しかし、特に強い衝撃を受けた高等教育にとっては大変な意味合いをもつものである。[49]

　20世紀の過去数十年間における都市への移動の程度も驚くほどである。50年前には、世界の30％は都市の環境に暮らしていた。10年前に、その数は45％になった。今日、それは50％強である。今から10年後には、60％になるであろう。2000年に、28億人が都市に暮らし、それらの都市のうちの411が100万人以上の人口を有していた。20世紀の後半まで、世界の都市人口の大部分はヨーロッパと北米に住んでいた。今世紀には、最大のシェアは他の大陸、主としてアジアの都市が握ることになるであろう。2030年までに、すべてのことが同じであるとすれば、世界は都市に住む50億人を抱えることになり、これは2002年に比べて20億人の増加である。[50] ここでもまた、この都市への人口集中の大部分はアジアで起こることになるであろう。

　この地域の相対的な変動性を浮き彫りにする移住に関する特別なパターンに言及することができる。例えば、1970年代初頭から1980年代まで期間には、アジアから主に北米へ向かう大規模な国際的移住が見られた。オーストラリアや中東の産油国への移住は1990年代から劇的に増加し続け、この域内の移住はそれほど発展していないアジア太平洋の国家から新興の諸国家へと劇的に増加した。

　アジア域内で、われわれは主として移住の目的地となる国々（ブルネイ、香港、日本、シンガポール、韓国、台湾）、他国への移住と他国からの移住の両方とも大規模に起こった証拠のある国々（マレーシアとタイ）と、主として送り出し国（バングラデシュ、ミャンマー、カンボジア、中国、インド、インドネシア、ラオス、ネパール、パキスタン、フィリピン、スリランカ、ベトナム）とを区別することができる。これらのうちのいくつかの国（その中ではインドが抜きん出ているが）については、これらの工業拠点国が帰還を促す集中キャンペーンに着手したことから、特に電気工学や医学といった高度な技術カ

テゴリーにおいて、Uターン移住という新しいパターンが見られた。

　これらの傾向は主として職業上の理由による人々の全体的な動きを表しているが、ここでより興味深いこととして、アジア太平洋地域を特徴づけるようになってきた学術的な交流がある。わずか6ヵ国（アメリカ、イギリス、フランス、ドイツ、オーストラリアおよび中国）だけが、大学レベルの学生の60％以上の受け皿になり続けているというのが変わらぬ事実である。ここで面白いことは、外国人学生のますます重要な受け入れ国としてアジアで唯一の国である中国が加わっていることである。日本はさほど中国に遅れているわけではないが、この交流のカテゴリーから外れており、また、マレーシアやシンガポールが主要な受け入れ国になろうという大望を抱いている。[51]しかしながら、国際的に移動する学生の中で（29％と）最大のグループは、中国を先頭に、インド、韓国、日本が続くアジア太平洋地域からの人々である。[52]アジア域内、そしてアジアと世界の他の地域との間の学生や学者の移動は、かくして他の人々が「大いなる頭脳獲得レース」[53]と呼ぶようになったものの重要な一部を示している。

　われわれがこうしたグローバルな知識資本の諸側面およびアジア太平洋域内での循環を見出し、モニターしようとするとき、将来の研究課題として、高等教育機関に対する4つの特別なインパクトには特に注意を払うべきであろう。1つは、管理運営に関する考え方、パターン、そして実践の移転・拡散・循環である。例えば1990年代に、学者は、一般に管理主義と呼ばれたものの現れを見始めていた。それは独立のビジネス機関として大学を組織し運営しようという取り組みである。こうした考え方は、さまざまなやり方でアジア太平洋地域の至る所にかなり急速に広がり（拡散して）、恐らく高等教育の性質を変える多くの事柄を行った。この地域の別なところでは、われわれは複数キャンパスシステムを発展させようとしたり、あるいは管理運営構造への教授陣の関わり方を見直そうとしたりする取り組みを目にしている。

　別の展開、そしておそらくわれわれが見た中で最も明白なことは、この地域の至る所で起こっている質保証活動の広がりである。こうした取り組みは、高等教育機関に浸透する効果をもち続けている。第3の展開は「教育に関する考え方」の移動であり、それは「人気を博している」あらゆる種類の教授法を含むものかも知れず、学士課程あるいは大学院課程の教育が行われる方法を変えている。1つの例は多くの高等教育機関のカリキュラムの随所に見られる問題

基盤型学習（problem based learning）の広がりである。もう１つの例は、新入生および４年生の両方を対象とするセミナーで、学生の主体性や研究意識を高めることを命じた清華大学と北京大学の管理者によってなされた取り組みである[54]。最後に、われわれは、学生と学者の可動性によって測られる言葉である「国際化」が意味するものを明確にする必要がある。アジア域内およびアジアと他の国々との間で外国へ学びに行く学生や学者の数が明らかに増えているにもかかわらず、多くの国の高等教育機関はごくわずかの外国人学生や学者しか受け入れないという国内に目を向けたものであり続けているのが、ほとんどの場合に依然として当てはまるのである[55]。

地域統合と高等教育（リージョナリズム）

　共通点のない各国の高等教育システムを調和させることを目指して広域的な組織や協力関係を活用するのは、「言うは易く、行うは難し」である。このことは、現在依然として進行中の事業であり、後戻りしているのも仕方のない欧州連合の現実として示された。そして、アジアにも確かに当てはまる。アジアでは、国家と広域圏（サブリージョン）との間の歴史的に続く緊張関係は言うに及ばず、また、広域にわたる組織の政策やプログラムが多すぎるほどあるにもかかわらず、あるいはむしろ多すぎるために、協調のプロセスは困難な状態に陥り、その長期的な実体に関しては問題が残っている。

　経済の地域統合は将来に向けての傾向であろうか。これが起こる時、それは経済の国際化と教育とを結びつける教育の地域統合の前触れなのであろうか。経済、社会、文化の地域統合の実行可能性に関して、一定程度の疑念がもたれるのは当然のこれらの提案には、相当な意見の不一致がある。ある者はこの傾向がカリブ海地域、欧州連合ではすでに目に見えるものであると主張し、またある者はアセアンでもそうだと論じている[56]。別の人々は、ナショナリズムが強力な対抗勢力として残っており、地域統合が敢えて越えることのできない境界線を引いていると主張した[57]。それは高等教育の地域統合や協調から離れる人々にとって遠心力と呼べるかも知れないし、このビジョンに向かって骨折って進む人々には求心力と呼べるかもしれない。これらはもちろん必ずしも目新しい議論ではない。カリフォルニア大学システムの元学長であったクラーク・カー（Clark Kerr）は、20年以上も前に、高等教育に関して正反対の方向に動いて

いる2つの運動の法則がある、すなわち、学習と知識の国際化と、高等教育の目的に関する国家化とであると述べた[58]。高等教育の内部での質保証の動きが、ビジネスの世界と結びついた評価指標や、学習の成果に力点を置く流行りの経済のアジェンダによってますます突き動かされていると、他の論考の中で述べられてきた[59]。新自由主義の影響は高等教育機関が自らの存在を正当化し、地元の利益に対してではなくても、国益にどれほど役立つかによって資金提供がなされるという方向に高等教育機関を突き動かしてきた。それは複数国に跨る広域の関心からは未だほど遠いものである。アジア太平洋地域における高等教育の政策論議の骨組みを作る上で流行っているグローバル化の拡大論と収束論は、「グローバルな競争力」をもち（そして上位にランクされる）大学として認められるという「グローバルな認知」の獲得に欠かせないものは何かについての、国ごとの判断としばしば矛盾する。より狭い経済的準拠枠の中で、WTOを生み出した見た目には頑強で無限のエネルギーが、域内にある類似の組織にまで拡大され、過去10年間に二国間協定によって補強されてきた[60]。では、広域の諸組織および高等教育はどこに位置づくのであろうか。これら2つの形態の組織は、本当に国際的な利益や地域統合の利益に役立つために大切なのであろうか、それともより排他的なローカルな関心事に役立つために大切なのであろうか。

　1つの興味深い仮説は、地域統合的な高等教育の組織および管理運営の形態が広い意味ではなく、むしろ狭い意味で起こりそうだというものかも知れない。さらに、地域統合に関して言えば、国民国家が主として新自由主義、経済競争、社会的説明責任、質保証、連帯の問題にとっての遠心力、つまり、この概念から離れる力になり続けるのである。言いかえれば、経済がよりグローバル化するとき、高等教育は付き従おうとするが、上述したような遠心的なローカルな諸力に巻き込まれるのである。両方の力が同時に起こっており、また起こり続けるであろうということを認識する必要がある。肝心なことは、持続的なパターンとなるかもしれないし、あるいはそうなるであろうものの実例をしっかり見間違えないようにすることである。あるいはまた、両方の力が継続的に変わることのないダイナミックな緊張関係にあることをわれわれに理解させうるような、理にかなった概念的用語を作り出すことが役に立つであろう。他の多くの議論を引用しつつシュテーガー（Manfred Steger）が論じたように、この特性は1つの現象として、あるいはひとまとまりの現象としてグローバリゼー

第13章　アジア・太平洋地域の教育　527

ションを象徴している。[61]

　エズラ・ボーゲル（Ezra Vogel）は、特にアジアでの地域統合組織のさらなる拡大に逆行するように働く求心力について、そして、それゆえに地域統合的な高等教育機関の概念についての別の種類の議論を行っている。[62] その中で彼は、地域統合が定着し育てられなければならない歴史的文脈について考慮する必要があることをわれわれに思い起こさせてくれる。ここでの議論は、この地域の３つの社会・経済大国（日本、韓国、中国）が参加することを含めて、成功しうる地域統合組織を設ける上で主な障害となる未解決のままの２つの困難な問題が存在するというものである。すなわち、歴史に関する論争と軍事力の均衡である。これら３ヵ国が長年にわたる論争（それらはボーゲルの見解では緊迫しているように思えないものだが）について何らかの合意に達しない限り、それらの高等教育機関の協調はいかなる実質的意味においても起こりそうだとは言い難く、望ましくさえないかもしれない。したがって、彼は、すでに存在する小規模な構造とアセアンという１つの大規模構造でおそらく今のところ十分であり、政策エネルギーや資金の供給が、この地域の高等教育をなんとかして「協調させる」ことを企図した何か新しい地域統合組織を創設する努力に浪費されるべきでない、と結論づけている。

　地域統合は、政治構造、安全保障、国際関係、経済学、地理学、文学、芸術、建築、大衆文化、スポーツ、そして教育に焦点を絞ってもよかろう。一般的に言えば、地域統合に関する２つの、古いものと新しいものという主要な局面をアジア地域で見出すことができる。初期の局面（古いもの）は1950年から1980年までの30年間にわたり、同等レベルの経済、広域内の相互作用、貿易、安全保障、そして教育についての国々の集団から構成されていた。アセアンはこうした参加国を限定した形式の主な例である。1980年以降、われわれは、アジア太平洋経済協力（APEC）、アジア欧州会合（ASEM）、アジア協力対話（ACD）、ASEAN＋3のような、より広域の地域間組織が台頭する中で新自由主義、経済自由主義、市場の規制緩和などの出現を目の当たりにすることになった。教育の地域統合はこれらのような組織、とりわけ、東南アジア文部大臣機構（SEAMEO）、高等教育開発地域センター（RIHED）、東南アジア高等教育機関連合（ASAIHL）などを基礎に構築された。これらの組織は、質保証、共同研究・開発、教授と学習、学生の交流のような高等教育の多様な問題に焦点を当てるものであり、アジア圏の外側にある諸国（アメリカやオース

トラリア）との相互交流を排除するものではない。[63]したがって、われわれはこれらの2つの局面の中に、参加国を限定したものから包摂的なものへ、地域内から地域間への広範な地域統合の組織を見るのであり、同様に広範な社会問題をカバーしていることを見るのである。そうした社会問題の1つが教育であり、特に高等教育である。これらすべては、地域統合組織が成長し発展し続け、また、高等教育がますますこの現象の構成要素となるにつれて、進行中の研究や観察を必要とする多くの問題を提起している。イェペス（C.P. Yepes）は、アジアにおける地域統合と高等教育の関係が地域統合組織と他のグローバルな状況での地域統合の努力との相互作用という文脈の中で発展していることを指摘している。[64]最もしばしば言及される模範的事例やパラダイムは、ヨーロッパ、欧州連合、ボローニャ・プロセス、そして関連の諸活動である。アジアの取り組みをもっと比較的な見方の中に組み込み、また、そのような比較にどれほど整合性があるかについてある程度の判断を下すために、このヨーロッパの事例のいくつかを補修して活用することは価値がある。

　アセアンが1956年に東南アジア高等教育機関連合（ASAIHL）を設立することにより、東アジアとの協力を探っていた1950年代には少なくとも、既存の地域統合組織に高等教育を含める努力がなされた。1960年代に、この地域の高等教育をよりよく統合するために、ユネスコのアジア太平洋地域教育局は東南アジア教育大臣機構（SEAMEO）と協力し始めた。日本や他の非アセアン諸国を含めるように拡大され、高等教育開発地域センター（RIHED）が「高等教育の政策立案、行政、管理運営に関連したニーズに応える」[65]ために設立された。一方アセアン側としては、1995年のアジア大学ネットワーク（AUN）を設立し、学生と教授陣の協力的な交流を運営し、奨学金を与え、情報ネットワークを提供し、共同研究やアセアン全般をカバーする授業シラバスを提供するため、タイのチュラロンコン大学に拠点が置かれた。そして、今では日本、中国、韓国、EU、インド、ロシアとの連携を確立しようと努力が払われている。

　関連組織のリストは、1990年代のアジア太平洋大学交流機構（UMAP）、2000年のアセアン欧州大学ネットワーク・プログラム、ほぼ同じ時期のアジア・リンク・プログラムと続くが、これらすべてがアジアと他の世界の諸地域との間の地域統合の機会や知識を生み出すことを企図したものである。高等教育協力に直接関連した地域統合および域内の構想には、例えば、東アジア・ビジョン・グループ（EAVG）[訳注3]がある。2001年には強力な地域アイデンティティ

第13章　アジア・太平洋地域の教育　529

や「東アジア意識」[66]を生み出すために ASEAN+3 を高等教育協調や EAVG[訳注4]と結びつけることを金大中が提唱した。これらのさまざまな地域統合的な高等教育への取り組みの目的や目標が要約される場合、それらは共同で次のような事柄に焦点を絞っている。

・生涯学習面の域内協力
・域内の単位互換制度
・学生と教授陣のための交流と奨学金
・協同の研究開発
・e ラーンニングのための諸拠点の振興
・カリキュラム開発
・域内全体に渡る質保証のための協力

　これらのゴールは、ボローニャ・プロセスによって提案されたものに著しく似ている。しかし、アジアの場合、これらのさまざまな取り組みを調整する方法においてほとんど何も手が打たれなかった。実際のところ、上述した（また、言及しなかったものがもっと多くある）取り組みの多くは、行き詰まるか、もはやあまり活発ではなくなっている。イェペスは、ユネスコのような機関が統括的な調整組織となることができるし、WTO は卒業証書や学位に関して見直す地域会議に支援を与えることができ、世界銀行あるいはアジア開発銀行がそのような取り組みのために資金提供を行うことができることを示唆している。しかし、これは実施されるようには思えない[67]。
　他の学者は、参加国を限定した以前の組織（つまりアセアンや東南アジア教育大臣機構など）が東の2大強国（中国と日本）を有効に引き入れることができない限り、そして、アメリカを合理的取り込む方法を見出さない限り、アジアにおける真の地域統合は起こらないと結論づけた。その議論は、日本と中国[68]

訳注3　1999年開催の ASEAN+3 首脳会議で韓国の金大中大統領が行った提案により、将来的な東アジア協力の可能性について議論するために民間人有識者によって設立されたグループであり（EAVG I）、2010年には同じく韓国の李明博大統領の提案による EAVG II が設立された。
訳注4　1997年のアジア通貨危機を契機として、地域協力を強化する目的で同年開催のアセアン首脳会議に日本、中国、韓国の首脳が招待されたことからはじまった協力枠組みであり、首脳会議をはじめ、外交、金融、貿易、教育などさまざまな課題を担当する閣僚による会議、さらに高級実務者による会議など重層的な構造を有する。

が歴史認識上の緊張関係や敵意を解決する上での難しさが、高等教育の協調を含む地域統合の形態に向かって前進することへの主な障害となってきたというものである。すなわち、「北京と東京の関係の問題状況は、東アジアの地域統合にとって主要な障害であることがますます明白になった[69]」。それは、学生の移動のようなありふれた領域を含むものである。「中国人による（日本への）留学は今や、より親密な結びつきを育むために帰国する親善大使というよりも、むしろ犯罪につながるような苦しい生活にしばしば結びついている[70]」。世界のGDPの半分、世界の人口の3分の1が日本、中国、アメリカによって占められていることを考えれば、これらの3ヵ国が高等教育の地域統合の提唱者にとって関心のある高等教育関係指標の多くを含めて、多くの点で新興の21世紀のグローバルな政治経済の中核となっているのである。アセアンの成功と他の地域統合のために結びついた組織のすべてが、これら3ヵ国およびそれらが代表するモデルにきわめて依存している。ロズマン（G. Rozman）は、地域統合は少なくともアジアでは、そして恐らくEUでも同様に、将来高まることはなさそうだと結論づけている。この地域の経済的な相互依存、そして、増大しつつある文化的な相互依存を考えると、地域統合されたコミュニティに向かう緩慢で紆余曲折の道のりがあるのは仕方がない。しかし、このことがこれら3ヵ国の中核国家すべての側でのナショナリズムの台頭を背景に進む場合には、意味深い成功を収めそうにない。歴史および文化に関する記憶は、高等教育の協調、共通のカリキュラム、およびその他の教育政策のような領域での信用に巨大な影を落としている。

　東アジアおよび東南アジア（さしあたり南アジアは無視することにして）を一緒にして、何らかの形の教育面での協調的な関係を打ち立てるという、このやや厳しい予測は、「アジア域内の多様性は共通性をはるかに凌駕している。……アジアは、西欧の文化的類似性に近いものをどこにももっていない[71]」と論じたロバート・スカラピーノ（Robert Scalapino）のような学者によって繰り返された。一方、内側から問題を見た逆の議論は、アジア諸国が西洋に対するよりもずっと多くの共通性を互いにもっており、したがって、実質的な地域統合の結びつき（求心力）を作り上げうる根拠があると言う。

　どちらの見方が提起されるにしても、この時点では、実質的な地域統合のアイデンティティが東アジアと東南アジアとの間にあることは明らかではない。1990年にマハティール首相によって提案されたような排斥に基づいたり、オー

第13章 アジア・太平洋地域の教育 531

ストラリアによって「文化的地域主義」と軽蔑的に言及されたような地域中心のアプローチは、成功する見込みがない。東アジア経済協議体（EAEC）は失敗であった。なぜなら、それは西洋に対して報復的であり、貿易に基づくものでありながら、文化的側面を有していたからである。若干の進歩が見られたのは、日本がASEAN+3（そして、+6や+8といった、そのさまざまな他の言い換え）を支援しうるようになってからであった。平等な基盤に立って加わる参加国とともに東アジアや東南アジアの高等教育を協調させうる一人前のアジアの地域統合の組織は未だ現れていない。どちらかといえば、日本と中国の間の緊張関係は、後者が急速に発展したために増大した。加えて、特に北東アジアの地域で出現し、主として組織立っていない数多くの外国貿易協定（FTA）が、地域統合されたアジアという概念に反する作用を及ぼしてきた（もう1つの遠心力）。

　東アジアの広い地域で出現した多くの地域統合の組織やパートナーシップの意味とそれがもっと協調的な高等教育の相互関係にとってもつ含意を理解するために努力がなされたけれども、もっと多くのことがなされる必要がある。黒田、パサレリ（David Passarelli）、グエン（Anh Thuy Nguyen）らはいずれも、最低限でも以下のいくつかの問題に取り組む必要があるという点で合意している。すなわち、

・高等教育に関して、どの程度、どんな種類の地域協力がすでにこの地域で起こっているか。
・地域統合の組織や高等教育の協調を促進し、あるいは妨げるどんな種類の統治原理や政策がすでに存在するのか。
・ASEAN+3、環太平洋大学協会（APRU）、上述したその他多くのもののような地域連合の組織に現在含まれる枠組みや構造に関して点検することから、何が明らかになるか。
・国ばかりでなく、高等教育機関も含む各アクターに関する研究は、何をわれわれに教えてくれるのか。
・われわれはヨーロッパや北アメリカの他の事例との比較研究から、何を学ぶことができるか。

　グエンは、世界の他の地域との比較はアジアにおける協調的な高等教育体制

の発展を目指す努力が遅れをとっていることを示していると結論づけた。彼女の見解の中で、アジア人に特に興味深いことは、ボローニャ・プロセスの次のような特徴である。

1. 理解しやすく比較可能な学位
2. 3段階の学位制度
3. ヨーロッパの単位互換および蓄積システム（ECTS）に基づいた単位制度
4. 学生・教職員の可動性
5. 質保証面での協力
6. 高等教育、カリキュラム開発、学習プログラムなどに見られるヨーロッパ的特質の普及
7. 生涯学習の促進
8. ヨーロッパ高等教育圏（EHEA）という考え方のマーケティング

　また、高等教育の協調過程に向けての欧州連合（EU）の進歩と、上に掲げた特徴や力量のリストに関する最近の評価がそれほど盛り上がっていないとすれば、アジアで発展している協調的な高等教育体制の規模、範囲、進歩、そして、本当のところの実現可能性に関する疑問が当然のこととして生じてくる。[76]
　アジア地域の共通の利益に関して多くのことが語られ、また、ある種の協調過程を促進することの背後にある合理的な理由、多くの遠心力などのうち、いくつかはすでに論じられてきたが、そのような政策の実現にとって厄介な障害を提示しておこう。何人かの筆者はスカラピーノやロズマンの議論を繰り返しながら、地域統合組織や高等教育の協調的仕組みに反するように作用するこの地域の広大で多様な性質、複数の民族、諸文化、諸言語、種々の宗教的伝統や信条、政治経済、そして、多様な高等教育の歴史に言及する。[77]この地域の学生と教授陣の移動は発展している領域であるが、全体としては、いずれかの国の高等教育機関に占める移動者の集団の比率を考えて見ても、未だ限定されたものにとどまっている。世界の他の地域と比較して、グエンは次のことを述べている。すなわち、「高等教育分野の共通な目的や利益を達成するために最も基本的なレベルの政策協調を促進する上でさえ、アジアは世界の他の地域よりはるかに遅れている[78]」。
　実際に使われているかという点でいくぶん成功しているのは、この地域に

おける学生の移動を支援するために 1995 年に企画されたアセアン大学ネットワーク（AUN）である。この地域のすべての高等教育機関に開放されているとはいえ、実際のところ、「エリートはエリートとの協力を好む」ことから、それは主としてエリート的プログラムになっている。従って、それはいくぶん自己規制的であり、2011 年の時点で約 26 校の加盟大学を擁している。より興味深いのは、この地域のためのいくぶん共通な基準を設けようと努力している質保証の実践に関する広域ネットワークであった。アセアン大学ネットワークの質保証は、アセアン大学ネットワーク質保証というブランドの獲得を望むこの地域のすべての高等教育機関をカバーしている。

　最後になるが、東南アジア教育大臣機構の高等教育開発地域センターは、1959 年に設置され、この地域の高等教育の地域統合的な協力を促進することを企図した別のプログラムであり、地域統合的な高等教育の協調にとっての重要な要素としてのガバナンスにより直接的な関心を有している。この組織は高等教育の運営と行政といった領域に焦点を絞っている。

1. 質保証の基準設定（ベンチマーキング）
2. IT の応用
3. 学習と教授の方法論
4. 研究開発の潜在的可能性
5. 民間セクターや企業との統合
6. 他の地域統合組織との連携

　特に興味深いことは、協調、地域統合組織、アジアの高等教育といったテーマに関する高等教育開発地域センターの最近のワークショップであり、そこでは、この動きの将来は、「アジア諸国の間で疑問や疑念を招いている」ボローニャ・タイプの包括的なメカニズムの設立ではなく、主として一連の小さな歩みから構成されるものになるだろうと結論づけられた。さらに、この研究やその他の研究からは、この地域における現在の一群の地域統合組織の主な目標が、地域統合の価値に関して、この地域での意識を高めることであると結論づけられた。大学単位互換制度（UCTS）および他のそのような取り組みは、正しい方向への小さな歩みである。この「小さな歩み」アプローチは、アジアにとって最も適切なもののようである。要約すれば、遠心力が求心力よりもはるかに

重要性が勝っているように思え、そして、特に次のような事柄を含んでいるということである。すなわち、

- この地域の国々および高等教育機関の多様性と不均衡
- 東アジアのトップ3ヵ国（中国、日本、韓国）の間の歴史的、文化的緊張関係
- 多様な言語と民族
- 単位制度、カリキュラム、成績評価システムの違い
- 統一的な質保証基準の欠如
- 地域統合組織のための財源や協力を促進し売り込む潜在的可能性の不足
- 国のレベルと機関レベルの両方での関わりの不足
- 他のレベルへの何らかの波及が起こる保証あるいは記録がない、危険な「着実に」というアプローチ
- ある種の凝集力のあるコミュニティーを構築する上での積極的な役割を果たすために、アジア大学ネットワークやそのような他の組織が取っている脆弱なアプローチ
- 地域統合組織は重要な役割を果たすが、結局のところ、この地域における協調というこの考え方の進歩を決める決定的要素となるのは、国家と個々の高等教育機関である。

　高等教育および教育政策決定者は、もし真の「協調」がアジアの高等教育で起こるものであるなら、これらの勢力をうまく両立させるように試みなければならないであろう。東京大学による最近（2011年）の発表、つまり、世界のその他の国々の学年歴とより提携しうるように自らの学年歴を変えるという発表に示されたように、重要な「小さな」歩みはこの方向で採られている（日本の他の高等教育機関は恐らく追随するであろう[81]）。これらの一方的であるが象徴的な歩みは、主要な新しい地域統合組織を創設することを除けば、高等教育に対するより地方統合的アプローチを生むことを蓄積していきそうである。

　結論

　ここで論じてきたのは、「アジア太平洋」と呼ばれる地域の限りない複雑さ

第13章 アジア・太平洋地域の教育　535

の中には、一般に教育が、そして特に高等教育が直面する少なくとも４つの持続する課題が存在するということであった。これらの課題について、簡単にはいえ、論じてきた。これら以外の課題や、アジアの教育を腑分けし分析する他の方法がないと言うのではない。「知識社会」という概念、そして、それがアジアのようなダイナミックな地域にとって意味するものについては、多数の興味深い文献が確かに存在する。多様性および集団間の関係に関する問題は、相変わらず重要なままである。教育と職業との整合性などの複雑さについては、詳細に論ずることもできよう。しかしながら、ここで選ばれた４つの課題は越えられないほどの境界に縛られるものではなく、概念的に穴だらけであることを覚えておかなければならない。収容規模、就学機会、公平性はもちろん多様性の問題を含んでいる。また、地域統合は移動や移住に影響を及ぼしている。さらに、質保証はこれらの課題のそれぞれにとって重要である。「アジアの教育」というような複雑で大規模なテーマをカバーする１章のねらいとしてより重要なことは、教育がこのダイナミックで急速に変化する世界の中の地域でどのように行われるかという多様性と興奮に満ちた事柄をより詳細に、より深く検討する議論を喚起し、そこに他者を引き込むような問題を提起することなのである。

注

1）オバマ大統領の演説。http:/business.bogs.cnn.com/2011/11/14/apec-obamas-mixed-message-on-asial.

2）J. N. Hawkins, D. Neubauer, and T. De Mott. Proceedings of the APEC Conference: Quality in Higher Education: Identifying, Developing and Sustaining Best Practices in the APEC Region. APEC Project HRD 04/2010.

3）*Asia Pacific Outlook.* International Monetary Fund Economic Outlook, 2011. http:// www.imforg/external/pubs/ft/reo/2011/apd/eng/areo0411.htm.

4）W. O. Lee, *Equity and Access to Education: Themes, Tensions and Policies (Education in Developing Asia,* vol. 4. (Hong Kong: CERC 2002), D. Neubauer and Y. Tanaka, *Access, Equity and Capacity in Asia-Pacific Higher Education.* (New York: Palgrave MacMillan, 2011).

5）C. R. Laderchi. "Measuring monetary and capability poverty," *UNDP Summer School Lecture Series* (New York: UNDP, 2002); A. Sen. *Development as Freedom.*

(New York: Anchor Books, 1999).

6) S. L. Chen "Current situation of education in Western China," *English.Eastday.com,* August 24. http://english.eastday.com/e/easthope/u1a4603375.html (2009).

7) 前掲 D. Neubauer and Y. Tanaka 編著所載（2011）; C. N. Chu, *The Asian Mind Game* (New York: Scribner, 1991); P. Hill. *Asia Pacc Secondary Examination Review Series No. 1:Examination Systems* (Bangkok: UNESCO, 2010).

8) M. Yearn. "Tensions between autonomy and accountability: access, equity and capacity in Korean education," 前掲 Neubauer D. and Y. Tanaka, *Access, Equity and Capacity in Asia-Pacific Higher Education*, 所載論文 (2011).

9) J. Farrell. "Education in the years to come: what we can learn from alternative education," in P. Hershock, M. Mason, J. N. Hawkins (eds.) *Changing Education: Leadership, Innovation-and Development in a Globalizing Asia Pacific* (Hong Kong: Springer Press, 2007).

10) V. S. Prasad "Quality assurance in higher education: A developing country perspective and experience," in T. Bigalke and D. Neubauer (eds.), *Higher Education in Asia Pacific: Quality and the Public Good* (New York: Palgrave and MacMillan Press, 2009). こうした格差には健康、インフラ、食糧、安全などの領域で高等教育の卒業生の間に見られる人材のギャップが含まれる。

11) J. Hawkins. "The Rhetoric and Reality of Mobility and Migration in Higher Education," in D. Neubauer and K. Kuroda, *Mobility, Migration, and Higher Education Transformation: The View from the Asia/Pacific Region* (New York: Palgrave MacMillan Press, 2011).

12) 前掲 J. N. Hawkins, D. Neubauer, T. De Mott. 編著所載。

13) 前掲 D. Neubauer and Y. Tanaka.; Yang Z. 編著所載 (2011), "Aligning capacity with needs in the process of massification of higher education in China," 前掲 D. Neubauer and Y. Tanaka 編著所載 (2011); R. Dore, *The Diploma Disease: Education, Qualifications and Development* (Berkeley: University of California Press, 1976. 邦訳は松居弘道訳『学歴社会――新しい文明病』岩波書店、1978 年)。

14) APQN. http://www.apqn.org/2011(2011).

15) K. H. Mok (2011) "When state centralism meets Neoliberalism: managing university governance change in Singapore and Malaysia," in Neubauer (Routledge book), p. 12.

16) "OECD review of financing and quality assurance reforms in higher education in the PRC," Centre for Co-Operation with Non-Members Directorate for Education (Geneva: September, 2003).

17) OECD 同上書、p.23; Y. Li. "Quality assurance in Chinese higher education," *Research in Comparative and International Education,* vol. 5, no. 1 (2010), 58-76.

18) Y. J. Wang, "Building Quality Assurance System in Chinese Higher Education: Recent Progress," paper presented at *Quality Assurance of Higher Education in China and Switzerland*. April 17-18, 2007; 前掲 Y. Li, 論文。

19) Y. J. Wang, 同上論文 ; 前掲 Y. Li, 論文。

20) Y. M. Zhu "Project 985 and project 211: innovative measures in improving the quality of higher education in China," J. N. Hawkins, D. Neubauer, and T. De Mott (2011), *Proceedings of the APEC Conference: Quality in Higher Education: Identifying, Developing and Sustaining Best Practices in the APEC Region*. APEC Project HRD, 04/2010.

21) A. Stella. "Institutional accreditation in India," *International Higher Education* (IHE), Spring 2002.

22) Stella, 同上論文 , p. 2.

23) S. Neelakantan,. "India's Prime Minister Assails Universities as Below Average and 'Dysfunctional.'" *Chronicle of Higher Education* (June 25, 2007), 2.

24) S. Neelakantan, 同上論文 , 3-4.

25) S. Neelakantan. "Indian Prime Minister Promises to Establish Many More Universities and Colleges," *Chronicle of Higher Education* (June 4, 2007).

26) P. G. Altbach. "India: World Class Universities?" *International Higher Education 40* (Summer 2005): 18-20.

27) P. G. Altbach, 同上論文 , p.6.

28) H. Hokama "Transformation of quality assurance system of higher education Japan," paper delivered at *International Conference on Quality Assurance,* Athens, Greece (2005); R. Mori "Evaluating third party evaluator's role in assuring global equality among premier Japanese universities," J. N. Hawkins, D. Neubauer, and T. De Mott (2011), *Proceedings of the APEC Conference: Quality in Higher Education: Identing, Developing and Sustaining Best Practices in the APEC Region*. APEC Project HRD 04/2010.

29) H. Hokama, 同上論文 ; R. Mori, 同上論文。

30) A. Yonezawa "The reintroduction of accreditation in Japan: a government initiative," *IHE* no. 40 (Summer 2005), 2.

31) R. Mori, 前掲論文。

32) A. Yonezawa 前掲論文 , p.2.

33) H. Hokama 前掲論文 ; R. Mori, 前掲論文。

34) R. Mori, 前掲論文; A:Yonezawa, and R.Mori, "Learning Outcomes and Quality Assurance: Challenges for Japanese Higher Education," *Evaluation in Higher Education*, 3(1): 1-21, Higher Education Evaluation and Accreditation Council of Taiwan, Taipei (2009).

35) I. R. Chen "Pursuing excellence: quality assurance in Taiwanese higher education," Clifton House, Bristol, United Kingdom (July 12, 2006) に提出の未刊行論文。

36) Y. Li. "The latest higher education evaluation in Taiwan," the Higher Education and Research and Development Society of Australasia (2005). に提出の未刊行論文 ; A. Y. C. Hou, "Quality in cross-border higher education and challenges for the internationalization of national quality assurance agencies in the Asian-Pacific Region-A case study of Taiwan quality assurance agencies," 未刊行論文, Fu Jen Catholic University, Taiwan (2011).

37) Chen, 前掲論文 ; Hou, 同上論文。

38) Li, 前掲論文。

39) Chen, 前掲論文。

40) Hou, 前掲論文。

41) K. H. Mok "Impact of globalization: a study of quality assurance systems of higher education in Hong Kong and Singapore." *Comparative Education Review*, vol. 44, no. 2 (2000): 148-74,158.

42) K. H. Mok, "When state centralism meets Neoliberalism: managing university governance change in Singapore and Malaysia," 前掲 Neubauer編著 (Routledge book?), (2011) 所載論文。

43) K. H. Mok. "Fostering Entrepreneurship: Changing Role of Government and Higher Education Governance in Hong Kong." *Research Policy*, 34 (2005): 537-54,538.

44) K. H. Mok "Enhancing Quality of Higher Education: Approaches, Strategies and Challenges for Hong Kong," 前掲 J. N. Hawkins, D. Neubauer, and T. De Mott 編著所載, *Proceedings of the APEC Conference: Quality in Higher Education: Identifying, Developing and Sustaining Best Practices in the APEC Region*. APEC Project HRD 04/2010 (2011) 所載。

45) Mok, 前掲論文 (2000), 153.

46) E. C. Tan, "Singapore National University's mission to be a leading global university," 前掲 J. N. Hawkins, D. Neubauer, and T. De Mott 編著 ; *Proceedings of the APEC Conference: Quality in Higher Education: Identifying, Developing and*

Sustaining Best Practices in the APEC Region. APEC Project HRD 04/2010 (2011) 所載。

47) J. N. Hawkins, "The Rhetoric and Reality of Mobility and Migration in Higher Education," 前掲 D. Neubauer and K. Kuroda 編著, *Mobility, Migration, and Higher Education Transformation: The View from the Asia/Pacific Region* (New York: Palgrave MacMillan Press, 2011) 所載.

48) UN ESCAP Date Centre. http://www.unescap.org/stat/data/,（2011 年 1 月 25 日閲覧）.

49) K. W. Chan, *Internal Labor Migration in China: Trends, Geographic Distribution and Policies. PowerPoint* (Seattle: University of Washington, 2008).

50) M. Davis, "A Planet of Slums: Urban Involution and the Informal Proletariat," *New Left Review*, March-April, 6-34 (2004).

51) R. Bhandari and P. Blumenthal. *International Students and Global Mobility in Higher Education* (New York: Palgrave MacMillan Press, 2011).

52) R. Bhandari. and P. Blumenthal, 同上書。

53) B. Wildaysky. *The Great Brain Race: How Global Universities are Reshaping the World* (Princeton: Princeton University Press, 2010).

54) W. H. Ma, "Contributions of Foreign Experts to Chinese Academic Development: A Case Study of Peking University," 前掲 D. Neubauer and K. Kuroda 編著, *Mobility, Migration, and Higher Education Transformation: The View from the Asia/Pacific Region* (New York: Palgrave MacMillan Press, 2011) 所載。

55) J. Hawkins, "The Rhetoric and Reality of Mobility and Migration in Higher Education," 前掲 D. Neubauer and K. Kuroda 編著, *Mobility, Migration, and Higher Education Transformation: The View from the Asia/Pacific Region* (New York: Palgrave MacMillan Press, 2011) 所載。

56) J. F. Forest, "Regionalism in higher education: an international look at national and institutional interdependence," *Boston College Center for International Education* (Boston: BCIHE, 1995).

57) H. De Witt, "Education and globalization in Europe: an overview of its development," CIES Conference in Boston (1995) に提出の未刊行論文; M. Scot, "Migration and mobility in the current era of globalization: case studies of LSE and Sciences Po," 前掲 Deane Neubauer and Kazuo Kuroda 編著, *Migration and Mobility in Asian Pacific Education* (New York: Palgrave MacMillan Press, 2011) 所載。

58) C. Kerr "The internationalization of learning and the nationalization of the purposes of higher education: two laws of motion in conflict." *The European Journal of*

Education vol. 25, no. 1 (1990): 5-22.

59) D. Neubauer and T. Bilgalke, *Higher Education in Asia/Pacific: Quality and the Public Good* (New York: Palgrave MacMillan, 2009).

60) S. Naya and Michael G. Plummer. *The Economics of the Enterprise for ASEAN Initiative* (Singapore: Institute for Southeast Asia Studies, 2005).

61) M. Steger. *Globalization: A Very Short Introduction* (Oxford: Oxford University Press, 2009).

62) E. Vogel, "Regionalism in Asia: why we should stick with existing structures," *East Asia Forum, Japan Institute of International Affairs Conference on the East Asian Community Idea in Tokyo* (2010年3月17日、東京大学) に提出の論文。

63) A. Shameel, "The new Asian realism: economics and politics of the Asia Cooperation dialogue," (2012年1月4日閲覧) www.ipptn.usm.my/.../108-no27-regionalism-in-higher-education-part-1-trends-and-examples.html (2003); S. L. Robertson, "Regionalism, 'Europe/Asia' and Higher Education," *Higher Education*, (2012年12月21日閲覧). www.issi.org.pk (2007).

64) C.P. Yepes, "World regionalization of higher education: policy proposals for international organizations," *Higher Education Policy*, 19, pp. 111-128 (2006).

65) Yepes, 同上論文, p. 7.

66) Yepes, 同上論文, p. 8.

67) Yepes, 同上論文.

68) G. Rozman, "Regionalization in Northeast Asia," chapter in Satow T. and E. Li, *The Possibility of an East Asian Community: Rethinking the Sino-Japanese Relationship* (Tokyo: Ochanomizu Shobo, 2005).

69) Rozman, 同上論文, p. 402.

70) Rozman, 同上論文, pp. 402-403.

71) T. Terada, "Constructing an 'East Asian' concept and growing regional identity: from EAEC to ASEAN+3," *The Pacific Review*, vol. 16, no. 2, pp. 251-77, 273 (2003).

72) Terada, 同上論文.

73) Terada, 同上論文.

74) しかし、この地域全体で、二国間貿易協定の増大は地域間およびグローバルな貿易のダイナミックスの価値を低下させたことに注意すべきである。Naya and Plaummer, 2005 および Aggarwal and Urata, eds. 2006 を参照。

75) A. T. Nguyen, "The role of regional organizations in East Asian regional cooperation and integration in the field of higher education," *Asian Regional Integration Review*, Waseda University, I (2009): 69-82.

76) M. Scot, *Studying the Social Sciences in France*, (未発表原稿) Paris: France (2011); C, Musselin "The side effects of the Bologna Process on national institutional settings; The case of France," the Douro Seminar, Portugal (2006)に提出された論文。
77) Nguyen, 前掲論文の引用を参照されたい。
78) Nguyen, 前掲論文 p. 79.
79) Nguyen, 前掲論文 p. 80.
80) Nguyen, 前掲論文 p. 81.
81) Koh Y. (2011), "Japan's Harvard mulls radical calendar change," *The Wall Street Journal-Japan*. http://blogs.wsj.com/japanrealtime/2012/01/20/japans-harvard-mulls-radical-calendar-change/.

第14章　中東の高等教育

ザバナ・ミール

　若者が生計を立てるために農作物を売るのをチュニジアの地方当局が妨げようとした時、コンピュータ科学の学位保持者であるモハメド・ブアジジ(Mohamed Bouazizi)というその若者が絶望のあまり自らに火を放ったということ、あるいは、彼の自己犠牲が何百万人ものチュニジア人および他のアラビア人に語りかけたということはほとんど知られることがなかった。MENA地域全体、そしてさらにその先に広がったグローバルな変化にいかに拍車がかかるかを誰も予見できなかった。何千人もの人々がアルジェリア、エジプト、ヨルダン、モーリタニア、モロッコ、オマーン、スーダン、イエメンの通りを行進し、独裁政権、貧困、そして高失業率に抗議した。

　独裁的政権と中央集権的経済に長く悩まされてきたMENA地域は、「若者の急増」により、60％以上という高い失業率を抱えている。その比率はエジプト、シリア、カタールの若者のものである（The World Bank Group、2011）。この地域における継続的な人口増加は、尋常でないほどの人間開発の大崩壊をもたらすか、あるいは改革、変化、生産力にとって「先例がないほどの絶好のチャンス」(Ezzine、2011年)となるか、いずれかの可能性を秘めている。しかし、中等後の教育・訓練と雇用がその成り行きを決定する要因となろう。

　中等後教育において、MENA地域は耐え難いほどの奮闘努力と胸を躍らせるほどの進歩という"まだら模様の"光景を見せている。ほとんどのMENA地域の教育ではジェンダー格差が無くなってきており、豪華で最先端技術の科学学術機関が裕福な湾岸諸国で創られる一方、この地域は未だ機会の提供、質、

訳注1　大学どころか高校も卒業していないという説もある。2011年にイギリスの「タイム」紙はモハメド・ブアジジをその年の「今年の人」に選んだ。

訳注2　中東（Middle East）と北アフリカ（North Africa）のアルファベットの頭文字からMENAと呼ばれ、BRICsに続く潜在力をもつ市場として注目されている。

そして大卒者の失業という問題から抜け出せないままでいる。この地域の住民は、低所得国に7％、中所得国に85％、高所得国に8％が暮らすというように多様である（World Bank, MENA Regional Brief, 2011）。MENA地域では教育機関のタイプもきわめて多様であるため、高等教育に関する議論も複雑であり、また、国際的なランキングや比較は必ずしも意味をもたない（Bhandari and El-Amine, 2011）。

独立後、新しく独立を勝ち取った国民のうち、植民地時代の様式の公務員や専門職のための訓練を求める植民地後のごく一握りの層にとって、高等教育は頼みの綱であった。高等教育在籍者の増大（1970年から2003年の間に5倍）と、機関の多様化の高まり（World Bank, 2000, p.17）に加えて、アラブ世界の大学は、最近10年間だけで数の上では3倍になった（Lindsey, 2011）。国の支出は経済困難や（国際機関によって命じられた）構造調整プログラムに応じて1980年代と1990年代に減速したとはいえ（Arab Human Development Report 2002, p.53）、MENA地域の政府は対GDP比では東アジアやラテンアメリカの政府よりも多くを教育に費やしてきた（Ezzine, 2011）。したがって、アナリストは彼らの批判の根拠を、政府による資金提供や政策の不足ではなく、政策、実践、戦略に置いている。中等後教育の全面的な「大衆化」は、より多くの人々に社会的上昇移動の希望を抱かせるかもしれない。しかし、それは新たな民間による融資パターンも意味している。それはまた残念なことだが、学術水準の低下（Altbach et al., 2009）やあまり準備のできていない学生が生まれることを意味している。

MENA地域の国々は、量的成長から、質や雇用に焦点を絞った中等後教育に対する地域に相応しい高等教育政策へと転換すべき緊急の必要性に直面している（El-Ghali and Maclure, 2010, p.23）。大きく拡張したにもかかわらず、高等教育のシステムは時代遅れで、過去の経済に合わせたものであり（OECD, The World Bank, 2010, p.13）、イギリス、フランス、アメリカの教育システムをモデルとしたものである。在籍者や教育機会の提供の増大が「それに対応するような経済のよりダイナックな部門での新しい雇用機会の増加」を伴っていないので、中等後教育は幅広い雇用可能性に向けて、公立セクターの枠を越えて卒業生を訓練すべきである。そして、そういう事情であるから、この地域の教育の成功は未だ広範な経済的安寧や雇用に形を変えていないのである（The World Bank, 2008, p.14）。

MENA 地域における質への関心は、皮肉にも最も裕福な湾岸諸国で最も高かった（Ezzine, 2011）、そして、全般的に、「知識獲得の低い水準や貧弱で悪化さえしている分析的・刷新的能力」に関係していることが確認された（Arab HDR, 2002, p.54）。イランでは、高等教育は有資格の教授陣の不足、時代遅れの教材や機器、検閲、学術的な内容に比べて過度に多い宗教的内容に起因する質の問題に悩まされている（Shavarini, 2006, p.49）。アラビアの18ヵ国が、2010年の「アラビア世界の教育の質に関するドーハ宣言」を受けて、教育の質に取り組むために手を携えた。一方、2011年には「教育の質向上のためのアラブ地域アジェンダ」（Arab Regional Agenda on Improving Education Quality; ARAIEQ）が学習の結果を高める使命をもって設けられた（The World Bank Group, 2011）。国際的な諸機関は品質管理を求める中で、政府による介入、各機関の自己規制、そして大学の自治を次のように勧告した。すなわち、それほど中央集権的でないシステムの中でのより大きな社会的説明責任を強く要請しつつ、一部の機関は中央集権的な質保証と資格付与メカニズムが成功していないと主張している（Ezzine, 2011）。微妙なバランスが求められる。つまり、公立機関ならび私立機関による教育の提供を対象とする厳密な適格認定と自立した管理と結びついた政府の支援である（Arab HDR, 2002, p.61）。

　MENA 地域は科学的な調査や研究にいっそう注意を払う必要がある。ジブチ、エジプト、モロッコ、オマーン、サウジアラビア、アラブ首長国連邦、ヨルダン川西岸およびガザ地区の高等教育在籍学生の70％以上は、人文科学および社会科学分野に在籍しており（The World Bank, 2008, p.22）、MENA 地域の学生の22.6％だけが技術や工学分野の学位を求めている（Ezzine, 2009）。科学教育と研究の提供、在籍率、卒業率、そして研究の質は、比較可能な地域に比べて MENA 地域は低いままである。イランとトルコは MENA 地域における最近の科学研究復活の主役である。そうした復活は工学に集中し（トルコとイランにおいて最も高い）、これに続くのが農学、臨床医学、社会科学、微生物学、数学（特にイラン、サウジアラビア、ヨルダン）、およびコンピュータ科学である。世界で6番目に豊かなアップドーラ国王科学技術大学（KAUST）のような機関は、学術的な質の向上を求めている（Romani, 2009, p.4）。同大学は国が資金提供しているが、教育の供給者がもっと多くの学生人口の流入を求めるグローバルな高等教育市場と競うようになるにつれて、MENA 地域では民営化が急速に進んでいる（Martin and Sauvageot, 2011, p.16-18）。

中心と周辺の間の緊張関係は学界ではありふれたものであり、国内および国家間での特権と不平等という両極端によって特徴づけられる。学術プログラム・機関に関する世界ランキングは、西洋の区分やモデルに基づいた質に関する基準や尺度を使い、さらなる競争を生んでいる。その結果、発展途上国は今や大規模な西洋の大学に見られる資源とモデルに倣って世界一流の大学や研究所を作ることを試みている（Altbach et al., 2009）。

MENA地域については、西洋が関わっているということがステータスの源であるとともに、継続的な経済・文化面での依存の源でもある。西洋の（ほとんどがアメリカの）大学分校がMENA地域、特に湾岸諸国で急増し、外国人教授陣や学生がますます多く見られるようになるにつれて、グローバル化に伴う民営化が中東の大学の景観の中で広まるようになった。世界中の100校の大学分校ないしサテライトキャンパスの優に3分の1は、アラブ諸国に存在している。すなわち、ほとんどがアラブ首長国連邦、次いでカタール、エジプトおよび他の国々にある。今やドバイ国際学園都市には32校の外国大学の分校がある。こうしたアラブ世界での教育をめぐる現象の政治的・経済的含意にもかかわらず、この地域への西洋の関与は良質の注入を潜在的に意味しているかもしれない（Romani, 2009, p.4）。MENA地域に西洋の大学のキャンパスが急増したことは、外国人教授陣・学生の存在が感じられるようになり、そして、国際的な入学試験が湾岸諸国でますます使われるようになるというように、重要な変化を引き起こしている（Bhandari and El-Amine, 2011, p.4）。今日、湾岸諸国の指導者層は「アラブの学界を知識の受け手の場から知識の生産の場に変える」ことをますます願っている（Romani, 2009, p.4）。カタールの石油依存の経済を知識経済へと転換するために努力しているカタール財団は、コーネル医科大学およびジョージタウン大学カタール外交学院のような西洋のエリート大学との協力を支援している。これらのより新しい大学と違って、19世紀後半および20世紀前半に生まれたカイロ・アメリカン大学およびベイルート・アメリカン大学のような大学は、アメリカのリベラル・アーツ高等教育と機能において同等のものであったが、それぞれの本拠地の高等教育には深遠な影響を及ぼしてこなかった。ベイルート・アメリカン大学、カイロ・アメリカン大学、アメリカン大学シャルジャが外国によって適格認定されたものの、この地域で運営されているのに対して、1つだけ大学の海外分校、ニューヨーク大学アブダビがある（Miller-Idriss and Hanauer, 2011）。アラブの高等教育のこうした

変化は、「量と質の両面で、この地域の大学の供給に劇的な改善」をもたらし、「湾岸諸国は北米の"学術的緩衝地帯"に加わり、"北"までは行けない"南"出身の学生を惹きつけ、彼らに西洋流の高等教育を施す可能性」を生み出している。批評家は「それがアラブ世界内部への西洋のいっそうの侵入を反映するものと懸念している」。しかし、学問の自由は権威主義国家の制約の中では繁栄しないというロマーニの警告をよそに、他の人々は「この活況がアラブ世界の至る所での教育、経済、社会福祉の改善により、ドミノ現象を起こすことになろう」と期待している（Romani, 2009, p.4-6）。

　予算で縛られた西洋の大学が中東に新たな市場を探すことから、地球規模での富、資源、機会の格差を是正する必要の緊急性が目立たないところで薄らいでいる。アルトバックらの報告「高等教育に突きつけられた巨大な課題」（Altbach et al., 2009）は、「国際的な機会をいかにして万人に公平に利用可能にするかである」と述べている。グローバル化した高等教育環境の中で新たな機会の広がりを利用しそうな学生や学者は、概して最も裕福か、あるいは社会的に特権をもつ人々である。国際化の現在の傾向が続けば、世界の富と人材の分配はさらに歪んだものになるであろう」（同報告、p.viii）。外国大学への学生の移動のことでも、あるいは諸国家の内部での国際的な教育市場の成長においても、グローバルな"北"は国際化に伴う経済的便益を手に入れている。民営化がそうであるように、企業や国境を越えた支援機関の仕事は新しい市場を作るという目的に主として役立つように思える（Heyneman, 2010, p.449）。自国で大学人や科学者によりよい機会を確保する必要があるのに、OECDや世界銀行がMENA諸国に対して学生や教職員の流動性を求めるのは、頭脳流出や教育投資を外国へ移すための処方箋である (Arab HDR, 2002, p.71)。

　「"大きな物語"の構築における"積み木"の役を果たす"想像の世界"として（Mazawi and Sultana, 2010, p.13）、世界銀行や西洋諸国の開発機関のような国際的な援助組織の政策構想は、発展途上国の教育政策構築に対して強力な圧力をかける。世界銀行、アメリカ、そしてEUは、文化的、社会的、経済的に混乱を起こさせ、地球規模で故意に過小評価するものとして（Mazawi, 2007, p.253-55）、そしてまた、地球規模で競争力をもつようになる機会としてなど、さまざまに認知されてきた仕方で教育政策に影響を及ぼすことにおいて積極的であった。この地域における政治的な亀裂や経済統合の不足が、西洋のコンサルタント会社に対するMENA諸国の依存を永続させている（Mazawi,

2007, p.258)。二国間の教育援助は一般に旧植民地に流れ込んでおり、その結果、地政学的に戦略的影響力のある地域への投資や関心をもち続ける。中東はアメリカからの高等教育援助全体の 28％の受け取っており（Maldonado-Maldonado and Cantwell, 2009, p.289)、アメリカはまた世界銀行の主役でもあり続けている。

2000 年まで、発展途上世界で働く援助機関の関心は初等教育、そして次には中等教育に集中しており、その一方で高等教育は社会的利得というよりもむしろ個人の利得として描かれていた。2000 年に、世界銀行が「知識社会」および国際競争力を重大な関心事として表現したとき、世界銀行の政策は転換し、今ではすべての段階の教育に対してもっと「バランスのとれた」アプローチを要求しており、高等教育により多くの資金提供が行われ、高等教育の質や完全さにより多くの注意が払われるようになっている（World Bank, 2000, p.16）。今日、MENA 地域における国際機関の政策構想は、「知識社会」としての 21 世紀の枠組み、すなわち、職業教育と高等教育、資格認定の標準化、教育の国際化やグローバル化、そして教育の民営化を強調する枠組みの下の基本的図式に高等教育を組み込んでいる。

こうした「知識社会」は開発のための機会として、また、噂によれば、マイナス評価を受けた MENA 地域へ再度導入されているイスラームおよびアラブの教育文化の不可欠な側面としてさまざまに特徴づけられている。つまり、想像された一枚岩的な MENA 文化に固有な教条主義、原理主義および反啓蒙主義が、あたかも「新しい」西洋流の方向に向きを変える準備ができているかのように、である（Mazawi, 2007, p.253-54)。「知識社会」の診断は、国家主権やローカルな自治を脅かし、また、「アメリカが支配する世界経済の縁に、西洋の技術やノウハウの消費者としてアラブ社会を取り込もうと脅かす」グローバル化を支持する力としてある程度機能する。そして、「多国籍企業に都合よく市場を組織するために、アラブ社会をこれまで以上に西洋の資本主義に依存するようにさせ、貿易の自由化を優先させ、国家の役割を制限しつつ、［アラブ］諸国の真の経済発展、それらの工業化や農業を完全に軽視するのである（Labyadh in Mazawi, 2007, p.255)。

世界銀行のアナリストによれば、知識社会に関するこうした理想では、純学究的なものへの注目ではなく技術的なものへの注目が最も役立つという。高等教育の拡張は、OECD および世界銀行のアナリストによれば、あまりに

成功し過ぎたという。大学卒業者の過剰供給が起こり、大学の学位をもたない熟練した人員が不十分であると彼らは主張する。アナリストは労働市場との整合性に焦点を絞ることや、純学究的な高等教育ではなく、技術的で、職業的な高等教育の拡張を要求しているし、需要や経済的ニーズに応じて教育を提供する柔軟性、国としての改善された制度設計やキャリア・カウンセリング、そして、もっと多様化した高等教育を要求している（World Bank and OECD, 2011, p.21-24）。世界銀行の新自由主義的で市場志向のグローバルな言説が、例えば、ヨルダンの教育改革を形作ったが、それは結果として技術と英語への比重を増した（Adely, 2011, p.65-66）。職業教育や専門教育は湾岸以外のアラブ諸国で必要なのである。そこでは、教育のある労働者のための仕事が手に入るようにすることが特に重大な問題である。一方、湾岸諸国は外国人労働者を自国の労働者と入れ替えようと努力している。しかしながら、この地域のほとんどの中等学校卒業生が職業的な高等教育の系統をレベルの低いものと見なしているために、職業教育には中等学校生の10%未満しか在籍しておらず、彼らのほとんどが普通教育課程からの脱落者なのである（Mazawi, 2007, p.256-58）。バラムキによって記述された（Baramki, p.13）パレスチナの中等後教育の普通教育と職業・技術的との分岐に関する傾向は、他のほとんどのMENA諸国にも該当する。技術教育・職業教育機関は供給不足のままであり、学生のためのキャリア・ガイダンスは貧弱である。普通高等教育の拡張が過剰に強調され、適切な施設設備や有資格の教授陣を欠いたまま、高等教育のために準備のできていない学生を受け入れるようにという圧力のために、質の低下を招いた。しかし、質の悪い普通高等教育は、それがMENA諸国で決定的に必要とされていないということを意味しない。

　高等教育政策の質は、1つには世界銀行が与えた影響のために劣ってきたのである。「原価回収、より高い授業料、そして産学連携を強調する」世界銀行は、「現代社会の中心となっている高等教育の伝統的な社会的役割やサービス機能から注意をそらさせ」（Altbach et al., 2009, p.x）、世界中で高等教育民営化の勢いの高まりを作り出した。発展途上世界のどこでも、この急成長するセクターは「ほとんどがビジネスモデルに基づいて運営され、権力や権限は理事や経営責任者に集中し、教授陣には権限がほとんどなく、学生は消費者と見なされている」「その多くが営利目的型か、あるいはそれに準じるものであり、世界中で最も急成長しているセクターを代表している」（Altbach et al., 2009, p.xi-

xii）かつては高等教育の小さな部分であった私立の高等教育機関は、1998年に大学の10％であったところから、2008年時点ではMENA地域のすべての機関の半分以上へと成長した。例えば、レバノンにはたった1つの公立大学しかないが、28校の私立大学および20校以上の技術系単科大学(テクニカル・インスティテュート)がある。ある筋によれば、私立教育のこうした拡張は、質の高い教育や世界一流の研究を生み出すことに国が失敗したことに原因があったという（El Ghali and Maclure, 2010）。重要なことには、財源が私立セクターへ移るとともに、公立セクターの高等教育の質がさらに低下し、私立セクターの授業料は階層格差を広げることになる。公立高等教育における緊縮措置は、「人で溢れた講義室、時代遅れの図書館蔵書、教授陣の研究に対するより少ない支援、建物の悪化、教授陣の安定した地位の喪失、最も才能のある教授陣が海外へ移動することによる頭脳流出」（Altbach et al., 2009）という状態を作り出している。市場についての新自由主義イデオロギーは教育には有害なものとして強烈に非難する学者もいた。彼らはそうしたイデオロギーが、ローカルな政策に流れ込み、アラブ世界の政府の人気を博すようになったグローバルな言説であると見る。つまり、拠って立つ証拠もほとんどないのに「想像された内在的な知識基盤経済の具体化された"ニーズ"を指し示す人的資本言説がもつ黒を白と言いくるめる力を通じて1つにまとまった」ものだと言うのである。自由市場が開発を促進するというまったく確証のないドグマは、「高等教育開発政策を含む開発政策の拠り所として留まっている」（Robertson, 2008）。要するに、知識を再考し、定義し、再利用する発展途上国のための高等教育の新しいモデルは、高等教育を商品としてではなく、グローバル市場に流れ込むというよりもむしろ解放に役立つような方法で、一連のローカルな経済・社会・政治プロジェクトに対応しうるような能力を育て上げる資源として押し広めることが必要なのである」（Robertson, 2008）。

1つの希望は、アラブの春のおかげで、情報へのより良いアクセスや改善された統治が、疎外されている人々や個別の国家的ニーズに焦点を絞った政策のより明瞭な表明および公正な政策の一貫した実施をもたらすだろうということである（Ezzine, 2011）。もう1つの希望は、この政策表明が世界の主要国の経済的優位に応えるような開発援助機関の業界用語や新自由主義政策によって形作られたものではないということである。現在のところ、概して、特権を与えられた人々は世界中の産業における優位や高等教育の果実を享受し続けている（Altbach, 2009, p.v）。大衆のための質の悪い公立教育と、豊かな人々の要求

に応じる高価な私学教育という二股に分かれたシステムのために、「教育はアラブ諸国の社会進歩を達成する手段としての意義深い役割を失い始め、代わって社会的階層分化を永続させる手段へと変わり始めてきた」（Arab HDR 2002, p.54）。

しかしながら、他のジェンダー指標から見た不公正にもかかわらず、MENA地域は、教育におけるジェンダー格差の逆転でわれわれを驚かし続けている（World Bank, 2008, p.30）。しかしイランでは、女性が高等教育にかなり就学するようになったことが、女性志願者に対する公立高等教育の定員割り当てに関する議論をもたらした（Shavarini, 2006, p.43）。アラブの春の発祥地であり、長年にわたる世俗化政策の舞台であるチュニジアでは、女性は労働の場に不可欠な部分である（Tjomsland, 2009, p.420）。しかし、いくつかの地方では、学歴は必ずしも女性の雇用や雇用可能性につながっていない。多くの湾岸諸国で、女性は高等教育において男性より数で勝っているが、彼女らは教授陣の30％未満でしかなく、高等教育および教授陣の分野の両方に関して特定の学問分野に集中している。これらの国々では、女性の高等教育は多くの場合、ステータスシンボルであり、あるいは良い結婚への手段になっている（Mazawi, 2007）。ジェンダー改革は高等教育への就学機会を77％という程度まで急速に向上させた。そして、女性の67％がアラブ首長国連邦とクウェートにおいて大学の学位を手にしている。しかし、女性の雇用は未だ少なく（Scott-Jackson et al., 2010）、例えば、結婚を機に仕事を辞める女性雇用者には金を支払うとサウジの当局は強調する（World Bank, 2005; Tjomsland, 2009, p.417）。とはいえ、アラブの春があったために、この地域では一般に、高等教育の成長およびソーシャルネットワーク・メディアの普及で、以前よりはるかに大きな意識や勢いがジェンダーがらみの公正さに対して生まれている。

多くのアラブの国々では、中央集権的な官僚支配や権威主義的教育学との矛盾にもかかわらず、高等教育は、政治意識や民主的参加のための運動の先駆けにおいて市民の言説の砦となっている。パレスチナの場合には、イスラエルによる占領、および「キャンパスへの侵入や閉鎖、書物や定期刊行物の発禁、検問所、拘留、管理運営機能の停止、追放、学生デモの鎮圧」によって厳しい闘いを挑まれたものの、高等教育はどうにか繁栄してきた。また、「抵抗と国民的連帯を可能にする場であり、……民主的言説や実践のプラットフォーム」であるのは高等教育機関であり（同上書、p.40）、「民族の解放および社会、経済、

政治的な主権のための闘争の最前線にあり」(Cristillo, 2010, p.38)、政治的に積極的で、市民の言説や行動主義を取り纏める役割を果たしている。それでもやはり、パレスチナの教育実践は、一般に MENA ではそうであるが、権威主義的で教員中心的なままである。不十分な専門職としての職能開発に加えて、累積的な評価（試験）がほぼ独占的に使われ、また、混み合った教室は受け身の学習スタイルを悪化させている。予算不足、それは「占領下のために十数年にわたる経済成長の停頓の結果であるが、学生の在籍者数が増大する中で、大学の管理運営は新たな教授陣の採用を制限することを強いられてきた」。追加仕事のアルバイトに従事することを強いられる負担過重の教員は、専門職としての職能開発に従事したり、刷新的な教授法を採用したりすることが難しいと感じている。しかし、データが示すところでは、教員、特に外国で訓練を受けた者が「教えるに先だって、あるいは教員としての最初の数年間に、教授と学習に対する代替的なアプローチに関する知識、技能、そして実践経験を身につけてきた」のにつれて、パレスチナ人の教授陣の間では「防御の姿勢に変化」が起こっている（Cristillo, 2010, p.38-40）。

　クリスティロ（Louis Cristillo）は、新自由主義の経済的観点からではなく、市民の言説や民主主義の発展という観点から、大学の自治のために教授法改革や積極的行動を行うよう改革者たちに要請している。新自由主義の経済的観点は国際機関によって通常は使われるが、学習者中心の教授法のことを、「いわゆるグローバルな知識経済の市場主導の場で競い合う準備ができている敏活で技術通の労働力を生み出す根拠」であると説明する。実際、それは「多様で多元的な社会の新たに現れた特性を形作っている言説や慣行を変える」ことに関係している。

　アラブの春は多くの人々にとって希望をもたらし、世俗的なアラブ人と宗教的アラブ人との緊迫した対立と市民的共存の両方の可能性をも作り上げている。アルジェリアでは、長期にわたるイスラム教徒の抑圧の後、世俗主義者とイスラム教徒との衝突が大学構内でニカブ（顔を覆うベール）を身につけるといった問題に関しても活発に起こっている。ラ・マヌーバ大学ではニカブ着用が構内では許されず、イスラム教徒と大学人との間の交渉は緊迫していて、ハンストが起こったり、「露出度の高い」衣服のことで女性に対するハラスメント（Human Rights Watch, 2011）が起こったりするとともに、ニカブ着用の女性の締め出しまで起こった（Samti, 2012）。信仰心と世俗性とがアラブの春の

後にどのように行動に表れるかは今のところ不明である。イスラエルでそうであるように、イスラム教のイランでは、国は正統で保守的な宗教教育を支援し特権を与えており、宗教は教育政策決定および学問の自由に関する緊張関係の中で本質的な役割を果たしている（Halekin-Fishman, 2011, p.50）。

　政治的な変革と財政難の今日、高等教育の明日の様相を予言することは不可能であるとはいえ、高等教育は知識経済の中心であり、世界中の社会移動にとって不可欠であり（Aitbach et al., 2009, p.xviii）、資源配分に対する根本的な関心事の中核であり続けている。

参考文献

　Adely, Fida.(2011), "Reflections on education and transformation by a Jordanian-American scholar," in R. Sultana, *Educators of the Mediterranean……Up Close and Personal: Critical Voices from South Europe and the MENA Region*, pp. 59-70. Sense Publishers. Rotterdam.

　Altbach, Philip G., Liz Reisberg, and Laura E. Rumbley. (2009), *Trends in Global Higher Education: Tracking an Academic Revolution*. Executive Summary.（2009年ユネスコ世界高等教育会議のために準備された論文）

　Baramki, Gabi. (2011), "Education against all odds: the Palestinian struggle for survival and excellence," in R. Sultana, *Educators of the Mediterranean……Up Close and Personal: Critical Voices from South Europe and the MENA Region*, pp. 7-18. Sense Publishers. Rotterdam.

　Bassett, Roberta Malee and Alma Maldonado. (2009), *International Organizations and Higher Education Policy: Thinking Globally, Acting Locally?* (International Studies in Higher Education). New York: Routledge.

　Bhandari, Rajika and Adnan El-Amine. (2011), *Classifying Higher Education InstitUtions in the Middle East and North Africa: A Pilot Study (Executive Summary). Institute of International Education*. November, 2011. At http://www.iie.org/en/Research-and-Publications/Publications-and-Reports/IIE-Bookstore/qmedia/Files/Corporate/PUblications/IIE-MENA-Executive-Report.ashx,（2011年12月20日閲覧）.

　Cristillo, Louis. (2010), "Struggling for the Center: Teacher-Centered vs. Learner-Centered Practices in Palestinian Higher Education," Middle East. Institute Viewpoints: Higher Education and the Middle East. www.mei.edu. pp. 37-40.

　El-Ghali, Hana A. and Maureen W. McClure. (2010), "A Generation in Crisis:

Lebanon's Jobless University Graduates," pp. 22-25. *Higher Education and the Middle East: Empowering Under-served and Vulnerable Populations*. Middle East Institute Viewpoints: Higher Education and the Middle East. October 2010. Washington, D.C.: The Middle East Institute.

Ezzine, Mourad. (2009), "Education in the Arab World: Shift to Quality in Math, Science and Technology Faltering," MENA Knowledge and Learning, Quick Notes Series. The World Bank. At http://www.wds.worldbankorg/externalidefault/WDSContentServer/WDSP/IB/2009/11/27/000334955_20091127024358/Rendered/PDF/517900BRIOMENA10Box342050 BO1PUBLIC1.pdf.

Ezzine, Mourad. "Myths about Education in the Arab World," October 7, 2011. Voices and Views: Middle East and North Africa. The World Bank. At http://menablog.worldbank.org/myths-about-education-arab-world, (2011年12月22日閲覧).

Hamdan, Sara. (2011), "Arab Spring Spawns Interest in Improving Quality of Higher Education," November 6, 2011. At http://www.nytimes.corn/2011/11/07/world/middleeast/arab-spring-spawns-interest-in-improving-quality-of-higher-education.html?_1=2.

Heyneman, Stephen P. (2010), "Review of *South—South Cooperation in Education and Development*, (edited) by Linda Chisholm and Gita Steiner-Khamsi," *Comparative Education Review,* vol. 54, no. 3 (August 2010), pp. 447-49.

Human Rights Watch. (2011), "Tunisia: Fundamentalists Disrupting College Campuses—Protect Universities From Threats of Violence," December 9, 2011. At http://www.hrw.org/news/2011/12/09/tunisia-fundamentalists-disrupting-college-campuses.

Jump, Paul. (2011), "Middle East taps a well of research in STEM fields," *Times Higher Education*, 3 March 2011, at http://www.timeshighereducation.co.uk/story.asp?storycode=415366, (2012年1月8日閲覧).

Jurdak, Murad. (2011), "Searching for praxis and emancipation in an old culture," In R. Sultana, *Educators of the Mediterranean……Up Close and Personal: Critical Voices from South Europe and the MENA Region*, pp. 19-30. Sense Publishers. Rotterdam.

Kalekin-Fishman, Devorah. (2011), "Crossing borders: ambiguities and convictions," in R. Sultana, E*ducators of the Mediterranean……Up Close and Personal: Critical Voices from South Europe and the MENA Region,* pp. 43-58. Sense Publishers. Rotterdam.

Labyadh, S. (2004), "What role for globalization in the events of September 11 and the occupation of Iraq?" *Shu'un Arabiya* [Arab Affairs] 120: 122-141 (アラビア語).

Lindsey, Ursula. "Information Gap Hinders Coordination and Reform Among Arab Universities," *Chronicle of Higher Education*, December 13, 2011. At http://chronicle.com/article/Information-Gap-Hinders/130093/.

Maldonado-Maldonado, Alma and Brendan Cantwell.(2009), "International Organizations and Bilteral Aid: National Interests and Transnational Agendas,"in Roberta Malee Bassett and Alma Maldonado, *International Organizations and Higher Education Policy: Thinking Globally, Acting Locally?* (International Studies in Higher Education), pp. 279-99. New York: Routledge.

Martin, Michaela and Claude Sauvageot. (2011), *Constructing an indicator system or scorecard for higher education: A practical guide*, Paris: UNESCO.

Mazawi, Andre E., and Ronald G. Sultana, eds: *World Yearbook of Education 2010: Education and the Arab World—Political Projects, Struggles and Geometries of Power*. New York: Routledge.

Mazawi, Andre E. (2007), "'Knowledge society' or work as "spectacle"? Education for work and the prospects of social transformation in Arab societies," World Yearbook of Education 2007: *Educating the global workforce—knowledge, knowledge work and knowledge workers*, edited by Lesley Farell and Tara Fenwick, pp. 250-67. New York: Routledge.

Mazawi, Andre E. (2007), "Besieging the King's Tower? En/Gendering Academic Opportunities in the Gulf Arab States," pp. 77-98. *Aspects of Education in the Middle East and North Africa*. Symposium Books, Oxford, UK. 2007.

Miller-Idriss, Cynthia, and Elizabeth Hanauer. (2011), "Transnational higher education: offshore campuses in the Middle East," *Comparative Education*, vol. 47, no. 2, May 2011, pp. 181-207.

OECD, The World Bank. (2010), *Reviews of National Policies for Education: Higher Education in Egypt*, 2010.

Robertson, Susan L. (2008), "Market Multilateralism, the World Bank Group and the Asymmetries of Globalising Higher Education: Towards a Critical Political Economy Analysis," the Centre for Globalisation, Education and Societies, University of Bristol. At http://www.bris.ac.uldeducation/people/academicStaff/edslr/publications/27s1r/.

Romani, Vincent. (2009), *Middle East Brief*, May 2009, no. 36. "The Politics of Higher Education in the Middle East: Problems and Prospects," http://www.brandeis.edu/crown/publications/meb/MEB36.pdf.

Samti, Farah. 2012. "Classes Suspended at the University of Manouba as 'Niqab Dilemma' Continues." Tunisialive, 2/29/2012. http://www.tunisia-live.net/2012/02/29/classes-suspended-at-the-university-of-manouba-as-niqab-dilemma-continues/.

Scott-Jackson, William, Bashar Kariem, Andrew Porteous, and Amira Harb. (2010), *Maximizing Women's Participation in the GCC Workforce: Executive Summary*, Oxford, UK: Oxford Strategic Consulting.

Sultana, Ronald G. (2011), *Educators of the Mediterranean ·······.Up Close and Personal: Critical Voices from South Europe and the MENA Region*. Sense Publishers: Rotterdam.

Tjomsland, Marit. (2009), "Women in Higher Education: A Concern for Development?" *Gender Technology and Development*, 2009, 13: 407.

United Nations Development Programme, "Arab Fund for Economic and Social Development," 2002. Arab Human Development Report 2002: Creating Opportunities for Future Generations, New York: UNDP.

World Bank. (2011), World Bank Regional Brief: Middle East and North Africa, At http://web.worldbank.org/WBSITE/EXTERNAL/COUNTRIES/MENAEXT/0„menuPK:247606—pagePK:146732—piPK:146828—theSitePK:256299,00.html.

World Bank. (2011), *Arab World Initiative: Agenda for Improving Educational Quality*, Washington, D.C.: World Bank Group.

World Bank. (2000), *Higher Education in Developing Countries: Peril and Promise*, Washington, D.C.: World Bank Group.

World Bank. (2008), *The Road Not Traveled. Education Reform in the Middle East and Africa*, Washington, D.C.: The World Bank.

第15章　東欧および中欧の教育
―― グローバル化状況におけるポスト社会主義の再考

イベータ・シローバ、ベン・エクロフ

　1989年の社会主義ブロックの崩壊とともに、東欧／中欧および旧ソ連邦の広大な社会・政治的風土は一変した。共産党によって行われた政治的独占は除去され、経済とメディアに関する国家の独占に異議が申し立てられた。新しい（あるいは新たに再構成された）諸国家が出現したことで、この地域の政治地図さえ新たに描かれた。このプロセスで放出された巨大なエネルギーは多くの変化を生み、ポスト社会主義の変革という紛れもなく異なった軌跡を辿った東欧／中欧および旧ソ連邦の国々を打ち立てた。すべての国々のおよそ3分の1は変革の期間に武力紛争を経験し、それは政治、経済、社会生活のすべての領域で壊滅的な結果をもたらした。[1] ブルガリア、チェコ共和国、エストニア、ハンガリー、ラトビア、リトアニア、ポーランド、ルーマニア、スロバキア共和国、スロベニアの10ヵ国が欧州連合（EU）の新加盟国になり、法の支配、人権、経済的自由の点では少なくとも部分的に開かれたリベラルな社会になった。他の多くの国々、すなわち、アゼルバイジャン、ベラルーシ、カザフスタン、タジキスタン、トルクメニスタン、ウズベキスタンは数ある中でも独裁主義的ないし半独裁主義的体制がますます定着した。

　ポスト社会主義の変革の多様性にもかかわらず、多くの観測筋は社会主義ブロックの崩壊を西側の最終的勝利と解釈し、西側資本主義による社会主義体制の記念碑的すげ替えであると指摘した。特に世界文化理論に依拠する学者は、「現代の経済はいずれも資本主義モデルに機能的に、そしてほとんどの場合、形式的にも執着しているように見える」と主張し、社会主義ブロックの崩壊が、プロセスと生産において理にかなった資本主義モデルに［国民国家が］普遍的に執着し服従したことの「完璧な事例」を示すものと述べた。[2] こうした状況の中で、西洋（特にアメリカ）は「グローバルな制度的傾向における先駆

者」と称され、世界中の教育の質や成果に対する新しい世界標準を設けた。[3] ポスト社会主義地域の多様な国々を含む非西洋の社会は、明言はされないものの、単なる残り物のように見えた。こうした見方に立てば、ポスト社会主義地域はこのように西洋、進歩、近代性に向かって前もって定められた流れの上にあると、基本的理解として描写された。

　　この推移は、東と西の「仲介者」としての以前のこの地域の歴史上の位置取り、つまり、東から西への進歩という目的論的構造を転換させるだけでなく、そうした（空間的・時間的）目的論自体を定着させる考えを思い起こさせ、ポスト社会主義のヨーロッパというこの場と現時点にではなく、将来および（当時そしてその場の）西洋に対してもう一度注意を向けている。これらの点のすべてにおいて、この地域がまさしく西洋らしくなるにつれて、その特別な歴史、地勢の多様性と深さや大きさが消されるのである。[4]

差異や多様性がかき消されることに加えて、物事が地球規模で収斂していくというレトリックが閉合（クロージャー）の効果を生み、それに代わるものを想像することを難しくしたのである。確かに、教育におけるポスト社会主義の変革に関する大半の研究は、さまざまな状況を越えて拡がった「グローバルな」教育改革の軌跡を検討することに焦点を絞った。典型的には、その出発点は、生徒中心的な学習、結果重視の教育、カリキュラムの標準化、民営化、地方分権化といった「グローバルな」改革を見出すことであり、その次にその複雑な軌跡を個々の地域で跡づけることである。[5] 多くの研究はポスト社会主義の教育空間における西洋的改革の軌跡の複雑性、多様性、予測不可能性を強調しているが、「グローバルな」ものが一般にポスト社会主義的変革にとって主要な基準点として働いている。これは明らかに問題である。ブラボイ（Michael Burawoy）が説明しているように、ポスト社会主義の変革のための物差しとして「単一の西洋モデル」使うことは、「代替的資本主義であれ、代替的社会主義であれ、あるいは、それによって現在と過去ならびに将来をも解釈するような新しいレンズを提供するその他の理想郷（ユートピア）であれ、そうした何か取って代わるものを見」失うことに必然的につながるのである。[6] この文脈では、「代替的資本主義」や「代替的社会主義」は「閉合」がそれらを現実的な代案ではなく想像上の代案にしてしま

ったという点において「ユートピア的」なのである。

　本章は、グローバル化状況におけるポスト社会主義の変革を理論づけるための出発点として、差異や不一致を取り上げることにより、われわれの分析的見方を改めて見直してみることを試みる。より具体的には、「社会主義」と「ポスト社会主義」の多様性に注意を向け、その一方で、さまざまなポスト社会主義状況に見られる多様な改革の軌跡とその予期せぬ結果を浮き彫りにする[7]。ポスト社会主義の変革に関する既存の文献に依拠しながら[8]、本章は、ポスト社会主義の教育空間が社会主義の崩壊直後の20年間よりさらに不確実なものになってきたことを示唆する。実際、ポスト社会主義の変革プロセスはいっそう不完全で、無限定、予測不能なままであった。ここでの課題はそれゆえ、グローバルな言説や実践を新しい（かつしばしば予期せぬ）仕組みへと再構成する代替的な道筋を捉えるために、ポスト社会主義の変革の本質的な曖昧さを追求することである。

　本章は、東南／中央ヨーロッパおよび旧ソ連の教育発展の簡潔な歴史的概観から始める。この地域のあらゆるところの教育学を形作った共通な19世紀ヨーロッパの教育伝統を認識する一方、われわれは、第二次世界大戦後に導入されたソ連の教育支配が国の境界を越えた均一性という新しく異質な1つの層を押しつけたと主張する。同時に、しかしながら、地域の根本的な文化的多様性は、学校で完全に根絶されることはなかった。共産主義の信念と実践の、時に重く、時に表面的な化粧板の下で、ロシアの伝統がバルト語族の、イスラームの、そしてチュルク語族やその他の影響と活発に張り合っていた。歴史的遺産の議論に続いて、われわれは社会主義およびポスト社会主義の歴史が新しい（西洋の）改革プロジェクトと一緒になった複雑な相互作用を吟味することに取り掛かる。この地域全体で起こっている地方分権化と民営化改革の実施に焦点を当てることで、われわれは、「グローバルな」改革アジェンダがそれぞれの地域でどのように断続的に拒まれたり、見直されたりしているかを明らかにする。この見方に立てば、ポスト社会主義の教育空間は、社会主義に反対する地域が以前そうしたのと同じように、新自由主義的認識論の体制を黙殺することにより、資本主義の支配に断続的に挑戦する役目をはたすのである。

前社会主義および社会主義が遺したもの——歴史的背景

　　人々はもし彼らがどこからか来なければ、ある歴史から来なければ、また、もし彼らがもし特定の文化的伝統を継承しなければ、行動し、話し、作り、限界から抜け出して語り、あるいは、自分自身の経験について熟考し始めうる方法はない。そして、その意味で、過去は単にそこから語り始める位置であるだけでなく、人が何かを発言する努力の中で絶対に必要な資源でもある。[9]

　教育に関して、共産主義に先立つ東南／中央ヨーロッパでの単一の遺産について語ることは不可能である。1918年以前、この地域は教育に関する非常に異なる見解を備えた3つの帝国、すなわち、ハプスブルク、オスマン、ロシアの各帝国に分割されていた。18世紀の半ば以来、ハプスブルク帝国の統治者は凝集力のある帝国を作り上げる手段として、すべての臣下のために基礎教育を施すことに興味をもつようになった。初等教育は国王とそれが表す価値に対する忠誠心を子どもたちに吹き込む役目を果たした。カトリック教はこの教育の重要な要素であり、したがってナショナリズムや民族がらみの課題という脅威に対する重要な対抗勢力として役立った。19世紀を通じて、ハプスブルク家はあらゆる民族出身の意欲的な生徒に対して、名声の高い学校（例えばテレジアヌム）[訳注1]で学ぶ機会、あるいは帝国における別の重要な教育機関であった将校団の成員になる機会を提供した。同時に、当局は自らの地方語であるスロベニア語、クロアチア語、あるいはルーマニア語で学ぶことを望んだ生徒には次第にハードルが高くなるようにし、また、ドイツ語（1867年後は特に）あるいはハンガリー語を主要言語として使っていた学校にだけ補助金を与えたのである。いずれにしても、帝国は多くの人々（単にドイツ語やハンガリー語を話す国民だけではなく）に評判のよいウィーンの諸大学および外国の他の学校で学ぶ機会を提供した。東欧での読み書き能力および一般教育のレベルは、他のどこよりも高かった。

　そのような凝集力のある政策はオスマン帝国では発展しなかった。当局は、

訳注1　ハプスブルク家の女王のマリア・テレジアがウィーンに創設した学校。

ムスリム以外の住民の地方行政や教育には無関心だったのである。その代わりに、ミレット制(訳注2)を通じて、イスラーム教の下で承認されたギリシャ正教、カトリック、プロテスタント、ユダヤ教という各宗教が、外部からの妨害をほとんど受けることなく、それぞれの信徒集団を支配した。バルカン半島のほとんどのキリスト教徒の生活を支配することになったギリシャ正教会は、教会区司祭の訓練という以外の教育の目標をほとんどもっていなかった。高まる民族運動からの挑戦に直面して帝国が弱体化するにつれて、バルカン半島諸国のさまざまな民族グループは自律的な教養あるエリートの育成を請け負う教育機関を創設し始めた。教育改革は上から下へと進み、エリート学校やアカデミーの創設から始まり、そしてようやく人口の残り部分全体にゆっくりと広がっていった。加えて、少数の職業訓練目的の学校が現れた。ギリシャ正教会が厳密に教会法に従わない教育に対して関心を欠いていたという理由のために、バルカン半島諸国の教育の発達にとって、オスマン帝国の支配が遺したものは貧弱であった。さまざまな新たに独立した国々は、これらの不適切な点を補おうとしたが、ハプスブルクの土地において利用可能な施設、人員およびその他の資源に追いつくのはなかなかできなかった。1918 以後、新しく独立したバルカン半島の国々は、教育を第 4 学年まで義務制にする法律を制定することに成功したが、その実施はかなり無計画なものであった。非識字率は世界のこの地域では非常に高いままであった。

　その絶頂期には地球の地表面のおよそ 6 分の 1 を占めたロシア帝国では、18 世紀の統治者は諸大学、科学アカデミー、そしてさらに中等学校を設立することにより、教育を国の事業とした。ギリシャ正教会もまた神学校を設置し、その多くの卒業生が後に卓越した公務員あるいは革命家になった。教育省が 1802 年に作られた。そして、1860 年代の大改革は、新しく解放された農奴が学校教育を受けられるようにし、女性のために中等段階まで教育機会を拡張する法律制定を含んでいた。ロシア帝国としての強大な権力への野心を支える軍隊に対する資金供給に努めたために、国には基礎教育に費やすための資金はほ

訳注 2　多民族、多宗教のオスマン帝国の国家統合システムであり、非ムスリムの臣民がギリシャ正教、アルメニア教会派、ユダヤ教の各ミレット（宗教共同体）のいずれかに属し、各共同体は各々の長の下に貢納の義務の代わりに、各自の宗教・法律・慣習を保持することが許され、自治生活が認められていた。

とんど残っていなかった。しかしながら、第一次世界大戦前の25年間に、一般社会の自発性と国家の自発性が結びついたことにより、下層階級のための公教育は大いに後押しされ、教育者たちは1922年までにヨーロッパ・ロシアの各州において万人が初等教育に就学しうる状態の実現を期待した。

ロシアの教授法および学級での実践はヨーロッパ、特にプロイセンの方法に由来したものであった。大学は自治や政治的自由の問題に悩まされたが、世界の科学に対して実質的な貢献を行った。中等教育段階では、雰囲気は堅苦しいものであり、規律はしばしば厳格で、カリキュラムは厳正であった。しかしながら、初等教育段階ではトルストイ流の子ども中心的実践の影響力が強く、世紀の変わり目の後、進歩主義が教育実践に深く影響を及ぼし始めた。デューイ流の民主的教室が強力な急進的民主主義および社会主義運動の一部となって独裁政治に反対し、その運動の中では、地方分権および政治的自由と結びついて公正性が配分し直された。[10] 実際、自治ないし自律（самоуправление）は教育における万能薬と見なされるようになった。しかし、その実現は中枢県の抑圧的影響力によって阻止された。さらに、宗教と言語は、反政権の側であれ、独裁側であれ、教育者にとって問題を投げかけた。ほとんどの進歩主義者は学校で地方語を使用する権利を主張したが、多くの者は教化という帝国の使命の正当性も信じていて、ほとんどすべての者がロシア語も教えられるべきであるということに同意した。改革者は基本方向において圧倒的に世俗的であり、ギリシャ正教会が学校内に存在する余地はないと信じていた。しかし、文化面での自治を信じる多くの者は、地方の住民が私立の宗派学校を、カトリックであれ、イスラームであれ、あるいは（ギリシャ正教の）古くから信じられている信仰のものであれ、設立することを認めるべきだと主張した。そのような政策を実行することに伴う実際的な問題、例えば、少数民族出身の数名の子どもからなる教室を担当する教員といった問題は決して完全には対処されることはなく、民族や言語問題をめぐる緊張が1900年以後のロシアの国境地方、すなわち、ウクライナやボルガ地域で高まった。ラディック・イスハコフ（Radik Iskhakov）が記しているように、ロシアにおける帝国の矛盾のすべてが、教育政策と実践をめぐる葛藤の中に圧縮され、包含されていたのである。[11]

1）第一次大戦後——大恐慌

第一次世界大戦は、オスマン帝国、オーストリア・ハンガリー帝国およびロ

シア帝国の崩壊をもたらし、多数の新しい国家が出現したが、その多くは民族的、宗教的に多様な人々を擁し、都市的文化と農村的文化が鋭く対照をなすものであった。1918年から、東南／中央ヨーロッパの国々はみな強固な教育インフラの構築に集中した。教育政策は19世紀の国家主義者の議論において重要であり、政治指導者たちはそうした教育機関が忠実で結集された市民の共同体を作り上げる上でもっている力を認識していた。さらに、これらの国々は大きな影響を及ぼす少数民族住民を抱えていたので、教育機関およびカリキュラム開発が、均質的な国民としてのアイデンティティを構築する主要な場の1つとなった。政策決定者は、地方がもつ管理およびカリキュラム編成上の自治が求心力を不安定にするものに思えたので、それらを凌駕する高度に集権的なモデルを好んだ。

　実際的な課題は主として財源に関わるものであった。総合的な初等教育システムや職業教育および理論的教育の可能性を備えた中等教育システムを構築するという大望を、ほとんどの政策策定者が強くもっていた。彼らはまた、工学から法律、社会科学までリベラルな専門的業種の間で多様化が進む高等教育機関の成長を奨励した。人口統計学、人類学および社会学は、人文系学問の中で哲学や歴史が占めてきた中心的地位に取って代わるようになった。さまざまな段階の教育を発展させるためのこれら多くの検討課題は、特に世界恐慌後に困難を抱えた。不幸なことに、住民の大部分にとって、義務的な初等教育が最も大変であった。例えば、ルーマニアでは、削減された教育予算のために、教育大臣は国が給与を支払う教員の数を1934年に2000人減らすよう駆り立てられたが、一方、大学の研究所は国からの予算をほぼ元通り受け取っていた[12]。初等教育に関するこうした予算削減は、ブルガリアのように、高等教育が政策決定者にとってそれほど重要ではなかったところでは目立たなかった。最後に、チェコスロバキアはハプスブルク時代から受け継いだよく発展した初等教育および高等教育のインフラをすでに備えており、経済が他の東欧の国々ほど恐慌に対して脆弱でなかったために、1930年代をよりよく乗り切ることができた。

　1930年代末までに、アルバニアを除く東南／中央ヨーロッパのすべての国が、大学および他の高等教育機関を含む統合された教育システムを擁するようになっていた。チェコスロバキアは、制度的な発展および多様性の両面において、この地域の残りの国々をリードした。同国はまた最も高い識字率を示していた。東欧地域のいずこにおいても、国が、特にカトリックおよびギリシャ正

教会が経費を負担する学校を通じた知識の普及のための最も重要な主体となった。独立した教育機関、特にキリスト教やユダヤ教の宗派によって資金援助された機関が生き残った。職業訓練校および女性のための学校を発展させるための努力も、さまざまな非政府組織によってなされた。教育、特に初等教育以後のレベルの教育への就学は、女性にとって未だ非常に難しかった。そして、東欧諸国には、教育に従事することを望んだ女性が直面した制度的、経済的、文化的障害を除去する非常に息の長い努力を続けた国はなかった。

その一方で、1917年のロシア革命は古い絶対君主体制の秩序を一掃し、新たなボルシェビキの指導者たちは、制服、学年、教科書あるいは伝統的な教科間の境界のない新しく、世俗的で、民主的な学校システムの構築に着手した。[13] それは主に西洋の進歩主義から借用したものであった。すべての段階の学校「階梯」への開かれたアクセスが労働者や農民のために保障され、学校、仕事、コミュニティを分け隔てる壁が取り壊されるはずであった。ヨーロッパには教化する使命があるという啓蒙主義の確信がロシア人指導者の心の中に深く刻み込まれていたけれども、土着化（коренизации: korenizatsiia）政策を通じて地方言語を広め、国境地方の先住民エリートを育てるために大々的な努力が始まった。[14] 1920年代初頭に導入された土着化政策は、教育、出版、文化、行政を含む国民の生活のすべての分野で現地語を導入することを意味した。特に人民委員会は、特定学年に少なくとも25人の当該言語を話す生徒がいたところではどこでも、少数民族のための民族語学校を設置することを要求した。[15] 1930年代半ばまでに、ソ連のすべての地方で民族語学校が運営されており、1934年には教科書が104の言語で印刷されていた。[16]

1930年代には、スターリンが学校における新たな時代の幕を切って落とした。スターリン流の学校システムは、その時までにはほぼ古い絶対君主帝国の版図に接近していたソ連の広大な領土全体と民族的に多様な国民の教育に対して、驚くような画一性とヒエラルキーを押しつけた。スターリン流の教育は、それが個々人の主体性や選択を妨げたという点で非常に「集団主義的」であったとともに、名目的には平等主義的で「総合技術的（ポリテクニカル）」であった。教科書はその本来の地位に戻され、教員の権威が強化され、制服が再導入され、かつてのように、簡単に言えば、男女別学になった。暗記主義学習が再び支配的となった。教育の急速な拡張は何百万人もの農民や労働者のために機会を提供し、彼らの多くは中等技術教育を身につけ、権力と高い地位のある立場へ上昇した。しか

し、民主主義教育の学習者中心の信条は言うに及ばず、社会主義の真に解放的な様相や再配分の様相はこのシステムにはほとんど見られなかった。すべてが歯車であり、そのいくつかは他のものより平等であったし、教員、生徒、行政官など誰もが「指令的システム」の中での彼または彼女の位置を知っていた。個人的な選択は目立ったものではなく、卒業後に生徒は国によって仕事を割り当てられた。実際には、そのシステムは絶対に確実なものではなく、何百万人もの進取の気性に富んだ個人が、彼らに対して国がどのような計画をもっているかにかかわらず、自ら望んだ教育や経歴を手に入れるために、かろうじて規則から逃れた。それでもやはり、大半の者にとって、国が設けた道筋は彼らの生活を方向づけるものであった。

　しかし、スターリン主義はまた暗黙のうちにロシアの文化に支配された「新しいソ連人」を確立しようとする企ての中で、地方の言語に対して、そして、しばしばそれらの言語を話す人々に対して無慈悲な抑圧となった。スターリンが宣言したように、国の文化は「形式において民族的だが、内容において社会主義的でなければならなかった[17]」。これは、国民の権利がソ連政府によって厳格に命じられた政治的・経済的「内容」とは異なる単に文化的な「形式」の問題であることを意味した[18]。ロシア化政策に伴い、ロシア語、ロシア流の学校、そして有名無実の各共和国の（移民も含めて）ロシア人生徒の地位は向上し続けたが、一方、有名無実の少数民族のための学校の地位は急速に下落した[19]。例えば、1932年から1988年の間に、ソ連の各共和国の学校における教授言語の数は、1932年の102から1988年には40まで減少したのである[20]。さらに、ソ連の15の共和国のうちの9ヵ国は、それらの母語による教育年数は着実に減少するのを目の当たりにした[21]。ロシア連邦の領域に自治共和国あるいは自治区を所有する有名無実な少数民族については、彼らが母語により教育を受けることが可能な年数は1958年から1972年の間に半分になった[22]。ウクライナ、ロシア、中央アジアあるいはモルドバでも、学校はみな同じような外見になり、教科書はすべて同じであり、また、教員はみな同じ教案に従うようになった。このシステムでは、狡猾な大言壮語のイデオロギー、歪曲、虚偽が歴史と文学の教育を台無しにし、スターリン主義の別の顕著な特徴である先例がないほどの教育の拡張という並はずれた成果を大いに傷つけた。

　南東／中央ヨーロッパでは、第二次世界大戦後に樹立された社会主義政権が、既存の教育上の遺産や機関を完全には捨て去らなかった。多くの有能な教育者

が 1948 年から 1956 年の間に粛正された。高等教育機関の教授陣は最も被害を受けた。ソ連を手本にして、東欧の共産主義者はイデオロギーを根拠に自らの統治を合法化する手段として教育を利用した。ロシア語の学習がすべての学生の義務となり、弁証法的唯物論がすべての社会科学の基礎となった。応用科学が優先事項となり、これらの国々出身の新しい専門家の多くはソ連で訓練を受けた。しかしながら、ソ連と異なり、ユーゴスラビアのシステムの中では教育は地方分権化されているがバラバラの状態のままであった。

1950 年の「労働者自主管理」法案の採択に続き、ユーゴスラビア国民議会は同連邦の 6 共和国ならびにこれら各国の郡や町の教育当局の自治権を増大することにより教育の地方分権化を導入した[23]。中央当局が基本的な立法に対する責任を維持する一方、ユーゴスラビアの各共和国は教員関係の政策、カリキュラム、教科書などほとんどの教育政策に責任を負った[24]。また、アメリカの学者の中にはユーゴスラビアの地方分権を西側的「近代化」を目指す実用的な動きとして解釈した者もいるが、ユーゴスラビアの共産主義者はそれをソ連以上に「真の」共産主義の形態であると分類し、そこでは強硬な政治的中央集権主義が「国家の死滅を求めたマルクスの要求から外れるものであり」「内的な統一のみならず中央集権的行政に向けてのより大きな効率性」[25]をも達成したものと見られた。

2）社会主義下の教育成就

ソ連式の学校の成果は注目に値するものであった。第 1 に、ソ連のシステムは、社会的平等と大量の教育機会のための広範な措置を導入することを試みた。仮にそれらの措置が抑圧や、戦後期に広がった腐敗、政治的温情主義にまつわる逸話によって評判を落としたとしてもである[26]。特に、ソ連の教育システムはスターリンおよび彼の後継者の下、広大で言語的にも多様な国の国民に普遍的な識字教育を施し、また、完全な中等教育を施すという点で効果的であった。

高等教育では、国による強力な支援と多くの公的な投資が意味したのは、ソ連の大学が世界で最も速く、また本当に目覚ましい量的および機関数の増加を目の当たりにしたことである[27]。1900 年代初頭から、ロシア、次いでソ連の高等教育は、その控え目な国内での影響から成長して、「戦後期における高等教育と研究に関する最大で最も総合的なシステムの 1 つ」になった。1980 年代までに、高等教育への就学はアメリカに遅れをとっているだけになった。職

業・技術教育学校、才能児のための特殊な学校と、特別な支援を必要とする子どものための別の学校からなる1つのネットワーク、寄宿学校、就学前教育の広範なネットワーク、そして校外教育施設、これらのすべてが機会を拡大し、才能ある者を受け入れることをねらったものであった。確かに、全教育予算に占める比率としては、ソ連が幼児教育の分野に投入したものは西洋世界の多くに比べてはるかに高かった。一部の人々は、これがソ連の学校の成功の鍵だったと主張している。

　社会主義体制はまた、農民、労働者階級の人々、女性、そしていくつかの少数民族など不利を被っている集団のために、すべての教育段階でより大きな就学機会を開いた。例えば、女子学生が1980年代までにソ連の学士課程在籍者のおよそ半分を占めていた[29]。他の国々と異なり、ソ連の女性は教育や芸術の分野だけでなく医学分野での専門的レベルにも積極的に進出した。さらに、国による定員割り当てが行政、議会、そしてソ連の軍隊さえも含めて、女性の政治、経済、社会における参加のために具体的に認められていた。ソ連時代の終焉までに、女性は政府の全ポストのおよそ3分の1を占め、議会の中でかなり大きな役割を果たしていた。また、重要な政治的地位に就く女性の数は少なく、恐らく単なる象徴的な存在であるとしばしば論じられるが[30]、女性と少女のための教育への就学機会に関するソ連の政策の影響は強大であった。

　これらの業績にもかかわらず、深刻な問題が残っていた。南東/中央ヨーロッパおよびソ連では、女性は男性のそれに匹敵する学業成績にもかかわらず、経済や行政のすべての部門において一般に第2級の地位を任されていた。少数民族のための学校は一貫しないやり方で支援された。ほとんどの場合、特別支援教育は、身体的、精神的に障害をもった個人を「健常な」者から引き離しておく空間を提供することに限られたままであった。さらに、カリキュラムに対する厳しい中央集権的管理は教育の質にとって深刻な結果をもたらした。ソ連の学校の一部の卒業生は、彼らが受けた教育をしばしば賞賛し、面倒見がよく非常に有能な教師について話をするけれども、生徒の学力に関するもっと最近の研究は、ソ連式の学校で学んだ生徒は、事実を認識することにおいて優れているが、応用することはそれほど上手でなく、予期せぬ状況の下で知識を活用するのは下手であるという[31]。

　ブレジネフ時代（1966〜1982年）の終わりまでに、南東/中央ヨーロッパおよびソ連の教育政策決定者は彼らの学校が困難に陥っていることに気づいた。

基礎教育、研究、開発の質は、西ヨーロッパと比べてだけでなく、個々の国の教育政策決定者のもつ目標や期待という文脈でも、確実に低下した。外見から判断すると、慢性的な財源不足が解決困難な社会的、教育的問題を悪化させた。収入に占める比率として、教育投資は低下した。例えば、ソ連は1970年代に教育にはGDPの7％を費やしていたが、この比率は1980年末までに4％未満に低下した。農村の学校は施設設備を欠き、科学実験室は時代遅れで、安月給で過剰労働の教師は大量に教職を離れ、超満員で崩れかけた都会の学校では2部制、時には3部制で使われた。公式データによれば、1988年には、ソ連の全学童の21％がセントラルヒーティング設備のない建物の学校に通い、30％が屋内にトイレのない学校に通い、40％がスポーツ施設へのアクセスをもたない学校で学んでいた。[32]

指令制システムの構造的硬直性は、学校が刻々変わる経済のニーズに適応することを難しくした。この地域の未発達な通信インフラは、ソ連の学校が情報革命へ参加する上でやる気をなくさせるような障害となった。さまざまな科学アカデミーの下の研究所の高価なネットワークは、経済成長に対して限られた貢献しかしなかった。さらに、1970年代に始まり、1980年代に強まった知識人の頭脳流出は、最良かつ最も教育を受けた知性のいくらかを東欧から奪った。[33]移住を促したのと同様に厳しい上意下達の厳しい統制はまた、国に残った人々の独創的思考や批判的思考を教授法の面で制限することに結びついた。

1980年代初頭の時点で、東欧の経済・行政面のインフラは、さらなる発展に必要な独創的でダイナミックなタイプの変革を生み出すには役に立たなかった。例えば、ハンガリー、チェコスロバキア、ポーランドなどの国々は、早くも1970年代には、これらの問題への取り組みを試みた。例えば、ギエレク政権[訳注3]はポーランドの教育のすべての教科目において、イデオロギー的内容の縮小を試みた。カーダール・ヤーノシュ[訳注4]が政権を握った後、ハンガリーの指導者もそのような改革を試みたが、何らかの本質的な変化が生じるまでに、1972年の最初の取り組みから13年を要した。1985年には教育法が制定され、それは最終的に行政、財政、そして、ある程度まで、カリキュラム関連事項を地方分権化した。この法律はいくらかの責任を大臣のレベルから地方の行政官および教員のレベルへ委譲するものであり、ハンガリーは共産主義政権が抱える教育の不適切な点を理解し、それに取り組んだ最初の東欧の国になった。[34]別の著しい動きがポーランドで1980年に始まった。当時、ポーランドの教会は「連帯」

第15章　東欧および中欧の教育　569

と共同で、カトリック教会による管理運営下に置かれる初等・中等学校といったオルタナティブな教育機関を設立した。この動きは、共産主義の秩序から分離した価値、目標、態度を育てる上で欠くことのできないものであった[35]。

疑いようもなく、ソ連時代の遺産は肯定的要素と否定的要素の両方が混じり合ったものを含んでいた。それは、社会主義地域の国々の間で著しく異なっていた。そうした違いにもかかわらず、社会主義政権は、平等、達成、そしてより大きな共同体のための自己犠牲を明確に強調しつつ、教育を施すための強固なインフラを確立した。その質、包括性、公正さの真の度合いについては、有りとあらゆる懸念が存在するものの、ソ連が教育を大量に供給したことは、社会の結束感とともに社会主義体制の問題点を相殺するに足る十分な正統性を作り上げるのに貢献した[36]。ソ連の教育はまた、基本的に平等主義に立脚し、ほとんど経費負担がないか、あるいはまったく無償で大衆的な学校教育が継続的に供給されることへの広く共有された国民の期待を打ち立てた[37]。ポスト社会主義の変革プロセスで最も厳しく影響を受けたのは、これらの広く共有された原則であり、社会主義の遺産と西洋の教育改革プロジェクトとの間に生じた緊張や矛盾が露わになったのである。

ポスト社会主義的「変革」の中の教育改革

1989年の社会主義ブロック崩壊以来の期間は、当該地のさまざまなや外部（一般に多国籍）機関がソビエト時代のがっちりと統合され、高度に標準化されたシステムであったものから、「新しく」そして自治的な教育システムを作り上げるための取り組みを行ったので、教育政策が揺れ動いていると強く感じさせる特徴があった。1980年代末のペレストロイカ（経済の再構築）、グラス

訳注3　ポーランドの政治家エドワード・ギエレク（Edward Gierek、1913-2001）は、渡仏して鉱山で働いていたフランスで1931年に共産党に入党した。1934年に国外追放となり帰国した後、1937年にはベルギーに移り、第二次世界大戦中は同国の対独抵抗運動に従事。1948年にポーランドに戻り、統一労働者党に加入し、県党委書記、党政治局員を経て、党第一書記に就任して政権につき、労働者との対話路線を打ち出した。西側から資本・技術の導入により高度成長を目ざす政策が失敗し、1980年夏のゼネストを招き、その地位を辞任、1981年に党を除名された。
訳注4　ハンガリーの政治家カーダール・ヤーノシュ（Kádár János、1912-1989）は、若くして労働運動に参加し、第二次大戦中は対独レジスタンスとして活動。社会主義労働者党の指導者として首相を2期（1956-58年、1961-65年）務めた。

ノスチ（情報公開）およびデモクラティザチア（民主化）に関連した改革は、矛盾した結果をもたらした。一方では、これらの改革は、モスクワからのより大きな自治、地方レベルでのいっそうの民主政治をしばしば主張する国民運動を引き起こした。他方では、1980年代末および1990年代初めには長く抑えつけられた民族的・宗教的対立が現れるのが見られ、また、党と国家のエリートたちが自らの利益のために国有財産を「私有化」し始め、民族・領土ナショナリズムを通じて新しい形態の正統性を模索するように駆り立てた。[38]

社会主義のブロックの崩壊に続いて旧社会主義の地域における政治、経済、社会開発面の変化を実証するような学術的研究や政策研究は、「危機」「危険」「衰退」に関する話でもちきりになった。[39] ほぼ例外なく、ほとんどのジャンルの教育文献（政策報告、教育セクター調査報告書、エスノグラフィ、質的事例研究および量的な国際比較研究など）は、この地域の教育システムが「危機的状況」に瀕していると言明した。それらのパニックに陥った報告の中では、『危機に立つ1世代——中央アジアのカザフスタン共和国およびキルギスタンの子どもたち』（アジア開発銀行、1998年刊）、『新たな世代の喪失』（国際危機グループ、2003年刊）、あるいは『CIS（独立国家共同体）7ヵ国の公的教育費——隠れた危機』（世界銀行、2003年刊）などのタイトルがつけられ、問題の緊急性が強調された。同様に、世界銀行とアジア開発銀行による教育セクター調査報告書が、歳出の低下、識字率の低下、在籍者数の減少、中退者の増加、資本的インフラの悪化、時代遅れの教科書、改善の見られないカリキュラム、有資格教員の不足など、危機の警報を発する指標を急いで指摘した。[40] 多くの研究がポスト社会主義の教育システムはそれほど公平でなく、腐敗が進んでいると結論づけた。[41]

そうした困窮や衰退の描写には、疑いもなく多くの真実があった。しかしながら、「危機」に関して現れたレトリックが旧社会主義国の教育システムに関して意味したことは、学校が正常化される必要があったということ、つまり、広く普及している西側諸国のモデルに（そればかりというわけではないけれども）主として照らして見直され、活力を取り戻し、改革される必要があったということである。[42] この文脈において、西側諸国は進歩の具現であり、模倣のためのモデルとして何の問題もなく提示された。ポスト社会主義の教育上の変革に関する学術出版物の分析に反映されているように、西側（ヨーロッパの）教育は「寛容で、効率的、活発で、発展し、組織化され、民主的なもの」として

概して描写され、その後ですぐにポスト社会主義の国々の「不寛容で、腐敗が横行し、受動的、未発達、無秩序、非民主的な」教育と対比された[43]。もっと重要なのは、社会主義の過去を捨て去り、西側資本主義諸国の論理を受け入れる必要性を意味する「進歩」「希望」「救済」といった馴染みの話を通じて代替案が提示されたことである[44]。

　確かに、1990年代と2000年代を通じての教育に関する言説の分析からは、南東／中央ヨーロッパおよび旧ソ連の政策のレトリックの中で、西側の「標準」がますます使われるようになったことが分かる。それはこの地域の至る所での「事後教育改革条項」の広がりの中に特に見られ、生徒・学生中心の学習、地方分権化、民営化、生徒・学生による評価の標準化、教科書出版の自由化、その他の一連の世界的に「横行している政策」を反映するものである[45]。ある場合には、「ポスト社会主義改革条項」が1990年代に世界銀行とアジア開発銀行によって導入された構造調整政策を通じて押しつけられた。しかしながら、別の場合には、それは国際的に「立ち後れる」ことへの恐れから旧社会主義国の政策決定者によって進んで借用されたのである[46]。

　「ポスト社会主義教育改革条項」の採用理由が何であれ、その出現と実行はポスト社会主義の教育変革プロセスの複雑さを浮き彫りにし、ポスト社会主義の教育改革が西側諸国の改革アジェンダに準拠していると同時に挑戦的でもあることを明らかにしている。本章のねらいからして、以下の議論は「改革条項」の２つの（しかし恐らく最も広範囲な）要素、つまり、教育の地方分権化と民営化だけに限定する。より具体的には、これら西側の改革が社会主義の遺産といかに関わり合ってきたかを明らかにするために、ポスト社会主義の状況における地方分権化と民営化改革の多くの意味を検討することであり、西側資本主義の覇権に対する継続的な異議申し立てを示すことを目的とする。

１）中央集権的国家における地方分権の意味

　1990年代初頭のポスト社会主義の変革プロセスの始まりでは、教育の地方分権化が、社会主義の下で打ち立てられた中央集権主義的な行政統制への感情的反応の中で議論された。特に地方分権化改革は、「意思決定に対する民主政治的・専門的正統性を回復する」ことに関わるものであった[47]。中央集権的管理に比べて、地方分権化改革はかくして教育システムの行政的、技術的、教育学的な効率を促進する一方、同時に教育サービスの提供の質を改善する見込みが

あった。実用的な理由に加えて、地方分権化改革は主に西側諸国の教育理想に結びついた構想として重要な象徴的価値を含んでおり、ポスト社会主義諸国の西側の民主的管理に対する執着を示していた。例えばルーマニアでは、地方分権化を始めることの論理的根拠は、国々が［ポスト社会主義の改革］の初歩的段階を速やかに通過し、ヨーロッパの標準に匹敵しうるものになることを可能にするために、迅速な政策調整を行うことへの言及を含んでいた。もっと具体的に見れば、

> 地方分権化は教育およびより広く社会全体での民主、自由、参加、責任を促進するための独特な戦略と見なされた。……1989年以前の教育文化は、教員が教室や学校で自律的でなく、教育プロセスの個別化が中央集権化されたシステムの中では機能していなかったので、不適切と［見られた］。[49]

西側諸国の行政の理想とのそのように強い象徴的な結びつきを考えると、南東/中央ヨーロッパおよび旧ソ連のほとんどの地方分権化構想が、例えば世界銀行やアジア開発銀行といった主要な国際金融機関によって資金を提供されていたことは驚くべきことではない。経済的新自由主義という基本前提を反映して、これらの改革の一般的な根拠は、民間の市場のほうが中央政府の官僚制より本質的に効率的であるというものであった。さらに、その前提は、「効率を高め、中央政府の支出を減少させるとともに、資源や政策に対する地方によるコントロールを増大させ、そうすることで恐らく地方レベルでの市民参加の質を高めることにより民主主義を深化させるのに役立つ」ために、政策決定者が容易に地方分権化を選ぶであろうということであった。少なくとも理論上、これらの構想は、教育財政、行政、専門的能力の開発、カリキュラム政策の分野での改革をはじめとして、包括的に取り組むためのものであった。[51]

しかしながら、実際にはこの地域全体での改革は包括的なセクター戦略にほとんど基づいておらず、単に部分的（そして断片的に）さまざまな文脈での改革の実施につながっただけであった。例えば、ルーマニアとマケドニアは部分的な財政の地方分権化を追求した。マケドニアとクロアチアは管理面での地方分権改革を優先したし、セルビアはカリキュラムの地方分権化に焦点を絞った。[52] グルジアでは、非政府組織（NGO）が教育管理の地方分権化を促進したが、その一方で世界銀行は結局これらの参加型改革を教育財政の地方分権化に置き

第15章　東欧および中欧の教育　573

換えたのである。カザフスタンでは、政府が教員の在職研修については地方分権化を行う一方で、カリキュラム政策に関しては厳格な中央集権的な統制を維持した。ロシアでも、連邦政府、地方当局、そして学校にカリキュラム開発に関する平等な責任を初めて認めたカリキュラムの地方分権改革が、部分的に覆されることになった。近年、地方に割り付けられた3分の1の権限が取り除かれ、指揮権をもつ学校管理者と中央当局に委ねられた。言いかえれば、この地域全体としてのさまざまな教育システムの中で、地方分権改革をどのように理解するのか、ましてやそれがどのように実行されるかについての統一性などほとんどなかったのである。

　改革のインパクトもさまざまであった。われわれは、教育管理の重要な民主化、教育システムの効率の向上、あるいは生徒の学業成績の質的向上について、ほとんど耳にすることがない。ミンク（Monica Mincu）が論じるように、ポスト社会主義の教育システムを「治療する」上での教育の地方分権化の役割は、神話以上のものであることが明らかになったのである。特に、いくつかの研究は、財政上の責任を地方レベルへ移すことが、地域コミュニティに学校経営に関する決定権限を与えることなく起こったことを浮き彫りにした。他の研究は、財政主導の地方分権改革が多くのポスト社会主義諸国のさまざまな地方行政区画の間の不平等を生みだしたことを報告している。さらに、地方分権改革はロマ民族をはじめとする少数民族の教育への就学機会を悪化させた。最後に、地方分権改革が教育の質の向上に果たして寄与したか、そしていかに寄与したかについては、最終的な結果は出ていないのである。確かなのは、公正性の問題は未解決のまま残ったということである。

　南東／中央ヨーロッパおよび旧ソ連の教育システムにとっての新たな危機を生み出したものの、地方分権改革は、地方の利害関係者が西側諸国的改革の導入に直接的に異議を申し立てる（そして、おそらくそれを回避することの）新たな機会を開いた。例えば、カザフスタンでは、西側流の教育の民主化と象徴的に結びついた改革の1つとしての生徒中心主義的教授・学習を推進するため、政府はカリキュラム政策に対する強い統制を維持した。しかしながら、同時に、同国政府への（国際的ドナーによって主張された新自由主義的政策決定の強調に沿った）財政面での圧力が、財政責任を地方レベルへ分権化するための推進力として役立った。特に、現職教員訓練は、教員の専門的職能開発のためのバウチャーの導入を通じて、訓練内容を地方主体の決定に任せるところまで、そ

のすべてが地方分権化された。オモーバ（Carina Omoeva）が上手く実証しているように、中央集権化された政策決定が地方分権化された教員の専門職能開発と結びつけられたこの新しい仕組みは、子ども中心主義的学習という哲学を実践に移すことを必ずしも支持していなかったカザフスタンの利害関係者を心地よく順応させた[59]。特に、一部の者は子ども中心主義的授業の実施に対して、そうした方法の背後にある学習理論について彼らが不確かであったために抵抗し、その一方でまた別の者は「古いソビエト式の［教育］遺産への誇り」と彼らが今でももっているそれへのこだわりを示した[60]。こうした状況の中で、地方分権化された教員訓練システムは、地方の利害関係者が「新しい」教授方法を回避し、その代わりに「古い」ソビエト式の教育実践（例えば、教員中心主義的授業）の実施を継続するために絶好の機会を提供した。

　同様に、ルーマニアの教育の地方分権化は、その改革に関する多くの「ビジョン」を反映していた。改革は自由経済市場への移行と「ヨーロッパへの回帰」に向けたより広い動きという文脈の中で最初に現れたが、ルーマニアの政治文化が教育行政改革のための補完的でそれを正統化する土台となった。特に、機関ごとの自治についての考え方が、教育権限の緩やかな再集権化と並んで成長した。しかしながら、教員の間では、改革は増大した学校の自治と主に結びついており、当局の支配を回避し、それゆえに社会主義的教育実践との連続性をもたらすメカニズムとして役立った。こうした状況では、学校の自治は、「一旦、［教室の］ドアが閉じられれば」、教員が独自の改革ビジョンを実行する自由として再解釈された。これらの矛盾を評して、ミンクとホルガ（Irena Horga）の研究の中でインタビューを受けた１人の教員が、社会主義的教育実践との明確な類似点を描いている。「私たちはもともと来た場所に到着したのです。つまり、私たちはあることについて語りながら、まったく別なことを行っているんです[61]！」。言いかえれば、地方分権化および学校自治の名のもとに試みられた変更は、官僚主義の激化や、複雑な交配過程を通じて生み出された重複する意味を含むさまざまな「改革のビジョン」を引き起こした[62]。ルーマニアの事例では、地方分権改革は教員が教室で何を行うかに対してほとんど効果をもたなかったのである。カザフスタンとルーマニアの事例を組み合わせると、地方分権改革はさまざまなポスト社会主義の文脈においてさまざまな意味をもつようになったばかりでなく、不公正さ、非効率、授業の質の不足をはじめとする社会主義と結びついた教育問題のいくつかを「治療」するのに失敗したことが明

らかである。
　より重要なことには、地方分権改革は南東／中央ヨーロッパおよび旧ソ連の教育システムの中の社会主義的遺産のいくつかを保持する役目を（少なくともいくつかの事例において）果たしたように思える。教員、学校、コミュニティに自治を認めることによって、地方分権改革は地方の利害関係者が「新しい」（新自由主義的）改革を回避することを可能にした一方、教育におけるポスト社会主義の未来に関する地方のビジョンを明瞭に表現するのに十分な自由をもたらしたのである。

2）公教育の民営化の意味

　教育の地方分権化のように、民営化改革は消費者の選択に関して市場という要素を導入することにより、権限についての議論に新しい次元を加えた。宗教学校や非宗教の私立機関（例えば、モンテッソーリ学校）の設立は、この地域全体の教育システムを相当に変化させたが、私立学校に在籍する生徒の数はかなり少数のままであった。ユネスコによれば、グルジアおよびハンガリーで初等教育段階の私立学校在籍者は7〜8％を占め、アルバニア、エストニア、スロバキア、モンゴルでは4〜6％、ブルガリア、チェコ共和国、ラトビア、リトアニア、ロシア、ウクライナ、カザフスタン、キルギスタンでは2009/2010学年度に1％未満を占めていたという[63]。後期中等教育および高等教育段階では私学セクターはより急速に拡張しており、アルメニア、グルジア、ラトビア、ポーランド、ルーマニアでは私立機関が高等教育在籍者数の4分の1以上を数え、また、アゼルバイジャン、ベラルーシ、ブルガリア、モルドバ、ロシア連邦では15％ないしそれ以上を数える[64]。私立機関の最大比率は中等後の非高等教育段階に見られ、特にポーランドとルーマニアでは、私立学校が当該在籍者数の半分以上を占めているし、さらにチェコ共和国、グルジア、ハンガリーでもそうである[65]。初等教育段階での私学在籍者数の増加は、主として高い授業料のために、また地域の教育関係者から信頼されていないために限られている[66]。
　学校教育の民営化および市場化は、南東／中央ヨーロッパおよび旧ソ連において入り交じった受けとめられ方に遭遇した。ポーランドでは、民間の教育機関はその運営費の50％までの助成金を国から受け取ることができる。これは、私立学校の発展を奨励し、それらに対する親の間での信用を高めた。ハンガリーでは、対照的に、国は独立学校への補助金交付を依然として渋っている。ブ

ルガリアとルーマニアでは、国は国が資金を提供する学校に対する関与に見合う十分な経費を見出すことができず、いわんや独立学校への資金提供まで考えが及ばない。さらに、私立学校の質を点検するために東ヨーロッパで1990年代初めに設けられた委員会は、えこひいきを行うことによる利益のためにその権力をしばしば乱用した。その結果、学習の機関としての私立学校の高潔さは疑問視された。ロシアでは、「民営化された学校」は国が所有する施設の中に設置され、複雑な法制上の地下世界（netherworld）で経営された。この状況では、「私立学校」という言葉は多様な機関の名称であり、その中の「ごく一部だけが真に独立しており、一方、他のものは公式・非公式なコネのネットワークを通じて政府や企業の構造にしっかりと結びつけられている」[67]。

ごく最近では、EU加盟という圧力が、私立学校の適格認定を管理する規則に関するより厳密な指針やその執行につながった。概して言えば、政府立学校は、EUの適格認定の遵守に向かう動きにおいて私立学校よりも成功し、従って、私立学校と比較して明らかに有利な状況にそれら自身を置いた。しかし、これらの私立機関は特に過去10年間にわたり在籍者数に上昇の見られた第三のセクター、つまり高等教育セクターにおいて成長し続けている。ロシアでは、最近何よりも強まった優先事項はこの私学セクターを抑制する努力であるけれども、授業料自弁の学生および私立機関は今やこのセクターで相当大きな規模の少数派になっている[68]。さらに、2001年に公布された法律は、すべての国立大学が重税に見合う営利目的の活動に従事するようにさせている。また、東ヨーロッパでは、私立機関のための適格認定のプロセスはボローニャ・プロセスと共同歩調をとるようになった。従って、それらの信用度は授業料を支払う親および将来の雇用者の目から見て高まった。

私立教育機関（小学校レベルでは限定されたものであるとはいえ）の設立に加えて、民営化は「影の教育」あるいは個人教授（private tutoring）の形で非公式に広がった。1990年代の初めまでは規模において控え目であったものの、個人教授は社会主義ブロックの崩壊後に一大事業になった。南東／中央ヨーロッパおよび旧ソ連の12ヵ国における個人教授に関する比較研究の結果からは[69]、個人教授が検討されたすべての国で広がっており、中等学校の最終学年では生徒の半数以上（64％）が何らかのタイプの個人教授を受けていることが明らかになっている。個人教授の範囲は国によってさまざまであり、コーカサス地方（アゼルバイジャンとグルジア）で調査対象となった生徒の80％以上が個人教

授を受けており、バルカン諸国（ボスニアとヘルツェゴヴィナ）、スロバキア、キルギスタンでは調査対象となった生徒の60%未満が受けていた。

　この地域全体で先例がないほど個人教授が増えていることは、社会主義の遺産（本流である無償教育に対する国民の期待）とグローバルな力（特に教育セクターにおける市場主導の改革）との間の緊張関係を浮き彫りにした。こうした状況の中で、個人教授は、教育セクターにおける市場主導で民営化による改革の高まりと結びついた危機と機会の両方を映し出した。一方では、1990年代の初めの社会主義ブロックの崩壊以来、多くの親が個人教授に関しては、子どもや若者が新しい社会・政治的現実に適応し、かつポスト社会主義体制の諸変化に対処するための有効な方法と見なした。生徒のニーズにもっと効率的で、柔軟で、迅速な方法で応える上で、個人教授は変化を受け入れるのが遅い硬直した本流の教育システムに対する重要な補完物と捉えられた。[70] しかし他方では、個人教授は社会的不公正を悪化させ、カリキュラムをねじ曲げ、腐敗を招来し、国から税収を奪うといった多くの否定的な結果をもたらした。[71]

　個人教授は公立学校教育の悪化が感知された状況の中で、「私的な教育需要の増大に対する市場の自然な反応」として一般に言及されるが、[72] そこには他の重要な要因が働いている。特に個人教授の高まりは、ポスト社会主義の変革の中で教職の地位が変化しているという文脈において吟味されるべきである。このレンズを通して見ると、個人教授は、ポスト社会主義の教育改革に対する教育界による抵抗（そして恐らく受け入れ拒否さえも）を実際には映し出しているのかもしれない。より具体的には、それは社会主義ブロックの崩壊以来、経済的意味と専門職としての意味の両方で著しく悪化した教員の権威を彼らが再び取り戻すことを可能にするメカニズムと捉えることもできるかもしれない。

　確かに、教員はポスト社会主義の変革の諸事業によって厳しい影響を受けた。彼らの給与は急に落ち込み、また、専門的職能開発の機会は減少し、ある場合には完全に消滅してしまった。例えば、コーカサス地方と中央アジアの旧ソ連のほとんどの国では、教員の給与は全国平均賃金以下に下がり、全国平均賃金の53～70%相当となった。[73] コーカサス地方やその他では、教員は小商い、農業、複数の学校での授業、そして、本流である学校教育に加えて別の仕事にも従事することなどによって生き延びていた。[74] 東ヨーロッパや中央ヨーロッパの経済的により発展を遂げた国々では、教員の経済的、社会的、専門職として

の地位の低下は、教員が経済の他部門のより高給の職業に移ることが増えるという事態に結びついた。特に、英語教員は商業部門に入るために学校を離れた。後に残り、安月給で意気消沈した教員は、かくして経済的利益を得るために個人教授を始めた。ロシアやその他では、甚だしく給与不払いの目にあった大学教授が、同様に副収入の主な源として個人教授に頼った。

　市場主導の改革の状況の中で教員の経済状態を改善するために「サービス提供」の論理を取り入れる一方、教員はさらに彼らの専門職としての地位を高めるメカニズムとして、個人教授を利用した。教員の専門職としての地位は、(教員中心の学習といった)「伝統的な」学校の実践を変更し、その代わりに(子ども中心の学習といった)「新しい」教授方法を採用するために高まる政府の圧力によって弱体化されていたのである。その他の新自由主義的改革、つまり、学校カリキュラムに対して中央集権的統制が高まったこと、教科のテストがますます強調されるようになったこと、あるいは社会的説明責任がより多く求められるようになったこととの関わりの中で、教員はしばしば教室での彼らの専門的権限をはぎ取られたと感じている。こうした状況の中で、多くの教員が「テクニック重視の文化、サービス倫理へのこだわり、そして彼らが教育実践を計画し実施する上での自律性」をはじめとして、個人教授を「プロ意識の観念そのもの」と関連づけた。[75] 換言すれば、教員が「最善の実践(ベストプラクティス)」と信じるものを自ら決めうる力を保持するメカニズムとして、個人教授は役立っているのである。ある程度まで、それはまたポスト社会主義の教育改革に異議を申し立てる空間になっている。ルーマニアでの個人教授の高まりを論評して、ポーパ(Simona Popa)とアセド(Clementina Acedo)は次のように説明している。すなわち、

　　　われわれは個人教授のプロセスを、敗北主義的流行ではなく楽天的雰囲気の中での力量付与(エンパワメント)と解釈する。われわれはこの生徒への個人教授という("非合法の")プロセスを、小規模であるとはいえ、組合闘争や選挙を通じた政治に代わるモデルとしての代替案を示すことによる、個人として、また、職業集団としての教員にとっての小さな勝利と見ている。それはある種類の保護されたゾーンを作っているのである。[76]

結論

　1989年に世界を震撼させた南東／中央ヨーロッパおよび旧ソ連の革命的な変化の10年後、教育は未だ落ち着かない状態のままである。変化はある分野では別の分野より急速かつ深遠に生じた。国際化が強い影響を及ぼした。しかし、プラハに比べて、例えばカザンでははるかに影響は少なかった。自由と機会が招き入れられた。しかし、平等主義は後退した。改革に対する抵抗と口先だけの同意はいずれも見つけることができる。しかしまた、目覚ましい献身や刷新能力も非常に困難な環境の中でさえ見出すことができる。民族的伝統、帝国の伝統の回復が進んでいるが、西側のアプローチに魅了された状態も同時に根強い。こうした状況の中で。ポスト社会主義の教育空間はダイナミックで多様であるが、その一方で、改革の軌跡は不可避的に不確かで、予測し難いままである。

　より重要なことには、プロジェクトであれ、地方分権化であれ、民営化であれ、多文化主義であれ、あるいはグローバルな市民社会であれ、西側の改革プロジェクトと社会主義およびポスト社会主義の歴史的相互作用は、混じり合った、しばしば相矛盾する結果を生み出したのである。ポスト社会主義の教育空間では、これらの「グローバルな」改革はローカルな教育の利害関係者によって受け入れられ、同時に異議を申し立てられているように思われる。地方分権化改革の場合、政策上のレトリックはこの地域全体で広く受け入れられたが、その一方で現実に実行されるという点では、「わずかな用心深い措置」だけがとられただけであった。[77]「外部の」権威あるいは国際的な「最善の実践」の力や影響を想起して、ローカルな政策決定者は、教育財政や学校の維持管理に対する負担の多くを脆弱な地方自治体やローカルな機構に委譲しつつ、教育財政や社会的公正性に対する国の責任を放棄することを正当化する改革のレトリックを熱心に取り入れた。[78] 同時に、地方分権改革は（少なくともいくつかの例において）南東／中央ヨーロッパおよび旧ソ連の教育システムの中にある社会主義の遺産のいくつかを保持する役目を果たした。教員、学校、コミュニティの自治権をある程度認めることによって、地方分権改革は、ローカルな利害関係者が「新しい」（新自由主義の）改革を回避するのを可能にし、ポスト社会主義の教育の未来に関する彼ら自身の、ローカルなビジョンを明瞭に表現するのに必要

な自由を提供した。また、これらのビジョンは矛盾し、混乱しているように思われるかもしれないものの、それにもかかわらず、それらは抑えきれない多様性ゆえに、いわゆる「グローバルな」改革の支配に対して真剣な異議申し立てをしているのである。

同様に、民営化の中に映し出されたものであれ、個人教授の実践に映し出されたものであれ、南東／中央ヨーロッパおよび旧ソ連の教育システムの中の市場的要因の出現は、矛盾する結果を示している。一方において、個人教授は、教員が公式な学校での授業時間の外側で教育の「企業家」になることを可能にすることにより、教育における市場的要因の正統性を強化した。教員が彼らの給料を補填するのに必要な副収入を生み出すことを可能にしたものの、個人教授は腐敗を生み出し、ポスト社会主義の変革時期における教育の不公正さの一因となった。しかし他方では、教員は、正しいと認められている彼らの実践をますます侵害し、それらに否定的な影響を及ぼしている「グローバルな」改革を回避するために、個人教授を活用してきた。カルポフ（Vladimir Karpov）とリソフスカヤ（Elena Lisovskaya）が意見を述べているように、ロシアその他における教育の民営化改革は、このように「しばしば誤解を招くようによく知られている西側の名前を冠しているが、明らかに西側的でない方法で動いている」[79]。公立学校が生徒の学力面での競争力を高めるためにテストに合わせて教えることにますます焦点を絞るようになるにつれて、個人教授は教員と生徒が批判的思考法や創造的な問題解決を通じて個別化された学習を追求することを可能にした。ある意味で、個人教授は、何が質の高い教育となるかについて教員自身が決定を下すことを可能にすることにより、教員の専門職としての正統性、社会的地位、そして政治的影響力さえも回復したのである。また、個人教授はそれ自体では破壊的ではなく、ポスト社会主義の変革の中で「過小評価されるべきでない象徴的価値」を有している[80]。

矛盾や複雑さに力点を置きつつ、ポスト社会主義は、多様性、不連続、不確実性というレンズを通してグローバルなものを（改めて）読み直すことを示唆している。さらに、それは前もって定義された最終的状態というものがないグローバルなものを（改めて）読み直すことを提案している。したがって、ポスト社会主義は、すでに形作られた（あるいは作られつつある）新自由主義的政策や実践というよりもむしろ、それらの形成の初期段階にある一連の複雑な教育の代替案を研究する空間になるのである。われわれはこのように、バフチン

(Mikhail Bakhtin)が残念そうに「既製品で完成品」と述べたものに焦点を絞るのを避け[81]、むしろ絶えず流れ込み、広々とした未来に向かって移り変わっているものを検討している。こうした認識論の観点に立てば、ポスト社会主義には新しい理論や方法論上の可能性に対する比較教育学研究の道を開く潜在力がある。

ポスト社会主義の教育空間における西側の改革軌道の複雑さ、多様さ、予測不可能さを考えると、本章は、「グローバルな」改革アジェンダが明らかに目に見えるけれども、この地域の至る所で新しい（そしてしばしば予想しない）展開へと絶えず再形成されていることを示唆するものである。たいていの場合、現実に実行に移されると、そうした「新しい」改革に対する地域からの創造的な抵抗が生まれる中で、変化していくのは西側の改革アジェンダの論理である。確かに、社会主義およびポスト社会主義の歴史が西側の改革プロジェクトと対峙する場合、その結果はしばしば矛盾に満ちたものである。西側の新自由主義的改革はポスト社会主義の文脈の中で修正される（それらのもともとの形との表面的な類似点さえもしばしば失いながら）だけではなく、さらに直接的に異議を申し立てられるのである。こうした観点に立てば、ポスト社会主義の教育空間は、社会主義という正反対の領域がかつてそうしたのと同じほど資本主義の支配を弱め続けるのである。

謝辞

インディアナ大学のマリア・ブーカー（Maria Bucur）は、本書の旧版所載の本章の共著者であった。彼女の貢献の多くは本書の中に残っているが、概念的枠組みは大々的に変更されている。

注

1）社会主義ブロックの崩壊に続いて、武力紛争がコーカサス地方（1988〜1994年にアルメニアとアゼルバイジャン、1990〜1994年にグルジア）、中央アジア（1989〜1991年にフェルガナ盆地、1992〜1993年にタジキスタン）、旧ソビエト共和国（1992〜2001年にロシア共和国の北コーカサス地方、1992年にモルドバ）、そして旧ユーゴスラビア共和国（1991〜1995年に旧ユーゴスラビア、1997〜1999年にユーゴスラビア連邦共和国、2001年にマケドニア共和国）で勃発した。

2) Alexander W. Wiseman and David P. Baker, "The Symbiotic Relationship Between Empirical Comparative Research on Education and Neoinstitutional Theory." *The Impact of Comparative Education Research on Institutional Theory*, ed. D. P. Baker and A. W. Wiseman (Oxford: Elsevier; 2006), 20.

3) David P. Baker and Gerald LeTendre, ed., *National Differences, Global Similarities:World Culture and the Future of Schooling* (Stanford: Stanford University Press, 2005), 17.

4) Alison Stenning and Kathrin Horschelmann, "History, Geography and Difference in the Postsocialist World: Or, Do We Still Need Post-Socialism?" *Antipode* 40,no. 2 (2008):312-35.

5) 「ポスト社会主義の教育改革条項」の特徴は、それらが①国際金融機関に推奨された構造調整プログラム（例えば地方分権化や民営化）を実行している低所得の発展途上国のいずれにも共通の要素、②旧社会主義地域全体の独特な教育改革の諸側面（例えば、市場主導の教科書供給、増加した教育上の選択、標準化された評価システム）、③国または地域に特有の要素（例えば、旧ユーゴスラビアの紛争解決や中央アジアにおけるジェンダーの公平性改革など）を結びつけている点でユニークである。この「ポスト社会主義の教育改革条項」の特徴は場所によって異なるが、この地域のほとんどの国々に（少なくとも広範に）存在する。Iveta Silova and Steiner-Khamsi, *How NGOs React: Globalization and Education Reform in the Caucasus, Central Asia and Mongolia* (Bloomfield, CT: Kumarian Press, 2008), 19-22. を参照されたい。

6) Michael Burawoy, "Afterword," *Uncertain Transition: Ethnographies of Change in the Postsocialist World,* ed. Michael Burawoy and Katherine Verdery (pp. 301-12). (Lanham, MD: Rowman & Littlefield Publishers, 1999), 309.

7) Stenning and Horschelmann, "History, Geography and Difference in the Postsocialist World." さらに、Chris Hann, Caroline Humphrey, and Katherine Verdery, "Introduction: Post-socialism as a Topic of Anthropological Investigation," *Postsocialism: Ideals, Ideologies and Practices in Eurasia*, ed. Chris Hann (London: Routledge, 2002), 1-11 も参照されたい。

8) Michael Burawoy and Katherine Verdery, eds., *Uncertain Transition: Ethnographies of Change in the Postsocialist World* (New York, NY: Rowman & Littlefield Publishers, 1999); Ben Eklof, Larry E. Holmes; and Vera Kaplan, eds., *Educational Reform in Post-Soviet Russia: Legacies and Prospects* (London and New York: Frank Cass, 2005); Tom G. Griffiths and Zsuzsa Millei, eds., *Education and Socialism: Historical, Current and Future Perspectives* (Dordrecht: Springer, 2012); Iveta Silova, ed., *Globalization on the Margins: Education and Post-Socialist*

Transformations in Central Asia (Charlotte, NC: Information Age Publishing, 2011); Iveta Silova, ed., *Post-Socialism is not Dead: (Re)reading the Global in Comparative Education* (Bingley, UK: Emerald Publishing, 2010).

9) Anke Pinkert, "Post-Colonial Legacies: The Rhetoric of Race in the East/West German National Identity Debate of the late 1990s." *M/MLA* 35, no. 2 (2002): 24.

10) William W. Brickman, *John Dewey's Impressions of Soviet Russia and the Revolutionary World* (New York: Teachers College Press, 1964).

11) Radik Iskhakov, *Missionerstvo i Musul; manie Volgo-Kam'ia* (Kazan: Tatarskoe knizhnoe izdatel'stvo, 2011) 194-213.

12) Maria Bucur and Ben Eklof, "Russia and Eastern Europe," *Comparative Education: The Dialectic between the Global and the Local*, ed. Robert F. Arnove and Carol Alberto Torres (pp. 333-56). (New York: Rowman & Littlefield, 2007).

13) Lisa A. Kirschenbaum, *Small Comrades: Revolutionizing Childhood in Soviet Russia, 1917-1932* (New York: Routledge Falmer, 2001).

14) ロシア語の「korennoye naseleniye」(「基層住民」) に由来する korenizatsiya という言葉は、当該国の中の地方政府、管理、官僚制度の中のより低い行政レベルにおいて、ソ連の各共和国の有名無実な民族や少数民族の代表性を強化することをねらいとするものであった。

15) USSR, *Soviet narodniykh kommissarov* (Sovnarkom). *0 sholakh natsionalnykh menshinstv* [About minority schools]. *Narodnoe obrazovanie v SSSR obscheobrazovatelnaya schola: Sbornik dokumentov*, 1917-1973 [Public education in the USSR (secondary school): A Compilation of Documents, 1917-1973]. (Moscow: Pedagogika, 1973), 145.

16) Fedor F. Sovetkin, *National Schools in Russian Federation over the 40 Years* (Moscow: Academy of Science, 1958), 11.

17) Joseph Stalin, *Marxism and the National and Colonial Question: A Collection of Articles and Speeches* (New York: International Publishers, 1934), 261.

18) Yuri Slezkine, "The USSR as Communal Apartment, or how a Socialist State Promoted Ethnic Particularism," *Slavic Review* 53, no. 2 (1994), 434.

19) 非ロシア語学校での改革に関するより詳細な概観についてはユーイン (Ewing, 2006) を参照されたい。Thomas Ewing, "Ethnicity at School: 'Non-Russian' Education in the Soviet Union during the 1930s," *History of Education* 35, nos. 4-5 (2006), 499-519.

20) M. P. Zhdanova, ed., *Narodnoye obrazovaniie i kultura v SSSR* [State Education and Culture in the USSR]. (Moscow: Finances and Statistics, 1989), 91.

21) バルト海沿岸の共和国（エストニア、ラトビア、リトアニア）および、コーカサス地方の2共和国（グルジアとアゼルバイジャン）は例外である。これらの共和国は、教育における言語選択に関して優遇された。ロシア語と有名無実の言語の両方についての知識がこれらの共和国で暮らし、かつ働くために必要だと主張して、これらの共和国は、有名無実の少数民族のための学校の数、これらの学校でのもともとの就学年数、そしてロシア語学校における有名無実の言語の義務的学習を保持することに成功した (Bilinsky、1962年)。

22) Ivan Dzyuba, *Internationalism or Russification? A Study in the Soviet Nationalities Problem* (London, UK: The Camelot Press Ltd., 1970).

23) Noah W. Sobe, "U.S. Comparative Education Research on Yugoslav Education in the 1950s and 1960s," *European Education* 38, no. 4 (2007): 44-64.

24) Nataša Pantić, Theo Wubbels, Tim Mainhard (2011). "Teacher Competence as a Basis for Teacher Education: Comparing Views of Teachers and Teacher Educators in Five Western Balkan Countries," *Comparative Education Review* 55, no. 2 (2011): 165-88.

25) Sobe, "U.S. Comparative Education Research on Yugoslav Education," 48-49.

26) Mark S. Johnson, "Historical Legacies of Soviet Higher Education and the Transformation of Higher Education Systems in Post-Soviet Russia and Eurasia," *The Worldwide Transformation of Higher Education*, ed. David P. Baker and Alexander W. Wiseman (Bingley, UK: Emerald Group Publishing Limited, 2008), 159-76.

27) 前掲 Johnson, "Historical Legacies."

28) 同上 Johnson, "Historical Legacies," 162.

29) Seymour M. Rosen, *Education in the USSR: Current States of Higher Education*. Washington, D.C.: U.S. Government, 1980).

30) Shahrbanou Tadjbakhsh, "Between Allah and Lenin: Women and Ideology in Tajikistan," *Women in Muslim Societies: Diversity within Unity*, ed. Herbert L. Bodman and Nayereh Tahidi (Boulder: Lynne Rienner Publishers, 1998), 163-85.

31) Ben Eklof, "Introduction-Russian Education: The Past in the Present," *Educational Reform in Post-Soviet Russia: Legacies and Prospects,* ed. Ben Eklof, Larry Holmes, and Vera Kaplan (London and New York: Frank Cass, 2005), 1-20.

32) 前掲 Eklof, "Introduction," 11.

33) この現象はインドのような非共産主義政権をもつ他の発展途上国にも見られたが、東ヨーロッパの移民のパターンはそれらの一方通行性において特異であった。1970年代以降に東ヨーロッパを去った知識人はほとんどの場合戻ることはなく、少なくとも1989年以前には、同地の同僚との間で緊密な専門的関係を維持することが

なかった．

34) Marta Gutsche, "The Hungarian Education System in the Throes of Change," *European Education* 25, no. 2 (Sumnier 1993): 5-11.

35) Brunon Bartz Zbigniew Kullas, "The Essential Aspects of Education Reform in Poland," *European Education* 25, no. 2 (Summer 1993):15-26.

36) Stephen P. Heyneman, "From the Party/State to Multiethnic Democracy: Education and Social Cohesion in Europe and Central Asia," *Educational Evaluation and Policy Analysis* 22, no. 2 (2000): 171-91.

37) Iveta Silova, Mark S. Johnson, and Stephen P. Heyneman (2007). "Education and the Crisis of Social Cohesion in Azerbaijan and Central Asia," *Comparative Education Review* 51, no. 2 (2007): 159-80.

38) Pauline Jones-Luong, *The Transformation of Central Asia: States and Societies from Soviet Rule to Independence* (Ithaca, NY: Cornell University, 2004); Silova et al., "Education and the Crisis of Social Cohesion," 165.

39) 前掲 Silova, *Post-Socialism is not Dead*.

40) Silova and Steiner-Khamsi, *How NGOs React*; 前掲 Silova et al., "Education and the Crisis of Social Cohesion."

41) Jacques Hallak and Muriel Poisson, *Corrupt Schools, Corrupt Universities: What Can Be Done?* (Paris: IIEP/UNESCO, 2007);Stephen Heyneman, Kathryn Anderson, and Nazym Nuraliyeva, "The Cost of Corruption in Higher Education," *Comparative Education Review* 52, no. 1 (2008): 159-80.

42) 前掲 Silova, *Post-Socialism is not Dead*.

43) Laura Perry, L., "American Academics and Education for Democracy in Post-Communist Europe." In *American Post-Conflict Educational Reform: From the Spanish war to Iraq*, ed. Noah W. Sobe (New York, NY: Palgrave Macmillan, 2009), 177.

44) 前掲 Silova, *Post-Socialism is not Dead*.

45)「ポスト社会主義の教育改革条項」の特徴は，それらが①国際金融機関に推奨された構造調整プログラム（例えば地方分権化や民営化）を実行している低所得の発展途上国のいずれにも共通の要素，②旧社会主義地域全体の独特な教育改革の諸側面（例えば，市場主導の教科書供給，増加した教育上の選択，標準化された評価システム），③国または地域に特有の要素（例えば，旧ユーゴスラビアの紛争解決や中央アジアにおけるジェンダーの公平性改革など）を結びつけている点でユニークである．この「ポスト社会主義の教育改革条項」の特徴は場所によって異なるが，この地域のほとんどの国々に（少なくとも広範に）存在する（Iveta Silova and Steiner-Khamsi,

How NGOs React: Globalization and Education Reform in the Caucasus, Central Asia and Mongolia (Bloomfield, CT: Kumarian Press, 2008), 19-22)。

46) Gita Steiner-Khamsi and Ines Stolpe, *Educational Import in Mongolia: Local Encounters with Global Forces* (New York: Palgrave Macmillan, 2006), 189.

47) Peter Rado, *Governing Decentralized Educational Systems: Systemic Change in Southeastern Europe* (Budapest, Hungary: Open Society Foundations, 2010), 77.

48) Monica Mincu and Irina Horga, "Visions of Reform *Post-Socialist Romania: Decentralization* (through Hybridization) and Teacher Autonomy," in *Post-Socialism is not Dead: (Re)Reading the Global in Comparative Education*, ed. Iveta Silova (Bingley: UK, 2010), 96.

49) 前掲 Mincu and Horga, "Visions of Reform," 102.

50) Mary Rose Kubal and Janelle Kerlin, "A Neoliberal Agenda for Decentralization in Transitioning Countries? A Comparative Study of Chile and Poland,"（2002年1月31日～2月2日にジョージア州サバナで開催のジョージア政治学会2002年次大会のために準備された論文）p.3.

51) 前掲 Rado, Governing Decentralized Educational Systems, 44 を参照されたい。

52) 同上 Rado, Governing Decentralized Educational Systems, 79 を参照されたい。

53) Anna Matiashvili, "On Being First: The Meaning of Education Decentralization Reform in Georgia," in *How NGOs React: Globalization and Educational Change in the Caucasus, Central Asia, and Mongolia*, ed. Iveta Silova and Gita Steiner-Khamsi (Bloomfield, CT: Kumarian Press, 2008), 119-36 を参照されたい。

54) Carina Omoeva, *Student-centered Instruction and Math and Science Achievement in the post-Soviet State: A Mixed Methods Analysis,*（未刊行博士論文、New York: Teachers College, Columbia University, 2011）を参照されたい。

55) Monica Mincu, "Myth, Rhetoric, and Ideology in Eastern European Education: Schools and Citizenship in Hungary, Poland, and Romania," *European Education* 41, no. 1 (2009): 72.

56) 例えば、Zinaida Adam, *Decentralizing Education, Managing the Change: The Case of Moldova,*（未刊行修士論文、Budapest, Hungary: Central European University, 2011); Matiashvili, "On Being First."

57) 例えば、Mincu, "Myth, Rhetoric, and Ideology" on Hungary, Poland, and Romania;Michael Mertaugh, "Education in Central Asia, with Particular Reference to Kyrguz Republic," *The Challenge of Education in Central Asia*, ed. Stephen P. Heyneman and Alan J. DeYoung (Greenwich, CT: Information Age Publishing): 3-180.

58) UNICEF, *The Right of Roma Children to Education* (Geneva: UNICEF, 2011):

22.
   59) 前掲 Omoeva, Student-Centered Instruction.
   60) 同上 Ornoeva, Student-Centered Instruction, 196.
   61) 前掲 Mincu and Horga, "Visions of Reform," 118.
   62) 同上 Mincu and Horga, "Visions of Reform," 119.
   63) UNESCO Institute of Statistics 2011 (online).
   64) UNICEF, *Education for Some More than Others? A Regional Study of Education in Central and Eastern Europe and the Commonwealth of Independent States* (Geneva: UNICEF, 2007): 86.
   65) 同上, 86.
   66) Igor Kitaev, "Education for All and Private Education in Developing and Transitioning Countries," *Private Schooling in Less Economically Developed Countries: Asian and African Perspectives,* ed. Prachi Srivastava and Geoffrey Walford (Oxford: Symposium Books, 2007): 89-110. を参照されたい。
   67) Vladimir Karpov and Elena Lisovskaya, "The Perplexed World of Russian Private Schools:Findings from Field Research," *Comparative Education* 37, no. 1 (2001):43-64.
   68) Igor Fediukin and Isak Frumin, "Rossiiskie vuzy-flagmany," *Pro et Contra* (vol. 14, no. 3 (49) (May, 2010), 19-31.
   69) Iveta Silova, Virginija Budiene, and Mark Bray, eds., *Education in a Hidden Marketplace: Monitoring of Private Tutoring* (New York: Open Society Institute, 2006);Iveta Silova, *Private Supplementary Tutoring in Central Asia: New Opportunities and Burdens* (Paris: UNESCO IIEP, 2009). 最初の研究 *Education in a Hidden Marketplace* (2006) は 2004 ～ 2005 年に行われ、アゼルバイジャン、ボスニア・ヘルツェゴヴィナ、クロアチア、ジョージア、リトアニア、モンゴル、ポーランド、スロバキア、ウクライナの旧社会主義国 9 ヵ国における個人教授の範囲、性質、意味合いを検討した。2 番目の研究は 1 年後の 2005 ～ 2006 年に行われ、カザフスタン、キルギスタンおよび中央アジアのタジキスタンへと研究の地理的範囲を拡大した。2 つの研究調査に関しては、最初の研究は 8713 人の回答者、そして第 2 の研究は 3101 人の回答者と連絡をとり、全体として、ほぼ 1 万 2000 人の回答者を対象とした。
   70) 前掲 Silova, Budiene, and Bray, *Education in a Hidden Marketplace*.
   71) 同上Silova, Budiene and Bray, *Education in a Hidden Marketplace; Silova, Private Supplementary Tutoring in Central Asia*; Iveta Silova, "Private tutoring in Eastern Europe and Central Asia: Policy choices and implications," *Compare: A*

Journal of Comparative and International Education 40, no. 3 (2010): 327-44.

72) Simona Popa and Clementina Acedo, "Redefining Professionalism: Romanian Secondary Education Teachers and the Private Tutoring System," *International Journal of Educational Development* 26, no. 1 (2006): 101 (emphasis added). あわせて Silova, Budiene, and Bray, *Education in a Hidden Marketplace.* も参照されたい。

73) Gita Steiner-Khamsi, Christine Harris-Van Keuren, Iveta Silova, and Keti Chachkhiani, K. (2008). The Pendulum of Decentralization and Recentralization Reforms: Its Impact on Teacher Salaries in the Caucasus, Central Asia, and Mongolia (Background Paper for UNESCO Global Monitoring Report 2009). (Geneva: UNESCO, 2008).

74) UNICEF, *A Decade of Transition* (Florence, Italy: UNICEF Innocenti Research Center, 2001), 80-81.

75) 前掲 Popa and Acedo, "Redefining Professionalism," 98.

76) 同上 Popa and Acedo, "Redefining Professionalism," 109.

77) 前掲 Rado, *Governing Decentralized Educational Systems,* 13.

78) Gita Steiner-Khamsi, *The Global Politics of Educational Borrowing and Lending* (New York: Teachers College Press, 2004); Iveta Silova, "Traveling Policies: Hijacked in Central Asia," *European Educational Research Journal* 4, no. 1 (2005): 50-59.

79) 前掲 Karpov and Lisovskaya, "The Perplexed World of Russian Private Schools," 43.

80) 前掲 Popa and Acedo, "Redefining Professionalism," 109.

81) Mikhail Bakhtin, *Speech Genres and Other Late Essays* (Austin, TX: University of Texas Press, 1986), p. 139.

第16章　アフリカにおける万人のための教育
―― 追いつくのではなく、先導役になる

ジョエル・サモフ、ビデミ・キャロル

　アフリカが独立した時、教育は並々ならぬ期待を担っていた。ほとんど無限の大望があった。もっと多くの学校。もっと多くの教員。もっと多くの学習者。想像力に富んだ刷新。しかし、そうした飛躍的進歩はもち堪えられなかった。20世紀末までに危機が当たり前のことになった。多くの国の学校には、教師向けガイドも、教科書もなく、椅子さえなかった。新しい世紀には、しばしば外部の資源への著しく高まった依存を伴う、省察と活性化が見られた。興奮がいくぶん再燃する中で、アフリカの教育は国の発展にとって重大であり、国家予算の主要部分の中心であると広く理解され、大きな期待や熱狂が苦悩や依存と結びついている。アフリカの国々が万人のために質の高い教育を与えようと努力するとき、それらの主な課題は、その焦点を、追いつくことから前に飛び越えることへ、実際には先導役になることへ転換することである。
　教育システムがうまく機能しておらず、多くの生徒に生産的な学習環境を供給していないところでは、期待を制限し、基本の完全習得に絞るというのは魅力的である。しかしながら、そうすることは自ら制限することである。学習者が実験し刷新するために彼らの教員を凌ぎ、挑戦し、乗り越えることを奨励しないような教育システムは、すべての学習者が基本の完全習得を成し遂げうるのに必要な教育文化や学校の力を育むことはできない。もし「彼らが歩いている時に、私たちは走らなければならない」と言ったユリウス・ニエレレ（Julius Nyerere）に賛成して前に飛ばなければ、アフリカの教育システムはそれらが独立時に継承したヨーロッパの学校の成長の止まったモデルを模倣し続けることになるだろう。[1] レビン（Henry Levin）が示したように、その目標は改善ではなく、加速でなければならないのである。[2]
　アフリカは想像的な実験、教育の内容および形式における革新、そして社会

における教育の役割に対する批判的な省察の場でもあった。ヨーロッパ人が到達するずっと前から、そして今日まで、アフリカの知的貢献は世界的に影響を及ぼしてきた。

　それでは、膨らんだ期待から蔓延する衰退へ、さらに新たな成長へというこの推移、また、進歩の見込みから危機へ、さらに新しい希望へと向かうこの推移をどう理解すればよいであろうか。われわれは業績を過小評価してはならないし、希望を失ってはならない一方で、危機を乗り越えて進むには、その根源と持続性についての注意深い分析が必要である。そうした分析は、内容と形式の両方、そして、特に過程に注意を向ける必要がある。この簡単な概観の残りの部分で、われわれは今日のアフリカにおける教育の主要な問題とテーマを探り、結果と分析の枠組みの両方について考えたい。[3]

　「アフリカにおける教育」、ならびに「アフリカの教育」といった言い方は、もちろん危険に満ちた単純化である。いずれの言い方もほとんど意味をもつものではない。注意を払えば、ギニアの教育について研究することは可能であり、例えば、ウガンダの教育のユニークな特徴を探ることは可能である。しかし、国々の内部での多様性は大きく、ほとんどの国が最近生まれたばかりであるので、50ヵ国以上からなる大陸に関して一般論として話すことは無謀なのである。さらに、比較教育学の技術はそうであることを要求している。類似性や共通性を識別し理解するにしても、時には個別のバリエーションに注意を払うことが必要である。われわれにとって持続的な課題であり責任であるのは、ユニークなものについて小さな尺度で詳細に検討することと、共通のことについて大きな尺度で総合的に概観することという、分析のいずれの方法を使うにしても、もう一方の方法に光を当て、それを補強することである。従って、われわれはアフリカ全体に通じる共通のパターンを検討するとき、同時に絶えずアフリカの豊かな多様性を思い起こし、尊重しなければならない。

アフリカの教育――危機から新たな希望へ

　20世紀の最後の10年間は、アフリカの開発にとって反省と再評価の時期に当たった。1950年代末および1960年代初めの植民地からの独立に伴った楽観論は、うち続く貧困から生じる失望およびあらゆる社会変革戦略の実行可能性に関する深い悲観主義に取って代わられた。多くの者にとって、目指すものは

第16章 アフリカにおける万人のための教育

もはや生活水準の広範な向上、あるいは単に生存していること以外の自立ではなくなっている。

教育は同様の推移を経験した[4]。以前、フォーマルなものもノンフォーマルなものも、教育は社会変動の主要な手段となって、新しい社会のあり方を明確にするのに役立ち、その中で市民が効率的に機能できるようにすることを期待されていた。非識字者が読み書きを習うだけではなく、新しく教育を受けた者もまた革新を助長し、アイデアや技術の生成と普及を加速し、さらに相応の政治システムを監視し運営するはずであった。教育は日々の実践と民衆の理解の両方において差別と不平等を是正する手段となるはずであった。

進歩が見られ、いくつかの国で本当に実質的な成果が上がった。にもかかわらず、21世紀の夜明けに、アフリカの多くでは、多くの子どもが未だに学校教育をほとんど、あるいはまったく受けておらず、非識字率は高いままであり、学校の図書館には本がほとんどなく、実験室は時代遅れのものか、あるいは設備がまともに機能しなかったり、補給が十分でなかったりというものであり、学習者は椅子、練習帳、鉛筆さえ欠いている。共通に語られるのは「危機」であった。アフリカの内外において、多くの者は危機に有効に取り組む国内政府の能力について悲観的である。

こうした状況では、海外からの援助頼みというのがアフリカの教育にとっていつでも重要であり、生活のスタイルになった。ほとんど例外なく、教育改革案は外からの資金供給を必要としていると思われた。教育システムの日々の運営でさえ、ますます海外からの支援に依存した。

海外の援助機関はますますエネルギッシュに、資金についてと同様に開発のための助言を口にするようになった。その重大な役割にもかかわらず、それらの機関からの資金供給は歴史的に全教育予算のうちのごく控え目な比率を占めているままである。従って、それらの影響はそれらの援助の絶対的価値が意味するよりもはるかに大きいかもしれない。確かに、いくつかの機関、特に世界銀行は現在それらの開発に関する専門知識が資金よりずっと重要であると主張している。「［世界銀行の］……主要な貢献は、政府が自らの国々の状況にふさわしい教育政策を開発するのを支援するのをねらった助言でなくてはならない」[5]。

教育の革新や改革を支援する海外からの援助への依存の高まりには別の推移が伴っていた。すなわち、人間の権利や全員の幸福として教育を理解すること

から、教育を人間の権利や社会が必要とすると思われる知識や技術の開発を通じて国の成長や安寧に寄与するという点から見ることへの推移である。教育が人間を解放するものであり、学習は本質的に発展的であり、それゆえに教育は公の責任であると主張する声が引き続き時折は聞かれる。しかしながら、人権重視のアプローチの美辞麗句にもかかわらず、きわめてしばしば、教育は明確に手段であり、国の将来への投資であり、多かれ少なかれ成功裡に特別な能力や姿勢を人々に身につけさせる生産システムであり、次の世代に知恵、期待、思考様式、規律を伝える伝達システムであると見なされている[6]。これから見ていくように、これらの2つの潮流、つまり、一方で海外からの援助とその供給者の役割の拡大や、それとともに、そのプリズムを通して、また資金提供という手段を使って教育に関わる傾向があり、もう一方に、職業世界への準備としての教育の理解があるという潮流が、アフリカにおける教育に対する永続的な影響を相互に強め合っているのである。

1）期待、衰退、そして再生

アフリカの国々はほとんどすべて、人口の大半を除外した教育システムを引き継いだままで独立した。例えば、タンザニア（当時はタンガニーカ）ではキリスト教の宣教師とイギリス政府の双方が学校を運営していた。しかし、1961年の独立の時点で、それらの学校は国中の子どもの半分以下しか受け入れていなかった。それらのほとんどで、修業年限は4年ないしそれ以下であった。タンザニアの元大統領のユリウス・ニエレレは、独立時に「[タンザニア]の成人の85％がいかなる言語の読み書きもできなかった。同国にはわずか2人のアフリカ人のエンジニアと、12人の医者、そして恐らく30人の文系卒業生しかいなかった[7]」と述べている。学校に通う人口はいくつかのアフリカの国において増えたけれど、多くの国がタンザニアと同じくらいの数の教育を受けた市民をもって新しい時代を迎えた。

教育が社会を変革するものであるとすれば、それへのアクセスは大量に、かつ急速に拡張されるべきものであった。確かに、教育の機会拡大は反植民地民族運動のよく知られた要求となり、新しく就任した植民地後の指導者の約束となった。その根拠となったのは、政治的なものであると同様に個人的なものでもあった。教育へのアクセスは、アフリカの初期の指導者たちほぼ全員が、ヨーロッパによる差別や支配から逃れ、あるいはそれをやや緩和する主要な道

筋であった。雇用や昇進に関して人種やその他の属性基準を拒絶する明瞭な努力がなされたところでは、教育の選別役割がよりいっそう重要になった。また、都市近隣および農村の村々に学校を開くことは、新しい政府の業績を最も容易に目に見える形で示しうるものであった。この点に関する進歩は確かに著しかった。

　関連の記録を検討してみよう。そうするには、数字で示される明白な正確さがしばしば根本的に誤解をもたらすものであることを認識する必要がある。厳しく言えば、報告されたアフリカの教育データに関する誤差の範囲は、しばしば観察される差異よりはるかに大きいのである。従って、例えば、在籍者数あるいは公的支出における時間の経過による明白な変化も、全く変化ではないかも知れない。

　問題はいくつかある。利用可能な数字はしばしば不正確で、一貫性がなく、簡単に比較することができない。学校、学区、およびその他の情報源は不完全、不正確な情報を提供している。情報源が時期や支出項目の分け方に関して異なっている。報告書の中には、予算と実際の支出データとを混同したり、ある年の予算の数字と他の年の支出報告と混同したりしているものもある。消費的支出と開発（資本的）支出の扱いが一貫していない。しばしば、利用可能なデータは個人、家族、地方自治体、および外国からの直接的な支出を含んでいない。教育費に関する議論は、実際のところ概して教育に対する政府支出に言及しているし、時には教育省の支出のみに言及している。インフレ、デフレ、そして為替レートの扱いが一貫していない。データ系列はしばしば余りに短すぎて、観察される変化が重要な変化を反映しているかどうか定かでなく、長いデータ系列はたいてい比較可能ではない。[8]

　この問題に関する1つの例は、次に挙げるデータの扱い方の注意で事足りるに違いない。[9] 何人の子どもが在学しているであろうか。あるいは、より重要なことは、当該年齢集団と比べて、どれほどの子どもが実際に在学中かである。[10] いくつかの広く用いられている情報源で報告されているように、表16.1は1970年、1980年および1990年にサハラ以南のアフリカに関する初等教育の粗就学率を挙げている。世界銀行自身の年次刊行物の各年版で、1970年に関して報告された数値が46％から50％までバラバラで、ほぼ9％の差があることに注目されたい。同様に、この非常に限られたサンプルの中で、1990年に関して報告されている数値は、66％から76％までバラバラで、15％の差がある。それら

表 16.1 アフリカ教育統計：データ上の問題の例

出典	サハラ以南の地域の初等教育就学率[a]（％）		
	1970年	1980年	1990年
ユネスコ『世界教育報告』1991年版	46.3	77.5	76.2
ユネスコ『世界教育報告』1991年版		76.0	68.3
世界銀行『サハラ以南のアフリカの教育』[b]	48.0		
世界銀行『アフリカ開発指標 1994-1995』		77.0	66.0
世界銀行『アフリカ開発報告 1993』[b]	46.0		68.0
世界銀行『アフリカ開発報告 1995』[b]	50.0		
世界銀行『アフリカ開発報告 1996』[c]		80.0	
世界銀行『アフリカ開発報告 1997』[c]		79.0	

（注）a：就学率は当該年齢人口に占める比率、b：加重平均値、c：男女を加えた加重平均値

の20年間にいったい何が起こったのであろうか。初等教育在籍者は、46％から76％へ3分の2も増えたり、あるいはその半分だけの50％から66％へ32％の増加、ないしその間のどれほどか増加したりしたのであろうか。利用可能なデータから、われわれは確信をもつことができない。私たちが恐らくある程度の自信をもって言うことができることは、①学齢期の子どもの半分以下しか1970年には在学しておらず、②1980年までに、約4分の3が在学するというように、相当な進歩があり、③1990年までに落ち込みが起こったようだということである。

その意味するところは明瞭に思える。第1に、誤差の範囲を見ておくことが必要である。つまり、大半の教育統計を荒い近似値として扱うことである。第2に、比較的大きな観察された変化でさえ、不規則な変動、年ごとの変化、欠陥のある統計ということ以上の意味は示していないかもしれない。従って、そうした大きな明らかな変化に見えるものが、広範な推計や公的政策の脆弱な根拠となっているのである。第3に、研究者も政策決定者も、基本的な前提として、そのデータでは確実な裏づけとならない程度の正確性、直線性あるいは連続性を必要とするような統計を使ってはならない。最後に、利用可能なデータを効果的に使用するには、うわべの正確さを通してものを見たり、統計の使い方を分かり易く説明したりすることが必要である。大量の数値は国際的な教育政策や計画における昨今の風潮だが、数字で溢れているページは明瞭にするよりはるかに不明瞭にしているかもしれない。

第16章 アフリカにおける万人のための教育　595

表16.2　1960-2010年におけるサハラ以南の地域での在籍者数(単位：千人)

	1960年	1980年	1990年	1997年	2000年	2005年	2010年
修学前教育			2,400	3,100	5,929	9,597	11,887
初等教育	11,853	47,068	64,400	81,000	86,721	111,908	132,809
中等教育	793	8,146	14,700	21,000	21,834	30,832	43,653
高等教育	21	337	1,400	2,300	2,516	3,861	5,228

(資料出所) 1960〜1980はWorld Bank, *Education in Sub-Saharan Africa*(世界銀行『サブサハラ・アフリカの教育』)表A-1、A-2、A-4。1990〜1997年はUNESCO, World Education Report 2000(ユネスコ『世界教育報告2000年版』)http://www.unesco.orgieducatioMnformation/wer/[2012年7月15日閲覧]。2000〜2010年はUNESCO統計研究所ウェブサイト stats.unesco.uis.org[2012年7月15日閲覧]

表16.3　1960-2000年におけるサハラ以南のアフリカの成人識字率推計(％)

	1990年	1994年	2004年	2010年
成人識字率(15歳以上)	50.3	52.0	58.0	64.1

(資料出所) 1990年はUNESCO, *World Education Report* 2000(ユネスコ『世界教育報告2000年版』)www.unesco.org/education/inforrnation/wer[2012年7月15日閲覧]。1994〜2010年はUNESCO統計研究所ウェブサイト www.stats.unesco.uis.org[2012年7月15日閲覧]

表16.4　1970〜1990年のサハラ以南のアフリカの初等教育粗就学率(％)

	1970年	1980年	1985年	1990年	1997年	2000年	2005年	2010年
初等教育	46.3	77.5	76.1	64.4	81.0	83.0	96.3	101.0

(資料出所) 1970年はユネスコ『世界教育報告1991年版』表R4、1980年はユネスコ『世界教育報告1993年版』表6、1985年はユネスコ『世界教育報告1998年版』表6。1990〜1997年はUNESCO, World Education Report 2000(ユネスコ『世界教育報告2000年版』)www.unesco.org/education/inforrnation/wer[2012年7月15日閲覧]。2000〜2010年はUNESCO統計研究所ウェブサイト www.stats.unesco.uis.org[2012年7月15日閲覧]

　十分に用心しながら、成果について検討してみよう。小学校の在籍者数は1960年から1997年までに11倍に増加した(表16.2)。同じ時期に、中等学校の在籍者数は25倍に増え、高等教育の在籍者数は250倍になった。最も急速な成長期は1960年から1980年の間であった。過去10年の間に、初等教育後の就学者数は際だって速い速度で成長してきた。植民地支配の終了時に人口の10分の1未満しか識字者がいなかった社会で、識字率は着実に上昇する一方(表16.3)、そうであっても非識字者の絶対数は増えてきた。

　明らかに、アフリカでは教育へのアクセスは劇的、急速に拡大した。しかし、そうした高い成長率は維持され得なかった。多くの国については、1980年代と1990年代に初等教育の就学率は停滞したり、低下さえしたりしてきた。そ

れは公共サービスの悪化であり、政府がすべての市民のための学校教育に向けて進む上での責任を果たす力のなさを示すものである（表16.4）。

同時に、拡張を支えるインフラは痛ましいほど無理に使われた。多くの国で、建物は修繕されず、集中的な教員採用プログラムには在職教員の職能開発が伴っておらず、安月給は教員が自らの収入を補填するために教室以外のところに目を向けるようにさせ、カリキュラム改訂や教科書の供給はたとえ行われたとしても緩慢であり、士気は急激に下落した。1980年代末までに、アフリカの教育は危機に陥った。

> 屋根のない部屋の土間に座っている80〜100人の生徒の前に教員が立って、自分がもっている限られた知識を口頭で伝えようとし、生徒は前の子どもの背中を下敷きに、1枚の皺だらけの紙にノートをとろうとしている光景を見るのは珍しいことではない。教員のための指導書も子どものための教科書もないのである。[11]

特に基礎教育が強調されたのに伴い、資源を初等教育後から初等学校教育へ移す取り組みが行われたために、高等教育の衰退が明らかであった。実際、その論理は辛辣で非難めいたものになり、大学は費用を負担しきれなくなっており、したがって、ごく少数のエリートだけに恩恵を与える搾取的な贅沢品になったと主張した。[12]

20世紀の終わりまでに、ほとんどの国で教育の成長が再開し、高等教育は改めて再認識され、追加融資を受け取った。具体的プログラムに的を絞ったもの、そしてより最近では予算への支援としての供与されるものという両方の形で、いくつかの国は何年間も比較的多額の資金提供を外部から受けてきた。しかしながら、それらの国の学校教育は非常に大規模な学級、ほとんど訓練を受けていない教員、限られた教材に直面し続け、また、パイロット段階を越えて進むことがほとんどなく、発展のための資金や政治的支持をほとんど受けなければ断続的に行われる見込みのなさそうな改革に直面し続けている。その上、グローバルな目標に向けての進歩を示す主な指標が、学校の第1学年の在籍者数を実質的に増加させたが、それはしばしば持続することはなかった。この地域の至る所で、新入生の多くが第2学年に戻って来ることはなく、大部分が小学校の全課程修了に到着しないことに気づくのは珍しくない。例えば、マラ

ウイ、モザンビーク、ウガンダは在籍者の増加が迅速で、小学校の最終学年まで在籍し続ける者の 2009 年の比率がそれぞれ 53％、35％、32％であった。いくつかの国での小学校の授業料廃止に続いて起こった急速な拡張の後に続いたのは、児童の高い自然減のみならず、学校に留まる者にとっての非常に大規模な学級であった。それが達成された場合さえ、拡張された学校への就学機会は、すべての者にとっての学習ということに簡単に言い換えることはできなかった。

1990 年には、政府と国際機関および非政府組織が万人のための教育に熱心に取り組んだ。続いて小規模な会合、大規模な会議が開催され、国家計画、多くの報告書が出された。10 年後のダカールで会合をもった世界の教育団体・個人は冷静な評価を検討した。同目標が再確認されたにもかかわらず、アフリカにおける万人のための教育は前途遼遠である。人々が取り組みを新たにするとともに、教育者と政策決定者は目標を延期し、インフラを強化し、楽観的な期待を維持した。万人のための教育キャンペーンやジョムティエン（1990 年）とダカール（2000 年）の会議に関する詳細な分析を行うことはここではできないが、3 つの見方が重要である。第 1 に、いくつかの国では、独立以来の 40 年以上にわたり、万人のための教育に向かう進歩は非常に緩やかなものであり、飾り言葉や公式の発表にもかかわらず、教育の目標や優先事項が別のところに置かれているという結論を下すことは合理的である。第 2 に、大規模な国際会議、国際的な事務局、さらに国内計画や報告書に対するこだわりが、アフリカにおける教育政策や実践を変換し、形成する戦略にとって有効であり、費用対効果が高いかどうかは、全く明らかではないのである。

第 3 に、ここで言及された進歩は、グローバルな教育目標達成についての執拗な悲観論に直面した。最も低い在籍率を抱えていた国々のいくつかは、数十年間に著しく拡張した就学機会を目の当たりにしたが、そうしたペースをもってしても、万人のための教育という国際的目標を達成することができない。万人のための教育は計画というよりむしろキャンペーンであり、いくつかの国は達することができない目標を明らかに含んでいた。2012 年の半ばまでに、それらの目標に向かう進歩の点検作業から 10 の報告書が刊行された。すべて特別に委託された研究であり、注意深いデータ収集と体系的分析を具体化したものであった。それらの主な力点は異なっているし、それらはいくつかの領域における進歩を時系列的に記録しているが、アフリカに関する繰り返しは共通している。すなわち、万人のための教育は目標（例えば、2005 年のジェンダー

に関する平等）を満たしておらず、新しい期限までに達成されることはなさそうであるというものである。他の報告書も同様の結論に達した。依然として楽天的なままの者さえ、アフリカにおける緩慢な進歩、そして、学齢人口の最後の5〜10％まで普及させることの難しさを強調した。

　　　ダカールで設定された目標達成のための期限まで4年を残して、今年の
　　　万人のための教育の世界モニタリング報告書の中心的メッセージは、政府
　　　が全体的な関与を十分に行っていないというものである。[20]

サハラ以南のアフリカは、世界の学校に通っていない子ども達の43％が住まうところであり、学力レベルは非常に低く、ジェンダー格差は依然として大きく、また、幼い子ども、青年、そして成人の学習ニーズは広範なおざなり状態に苦しみ続けている。教育に対する政府の投資を増加させる上での多くの進歩が見られた後、金融危機のために、いくつかの国は教育費支出を減らしており、別の国では万人のための教育実現に必要な支出の伸びが危険にさらされた。2008年に基礎教育への対外援助が削減されたことは、子ども1人当たりの基礎教育援助の著しい減少をもたらした。[21]

2）実験と刷新

教育の多くがそうであるように、実験と刷新はせめぎ合う領域である。[22]アフリカは教育における大小さまざまな規模の重要な実験と刷新を目の当たりにしてきた。1960年代の終わりに、タンザニアは自力更生のための教育を支持してマンパワー計画を拒絶した。独立時に優先されたのは高度な技能の開発であった。計画された技能は指示どおりの配分を必要とする。1960年代の時間の流れとともに、タンザニアの指導者たちはそのアプローチに次第に批判的になった。主としてそれが、独立の恩恵であり、民主主義の発展にとっての必要条件である初等教育の拡張を抑制しているというのが主たる理由であった。主要な資源が国民の中の小部分に集中的につぎ込まれ、社会の基層部から乖離した傲慢なエリートを作り上げてしまった。稀少な資源に対する優先順位は、最も多くの（そして、最も懸け離れた）教育を身につけた者ではなく、「ほとんど、あるいはまったく教育を受けていない」者に置かれるべきである。初期の方向性を逆さにして、『自力更生のための教育』というニエレレの広く読まれ

引用された書物は、初等教育および成人教育へと力点を移した。学校は地域の状況の様式やリズムと密接に結びついた地域社会の機関となるべきものであった。学校はまた、直接生産活動を重んじるとともに、副収入を生み出すための農場や作業場をもつことになっていた。ボツワナでは、生産大隊（production brigade）が学習者と教師も生産者であるような地域社会学校を設けることにより、学習と地域の状況を統合する努力を行った。就学機会を急速に拡張するために、いくつかのアフリカの国は教員の養成教育と現職研修について実験を行った。ジンバブエの努力は突出しているが、他の国々はまったく存在しない実験室やあるいは貧弱な設備の実験室にもかかわらず、教育科学のための授業や教材を開発するために、地域の状況を有効に活用する方法を探った。いくつかの国は、限られた数の経験豊富な教育者の蓄えが届く範囲を広げ、また、学習者が地元の学校では利用できない資源へアクセスする範囲を拡張するためにラジオ、テレビ、コンピュータの利用法を探求した。分散して置かれ地元で管理される教員のための資源センターは、授業担当スタッフへの継続的な支援を提供するのに有効であると分かった。想像的で精力的な識字力向上キャンペーンは、いくつかの国で飛躍的進歩を遂げた。革新的な地域密着型の非学校形式（nonschool）の教育プログラムが、しばしば当該国の、あるいは国際的な非政府組織の支援を受けてアフリカの至る所に出現した。

　物質的には貧弱だが、アフリカの高等教育機関のいくつかは知的に豊かであり、世界中との接触やその影響を受けてアイデアや構成概念を探究している。例えばガーナは、汎アフリカ主義に関する研究や議論を育んだ。セミナー、研究、および専攻学生の休日研究プロジェクトを通じて、ダルエスサラーム大学の学者は、口述史の研究方法に関する苦情や問題点を調査して同方法を洗練し、それによって歴史研究の専門家の間の国際的な議論に加わり、かつ前進させた。

　特にアフリカ人の学者にとって、近隣諸国の研究者とよりもヨーロッパの同僚と意思疎通を図るほうが多くの場合より簡単だったので、アフリカ全域での交流の重要性を認識して、大陸全体をカバーするいくつかの組織が設立された。ごく少数の例を挙げるだけで十分に違いない。特に活発であったのは、ダカールに置かれたアフリカ経済・社会研究開発会議（Council for the Development of Economic and Social Research in Africa; CODESRIA）であった。その年次大会、機関誌、シリーズものの出版物、共同研究プロジェクト、国際的連携、若手研究者への支援を通じて、同会議は想像的な刷新や批判的分析にエネル

ギーを与え、持続させた。1973年にダルエスサラームで設立されたアフリカ政治学会は周期的に学者を集め、機関誌を公刊し、国際会議への参加を支援し、アフリカの政治学者が批判的かつ協力的になるよう広く意欲をかき立てた。2つの同様なネットワークは時に非常に活発であり、時にほとんど気づかれることがないが、西部・中央アフリカの教育研究者と東部・南部アフリカの教育研究者をつなぎ、公共政策の策定における研究の役割に特に関心を払った。例えばアフリカン・バーチャル大学、アフリカ経済研究コンソーシアムといった、外からの力で始まった2ヵ国以上が関わるいくつかの取り組みは、それらの組織や運営は出資者の構成概念や基本方針を反映し続けているものの、同様の役割を果たそうと努力している。

　かくして、乾き切って厳しい景観にもかかわらず、教育上の刷新や実験はアフリカで断続的に繁栄した。いくつかの取り組みは幅広い認知や影響力を手に入れたが、大部分は出資者が去り、あるいは初期の資金を使い果たした後、生き残るための奮闘を行ってきた。[25] 外国の資金は一定期間ごとに改革や実験を支援したけれども、全面的な援助依存が実験、特にかなり狭く限定された教育上の任務ではなく、広範な国の政治的・社会的目標に向けて方向づけられた活動を一般に阻んできた。

3）大きな関与、小さな財

　緩慢な成長、一時的な疾走と後退、進歩を持続することの難しさを説明するのは何であろうか。他のところ同様にアフリカでも、教育問題に関して政府を非難するのはよくあることである。しかしながら、特に目立つのは、アフリカの諸政府がひどい経済的苦境の時期にさえ教育に対する深い関与を維持した度合いである。2つの指標が興味深い。支出総額と国の財の一部としての教育への配分である。

　多くのアフリカの国々が、一般に「自由化」と名づけられた構造調整プログラムを採用した。それは、経済、特に生産活動における政府の直接の役割の実質的な切り下げや削減を強調し、市民サービスの規模の縮小、外国からの投資の奨励、公益事業を含む多くの活動の民営化の支援を強調した。ほとんどどこでも、これらの政策を実行することは、消費財の価格引き上げや、教育を含む社会サービス事業に対する手数料の導入や値上げを意味した。例えば、専門職の助手的な人員やその他の安い賃金の教育担当人員を雇用することにより、

表16.5 政府の歳出総額に占める公財政支出教育費の比率

	1980年	1985年	1999年	2008年
サハラ以南の地域	17.6	13.7	15.8	18.9

(資料出所) EdStats [2012年7月30日閲覧]

表16.6 国内総生産に占める比率としての公財政支出教育費

	1975年	1980年	1999年	2004年	2005年	2007年
東アジア・大洋州	2.52	3.98	3.76	4.3	4.15	3.08
ヨーロッパ・中央アジア			4.66	5.13	4.9	4.91
ラテンアメリカ・カリブ海地域	3.36	3.38	4.15	3.95		4.03
中東・北アフリカ	4.48	5.62	4.94	5.2	4.74	
北アメリカ	7.23	6.44	5.38	5.6	5.14	5.23
南アジア	1.66	2.44	2.75	2.25		2.91
サハラ以南のアフリカ	3.27	2.97	3.42	3.89	4.11	3.79
世界	3.65	4.06	4.23	4.38	4.53	4.53

(資料出所) EdStats, www.edstats.worldbank.org [2012年7月30日閲覧]

　教育費支出を抑制したり削減したりせよという圧力があったにもかかわらず、多くのアフリカの政府は教育に資金供給を行うという基本的な関与を維持した。国家予算に占める割合として表した場合、教育への支出は一時的に下がり、それから増加した（表16.5）。

　経済全般の観点から見れば、サハラ以南のアフリカの教育への支出水準は、世界の最も豊かな国々よりも低いが、ラテンアメリカやカリブ海地域の国々に匹敵し、南アジア以上である（表16.6）。

　しかしながら、小規模予算の中の大きな部分であっても、教育予算は依然として小さい。アフリカの大半の政府は困難な経済状況や社会的支出抑制の圧力の中でも、教育への深い関与を維持してきたけれども、費やされた実際の額は非常に小さなものであった。大半のアフリカの国々は教育を受けた者がほとんどおらず、教育のインフラが非常に小さい状態で独立を迎え、多くの学齢期の人口を抱えていることが課題を際立たせている。したがって、主な制約は政府の歳入の総額であり、教育に対する政治的支持は限られ、明らかに教育の（そして国としての）運営に効果がなく、非能率ではあったとはいえ、深い関与の欠如とか、指導力の不足ないし非効率とかが制約になっているのではない。援

助依存の別の結果である負債の増大は、利用可能な歳入のますます多くの部分を消耗している。大きな犠牲を払っていても、絶対額において、教育のための経費はほとんどなかったのである。

教育は発展のための原動力であり、貧困を取り除き、最も豊かな国と最も貧しい国との間のギャップを縮めるための主要な戦略となるべきものであった。しかしながら、教育はその役割を果たすために財源を必要としたが、それはまったく利用可能ではなかった。このジレンマの結果として、貧しい国々（世界の最貧国のほとんどはアフリカにある）にとって、発展の格差が拡大し続けそうである。

その現在の形では、外国からの援助はそうしたギャップを縮めそうにない。各国国内では、教育への資金供給の再配分がコミュニティや個人の教育への投資の差を縮めることができる。具体的なメカニズムはさまざまだが、共通な一般的原理は、人口のうちの最も裕福な層が教育システムを支援する最大の役割を担うということであり、その中には最も貧しい子どもの教育も含まれるのである。現代はグローバル化に魅了されているにもかかわらず、世界的にそのパターン、つまり、外国からの援助よりむしろ教育への資金供給を国際的に再配分するためのパターンを確立する本格的な提案は未だ現れていない。万人のための教育に対する広範な関与、そして、「万人のための教育に真剣に取り組むいかなる国も、資金不足によってこの目標の達成を妨げられることはない」[27]という明確な主張にもかかわらず、外部からの教育への支援が1990年代に激減した。そして、続いて起こった支援の高まりも利用可能な資金と2015年の「万人のための教育」目標を満たすのに必要な資金との間の年間160億ドルという推定ギャップを埋めることはなかった。[28]すでに述べたように、歴史的に見て、外国からの援助はアフリカが教育に費やした全経費のごくわずかの部分を提供しただけであり、[29]それがどれほどの大きさであるにしても、そうした援助の多くが、実際には援助を提供する国の人員、サービス、製品、奨学金に使われているのである。それゆえに、少なくともいくつかの場面では、アフリカに向けての再配分からは遠く離れており、外国からの援助は実際にはアフリカからの資本と技術の両方が正味のところは流出するように機能しているのである。

4）計画された依存への快速コース（ファスト・トラック）

われわれが述べたように、アフリカの近代教育にはローカルなルーツと外国

のルーツがある。ほとんどのアフリカの国にとって、持続する外国の役割が立ちはだかっている。政府は教員の給与を支払う。政府はまた学校を建築して維持し、教科書を購入し、多くの場合生徒の宿泊施設や寮に対して支援する。チョークや掛地図、コピー機あるいはその他の設備や備品のための公的な資金提供はほとんど利用可能ではない。刷新、実験、改革のために利用可能なものはほとんどない。そこに外国からの援助の強力な大声が入り込むのである。その影響力はその全体としての額の大きさではなく、むしろ枯渇した予算を抱えた教育者たちが規模を拡大し、優先事項を変更し、実践を修正し、もっと一般的に言えば、何をする必要があるのかに関する彼ら自身の、そして他者の判断に即して使うことができるという点であった。外国からの援助は、アフリカ中で教育と開発の諸構想にとっての重心となった。追加資金に対するニーズの域を越えて、新しい構想や改革プログラムには外部からの支援が必要であり、そして、それゆえに資金供給機関のアジェンダや好みに上手く対応する必要があることが次第に明白になってきているばかりでなく、例外でなくなってきている。つまり、援助依存である。

このように、援助依存は援助の大きさのことや、あるいは主要な資金が外国から提供されている教育システムのことを指すのではない。むしろ、援助依存は、改善や変化が外部からの支援、助言、そしてしばしば人員を必要とするという考え方がそうした教育システムの中で内面化されることなのである。加えて援助依存は構成概念、分析枠組み、どこか他のところで開発された評価戦略を採用し制度化することなのである。そうした内面化や制度化は、今や資金供給機関が要求する入念な報告書作成というルーティン・ワークによって補完されており、外国の資金提供者の政策や好みを、そうした機関からの援助の大きさがもつ意味よりもはるかに重大なものにしている。

そうした方向性は、いくつかのアフリカの国、特に東部および南部アフリカではなおさら目覚ましい。対外援助は今日では教員への給与支払いに充てられている。教育開発のための取り組み努力だけでなく、経常費支出も外部からの資金供給に著しく依存するようになった。モヨー（Dambisa Moyo）は、対外援助がエチオピアの年間予算のほぼ全額そして他の7ヵ国の3分の2以上を提供していると報告している。[30] 2008年のモザンビークへの外国からの援助は国内総生産のおよそ5.5％であり、つまり、教育に対する全歳出額以上であった。[31] 同じ年に、アポリナリオ（Uliane Appolinario）は外国からの援助がモザ

ンビークの歳出総額の51%を占めたと報告している[32]。こうしたことは持続可能でないように思われる一方、アフリカの国々がそうした支援からどうしたら手を切れるかについての議論はほとんどない。確かに、援助を増加し加速化する努力は計画された依存への快速コースとなった。外国からの援助への依存が持続不可能であること以上に重要なのは、強化され凝り固まった依存と、ある国がその教育システムを方向づけ管理する能力、つまり開発への取り組みの中心となり、当該国の性格を形成する一連の不可欠な活動との葛藤である。

同時に、大規模な国際会議につきものなのは、ますます多くなる指標、国別報告書や調査報告であった。教育目標がさらに広範な貧困削減目標の中に組み込まれたとき、豊かな国々の政府は貧困と対外援助について研究する主要な任務に着手したが、そこでは一般に教育に強い力点が置かれ、またしばしば資金供給の実質的な増額見込みを伴うものであった。2005年には、主要な豊かな国々がアフリカへの対外援助を倍増し、アフリカを苦しめている援助負債の少なくとも一部を帳消しにすることで合意した。ロック、映画、テレビタレントが対外援助の大拡張要求に加わった。そうした外国からの支援への依存は、直接的な恩恵の見込みと、教育の開発における役割を弱体化させる危険性の両方をもたらすものである。

国際会議およびそれと併行して行われる援助プロセスを修正する努力、特に個別プロジェクトへの支援から国家予算への補助金交付へと転換することは、アフリカ固有のことではないものの、その結果はアフリカを極度に圧迫している。第1に、グローバルな会議は、一般に被援助国に要求される多くのプロジェクト別および国別報告書に加えて、国際的な報告の仕組みを設けた。そうした仕組みは事実上、当該国内での社会的説明責任が発達し制度化されるよりずっと前に、外部に対する説明責任を定着させる。その長所は、何が、誰によって行われ（あるいは行われていないか）についての明瞭さが増すことである。その短所は、外にばかり目が向くことで、当該国内のコミュニティや組織に対して指導者が直接的な説明責任を果たす努力を弱めることである。第2に、債務救済（HIPC）に関する受給資格規定、および関連して加速化された援助（FTI、GPE[訳注1]）プログラムは実際にアフリカの教育に対して外部で設けられた

訳注1　GPEは「教育のためのグローバル・パートナーシップ」の略称であり、以前にFIT「ファスト・トラック・イニシアティブ」と呼ばれていたものが改称された。

政策アジェンダとなり、援助資金提供者によって設定された明示的な融資条件と少なくとも同じくらい強力なものになった[33]。第3に、関連の計画や報告に関する要件は、それらが国内的に主導された開発に献身することを公言している場合でさえ、国の教育政策をいっそう制限する[34]。第4に、複数の外国援助機関に対する報告の重複や分散を減らすことを意図したものであるとはいえ、要求される報告書は大変な行政上の負担となり、そして、もっと重要なのは、教育システムを点検し、進歩を測定して示し、問題を分析し、また救済策を示唆するための構成概念や枠組みに関して、正統なものとして押しつけられた事柄をそのまま強化することになる点である。数十年間にわたり、断続的な会議や宣言が資金提供機関および技術援助機関のための行動規範を構想し、国家目標・計画の重要性を反復してきた。しかしながら、真に国境を越えた協力(パートナーシップ)をはるか上回る外部からの指示が残っている。したがって、援助関係と同様に、国際会議やグローバルな目標は外部からの指示や外部への説明責任がいっそう強まるという犠牲に立って、特定の道筋に沿った進歩、例えば、少女のための学校教育の拡張を促進しているのである。

＊　＊　＊

アフリカの教育に関するこの概観は、進歩と問題点の両方を浮き彫りにしつつ、展開と変化について一連の寸評を提供してきた。そうした展開を理解するには、政策や開発プログラムの構想を探究し、鋭い競争の場としての教育における政策や実践の両方に注意を払う必要がある。

5）万人のための学習

「万人のための教育」に対するグローバルな関与は、学校教育ではなく、学習することの重要性をはっきりと主張してきた。副題として「基本的な学習ニーズを満たす」がつけられた「万人のための教育に関する世界宣言」は、次のように主張している。

> 拡張した教育の機会が個人あるいは社会にとって意味のある発展に変わりうるか否かは、究極的には人々がそれらの機会の結果として実際に学習するかどうかにかかっている。……したがって、基礎教育の焦点は、もっぱら在籍者数、組織されたプログラムへの継続的な参加や資格要件を修了

することに置かれるよりもむしろ、実際の学習で獲得したものや結果に置かれなければならない。積極的な参加型のアプローチは、学習からの習得を確かなものにし、学習者が最も十分に自らの潜在能力に到達しうるようにさせる点で特に価値がある。[35]

10年後に、学習の重要性はセネガルのダカールで開催された世界教育フォーラムで再確認された。6つの目標のうちの3つは質と学習に明確に言及している[36]。しかし、実際には万人のための教育の大半の活動が小学校への就学機会に焦点を当ててきた。何人かの教育者は世界が学習や学齢期を過ぎていたり、何らか他の理由で学校に在籍しない学習者に対して不注意であることを思い起こさせたが、主な焦点は学校教育に置かれ、万人のための教育の目標を目指す進歩は一般に小学校への在籍者数として報告されている。しかしながら、より多くのアフリカの国々が初等教育の完全普及を達成したか、それに近づきつつあるのにつれて、関心が教育の質に次第に移ってきた。

残念なことに、そうした明らかな焦点の定め直しも教育の狭い解釈に留まり、インプットとアウトプットにより多くの関心があって、その中間で起こっていることにはあまり関心がなく、学習の過程にほとんど注意が払われていない。特に著しいのは、世界銀行の2020年の教育戦略である。それは、万人のための学習というタイトルにもかかわらず、学習についてほとんど述べていない[37]。その関心は（知識の同意語として使用された）情報の獲得であり、それから学級や試験の中でそれが教育の質の基準として無批判に提示され繰り返されている。扱われていないのは、好奇心を育てること、発問や知的なパズルを作り上げること、系統的な比較を行うこと、概念を開発すること、証拠に基づいた分析を準備すること、そして、その未開発から脱しなければならない大陸にとって最も重要なこととして、知識を創造することである。学校教育は受動的な活動であり、教員によって大部分が受動的な生徒に施されるもので、まさしくパウロ・フレイレ（Paulo Freire）によって批判された銀行型モデルの教育なのである[38]。こうしたアプローチに関して同様に苛立たしいのは、アフリカの教育者が万人のための学習を理解し促進することを可能にするのに必要な教育研究のインフラへの支援の欠如と不注意である[39]。

就学機会の拡張によって万人のための教育を達成することができるとしても、それを達成することは万人のための学習からはほど遠いのである。2つの関連

した問題がここにある。第1に、エリートを教育するようにデザインされた教育機関のカリキュラムや組織を維持したままの学校に多くの子どもが入れるようにすることは、万人のための学習を担保することができない。有効な大衆教育には別の学校教育のモデルが必要なのである。その主要な関心が選抜である（生徒が教育の階梯を上に進むにつれて、人数が激減するという通常の教育ピラミッドに位置づく）学校と、（基礎教育のサイクルに入る生徒がすべて修了することが予想される）包摂的に組織された学校とを比較してみるとよい。選抜的な学校はふるい分けや仕分け（誰が上に進むか決定する）に非常に関係があり、能力別編成やコース分けに頼り、個々人の学力を評価するために試験を使い、個々の生徒の成績で失敗を理解する。包摂的学校は、生徒がみな学習することができると信じており、そして、基礎教育を始める生徒はそれを修了するものと期待しているので、競争や選抜ではなく協力や協働に焦点をあて、さまざまな者が混じり合った生徒のグループを組織し、主としてカリキュラムや教授法のどこが効果的で、どこが修正されるべきかを評価するために試験を利用し、学校やシステムの観点から失敗を理解する。アフリカの多くのところで維持されてきた伝統のパターンである少人数のエリートを教育することを意図した学校教育は、大衆教育を成し遂げることはできない。学校教育モデルの根本的な変革なしには、万人のための学習は達成し得ない目標に留まるであろう。

　第2に、教育の質という共通の狭い解釈はそれ自体が万人のための学習への障害である。もちろん、学習者は基本的な識字能力や数学的基礎知識・技術を習得しなければならない。しかしながら、そうした技術の習得を学習と混同することは、想像力の欠如した授業や教師教育を育み、階層的で参加型でない教室での実践を強めるものであり、いかなる段階でも、想像力、標準的なモデルに挑戦する意欲や能力、そして、アフリカにとって不可欠な刷新や知識の創造に対して、ほとんどインセンティブあるいは見返りを提供しないのである。

種々の取り組みと競合する諸政策

1）統合を欠いた人種差別撤廃
　教育機会の拡大と並んで、植民地から独立した後のアフリカの指導者層が2番目に力を注いだのは、学校やカリキュラムから人種差別を撤廃することであった。この分野における進歩は相当なものであった。形式上の人種面の制限

は直ちに除去された。上級公務員や比較的豊かなアフリカ人が以前は白人が居住していた地区へ転居し、エリート学校へ彼らの子どもを通わせるようになるにつれて、非公式の障壁も弱められた。最もひどい要素、例えば、アフリカでのヨーロッパ人の歴史をアフリカ自身の歴史として教えるといったことは直ちに取り組まれたが、カリキュラムを全面的に改訂することは長い時間がかかり、困難であることが判明した。人種差別が減少するにつれて、別の不平等がずっと明瞭になった。

植民地からの独立後の教育システムには、適切な専門知識や経験をもったアフリカ人スタッフがほとんどいなかった。また、いかなる場合も、教材や教員用手引き書の改訂は時間がかかり、しばしば高価な作業である。同様に重要なこととして、カリキュラム改訂は質や基準の問題をめぐって展開するものであるために、植民地時代から引き継いだ教材の取り替え案については、しばしば鋭い議論が交わされた。教育の質保障の公的で正式な手段として広く認められ、教材よりずっと緩やかに、急進的にではなく改訂される国家試験の、今も残る強力な役割は、引き続きカリキュラム改訂にとってのブレーキとなっている。

同時に、少なくともいくつかのアフリカの国々では、人種差別が存続している。悪化する学校の質と金融危機が、普通は授業料を通じて、そして、いくつかの国では私立学校の役割の拡大を通じて、生徒とその家族に学校教育の経費のより大きな部分を負担させることに向けての取り組みをもたらした。高い授業料の学校は、公立か私立かにかかわらず、より良い訓練を受け、高給を与えられる教員を擁することができ、よく整備され、適切な人員配置のなされた図書館、実験室、コンピュータセンターを備え、また、多くの場合、上級学校への選抜に際して成功の可能性が高い。こうしたことが起こると、学校は階層化されることになる。機会均等への取り組みにもかかわらず、現実には、エリート学校への進学が使い捨て可能な要員を生む機能を果たしている。差別化要因は人種ではなくむしろ金である。しかし、両者は関連し合っており、それゆえに、人種差別がいくつかの国では政府立の学校の中でさえ再び起こってきたのである。皮肉なことに、（以前は）白人のための学校であったところが最高の質の教育を与えると認識された場合、新しく受け入れられたアフリカ人エリートは、しばしばそうした学校の最も忠実な擁護者となる。この問題は南アフリカにとって特に手強いものであることが分かるであろう。そこでは、地方分権化された当局が、より良く資金提供され、より良い人員が配置され、より良い

設備を備えた学校を保存しようとする白人の親に対して、いくぶん保護を与えているのである。

2）平等と公正

植民地から独立した後のアフリカの指導者層が3番目に力を注いだのは、より大きな社会の不平等や不公正に取り組むために教育システムを使うことであった。教育機会の拡大は重要であるが、その方向に向かう不十分な手段であった。

歴史的に見て、学校はひどく不平等な社会構造を再生産する上での主要な機関であった。限られた新入生募集や厳しく制限された大学への門戸は、ほとんどのアフリカ人をそれほど熟練を要しない、賃金の安い仕事、そして、それに伴う社会的地位に縛りつけてきた。重要な例外が存在した。数人のアフリカ人が彼らのヨーロッパ人仲間の多くを凌駕して、教育システムの最高段階に達した。数人の詩人、小説家、脚本家が彼らの作品を公表する術を見つけた。数人の西アフリカ人はフランス議会の議員に選ばれ、内閣の中で働いた。特に宣教師教育の長い歴史があったところでは、数人の家族が何世代かの大学卒業生を輩出することができた。それでも、ほとんどのアフリカ人は単に学校へ行く見込みがまったくなかったのである。学校へ通った少数の者のうち、上級まで進んだ者はほとんどいなかった。従って、学校を不平等を生み維持する機関から平等を達成するための手段へと転換するには、抜本的な変革が必要である。この点に関して、実際に何が起こったのであろうか。この質問に取り組むために、われわれは最初に用語と公共政策に関するいくつかの問題を検討しなければならない。

第1に、アフリカの教育に関する分析の多くに共通なのは、公正と平等とが混同されていることである。この混乱は公共政策にとって潜在的にきわめて問題である。公正は一般に平等な扱いを必要とするが、いくつかの状況下では、公正を達成するには別々な扱いが必要となるかもしれない。平等は同じであること、あるいは公共政策の中では、差別がないことと関係している。平等は、何人かの学習者がより小規模のクラスに振り分けられたりせず、より多くか、あるいはより良い教科書を受け取ったりせず、また、人種、ジェンダー、出身地、家族の財産を理由に優先的に昇進したりしないことを確実にすることと関係している。生徒の間で差をつけることに対しては有効な教育的根拠があるか

もしれないが、平等な機会には、その地位の違いが入学許可、進級、選別を制限したり、導いたりするように機能しないことが必要である。

しかしながら、公正は公平性や正当性と関係している。そして、問題が存在する。時として両者は、少なくとも短期的に、並び立たないことがある。植民地経験の核心である差別の歴史は、正当性とは、恵まれなかった人々に対して特別な奨励や支持を与える必要があることを指しているかもしれない。例えば、その歴史を前提として、アパルトヘイトを脱した南アフリカにおいて公正な教育とはいかなるものであろうか。明らかに、差別的な法律の撤廃は、それ自体では機会の均等を速やかに達成することはできない。平等な機会を担保することは、それ自体が非常に難しい課題であるが、公正を達成する第一歩なのである。しかし、公正と平等とを結びつけることは、差別と不公正との結びつきに取り組むことから注意をそらし、主たる目的として公正よりもむしろ差別のないことを設定するものである[40]。

公正さが平等性として捉えられる場合でさえ、一般に想像されるのは機会の均等である。しかし、結果を考慮することなく、機会が平等であったか否かをいかにして知ることができるだろうか。例えば、注意深く行われた研究でも、中等学校への入学者選抜あるいは中等学校での教授法の中に目に見えるジェンダー差別を見出すことはないかもしれない。しかし、そうした研究から自然減や落第の比率が女子の間ではるかに高いことが分かったならば、機会がまったく等しくなっていなかったと結論づけられるかもしれない。同様に、明瞭な差別がないにもかかわらず、試験の結果が出身地域、人種や民族によって違っているとすれば、やはり機会が平等でなかったのである。すなわち、就学機会の度合いは、機会の均等を評価するには不十分なのである。機会の不平等を発見し、是正することは、出発点を考えるとともに、結果も考えることを必要とするのである（本書の第6章を参照されたい）。

第2に、平等と公正に関する議論は、それらの目標と進歩との間の基本的な緊張関係を一般に想定している。評論家はしばしば主張するのだが、アフリカの国々は進歩を促進するために資源を配分するか、あるいは平等を達成するためにそれらを使うかとの間で、選択を行わなければならない。アフリカの政府はもちろん開発上の選択を行わなければならない。しかし、進歩と平等が特に教育において、あれかこれかの選択肢であることは全く明確になっていない。例えば、就学機会の拡張により不平等を縮小することは、高まった消費者需要

表16.7 サハラ以南のアフリカにおける各教育段階在籍者および選抜（2010年）

教育段階	在籍者総数（百万人）	先行段階在籍者に対する比率	初等教育在籍者に対する比率
初等教育	134.7	—	—
中等教育	42.5	32	32
高等教育	5.2	12	4

（資料出所）EdStats, www.edstats.worldbank.org［2012年7月30日閲覧］

が生産と生産力の拡張を刺激するので、成長を加速化させるかもしれない。同様に、能力や理解がより広く普及すれば、はるかに高価な輸入労働力への依存を縮小し、生産様式や生産環境が変わった時に、労働力を新しい方向に向けるのを促進するかもしれない。加えて、執拗な不平等は民主的な統治への広範な参加に対する障壁となるとともに、社会に破壊的な不満を生み出す原因にもなる。進歩と平等の間にはあれかこれかの必然的関係があるという想定を拒否し、そうではなく進歩と平等は相互に依存し合っており、各々が他方を必要とし、高め合っていると結論づけることにはしっかりした根拠が存在する。

第3に、就学機会が拡大するにつれて、選ばれたエリートのための初等教育を万人のための基礎教育に転換するには莫大な財源が必要という理由が1つにはあったがゆえに、教育のピラミッドの基礎部分が広がった一方で、その頂上部分はアフリカの大半では非常に狭いままである。排除の段階は学校教育の階梯に沿って上へ移動してきた。表16.7が示すように、サハラ以南のアフリカでは初等学校在籍者のわずか3分の1だけが中等教育段階に達し、4％がさらにその上に進級することを望みうる。こうした数字が生徒のさまざまな層を代表していることに注意するなら、ほとんどのアフリカ人にとって、ごく少数の学習者が上級に進むというように、学校教育は常に狭まり続ける選抜の過程であることが明らかなようである。

第4に、教育における（不）平等と（不）公正に関する以前の議論は、一般に地域（民族や、もっと普通には部族に代わりうる）に関係していたが、近年では、主な焦点はジェンダーに移ってきた。[41)]焦点の劇的な転換について説明し、その成り行きを探ることは本章の範囲を超えている。しかしながら、教育の内部にある他の執拗な社会的亀裂や男女間の不平等を縮小する努力の両方について簡単に考察しておくことは無駄ではあるまい。

表 16.8　サハラ以南のアフリカの成人（15 歳以上）識字率（1985 ～ 2010 年）

年	比率（%）
1985-1994 年	53.2
1995-2004 年	57.3
2005-2010 年	62.6

（資料出所）ユネスコ統計研究所のオンライン・データベース［2012 年 7 月 30 日閲覧］

表 16.9　サハラ以南のアフリカにおける就学者総数に占める女子の比率（2000 ～ 2010 年）

年	就学前	初等教育
2000 年	48%	46%
2008 年	49%	47%
2010 年	50%	48%

（資料出所）世界銀行オンライン・データベース

　実質的で信頼しうる証拠からは、学校への就学機会や学校での成功に関して、地域、宗教、人種あるいは国籍や階層による厳しい差別が多くの国で続いていることが分かる。利用可能なデータは、キリスト教徒のコミュニティにはイスラム教徒のコミュニティに比べて、より多くの学校があり、より多くの子どもが学校に通い、より多くの卒業生がいることを示している。アフリカの内部では、コーラン学校や他のイスラム教徒の学校は一般に、世俗的な（つまり、西洋流の、そして少なくとも非公式にキリスト教の）教育の代替となる本格的なアカデミックな機関ではなかった。関係資料が収集されている場合、より裕福で高い地位の家族出身の子どもが学校に入り、そして上級レベルの学校に進んでいくことがありがちなことは系統だって明らかになっている。こうした不平等に関する多くの証拠にもかかわらず、それらはジェンダー格差に比べて、それほど議論や系統的な研究の焦点となることがなかった。いくつかの国はジェンダー格差に対して積極的差別撤廃プログラムを実行した。しかし、地域、民族、人種、国籍、宗教あるいは社会経済的地位のためにやる気を失わされるか、不利を被っている将来の学習者を支援する相応の構想はまったくなかったように思われる。

　女子が学校に入り、学校で成功するように激励し支援する取り組みは多数にのぼるが、ごく部分的に成功しているだけである。表 16.8 は、サブサハラ・

アフリカの識字能力のある成人女性の比率が過去20年間に10%以上高まったことを示している。にもかかわらず、成人男子の3分の2以上が識字能力があるのに対して、女性の半数弱は非識字のままである。

　小学校への就学に関するジェンダー面での平等には明らかに進歩が見られたが、グループとして見た場合、サハラ以南のアフリカの国々では、女性は未だ在籍数の半分にも満たない（表16.9）。1960年には中等学校人口に関して4分の1、高等教育在籍者に関して10分の1といった、より低い比率の出発点から見れば、中等および高等教育レベルでも同様の進歩が見られた。それにしても、2010年の時点で、女性は高等教育在籍者のわずか40%しか占めていない。2010年のジェンダー平等指数は0.71（中央アフリカ共和国）から1.06（セネガル）までさまざまである。[42] 同じ年の中等教育段階のジェンダー平等指数は0.42（チャド）から1.38（レソト）までの幅があり、高等教育段階では0.17（チャド）から1.29（カーボベルデ共和国）までの幅がある。[43] ここで留意すべきは、いくつかの国、特に年若い男の子が牛の見張りに出されるような国々（例えばレソト）では、不平等はもう一方へ傾く、つまり、男子の就学率が低いことである。

　差別の持続性は著しい。1995年のある研究の要約は、次のように結論づけた。

> ほとんどの場所で1960年代以来すばらしい進歩が得られたが、女子の就学レベルは依然として男子より低いままである。原級留置、ドロップアウト、不合格は初等教育レベルから始まって女子の間で非常に多く、教育システム全体にわたって続いている。多くの女子がフォーマルな学校教育システムから排除されたままである。教育システムに留まっている少数の女子は、理科、数学そして技術的科目を避けるように指図される傾向がある。……従って、［公式の］労働市場への女性の参加は限られたものである。……女性の非識字率は高いままである。[44]

ほぼ10年の後

> サハラ以南のアフリカには低い就学率と大きなジェンダー不均衡ならびに不平等が存在する。……ジェンダー不均衡は、学校への就学機会だけでなく学習の過程への参加にも関わりがある。サハラ以南のアフリカは原級留置率が最も高い地域である。……女子は男子よりしばしば落第する。

……サハラ以南のアフリカは第5学年まで在籍し続ける比率が他のどこよりも低く、女子より男子の比率が高い唯一の地域である。……初等教育におけるジェンダー不均衡は教育段階につれて増大する。……高等教育では、女子ははるかに在籍者が少ない（10人の男子に対して5人未満の女子）だけでなく、しばしば社会科学、人文科学、サービスや保健関連のコースなど、男性と平等な彼女らの雇用機会を増やさないようないわゆる「女性向きの」分野に限られている。女性は非識字者のほぼ3分の2を数え、これは2015年までに大きく変わるとは思えない数字である。ほとんどの国は女性の識字率が男性の半分にすぎないというように、実質的なジェンダー格差を示している。……[45]

非常に短い期間の間に、女性の教育経験は教育分析の重点的な焦点となり、そして、少なくともいくつかの国では教育政策や教育計画の重点的な焦点となった。[46] 1980年代末に実施されたアフリカの教育に関するほぼ150の広範な研究の再検討からは、女子教育には明示的な注意がほとんど払われなかったことが判明した。1990年代初めに終了した約240の研究に関する再検討からは、すべての研究が同テーマを扱ったものであることが明らかになった。[47] そうした関心の高まりは、大陸全体、国家、そして地方レベルにおいて、女子教育に関する制度、機関、ネットワークを伴った。いくつかの外国の資金供給機関は女子の新入生募集や彼女らの学校での成功を助長する努力に対して重要な支援を提供している。

しかしながら、いくつかの反対意見は、男性と女性の教育経験の違いがいかんともしがたい人間社会の深遠な特性を反映するものであり、したがって、劇的に変更することは不可能であるという確信に基づくものである。別の人々は、ジェンダーへの関心が、しばしば外国からの援助の条件として、外部者によってアフリカに持ち込まれ、押しつけられた価値や優先事項であると見ている。さらに、他の者はそうではなく、平等や公正に対するより広範な焦点の一部としてジェンダーを扱うことを主張して、ジェンダーを特に突出させることはしない（さらなる議論については、本書の第7章を参照されたい）。

教育におけるジェンダー問題への関心の高まりは、比較教育学のアプローチや方法、そして研究と政策の連携に関する重要な問題を浮き彫りにしている。この分野において広く行われている研究の方向性は、社会科学研究のため

の標準的なモデルとなってきたものの優勢と限界の両方を明らかに反映している。一般に、出発点は、労働技術の拡大や強化、雇用可能性の増大、家族の健康増進、多産の抑制といった、女性を教育することの価値や重要性に関する道具主義的な仮定である。しかし、女性を教育することが明瞭な社会的、個人的恩恵を生むならば、なぜ女性は学校人口の半分を構成しないのであろうか。この問題に対処するために、研究者は低い在学率、あるいはより高い損耗率について説明する要因を見出そうと努力している。対象となる原因は、今ではよく知られている。親の姿勢、将来所得に対する男女間で差のある期待、女性の労働および家事での責任、家や学校での役割モデルの欠如、特定の教科課程を続けていく上での明示的、暗示的な障害、親の学歴、宗教的・道徳的な家訓、セクシュアル・ハラスメント、早期の妊娠等々である。

　しかしながら、何人かのアナリストは、問題は権力や権限の関係であり、女性が除外されているということではないと強調する[48]。この観点からすれば、学校はそれが機能する社会秩序を反映しており、したがって、社会のジェンダー差別が学校の中に浸透し、方向づけているのは驚くことではないのである。すなわち、教育における男女不平等に取り組むには、それほど多くの個別の原因となる要因を見つけ出す必要はなく、社会的関係、したがって、経済的、政治的な関係を修正することが必要なのである。このアプローチでは、平等主義でない社会に女性をより効率的に組み入れようとするよりもむしろ、学校が社会変革の場所や手段とならねばならないのである。ジェンダー問題に関するこうした理解は、アフリカの開発に関する一般的な文献の中で強力に提示されてきたが、わずかの例外を除いて、大部分が変数をリストアップし、それらの相対的な重要度の測定を試みることを続けている、アフリカ教育に関する研究においてはほとんどなされていない。

3）地方分権化

　アフリカの教育に広がった危機感は、中央の諸機関がうまくいっていないという感覚と相俟って、地方分権化に対して感じられていた魅力に油を注ぐことになった[49]。教育に関する世界銀行の1980年代末の報告書は、「地方分権が……教育の質を向上させる上で学校の潜在力を解き放つ鍵となる」と宣言することにより、広範に広がった楽観論について例を挙げて説明している[49]。地方分権化の論拠は多面的である。いくつかは明らかに哲学的でイデオロギー的であ

る。地方がより大きな自治をもつことは、次のような人間的、社会的、知的理由から本質的に望ましいと思われる。すなわち、人間の潜在能力の開発、民主主義に本来備わっている、つまり手段としての価値と対比される価値や、ひいては統治への市民の参加、さらに、いかなる個人や機関も必要な情報を思い通りに使いこなし操作する能力に関して避けられない制約があることなどである。地方分権に対する第2の論拠は政治的なものである。権限の委譲は、政治権力ないし支配を維持し拡大することにとって、あるいは反対の見地から、政治システムに異議を唱え、改革するために不可欠であると考えられる。かつては除外されていた集団が政治システムに関心を寄せ、ひいてはその中で働き、それを維持する論拠を作り上げることから、それらの集団が政治システムの転覆や破壊を狙うことをあまりしそうもなくなる。教育関係の文献の中で最も広く主張される第3の論拠は、制度や行政に焦点を絞ったものである。地方の役人に意思決定の権限を割り当てることは、恐らく地方の状況についてより熟知し、より敏感でありそうな人々に責任が移ることが期待され、官僚主義的な遅延は減少するし、地方自治体の行政能力は向上する。また、国民統合を促進し、遠く離れた中央政府への依存を減らし、意思決定の（過剰な）中央集権に内在する規模の不経済性を縮小することによって、さらに、中央－地方間のいっそうの調整、より柔軟で、より創造的で、より革新的な行政、小規模な実験、より効果的なモニタリングや評価によって効率が高まる。

　教育における地方分権化を伴う経験は雑多であり、しばしば落胆させるものであった。期待された恩恵は幻想であると分かった。1つには、地方分権が誇張され、実際のところ権限の真の委譲を伴うものではなかった。統治に関して受け継がれたモデルが高度に集権化し、権威主義的なものだったことを想起して欲しい。技術と資源を集中し、地方の排他主義や分裂を回避することの重要性が強調され、国の指導者層は時には地方の支援を受けて、責任を委譲することに消極的であり、地方自治体が自らの収入を生みだし管理することを可能にすることに概して反対した。

　1つには、地方分権を主として行政と執行を改善するための戦略と見なすこと自体に限界があった。地方分権は本質的に特定の場面で誰が支配するかを明示することに関わる政治過程である。[50]確かに、中央による指図あるいは地方自治のいずれにも絶対的価値はない。両者は程度の差はあるが、別々の見せ場において重要である（例えば、本書の第8章を参照されたい）。それらは併存し

なければならない。一般に主張されるのは、地方分権が市民において権限を付与するというものであるが、中央集権も地方分権も必ずしも恵まれない人々に恩恵を与えるものでない。特権が強い中央権力によって維持されるところでは、高められた地方自治がそれに挑戦するのに役立つかもしれない。しかしながら、不平等が地方自治体によって維持されるところでは、不利を被っている集団はより強力な、弱体化されない中央の役割を好むかもしれない。中央の権限と地方自治とのちょうど良い配合というのは、状況によって常に異なるものであり、いつでも他のものに比べて特定の利害によく反応するものである。

　教育においては、地方分権が地元の利益や機関を増強している間は、再配分は妨害に遭う。親は自分の子どもの教育のために喜んで金を払うかもしれない。しかし、特別な状況以外では、親は一般に値上げされた授業料が別の場所の子どもの学校教育を改善するために使われるのを見たいとは思わない。南アフリカでの経験が示したように、地方による管理は恵まれたコミュニティが自らの特権を安全な場所に置き、変化に抵抗することを可能にするのである。

4）民から公、さらに民へ

　アフリカのほとんどのところで、植民地時代の教育は著しく私事であったが、教会が中心的役割を果たし、多くの場合に政府による資金供給が行われた。植民地からの独立は活動の中心を変えた。教育と保健は、政府によって資金が公に提供され管理されるべき公共財の中で最も目に見えるものになった。他のどこでもそうであるように、コミュニティに対する教育の価値が広く認識されただけでなく、植民地から独立後の状況は、民族運動の後継者である新政府が選抜的で差別的な学校教育を、広範な就学機会と能力に基づく進学に置き換えるだろうという期待をもたらした。われわれが見てきたように、公立学校とその在籍者数は、多くの国での小学校への普遍的な就学機会に向けての進歩とともに、鰻登りに増えた。もっと近年では、小学校の授業料の目に見える廃止と万人のための教育キャンペーンが政府の役割を強化した。

　同時に、（再び）私事化を目指す圧力が勢いを増した。私事化（民営化）擁護はいくつかの方向から生じている。いくつかの場面では、教会が依然として積極的な教育の供給者となり、公的資金が使われることも稀ではなかった。例えば、レソトでは教会がほとんどの学校を所有し管理している。宗教系機関にとってのそうした顕著な教育上の役割は、単なる過去の遺産だけではないので

表 16.10　サハラ以南のアフリカにおける私立学校在籍者の比率（2005～2010年）

	2000年	2005年
就学前教育	35.9	35.6
初等教育	11.3	12.9
中等教育	14.4	15.3

（資料出所）ユネスコ統計研究所のオンライン・データベース［2012年8月11日閲覧］

ある。いくつかの国々は公教育システムの中にコーラン学校を統合し、少なくとも部分的資金提供を行うことを考えている。高い授業料の私立学校は、最も裕福な層の子どもに役立つという役割を保持してきた。政府立学校の目に見える失敗が非政府系の代替物に対する需要を刺激した。4番目の流れは、特に世界銀行の断続的な分析や提言に顕著に見られるように、民営化に対する外国の融資者からの圧力であった。5番目の誘発要因は、国際貿易協定や関連組織の規則によって保護されながら、アフリカの教育への接近を図る海外の教育供給者によるものである。ほとんどの児童・生徒は公立学校に通っているが、サハラ以南のアフリカの至る所で私立学校の在籍者数が（私立小学校に通う児童の比率が48％上昇したように）著しく増えてきた（表16.10参照）。国ごとの変化はさらに著しい。いくつかの国では、2010年に私立学校在籍者が全体の半分以上を占めた。すなわち、ウガンダとスワジランドでは小学校就学前の在籍者の100％、モーリシャスでは中等学校在籍者の54％、そして、赤道ギニアでは小学校在籍者の51％である。

　アフリカの教育の民営化には、このようにいくつかの形式がある。授業料が学校教育にかかる経費の上昇分を生徒とその家族に転嫁している。小学校の授業料の廃止は多少その傾向に抗するものであるが、見たところ、授業料無償の学校は在籍児童に支払いを要求する方法を引き続き見出している。加えて、アフリカ大陸の至る所で、親たちは有償の補習授業、すなわち一般に放課後に、しばしば学習者の学校での正式の教員によって行われる個人教授を通じて、自らの子どもたちの将来の可能性をより良くしようと努力している。

　いくつかの国々で当初は禁止あるいは妨げられようとしたけれども、私立学校、すなわち、そのいくつかは非政府立で非営利、いくつかは営利目的の機関、また、いくつかは高品質で、いくつかの学習環境は名ばかりのものといった私立学校が、ほぼどこでも増加してきた。一部の論者は、私立学校が貧しい人々

第16章　アフリカにおける万人のための教育　619

のためのより良い代替機関となっているとする。あるものは長い歴史をもつ(例えば、ケニアのハランベー中学校)一方、コミュニティからの直接および現物による寄付によって完全に、あるいは大部分資金提供されているさまざまなレベルのコミュニティ学校がアフリカ各地で拡大してきた。いくつかの国家的取り組みにもかかわらず、教科書の生産は大体が民間や外国によって担われたままである。多くの国では、私立の高等教育機関は今や政府立のカレッジや大学を数で圧倒している。特に高等教育レベルでは、適格認定や規制が困難なことが判明した。大学生は公益の実行者であり受託者でもあるのだから、公的に援助されるのが理にかなっているという考えを反映した政府による高等教育への就学支援は、大きな影響を与えた学生による授業料自弁に次第に置き換えられてきた。政府立大学は学生からの授業料、製品やサービスの代金、そして営利事業への恐らく直接的関与を通じてより多くの収入を創出することが期待されている。外国の教育供給者は数が多くなり、人目を引くようになってきており、監査や規制が多くの場合困難である。

　こうした民営化が進むにつれて、公と民とが重複していずれか判断が難しい領域も広がってきた。多くの種類の学校が直接・間接に政府からの資金提供を受けており、多かれ少なかれ政府の指示に応えている。一部の学校は政府による規制の免除を担保するため、あるいは国の教育目的、政策ないし優先事項とまったく一致するとは限らない教科課程を提供するために、私立あるいは疑似私立の立場を利用している。

　こうした増大した私立の役割がもたらす広範な結果については、未だ完全には明らかになっていないか、あるいは系統的に評価されていない。明らかなのは、多くの人々にとって、教育がますます商品と見なされるようになっていることであり、その商品の価格は主として動かしている者がアフリカの外部にいるかも知れない複雑で理解の困難な市場の中で決定されるということである。価値や価格についての情報はせいぜい中途半端なものであり、大半の親には簡単に利用可能でないことは確かなので、個々人の選択は通常、民営化の主張者によってほぼ仕切られた議論の中での突出した要求や執拗な要求によって誘導される。教育システムに関する重要な要素が公的支配の外側にある場合、また、十分に管理されたものであっても資源が不十分な場合、学校教育に対して政府が責任を負い、また社会的説明責任を果たしうるようにしておくのは難しく、さらに、政府が刷新したり、新たなことを始めたりすることはありそうも

ない。公共財としての教育の理解は陳腐化し、どのように、なぜ、そして誰が恩恵をうけるのかについては非常に限られた議論しかない。

5）非政府組織

わずかな例外はあるものの、政府は政策を策定し、学校を作り管理して、植民地以後のアフリカの教育において中心的な役割を果たしてきた。そのことは、公共財としての教育というグローバルなパターンと、アフリカ独特の状況の両方を反映している。教育は飛躍的な発展を可能にし、受け継がれた不平等を縮小し、国民統合を促進するはずであった。われわれは、当初は何が小さな民間部門のこだわりであったのか、そして、何が民営化するための一連の強力な圧力になったかを述べてきた。

同時に、国連および国際的、国内的、地域的と、さまざまな種類の非政府組織がアフリカにおいて次第に大きな教育上の役割を果たしてきた。国連の諸機関は特別な状況（例えば、故国がない人々のための学校を支援する国連難民高等弁務官事務所）および十分なサービスを受けていない教育領域（幼児教育を支援する国連児童基金）に取り組むために努力した。いくつかの国際的なNGO（例えば、セーブ・ザ・チルドレン）は長年にわたり幅広い教育的取り組みを行い、一方、「ルーム・トゥ・リード（Room to Read）」「アフリカの村落図書館の友（Friends of African Village Libraries）」など、他のNGOは焦点をもっと絞っている。オックスファム（Oxfam）、カトリック救済サービス（Catholic Relief Services）、国際救援委員会（International Rescue Committee）といった他の公益NGOも教育プログラムをもっている。これらのNGOは公式には政治と無関係であるものの、結局、仕事の弾みから教育政策問題において一定の見解を擁護し、そこに関わることを求められる。

少数のNGOはあからさまに実力行使を行い、例えば学校の授業料廃止、女子教育の促進などの教育政策に影響を及ぼすことに深く関わっている。アクションエイド（ActionAid）、オックスファム、教員組合の連合体であるエデュケーション・インターナショナル（Education International）および児童労働に反対するグローバルマーチ（Global March Against Child Labour）によって1999年に設立された「教育のためのグローバル・キャンペーン」はアフリカ全体に地域別・国別支部をもっている。教育界の積極的活動がアフリカでも出現したのである。万人のための教育を達成する上での諸課題を認識して、

第16章　アフリカにおける万人のための教育　621

「万人のための教育アフリカ・ネットワーク・キャンペーン（ANCEFA）」はアフリカ全体の教育上の提携や連合の統括組織となっている。当初アフリカ教育開発協会（Association for the Development of Education in Africa; ADEA）とロックフェラー財団からの支援を受けて、アフリカ女性教育者フォーラム（Forum for African Women Educationalists; FAWE）は女子教育の各種取り組みを支援するために大陸全体および国別のプログラムを発展させた。セネガルでは成人女性の識字に力点を置いて、「トスタン（Tostan; ウォロフ語で「突破口」の意味）」が女性器切除問題に取り組む上で地方や全国的な影響力のある役割を果たした。

　例えば、タンザニアのハキエリム（HakiElimu）訳注2、東アフリカのトゥワベザ（Twaweza）訳注3やウベゾ（Uwezo）訳注4、南アフリカの「平等な教育」（Equal Education）など、いくつかの国の活動家的教育組織は、政府の取り組みを支援することと、教育システムの不適切な点を浮き彫りにするために研究、メディア利用、市民の動員を断続的に行うこととの間を舵取りする道を探し求めてきた。権威に挑戦するにはもちろん危険が伴う。万人のための教育の進捗状況および教師の状態に関するハキエリムの報告書は、2005年に政界の実力者たちによる鋭い批判、そして同組織の活動を制限する取り組みや、後に解除されたものの、学校への出入りの正式禁止につながった。

　現在までのところ、アフリカでは公立に匹敵する独立学校の設置に関わるNGOの出現は見られないが、52)NGOの活動は拡大し続けるであろうし、活動家たちが政府とのぎくしゃくした関係になることは起こり得るように思える。教育関係のNGOはユニークな地域の需要や条件に特に応え得るものであり、確かに、そのことが一般にそれらの創設根拠である一方、教育NGOの大部分は外部からの資金供給に大きく依存し続け、その気まぐれによって断続的に打ちのめされるのである。

訳注2　スワヒリ語で「教育に対する権利」あるいは「権利に関する教育」を意味し、同NGOは2001年に設置された。
訳注3　スワヒリ語で「われわれは起こさせることができる」を意味する言葉。
訳注4　スワヒリ語で「能力」を意味する言葉であり、同NGOは6～16歳を対象に識字および数学的基礎力をつけることを目的とする。

6）教育と開発

アフリカの開発（大雑把に言えば、生活水準の向上とそれを達成するために必要な経済改革）における教育の役割に関する理解は、教育面、政治面での重要な結果次第ではっきりと分かれる。就学機会を拡大し、学校やカリキュラムに見られる人種差別待遇を廃止し、公正を推進する努力は、脱植民地の前提や期待を反映するものである。その観点から見れば、教育には変革をもたらすという広範な使命がある。そうした方向性と並行し、しばしばそれとの葛藤を起こすのは、教育と開発との関係に関する狭量な見方である。多くの場合、この無意識的に経済的な見方は、生産や生産力を拡大する上での教育の手段的役割に主要な意義を見出し、それ以外の教育の目的を当面は負担しきれないので先延ばしにすべき社会の贅沢品であると普通は考えるのである。自由な教育に対する人間的な願望、不平等を是正する道徳面の義務、公正さの増進から期待される社会的恩恵、および政治的な動員や民主的参加の拡大の潜在力がどれほど望ましいものであっても、いずれも待たなければならない。あるいは、二者択一的に、学校が次の世代を国内経済やグローバルな経済で期待される役割に向けて準備することに焦点を絞るべきだという主張の副産物として達成されるに違いない。これらは確かに困難な選択であるが、しかし貧しい国々にとっては避けられないものであると、その擁護者たちは主張する。

そうした方向性は一般に「教育のある者の失業」と呼ばれるものに対する広範な懸念によって強められる。この言葉自体が意味をもっている。ここでの問題は何であろうか。より多くの教育を受けた者の失業と学校教育をほとんど、あるいはまったく受けていない者に職が無いこととを分けるのは何であろう。確実なことは、社会全体も職のない若者も、もし識字能力がなくて、その上に失業していれば、暮らし向きが良くなることは決してないということである。

学校を卒業した若者が仕事を見つけられなくて、（あるいは彼らが自分に向いていると思う仕事を見つけられなくて）欲求不満でいることは、主として雇用創出に関わる機能であって、学校教育の機能ではない。権力にある者は失業者の教育レベルが上がることを脅威に感じるかもしれないが、それは第一義的に政治の問題であって、教育の問題ではない。

教育の内容や実践を修正することが雇用可能性を増すとか、期待を変化させるとか、あるいはその両方であろうと期待されている。しかし、よりよく訓練され、より高い給与をもらっている教員、それほど混み合っていない教室、十

分な教材があったとしても、教育システムだけで停滞した経済の成り行きを克服することはできない。もし求職者が求人数を上回っていれば、学校のカリキュラムや実践を修正することは、どの生徒が職を見つけられるかに影響を及ぼすかもしれないが、どれほど多くの生徒が職を見つけられるかには影響をおよぼさない。人生の経験は学校での授業よりはるかに期待を形作る。経済成長を欠いた状態では、学校で教えられる教科内容も、学校が与える政治教育も欲求不満を減らしたり、政治エリートの不安を取り除いたりするにはあまり役立たないであろう。

　開発における教育の役割に関する道具的見方と教育を受けた者の失業への懸念が相俟って、教育を確認された技術需要に緊密に結びつける努力を生んだ。時間の経過とともに、その結びつきを作り上げるための戦略が発展した。初期の考え方は「マンパワー計画」であり、それは教育プログラムや教育の配分を指図する労働需要予測に左右されていた。大いに非難されたにもかかわらず、そのアプローチは依然として使用されている。しかし、遠い将来に必要な技術の予測を行うのは難しいし、恐らく不可能であろう。特に迅速な工業化や技術革新を経験している経済においては、そうである。わずか数年前に、アフリカの人的資源の計画者は、コンピュータ・プログラマー、電子工学の専門家あるいは教育工学のインストラクターといった仕事を彼らの職種リストの中に含めていなかった。しかし、今日ではすべてのアフリカの経済がそうした技術を必要としている。このアプローチは一般に職業変更の範囲や速さを過小に見積もるものである。加えて、このアプローチは知的な成長、批判的能力や問題解決能力の開発、創造性や表現力の助長、そして直ちに、また直接に職業上の結果に結びつくような教育の他の特徴をおざなりにする傾向がある。

　いくつかの代替的なアプローチが出現した。1つは就学機会に対する社会の広範な関心を強調し、教育プログラムの形成に社会のニーズを利用した。需要に焦点を当てることは、教育機関が揺れ動く見方や好みに対して敏感になる可能性を与える。しかし、このアプローチもまた、首尾一貫し統合された国としての教育の行動計画の開発を困難にするような誤解、流行、特殊状況に制約される。マンパワー計画への別な反応は、教育や訓練機関の内部に主要なプログラム化された意思決定を据えることであった。もし教育機関が経済、政治、社会的な状況に特に敏感であるならば、そうした機関の自治は非常に望ましいかもしれない。しかし、このアプローチは、国としての政策や優先順位を定める

努力と容易に相容れるものではない。また、異なる教育機関の活動を調整することを促進するものでもない。さらに、教育機関が新しい拡大したプログラムをもつようにという内部的な圧力に真っ先に反応する場合、労働市場の需要と卒業生の専門分化とのミスマッチの危険性が非常に高い。

　カリキュラムと教育システムを労働市場にもっと広く結びつけようとする努力は、学校教育が学術的すぎるとか、人文的すぎるとかいう常々繰り返された不満につながった。教育は、絶えず繰り返し言われるように、国のニーズに見合ったものでなければならない。この見方では、国のニーズ、関連性、それらのカリキュラムに対する意味合いは非常に狭く解釈される傾向がある。人々が生活水準を向上させ、精神的にも物質的にも発展することを可能にする経済成長の速度やパターンを越えて、何が本当に国のニーズなのだろうか。[53] 製鉄所や電子工学産業がそうであろうか。もっと多くの村の掘削孔や穀物工場が必要だろうか。国のニーズには信頼できる質の高い公共サービスや事業あるいは、しばしば「ニーズ」と呼ばれる、より多くのビデオ機器やその他の消費財に対する需要が含まれるのだろうか。道徳的倫理的振る舞い、非暴力の対立解決策、すべての市民に対する公正な待遇も国のニーズと考えられるべきであろうか。文化的ニーズ、美的ニーズ、文芸のニーズはどこに位置づけられるであろうか。どこでもニーズや優先事項は常々議論され見直されている。すべての社会は絶えずそれらのニーズと優先事項を見直している。すべての社会の中で、ある集団は自らの特定の要求が国のニーズであると主張する。教育は確かに国のニーズを形作るとともに、それに取り組む役割を担っている。しかし、同様に確かなことは、辿るべき直線的な道はないということである。

　適合性とは状況や過程から見てはじめて意味をなすものである。多くの場合、例えば、アフリカのほとんどの人々が農村の専業農家であるという観察は、教育は農業の道具や技術に焦点を絞るべきであるという主張に結びつく。失業は誤った教育、すなわち、化学や会計ではなく、歴史や言語を学ぶことに原因があるとされる。そうした見方からは、若い人々に他の文化のことを紹介するために諸言語を教えたり、あるいは学習者に新しい考えや異なる思考方法に触れさせることを企図した書物を割り当てたり、組織的観察や比較について理解し修得するために生徒が顕微鏡を使用することを主張したりする学校は、適合性のない教育プログラムで時間を浪費しているということになる。そうであるならば、アフリカは他者の考え方や技術への依存状態をいったいどのように脱す

るであろうか。アフリカはどのようにして再生不能の資源の開発を越えて、新しい資源の開発へと進むことができるのであろうか。アフリカ人の誰1人として原子核内の粒子の実験をせず、新しいコンピュータ・プログラムを作成せず、赤痢、マラリア、AIDS に対する新しいアプローチを考え出さないとすれば、アフリカ人は自分自身の方向に対して、いかにして責任を負うことができるであろうか。教育が地平を制限するのではなく、それを拡げるものであるとすれば、何が適切かを決めるには、明白な事柄についての1つの単純な陳述ではなく、価値、期待、そして制約との絶えざる遣り取りが必要である。適合性のあるプログラムは権威のある決定からではなく、協働と交渉から生まれる。

　総じて、教育と開発についての2つの鋭く異なる見方がアフリカに現れたのである。一方では、教育の役割は変容させ、解放し、統合することである。教育は人々が自らの社会を変えるために社会について理解するのを可能にしなければならない。教育は技術に関わるのと同じほど人間関係にも関わり、また、不平等を取り除き、民主を実践することに同じように関わらねばならない。教育は、学習の方法を学ぶこと、受け入れられた知識や物事を行う方法について批判的に検討することに焦点を絞らなければならない。刷新と実験に好意的な、そうした種類の教育は潜在的に解放や力量付与を目指しており、そういうものとして、学校の内外における確立した権力構造を脅かすものである。こうした方向性は少数意見のままであった。

　教育の核心部分や実践を見直そうとする時折の構想にもかかわらず（例えば、タンザニアの自立のための教育やボツワナの生産旅団のための教育など）、支配的な見方は、主として労働の世界のための技能開発や準備として教育を理解するものである。適合性を強調することは、歴史家、哲学者、詩人、社会批評家の教育に対して低い優先順位をつけ、そしてその結果、すべての学習者の中から歴史家、哲学者、詩人、批評家を育てることに低い優先順位をつけることになる。卒業生の失業を恐れて、指導者層は学校が学習者の願望を制限することを期待する。国家試験によって方向づけられるカリキュラムは、予め決まった獲得されるべき情報をめぐって展開しており、そうした情報を身につけ、アイデアを生み、批評を行うための戦略や手段を開発することをめぐって展開していない。

7）教育政策の策定

アフリカにおける教育政策やアジェンダの策定は、広く包括的なものから狭く権威主義的なものまで、多くの形式をとってきた。受け継がれたモデルは刷新や開発より統制や管理のほうに向いた、明らかに官僚主義的なものであり、それは広く保持され強化されたパターンであった。いくつかの国々では、しばしば教育大臣であったが、時には国家元首といった重要人物が、問題を見極め、方向を指し示す上で中心的な役割を果たした。別の国々では、特別委員会が証拠を集め、研究を委託し、新しい政策を提言した。さらに別の場面では、フランス語圏アフリカで全国三部会（états-généraux）と呼ばれるような主要な全国議会が、教育界の多様な関心に対して、それらの見方を提示し、特定の政策を支持するための連携を構築する機会を提供した。いくつかの国はいくつかの異なるアプローチを用いた。

タンザニアの経験は改めて有益である。政策と政策決定過程の両方が、変化する時間、影響、諸勢力間のバランスを反映した。1961年の独立時にはごくわずかな数の教育のある教育行政官がいただけであったタンザニア（タンガニーカ）は、他の多くのアフリカの国々と同じく、優先順位を定め、具体的計画を策定する際に外からの助言を求めた。世界銀行によって雇われたコンサルタントによって導かれ、タンザニアは当初、初等教育後の教育とマンパワー計画アプローチに力点を置くことを決めた。『自立のための教育』の出版とともに、優先順位は初等教育および成人教育に移った。初期には、主要な教育政策アドバイザーは外部からの専門家であった。1960年代末の時点で、影響力のある考えは大統領のものであり、タンザニアの単一政党のものであった。

初等教育が拡張するにつれて、民衆の不満、特に中流階級の抗議は中等学校への限られた就学機会に集まった。教育政策を再検討するためにニエレレ大統領によって1980年代初めに選任された全国委員会は国中を巡り、証言を聴取し、研究を委託し、分析、予測、提言を提出した。公に発表され、それから不意に取消しされた同報告書は、中等学校の授業料導入に関する異論のある意見交換を含む全国的な議論を引き起こした。かくして、教育政策決定過程は再び修正された。前の10年間には大統領と政党が新しい政策を始めたが、1980年代までに、政策決定への参加者の輪は広がった。

1990年代初めの時点には、状況が再び変わった。教育政策に関する国としての新しい見直しが始まった。今回の主導権は教育文化省にあった。そして、

主要な参加者は政治家ではなく、外国からの資金提供に大きく依存した学者であった。[56] その中心的な役割を与えられた教育行政官や教育専門家が指導するという、教育政策策定に対する別のアプローチがここにはある。この方向性は公共政策の策定過程から政治的色彩を除こうと努力する1990年代の一般的な傾向と全く一致していた。そうした方向性は、やがて第三世界の教育研究や政策決定において世界銀行の役割がきわめて増大したことと合致したし、その役割は、1990年代の初めにタンザニアで特に明白になったものであった。世紀の変わり目までに、タンザニアの教育政策の決定は一見したところでは完全なサイクルになったようであった。それについては、貧困削減戦略書が教育および他のセクターでの政策決定の包括的プロセスになるにつれて、世界銀行とその専門家が顕著な役割を果たした。

要するに、数年にわたって、タンザニアはいくつかの異なる政策決定モデルの実験を行ったのである。すなわち、外国で雇用された専門家への依存、大統領と政党による主導権、幅広い層を包摂し明らかに政治的な全国委員会に管理された協議、外部の資金に極度に依存しているとはいえ、やはりタンザニア人である教育専門家への新たな信頼といったモデルである。

教育政策に関する研究は多くの場合いらいらするほど狭く評価されることに留意して欲しい。公共政策に関するほとんどの文書は、権威のある機関による公式の発表に焦点を絞っている。政策策定は権力の座にある人々の特権であると考えられているので、政策の研究者はエリートや公式文書を研究する。最もしばしば、こうした見方は政策決定を、ビジョンから始まって、定式化、交渉、政策明細の公表、実行、評価へと続く一連の活動とフィードバックの環として理解する。政策についてのこの理解は広範に行き渡っており、アフリカでは頻繁に主張される。

しかし、政策は公式発表によるのと同じくらい（あるいはしばしばもっと多く）実践の中で策定される。確かに、実際に生じるものに対して影響がほとんどないか、あるいはまったくないかもしれない公式声明と政策とを同一視しないことが重要である。例えば、教授言語に関する政策を考えてみて欲しい。教育省は、公式に記録され公に発表された公式の規則を有していて、その中で教師が特定の科目を教えるために特別の言語を使用すべきであることを詳述しているかもしれない。しかしながら、それらの科目を教えるために教員の90%が別の言語を使用していることを実地研究が示していると仮定して欲しい。学

校長は尋ねられた時、「この学校での私たちの政策は、生徒が理解する言語を使用することです。そうでなければ、彼らの試験の得点はもっと悪くなるでしょう」と言うかもしれない。それでは政策とは何であろうか。1つの見方からすれば、政策は教育省が公布したものであり、教員が行うのは公的な政策から外れたことなのである。別の見方からすれば、実際の政策、つまり行動を導く就業規則は教員が行っていることそのものである。この考え方では、教育省の文書は、実行されるかもしれないし、実行されないかもしれない。そして、確かなことは、人々が実際に行うことに対する指針ではないということである。

政策が公的な見解表明とともに実践にも起因することを認識することは、アフリカの教育政策に対する他の重要な影響を見出すのに役立つ。外国からの資金提供に対する依存の高まりは、海外からの援助を通常すべて管理する財務省と財政および技術援助機関の両者の直接的な役割を拡大した。そして、そのアジェンダがアフリカの教育構想や教育改革を導き、抑制するようになってきたのである。海外からの援助に付随する明示的な条件は、特別の政策ないし優先事項を要求するかもしれない。その種の明示的な付帯条件がなく、海外からの援助が国の教育費支出総額の非常にわずかな部分であるとしても、外からの影響は依然として決定的なものである。意識的であれ、無意識的にであれ、アフリカの政策や政策決定者は、外国からの資金供給を確保する可能性が最もありそうに見えるものに合わせて、それらのプログラムやプロジェクト、ひいては政策や優先事項を形成する。タンザニア教育省の計画局長が説明していたように、計画立案は実際のところマーケティングになってしまったのである。[57]彼の仕事は、ニーズを調査し、それらと取り組むための戦略を開発する過程というよりもむしろ、将来の資金提供者が定める市場について研究するために努力することである。彼はそれから優先事項と価値ある要点を見出し、プロジェクトとプログラムを巧妙に作り、広告し、かつ売り込むためにその市場知識を活用するのである。その戦略は困難な状況を乗り切るために恐らく有効であった。しかしながら、それは、国としての教育政策や優先順位を定める際に資金供給機関の役割を強固なものにしたのである。それはさらに、その国の内部で一部関係者の地位や影響力を高めた。その人々とは、最も明確ないし最もダイナミックな教育のビジョンをもっている人々、あるいは最も強固な国内の政治基盤を備えた人々ではなく、外国からの資金援助を確保する上で最も力を発揮すると分かった人々であった。こうした点でも、援助への依存は、外部で決めら

第16章　アフリカにおける万人のための教育　629

れた政策、優先事項、理解をアフリカの教育界の体制内部で内在化する手段となるのである。

8）教育と紛争

ユネスコの『EFA グローバル・モニタリング・レポート』の中で紛争の影響を受けた国々と確認され、そこでは教育実績が最低レベルである35ヵ国の半分がアフリカにある。紛争は教育プロセスを混乱させ、学校に通っていない子どもの42%が紛争の影響を受けた国々にいる。[58] 教育に対する紛争のマイナスの効果に加えて、教育やその他の社会サービスの不平等な分配はさらに紛争の根本的原因になり得る。[59] シエラレオネのようないくつかの国々では、戦闘部隊に徴用された若者が、彼らを落第させ、あるいは除籍処分にした教育機関を故意に目標にし、破壊した。[60]

教育と紛争の暗雲の中でも、教育には刷新が起こった。例えば、ナミビアの解放運動の灌木学校（bush school）では、絶えず攻撃に晒されながら、教員たちが手作りの教材開発面の腕を上げ、仲間同士で助け合う学習や学習者中心の授業を育てた。シエラレオネの難民教員は、ギニアのマンゴーの木の下で学校を始めた。シエラレオネとリベリアの代替的初等教育プログラムは、戦争の間に学校教育を受けることを逃した若い人々に短縮した初等教育を施した。

アフリカの国々が紛争の中を出たり入ったりし続ける限り、教育の進歩は妨げられ、完全普及した教育は捉えがたい目標のままになるであろう。

より広範な状況

1）教育と国家

アフリカでは、他のところでもそうであるように、教育と国家が密接に結びついている。アフリカの国家は資本蓄積と政治的正統化の過程で主要な役割を果たすようになった。[61] 時には新興の土着のブルジョアジーを代表して、また、しばしば国としての政治経済を管理できる地元の資本家が見あたらない間に外国資本が支配する状況の中で、アフリカの国家は経済成長と開発、そして国家指導者の在職期間保障にとって欠くことができない資本の蓄積と再投資の促進や管理の責任を担ってきた。実際上、アフリカの国家は、主として外部者が規定した資本蓄積のための条件（構造調整プログラムはその一例である）を管理

することを求められる。そのようにしながら、アフリカの国家は同時にそれ自身の正統性を維持しなければならない。工業化した資本主義国の学生が強調したように、政治的正統性と資本蓄積の間には必然的な緊張が存在する（さらなる議論については、本書の第3章を参照されたい）。

　脆弱な政治的な権威を備えた周辺資本主義経済の内部では、資本蓄積には相対的に弱く、貧弱に統合され、政治的に混乱した労働力が必要である。自由で民主的な資本主義システムは、もっとそれ以上のものを必要とする。すなわち、国家が民衆の意思を代表するものであって、支配階級の代理人ではないことを首尾よく示しうることである。しかしながら、国家がその万人救済者としてのイメージの維持を追求する政策は、資本蓄積を成し遂げる、あるいはその手助けをするという国家の能力を脅かすのである。市民参加が推奨され、民主的選択が許される各領域は、国家自体、そして資本主義的秩序にとって潜在的な脆弱性をもつところになる。制御された民主主義の実践を通じて正統性を高めること、それは確実にアフリカで起こってきたが、資本蓄積の過程を脅かす危険を冒している。力量を賦与された農民は、生産の仕組みと富の分配の両方に対して、より大きな統制力を及ぼすことを準備し要求するかもしれない。同時に、やはりアフリカで起こったことであるが、参加を制限することで資本蓄積を促進することは、正統性を弱体化するものである。これらの2つの間の緊張関係も外部の関係者の要求に映し出されている。周辺からの資源の採取を最大限にするために、労働者や反対意見を統制しうる強い指導者が当初は好まれた。しかし、独裁的支配がアフリカ内部で反対に遭っていたので、指導者は厳しい構造調整手段を実行するために民衆による正邪の判断を必要とした。援助提供側はますます民主化を主張した。

　周辺に置かれ付帯条件をつけられた資本主義諸国の指導者にとって、資本蓄積は特に問題である[62]。ファノン（Franz Fanon）が予測したように、アフリカの植民地から独立後の指導者層の構造的関心は彼らの依存度を維持し強化した[63]。脱植民地という美辞麗句にもかかわらず、ヨーロッパの統治者が去った後、政権を握った大半の者のアジェンダは、周辺的経済の急進的な変革でも資本主義的革新に必要な危険を冒すことでもなかった。心もとないエリートを抱えた脆弱な国家は、何が国の発展に必要かに関する長期的な見解をもつことができなかったし、またそうする気もなく、さらに、技能を身につけ、訓練され、説明責任を果たしうる公務員に持続的な投資を行う気乗りがしなかった[64]。その結果

起こったことの1つは、さまざまな利害や権力の集合であり、それは資本蓄積と新たな生産や生産力開発への持続的な投資を促す条件を作り上げることの困難さを思い知らせるものであった。別の成り行きは、一般に非能率的で、不正が稀ではない行政であった。教育に関しては、この状況は限られた資源の非効率な使用の中に表れた。資金に関する説明責任は国でも地方でもほとんど果たされず、信頼しうる監視もないというように、管理が不十分である。非能率は当たり前のことで、予想もされ大目に見られるものになっている。

　資本蓄積と政治的正統性との間のこうした緊張関係は、教育政策にも頻繁に反映され、公的な政策に関して恐らく最も争点となったものである。資本蓄積のための条件を確立し運用することは、主として将来の労働力の準備に関わる制度的仕組みとして、教育を道具的に見なすことを良しとするものであり、そうした準備には技能と労働規律の両方を開発することが含まれている。こうした方向性は学校教育を予測される労働力需要と結びつけ、情報の習得を強調し、教員を知識の伝達者として見なし、生徒を知識の受け手と見なすものであり、試験やその他の選抜、さらに排斥のメカニズムに強く依存する傾向がある。若いアフリカ人はグローバル経済（つまり、彼らの仕事やそうした仕事が必要とする技能が当該国の内部だけで決まるのではなく、遠く離れた経済や政治権力の中枢で決まる可能性がある経済）の中で、自らの役割に向けて準備すべきであるという広く主張される見解は、こうした教育に関する道具主義的な見方が外部で方向づけられることを支持する。学校は、例えば、どこか他のところの自動車工場の労働者より効率的に自動車を組み立てる労働者を準備する必要があると論じられる。

　しかしながら、政治的正統性は民衆参加や民衆による同意に根ざしている。新しい学校を開設することを越えて[65]、特別な公務員の正統性だけでなく、統治機構の正統性を維持するには、自らが行使する権力に気づいていて、進んでそれを使おうとする事情に通じた大衆の活発な関与を必要とする。この見方からすれば、教育は参加を推奨し、不平等を是正し、社会移動を促進し、協力や非暴力の対立解決方法を助長することに関わらねばならないし、また、関わっていると見られねばならない。この方向性は学習者を受動的な受け手ではなく、能動的な創始者と見なす傾向を強化する。

　要するに、国家はそれ自身の脆弱性と闘うとき、2つの異なった、そして時として教育システムに対する相容れない態度を受け入れるのである。きわめて

多くの場合、国家の方向性は機能的で技術的である。しかしながら、学校に対する国家の期待がよりリベラルで変革的であることが周期的に起こる。これらの2つの方向性にふさわしい制度上の仕組み、空間的配置さえも異なっている。世界中で共通な工場の建物のような学校、整然と列をなす生徒から緩衝空間で隔てられて教員の権威が正面に鎮座する教室、さらに、学校および学校システム内部の階層的な管理運営、これらは学校の道具主義的役割を反映している。オープン教室、活動グループごとに着席するパターン、指導責任の分担は、一般にリベラルで変革的見方に対する好みを反映している。

ここに働いているのは、関連しているものの、はっきりと別個な2つの緊張関係である。国家が資本蓄積と経済成長の両方を促進し、かつ同時にその政治的正統性を確立し強化するために働く時、政治システムの中で1つのものに出くわす。2つ目は教育システムの中で出くわすが、それは生徒を労働の世界のために準備することと、同時に個々人の潜在能力、知的批判精神、そして社会的安寧の発展を助長することという両方に対して責任を負っている。これらの2つの緊張関係は、それぞれ独自の特徴、参加者、制度上の仕組み、そして結果をもっており、相互依存的ではあるが、同一ではない。それらは頻繁に交差し、しばしば相互に強化しあうが、いずれも他方を完全に規定することはない。

多少より広く理解すれば、アフリカの教育には二重の設立趣意書(チャーター)がある。その主要な仕事は政治的、経済的、社会的秩序を再生することである。[66]学校は必要な技術を発達させること(訓練)に対する責任を担うが、それは一般に能力別グループに学生を割り振ること(コース分け)によるものである。学校はその時、社会が上級まで進学する若者(ならびに進学しない者)を選別し、彼らの成績を証明するメカニズムとなる。そうした証明の妥当性が内在化されることは重大である。学校が再生の役割を果たすためには、落第した生徒たちは彼らの問題の原因が自らの技能やその応用の欠如、自分では制御できない周囲の事情、あるいは恐らく不運にあると考えなければならない。学校が避けなければならないのは、そのコース分け、成績、証明書、また、後に続く人生での可能性にそれらが及ぼす影響は、学校および学校教育が計画し制御可能な結果であると理解することである(担当した生徒がすべて高得点をとるような教員のことをしばらく考えて欲しい。すぐに思いつくのは、その教員が何か間違ったことをしているのではないかということである。なぜなら、適切に振る舞う教

員のクラスには成功と失敗の両方があるものだからである)。学校はコース分けをし、選別し、証明すると同様に、自らを正当化しなくてはならないのである。学校の評価は公正で適切、そして内在化されたものとして受け入れられなければならない。生徒が求める仕事を手に入れられないとき、仕事のための準備として学校教育が強調されることは、生徒の欲求不満を十分な仕事を生み出していない経済や政治システムに向けるよりも、むしろ学校教育の明らかな欠陥に向けるように働く。

しかしながら、社会秩序の再生にも批判と刷新が必要である。資本主義の厳しい競争的な環境の中で生き残るために、各国の経済は事を行う上で古い習慣を拒絶し、よりよい代替案を捜すことを主張し、批判と刷新を伴う危険を喜んで冒す人々がいなければならない。従って、学校には保守的な役割と同様に急進的な役割もある。学校は少なくとも何人かの生徒が難解な質問をし、彼らが受け取る回答では我慢できず、教員の意見と少なくとも同じくらいに自分の判断を信頼するようになることを可能にし、またそう働きかけなければならない。

教育システムは社会を再生させる上で、社会秩序の主要な特徴を保持し保護すると同時に、それに異議を申し立て、変えていくという、矛盾する仕事を担っているのである。[67] 一般に、教育システムは、大部分の学校で大半の生徒に対して保守的な役割を強調し、少数の学校においてエリート生徒に対して批判的になるよう働きかけるというように、分離することによって、そうした両方の事柄を何とか成し遂げようと努力する。現実には、そうした分離は確立し維持するのが難しい。それぞれの方向性は互いにもう一方をだめにするものである。批判と刷新にはそれぞれ独自の勢いがある。学校は(退学や拒絶により)間接的に、また(戦闘的な組織により)直接的にも、反乱のための場になる。

民族主義的闘争や解放のための闘争の中で、教育はその重大な役割を強調した。少数者による支配が崩壊し、新秩序が出現した後、アフリカの教育はその保守的な設立趣意書に戻り、共通の理解に異議を申し立て、新しい道を作るよりも秩序を維持することにいっそう関心をもつようになった。周辺状態および外部依存が正当である状態に置かれた国家の現実では、蓄積は再分配より重要であるように思われる。

2) グローバルな目標と評価

この議論の全体を通じて、われわれは、アフリカの教育政策や教育実践の外

的・内的力学の交差を浮き彫りにしてきた。グローバルな教育の2つの流れにさらなる注意を向けることが必要である。1番目は国際的な教育会議、ならびにそうした会議と結びついた巧みな管理、モニタリング、報告の構造に関わるものである。世界中の、何百という政府、国際組織、資金提供機関や技術援助機関、非政府組織、その他が1990年、そして2000年に、万人のための教育への関与について発表し再確認するために再び集まった。多くの小規模な会議、研究、調査がそれらの大規模なイベントに先行し、また、それらに続いて行われた。そのための資金提供も含めて、世界が主張したそうした教育を確実なものにするのは、今やグローバルな責任である。恐らくそうであろう。

毎年の『EFAグローバル・モニタリング・レポート』は、教育、そして「上質の」教育は確かに、改訂された目標である2015年までに普遍化することはなく、資金提供機関による十分な財源に対する見通しにもかかわらず、提供された援助は見積もられた経費に見合う援助をはるかに下回っていることを明らかにしてきた。それでは、広範な万人のための教育キャンペーンをどのように評価すればよいのであろうか[68]。

明らかに、同キャンペーンは教育とその価値に、そして、おそらくいくつかの国における初等教育の完全普及に向けての加速化された進歩に焦点を絞ってきた。一般的な万人のための教育キャンペーンは恐らく、例えば、女子教育を促進することを目標にした取り組みを支援してきた。そのキャンペーンは実際に貧しい国々の教育のための追加の資源を生み出したかもしれない。会議、国際的および国内事務局、国別の報告、グローバルなモニタリング、そして関連の諸活動のために支出することは、追加された資源を充てるための合理的な経費ということかもしれない。

同時に、万人のための教育キャンペーンは、アフリカの教育における外部機関による介入や継続的な役割を明らかに強化し固定化した。それは、外に向かっての社会的説明責任の回路を確立し強化した反面、恐らく各国内での説明責任を弱めた。故カタリナ・トマチェフスキー（Katarina Tomasevski）が指摘したように、教育が皆の責任であるという場合には、誰1人として直接に責任を負わなくなり、あるいは失敗に対して法的な説明責任がなくなるのである[69]。市民が彼らの政府に対してより多くの、より良い教育を要求する場合、指導者層は責任を放棄し、約束された外国からの援助の配分が行われなかったことを指摘することがありうる。多くのアフリカの国々にとって、万人のための教育

第16章　アフリカにおける万人のための教育　635

キャンペーンは負債を増やし、援助依存を強化し固定してしまった。時には例外も存在するが、万人のための教育キャンペーンは、部外者の主張、すなわち、彼らが貧しく不利を被っているアフリカの最も有能な保護者であり、アフリカの政府がしばしば問題の解決というよりも問題そのものだという主張を強化するものである。

　長い目で見てさらに問題なのは、焦点が国の責任から外的な支援へ転換していることである。万人のための教育キャンペーンは、アフリカ開発の中心となると広く理解されている教育に対する管理をこれほど多く部外者に委ねることの不利益に関する議論や、教育システムを設計し運営するために当該国内で歳入がどのように創出されるのがよいかに関する政治的論争を曖昧にし、延期し、恐らく妨害した。はっきりと言うならば、世界はアフリカにとって直ちに恩恵があるものの、潜在的に膨大な経費のかかる教育アジェンダや教育戦略を定めたのである。

　2番目は、国家間での学力の到達度評価がますます突出してきていることに関わるものである。並行したり交差したりして行われる国際的な取り組みは、その大半が特定科目に関するものであり、例えば、A国の第4学年児童の算数の測定された到達度をB国、C国、D国、E国の第4学年の児童の到達度と比較するのを可能にする普遍的な基準を確立し立証することが目指されている。[70] 特にそれらが比較されるため、報告された結果が広く議論される進歩の目印になるのである。南部・東部アフリカの教育の質のモニタリングのためのコンソーシアム（SACMEQ）の調査結果が、近隣のはるかに小さく、はるかに貧しい国々よりも下回っていたことに当惑して、南アフリカの人々は自らの教育システムの不適切さを非難し、提言された救済策を声高に口にしている。

　教育プログラムの評価はもちろん重要であり、2ヵ国以上にまたがる試験はモニタリングや評価の一般的な重要性を強化するとともに、特定の問題を指摘するかもしれない。同時に、そうした試験は、知識や技能に関する普遍的な内容と考えられるものに特権を与え、知識が基本的にローカルで、状況や文化によって決まり、偶然性をもつものであるとする理解を低く評価する学習観を埋め込むものである。同意された目的、標準、測定法を擁する単一のグローバルな教育システムが存在しない中では、意味と学習は常に状況により決まるものであるのだから、2ヵ国以上にまたがる有効な比較は恐らく成り立たないのである。たとえそうでないとしても、そうした評価の概念、開発、運営にアフリ

カがもっと深く関わるまでは、アフリカについてのそれらの有効性は疑わしいままであろう。

2ヵ国以上にまたがる試験は、知識や技能について、重要な知識について、また、その知識がいかにして獲得されるべきかについて、外部で決められた考え方をアフリカの内部に押しつけ、見返りを与え、その地域に適応させる別の戦略であり、そして、特別の学習目的や教授法の採用や実行を強く勧め、教育システムに見返りを与える別の戦略であると考えると、一層よく理解できる。アフリカの生徒が国際的な到達度比較で成績が芳しくない場合、共通の反応は、より高い得点をとった生徒のいる国々のカリキュラムや教授法を採用すべきだというものである。時としてアフリカの生徒が高得点をとった場合、共通の反応は、アフリカの教育者から学ぶということではなく、そうした例外がどうして生じたかと不思議に思うことなのである。

それらの魅力は人に分別を失わせるものである。万人のための教育キャンペーンと2ヵ国以上にまたがる試験の両方とも、強力かつ一般には目につかない手段なのだが、それを使うことでアフリカの国々はアフリカの主体性や自治を弱めることになるグローバル化の傾向を喜んで受け入れているのである

社会変革としての教育から生産として（のため）の教育へ

アフリカの国々は大いなる願望や期待をもって独立の時を迎えた。資本主義者も社会主義者のいずれにとっても、教育は国の発展、コミュニティ改善、そして個人の社会移動を期待させるものであった。ほぼどこでも学校は急成長し、在籍者数が増加した。コミュニティセンター、ラジオ、テレビ、村で発行される新聞が、年配の学習者が万人のための教育に向かう行進に参加するのを可能にするために使用された。

アフリカの植民地後の教育は2つの大きなハードルに直面した。1つは概念や政治が絡むものであり、もう1つは財政的なものである。

植民地時代の教育は、分離し従属させることを目的に、経済的、政治的、そして社会的役割を構築するために使われた。植民地支配（南アフリカでは少数民族支配）を維持すること、そして明確に差別化された社会を組織し運営することの中心として、教育は同時に選ばれたエリートのための「逃がし弁」であった。学校に通えたアフリカ人はほとんどおらず、学校に行った者もプログ

第16章 アフリカにおける万人のための教育　637

ラムが基礎的な識字、数学的基礎知識、そして植民地管理に必要と思われた他の技術に焦点を絞ったものであることを見出した。そうした人々のうち、小さなグループはそのシステムが必要とした行政人員、教員、看護師、数人の医者や弁護士に提供されるための、もっと高度な教育への就学機会を得た。そうしたエリートの中から、大陸全体で、植民地支配や少数民族支配のための下級の官吏や管理者、さらに戦闘的にそれに反対した活動家リーダーが生まれた。教育は政治意識を高め、不利を被っていた集団が主導権を握ることを可能にすることに焦点を絞った動員戦略に断続的になった。教育はこのように強力な統制システムでもあり鋭くせめぎ合う場でもあったし、多くの国で反植民地ナショナリズムを引き出し、それを組織する土台でもあった。

　解放および社会変革のための教育と、差別、エリート形成、社会統制が主たる役割であるような教育との緊張関係は、植民地後の時代にも存続した。教育が構造化する役割に主として関わっているところでは、重要なのは学校教育を受けたという経験であって、学習ではないのである。学校教育が学習の輝きを失わせるところでは、教育は刷新や変革に関わる以上に維持や再生産に関わる。学校は近代性の目印であり、望ましい将来への入り口であり、旧体制打破の産物である。試験や資格証明に注意が払われた長い歴史があるために、一般に、教育システムやその管理者は学ぶ^(ラーニング)ことよりも教える^(スクーリング)ことに取り組むほうが、より心地よい。政治的営み^(ポリティクス)としての教育の重要性は統治的営み^(アドミニストレーション)としての教育に屈するのである。

　教育は解放闘争の中心にあった。その任務が社会変革であったことは明白に思えた。しかしながら、非常に速やかに、就学機会を急速に拡大することへの関与に変わった。それは施政方針、詳細な計画、実施戦略を中心に展開する技術的な仕事と見なされ、外部の資金提供者に支持された傾向である。学習および解放から教えることや試験へと焦点が移ること、もっと一般的に言えば、仕事の世界への準備としての教育へと焦点が移ることと結びついて生徒や教員が抱く不満に心もとない指導者層が対峙した。驚くべき速さで、教育の保守的な性質が改めて最も突出することになった。

　同時に、資源はどこでも不十分であった。多くの国では、教育拡張の速度を持続することができなかった。設備は悪化し、古くなった教科書は交換されなかった。図書館や実験室は空っぽで、粗就学率は停滞するか、低下した。大学は図書館も実験室での研究も支援することができなかった。教育の質、学校

の効率、教員と学習者の満足度に関する評価も同様の問題状況を示した。アフリカの教育システムは社会変革のための機動力からはほど遠く、基本的な学校教育さえ提供することがますます困難になっていることが分かった。いくつかの想像的な実験は継続されたが、概して、有望な刷新は特定の場所に集中し、めったに保持されなかった。

こうした貧困、国際的な分業、脆弱な従属国家、公共サービスの悪化、発達のための学習よりも技能のための学校教育にいっそう関心のある指導者層にその根があった教育危機に直面して、アフリカの国々はますます外国からの資金提供に依存した。刷新や改革はもちろん、いくつかの国々では教科書や机さえ外からの支援が必要だと考えられた。外国からの資金供給とともに、教育システムがどのように運営され、何を目標とすべきかについてのアイデアや価値観、助言や指令がやってきた。多くの場合、外部からの資源は教育に対する総支出のうちのごくわずかな額であったが、政策やプログラムに対するその直接、間接の影響はしばしば相当なものであった。教育政策の策定には幅広いアプローチの仕方があるにもかかわらず、教育のアジェンダに対するそれらの印象や優先事項は、アフリカ大陸の全域ではっきり目に見える。より最近では、いくつかの国の教育はいっそう直接的に外国からの資源に依存するようになり、その影響が増している。外部機関は資金を提供し開発に関する助言を与えるとともに研究を保証するので、奨学金と科学に対するそれらの機関の見解が大学の使命、そしてより一般には科学事業のアプローチ、方法論および定義を形作った。アフリカの至る所で、地元からの支援を見つけられずに、教育研究者は契約で働くコンサルタントになった。彼らがそうするとともに、研究について輸入された理解が、質問の枠組み作りから始まって、データ収集、解釈での戦略に至るまで、内面化され制度化されてしまい、もはや外国から輸入されたものではなくなり、今や大学、研究所の明らかにごく普通の日常的にありふれたものとなっており、確かに情報に基づく言説になっている。

われわれはここに、いくつかのレベルでの国際的な収斂を見出す。教育の質に関する規格が国ごと、文化ごと、あるいは状況によって特定なものというよりも普遍的なものにますますなっていると推測される。同様に、効果的な学校、良い学校経営や住民参加という概念も普遍的なものとして扱われる。

発展的で、民主化していると期待される知識時代のグローバル化とはかけ離れて、このグローバル化は、大部分がアフリカの外で定められる条件に基づく

世界システムの中にアフリカの政治経済を統合する1つの形態なのである。明らかに、財、技術、労働、資本の国際統合には長くエネルギッシュな歴史がある。その期間を通して、資本を掌握する者は強力な意思決定者であり、国家の行動を決定することも稀ではなかった。新技術は世界の一方の端から別の端への瞬時の送信を可能にし、アフリカの研究者が、例えば、スウェーデン、日本、アメリカの研究者と同じ電子データベースを閲覧することを可能にしている[72)]。しかし、労働力の移動は国が定めた規則によって厳しく制御され、制限される状態のままである。とりわけ、植民地支配は主としてヨーロッパで決められた条件に基づくグローバルな政治経済にアフリカを統合するための総合的戦略であった。形式的には世界銀行と国際通貨基金によって管理された構造調整および貧困解消戦略プロセスも同様の役割を果たしている。負債を減らす戦略が計画された依存へのファスト・トラック快速コースとなった。

　執拗な貧困、援助依存、増大する負債、そして開発についてのある特別な理解を受け入れることへの内外からの強力な圧力という状況の中で、アフリカの政府は政治的正統性よりも資本蓄積を強調する傾向があった。同様に、ひとまとまりの刷新や根本的改革は持続しているが、アフリカの教育政策と教育実践が辿ってきたのは、特定の経済、社会、政治組織のパターンを保持する教育の役割を重んじて、経済や政治の変革における教育の役割を捨て去ったり、低く評価したりすることであった。実際のところ、教育に関する生産第一主義的で保守的な設立許可書チャーター、条件づけられた国家やアフリカの従属をさらにいっそう強固にすることに貢献している。アフリカの内部でその結果として起こっているのは、根本的な社会の不平等、およびそれらが生み出す政治に（必要なものとさえ見なして）黙って従うことである。

　教育のそうした保守的な役割と一貫性をもつように、どこか他の場所でのアプローチや経験を往々にして手本にした効率、質、学校改善といったことに関心がますます集まるようになった。皮肉なことに、万人のための教育を実現することを意図した戦略の多くが、実際にはそれを遠い夢にしているのである。解放と権限付与という美辞麗句にもかかわらず、共通にもたれていた見解は、新しい道筋を作り上げるか、あるいはアフリカの役割がその中にあるように国際経済を作り替えるかではなく、むしろ前方にいる人々に追いつこうと努力するときに、アフリカがより速く走ることを可能にしなければならないというものであった。追いつこうと先を争うことは、前方にいるのが当然と思われる者

に、彼らがどこへ向かうのか、ひいては他のすべての者がどこに向かうのかを決めてもらうということなのである。

注

1) William Edgett Smith, *We Must Run While They Walk; a Portrait of Africa's Julius Nyerere* (New York: Random House, 1972), 284 に所引。スミスはニエレレのコメントを「近代世界」に追いつくことと結びつけているけれども、同書の他の多くの引用を含めて、ニエレレの意図をよりしっかりと読み込んで見ると、ニエレレにとって、そのギャップを縮めるには先導役になることが必要であることが明らかになる。Thandika Mkandawire, "Running While Others Walk: Knowledge and the Challenge of Africa's Development," *Africa Development* XXXVI, 2 (2011): 1-36. を参照されたい。

2) Henry M. Levin, "Learning From School Reform," in *Partnership and Change: Toward School Development*, eds. John Chi-Kin Lee, Leslie Nai-kwai Lo, and Allan Walker (Hong Kong: Chinese University Press, 2004), 31-51, and "Pedagogical Challenges for Educational Futures in Industrializing Countries," *Comparative Education Review* 45, 4 (2001): 537-60. このアプローチが制度として表れたのは加速化学校プロジェクト（Accelerated Schools Project）である。

3) われわれがこれから見るように、「暗黒大陸」と結びついた神秘化や異国趣味を越えて、広く使われている言葉は、注意深い読者や政策論議への積極的な参加者にとってさえ直ぐには明白でない方法で通常は議論を組み立てている。「アフリカ」とは何かに関する詳述は有益な適例である。他に多くのものと同様に、アフリカに関する世界銀行の文書はほぼすべて、「アフリカに関する議論の大部分、そして、この研究の中でのアフリカに関する統計のすべては、サハラ砂漠以南の39ヵ国だけに言及するものであり、それらの国に対してはアフリカおよびサハラ以南のアフリカという2つの言葉が置き換え可能なものとして使われる」（この例は World Bank, Education in Sub-Saharan Africa [Washington: World Bank, 1988], viii からの引用である。強調は引用者）ことを示す注を設けている。すなわち、「アフリカ」はアフリカ大陸および隣接諸島の国々という地理学によって特定されたアフリカでも、あるいはアフリカの各国自身、つまりアフリカ連合の加盟国によって特定されたアフリカでもなく、むしろ世界銀行、アメリカおよび他の北大西洋の国々の外交政策上の利益やカテゴリーを反映するためにグループ化された国々の部分集合なのである。残念なことに、このジレンマに直結する解決策は今のところない。アフリカの教育に関して容易に利用可能なデータの多くはそれらの組織の出版物に由来するもので

第16章　アフリカにおける万人のための教育　641

ある。そして、今まで誰も、そうしたデータを北アフリカを含めて系統的に改訂していないし、あるいは直接に比較可能にするために北アフリカを含んだ他のデータを作り直してもいない。ここでの議論では、例外として特に明記しない限り、われわれのコメントは一般に大陸全体に言及するものである。

4) われわれはここで主として中等学校までのフォーマルな教育に関心がある。他方、われわれは中等後教育、遠隔教育、職業教育も扱うのが適切であろうが、それらはここでのわれわれの主な焦点ではない。一定期間にわたり厳しく削減された支援の後、高等教育が新たな配慮や資金提供を受けていることを記しておくのは役に立とう。いくつかの国では、民営化がそのレベルで急速に進んでいる。

5) World Bank, *Priorities and Strategies for Education* (Washington, D.C.: World Bank, 1995), 14.

6) 教育をこのように理解することに関するもっと充実した議論については、本書の第2章 Joel Samoff, "Institutionalizing International Influence," を参照されたい。

7) Julius K. Nyerere, "Africa: The Current Situation," *African Philosophy* 11, no. 1 (June 1998): 8.

8) 歴史的比較は特に問題がある。その主なデータソース、例えば、ユネスコ統計研究所や世界銀行は、一定の年数ごとに定期的にデータを改訂している。それは正確さを増しているのかもしれないが、それら自身の年次報告を容易に比較可能でなくしている。それらの権威のあるデータソースは、カテゴリーと分類が2000年に改訂されたので、1999年以前と1999年以後を簡単に比較することができないと述べている。われわれはより長期的な傾向に関心があるので、きわめて詳細には比較可能でないかもしれないが、変化の方向性を特徴づけることを可能にするデータ系列を取り入れることとする。

9) Joel Samoff, "The Facade of Precision in Education data and Statistics: A Troubling Example from Tanzania," *Journal of Modern African Studies* 29, no. 4 (December 1991): 669-89.

10) 後からの入学や原級留置が粗就学率（小学校の児童は7〜14歳ではなく、7〜20歳かもしれない）を上昇させるので、粗就学率は多少実際の在籍者比率を誇張したものになる。

11) この国はタンザニアである。UNESCO, United Republic of Tanzania: Education in Tanzania, vol. 1, *Overview* (Paris: Author, 1989), 15.

12) 資金提供機関のうち、世界銀行はしばしば高等教育への資金配分を鋭く非難した。この分野における世界銀行の役割に関する調査については、Joel Samoff and Bidemi Carrol, *From Manpower Planning to the Knowledge Era: World Bank Policies on Higher Education in Africa* (Paris: UNESCO Forum on Higher Education, Research

and Knowledge, 2004) (http://unesdoc.unesco.org/images/0013/001347/134782eo.pdf) を参照されたい。特に注記のない場合、本章で引用した URL は 2012 年 6 月 13 日には閲覧可能であった。

13) UNESCO Institute of Statistics (EdStats), wwwl.worldbank.org/edstats.

14) Inter-Agency Commission, World Conference on Education for All (UNDP, UNESCO, UNICEF, World Bank), Final Report, *World Conference on Education for All: Meeting Basic Learning Needs* (New York: UNICEF, 1990).

15) 調整機関としてユネスコは主要な準備文書および追跡文書を出版した。それらに含まれるものとして、UNESCO, Education for All 2000 Assessment: Global Synthesis (Paris: UNESCO, 2000), UNESCO, *Education for All 2000 Assessment: Statistical Document* (Paris: UNESCO, 2000), and UNESCO, *Education for All 2000 Assessment: Thematic Studies— Executive Summaries* (Paris: UNESCO, 2000) がある。2002 年以降、万人のための教育に関する各グローバル・モニタリング・レポートは進歩と問題を浮き彫りにした。基本的文書、国別報告、モニタリングの手順、会合などについては、世界教育フォーラムのウェブサイト http:// www.unesco.org/education/efa/wef 2000/ および万人のための教育ウェブサイト http://Www.unesco.org/new/en/education/themes/leading-the-intemational-agenda/education-for-alll を参照されたい。毎年のグローバル・モニタリング・レポートについては、http://www.unesco.org/new/en/education/themes/leading-the-intemational-agenda/efareport/ がある。

16) World Education Forum, *The Dakar Framework for Action* (Paris: UNESCO, 2000).

17) ローザ・マリア・トーレス（Rosa Maria Torres）は、1990 年および 2000 年の会議に関して、洞察力があり、批判的な見方を示している。Rosa Maria Torres, *One Decade of Education for All: The Challenge Ahead* (Buenos Aires: IIEP/UNESCO, 2000), "What Happened at the World Education Forum?" (Buenos Aires: 2000).

18) Education Policy and Data Center. *Educating the World's Children: Patterns of Growth and Inequality* (Washington, D.C.: Education Policy and Data Center, 2005).

19) 以下のウェブサイトで利用可能である。http://www.unesco.org/new/en/education/themes/leading-the-international-agenda/efareport/.

20) UNESCO, *The Hidden Crisis: Armed Conflict and Education. Education for All Global Monitoring Report 2011* (Paris: UNESCO, 2011), 24.

21) UNESCO, *The Hidden Crisis: Armed Conflict and Education. Education for All Global Monitoring Report 2011. Regional overview: Sub-Saharan Africa* (Paris:

UNESCO, 2011), 1.

22) アフリカ教育開発連合（Association for the Development of Education in Africa、略称はADEA）が*What Works and What's New in Education: Africa Speaks! Report from a Prospective, Stocktaking Review of Education in Africa* (Paris: Association for the Development of Education in Africa, 2001) の中で刷新や改革について要約した。

23) Julius K. Nyerere, Education for Self-Reliance (Dares Salaam: TANU, 1967); Julius K. Nyerere, *Freedom and Socialism/Uhuru na Ujamaa* (Dar es Salaam: Oxford University Press, 1968), 267-90.

24) Ingemar Gustafsson, *Integration between Education and Work at Primary and Post-Primary Level—the Case of Botswana* (Stockholm: University of Stockholm, Institute of International Education, 1985). ジンバブエにおける同様の取り組みについては、Ingemar Gustafsson, *Zimbabwe Foundation for Education with Production, ZIMFEP. A Follow-Up Study* (Stockholm: Swedish International Development Authority, 1985). を参照されたい。

25) Joel Samoff, Martial Dembele, and E. Molapi Sebatane. *"Going to Scale"：Nurturing the Local Roots of Education Innovation in Africa* (Bristol: EdQual: Research Programme Consortium on Implementing Education Quality in Low Income Countries, EdQual Working Paper, No. 8.2011) (http://www.dfid.gov.uk/r4d/PDF/Outputs/impQuality_RPC/edqualwp28.pdf).

26) すでに述べたように、主なデータソースでの分類の変化は長期的な比較を妨げている。われわれが利用可能な証拠を閲覧したところから示唆されるのは、1980年代末および1990年代初めに一時的下落があるものの、サハラ以南のアフリカ全体としての教育予算への配分比率は40年間にわたり概して一貫していることである。

27) World Education Forum, *The Dakar Framework for Action*, 9.

28) UNESCO, *Education for All: Is the World on Track?* (Paris: UNESCO, 2002) 23 and chapter 5. For the estimated annual financing gap between 2009 and 2015, $16 billion, and recent aid flows, UNESCO. *Reaching the Marginalized. EFA Global Monitoring Report 2010* (Paris: UNESCO, 2010) (http://unesdoc.unesco.org/images/0018/001866/186606E.pdf).

29) 残念なことに、万人のための教育グローバル・モニタリング・レポート以外に、アフリカに対する教育援助の額や、資本の流れへのその影響に関する体系的な研究はほとんどなかった。1993年の南アフリカに関して、外国からの援助は教育費総支出の1.5％未満を占めると推測されていた。Baudouin Duvieusart and Joel Samoff, *Donor Cooperation and Coordination in Education in South Africa* (Paris: UNESCO,

Division for Policy and Sector Analysis, 1994) を参照されたい。以下に記すように、いくつかの国では、特に資金提供機関が直接に予算に対する補助金を提供したように、資金提供機関が教育費支出の大部分を支援するようになったことで、状況は劇的に変化した。

30) Dambisa Moyo, "Why Foreign Aid is Hurting Africa," *Wall Street Journal* (21 March 2009) (http://online.wsj.com/article/SB123758895999200083.html [2012.07.31]).「エチオピアについては90%以上」、ブルキナファソ、チャド、マリ、モーリタニア、ルワンダ、シエラレオネ、ソマリアでは「70%以上に」であるという。われわれはモヨーの報告は比率が高いと思っているが、半分にしたとしても、それは外国からの援助の役割が高まっていることの劇的証拠である。

31) International Monetary Fund, *Republic of Mozambique: First Review Under the Policy Support Instrument* (Washington, D.C.: IMF, January 2008), IMF Country Report (08/15), 7.

32) Uliane Appolinario, *Breaking the Aid Trap: Between Aid Dependency, Governance, and Institutions in Mozambique* (Dissertation, University of Geneva, 2010), 10.

33) 詳細については、www.worldbank.org/hipc/ および www.imforg/extemallnp/exr/facts/hipc: htm (Heavily Indebted Poor Countries Initiative, HIPC); http://web.worldbank.org/WBSITE/EXTERNAL/TOPICS/EXTEDUCATION/0, content MDK:20278663—menuPK:617564—pagePK:148956—piPK:216618—theSitePK:282386,00.html/ (Fast Track Initiative, FTI, subsequently, the Global Partnership for Education, GPE) を参照されたい。

34) 概観、指針、論文、経過報告書は www.imforg/external/np/prsp/prsp.asp で閲覧可能。

35) World Declaration on Education for All (Jomtien, Thailand, March 1990), Article 4. ([Paris: UNESCO] http://www.unesco.orgleducation/pdf/JOMTIEE.PDF).

36) World Education Forum, The Dakar Framework for Action (Dakar: WEF/UNESCO, 2000) (http://unesdoc.unesco.org/images/0012/001211/121147e.pdf).

37) World Bank, *Learning for All: Investing in People's Knowledge and Skills to Promote Development. World Bank Education Strategy 2020* (Washington: World Bank, 2011). 学習に対する不注意の分析については、Joel Samoff, "More of the Same Will Not Do: Learning Without Learning in the World Bank's 2020 Education Strategy," in *The World Bank and Education: Critiques and Alternatives*, eds. Steven J. Klees, Joel Samoff, and Nelly P. Stromquist (Rotterdam: Sense Publishers, 2012), 109-21 を参照されたい。

38) Paulo Freire, *Pedagogy of the Oppressed* (New York: Herder and Herder, 1970. 邦訳は小沢有作、楠原彰、柿沼秀雄、伊藤周訳『被抑圧者の教育学』亜紀書房、1975年).

39) Joel Samoff. "'Research Shows That….' : Creating the Knowledge Environment for Learning for All," *The World Bank and Education*, 143-57.

40) ここで留意すべきは、平等と公正とを同意語として扱うことが、世界銀行の主要な教育調査や政策方針ならびに、世界銀行が示したものを出発点としている他の文書の多くにおいて、問題を混乱させている点である。こうした今も残る混乱の例としては、World Bank, *Priorities and Strategies for Education* や World Bank, *Learning for All* がある。

41) 実際上、それはアフリカの多くの国々で少女が直面している障害に焦点が絞られていることを意味した。

42) ジェンダー平等指数は、少女の初等、中等あるいは高等教育に就学している比率である。World Bank, Education Statistics (EdStats) Online Database, http://databank.worldbank.org.

43) UNESCO Institute of Statistics, Online Database, www.uis.unesco.org.

44) Adhiambo Odaga and Ward Heneveld, *Girls and Schools in Sub-Saharan Africa: From Analysis to Action* (Washington, D.C.: World Bank, 1995), 14.

45) UNESCO. *Gender and Education for All: The Leap to Equality. EFA Global Monitoring Report 2003/4. Regional Overview: Sub-Saharan Africa* (Paris: UNESCO, 2003), 1-2.

46) Marianne Bloch, Josephine A. Beoku-Betts, and B. Robert Tabachnick, *Women and Education in Sub-Saharan Africa: Power, Opportunities, and Constraints* (Boulder: Lynne Rienner, 1998); 本書第7章のストロムクィスト（Nelly P. Stromquist）の論文を参照されたい。

47) Joel Samoff, with N'Dri Thérèse Assié-Lumumba, *Analyses, Agendas, and Priorities in African Education: A Review of Externally Initiated, Commissioned, and Supported Studies of Education in Africa, 1990-1994* (Paris: UNESCO, 1996). を参照されたい。

48) ジェンダーと教育への各種アプローチについての比較的概観については、Elaine Unterhalter, "Fragmented Frameworks? Researching Women, Gender, Education, and Development," in *Beyond Access: Transforming Policy and Practice for Gender Equality in Education*, editors Sheila Aikman and Elaine Unterhalter (Oxford: Oxfam, 2005), 14-35 (http://www.ungei.org/resources/files/oxfam BA 17. pdf4page=21)、および Christine Heward, "Introduction: The New Discourses of Gender, Education

and Development," *Gender, Education, and Development: Beyond Access to Empowerment*, Christine Heward and Sheila S. Bunwaree (London, New York: Zed Books; St. Martin's Press, 1999), 1-14 を参照されたい。

49) Marlaine Lockheed et al., *The Quality of Primal)/ Education in Developing Countries* (Washington, D.C.: World Bank, 1989), 1.

50) Joel Samoff, "Decentralization: The Politics of Interventionism," *Development and Change* 21, no. 3 (July 1990): 513-30.

51) 例えば、James Tooley and Pauline Dixon, *Private Education Is Good for the Poor: A Study of Private Schools Serving the Poor in Low-Income Countries* (Washington, D.C.: Cato Institute, 2005) がある。

52) 国際的なモデルはバングラデシュの BRAC (バングラデシュ農村向上委員会)、インドの Lok Jumbish (「Lok」はヒンディー語で国民を意味し、「Jumbish」はウルドゥー語で運動を意味する―訳者)、コロンビアの「新しい学校 (Escuela Nueva)」である。それらの国内での成功および国際的な認知にもかかわらず、いくつかのアフリカの国で BRAC が支援するプログラムを通じても、アフリカでは未だ同様の教育的取り組みを刺激したり促進したりしていない。

53) われわれはここでは、以下のナミビアの2つの重要な政策方針に見られる教育と関連性についての批判的議論を利用している。すなわち、*Toward Education for All* (Windhoek: Ministry of Education and Culture, 1993) および *Investing in People, Developing a Gauntly: Higher Education for Development in Namibia* (Windhoek: Ministry of Higher Education, Vocational Training, Science, and Technology, 1998). である。

54) アフリカにおける教育政策の決定に関する事例研究については、David R. Evans, ed., *Education Policy Formation in Africa: A Comparative Study of Five Countries* (Washington, D.C.: USAID, 1994) および Association for the Development of African Education, *Formulating Education Policy: Lessons and Experiences from sub-Saharan Africa* (Paris: Association for the Development of African Education, 1996). を参照されたい。

55) われわれはここでは、Joel Samoff, "Education Policy Formation in Tanzania: Self-Reliance and Dependence," in *Education Policy Formation in Africa: A Comparative Study of Five Countries*, ed. David R. Evans (Washington, D.C.: USAID, 1994), 85-126 を利用する。

56) 留意すべきは、ここでの政治家とは軽蔑的な言葉ではなく、政治権力を握っている個人か、あるいはその関心や活動が政治的利害関係の表現、対立、統合、調整を中心に展開しているような個人を単純に指している点である。また、われわれは、

教育政策が専門家である教育者によって定められるべきだとか、主として教育研究者が発見した事柄によって導かれた決定が必ずよりよい政策を生むなどと考えているのでもない。

57）Joel Samoff, with Suleman Sumra, "From Planning to Marketing: Making Education and Training Policy in Tanzania," *Coping with Crisis: Austerity, Adjustment, and Human Resources, ed. Joel Samoff* (London: Cassell, 1994).

58）UNESCO. *The Hidden Crisis: Armed Conflict and Education. Education for All Global Monitoring Report 2011* (Paris: UNESCO, 2011), 24.

59）Sierra Leone. Truth and Reconciliation Commission. *Witness to the Truth: Report of the Sierra Leone Truth and Reconciliation Commission* (Accra: Graphics Packaging Ltd., 2004), vol. 5.

60）Brendan O'Malley, *Education Under Attack 2007* (Paris: UNESCO 2007) and Education Under Attack 2010 (Paris: UNESCO, 2010).

61）アフリカの国家に関する長期にわたる議論は本章の考察範囲を越えているので、われわれはここでは注意を蓄積と正統化との緊張関係、そしてそれが教育に対してもつ意味合いだけに向けるものとする。これらのテーマおよび関連のテーマについて十分に敷衍したものとして、Martin Carnoy and Joel Samoff, *Education and Social Transition in the Third World* (Princeton: Princeton University Press, 1990)、特にその第1部、および Martin Carnoy, "Education and the State: From Adam Smith to Perestroika," *Emergent Issues in Education: Comparative Perspectives,* ed. Robert F. Arnove, Philip G. Aitbach, and Gail P. Kelly (Albany: State University of New York Press, 1992). を参照されたい。

62）Martin Camoy, "Education and the Transition State," in *Education and Social Transition,* ed. Carnoy and Samoff (Princeton: Princeton University Press, 1990).

63）Frantz Fanon, "The Pitfalls of National Consciousness," in *The Wretched of the Earth* (New York: Grove, 1963. 邦訳は鈴木道彦、浦野衣子訳『地に呪われたる者』みすず書房、1996年).

64）管理の非能率性や、透明性および社会的説明責任の不足の構造的根源に取り組まれることは一般にないのだが、世界銀行および他の外部機関は管理と行政の問題にますます大きな注意を向けるようになってきた。"The principal purpose of the World Bank Group's engagement on governance and anticorruption is to support poverty reduction" (World Bank, Strengthening World Bank Group Engagement on Governance and Anticorruption [World Bank Governance and Anticorruption Strategy, March 2007], i. [http://siteresources.worldbank.org/EXTGOVANTICORR/Resources/3035863-1281627136986/GACStrategyPaper.pdf]).

65) ハンス・ワイラー（Hans Weiler）は次の論文の中で、彼が「補完的正統性」（compensatory legitimation）と呼ぶものを探究している。Hans Weiler "Education and Power: The Politics of Educational Decentralization in Comparative Perspective," *Educational Policy* 3,1 (1989): 31-43.

66) サミュエル・ボウルズ（Samuel Bowles）およびハーバート・ギンタス（Herbert Gintis）は、学校と社会の対応〈コレスポンデンス〉の概念を開発し洗練した。"Education as a Site of Contradictions in the Reproduction of the Capital-Labor Relationship: Second Thoughts on the 'Correspondence Principle,'" *Economic and Industrial Democracy* 2.(1981): 223-42 を参照されたい。

67) カーノイとレビンは、この緊張関係を、民主化する力としての教育（社会的流動性、平等化する経験としての公教育、民主主義の理想についての授業）と、資本主義的不平等を再生産するメカニズムとしての教育（階級、人種、ジェンダーによる分業、知識への不平等な接近機会）との間の緊張関係と見なした。Martin Carnoy and Henry M. Levin, *Schooling and Work in the Democratic State* (Stanford, CA: Stanford University Press, 1985).

68) われわれは、万人のための教育の特定の目標や会議、関連する資金提供のメカニズム（ファスト・トラック・イニシアティブ／教育のためのグローバル・パートナーシップ）、そして、関連する国連ミレニアム開発目標をはじめとする目標や会議といった一般的現象を指すものとして「万人のための教育キャンペーン」という言葉を使っている。

69) カタリナ・トマチェフスキーは1999年から2004年に、国連経済社会理事会の人権委員会で教育の権利に関する特別報告者であった。教育の権利プロジェクトは彼女の報告書へのリンクを提供している (http://www.right-to-education.org/node/417)。

70) 2ヵ国以上にまたがる評価プログラムのうち、顕著なものとしては以下のものがある。すなわち、国際教育到達度評価学会（IEA）、学習到達度モニタリング（ユネスコの Monitoring Learning Achievement; MLA）、フランス語使用国国民教育大臣会議の学力調査（Programme d'Analyse des Systèmes Éducatifs de la CONFEMEN; PASEC）、国際読解力調査（Progress in International Reading Literacy Skills; PIRLS）、生徒の学習到達度調査（Programme for International Student Assessment; PISA）、国際数学・理科教育動向調査 (Trends in International Mathematics and Science Study; TIMSS) がある。アフリカの地域的取り組みは、教育の質モニタリングのための南部・東部アフリカ・コンソーシアム（SACMEC）である。

71) ほとんどのアフリカの国々より30年遅れで起こった1994年の推移は、南アフリカにとっては少数派による支配から多数決原理への移行であった。南アフ

リカの教育の発展については、Peter Kallaway, ed., *Apartheid and Education: The Education of Black South Africans* (Johannesburg: Ravan Press, 1984); Michael Cross and Linda Chisholm. "The Roots of Segregated Schooling in Twentieth-Century South Africa," in *Pedagogy of Domination: Toward a Democratic Education in South Africa,* ed. Mokubung Nkomo (Trenton: Africa World Press, 1990), 43-74; Jonathan Jansen, "Knowledge and Power in the World System: The South African Case," in Jonathan Jansen, ed. *Knowledge and Power in South Africa: Critical Perspectives Across the Disciplines* (Johannesburg: Skotaville Publishers, 1991); and Salim Vally, "From People's Education to Neo-Liberalism in South Africa," Review of African Political Economy 34,111 (2007): 39-56 を参照されたい。

72) Joel Samoff and Nelly P. Stromquist, "Managing Knowledge and Storing Wisdom? *Development and Change* 32, 4 (September 2001): 631-56.

第17章　ヨーロッパ教育圏の政治的構築

アントニオ・テオドロ

　最近の数十年間で、国民国家はグローバリゼーション[1]として知られている発展過程の挑戦に対してさまざまな方法で応えてきた。そうした1つの方法は、国家間の多国間協定に基づいた地域ブロックや実体の形成であった。欧州連合（EU）はこの領域で相当に高度な制度形態のうちの1つであり、政治的、経済的、社会的なあらゆる分野においてますます活発な超国家的な役割に関わる広範な介入を実施している。[2]

ヨーロッパの政治的構築

　ヨーロッパ統合という考えは、資本主義諸国が自由で民主的な国へと変貌した20世紀前半に生じ始めたが、第二次世界大戦がヨーロッパの国々の間に新しい形態の関係の到来を告げた。1949年には、欧州評議会（the Council of Europe）が、①軍事衝突によって引き起こされる諸問題を克服し、②共通の努力によりヨーロッパの国々を結びつける、という両方の目的をもって設立された。この1つに結びついたヨーロッパの中心にある国々はさまざまな条約を承認し、ケインズ流の経済政策を基礎とする民主的で法律を遵守する国家の形態を取り入れた。そうした経済や社会の各分野での干渉主義的特徴を備えた国は、市民の社会権を保障することに取り組み、そうした権利の1つが教育への権利であった。

　1950年代に、ヨーロッパは広範な人口移動とともに迅速な経済発展の段階に入った。この状況は社会の他の分野、特に教育や文化との協力に有利に働いた。ヨーロッパのアイデンティティを創り上げる重要性は、ヨーロッパの基準で市民に政治的権利を認めることと緊密に結びつけられた。

　1980年代に新たな加盟国が加わったことは、単なる協力ではなく、主権国

同士が相互依存の度合いを高めるものであった。また、遠くに置かれた超国家的な統治機構のもつ、それまで広く行き渡っていた技術主義的で官僚主義的なイメージを払拭する取り組みが見られた。ヒトとモノの自由な往来に加えて、文化・教育面での諸拠点間の協力に基づき、共有されるヨーロッパ精神を創り上げる努力が行われた。

　EUの発展は、1992年のマーストリヒト条約の調印により、はっきりと連邦主義の輪郭をとるようになった。3) 1951年前半の条約から2007年のリスボンの改革条約まで、EUを構築するこの過程は、さまざまな複雑かつ矛盾対立する見方や利害に対応するものであった。後戻りし、さまよい、調整され、さらに不意の急展開など、直線的でない方法で推進されてきた。第二次世界大戦後のプロセスの一部であるヨーロッパ経済共同体（EEC）の起源は、ヨーロッパ各国間の関係を正常化する必要に応じるものであり、同時に、ヨーロッパ諸国の経済を国際的により競争力のあるものに強化する必要に応じるものであった。

　ヨーロッパにおいて永続的な平和を守る条件を増強するのと平行して、EUはまた戦後ヨーロッパの政治情勢への労働者階級の参加やその影響力が高まったことに起因する不安定の可能性を食い止める目的で創られた。ソ連モデルの開発の魅力を無効にするための努力も必要であり、こうしたことはすべて資本主義勢力と共産主義勢力の間の冷戦状況の中で起こった。

　社会民主主義エリートやキリスト教民主主義のエリートによって企図されたように、このヨーロッパのプロジェクトでは全般的な福利、つまり、完全雇用と多数派である中流階級の創成を目的とした妥協がまず求められた。そのような構想は私有財産と自由な市場の運営という、すべてが福祉国家の枠組みの中にあったものに基づいていた。

　同時に、ヨーロッパの抵抗が起こった。それは資本が蓄積される状態、特に北米の企業利益につながる利得の増大に関して異議を唱えるためであった。ヨーロッパの資本家と社会民主主義者（福祉国家の提唱者）の双方は、ドルが金融取引の第一の出発点で、北米の製品、ビジネス、利益が幅をきかせていた国際的な経済の枠組みと釣り合いがとれるようにしようとした。かくして諸条約

訳注1　1951年4月18日にパリで欧州6ヵ国により調印された欧州石炭鉄鋼共同体設立条約。50年後の2002年に同条約の規定に従って失効した。
訳注2　2005年にフランスとオランダの国民投票によって欧州憲法条約の批准が否決されたことを受けて、EUの基本条約の修正を行うために結ばれた。

は本質的に「新重商主義的な」ビジョン、つまり、外部競争から保護された巨大な国内市場の形成と、国際市場におけるヨーロッパ企業の強化を擁護するビジョンに支援を与えたのである。

　　そうした新重商主義のビジョンは、ヨーロッパの単一市場および経済通貨同盟（EMU）の形成に向けての最初の動きを補強したと言われている。新重商主義者たちは、世界の他地域と比べてヨーロッパの競争力に格差があるのは、断片的な市場、生産において規模の経済を十分に活用することができていないこと、さらに研究や技術への不十分な投資に原因があるとした（新自由主義者にとっては、そうした問題はかつてもそうであったし、依然としてそうであるが、柔軟性がない労働市場、持続可能でなく、勤労意欲をそぐ福祉国家といった要因に原因が求められそうであった）。バン・アペルドールン（van Appeldoorn）が実証しているように、新重商主義のプロジェクトは「開かれた」地域主義モデルよりも「抵抗」モデルに類似していた。[4]

　しかしながら、グローバルな経済体制の発展と世界情勢の実質的変化がヨーロッパ統合のプロセスおよびその再構築の展開に重大な影響を及ぼしたのである。制度化が進むにつれて、27ヵ国からなるEUは、連結した経済的進歩と社会権を結びつける特定モデルに基づいた単なる地域体を越えるものになった。この新生のモデルは1990年代末から特に顕著になった。それは世界を席巻する新自由主義のプロセスに欠かせない部分なのである。内在する緊張や矛盾にもかかわらず、EUは自らに規律維持の性質をもたせ、①新自由主義のガイドラインに沿って法整備と国としての実務の形成を加速化し、②支配的な経済団体の利益に便宜を図るために国際市場の規制緩和を積極的に行い、③「知識経済」の創造に関わる動向に基づいた教育政策へのヨーロッパの参加を促進することを目指している。

　これらの展開は、EUが微妙な差異や矛盾なしに、一枚岩的な方法で、資本蓄積の「純粋」モデルに則って今日動いていることを意味しない。むしろ、新自由主義がEUの支配的なパラダイムになったのである。したがって、こうした蓄積という新たな統治形態と、ケインズ時代の社会民主主義的プロジェクトから生じた、いわゆるヨーロッパの社会モデルを中心に置いた従来の統

治形態との間には、緊迫した対立がはるかに多いのである。ドイツのユルゲン・ハーバーマス（Jürgen Habermas）、フランスのジャック・デリダ（Jacques Derrida）およびドイツの社会学者ウーリッヒ・ベック（Ulrich Beck）のような影響力のある哲学者は、新自由主義が支配的であるにもかかわらず、EUは依然として、福祉や連帯に関する社会モデルにますます注意が払われ、市民が彼らの権利や民主的政治を守ることに大いに参加するような空間であると強調している。

教育のヨーロッパ的特質

前述した数十年の間に、ヨーロッパとしてまとまった経済的、政治的空間を構築する動きは、教育問題が超国家的計画や国の計画の中で扱われる在り方に表れてきた。

20世紀前半、社会統制や再生産、政権の正統化、人的資源の生産、市民性の形成などの諸機能が教育システムに割り当てられた。同時に、教育は社会移動の媒体として機能した。国民国家の内部でも、教育は目に見えない地方や地域の言語および文化を作り、国際的ならびにヨーロッパ全体にわたる絆や関わりを軽視することにより、国家としてのアイデンティティを創り上げるための基本メカニズムであった。さらに、一国の教育システムは移民文化を同化し、愛国的な価値を増進し、確立している宗教教義を広め、国語に関する標準化されたきまりを広め、新式の思想や合理的様式の思想を普及させ、道徳的規律を反復教化し、そして、特に支配階級の信条や経済政策を吹き込むために使われた。

第二次世界大戦後、教育には新しい役割や機能が割り当てられた。その中には、民主的政治システムの統合、社会的不公正の縮小、そして、さらに重要なこととして、戦争で破壊されたヨーロッパの経済再建に必要な人材の育成が含まれていた。教育システムの世界的な改革が実際にすべての国で行われた。しかしながら、教育改革ならびにそうした市民権に関わる社会的、政治的改革は、1951年のパリ条約および1957年のローマ条約の主要な焦点ではなかった。

訳注3　1957年3月25日にローマでベルギー、フランス、イタリア、ルクセンブルグ、オランダ、西ドイツの間で調印された欧州経済共同体設立条約および欧州原子力共同体設立条約の2条約。

第17章 ヨーロッパ教育圏の政治的構築　655

教育は、欧州共同体（EC）の加盟国それぞれに属する責任の下に置かれたままであった。[10]

ヨーロッパ全体にわたる規則をめぐる問題として、教育は1970年代まで、そして、特に職業訓練の問題については表に出ることはなかった。[11] EC当局は、「教育におけるヨーロッパ的特質」の存在を認識していたが、加盟国の国としての教育システムの多様性および伝統を常に失わないようにしていた。各国の教育に関する政治と調和せず、それに干渉することになるという懸念は、ヨーロッパの教育の超国家的な管理運営のための最初の提案と著しい対照をなしている。[12]

1990年代は、教育に関する超国家的な規則の慎重なメカニズムの到来を告げた。[13] 1992年に発効したマーストリヒト条約はヨーロッパ統合のプロセスにとって深遠な意味をもった。この条約では、教育問題に対してより顕著で細かな注意が払われ、ECに対して質の高い教育の開発に寄与する役割が（第126条および第127条で）割り当てられた。しかしながら、これらの条項は、加盟国の教育システムの組織を再編成するいかなるプロセスも含んでいなかった。

当時、教育におけるヨーロッパ的特質は、学生、教員、研究者の交流事業ならびに加盟国から労働者の移動の高まりによって得られるはずになっていた。これらのすべての取り組みが有意義なヨーロッパの市民性を形成することを目指していた。1997年、アムステルダム条約が承認されたことで、教育に関して同様の条項が維持される一方、市民としての権利が拡大した。積極的社会参加がヨーロッパの構築にとっての重要な要素と考えられた。

サービス、財、資本の自由な移動に対する需要は、それと並行して労働者の可動性に対する需要を強めた。結果として、加盟国の資格や教育システムの間の等価性を実現する必要が増した。このことは、職業訓練における資格の標準化や調和、ならびに同等な教育水準および職業資格に関するヨーロッパ標準を創り上げることにつながった。ニコ・ハート（Nico Hirtt）が述べたように、教育政策を「調和させる」構想の出現は、およそ45人のヨーロッパ企業の最も強力なリーダーから構成されたシンクタンクである欧州産業円卓会議（ERT）が1989年以来行ってきた提案を前向きに実施したものであった。

1997年から2000年にかけて、（マーストリヒト条約の第149条に基づいた）EUの介入は、「質」という柔軟で曖昧な概念を基にして、ヨーロッパに共通な教育政策を正当化することに努めた。EUによって超国家的に定められた参

表 17.1：ヨーロッパ教育の発展段階（デールによる整理、2008 年）

	管理運営	メカニズム	目的	ヨーロッパ
フェーズⅠ：リスボン以前（2000年まで）	加盟国のワーキンググループ	指標	教育に関する共通概念	各国の経験の調整／質の定義づけ
フェーズⅡ：リスボン（2000-2005年）	開放的な調整方法（OMC）	ベンチマーク、最善の実践	共通問題の識別と政策協調、異なる手段	機能区分の調整と教育管理の規模
フェーズⅢ：リスボン後（2005年- ）	単一の準拠枠（生涯学習）	目的（投資など）	共通目標、共通の経路	ヨーロッパの新たな「社会政策」「共通知識」セクターの創造者

考指標を尊重しながらも、（リスボン戦略承認の2ヵ月後の）2000年に公表された「16の質指標」は、各国の教育システムが効率的に機能しているか否かを評価する上でのさらに進んだ段階を具体化した。

時間とともに、いくつかの構造、メカニズムおよびプロセスが、教育や訓練に関するEUの規則が拡がるのに寄与した。EUのプログラムの発展とインパクトは、国としての教育システムを「ヨーロッパ化すること」の強力な根拠になっている。

リスボン戦略の中心に置かれた教育

リスボン戦略の正式決定によって、新たな過程が出現した。[14] 上述したように、教育や訓練の問題はEUの政策での中心的位置を獲得した。介入の優先領域が設定され、相互につながりのあるプログラムや行動戦略が定められた。これらのプロセスは、教育の統合プロセスを深化させたが、それはリスボン条約で明示された以外のものであった。

ロジャー・デール（Roger Dale）は、ヨーロッパ教育圏（EEA）の発展に関する3つのフェーズ（あるいは段階）を見出した。すなわち、フェーズⅠは2000年のリスボン・サミットに先立つ期間を指し、フェーズⅡは2000年から2005年の期間、そしてフェーズⅢはその日以後である。表17.1にまとめた体系化は、主要な優先事項の展開と力学を明確にするのに役立つ。[15]

2000年から2004年の間に、専門家からなるワーキンググループが作られ、プログラム「教育訓練2010」がスタートし、さらに、「開かれた調整方法」（OMC）が実行された。ヨーロッパ教育圏の構築のこうした加速化は、期待された結果の即時的達成を妨げる矛盾する側面や緊張を孕んでいた。

第17章　ヨーロッパ教育圏の政治的構築　657

「教育訓練2010」プログラム（その準備は1999年に始まった）は、特定の加盟国がそれらの教育訓練システムのために受け入れるべき一連の目標を提示した。詳細な事業計画が同プログラムの実施に関する将来のモニタリングのための指標やベンチマークと一緒に出された。2003年11月、欧州委員会（the European Commission）は戦略が緊急な改革で決まるとする「教育訓練2010——リスボンの成功」を公表した。この文書はEU全体の教育方針に強い影響を及ぼすものであった。その中で、欧州委員会の教育担当委員であるビビアンヌ・レディング（Vivian Reding）は、知識経済の達成に関わる各国の教育政策とその結果について分析した[16]（彼女は翌年以降の優先事項を列挙し、各加盟国がそれらを確実に尊重することを担保するための管理メカニズムを提案した）。

教育分野での政界からの介入が早くも1980年代に言明され、1990年代には（国境を正確に記述した上での）行動計画が実行に移されたけれども、未曾有のことが起こったのは2000年代半ば以降であった。ファティマ・アントゥネス（Fatima Antunes）が述べているように、

　　われわれがこの未曾有の瞬間に目撃しているのは、教育や訓練システムにおいて策定される諸政策がうまくかみ合うための中心となる、超国家的管理に関する正式で明確な水準の確立である。これらの構想はこのように共通の優先事項や目的を中心に各国の教育・訓練政策が結びつけられる系統的プロセスを構築する試みを表しており、EUのレベルで定められた目的や戦略と一致したり調和したりするか、あるいはそれに向けて収斂するものである。過去30年にわたって追求されてきたこれまでの諸段階が、今やその成熟のリハーサルを行っているヨーロッパ化のプロセスの緩やかな胚胎を許したのだと言いうるであろう。[17]

開かれた調整方法

開かれた調整方法（OMC）の選択および公にされた「理由」は、EUで採用

―――――――
訳注4　27人の委員の合議制で運営される欧州連合（EU）の政策執行機関。委員は自らの出身国よりもEU全体の利益を代表することが求められている。

されたガイドラインを特徴づける政治的背景の理解にとって重要な意義をもっている。2000 年にリスボンで欧州理事会により示唆された OMC は、リスボン戦略（2000～2010）の目的を達成するため、EU と加盟国との間、ならびに加盟国同士の協働関係の新しいスタイルを始めるものであった。OMC は、経済、教育や訓練、社会的保護、貧困、環境、技術、研究、情報社会といった多様な分野に適用された。こうした作業組織の国境を越えた形式は、グローバル化の挑戦に応じて作成されたベンチマーク（ないし基準値）や指標によって表現されたガイドラインに基づくものであった。「ヨーロッパ化」のプロセスにおいて、各国の政策が EU を「世界で最も競争力があり、ダイナミックな経済」にするのに貢献するように、そうしたベンチマークが使われた。

各国の専門家に導かれた加盟国の役割は、最善の実践を共有することを含んでおり、また、国としての行動計画に統合されるベンチマークについて協議し、相互訓練プログラムに取り組むことである。欧州委員会は、ガイドラインを指標に変え、また、加盟国の実績を評価することに対して責任を担っている。

開かれた調整方法（OMC）は、それ以前には EU への権限の委譲の過程を管理するために使われたメカニズムに亀裂をもたらした。社会政策をはじめとする特定分野は「共同体の秩序（Community Method; CM）^{訳注5}」に関わった。「共同体の秩序」は立法、指令、そしてヨーロッパとしての諸規則など、さまざまな形で表現された。加盟国と EU の間の権力の分配において明瞭さが欠如していたために、あらゆるタイプの政策実施と管理運営上の問題が生じた。今日、政策の統合は、加盟国間の共通の政治的方向性や共通の利害に基づく調整によるほどには、法的手段によって取り仕切られなくなっている。

好適な例として、教育では、職業訓練政策の変更に責任を負う人々が、関連知識を共有するために協働していることがある。彼らは、革新、自治、柔軟性、そして企業家精神に役立つさまざまなメカニズムや技術を気に掛けるほどには法律を気にしていない[18]。

同時に、開かれた調整方法は、政治的指導の形をとった管理運営や、超国家的なレベルでのモニタリングといった、この形態を組織し、それに一貫性を与えるものであり、ヨーロッパとしての政策やその執行の均質化を促進している。

訳注5　欧州委員会、欧州司法裁判所、欧州議会など超国家機関を設置し、国家主権を委譲する方法を指す。

モニタリング、評価、そして法的圧力（懲罰的ではないけれども）が、実際に収斂メカニズムとしての機能を果たしているのである。

教育を通じてヨーロッパを作り上げる

「ヨーロッパを作り上げる」ことに関する議論において、ロナルド・スルタナ（Ronald Sultana）は、EUのガイドラインによって決められた教育に関する主要な検討課題と、欧州産業円卓会議（ERT）によって策定された提案との間の合致に注意を向けた。[19]

> 1995年3月に、［中略］ERTは『ヨーロッパのための教育——学習社会に向かって』と題する報告書を公表した。2年後に、EUは『教授と学習——学習社会に向かって』と題する白書を発表した。1997年には、ERTが『知識への投資——ヨーロッパの教育における技術の統合』を公表した。これは、『知識のヨーロッパに向かって』というタイトルがつけられ、欧州委員会によってまったく同じ年に出された文書で繰り返されたものである。このように検討課題が紙一重以上に似通っていることは、高等教育を含めて、すべての段階の教育を拡張する政策のネットワークが隙間なく織り込まれていることを示している。[20]

デール（Roger Dale）によれば、経済政策の戦略を前提とした、権限の分担を伴う目的と有効性基準に基づくヨーロッパの教育政策の質的変化は、「補完性原理」に関する新たな理解を打ち立てたという。こうした変化はまた、教育の管理運営における分業に基づく新しい「ヨーロッパ教育圏」を創り上げた。[21]

このヨーロッパ圏は、経済協力開発機構（OECD）によって設けられたものを含む国際基準を踏まえて、その教育ビジョンを組み立てている。マーチン・ローン（Martin Lawn）にとって、この新しい国境を越えた管理運営構造は、国民国家の限界から自由で、資本の力を正当化する象徴的表現である。[22]しかし、それはまったく自由というわけではない。なぜなら、EUの教育に関するアジェンダは、加盟国のさまざまな感度というフィルターを通さなければならないからである。政策アナリストや比較教育学者にとって、スルタナの問いは最も適切なものである。すなわち、「この新しいヨーロッパ圏の中で、誰が勝者で

誰が敗者なのか」[23]である。

　どの国民が教育政策の変化の恩恵を受けるのであろうか。デールはEUの教育戦略開発の当面の第3フェーズにおいて、教育政策の焦点は生涯学習に置かれるだろうと考えている[24]。これはすべての教育および訓練政策を統合したプログラムとして理解される。

　2004年2月に、リスボン戦略の実行に関する「コック報告書」に続いて、欧州理事会と欧州委員会は「リスボン戦略の成功は喫緊の改革にかかっている」という文書を作った。あらゆる報告書や指標が同じ結論を挙げているので、同文書は「このような短時間では多くのことが行われるべく残っている。私たちが教育や訓練の目的を達成するつもりならば、改革のペースは加速化されねばならない。EUの成長の可能性を制限するあまりにも多くの弱点が依然として存在する」と記している。それらの報告書などはさらに、EUの競争相手にとって気になること、特に高等教育についてはEUによる重大な遅れがあり、「依然として多くの危険信号が存在する」[25]ことを示唆している。

　この状況の中で、欧州委員会と欧州協議会は、3つの軸に関するより大きな決定を備えたリスボン戦略を追求することが必要であると考えた。すなわち、①重要分野での改革と投資に焦点を絞ること、②生涯学習を現実のものにすること、③教育や訓練に関する1つのヨーロッパを構築すること、である。

　その後、その中間報告が「教育や訓練の現代化──ヨーロッパの繁栄と社会的結束への重大な貢献」というタイトルの下、2006年に承認された。この文書は、プログラム「教育と訓練2010」の実施で得られた進歩を分析し、「リスボン戦略の達成およびヨーロッパ的社会モデルの開発にいっそう有効な貢献を保証するために改革の速度を上げる」必要性があると結論づけた[26]。こうした状況の中で、加盟国と欧州協議会は教育と訓練プログラム実行の有効性を増すための一連の措置に同意した。

　その複雑さと、そこから生じる緊張状態にもかかわらず、EUはこれらの統合的なプロセスを形づくる法的枠組みを変更する差し迫った必要性を欠いていた。かくして、2007年末に欧州理事会で採用されたリスボン条約は、教育や訓練に関連した以前の条約（第149条および第150条）によってすでに設けられていたものと見た目には同一制度的枠組を提示したのである。リスボン条約は理解が難しい複雑な法的なパズルである。しかしながら、少なくとも教育に関しては、同条約は欧州憲法に関する以前のプロジェクトにおいて既に見ら

れた観点や公式見解を繰り返している。

　リスボン条約で導入された教育における変更の制約にもかかわらず、今まで
は無かった可能性を生み出した。ルイス・ヴェーバー（Louis Weber）が警告
したように、国際貿易の領域ではより大きな関心があるかもしれない。そこで
は、公式見解がそれほど正確ではなく、満場一致は、社会福祉事業、教育、保
健を含む貿易規則の導入にはもはや必要ではないのである。[27]

　実際、共通の商業政策に関する条項の新しい文言は、国際貿易における EU
の実力を促進するものである。とりわけ重要なのは、新しい文言が教育に関す
る貿易規則を変えたことである。現在までのところ、もし加盟国の満場一致の
承認がありさえすれば、EU は教育や訓練の問題についての国際貿易協定を定
めうるであろう。しかしながら、リスボン条約は、欧州理事会の多数決に基づ
いたこれらの協定を締結する可能性の到来を告げた。貿易協定は、教育と社会
福祉事業の領域において加盟国に対して重大な問題を投げかけた。各国の国民
教育システムを管理し組織する能力は、教育を国際市場で取り引きされる商品
に変える EU の協定によって弱められるのである。これが教育の「自由化」と
して知られるものであり、グローバル化の力に伴う新自由主義的アジェンダの
重要な構成要素なのである。

結語

　新自由主義のグローバル化は、世界システムのさまざまな地域間の競争を倍
加させた。（高等教育を含む）教育、訓練、研究は、EU を世界で最も競争力
のある経済に変えるというリスボン戦略によって指し示された見解の枠組みの
中で、ヨーロッパから見て、この競争の恵まれた段階に至った。

　高等教育では、いわゆるボローニャ・プロセスがこの状況の中で発展した。
最初は 4 ヵ国（フランス、イギリス、イタリア、ドイツ）の高等教育を司る大
臣間の協力に関する政府間協定の結果であり、アメリカの大学をものともせず
学生を引きつけるヨーロッパ大学の実力を失うことについて心配されたが、ボ
ローニャ・プロセスは、ヨーロッパの諸大学の調整の下、EU からだけでなく
他のヨーロッパ諸国および周辺地域まで、他の国々に対しても間もなく開か
れたものになった。[28]ヨーロッパの諸大学は急速に、このプロセスの中でヨー
ロッパの高等教育の新しい社会政治的な空間である、いわゆる欧州高等教育圏

(EHEA)の出現のための必要な条件を打ち立てる方法を見出した。[29]

欧州委員会は、リスボン・サミットで検討された方向性や目的を2010年に再定義し、賢明で持続可能で包括的な成長のための（新しい）戦略を指し示した。「ヨーロッパ2020」として知られるその戦略では、次のようなEUの大見出しの目標が提案されている。すなわち、

20歳から64歳の人口の75％が雇用されるべきである。
EUのGDPの3％は研究開発に投資されるべきである。
「20/20/20」気候／エネルギー目標が満たされるべきである（もし条件が整えば、二酸化炭素排出量の削減率を30％まで上げることを含む）。
早期の学校中退者の比率は10％以下に抑え、また、若い世代の少なくとも40％が高等教育の学位を保持しているべきである。
貧困の危険性があるのは2000万人以下の人々となるべきである。[30]

これらの目標が明確にされたことは、EUではアジェンダ策定や問題の明示の至る所にOECDの存在が見られることにつけ加えられるべきものとして、教育政策、訓練、そして「21世紀のための社会的市場経済」[31], 訳注6と定義されるものに関する研究への依存度の高さを際立たせた。

2008年の国際的な経済危機の直前、ヨーロッパは世界中からの巨大な信望を集めた1つの制度的実験空間と考えることができた。ゴラン・テボーン（Goran Theborn）にとって、世界の輸出の40％を誇る世界貿易の中心であるヨーロッパは、法律から政治まで、いくつかの分野において先駆けとなるものと考えられた。[32] ノボア（António Nóvoa）とローンが「ヨーロッパを作り上げる」と名づけたプロセスの全体にわたって、EUはヨーロッパ教育圏を構築するだけでなく、教育に関する新たなヨーロッパモデルを創り上げていたのである。[33] このモデルは、ヨーロッパそれ自体を越える意味を十分にもっていた。しかし突如、2010〜2011年に噴出した国家債務問題は、ヨーロッパが「規範的領域」と表現していたような強引さを抑制した。ヨーロッパは、EU自体のグローバルな危機につながる厳しい下降スパイラルに入ってしまい、そこではユーロ圏の存続が中心問題となった。

訳注6　新自由主義の市場原理主義とは違って、雇用や福祉、農業や環境を重視する独自の市場経済。

第17章 ヨーロッパ教育圏の政治的構築　663

　今世紀の初めに形成されたヨーロッパ教育圏は、ヨーロッパ的諸制度（そして、一般的に各国政府によって受け入れられた）に強く刺激された新しい政治空間を映し出していた。それは説得力があり温和な方法で専門家や官僚たちによって運営され、諸基準や比較統計を用いることによって政治色が取り除かれた。EUがそれ自身のものとして受容したOECDのアジェンダは、多数のネットワークの出現を促した政治的空間を構築した。これらのネットワークは、学校や大学から研究の拠点にまで及んでおり、加盟国の国境を縦横に行き来する学生、教師、研究者といった人々、そしてアイデアや実践の国境を越えた広範な流れを包含するものである。これらのネットワークはまた、（ほとんどが）他の地域出身の学生を引きつけた。

　これは、ヨーロッパを作るというプロジェクトの将来に関して深遠な疑念がもたれる時である。何人かの学者は、ヨーロッパがよりヨーロッパ的、すなわち、理想的で、民主的、共同体主義的であり、自由な人々の多様な文化の中で人間の期待や経験の統一と多様性のバランスをうまくとることができるようなものになる必要があることを主張している。この理想化された状況の中で、EUにおける教育問題が展開する意味は何であろうか。矛盾した傾向が併存している。つまり、一方で教育政策の調和に対するEUの関わりを集中化し強化することであり、だが、もう一方では教育や保健を含む公的社会福祉事業の規制緩和や民営化に賛成する強い動きが存在しているのである。

　いかなる政策がこの緊張の中から現れるであろうか。進歩的アジェンダが教育の過程の解放的特質を最前面に引き出すことはありうるだろうか。公共政策の分野における研究、そして主体としての教育のアジェンダは概して、本章および本書の他の章で提起された諸問題に特別の注意を払う必要性を際立たせている。

　注

　本章は、もともとポルトガル語で書かれた論文をマリア・マヌエル・カルベ・リカードが英語に翻訳したものである。

　1）本章は、プロジェクト「地球市民を教育する――12ヵ国におけるグローバリゼーション、教育改革、公正とインクルージョンの政治：ポルトガルの事例」（Ref POCI/CED/56992/2004 and PPCDT/CED/56992/2004) and the Rede Iberoamericana de Investigageio ern Politicas de Educacilo-RIMPE (Ibero-American Network for

Research in Education Policy) で行われた研究と密接につながっている。私の博士課程の学生であるファティマ・マルケス、グレーシャ・アニバル、バスコ・B・グレーシャに感謝したい。彼らの研究と洗練された批判的センスがヨーロッパにおける教育政策に関する規則の新たな様式についての知識に非常に役立った。最後に、私はロバート・アーノブ、カルロス・A・トーレス、ロルフ・ストラウブハールが本章の旧バージョンに対して与えてくれた意見に感謝したい。

2）現在の名称。1951年、パリで欧州石炭鉄鋼共同体（ECSC）を設立するために調印された条約である。1957年には、ローマ条約がヨーロッパ経済共同体（EEC）という地域統一体を確定し、1992年にはマーストリヒト条約が欧州連合（EU）という現在の名称を採用した。

3）現在の名称。1951年、パリにおいて、欧州石炭鉄鋼共同体（ECSC）を設立した条約。

4）Storey, 2004.

5）Mitchell, 2004.

6）Habermas and Derrida, 2008; Beck, 1992.

7）教育制システムはその時まで二元的システムに基づいていた。すなわち、下級階層は国の効果的な統治に役立つ科目となる初等教育に限られた最低限の訓練を受ける一方、上流階層は中等教育（高校）および大学への就学機会を手に入れていた。Starkie, 2006 を参照されたい。

8）Green, 1994.

9）Starkie, 2006.

10）Erlt, 2006; Nóvoa, 1998.

11）Nóvoa, 1998.

12）Starkie, 2006.

13）Hirtt, 2005. この非公式のフォーラムの目的に関するさらに詳細な情報、そしてそれらの推進者が自らをどのように評価しているかについては、次のURLに見つけることができる。http://www.ert.be/home.aspx

14）2000年3月のリスボン欧州理事会の期間中に、国や政府の指導者たちは、2010年までに完全雇用の目標を達成する一方、欧州連合（EU）を世界で最も競争力のある経済にすることを目指して、「リスボン」と呼ばれる戦略に着手した。その後の何回かの欧州理事会で発展させられたが、この戦略は3つの柱に基づいている。すなわち、① 競争力がありダイナミックな知識基盤経済への移行に備える経済の柱、②人間に投資し、社会的排除と闘うヨーロッパ的な社会モデルの現代化を促進すべき社会的柱、そして③ 2011年6月のエーテボリでの欧州理事会で加えられた環境の柱、である。

15) Dale, 2008.
16) Hirtt, 2005.
17) Antunes, 2005: 129-30.
18) EU Commission, 2002；および Nóvoa , 2002.
19) Nóvoa and Lawn, 2002.
20) Sultana, 2002: 122.
21) Dale, 2008.
22) Lawn, 2002.
23) Sultana, 2002.
24) Dale, 2008.
25) EU Council, 2004.
26) EU Council, 2006.
27) Weber, 2003.
28) 2012年4月、次の各国がボローニャ・プロセスないしヨーロッパ高等教育エリアのメンバーであった。アルバニア、アンドラ、アルメニア、オーストリア、アゼルバイジャン、ベルギー（フラマン語およびフランス語地区）、ブルガリア、ボスニア・ヘルツェゴヴィナ、クロアチア、キプロス、チェコ共和国、デンマーク、エストニア、フィンランド、フランス、グルジア、ドイツ、ギリシャ、バチカン、ハンガリー、アイスランド、アイルランド、イタリア、カザフスタン、ラトビア、リヒテンシュタイン、リトアニア、ルクセンブルク、マルタ、モルドバ、モンテネグロ、オランダ、ノルウェー、ポーランド、ポルトガル、ルーマニア、ロシア連邦、セルビア、スロバキア共和国、スロベニア、スペイン、スウェーデン、スイス、マケドニア旧ユーゴスラビア共和国、トルコ、ウクライナ、イギリス。
29) See Sarah Croche, 2009.
30) European Commission, 2010.
31) Idem, p. 5.
32) Therborn, 2002.
33) Nóvoa and Lawn, 2002.
34) Beck and Grande, 2007; Habermas, 2001; Giddens, 2007.

参考文献

Antunes, F. (2005b), "Reconfigurações do Estado e da educação: novas instituiçõese processos educativos," *Revista Lusófona de Educação*, 5, 37-62.

Beck, U. (1992) *Risk Society: Towards a New Modernity* (New Delhi: Sage).

Beck, U. and Grande, E. (2004), *Das kosmopolische Europa* (Frankfurt: Verlag).

Conselho da União Europeia. (2004), *Educação e formação para 2010. A urgência das reformas necessárias para o sucesso da estratégia de Lisboa*, (Bruxelas: Serviço das Publicações Oficiais das Comunidades Europeias).

Conselho da União Europeia (2006), "Modemizar a Educação e a Fonnacao: um contributo vital para a prosperidade e a coesão social na Europa. Relatório conjunto de 2006 do Conselho e da Comissão sobre os progressos realizados no âmbito "Educação e Formação para 2010" (2006/C79/O1)," *Jornal Oficial da União Europeia*, 01.04.006.

Croche, S. (2009), "Bologna network: a new sociopolitical area in higher education," *Globalisation, Societies and Education*, 7: 4, 489-503.

Dale, R. (2008). Construir a Europa através de um Espaço Europeu de Educação. Revista Lusófona de Educação, 11; 13-30.

Erlt, H. (2006), "European Union programmes for education and vocational training: development and impact," *Skope Research Paper* no. 42, Spring 2003.

European Commission (2010), "Europe 2020; A strategy for smart, sustainable and inclusive growth," *Communication from the Commission* 3.3.2010, COM (2010) 2020 Final, Brussels.

Giddens, A. (2007), *Europe in the Global Age* (Cambridge, UK: Polity Press).

Habermas, J. (2001), *The Postnational Constellation; Polical Essays* (Cambridge, MA: The MIT Press).

Habermas, J. and Derrida, J. (2003). February 15, or What Binds Europeans Together: a Plea for a Common Foreign Policy, Beginning in a Core of Europe. Constellations, 10(3), 291-97.

Green, A. (1994), "Education and State Formation Revisited," *Historical Studies in Education*, 6(3), 1-17.

Hirtt, N. (2005), "Marketisation of Education in the Global Economy," 北京で開催の第4回世界比較教育フォーラム "Globalisation of Education: Government, Market, and Society," に提出された論文。

Lawn, M. (2002), "Borderless Education: Imagining a European Education Space in a Time of Brands and Networks," in A. Nóvoa and M. Lawn (Ed.) *Fabricating Europe; The Formation of an Education Space.* (pp. 19-31) (Dordrecht, Boston, and London: Kluwer Academic Publishers).

Mitchel, K. (2004), "Neoliberal Governmentality in the European Union: Education, Training and Technologies of Citizenship," *Environment and Planning Development: Society and Space*, 24(3), 389-407.

Nóvoa, A. (2002), "Ways of thinking about Education in Europem" in A. Nóvoa and M. Lawn (Ed.) *Fabricating Europe: The Formation of an European Space* (pp. 131-55) (Dordrecht, Boston, and London: Kluwer Academic Publishers).

Nóvoa, A. and Lawn, M. (Eds.) (2002), *Fabricating Europe. The Formation of an European Space* (Dordrecht, Boston and London: Kluwer Academic Publishers).

Storey, A. (2004), "The European Project: Dismantling Social Democracy, Globalising Neo- liberalism," 2004年4月2～3日にメイヌースのアイルランド国立大学社会学部で開催された会議「アイルランドは民主主義国か ("Is Ireland a Democracy?")」に提出された論文。

Sultana, R. G. (2002), "Quality Education and Training for Tomorrow's Europe," in A. Nóvoa and M. Lawn (Ed.) *Fabricating Europe: The Formation of an European Space* (pp. 109-130) (Dordrecht, Boston, and London: Kluwer Academic Publishers).

Therbom. G. (2002), "Foreward. Space and Learning," in A. Nóvoa and M. Lawn (Eds.) *Fabricating Europe: The Formation of an European Space* (pp. 15-17) (Dordrecht, Boston, and London: Kluwer Academic Publishers).

Weber, L. (2003). *OMC, AGCS. Vers la privatisation de la société?* (Paris: Éditions Nouveaux Regards/Éditions Syllepse).

第18章　比較教育学
——グローバル化とその不満に関する弁証法

カルロス・アルベルト・トーレス

　人びとの沈黙を学ぶには、彼らの音声を学ぶこと以上の時間、努力、デリカシーを必要とする……沈黙の文法を学ぶことは、音声の文法よりは習得困難な技術である。
　　　　　　　　　　　イヴァン・イリッチ『覚醒を祝う』1969年より[1]

本書第2版への補遺

　3年あまり前に本書『21世紀の比較教育学』の初版本が出版されてから、世界でいかなる変化が起こったかを考えることは今日的意義がある。グローバルな経済、グローバルな文化、グローバルな政治システムの中で、何が変わり、そうした変化が教育に対してどのような影響を及ぼしたのであろうか。この後に述べているのは、初版本以降、われわれが世界で目撃した最も重要な変化のうちのいくつかについてである。[2]
　最も明白な変化は、その大陸の域内において一度も攻撃されたことのなかったアメリカの無敵性を傷つけた2001年9月11日のテロ攻撃であり、そして、この攻撃が世界の経済、政治、文化および教育に対してもつ意味である。このように変化したものの中で最も顕著なのは、世界中で自由の定義や享受、そしてその管理が変わったという気持ちの高まりである。自由についてのリベラルな観念に対する挑戦は、ますます一触即発状態になっている世界の中で、究極的な世界的対立から起こるこの世の終わりに対する恐怖の高まりを増幅させている。旧ソ連邦の崩壊後、濃縮ウランや核爆弾さえ行方不明というジャーナリスティックな報道が見られ、大量破壊を狙った生物・化学兵器の脅威が高まり

つつある。

　展開されている議論は、アメリカの共和党政権が示した国際政治についての了見の狭さ、政治的な非妥協的態度と人権を尊重しない完璧なまでの感覚[3]、そして、移民協定に関するメキシコの要請を無視したこと[4]をはじめとして、地球規模でのアメリカの狭隘な国益を強化することへの断固たる関心を示した共和党政権の思うつぼに、あのテロリストの攻撃がいかにはまったかという点に集中している。ノーベル平和賞受賞者ジミー・カーターを含む多くの観察者が、国際関係におけるアメリカの単独行動主義（ユニラテラリズム）の潜在的な危険を警告した。京都議定書への参加をアメリカが拒否したことは、エネルギー安全保障がますますアメリカの政策の動因となっていることの兆しである。エネルギー政策は、エンロンのようなアメリカのエネルギー企業と緊密な関係があったブッシュ政権が、世界第4位の石油生産国であり、世界第2位の原油保有国であるイラクとの戦争になぜ走ったかの主要な理由であると見られている[5]。大量破壊兵器の存在を主張したことが、2003年の3月にイラクへのアメリカの侵攻に対してブッシュ政権が出した推定される理由であった。これらの主張の正しさは未だ立証されていない。

　9月11日のテロ攻撃が政治・教育に対してもつ意味の予備的分析は、どこか他のところで行われており、ここでは繰り返さない[6]。しかしながら、われわれはアメリカないし他の場所で、これらの変化が愛国心についての学校での新しい理解をどのように引き起こしているかを見ていない。あの攻撃を扱う上での個人的感情および教員としての職業的責任に関する評価を締めくくる中で、文化批評家のマイケル・アップル（Michael Apple）は、あの出来事に関して意図されたものではなく、そして恐らくは今でもまだ観察不可能な成り行きについて、次のようにわれわれに警告している。

　　いかなる実際の状況でも、多くの権力関係が存在する。教育に対して9月11日が実際にもたらした結果を真剣に理解しようとすれば、われわれが通常探す以上に凝視する必要がある。私が示したように、9・11の後遺症で、地方学校の管理面での政治化がきわめて強力に生じた。この場合には民族という「別の」種類の政治について理解していないと、われわれは、この場での「自由」の意味をめぐる争いの最も重要な結果のうちの1つを見逃すであろう。9月11日はわれわれが認識するよりずっと広範な影響

をもたらしたのである。[7]

　9月11日の攻撃に対して時を移さずとられたアメリカおよび連合軍による反応であるアフガニスタンでの戦争は、国際テロとの戦いの難しさを示した。大規模な爆撃および人員の配備にもかかわらず、そしてその戦争が連合軍側の死傷者は少なく、軍事的成果は高い戦いとして報道されたにもかかわらず、大多数の目的は完全には達成されなかった。長であるオサマ・ビン・ラディン（Osama bin Laden）、およびイスラーム主義運動（タリバン）の指導者であるムハンマド・オマール（Mohammad Omar）師は見つかっていない。彼らの副官の大多数および戦争で鍛えられた何百ものアル・カイダの戦士がまだ野放し状態である。アフガニスタン政府の立場は揺れており、その指導者層の政治的暗殺や中央政府からの独立を再度主張している異なる種族グループや部族軍の長からの相当な圧力の下で悩まされており、退陣させられた体制の代表を保護さえしている状態である。

　テロにはそれ独自の論理がある。特に壮観な攻撃が繰り広げられる場合にのみ、あるいは新しい展開が人間の安全保障の点から関心を刺激する場合にのみ、一般の市民はこの論理の特徴を見出すのである。アメリカで22の政府部局を取り込んで国土安全保障省（the Department of Homeland Security）が設立されたのは、ニューディール政策以来の最も重要な連邦政府の再編成であり、アメリカにおいて優先事項の再調整が行われたことを示している。また、こうした行政の再編は、財政黒字を引き継ぎ、政権の座にある2年足らずに財政赤字6000億ドルに達した政権の下で起こっている。2003年に実行された減税により、連邦政府の赤字は実質的に増え続けるかもしれない。減税と財政赤字は、レーガン政権以来の責任の委譲、および同時に起こった歳入減により、ほとんど破産しているアメリカの予算にさらに深く影響を与えるかもしれない。[8]

　地域別に見れば、ラテンアメリカは、ほんの数年前にはほとんど想像不可能だったと言ってもよいくらいの調子で変わっている。同地域において国際通貨基金（IMF）および世界銀行の新自由主義的処方が記された条文の適用という点でモデル国であったアルゼンチンの恐るべき経済的失敗は、新自由主義的な開発モデルに深刻な疑念を差し挟んでいる。しかし、アルゼンチンは永続的な高度な貧困、そして食料生産国として歴史に名高かった国での飢えから死に至る子どもについての悲劇的報告など、人間の悲劇の度合いにおいて、より陰鬱

な状況を示している。ノーベル賞受賞者で経済学者のジョセフ・スティグリッツ（Joseph Stiglitz）は、これらの問題に関する挑発的な考えを書き[9]、そして、さまざまな分野に対して強力な影響を与える議論が始まった。そうした議論には、新自由主義の組織や開発、特に教育の開発においてそれらがもつ意味に対する新たな、より辛辣な批判も含まれていた[10]。新自由主義に対する反応は、同地域における民主社会主義に対する新たな関心とともに、別の分野にも及んだ。ベネズエラでウゴ・チャベス（Hugo Chavez）が政権の座についたのも、そのような反新自由主義的反応である。ポピュリズムおよびナショナリズムが結びついた覆いの下で、かつての空挺部隊員であり、大統領に選ばれたウゴ・チャベスによる古い民主主義体制を打ち砕く試みや、彼の不安定な政策および行動は、各方面からの多くの抵抗を生み、世界最大の石油輸出国の1つを不安定にした。

鉄鋼労組のリーダーであり、労働者党（すなわちPT）の創立者であるイナシオ・ルーラ・ダ・シルバ（Ignacio Lula da Silva）がブラジルの大統領になったことは、紛れもなく、ラテンアメリカにおいて予期しない政治上の斬新である。ルーラの成功における教育の重要性は、彼の精神的アドバイザーであるフレイ・ベットー（Frei Betto）の次のような発言の中で強調されている。すなわち、「ルーラは、1つにまとまった社会運動のおかげでブラジルの大統領になった。過去40年間、パウロ・フレイレの教育学はマルクス理論より重みのあるものであった[11]」。

真実はと言えば、労働者党がブラジル人の大多数の支持を受け、同国の多くの社会運動、その最も顕著な例はセバスチャン・サルガドによる写真に非常によく描写されている農業改革だが、そうした運動の政治的行動主義に乗っかって大統領の地位を勝ち取ったのである[12]。

つい先頃まで世界システムにおける経済発展の中核的機動力と考えられたアジア経済は、日本の持続的な経済不況をめぐって展開し苦闘を続けている[13]。驚異的な経済成長率を示し続ける中国の経済・政治権力は、地域ならびに世界の主要プレーヤーとして、その地位を固めている。中国の力はさらに、北朝鮮の核開発計画や技術移転をめぐる最近の対決の中でも明らかである。

インドとパキスタンの間で進行中の対立は、両国とも原子爆弾をもっており、恐らく世界で最も波乱含みの矛盾の1つである。イスラム教とヒンズー教の過激派の間の宗教的敵意に加えて、インドのカシミール統治という困難な問題お

よび原爆の開発を促した国境の両側での軍国主義および宗教運動の高まりが存在する。両国が核兵器を所有し、1971年12月にすでに流血の戦争を行ったという事実は、この危険をさらに大きくしている。1971年の戦争でのインドの勝利は、西パキスタンからの東パキスタンの分離、そして地球上の最貧国のうちの1つであるバングラデシュの建国につながった。不幸なことに、何人かの科学者が主張するように、インド亜大陸は核戦争の可能性が地球上で最も高い場所なのである。[14)]

アメリカおよびヨーロッパの政府からのあらゆる種類の政治的働きかけにもかかわらず、サブサハラ・アフリカではその下向きのスパイラルと、ジンバブエ、象牙海岸、ナイジェリアなどいくつかの国で高まっている政情不安が続いており、政情不安および経済危機が同地域で引き続き緊密に結びついていることを示している。アンゴラとシエラレオネの戦争の待ち望まれた終結は、希望の窓をもたらすものである。しかし、アパルトヘイトを脱した南アフリカによって示された民主化と経済発展に対する同様の希望は、その国民の間のエイズの流行によって打ち砕かれるであろう。

もっと先を見越した代替的グローバル化のアジェンダを構築することにおいて、反グローバリズムの運動がシアトルで1999年以来勝ち取った成功は、有力なマスメディアには十分に表れなかったけれども、経済首脳会議にはインパクトを与えた。多国間・二国間の経済組織の協議でさえ、世界の経済的機動力に刺激を与える方法あるいは経済苦境にある国々を救い出す方法に関して、議論を「秘密にしておくこと」ができなくなった。

過去数年間、ヨーロッパ共同体の設立およびユーロは、新メンバーの加盟、あるいはさらに世界の中の強い為替通貨としてユーロがドルと同等ないしそれ以上の価値をもつようになるなど、グローバル化のサクセスストーリーであるように思える。このプロセスで生じたヨーロッパの高等教育の調和は、同地域において長期間のインパクトを与えるであろうし、他のいくつかの共同市場でも目論まれているモデルである。[15)]

これらの変化がどのように教育の優先事項に影響を与えたであろうか

「あなた方の中で優等学生称号、賞金、特待生待遇を与えられた人たちに、よく頑張りましたと言いたい。また、成績がCの学生に対しても、私は、

あなたもアメリカ合衆国の大統領にはなれますよと申し上げたい」[16]

本節の冒頭に置いたジョージ・W・ブッシュのこの言葉は、能力主義および教育の選別役割を信じている教育者にはショッキングに思えるかもしれない。それは、頑張りや勤勉ではどうにもならない機会や偶然があることを指摘しているのである。ブッシュ大統領によるこの言葉の言外の真実は、社会的再生産に関する理論が広く実証したように、教育は不平等を再生産するばかりでなく、特権の正統性も認めているというものである。[17]教育が確かにある範囲内の社会的移動を促進することができたことは、教育経済学において十分立証されたテーマである。しかし、アメリカ大統領によるこの明白なジョークの含意は、アメリカのような合理的な官僚制社会の中で政治システムの最高幹部になる上で民族、階層およびジェンダーが重要問題であるということを微妙に示している。

この言葉が示すように、アメリカで最も高い政治的地位の保持者は、政治やビジネスの世界での成功が往々にして学業成績よりも、誰を知っているか、どんな人脈をもっているかということにより直結していることを誇らしげに強調しているのである。この言葉はそれがアメリカで最も有名な私立大学の1つの卒業式で語られたものであるがゆえにいっそう重く、ヴィルフレド・パレート (Vilfredo Paretos) の再生産についての見方とエリートの循環を正当化するものである。

ジョージ・W・ブッシュの考えでは、政治は教育とまったく関係がないのである。これは、明らかにロナルド・レーガンが自らの教育の経験に触れて「成績Cの紳士」[18]と呼んだことを受けたものであり、素晴らしい私立大学に通った上流階級出身者から発せられると、おそらく合理的に思えるであろう。ブッシュのコメントは意味ありげではあるが、金言と考えられるべきものではない。彼はビル・クリントン大統領に取って代わったが、クリントン大統領は大した家柄ではなかったけれど、どうにかローズ奨学生となり、アーカンソー州の知事となって、やがてアメリカの大統領になったのである。

教育の領域では、アメリカは私立の高等教育のモデルとしてしばしば引き合いに出される。しかし、4年制の公立大学・カレッジの学生1人当たり経費は、過去10年くらいの間におよそ20％増加する一方、カナダやその他の国では、それとほぼ同額が削減されているのである。したがって、ノーベル賞受賞者のますます多くの者がアメリカの公立大学で教えていることに示されるよう

に、研究開発におけるアメリカの大成功は公立システムを拠り所としているにもかかわらず、その多くがアメリカの大学で教育を受けた新自由主義のアドバイザーが、他の国の公立大学に対する支援を減らすように示唆しているのは奇妙な話である。

　高等教育のグローバル化のためのインターネットを使うことがますます増えていることから、グローバリゼーションに関する政治経済学および言語の新しい役割を前提として、大学制度の変容に注目した研究が求められている。[19] グローバリゼーションという言葉を、私はここでは「経済と文化、制度および国民国家の間のますます相互依存的で洗練された関係」という意味で使っており、「そのような関係は、国民国家の自治が危険にさらされるようになり、大学の役割がますます市場依存の関心と結びつくようになるにつれて、これまで想像することが難しかったような仕方で、高等教育のリーダーや政策決定者に挑んでいるのである[20]」。

　アメリカの9月11日の死傷者、そして、ビザ取得要件・プロセスの変更に鑑みて、他の工業先進国におそらく影響を与えた要因は、関係国にとってはわずかな収入源ではない外国人学生に対する国際教育の提供可能性である。アメリカは留学生教育に関して最大の輸出国であり、

　　2000/2001学年度にアメリカの教育機関で学ぶ外国人学生54万7867人を抱えていた。これは、アメリカの国家経済に110億ドルの収入をもたらしている。……アメリカに次ぐ留学生教育の大生産者はイギリスである。1999/2000学年度に、イギリスは27万7000人の外国人学生を受け入れていたが、そのうちの12万9180人が大学生であった。留学生教育の輸出および学生による財・サービスの消費からの収入は当時80億ポンドと見積もられていた。[21]

　スーザ・サントス（Souza Santos）が論じたように、世界で起こっていることはパラダイムの転換である。[22] 従って、社会変動と理論解析の間の関連を探ることは重要である。9月11日の衝撃から教育の場で何かが起こっているとすれば、それは何かを探すとき、マイケル・アップルが学校教育と愛国心の問題を論じた以下の発言が、本節を締めくくるのにふさわしいであろう。

学校に対する9・11の影響の分析は、グローバルなものがローカルのものにダイナミックに結びついている情況についての理解なしに進めることはできない。そのような分析は、新自由主義や新保守主義のプロジェクトのかなり大きなイデオロギー面での働きや歴史、さらにわれわれの社会の中で広まり、常識になっている言説に対する影響をより完全に理解しなければならない。また、いかなる分析も、このプロジェクトが複数のレベルや複数の軸に沿って作り上げた矛盾するニーズや矛盾する結果を無視することはできない。従って、大学で授業を担当するにせよ、地方の教育委員会の意思決定に参加するにせよ、教育者たる者は、9月11日の出来事に対するわれわれ自身の矛盾した反応を最初に認識しなければならないと、私は言うのである。われわれはまた、これらの反応が、悲劇的出来事という文脈において部分的に理解し得るものの、長引く成り行きの原動力となるかもしれないことを理解しなければならない。また、そうした成り行きの多くは、われわれが支持し防御していると信じている民主主義そのものの価値を下げるかもしれない。このかなり複雑な政治的な理解は、将来われわれが直面し続けるであろう"愛国的な情熱"としての民主主義の再定義を含めて、より大きな覇権をめぐる企てを妨げるために、われわれのクラスやコミュニティ内で働く適切で、社会的に批判的な教育学の戦略を見出す第一歩となるであろう。[23]

比較教育学の未払いの負債

　　僕というこの人間は、手傷であって刀なのだ！……斬られる囚徒、斬る刑吏！
　　　　　　　　　ボードレールの詩「我と我が身を罰する者」より[24]

これから先について考えるに当たって、比較教育学の「未払いの理論的な負債」のいくつかについて概観しておくのは賢明であろう。未解決の不可解な理論的関係のうちのいくつかとは何であろうか。いかなる捉えがたい分析的側面がなお理解を欠いているのであろうか。どのような理論的な結びつきが抜けているのであろうか。変化と課題を概観するために私が選んだ実用的観点からすれば、限られた紙幅の中では、紛れもなく、未払いの負債に関する私の分析は主観的選択であり、かつ目的的であることを余儀なくされる。

政治と教育の結びつきは、比較教育学における未解決の理論的課題を残している。この議論では、社会の権力層（自由主義者、保守主義者、新保守主義者および新自由主義者）の分析的・規範的立場は小気味よいほど似通ったままであるが、新左翼の立場とは驚くほど対照的である。

　社会の権力層の見方は、政治と教育が明らかに２組の別々な実践であり、相互に結びついていないし、また結びつくべきではないというものである。教育は理論に関しては（真実が客観的に語られ得るので）客観的なままであり、政治に関しては（教育者はどちらか一方を支持することはないので）中立であり、そして規範的・政治的な選択（教育は関係者全員にとっての公共の利益を求める高貴な仕事であるのに対して、政治は通常社会的、または特定の利益を守るイデオロギー的立場のために戦う実践を具現化するものである）を考えると、結局、政治に無関心である。

　社会の権力層の見方は、学者、実践家および政策決定者が彼らの政治的装い、つまり、政治的帰属、主義、あるいはイデオロギーを教室の外に、あるいは彼らの研究ないし政策のための小さな部屋からある程度の距離を保ったところに放っていると考えるものである。そうでなければ、政治と教育の融合は、必ず教材の操作やイデオロギー化を生むことになるのである。優れた、まともな教育者は、彼らの授業、政策決定および研究において価値中立的な教育を行うものである。教育はこのようにイデオロギーや政治的利害関係をもつべきではない実践なのである。社会の権力層の規範的見方は、世界には不公正と不均衡が存在することを認識しているものの、この評価における違い、問題の大きさを評価すると同時にその犠牲者を名指しする際の違いは、分析者のイデオロギーに左右されるというものである。さらに、社会の権力層の見方は、多くの場合、合理的で法治的な社会でさえ、差別のプロセスが起こっているというものであり、そのプロセスは社会工学と法律の適用によって防止される必要があるというものである。

　したがって、質の高い教育（テストと社会的説明責任を通じて確認されるもの）は、それが科学的に理解され実践されるとともに、厳密に実証的な研究を通じて情報が得られた時には、より効率的でより公正な社会に関する社会工学において最も重要な資産になるであろう。

　新左翼にとっては、非常に異なり、はるかにより複雑な物語が存在する。政治は権力に密接に結びついており、物的資源および記号資源（シンボリック・リソース）を生産し、分配し、

消費し、再生産し、蓄積する手段のコントロールに関係している。政治と政治的な事柄は、政党、政府とその批評家の活動あるいは投票に限定されるべきではない。政治活動は個人的および公的領域において起こり、また、権力が絡んだ人間の経験のすべての側面と関係がある。教育と政治の関係が吟味される必要があるのは、ある特定の社会における一組の勢力関係としての政治についての、こうした全体を見渡せる立場からである[25]。

パウロ・フレイレは『被抑圧者の教育学』をまとめ上げた[26]。政治と教育の関係に関する彼の分析は、階級分析の手法を用いて語りながら、政治、権力、教育が分かちがたく結びついていることを示した[27]。彼の分析は、以下のような詳細な引用に値するものである。

　教育実践の限界を理解するには、それらのプロジェクトに関する教育者の側の政治的な明瞭さが必要である。教育者は自らの実践の政治性を想定することを求められているのである。ちょうど政治的な行為が教育であると言うことが十分でないように、教育が政治的な行為であると言うことも十分ではない。教育の政治性を真に想定することが必要である。もし私が階級闘争とごくわずかに結びつけて、あるいはまったく関係させずに、学校という空間を何か中立なものとして、つまりそこでは、生徒が単に魔法の力で私が吹き込む限られた知識を学ぶ者としてのみ見られている所のように理解しているとすれば、私は、自らを進歩的であると見なすことはできない。私が誰のために働いているかを知らず、あるいはそのことについて明確でないとすれば、私が携わっている政治的、教育的実践の限界を認識できない。誰の世話で私が実践しているかという問題を明確にすることは、階級に結びついている1つの位置、そこでは私が誰に反対して実践しているかが分かり、必然的にどういう理由で私が実践しているかが分かるような位置に私を置くのである[28]。

この本は、フレイレがサンパウロ市の教育長としての職を辞した後に出版された最初の書物であり、政治と教育に関する新左翼の立場の典型例である[29]。

フレイレが英語で広く知らしめた新造語であり、「教育の政治性」という字句に込められた彼のもの凄く豊富な分析や洞察にもかかわらず、政治と教育の関係の性質は少しも明白に理解されてはいない。フレイレの立場は彼の生まれ

たブラジルおよびその他の場所でも論議の重要なテーマとなった。[30]

　フレイレの分析について検討するとすれば、政治と教育の関係については、多くの疑問が理論的なレベルにとどまってしまう。大きな物語への批判、あるいはフレイレの抑圧に関する見方の中の理想主義に対する非難、あるいはわれわれはいかにすれば経験的に抑圧の指標を構築しうるのかという問題に加えて、その他の緊急な問題に取り組む必要がある。方言の作用や構造とのからみで、教育に相対的な自律性があり、政治に相対的な自律性があるとすれば、教育と政治というこれら２つは、ある点でのみ交差する２つの独立した領域であろうか。あるいは、フレイレが示しているように思えるとおり、それらは完全に重複するものであろうか。イリッチの「修道院のような禁欲的」研究の雰囲気に関する格言が示していると思えるように、政治とは無関係な知識生産の自律性があるのだろうか。

　政治と教育の間の依存・自立の問題は、これら人間にとっての２つの領域の真の性質に関する問題、それらの目標や目的、および実際場面でのそれらの類似性と相違点、要するに、洞察力に溢れたフレイレの分析に続けて、さらにいっそう発展し、洗練され、完成した理論的解決を必要とするかもしれないあらゆる範囲の問題を求めているのである。

　より完全な理論的な解答を探す際に、われわれは、公的利益と私的利益が対立する場として、政治と教育は、国の行為、手段、規則、行動規範、統制、そして資源によって調停されているということを忘れるわけにはいかない。

　別の重要な未決着の理論的問題は、教育におけるポストモダニズムがその後どうなったかについての分析である。理論に関して、極端な形のポストモダニズムはその勢いを失った。そして、一部のポストモダニストがマルクス主義的革命的な見方や構造主義の伝統の別の形に移っていったのは、恐らくその徴候をしめすものである。こうした変化は、教育研究にとってのポストモダニズムの有用性に照らして議論するのに値する。

　批判的観点からモダニズムについて再考しながら、ポストモダニズムを見直す大半の最近の試みの１つでは、グレッグ・ディミトリアディス（Greg Dimitriadis）とデニス・カールソン（Dennis Carlson）がポストモダンの時代の新しい文化の領域に関する優れた要約を行っている。すなわち、

　　アメリカ国内の持つ者と持たざる者との間で、また、経済的なエリート

国家と"開発途上"世界との間で、不平等が増している。それは、人の自己意識やアイデンティティが、新しいショッピング・モールで一般に売られている大衆文化的商品やスタイルの中で、人が何を消費するかによって決まってしまう超消費者保護の時代である。それは、有色人種、女性、ゲイやレズビアンおよびその他の社会から疎外された自己同一性集団が得たものに対する反発や憤慨の時代であり、アメリカと世界中の双方における宗教的原理主義の高まりの時代である。それはまた、保守主義者がゲイの人々のための差別撤廃措置や"特別の権利"に反対するために、公正という民主的用語を使用する時代でもある。公教育について言えば、それは、いちかばちかの試験、"責任能力"、"標準"および"効率"といった企業型国家の言説の時代であり、新しいグローバルな労働市場において、アメリカの若者がより競争力があり、より生産的になるように準備する時代である。その間、商業化された大衆文化は"現実"と"超現実"、物質世界とバーチャル世界の間の境界線をぼかすのに忙しい。それは、アイデンティティがパフォーマンス、スタイル、無味乾燥なイメージによって形作られ、ハイブリッドで境目の分からないアイデンティティが人種、ジェンダーおよび性的アイデンティティの自然なカテゴリーを打ち壊す時代である……ポストモダニズムの目標は、このようなモダニズムに取って代わり、そして新しい何かになることである。ポストモダニズムは、それ自体では、アメリカの教育および国民一般の生活の中で新しい進歩主義を作り上げるのに十分な拠り所とはならない。しかしそれは、新しい進歩主義の出現のための条件を確立する際に重要な役割を果たす。というのも、われわれがモダニズムについて見直し、かつ新しいやり方で再考するのを可能にするからである。[31]

同じ調子で、(それ自体はマルクス主義理論の支流である) 批判理論の確立された伝統との関連を見逃したミシェル・フーコー (Michel Foucault) の彼自身の短絡的分析に対する認識は、前世紀の最も重要な理論家の1人であり、批判的教育学の発展において影響の大きかった者の正直さを冷静に思い起こさせてくれる事柄として際立っている。[32] カントの論文「啓蒙とは何か」を讃える中でフーコーは次のように熟考している。

今や明らかなことは、もし私がフランクフルト学派に精通していたなら、もし私がそのことに同時に気づいていれば、私が話した多くの愚かなことを言うことはなかったであろうし、また、フランクフルト学派によって道が開かれていたまさにその間に、私自身の拙い道を追求しようとして辿った多くの回り道を回避することができたであろう。それはおそらく、そうしたまさに類似性によって説明される２つのきわめて似通ったタイプの思考の間での浸透がない奇妙なケースである。ある問題が共通である事実を隠す上で、それに接近する２つの類似した方法ほど良いものはない。[33]

　本書の初版本の出版以来、われわれの実証的研究を促すものとして、これらの理論上の挑戦はわれわれの理論的な検討課題の頂点に置かれるべきである一方、われわれはここで名前を挙げるに値する教育研究の３人の巨人、つまりバーンスタイン、ブルデュー、イリッチの死に直面した。1997年のフレイレの死を勘定に入れたり、あるいは、比較教育学の分野からもう少し離れたところで、政治哲学者ジョン・ロールズ（John Rawls, 1921-2002）の死を勘定に入れたりするとすれば、われわれは、教育で最も重要な理論家のうちの数人の逝去を、つまり、取って代わるのが非常に難しくなるであろう世代が逝ってしまうのを経験したのである。巨人の肩に乗っかかっていることは、それらの代役を十分に果たすより確かに容易である。

　バーナード・バジル・バーンスタイン（Bernard Basil Bernstein, 1924-2000）は長く患った後に他界した。1979年から1991年の引退まで、彼は、世界で最も有名な教育社会学講座、つまりロンドン大学教育研究所の教育社会学カール・マンハイム教授記念講座の主任であった。

　バーンスタインは、40年間以上にわたる厳密な研究の遺産、および階級、コード、統制の間の関係についての新しい理解を残した。公刊された彼の著作、とりわけ５巻本のシリーズである「階級・コード・統制」はこの分野での古典になっている。バーンスタインの理論は、人が特定の社会集団の条件を映し出し、同時にそれを形作りながら、日常の会話の中でどのように言語を使用するかを示し、従って、個人的および公的なコードが重要であり、公教育のカリキュラムが巨大な役割を果たしていることを示した。[34]

　コレージュ・ド・フランスの社会学の教授であり、さらにパリのフランス国立社会科学高等研究院長であった多面的で多作のピエール・ブルデュー（Pierre

Bourdieu, 1930-2002)の死によって、われわれは、何の疑いもなく、社会学の歴史で最も重要な学者の1人を失った。バジル・バーンスタインとともに、国際社会学会の教育社会学研究委員会の創立者であり元委員長の1人であるブルデューは、教育（その中では再生産理論が知識人の全世代にインパクトを与えた道標として目立っている）におけるわれわれの研究、美学、社会理論、大衆文化、マスメディア、フランス知識人の思想そして文学に刺激を与えた。[35]

彼の晩年の生活において、ブルデューは人の手を借りることなく、グローバリゼーションに対する最も辛辣で最も非妥協的なヨーロッパの批評家のうちの1人となり、さらにグローバルな世界のアメリカ化に対する最も妥協しない批評家の1人となった。知的および文化領域におけるグローバリゼーションに対する批判は、学界の非政治化や知識人の役割に関する彼の疑問と結びついている。彼の晩年の書物の1冊である『反撃——市場の暴政に対して』は、彼の分析能力、また彼の人間としての、そして政治的関わりを雄弁に物語る遺言である。[36]

『覚醒を祝う』のためにエリック・フロム（Eric Fromm）が書いた有名な序文の中で、急進的なヒューマニストとして描かれているイヴァン・イリッチ（Ivan Illich, 1926-2002）は、ごく最近、この世を去った。パウロ・フレイレがイリッチのことを描写したように、イリッチは穏和な人という言い伝えを後に残している。しかし、自らが生きた時代の先を進んでいた者として、自らを「道を外れた巡礼者」「ビザンチンとベニスの競い合う勢力の間に挟まれた者」と描写していた。[37]

イリッチの優しさに対する賛辞として、彼が自分自身を12世紀の牧師であるサン・ビクトルのフーゴー（Hugo of St. Victor）の弟子と見なしたことを思い出すほどぴったりのものは恐らくないであろう。この修道院での生活の連想は、意義深い学術が繁栄しうる環境を整えるための不可欠な条件であった厳格な規律訓練および陽気な友情と結びついた、修道院の禁欲主義的な思いやりを彼がなぜ常に考えたかを説明している。

　　学識深く、かつゆったりした思いやりは、客観性が担保された知識を専門職として追求する中で身に付くうんざりするような狭賢い姿勢に陥らぬ唯一の防御措置である。私は、友情への深い関わりへと開花する相互信頼という栄養なしには、真理の探究が活況を呈することはないと確信し続け

ている。したがって、私は、友情の増進を促す風土と、それを妨げる"調整された空気"を見極めるように努めた。もちろん、私は、自分の生活の中に別の時代の強い雰囲気の趣を思い浮かべることができる。私は、"修道院的"雰囲気が歴史に根差した社会批判に必要な自立性の必須条件だということを、今日、いままで以上に信じて疑わない。[38]

　フレイレ、バーンスタイン、ブルデューおよびイリッチの死は、人間の歴史の非常に危険な時代の真っ直中で、比較教育学から強力な知的発言者を奪った。彼らの死は比較教育学の多くの理論的な負債を解決するのに役立たないけれども、彼らが切り開いた理論的道はその旅を続けることへの誘いとして残っている。

　比較教育学に対して教育が求めるものは巨大である。誰が教育されるべきかについての理解には深遠な危機がある。教育システム固有の危機と考えることができたものは、教員と生徒の会話の間の実態的、象徴的ズレ、それはさらに、（任天堂のゲーム機世代と称される）新しい世代と大人世代の会話の間にも見られるズレに映し出されている。学校という場におけるこうした文化的ズレが、学校のカリキュラムに潜む差別ならびに教育の均等や整合性、公正さ、社会移動といったおなじみの問題につけ加わっているのである。さらに、われわれは、教育システムの有効性、すなわち、教員、親および私立・公立の教育機関を含めて、教育の主体それ自体の有効性に関して、その正統性の危機に今や直面している。しかしながら、世代間に共通なつながりが分裂してしまった状態は、恐らく教育システムの世俗的な欠陥よりも深刻な危機を生じさせるかもしれない。コミュニケーションのとてつもなく大きなシステムと新技術の出現は、大衆的な伝統文化、大衆的な国境を越えた文化、および国家機関によって開発された政治文化の間の新しい結びつきを生み出し、それは時として市民団体、社会運動および組合といった諸制度によって徹底的に対峙される。

　要するに、時代遅れの学校儀式、対立する諸言説、学校という文化資本の定義における諸問題、多様な集団の学校への編入、市民権や民主主義の概念の危機、教育のモデルと雇用市場との間の拡大するギャップといったものが、今や新自由主義のインパクトを受けて倍加され、比較教育学に対してあらゆる種類の挑戦をもたらしているのである。驚くことではないが、教育、権力、政治そしてモダニティの間の関連を理解する上で、これらの挑戦の多くに取り組む必

要がある。[39]

政治と教育の間の不可解な関係を解決し、公教育の正統性の危機を分析し、あるいは比較教育学におけるポストモダニズムの役割を評価する上で、これから数年間は比較教育学の分野においてより明確に、より切実に理論化が求められるようになることは疑い得ない。比較教育学は、この学問分野の発展において、未だ地域研究および民族研究の役割と理論についての決定的な理解を生み出すことができていないために、負債を抱えている。同様に、アメリカにおける多文化主義（multiculturalism）あるいはヨーロッパの異文化間主義（interculturalism）の問題に関連してマイノリティの教育についての議論が学者の理論的な想像力に火をつけ、今から長年にわたってこの学問分野に質問を浴びせ続けるであろう。私は、本書の第2版が、パウロ・フレイレの言葉を使えば、「愛するのがより簡単になる世界の創造の中で」、比較教育学という分野について再考し、現代教育のジレンマの解決において、教育という専門的職業に貢献することを望んでいる。[40]

第3版への補遺

第2版では、私は、本書『21世紀の比較教育学』の初版以降に世界で起こった変化を探った。[41] 本書の第3版に向けて取り組むに際して、比較教育学の将来に関する多くの問題が残っている。それらは恐らく、専門学問分野としての確立以来の比較教育学の歴史的プロセスに関する高度に集約された簡潔な記述の文脈の中に組み込まれるべきものである。

第1段階：私が見るところ、比較教育学者の第1世代は、国家的あるいは国内的プロセスの境界の外側で教育が発展する可能性に関して強い実証主義的志向をもった知的探求を行うものとして、およそ90年前に注目されるようになった。比較教育学は確かに価値のある道具であったが、しかし教育の根本に関する議論の中では単に補足的なものであった（例えば、ジョン・デューイは肩書きこそなかったが、メキシコ、ソ連、中国における教育や革命がらみの変革について研究することにかなりの時間を費やした）。

第2段階：50～60年前に、比較教育学は、（人的資本論のような理論によって活気づけられた）世界における教育拡張の波に乗り始め、発生期の国際システムの成長しつつあったネットワークやコミュニティにとってますます重要

になっていった。これは比較教育学者の第2世代であり、彼らの書くものは冷戦状況、つまり、資本主義あるいは共産主義のどちらがアフリカ、アジア、オセアニアの新興独立諸国において勝利を収めるかという、西側ブロックと東側ブロックの闘いに対して位置取りをしなければならなかった。いわゆる第三世界の教育の目標、形式、内容に対して強い国際的な影響があったとはいえ、各国の教育システムは同様にかなりの程度の自治を示していた。この自治は国の教育システムの成長を前例のないほどのレベルまで煽り、時には、いくつかの社会では学校の過剰建設が起こり、また有り余るほどの教員を生み出すというようなことが起こるほどであった。この時期に、比較教育学者は学校の拡張を促しただけでなく、系統的な政策計画や教育予算の基盤を据える一方、団体交渉における教員組合の重要性を見出し、推奨した。

　第3段階：35〜40年前に、比較教育学者の次の世代は、1960年代の時代精神の中で教育に関する代替的ビジョンを作り上げることを試みた。イリッチとフレイレの貢献は、こうした再考の中心となるものであった。学者の新しい学派は、比較教育学を開発だけでなく解放を理解する上での鍵と見なした。それらは、ノンフォーマル教育、革命的教育、初期の多文化主義的政策などを主張する傍ら、（前の世代の妄想である）教育の収益率分析といった支配的パラダイムを批判することにより、既成の枠を越えた。そのようなものとして、この世代はこの学問分野における最も「社会民主主義的」展開に関与しているのかもしれない。

　21世紀の最初の10年間までに、この世代は定年を迎え始めている。本書のさまざまな章で詳述されているように、彼らのビジョンや考え方は80年代の経済危機の挑戦や、教育改革を世界的に導くモデルとしての新自由主義的国家の連帯に直面しなければならない。この世代は、社会主義者、自由主義者、ビジネス志向の強い人々（例えば、世界銀行の専門家）、そして社会民主主義者など、いくつかの流れと共存してきた。世界におけるこの種の学会のうちの主要なものとして、北米の比較国際教育学会（CIES）は、こうした共存状態を珍しいほど明瞭に反映している。

　第4段階：およそ25年前にこの分野に入った現世代の学者は、今日、学界の中で地位を確立している。進歩的な教育政策や実践への貢献という点で前の世代が残した業績を保存することを試みる際、彼らは必ず消極政策の強い傾向を是正する行動をとらなければならない。そうした政策を2つだけ挙げれば、

無制限の資金が軍事作戦支援に費やされる時に、社会科学研究や社会福祉政策に対する支援は減少していること、学界では、終身地位保証の浸食と常勤の教授陣をパート・タイムの契約労働に取り替えること、である。これらの傾向に対抗するために、レイモンド・モロウ（Raymond Morrow）とカルロス・アルベルト・トーレス（Carlos Alberto Torres）が本書の中で議論したように、われわれの分野の積極分子は、より民主主義で公正な社会の実現を目指す社会運動と連携する必要がある。

私は、理論と行動、すなわちフレイレが求めたようなタイプの実践（praxis）とを結びつけ、より多くの情報を踏まえ、もっと見識のある教育政策のために、われわれが今まで以上に必要とされており、また貢献することができると言いたい。比較教育学者が教育政策、教師教育、そして基盤的学問分野で採用されるとき、われわれは、教員や教育政策決定者の将来の世代にインパクトを与えることができる。また、非政府組織の重要性の高まりを考えると、われわれの分野の卒業生の多くがそれらのために働き、それらが草の根で取り組んでいる人々の暮らしに重要な肯定的影響を及ぼしそうである。

恐らく、ソクラテス流に次のいくつかの質問をすることで、これらの省察を終わることが良かろう。すなわち、いくつかの学問分野や文化が交差するような対話にとって、比較教育学理論はどれほど適合性があるだろうか。国境を越えた教育・学術交流や標準化された教育プログラムの新しいモデルを擁するヨーロッパの教育は、世界のその他の地域とどれくらい異なっているか。「急進的イスラーム」の危機を抱え、近代西洋を拒絶する中東から何を学ぶことができるだろうか。開発の失敗、AIDSの危機の増大、さらに、その多くがヨーロッパまたはアメリカで十分に教育を受け自ら豊かになっているエリートたちの権力といった状態のアフリカから、われわれは何を学ぶことができるだろうか。中国とインドという21世紀の新興勢力の学界において、比較教育学はいかなる役割を果たすのであろうか。

明らかにわれわれは学界や社会における新しい傾向に関して、寸描や人間味溢れる物語、あるいは単に予感といったものではなく、統計データ、歴史分析、そして政治経済学の議論を必要としている。比較理論、学問的分析、系統的研究や洞察が教育システムの仕組みやそれが国内的および国境を越えて展開する状況について、より良く理解する上で寄与しうるのは、この点においてである。ここに、われわれの学問分野が社会や教育の前向きな変化に寄与する一方、不

第18章　比較教育学　687

成功に終わった政策を暴露することに寄与することができる点がある。

第4版への補遺——別のグローバル化が可能である

　本書の新版の後書きを書くために、第3版と第4版の間に経過した年月に世界で起こったことを説明しようとしているが、それは容易な仕事ではない。しかし、私は、2007年以後の世界金融危機や社会経済的な危機のことを前提として、これを後で書くことは知的にも個人的にも、特に難しかったことを認めなければならない。

　われわれがいくつかの知的および個人的に能力を試される課題に直面していることに疑問の余地はない。知識社会の性質について論ずるとき、われわれは世界の情報基盤の規模が11時間ごとに2倍になるであろうとIBMが予測した情報過剰社会に苦しんでいるのである。[42] 知識の過剰な専門分化が起こっているが、結局のところ、われわれは分析し、了解し、理解することを欠いているのである。「われわれは以前よりずっと多くの科学者、学者、専門家を有しているが、しかし、教養を身につけた者は以前ほど多くない。このジレンマを21世紀の言葉を使って表現するなら、私はこれを、誰もが自分自身の事柄を行っているが、他人の事柄が本当に何かを真に理解している人は誰もいないと表現したい」[43]。「大きな」物語はかつてないほど疑わしくなり、また、「小さな」物語は話の寄せ集めであって、それらの話はいずれも経験を「生きてきた」人にとっては特に非常に重要であるとはいえ、バラバラで曖昧であり、知識の断片をつけ加え、問題の性質および可能な解決法の性質を識別することをより困難にしている。問題をさらに悪化させているのは、この事態の主な原因の1つである新自由主義が新しい物語の形式を作り上げたことである。「次に新自由主義の独特な特徴の1つは、出来事を話術で統制するのを可能にする新語法[訳注1]という新しい形式を作り上げたことである」[44]。

　未だその終着点に達していない金融危機は、今のところ新興経済圏およびBRICs（ブラジル・ロシア・インド・中国）はヨーロッパや欧州連合と比べて非常にうまくやっているが、中心諸国におけるグローバルな資本主義の仕組み

訳注1　1949年出版のジョージ・オーウェルの小説『1984年』に描かれ、作中の全体主義体制国家が英語をもとに作った新しい語法であり、国民の語彙や思考を制限し、自らのイデオロギーに反する思想を考えられなくすることをねらったという内容に由来する。

に深い影響を及ぼしているばかりでなく、貧困な国家のうちでも最も貧しい国々の恐るべき状況に油を注いでいる。「2008年9月にリーマン・ブラザーズが崩壊した後、わずか数週間足らずで、すでに1日当たり1.5ドル以下で暮らしている低所得国のおよそ15億の人々に、さらに9000万人が加えられたのである[45]」。

　第3版の出版後に出現したこれらの危機は、われわれの諸文明の社会的、道徳的、経済的、そして認識上の構造に影響を及ぼしている。そうした危機はわれわれの民主主義体制の性質や仕組みを弱体化させ、何らかの科学的な手段によって増大する不平等を露わにし、現時点での教育のジレンマを際立たせるのである。次節で私は特定の教育のジレンマの要点を述べることとする。

世界的経済危機は市場民主主義の終焉の先触れか？

　「……アンバランスな現象をバランスよく扱うことは現実をねじ曲げてしまう[47]」

　経済的不平等はもはや資本主義経済学に関する専門用語ではなく、それは、多くの本、雑誌記事、研究報告の中で報告され、また、それほど豊かでないところは言うに及ばず、地球上で最も豊かな社会でも都市の環境を少し歩けば観察できるような容易に分かる現実である[48]。2008年の危機は、市場民主主義諸国にひどく影響を与えた不平等の高まりの重要性をいっそう明白にした。

　世界経済におけるこれらの危機の被害は仕事の喪失であり、それは次には不平等と貧困を増大させた。最近の本の中で、ギャラップ社会長ジム・クリフトン（Jim Clifton）[49]は、世界中の70億人のうち、50億人が15歳以上であると論じている。30億人は現在働いているか、働きたいと言ったが、わずか12億人だけが常勤の正式の仕事についている。従って、世界中では18億人の仕事が不足しているのである。教育面での対応は何であろうか。われわれは取り組むのが困難な一連の教育的ジレンマに陥っているのではないかと思う。まさにそうしたジレンマのいくつかを特定するために、産業社会の学校教育モデルは疲弊しきっていると言いたい。代替的な学校教育のモデルをもった目覚ましい地域的経験は若干あるものの、それに取って代わることを意図した新しい国家的ないし世界的なモデルは皆無である。現在の危機によって増幅された第二の状況は、個人や家庭、そして社会からのますます多くの資源を必要とする教育の

機会および就学機会をわれわれが拡げ続けているということである。しかしながら、生産と消費のシステムは、高度な資格を身につけた人々のために十分な雇用機会を生み出すことができず、例えば、ヨーロッパの若者の失業率は総人口の失業率より2倍も高く、スペインのようないくつかの国では、格差はさらに大きなものになっている。文化とアイデンティティは市民性の構築に関する議論の中心的要素になっており、従って、学校でも社会でも取り組むのが非常に難しい真のジレンマに対して、会話の多くが口先だけの世辞を言っているだけだと考えずにはいられないものの、多様性についての議論は引き続き改革者のアジェンダの最上位に位置づけられている。学校とは無縁の文化の出自で、カリキュラムが自分たちとは縁遠く、さらに疎外を進めるものだと感じている子どもや若者にとって、早期の学校での学習、読み書き、計算は容易ならざる挑戦であり続けている。いちかばちかの試験が実施されているような場合には、もっとそうである。20世紀にわれわれの理解を豊かにした理論の大半が、神経科学の発見や脳の働きに関する知識から未だ恩恵を受けていない場合には特に、学習の理論や実践に立ち戻って考えてみる必要がある。

　知識の生産と学校のカリキュラムは、デジタル文化という変容と向かい合う別の重大な要素である。教育システムは、知識伝達のプロセスにおいて引き続き重要である。しかし、学校教育が行っていることは、今日の新しい決まり文句である「知識社会」のニーズに対応するにはまったく不十分だと、多くの批評家が主張している。学校システムが訓練、選抜配置、期待される統制といった伝統的な一般的機能を果たす限り、分岐やコース分けは存在し続ける。このことは、学校教育が社会的結束を作り上げるメカニズムであるとしたデュルケームの命題にどのようにつながるのであろうか。この矛盾しているように見えることは、教育システムが同時に「選別機械」でもあり、しかし、社会的淘汰のメカニズムを通じて、ある種の構造変化を生み出すということである。その際、学校に関する政策の振り子は、自らの子どもを職業や教育の階梯の上層部に近づけたい中産階級の要求（「実績」）と、すべての子どもや若者が彼らの身体、文化、階層、人種、ジェンダー、あるいはその他の条件にかかわらず、いかなる種類の差別も受けることなく、質の高い教育への就学機会を得ることを求める民主主義の圧力の成果（「包摂」）との間で揺れてきた。しかし、学校教育のジレンマはそこで終わるわけではない。それらは、教育システムの他の分野や学習の領域に影響を及ぼし、再生産されるのである。成人教育は、容

易に結びつかない目標の二重性の中にある。すなわち、すべての市民にとっての生涯学習のモデルとなることと、特別な機敏さ、技能、知識を要求し、独占欲の強い個人主義の考え方を是認する知識社会の諸目標に役立つ経済の植民地となることである。教員は多くの国々で概して攻撃に晒されており、彼らの地位は下がり、教職の報酬は劣悪で、学校の質の悪いアウトプットのことで非難されている。教員は幻滅を感じ、落胆し、これらの問題のすべてに苦しみ、多くの者が解雇される前に教職を離れて行っている。教師教育は、教育システムの改善のために主な要因と認知されているとはいえ、理論と実践の統合を欠いている。すなわち、教員に関する教育研究の多くの発見のうち、これまで流布したものがあったとしても少数であり、ましてや実行されることなどほとんどない。また、教授と学習の方法論は、学校の中で上意下達のモデルとして実行され続け、非常にしばしば基本的な制度的基盤を欠いており、特に発展途上国ではそうである。証拠に基づいた研究の成果や提言は、それらが適切な時、そして適切な地位にあるしかるべき人のもとに届いた時にようやく機能する。さもなければ、大量のページ（そして、今では大量のメガバイト）は、いつの日か実践にインパクトを与えるかもしれないという可能性をもったまま、現実の、そして想像上のアーカイブの中に棚積みされるのである。

　教育改革および国境を越えた規制の問題が最後の難問として出現した。教育が危機にあるという「話」があり、それは多くの政府に一連の改革を試みさせ、周期的な逸話になっている。教員、多くの親、そして世論のいずれもが、政治的行為（そして政治家一般）に関して、また学校で起こる変化の信頼できるプロセスに対して、深刻な不信感をもっている。成績の国際的な比較可能性ということが、各国の社会で実施するには深刻な技術的、認識論上の制約があるものの、国境を越えた規制の道具として現れ、変革のための優先事項や議論のための用語、実行に移す必要のある概念（試験、社会的説明責任、教育の質）を定め、やがては教育システム内の各層、つまり、教員、教員組合、そして結局は専門職能団体や親の組織を疎外することになる[50]。

　教育改革と政策に関する教育的ジレンマは、もしわれわれが教育財政に注目するなら、さらに悪化する。世界中の教育費は2兆ドルを越えており、公衆衛生の経費は3.5兆ドルを越えている。したがって、グローバル企業がそうしたサービスの民営化に努めていることは驚くに当たらない[51]。アメリカを見て、ハンク・レビン（Hank Levin）は、資本がそこに定着し、そこから利益を得る

べき新たなフロンティアという点で、なぜ教育の分野がヘルスケアにだけはひけをとっているかを説明している。

「アメリカおよびほとんどの国は、その財源の巨大な部分を教育につぎ込んでいる。2008〜2009年に、アメリカは幼稚園から高等教育までの機関ベースの経費として10億ドルよりかなり多くを費やした。注目すべきは、この数字[52]が幼稚園あるいは企業あるいは軍による教育訓練への支出を含んでいないということである。それはまた個別指導、あるいはYMCA、少年・少女クラブ、放課後の塾のような公的・私的な団体によって子どもや大人に提供される類の専門レッスンも含んでいない。それでも、公式の経費支出統計は国内総生産のほぼ8%を占めたのであり、この比率はもしすべての教育費が含まれていれば確実に10%以上になり、それは国民所得10ドルのうちの1ドル以上に相当する。この額は軍への支出を相当に超えており、ヘルスケア部門のみに次ぐものである。さらに、この支出は、1986〜1987年から2008〜2009年の間に物価上昇水準に合わせて調整された実質ベースで2倍になった」[53]。

加えて、失業の不平等や仕事不足の問題は教育の不足によるものではない。企業の最高経営責任者、ヘッジファンド・マネージャーあるいはニューヨークの株トレーダーの収入と、同等のレベルの教育を受けた労働者、例えば高校教員の収入との間には驚くべき経済格差が存在する。このように、不平等は異なるレベルの教育を受けた人々の間だけでなく、同様の教育レベルを備えた者の間でも拡大しているのである。

生産力は低下していない。しかし、改善された企業生産力からの利益のシェアが賃金労働者にではなく高収入の最高経営責任者に集まっているのである。アメリカの労働者（そして確実にヨーロッパの労働者も）の大部分は、安月給でも喜んで受け取る国々や労働者との地球規模での競争において不利な立場にある。一時的な労働市場の混乱は永続的な状況をもたらしたかもしれない。アメリカでは6人の離職者のうちの1人は完全雇用を再び手に入れることはないと予想した者がいる[54]。

拡大する不平等は民主主義の対価なのである。市場民主主義が政治的権利をもつさまざまな利害関係者の闘いではなく、むしろ富豪階級の統治能力を代表するようなやり方で、上位0.1%が政治システムに影響を及ぼす力をもつということがありえるだろうか。資本主義はもはや大多数の労働者に恩恵をもたらすことはできないのだろうか。例えば、アメリカと西ヨーロッパにおける富

の一点集中と中産階級の縮小は、市場民主主義国家の終焉を示しているということがありうるだろうか。金融部門の自由な資本主義、抑制が利かない貪欲、荒々しい振る舞いは、資本主義の世界システムを取り返しのつかない崩壊に至らせるのだろうか[55]。

「グローバル」が大きな物語になり、新自由主義が「常識」に発展し、現代社会の道徳的・知的な指導力として支配権を構築する過程において主要な役割を果たすイデオロギーになった。新自由主義が経済発展の実行可能なモデルとして完全に失敗したという事実にもかかわらず、新自由主義に結びついた文化に関する政治は依然として効力をもって、きわめて強力なままであり、政府と教育の役割についての現代的概念を形作る上で新しい常識になっている[56]。

大学もまた、これらの変化や危機によって深い影響を受けた。新自由主義的なグローバル化、つまり、市場が国家を支配することや、規制緩和の管理モデルを前提とするグローバル化の最も顕著なモデルは、「アカデミック・キャピタリズム」の状況にある大学に深遠な影響を及ぼした。結果として生じる諸改革は、国際的競争力を高めることとして合理化され、「競争に基づいた改革」としても知られており、公立大学は特に影響された。高等教育の中へ市場の力がますます浸透することと、アカデミック・キャピタリズムという「ゲームをすること」をめぐって大学管理を再編成することは、4つの主要な領域において大学に対する新自由主義の影響を際立たしている。すなわち、効率と社会的説明責任、適格認定と普遍化、国際的競争力、そして民営化である。しかしながら、機関管理の新しい形式として管理主義(マネジャリズム)を導入することによって、大学は自らの危機を深め増幅させた（さらなる議論については、本書の第11章を参照されたい）。

これらの改革が実行され採用される中で、カリキュラムや授業、教師教育、学校管理といった多様な分野でとられている政策と優先事項を通じて、上意下達式に課される改革としてのグローバル化に対して高まる抵抗も存在する。そして、こうした抵抗の高まりが学校教育改革に関する世間の議論にも反映されているのである。同様に、多くの人々はこれらの改革が、国内および世界的な序列をめぐる競争の場としての大学の有効性を制限し、そうすることで、教育のより広範な目標を弱めることを企図するものではないかという疑問をもっている。多くの場合、新自由主義的改革はより高い授業料を課したり、機関や個人に対する政府からの助成金を減らしたりすることを通じて、高等教育への就

学機会を制限することを含めて、階層や人種別に就学その他の機会を限定した。[57]

われわれは比較教育学に立ちはだかる挑戦に
いかに対峙し、何を行うことができるのだろうか

　フレイレの「生成テーマ」の概念は、現実の弁証法的な性質、苦痛を和らげ、幸福を増進させる科学の効用、そして、支配と圧迫のシステムに挑戦する倫理的な規範など、批判理論の中核となる諸問題に焦点を絞ったグローバル化の再吟味に基づき、新自由主義に反対する行動のための一連の合理的な指針をわれわれに提供するかもしれない。以下に述べるのは、私がもう1つのグローバル化という課題や可能性を最もよく捉えていると考える諸テーマである。

1）支配的グローバル化に反対すること

　大学、社会運動、学者、知識人、コミュニティがグローバルとローカルとのジレンマに対峙する必要性という点で、最も喫緊の関心事からわれわれの気をそらすべきではない。そうした関心事とは、権威主義的な新自由主義的グローバル化に異議を申し立てることであり、社会的相互関係の強度や力学を変え、また、貧困に陥った社会の人々の実際の生活を変えうるには、ネットワーク、諸制度、実践を通じる以外にないという支配的な言説に異議を申し立てることである。これは新自由主義的グローバル化の物語への異議申し立て、特に、合理的な選択モデルやゲーム理論に追随して、フォーディズム後の社会で唯一の可能な理論モデルや社会秩序は新自由主義経済学と自由民主主義であると結論づけるようになった経済学者や政策決定者の間に非常に行き渡っている「un pensamiento único（唯一の可能な思考）」という宿命論の考え方に特に異議を申し立てることを含んでいる。

　こうした合意は、マイケル・アップルが彼の本や論文の多くで詳説しているように、新自由主義的改革を実行した新保守主義的政府を含めて、右も左も、多様なグループによって承認され、確固たるものになったのである。社会科学（特に経済学）や公共政策へのこうした技術主義的アプローチに異議を申し立て、反抗し、神秘性を取り除くことは、現代の闘争の最も重要な生成的テーマである。社会運動の形態をとるこれらの闘争は、マイケル・アップルが近年主張してきたような種類の中心なき（decentered）統一、つまり多様なグループ

が小部分からなる左翼を形成するような統一を作り上げ、グローバル化や新自由主義的改革が不可避であるという常識的な考えに異議を申し立てるものである[58]。

2）自由とは、保護することではなく解放することである

　教育政策に関する批判的分析の最も重要な洞察の1つは、唯一の実行可能なモデルとして代議制民主主義を強調する試みも、結局のところ統制され制限される自由を作り上げようとする試みであるというものである。それは本質的に、大衆を支配し統制するためにエリートが作り出した装置として使われる。われわれが分かってきたことは、代議制民主主義が資本の独裁、あるいは少なくとも経済エリートの独裁をしばしば示しているということである。その他にも代替案がある。それは代議制民主主義の限界を拡げ、民主的生活の質や特性を向上させるような参加型民主主義についてのリベラルな概念から始まるものである。より急進的な脈絡では、ブラジルのポルト・アレグレで10年以上にわたり市民参加型の予算編成が実施されていることに見られるような急進的な民主主義のモデルがある。

　民主主義の復興は、教育やより大きな社会の文脈における中心的な関心事として現れている。透明性や社会的説明責任を高めるために、財政や選挙の改革運動を起こすことに向かう動き、ならびに教育と市民性、あるいは市民性と民主主義の実践のつながりを強化する試みは、この仕事にとって不可欠である。われわれはまた、支配的グローバル化に反対する社会運動と大学を連係させ、グローバル化と教育全般の役割、目的、目標についての幅広い議論と学校とを連係させる仕事を行わなければならない。

3）公教育を守ること

　公教育を守ることが世界社会フォーラム、世界教育フォーラム、チリやエジプトでの学生ストライキ、世界中での授業料に対する学生の抗議、教員組合の抗議など、無数の社会運動や大衆的な宣言の中心的な関心事の1つであることは明らかである。依然として参加型民主主義を実行可能なものと考える人々のためには、公的支援と公共財の重要性を強硬に守ることが行われなければならない。われわれはさらに、民主主義の協定の中で最も大事にされた理想のいくつかが成し遂げてきたことを守らなければならない。それは、平等、自由、連

帯などを含み、また、新自由主義の支配が市民を単なる消費者として位置づけることにより、これらの本質的な理想を浸食することを許さないことである。

4）民主的国家を守ること

ローカルなものとグローバルなものとの激しい力学を前提として、国民国家はグローバル化の状況の中でいっそう大きな重要性を帯びている。しかし、民主主義国家における代表制と参加の原則をしっかりと防御することに頼ることなしには、われわれが先に概説した生成的テーマを実行することはできないかもしれないことは明らかである。

国家は公教育の性質を変更する上で重要な役割を果たすものであり、個人や小規模集団の自治に関する言説に組み込まれることはできない。これは、こうした動きあるいはローカルのものの重要性を弱めることではなく、より全体的で、公正で、万人のためになる解放の教育を実現する上で民主的国家が果たす本質的な役割を認識することである。

5）地球規模の多文化的市民性

これは、学校と大学が取るべき、公共の利益に役立つというそれらの責任の一部として恐らく最も重要な行動である。移民の増大、そして地域コミュニティや各国社会における文化と言語のずれを踏まえると、地球規模の多文化的市民性に基づいた国際主義的な民主主義を目指して励むことが是非ともなされなければならない。このモデルは確かに夢想的とも聞こえるかもしれないが、イマニュエル・ウォーラースティン（Immanuel Wallerstein）のような最も明敏で批判的な社会科学者の多くが「ユートピスティクス」の科学を要求したことを思い出すと、社会や人間にとっての新しい地平を切り開く以外に選択肢は本当にほとんどないのである。[59]

われわれは、人間と自然との新しい遭遇を促進する教育学のモデルによって、これらの新しい軌道を模索する必要がある。われわれは、精神と肉体との関係についての新しいモデル、つまり、ヨーロッパや北米の白人文化の言語中心主義的特性を越えるモデルを必要とするのである。われわれは、核による大虐殺の脅威に基づくのではなく、より平和な世界につなぎ留められた理想に根ざしたグローバルな関係を構築し保持するための新しいモデルを必要としている。

地球の存続、社会正義と民主主義、そして、個人とコミュニティの間の平和

や連帯に対する教育機関の責任は、単に象牙の塔の壁の中での研究テーマであるはずがない。われわれの最も大きな知性によって高められる知識と理想は、われわれの社会、われわれの社会政策、そして、われわれの世界的な実践に確かにインパクトを与えるものでなくてはならない。

われわれは、従って、学校教育が善良な生活と善良な社会のために経済合理性を超越し、長く困難な闘争に再び携わることができる社会的活動の源になるように、地球上の至る所での教育の変革を要求する。このことには、教育についての新しいビジョン、そして、その実現に向けて努力するために必要な意志と集団的行動が含まれる。

結びに当たり、私は、批判理論がより良く理解する方法を、そして、これらの生成的テーマの実行に向けて働く方法を提供していることを強調しよう。批判理論は、全世界的に社会の根源的な変革を形作り、先導している諸勢力に一般に受け入れられているグローバル化や新自由主義についての想定を超越する強力な分析のツールを提供している。この脈絡でグローバル化を再吟味する中で、われわれは、グローバル化の力学の恩恵を受けた諸勢力がどのように社会正義や民主主義、そして地球の大部分の機会や生活の質を弱体化させているかが分かる。批判理論はさらに、権力をもつ人々が世界で介入しなければならないこと、そして不可抗力というイデオロギーが経済的、社会的エリートによる世界的な支配や統制の追求の中でどのように彼らの深遠なツールになるかについて、われわれに思い起こさせてくれる。この意味で、批判理論は、上からのグローバル化に異議を申し立て、市場と消費という道具的合理性の外側にある社会正義、民主化、公益のためのグローバルな闘争を再確認する進歩的教育政策および社会運動や教育運動にとっての刺激として役立つことができるのである[60]。

注

1) Ivan Illich, *Celebration of Awareness: A Call for Institutional Revolution*, introduction by Erich Fromm (Garden City, N.Y.: Doubleday, 1969. 邦訳は尾崎浩訳『オルターナティブズ』新評論、1985年), 46.

2) それらの変化をいかに解釈するかは、本章の趣旨から見て可能なものよりさまざまなタイプの理論的精査および実証的分析に値するかもしれない。

3) ヒューマン・ライツ・ウォッチによれば、「テロリズムと戦うために人権に関して妥協も喜んで行うアメリカ政府は、1つの危険な前例を作り、また、いくつかの国家をその戦争への参加から遠ざけている。……ワシントンには強大な力があるので、ワシントンが人権基準を無視するならば、世界中で人権についての大義にダメージを与えることになる」という。Associated Press, "Group Says Bending on Rights Risky," *Los Angeles Times*, 15 January 2003, A20.

4) 多くのアナリストが、2003年の初めにジョージ・G・カスタフィーダがメキシコの外務大臣を辞任した理由の一部だと考えているのは、この問題である。9月11日の意味合いの詳細な分析については、Douglas Kellner, From 9/11 to Terror War: The Dangers of the Bush Legacy (Lanham, Md.: Rowman & Littlefield, 2003). を参照されたい。

5) イラクはサウジアラビア（2626億9700万バレル）に次いで、1125億バレルの石油埋蔵量が確かめられている点で第2の石油産油国である。悪の枢軸の一部とブッシュ大統領が名指しで呼んだもう1つの国であるイランは、証明された原油埋蔵量（990億8000万バレル）の点で第3番目の国であり、これに次ぐのはアラブ首長国連邦（978億バレル）およびベネズエラ（776億8500万バレル）である。原油のままの輸出に関して、イラクは湾岸戦争後の厳しい制限の下でさえ、原油の4番目に大きな生産国（25億9370万バレル）であり、1番目のサウジアラビア（78億8890万バレル）および2番目のイラン（35億7200万バレル）に次いでいた。この石油埋蔵量と原油産出量のコンビネーションは、イランとイラクをアメリカの中東政策の目標にしている。ベネズエラが世界で5番目に大きな石油の埋蔵量と原油産出量に関して3番目（27億9190万バレル）に位置しているため、エネルギー政策の懸念はウゴ・チャベス政府との対立に対処する上でのアメリカの困惑の中にも示されている。石油輸出国機構（OPEC）のウェブサイト www.opec.orgi を参照されたい。

6) Carlos Alberto Torres, "Requiem for Liberalism? Editorial," *Comparative Education Review* 46, no. 4 (November 2002).

7) Michael Apple, "Patriotism, Pedagogy, and Freedom: On the Educational Meanings of September 11th," *Teachers College Record* 104, no. 8 (December 2002): 1770. Teachers College Record のこの号は全編にわたって9月11日の出来事とその学校、教員、生徒の生活へのインパクトに関する議論を特集している。より理論的なレベルでは、多くの論文が、民主的生き方の成り立ちの中での愛国心対コスモポリタニズムについて論じるために、9.11の意味に取り組んでいる。

8) 「[2002年]の5月には、ロシア製のSA-7ミサイルが、サウジアラビアのプリンス・スルタン空軍基地から離陸した米軍ジェット機に向けて発射されたが、的を外してしまった。11月28日には、サウジアラビアで使われたのと同じ種類で同じ工

場製の2基のミサイルが、イスラエルのジェット旅客機に向けて、同機がケニアのモンバサを離陸した数秒後に発射された」（ワシントンポスト「航空機に対する持ち運び可能なミサイルによる攻撃を防ぐために働くアメリカ」の転載）（*Los Angeles Times*, 15 January 2003, A21）。

9）ノーベル賞受賞者のジョセフ・E・スティグリッツはクリントン大統領の経済諮問委員会委員長および世界銀行の主席経済学者としてワシントンで7年を過ごした。彼の見解は、ジークムント・フロイトの西洋文明に関する書物を経済風に言い換えた彼のベストセラー Globalization and Its Discontents (New York: Norton, 2002. 邦訳は鈴木主税訳『世界を不幸にしたグローバリズムの正体』徳間書店、2002年）の中で世に広まった。

10）世界銀行は右翼、リベラル、左翼を代表する人々のいずれによっても批判されるという稀な特権をもっている。従って、世界銀行の新自由主義の専門知識や政策の方向性の意味合いについての批判を例証するために使うことができた批判的文献は溢れるほどある。例えば、比較的な視点から見たものとして、アメリカ共和党の重要な保守派の見方を強調したものと似ているが、Doug Bandow and Ian Vasquez, eds., *Perpetuating Poverty: The World Bank, the IMF, and the Developing World* (Washington, D.C.: CATO Institute, 1994) を参照されたい。別の批判的な観点からのものとして、Carlos Alberto Torres, "The State, Privatization and Educational Policy: A Critique of Neo-Liberalism in Latin America and Some Ethical and Political Implications," *Comparative Education* 38, no. 4 (1994): 365-85. John Harriss, *Depoliticizing Development: The World Bank and Social Capital* (London: Anthem-Wimbledom, 2002) も参照されたい。

11）Frei Betto, "El amigo de Lula," *La Jornada*, 2 November 2002,（原筆者英訳）. 私はレイモンド・アラン・モロウがこの発言について私の注意を喚起してくれたこと、さらに本章を注意深く読み、批判的なコメントを与えてくれたことに感謝したい。

12）さらに、セム・テラ（土地なし）運動のほとんどの組織的な集会が、パウロ・フレイレの名前と地域組織や民衆教育での彼の役割について唱えることから始まることはよく知られている。同運動のグラフィックな表現については、Sebastian Salgado, *Terra: Struggle of the Landless* (New York: Phaidon, 1997) を参照されたい。

13）「日本の利率は0以下に下がる」とロンドンの『フィナンシャルタイムズ』誌が報道すると、日本の経済不況やデフレの矛盾した状況はある種のシュールレアリズムに達した。これは実際には0.01という良くない（negative）利率を意味している。「良くない利率とは、ソシエテジェネラルやBNPパリバ銀行が貸し出されたよりも返済しなければならない額が少ないという幸運な状況にあることが分かり、資金を借りながら、実際には、支払われていることを意味する」。*Financial Times*, 25-

26 January 2003, 3. 同じ記事は次のように結論づけている。利率を「実質的に 0 に保ち、流動資産で金融市場を溢れさせる日銀の政策は経済を刺激する上で概して効果が上がらなかったし、それは第 4 四半期に縮小することが決まっている」。

14) M. V. Ramana and A. H. Nayyar. "India, Pakistan and the Bomb: The Indian Subcontinent Is the Most Likely Place in the World for a Nuclear War," *Scientific American* (December 2001): 72-83; www.scientificamerican.com. で閲覧可能。

15) アメリカ教育省の中等後教育改善資金 (FIPSE) からの助成金の援助を受けて、アメリカ教育協会によって作成された文書 ("Where CREDIT Is Due: Approaches to Course and Credit Recognition across Borders in U.S. Higher Education Institutions"; www.acenetedu/bookstore/pdf/2003_where_credit_due.pdf. FY 2002 で閲覧可能であり、2003 年 2 月 6 日閲覧) に記されているように、NAFTA 加盟国の間では適格認定モデルについての同様の合意に全面的に達する関心の高まりが見られる。

16) ジョージ・W・ブッシュ大統領が彼の母校であるイエール大学の 2001 年の卒業式で卒業生に対して行った演説 (James Gerstenzang, "That Retro Feel to Bush's Style: It's Reaganesque," *Los Angeles Times*, 12 January 2003, A18 に引用)。

17) 社会的、文化的再生産の理論に関する議論については、Raymond Allen Morrow and Carlos Alberto Torres, *Social Theory and Education: A Critique of Theories of Social and Cultural Reproduction* (New York: State University of New York Press, 1995). を参照されたい。

18) 前掲 Gerstenzang, "That Retro Feel to Bush's Style," A18. に引用。

19) 文学出版社であるアルフレッド・A・クノップ社がコロンビアのノーベル賞受賞者ガブリエル・ガルシア・マルケスのスペイン語による回想録 *Vivir para contarla* という最初の本をアメリカで出版するという決定は、アメリカの出版市場の大変貌として歓迎され、5000 冊の初版が数週間のうちに完売し、直ちに第 2 刷 5000 冊が注文された。Tim Rutten, "Nobel Laureate's Memoir Is a Success in Any Language," *Los Angeles Times*, 15 January 2003, 1 and 16 を参照されたい。

20) Robert A. Rhoads and Carlos Alberto Torres, "The Political Economy of Globalization: The University, the State, and the Market in the Americas,"（未刊行論文), University of California, Los Angeles, Graduate School of Education and Information Studies, January 2003, 1.

21) Ravinder Sidhu, "Selling Futures to Foreign Students: Global Education Markets,"（未刊行論文), University of Queensland, Australia, 2003, 12.

22) グローバリゼーションに関する広範で洞察力のある見方については、Boaventura de Sousa Santos, *Toward a New Common Sense: Law, Science and Politics in the Paradigmatic Transition* (New York: Routledge, 1995. を参照されたい。

スーザ・サントスは、ポルトガル出身で、アメリカで学び、ブラジルで研修したことにより、独特な見方を示している。

23) Michael Apple, "Patriotism, Pedagogy, and Freedom: On the Educational Meanings of September 11th," *Teachers College Record* 104, no. 8 (December 2002): 1770-71.

24) シャルル・ボードレール：「僕というこの人間は、手傷であって刀なのだ！／打つ手であって頬なのだ！／轢かれる手足、轢く車輪、／斬られる囚徒、斬る刑吏！」LXXXIII, "L'héautontimoroumenos," *Les Fleurs du Mal* (1861)（邦訳は鈴木信太郎訳『悪の華』岩波書店、1982年他）,www.poetes.com/baud/ で閲覧可能。

25) Mark Ginsburg "A Personal Introduction to the Politics of Educators' Work and Lives," in *The Politics of Educators' Work and Lives*, ed. Mark Ginsburg (New York: Garland, 1995). を参照されたい。教育の政治学におけるフィクションと現実との境界を扱った分析については、Carlos Alberto Torres, "Fictional Dialogues on Teachers, Politics, and Power in Latin America," in *The Politics of Educators' Work and Lives*, ed. Ginsburg (New York: Garland, 1995). を参照されたい。

26) Paulo Freire, *Pedagogy of the Oppressed* (New York: Continuum, 1970; 邦訳は小沢有作他訳『被抑圧者の教育学』亜紀書房、1979年).

27) Paulo Freire, *Politics and Education*, trans. Pia Wong, (Los Angeles: UCLA Latin American Center Publications, 1998), ピア・ウォンにより翻訳され、カルロス・アルベルト・トーレスによる概説 "The Political Pedagogy of Paulo Freire." を含む。

28) 前掲 Paulo Freire, *Politics and Education*, 46. および Paulo Freire, with S. Aronowitz and T. Clarke, *Pedagogy of Freedom: Ethics, Democracy and Civic Courage* (Lanham, Md.: Rowman & Littlefield, 2000).

29) Pilar O'Cadiz, Pia Linguist Wong, and Carlos Alberto Torres, *Education and Democracy: Paulo Freire, Educational Reform and Social Movements in São Paulo* (Boulder, Colo.: West-view, 1998); Carlos Alberto Torres, *Education, Power and Personal Biography* (New York: Routledge, 1998).

30) Dervemal Saviani, *Escola e democracia* (São Paulo: Cortez-Autores, 1982); Giomar de Mello, *Social Democracia e Educação: Teses para discussiio* (Sao Paulo: Cortez-Autores, 1990).

31) Greg Dimitriadis and Dennis Carlson, "Introduction," in Promises to Keep: Cultural Studies, *Democratic Education, and Public Life*, ed. Greg Dimitriadis and Dennis Carlson (New York: Routledge Palmer, 2003), 16-17.

32) Raymond Morrow and Carlos Alberto Torres, *Reading Freire and Habermas: Critical Pedagogy and Transformative Social Change* (New York: Teachers' College

Press, 2002).

33) Michel Foucault, *Essential Works of Foucault 1954-1984: Vol. 2. Aesthetics, Method, and Epistemology* (New York: New Press, 1998), 440-41.

34) バーンスタインの仕事、特にその研究論文を完全に参照するには、OCLC Online Union Catalog（www.firstsearch.ocic.org で閲覧可能）がよく、『イギリス教育社会学』誌の最近号 the *British Journal of Sociology of Education* 23, no. 4 (December 2002) は、教育社会学に対する彼の貢献の広がりと性質を典型として、バーンスタインの影響について余すところなく特集している。

35) ブルデューがいかに多くの作品を遺したかをざっと考えるために、ワールドキャット書誌データベース (www.firstsearch.ocic.org) を調べてみると、数ヵ国語で書かれた合計 346 冊の文献のうち、英語による 36 冊の本があることが分かった。

36) Pierre Bourdieu, *Counterfire: Against the Tyranny of the Market* (London: Verso, 2002).

37) Ivan Illich, "The Cultivation of Conspiracy," p.3.（1998 年 3 月 14 日、ブレーメン文化・平和賞の受賞時にドイツのブレーメンのビラ・インチョンで行われた講演の翻訳、編集、拡大バージョン。www.paulofreireinstitute.com で閲覧可能）

38) Illich, "The Cultivation of Conspiracy," p.4. さらに、イリッチに対するピーター・マクラレン、ダグラス・ケルナー、カルロス・アルベルト・トーレスの賛辞も参照されたい。Peter McLaren, Douglas Kellner, and Carlos Alberto Torres, "Deconstructing Schooling: Revisiting the Legacy of Ivan Illich," Graduate School of Education and Information Studies and Paulo Freire Institute（www.paulofreireinstitute.com. で閲覧可能）

39) Carlos Alberto Torres, "Education, Power and the State: Successes and Failures of Latin American Education in the Twentieth Century," in *The International Handbook on the Sociology of Education: An International Assessment of new Research and Theory*, ed. Carlos Alberto Torres and Ari Antikainen (Lanham, Md.: Rowman & Littlefield, 2003), 256-84.

40) 前掲 Paulo Freire, *Pedagogy of the Oppressed*, rev. ed. (New York: Continuum, 1997), 22.

41) ロバート・アーノブは、この補足を非常に詳しく読み、批判的にコメントしてくれた。私は、本書に対する彼の貢献、私の研究活動への彼の多くの貢献、そして特にわれわれの多くが何年にもわたって恩恵を受けてきた比較教育学における彼の象徴的な仕事に対して深く感謝したい。

42) Vartan Gregorian, "Education in an Era of Specialized Knowledge," in Marcelo M. Suárez-Orozco and Carolyn Sattin-Bajaj, ed. *Educating the Whole Child for the*

Whole World The Ross School Model and Education for the Global Era, (pages 27-41), 27頁に所引。

43) Vartan Gregorian, "Education in an Era of Specialized Knowledge," 前掲 Suárez-Orozco (pages 27-41) 同論文の 29 頁に所引。

44) Meeting in Cuba, Riaipe, Working Papers, Habana, Cuba, Xerox, 2012.

45) Suárez-Orozco が前掲書 195 頁に引用した世界銀行の統計数字（Marcelo M. Suárez-Orozco and Carolyn Sattin-Bajaj, eds. *Educating the Whole Child for the Whole World. The Ross School Model and Education for the Global Era.*)。

46) Carlos Alberto Torres, "Neoliberal Globalization and Human Rights: Crises and Opportunities," in Vandra Masseman, Suzanne Majhanovich, Nhung Truong, and Kara Janigan (eds). *A Tribute to David N. Wilson. Clamouring for a Better World* (Rotterdam, Boston, Taipei, Sense Publishers, 2010), 239-46.

47) Thomas Mann and Norman Ornstein, "Let's Just Say It: The Republicans Are the Problem." *Washington Post*. http://www.washingtonpost.corn/opinions/lets-just-say-it-the-republicans-are-the-problem12012/04/27/gIQAxCVUlTprint.html. 2012 年 5 月 5 日に検索。

48) 人口の 1%に当たるアメリカの富裕層の間の格差はどのように測定しても最近の 30 年間に著しく増大してきたことを大半のアナリストが立証している。この問題については多くの「ティーチ・イン」が行われている（http://www.youtube.com/watch?v=FIKgApqgGgIT（2012 年 5 月 5 日に検索)。報道は、こうした増大する格差のいくつかの理由も示した。Dave Gibson and Carolyn Perot, *It's the Inequality, Stupid: Eleven Charts That Explain What's Wrong with America*, http://www.motherjones.com/politics/2011/02/income-inequality-in-america-chart-graph (March/April, 2011). を参照されたい。

49) Jim Clifton, *The Coming Jobs War* (New York: Gallup Press, 2011).

50) これらの考えはアントニオ・テオドロ（Antonio Teodoro）との会話の中で浮かんだものである。彼の次の論文も参照されたい。Challenges EU Education Systems for the 21st Century. Manuscript, Universidade Lusófona de Humanidades e Tecnologías. Lisbon, Portugal, 2012.

51) John Cavanaugh, et. al., *Alternatives to Economic Globalization, A Better World Is Possible*. San Francisco, Berrett-Koehler Publishers, Inc., 2003, 99.

52) Henry Levin, *Economics of Education*, Albany Law Review, 2011. 4, N° 2 (2011): 395-426.

53) National Center for Educational Statistics, U.S. Department of Education, *Digest of Education Statistics*: 2009, NCES 2010-013 (Washington, D.C.: U.S.

Government Printing Office, April 2010), Table 26.

54）Thomas Byrne Edsall, *The Age of Austerity: How Scarcity Will Remake American Politics* (New York: Double Day, Random House, 2012). See also Oren M. Levin-Waidman, *Wage, Policy, Income Distribution, and Democratic Theory* (New York and London: Routledge, 2011). Paul Xrugman, "Plutocracy, Paralysis, Perplexity." *New York Times*, May 3, 2012. 以下のものも参照されたい。Joseph E. Stieglitz, *Freefall: America, Free Markets, and the Sinking of the World Economy* (New York: W. W. Norton, 2010). Byrne, J. (Ed.) *The occupy handbook* (New York: Back Bay Books, 2012). に見られるウォール街占拠運動を弁護する論評も参照されたい。

55）Francis Fukuyama, "The Future of History: Can Liberal Democracy Survive the Decline of the Middle Class?" *Foreign Affairs*, 91, 1 (January-February 2012). を参照されたい。

56）Carlos Alberto Tones, "Public Universities and the Neoliberal Common Sense: Seven Iconoclastic Theses." *International Studies in Sociology of Education*, 21, no. 3 (2011): 177-97.

57）Linda Darling-Hammond, *"Introduction" to Review of Research in Education* (Washington: American Educational Research Association, 19, 1993): xi.

58）Michael Apple, "Between Neoliberalism and Neoconservatism: Education and Conservatism in a Global Context." Nicholas Burbules and Carlos Alberto Torres (eds.), *Globalization and Education: Critical Perspectives* (New York: Routledge, 1999): 376; Michael Apple, "Comparing Neo-Liberal Projects and Inequality in Education, *Comparative Education*, 37, no. 4 (2001): 409-23; Michael Apple, *Ideology and curriculum* (3rd ed.), (New York: Routledge, 2004. 第1版の邦訳は門倉正美他訳『学校幻想とカリキュラム』日本エディタースクール、1986年); Michael Apple, *Educating the "right" way: Markets, Standards, God, and Inequality* (2nd ed.), (New York: Routledge, 2006. 邦訳は大田直子訳『右派の／正しい教育：市場、水準、神、そして不平等』世織書房、2008年).

59）Immanuel Wallerstein. Utopistics: Or Historical Choices of the Twenty-First Century. (New York, The New Press, 1998. 邦訳は松岡利道訳『ユートピスティクス――21世紀の歴史的選択』藤原書店、1999年).

60）私は以下に掲げる近年の著作の中でこれらのテーマについて詳述してきた。すなわち、Robert Rhoads and Carlos Alberto Torres (eds.) *The Political Economy of Higher Education in America* (Stanford: Stanford University Press, 2006); Richard Van Heertum and Carlos Alberto Tones, "Educational Reform in the U.S. over the Last

25 Years: Great Expectations and the Fading American Dream." in Liliana Olmos; Rich Van Heertum, and Carlos Alberto Tones (eds.) *In the Shadows of Neoliberalism. Educational Reform in the Last 25 Years in Comparative Perspective* (Bentham E-Books, 2011); Greg William Misiaszek, Lauren Ila Jones, and Carlos Alberto Tones, "Selling Out Academia? Higher Education, Economic Crises and Freire's Generative Themes," in Brian Fusser, Ken Kempner, Simon Marginson, Imanol Ordorika (eds.), *The University and the Public Sphere. Knowledge Creation and State Building in the Era of Globalization* (New York: Routledge, 2011); Carlos Alberto Tones, "Neoliberal Globalization and Human Rights: Crises and Opportunities," in Vandra Masseman, Suzanne Majhanovich, Nhung Truong, and Kara Janigan (eds.), *A Tribute to David N. Wilson. Clamoring for a Better World* (Rotterdam, Boston, Taipei: Sense Publishers, 2010): 239-46; Richard Van Heertum and Carlos Alberto Torres. "Globalization and neoliberalism: The challenges and possibilities of radical pedagogy." in M. Simons, M. Olsen and M. Peters (Editors). *Re-reading education policies: Studying the policy agenda of the 21st century* (Netherlands: Sense Publishers, 2009); Carlos Alberto Torres and Richard Van Heertum. "Education and Domination: Reforming Policy and Practice through Critical Theory." in Gary Sykes, Barbara Schneider and David Plank. (Editors) *Handbook on Education Policy and Research, American Educational Research Association and Routledge*, 2009, pages 221-239.

執筆者一覧（＊印は旧版のみの執筆者を示す）

ロバート・F・アーノブ（Robert F. Arnove）
　インディアナ大学ブルーミントン校の「教育のリーダーシップ・政策研究」の名誉教授。北米比較国際教育学会の元会長、名誉会員。教育と社会変動をめぐる政治問題に関して幅広く著述。近著に『豊富な人材――達人教師と頂点に立つ実践家』(2009) がある。

マーク・ブレイ（Mark Bray）
　香港大学の比較教育学（ユネスコ冠講座）教授。2006 ～ 2010 年、香港大学から休暇をとり、パリのユネスコ国際教育計画研究所（IMP）に出向し、所長として勤務。香港比較教育学会（CESHK）会長、世界比較教育学会（WCCES）会長、北米比較国際教育学会（CIES）理事、アジア比較教育学会（CESA）理事を歴任。近著にボブ・アダムソン、マーク・メイソンとの共編著『比較教育研究――アプローチと方法』(2007)、『陰の教育システムを比較する――政府の政策』(2009)。

マリア・ブーカー（Maria Bucur）＊
　インディアナ大学ブルーミントン校の歴史学および（ジョン・W・ヒル冠講座）東ヨーロッパ史教授、ロシア・東欧研究所所長代理。

ペニー・ジェーン・バーク（Penny Jane Burke）
　ローハンプトン大学の教育学教授、平等・政策・教育学研究センター主任、ロンドン・パウロ・フレイレ研究所の創設者兼所長。近著は単著の『高等教育への権利――就学拡張を越えて』(2012) およびスー・ジャクソンとの共編著『生涯学習再考』(2007)。

ビデミ・キャロル（Bidemi Carrol）
　現在、シエラレオネで世界銀行のコンサルタントとして勤務中の教育専門家。以前には、シエラレオネ、リベリア、コートジボアールにおいて、紛争により破壊さ

れた教育システムのための革新的改革の諸構想を支援する国際救済委員会による地域教育プログラムを指導。国際救済委員会に参加する前には、ワシントンにある教育政策・データセンターで、アフリカに焦点を絞った教育政策およびデータ分析に従事。

ベン・エクロフ（Ben Eklof）
　インディアナ大学ブルーミントン校のロシア史の教授であり、同ロシア教育研究所所長。

ジョセフ・P・ファレル（Joseph P. Farrell）
　トロント大学オンタリオ教育研究所の比較・国際・開発教育センターの名誉教授。北米比較国際教育学会の元会長であり名誉会員。

クリスティーン・フォックス（Christine Fox）
　オーストラリアのウーロンゴン大学教育学部の上級学者としての20年の経験をもつ比較教育学研究者兼コンサルタント。2005年から2012年まで世界比較教育学会の事務局長を務め、スザンヌ・マイハノヴィッチおよびファトマ・ゴクとともに、世界比較教育学会の2012年度出版物『教育と社会の連繋、再連繋、そして新しい可能性』（ドルドレヒトのシュプリンガー社刊）を共同編集。アジア太平洋地域の異文化間コミュニケーション、ジェンダー、批判的ポスト植民地主義および教育開発に焦点を絞った諸著作がある。

スティーヴン・フランツ（Stephen Franz）
　インディアナ大学からの教育政策研究で博士号を取得し、教育の機会と結果の平等に関するテーマに焦点を当てる教育コンサルタント兼アナリスト。ラテンアメリカの教育について幅広く著述。

ジョン・N・ホーキンズ（John N. Hawkins）
　カリフォルニア大学ロサンゼルス校の教育・情報研究大学院の社会科学および比較教育学の名誉教授。UCLAの国際・開発教育センターの共同代表であり、ハワイのホノルルのイースト・ウェスト・センターでの「2020年教育に関する国際フォーラム」のシニア・アドバイザー。

執筆者一覧

アン・ヒックリング＝ハドソン（Anne Hickling-Hudson）
　オーストラリアのクィーンズランド工科大学（QUT）の比較文化・国際教育を専門とする准教授。オーストラリアのクィーンズランド大学から授与された彼女の博士号は、米豪両国で最優秀博士論文賞を獲得。ロックフェラー財団フェローとして、ポスト植民地主義の理論をグローバルな文脈でのカリキュラム問題および教育変容の分析に適用したパイオニア。2001年から2004年まで世界比較教育学会会長、2009年から2010年までイギリス比較・国際教育学会会長。近著は『キューバの教育国際主義』。

ジャック・キーティング（Jack Keating）
　メルボルン大学教育大学院の教授フェロー（Professorial Fellow）。教育政策および比較教育政策を専門領域とし、オーストラリアの教育政策および教育開発論議に積極的に関与。

ヴァンドラ・リー・メイズマン（Vandra Lea Masemann）
　トロント大学オンタリオ教育研究所の比較・国際開発教育プログラムの助教授。世界比較教育学会の元会長、北米比較国際教育学会会長、カナダ比較・国際教育学会会長を歴任。

ザバナ・ミール（Shabana Mir）
　オクラホマ州立大学准教授として、教育の質的研究方法および教育の社会的基礎に関する大学院課程の授業を担当。アメリカ人類学会の人類学・教育学委員会から優秀博士論文賞を受賞。『アメリカにおけるイスラム教徒の教育』『学校における青少年の精神性の涵養とイスラム教徒の声』を分担執筆し、『言説』『人類学』『季刊教育学』『宗教ジャーナル』『人類学ニュース』『高等教育クロニクル』などに執筆。

レイモンド・モロウ（Raymond Morrow）
　エドモントンにあるアルバータ大学の社会学の教授。

ローズマリー・プレストン（Rosemary Preston）
　ウォーリック大学の教育開発国際センターのセンター長を務めた。イギリス比較・国際教育学会会長、国際教育・訓練に関するイギリス・フォーラム、世界比較教育

学会の大会開催常設委員会の責任者を歴任。『ジェンダーと教育』『比較教育』誌の元編集長。

ジョエル・サモフ（Joel Samoff）
　スタンフォード大学アフリカ研究センターのコンサルティング教授。『国際教育開発ジャーナル』の北米編集長、『比較教育学評論』『アフリカ教育研究ジャーナル』『南の教育評論』誌の編集委員を歴任。近著は『世界銀行と教育――批判と代案』（2012）。

ダニエル・シュグレンスキー（Daniel Schugurensky）
　アリゾナ州立大学の行政大学院および社会変革大学院の教授として社会・文化教育学の大学院プログラムを調整。近著ないし編著は『パウロ・フレイレ』（2010）、『民主主義の実践による市民性の学習――国際的取り組みと視点』（2010）、『10人に4人――トロントのスペイン語話者の若者と早期退学』（2009）、『断絶、継続、再学習――カナダにおけるラテンアメリカ人の政治参加』（2007）。

イベータ・シローバ（Iveta Silova）
　リーハイ大学の比較国際教育学の准教授兼プログラム主任。グローバリゼーション、教育における政策「借用」、ポスト社会主義の教育変革過程を中心に研究。『ヨーロッパの教育――問題と研究』の共編者、『ポスト社会主義は死なず――比較教育学の中のグローバルなもの（再）読』（2010）の著者。

ネリー・P・ストロムクィスト（Nelly P. Stromquist）
　メリーランド大学教育学部の国際教育政策の教授。ジェンダー、女性の率いる組織、民衆教育およびグローバリゼーションが教授陣に与えた衝撃に関連する諸問題を批判的、政治的観点から専門に研究。近著はS・クリース、J・サモフとの共編著『世界銀行と教育――批判と代案』および『ラテンアメリカのフェミニスト組織と社会変容』。スウェーデン国家科学研究機関による2012年度のケルスティン・ヘッセルグレン記念客員教授。

アントニオ・テオドロ（Antonio Teodoro）
　リスボンにあるルソフォーン人文学・工科大学の教育社会学および比較教育学教授。ポルトガル教員組合（FENPROF）の元事務局長、現在は教育訓練研究・介入

センター長、および「ルソフォーン教育」誌の編集長。サンパウロのパウロ・フレイレ研究所の国際アドバイザー、ポルトガルのパウロ・フレイレ研究所共同創設者、国際社会学会（ISA）教育社会学研究委員会の副委員長。

カルロス・アルベルト・トーレス（Carlos Alberto Torres）

　カリフォルニア大学ロサンゼルス校（UCLA）社会科学・比較教育学教授、同コース主任、パウロ・フレイレ研究所所長。

　さらにブラジルのサンパウロにあるパウロ・フレイレ研究所の初代所長（1991）、アルゼンチンのブエノスアイレスにあるパウロ・フレイレ研究所の初代所長（2003）、UCLAパウロ・フレイレ研究所の初代所長（2002）を歴任。UCLA（1995-2005）のラテンアメリカセンターの元センター長、北米比較国際教育学会（CIES）の元会長、国際社会学会の教育社会学研究委員会の元委員長を歴任。2013年から世界比較教育学会（WCCES）会長。65冊を超える書物および250篇以上の研究論文、そして本書数章の筆者ないし共同執筆者。

リチャード・ヴァン・ヘルトゥム（Richard Van Heertum）

　カリフォルニア大学ロサンゼルス校（UCLA）およびニューヨーク市立大学（CUNY）勤務を経て、現在はカリフォルニア芸術大学講師。パルグレイヴと共編の『ハリウッドの搾取』（Hollywood's Exploited、2010）とベンサムとの共編『地球市民の教育』（Educating the Global Citizen、2011）の２冊を共編著。グローバリゼーション、新自由主義と教育との関係、民主主義に対する民衆文化の影響、フレイレ、デューイおよび批判理論の継続的関連性に関して、幅広い著述を行ってきた。

アンソニー・ウェルチ（Anthony Welch）

　シドニー大学の教育学教授。オーストラリア・ニュージーランド比較国際教育学会の元会長、世界比較教育学会副会長を歴任。近著に『教育、変容、社会』（2007および2010）、『アセアンの産業と中国の挑戦』（2011）、『東南アジアの高等教育』（2011）。全国的な研究プロジェクト「中国人知識ディアスポラ」を主宰。

訳者あとがき

　本書は Comparative Education: The Dialectic of the Global and the Local の第4版の全訳である。

　今からちょうど10年前、親の介護の便宜上、前任校から広島近辺への異動をかなりせっぱ詰まって考えていたとき、縁あって現在の勤務先に運良く採用された。出身校への復帰であり、何よりも学生時代からの専門分野である比較教育学を担当できることになった。それは大きな喜びであるとともに、精神的な負担でもあった。それまでも本務校や非常勤講師として他大学で比較教育学および隣接領域を講じたこともあった。本務として教えてきたのは比較高等教育論や教育開発論であり、また、中国を中心とするアジアの教育について研究してきていたことから非常勤で教えた科目は東洋教育史や中国の教育に関する内容が主であった。それが異動後は比較教育学に絞って、いよいよ本格的に講じることができるようになったのである。いかにして自分なりに体系的にこの学問分野を教えるか暫し考え続け、その手掛かりを探すために、内外の比較教育学と題する書物に改めて目を通した。その時に最も手応えを感じたのが本書の原著であった。

　わが国で「比較教育学」を書名に冠して出版された書物の多くは、かつて似通った構成をとっていた。すなわち、この学問の起源や沿革、著名な比較教育学者の方法論に関する特徴ある見解、あるいは拠点的諸機関や代表的著作・専門誌について述べられ、次いで欧米主要国を中心とする国別の考察を列挙するというものである。国別考察の数や内容は時代とともに多様化し、アジア、アフリカなど発展途上にある国々も取り上げる書物が増えてきた。また、「いじめ」や留学など、わが国が直面する尖鋭な個別具体の教育問題について比較的視点から考察した章を一部に加える書物や、執筆者の自叙伝的な考察まで含むものもある。さらに、理論的、方法論的考察に絞った書物も見られ、それはそれとして興味深いが、時に抽象的すぎたり難解で、実際の研究に応用する上で

必ずしも役に立つようには、少なくとも私には思えなかった。それでは、比較教育学について学び、その何たるかを理解し、教育の比較研究を行うにはどうすれば良いのか。それは実際に比較という方法を使った優れた作品を読み、目を肥やして、その分析や記述の術を体得する以外にはないのではないか。この点で本書は、空間に依拠する考察に列国体の記述は含まれず、いずれもほぼ大陸や広域を範囲として比較的視点に立った地域横断的な考察ばかりを含み、問題に依拠する考察で取り上げられる内容にしても、モダニティやグローバリゼーションと教育、教育をめぐる国際関係、政治経済体制と教育、文化と教育、アイデンティティと教育、集権化・分権化と教育、ジェンダーと教育など、時代の転換期にあって社会や教育に関する基本枠組みや根本認識の再考を迫るような広がりと深みのある諸課題に対して、読み応えのある比較的考察が各章で展開されている。比較教育学を教え学ぶ基本材料として本書に注目した所以である。

　実際、広島大学へ赴任後、演習の教材の一環として学生諸君と本書の2、3の章を輪読したこともある。その際に使ったのは本書の第2版であった。教材として利用する傍ら、私は自分の学習のために序章を含め18章からなっていた同書を細かく読み、少しずつ翻訳していた。訳書として刊行するといった強い思いが当初はあったわけではない。しかし、気づいて見れば、ある程度の章の訳稿ができあがっていた。そんな折、2012年度に半年間のサバティカル休暇を与えられた。4ヵ月は北京師範大学を拠点に大陸で、残り2ヵ月は淡江大学を拠点として台湾での調査研究に使った。日常性を離れ、授業や会議の負担もない夢のようなこの期間の研究成果については別途いくつか発表しているが、休暇中の夜なべ仕事として上記翻訳の完成を心に決めた。時間の有効利用である。計画どおり、休暇が終わるまでには、本書第2版の全訳が完成した。翻訳が終われば、どこか出版社から正式の翻訳書として刊行したいと考えるのは人情であろう。私はかつて吉田正晴教授編の『比較教育学』で、中国に関する1章を分担執筆したことはあったが、あまり縁のなかった福村出版に刊行の可能性を尋ねることにした。最初に仲立ちして下さったのは同級生で職場の同僚でもある河野和清さんである。河野教授は専門の教育行政学関係の書物を同社から刊行しておられ、私に比べてはるかに関係が深かったからである。同社から出したいと私が考えたのには別の理由もある。学生時代に比較教育学を学んだ時に最も影響を受けた書物の1つが岡津守彦教授の翻訳になるベレデイの『比

較教育学』であり、同書が福村出版刊であった。その丁寧な本作りに感心していたこともあって、いつかそういう機会があれば、同社から出してみたいとかねがね考えていたのである。持ち込んだ原稿を点検の上で、基本的に刊行の約束を取り付けることができた。

　出版社を探すと同時に、私は原著者への連絡や翻訳の了承を取ることも始めた。共編者の 1 人がロバート・アーノブ教授である。面識はなかった。しかし、教授はインディアナ大学に長年勤務され同大学の名誉教授であった。そこで、同じくインディアナ大学教授で私のアメリカ留学時代から 40 年来家族ぐるみの付き合いをさせてもらっていて、日本教育史の専門家としてわが国でもよく知られているリチャード・ルビンジャー教授に仲介の労をとってもらえないかともちかけた。ルビンジャーさんからはたちまち約束を果たした旨のメールが届き、アーノブ教授との間にパイプがつながった。2012 年 10 月のことである。私は早速アーノブ教授にメールを送り、事情を縷々説明した。アーノブ教授からはたいへん親切な返事がすぐに返ってきた。自著が日本語に翻訳されて出版されるのは光栄なことであり、原著の出版社からの承諾が得られたらの話であるが、大歓迎するし、可能な限りサポートを惜しまないというものであった。

　ただし、この際に同時に伝えられた情報は思いがけないものであり、私を困惑させた。私が長い時間をかけてこつこつ訳したのは、上述したとおり、同書の第 2 版であるが、すでに第 3 版が刊行されていたばかりでなく、第 4 版が 2013 年 1 月に刊行される予定だということであった。アーノブ教授は第 2 版の翻訳刊行も意味のあることだが、どうせ出版するのであれば新版を翻訳してはどうかと提案して下さった。もっともなことである。恥ずかしながら、私は世の中の流れに後れを取っていたのだ。ただ、再版はおろか、第 4 版まで版を重ねていること自体が、本書に対する評価を示すものであろう。例えば、第 4 版に推薦の辞を寄せた、これまた中国教育研究がらみで旧知のカナダ・トロント大学のルース・ヘイホー教授は「本書はすでに比較教育学の古典になった」と賞賛している。わが国で書物の再版、再々版という場合、多くはごく限られた手直しであろう。私は本書の場合もそうであろうと勝手に思いこんだ。ところが実際は大きく違っていた。原著の新版が刊行前に、可能であれば、変更箇所など教えてもらえないかという虫の良い私からの願いに、アーノブ教授からのメールによる教示は、「本書は絶えず進化しており」、変更は相当量に上り、

新版は40％以上の内容が書き換えられたと言ってよく、個別の変更箇所を知らせるのはほとんど不可能であるというものであった。私は新版の刊行を待った。2013年1月に刊行された第4版を早速入手して旧版とざっと対照してみた私は愕然とした。もともと序章を含め18章構成であった書物は19章構成になり、記述のほぼ半分が更新ないし追加された内容になっていた。正直な話、私は翻訳刊行の断念も考えた。しかし、一度決めたことを途中で投げ出すのも潔くない。私はまた一人こつこつと作業を進めることに決めた。

近年は単著や個人訳が激減し、編著、編訳書がおびただしいが、私は共著、共訳というのがあまり好きではない。ちなみに、こうした傾向は日本に限ったことではないらしい。『比較教育評論』誌の編集委員長を務め、アメリカの出版事情にも詳しいペンシルバニア州立大学デービッド・ポスト教授からも単著激減の事実を伺ったことがある。私もこれまで共監訳書を刊行したこともあるが、集まった原稿の調整や統一を図るのは容易ではなく、他人様の原稿に大ナタを振るうのは勇気の要るものであり、たいていは妥協してしまう。その点、1人の作業であれば、遠慮することはない。但し、独りよがりになる恐れが逆に生じる。本書に誤りや行き届かないところがあれば、ひとえに訳者の不勉強と非力によるものである。とにかく、実質ほぼ5ヵ月をかけて、すでに完成させていた旧版の翻訳稿の修正を終えたのが本書である。

原著のもう1人の共編者であるカルロス・アルベルト・トーレス教授にも触れておこう。同教授ともこれまで面識はなかった。ただ、上述したアーノブ教授への問い合わせに関連して、何度か行ったメールのやりとりでは、いかにも誠実な学者ぶりを窺わせるに十分な対応を覚えている。加えて、何かしら縁を感じる事態の展開がその後起こった。国別および地域別・言語別の比較教育学諸学会の統括組織である世界比較教育学会（WCCES）の会長任期の満了に伴って新会長の選挙が行われることになった。加盟学会の1つである日本比較教育学会を代表して同理事会に出席している私は、会長選挙のサーチ委員会の数名の委員の1人として仕事をすることになったが、なんと候補者の1人がトーレス教授であったのである。委員として早い時期から提出書類の適否など審査を行う過程で、同教授の輝かしい研究実績を本格的に知ることになった。2013年6月末、トーレス教授は故国でもあるアルゼンチンのブエノスアイレスで開かれた理事会において大量得票により新会長に選ばれた。この機会に会えることが予想されたため、すでに基本的に訳稿を完成させていた私は会長就任をお

祝いする言葉を教授に伝えるとともに、翻訳についていくつかの質問したい点があることを述べた。すると、多忙にもかかわらず、教授は世界比較教育学会の大会最終日に開かれた総会の後、時間をとって下さり、いくつかの愚問に丁寧に答えて下さった。その1つは執筆者を中心とする人物の名前の表記である。日本語にはカタカナという便利なものがあり、発音をほぼ忠実に再現することができる。私がしばしば直面する中国語で表記された西洋人の名前を判じることの難しさに比べれば理想的な表記法である。ただし、人の名前というのは、簡単に読めるものもあれば、実際に発音されるのを聞いてみるまで記述の仕方が分からないことが往々にしてある。このことに関して、私が手にしたICレコーダーに向かって、教授は何人かの判じにくい名前を明確に発音して下さった。加えて、上記のアーノブ教授と相談の上、本書のために「日本語版への序文」を迅速に準備して下さった。

　以上、長々と述べてきたが、少なからぬ便宜や協力を与えて下さった原著の編者をはじめ、これまでお世話になった多くの方々の御恩に報い、また、私にとって生涯にわたり大切なこの学問分野の発展のために、本訳書が貢献できれば望外の喜びである。とくに、日本比較教育学会が創設50周年を迎える節目の年に、次の新たな発展に向かう歩みの中で、本訳書がいくばくかの働きをなしうることを願って止まない。

　末筆ながら、本書の学術的価値を認めて下さり、昨今の出版事情の厳しい折にもかかわらず刊行をお引き受け頂き御支援下さった福村出版の宮下基幸常務、そして編集過程で本当に丁寧な仕事を通じて常に私を助けて下さった大泉信夫氏に深甚なる謝意を表したい。

平成26年新春　大塚　豊

事項索引

A–Z

APEC　71, 501, 502, 527, 535, 537-539
APQN　509
ARAIEQ　545
ASEAN　90, 444, 527, 529, 540
BRAC　260, 286, 287, 304, 360, 368, 646
MENA　543-554, 556
NAFTA　155, 166, 172, 444, 699
NCLB法　404, 406-409, 412, 415, 416
OECD　41, 46, 49, 55, 65, 93, 142, 252, 266, 316, 376, 377, 388, 402, 497, 511, 536, 537, 544, 547-549, 555, 659, 662, 663
PISA　9, 28, 41, 55, 142, 402, 648
PRIOM　285
REPEM　291, 487
TIMSS　9, 142, 648
UMAP（アジア太平洋大学交流機構）66, 90, 528
WTO　46, 444, 493, 511, 515, 526, 529

ア行

アイスランド　316, 317, 665
アイデンティティ　17, 24, 35, 65, 113, 157, 158, 160, 163, 164, 209, 211-219, 221-225, 230, 240, 271, 273, 274, 289, 341, 344, 348, 349, 362, 413, 493, 563, 651, 654, 680, 689
アイルランド　202, 203, 312, 318, 381, 413, 665, 667
アガ・カーン財団　113-114, 260
アカデミー法（2010年）397
アカデミック・キャピタリズム　455, 456, 692
アジア欧州会合（ASEM）527
アジア開発銀行　529, 570, 571, 572
アジア協力対話（ACD）527
アジア大学ネットワーク（AUN）528, 534
アジア太平洋クオリティ・ネットワーク　509
アジア太平洋経済協力（APEC）71, 501, 527
アセアン　66, 521, 525, 527-530
アセアン大学ネットワーク（AUN）66, 533
アゼルバイジャン　314, 557, 575, 576, 581, 583, 584, 587, 665
新しい学校　12, 246, 259, 260, 389, 488-490, 499, 631, 646
新しい社会運動　147, 160, 163, 164, 171
「新しい宝石運動（NJM）」347, 349
アップドーラ国王科学技術大学（KAUST）545
アフガニスタン　13, 671
アフリカ教育開発協会　621
アフリカ教育開発連合（ADEA）111, 145
アフリカ教育支援ドナー会議（DAE）111
アフリカ経済共同体　444
アフリカ経済研究コンソーシアム　113, 600
アフリカ経済・社会研究開発会議（CODESRIA）599
アフリカ女性教育者フォーラム（FAWE）283, 291, 621
アフリカン・バーチャル大学　113, 600
アムステルダム条約　655
アメリカインディアン　217

『アメリカの学校の生死』(ラビッチ) 408
アラブの春 171, 213, 550, 551, 552
アル・カイダ 428, 671
アルジェリア 171, 543, 552
アルゼンチン 153-155, 170, 278, 285, 300, 321, 471-473, 477, 481, 483, 485, 488, 492, 493, 671, 170
アルバニア 563, 575, 665
アルメニア 575, 581, 665
アンゴラ 202, 673
アンティグア 472
委託研究 127, 133-135
異文化間コミュニケーション 214, 226, 228
インターネット 22, 37, 92, 171, 172, 231, 294, 300, 311, 313, 361, 440, 444-447, 675
インド 52, 65, 78, 79, 166, 245, 276, 279, 281, 286-289, 303, 312, 314, 322, 584, 646, 672, 686, 687
インドネシア 33, 214, 228, 246, 310, 313
内なる植民地主義 69, 91, 191, 470
「営利目的」モデル 454
エジソン・スクール 403
エスノグラフィー 66, 68
エスノメソドロジー 66-68
エラスムス(プログラム) 66
援助依存 114, 600, 601, 603, 635, 639
エンパワメント 99, 126, 278, 279, 281, 284, 289, 290, 295-297, 340, 341, 360, 361
欧州産業円卓会議(ERT) 655, 659
オーストリア 316, 562, 665
オス・セム・テラ(Os Sem Terra) 171
『オリエンタリズム』(サイード) 95, 226
オンライン教育 323

カ行

カーボベルデ共和国 613
外国人学生 380, 442, 524, 525, 675
解釈学 67, 71, 80-84, 96
快速コース 136, 602, 604, 639
カーネギー財団 113, 402
開発の枠組み 125
科学主義 11, 66-68, 70, 79, 80, 184, 195, 204
学歴病 508
影の教育 506, 576
カジャマール研究所 359
カタール財団 546
価値教育 33
学校修了資格 317, 318
学校民族誌学 184, 198, 199
葛藤理論 157, 158, 161
カトリック教会 285, 421, 569
カナダ 40, 56, 153, 155, 248, 261, 312, 313, 322, 376, 385, 405, 442, 674
家父長制度 274
カプラン社 403, 404, 430
カメルーン 253
韓国 29, 33, 143, 278, 316-318, 456, 502, 503, 506, 522-524, 527-529, 534
緩衝機関(大学資金提供の) 321
カンボジア 519, 523
管理主義 324, 509, 518, 524, 692
『危機に立つ国家』 398, 399, 414
企業的大学 40, 455
技術職業教育推進計画 389
技術のリテラシー 341, 344, 345
決まり切った物語 216, 217
キャパシティ・ビルディング財団 113
教育危機 414, 485, 638
「教育訓練2010」プログラム 657
教育に関するグローバルな基準 118
教育の「銀行モデル」 124

事項索引　719

教育の質向上のためのアラブ地域アジェンダ（ARAIEQ）545
教育のためのグローバル・キャンペーン　620
教育のためのグローバル・パートナーシップ　115, 604, 648
教員の専門職（化）　574, 578, 580
教科書　27, 44, 48, 56, 99, 114, 121, 134, 251, 259, 271, 273, 281-283, 285, 291, 294, 297, 307, 317-320, 344, 445, 479, 490, 564-566, 570, 571, 582, 585, 589, 596, 603, 609, 619, 638
教授学　41, 118, 161, 346, 489
教授法　38, 101, 123, 188-190, 219, 259, 297, 324, 353, 362, 408, 414, 419, 445, 481, 487, 490, 520, 524, 552, 562, 568, 607, 610, 636
京都議定書　670
業務の委任　309
区域的分権化　309, 311
9月11日　428, 669-671, 675, 676, 697
グラスノスチ　569-570
グルベキアン財団　113
クレオール化　168, 169, 173
グレナダ　337-339, 343-353, 355, 357, 362-365, 367
グレナダ国立大学　344
グローバル化　8, 12, 13, 17-19, 21, 22, 57, 66, 99, 102, 118, 135, 156, 164-166, 168, 171, 172, 202, 209, 212-214, 225, 297, 298, 339, 360, 365, 437, 439, 442, 454, 457, 462, 464, 494, 500, 508, 516, 519-521, 526, 546-548, 557, 559, 602, 636, 639, 657, 661, 669, 673, 675, 687, 692-696
グローバル教育　7, 33
経済開発委員会　400
経済協力開発機構　65, 252, 659

経済合理主義　215, 371, 375
結果の平等　21, 240, 241, 256, 258
権威主義　158, 161, 356, 547, 551, 552, 616, 626, 693
権限委譲　309, 325
黄河大学　511
公共のリテラシー　341, 348, 350, 353
構造機能主義　43, 61, 251
構造調整　84, 106, 109, 114, 116, 117, 135, 154, 155, 235, 292, 298, 439, 443, 481, 492, 544, 571, 582, 585, 600, 629, 639
高等教育開発地域センター（RIHED）527, 528, 533
高等教育拠出金制度　378
高等教育の大衆化　510, 520
高等教育評鑑中心基金会（HEEACT）517
功利主義　132, 134, 158, 159, 422, 507
合理的選択理論　159, 160
高齢化　522
コートジボワール（象牙海岸）253, 673
国際化　71, 107, 394, 442, 445, 468, 525, 526, 547, 548, 579
国際教育　21, 29, 32, 33, 41, 209, 252, 470, 648, 675
国際教育到達度評価学会（IEA）41, 252, 648
国際政治学会　114
国際通貨基金　23, 33, 46, 69, 104, 126, 154, 292, 298, 639, 671
国際読解力調査（PIRLS）648
国際バカロレア（IB）488
国際復興開発銀行（IBRD）104
国土安全保障省　671
国民国家　24, 25, 32, 35, 65, 66, 69, 71, 103, 106, 170, 172, 314, 439, 444, 461, 462, 464, 526, 557, 651, 654, 659, 675, 695
国連開発計画（UNDP）110, 293

国連ミレニアム開発目標 648
個人教授 576-578, 580, 587, 618
コスタリカ 116, 117, 155, 254, 361, 472
国家間比較 26, 27, 253, 276
コック報告書 660
コロンビア 253, 259, 265, 278, 310, 473, 474, 477, 483, 485, 488, 489, 499, 646
コンゴ民主共和国 313
コンサルティング 133, 134, 146, 443

サ行

債務危機 477, 480, 481, 491
債務救済 115, 125, 604
サウジアラビア 545, 697, 698
サパティスタ（運動） 172
杉達大学（上海） 511
ジェンダー・エンパワメント指数（GEM） 278
ジェンダー平等指数（GPI） 277, 613, 645
ジェンダー不平等指数（GII） 279
資源動員論 159, 160
実証主義 8, 11, 57-62, 64, 67, 68, 73, 80, 85, 87, 97, 195-198, 200, 684
質保証 125, 229, 322, 386, 502, 503, 508-520, 524, 526, 527, 529, 532-535, 545, 608
児童中心主義的教授法 188
ジニ係数 472
市民社会 150-152, 160, 180, 294, 347, 358, 468, 484, 486, 488, 579
社会運動 17, 35, 43, 147-149, 151, 152, 156-164, 167, 169-173, 194, 486, 493, 494, 672, 683, 686, 693, 694, 696
社会化 121, 151, 172, 173, 184-188, 190, 198, 199, 201, 282, 302, 346, 350
社会活動センター 360
社会経済的不平等 325, 485

社会主義（者／運動） 19, 102, 105, 106, 108, 156, 161, 164, 204, 237, 255, 337, 339, 342, 355, 357, 358, 362, 365, 449, 471, 557-560, 562, 565-567, 569, 570-582, 585, 587, 636, 672, 685
社会秩序 25, 84, 121, 149, 162, 219, 236, 237, 254, 274, 419, 615, 633, 693
社会的移動 674
社会的階層分化 502, 551
社会的収益率 26, 27
社会的説明責任 12, 124, 231, 258, 322, 343, 356, 371, 385, 398, 399, 401, 406, 408, 409, 413, 414, 418, 437, 452, 454, 456, 458, 461, 513, 516, 518, 526, 545, 578, 604, 619, 634, 647, 677, 690, 692, 694
収益率分析 86, 120, 121, 125, 128, 143, 275, 685
就学機会 42, 111, 127, 245, 254, 258, 271, 273, 274, 276, 285, 287, 294, 296, 297, 307, 381, 382, 387, 395, 396, 399, 417, 442, 447, 451, 470, 477, 481, 502-508, 535, 551, 567, 573, 597, 599, 606, 610-613, 617, 622, 623, 626, 637, 664, 689, 692
従属理論 37, 43, 70, 107, 237
集団の作用 274
修了資格 307, 317, 318
収斂 25, 36, 70, 100, 114, 412, 442-444, 558, 638, 657, 659
主観―客観関係 196, 197
出生率 504, 522
「条件づけられた」国家 469
職業教育・訓練 379, 380, 384, 386, 389
植民地学校 44
植民地支配 105, 595, 636, 637, 639
植民地主義 69, 78, 79, 91, 168, 184, 190, 195, 196, 211, 221, 338, 470

所得格差　409, 410, 469, 470
ジョムティエン会議　111, 118, 128, 296
自力更生　598
事例研究　39-41, 43, 54, 66, 72, 116, 141, 147, 171, 180, 202, 203, 215, 222, 337, 338, 375, 430, 492, 570, 646
新アメリカ学校開発会社　401
進化論　61, 63, 64, 184, 190, 191, 196
新左翼　156, 161, 677, 678
新自由主義　7, 9, 11, 18, 35, 46, 57, 73, 85, 105, 147, 148, 152-156, 172, 175, 288, 298, 339, 358, 365, 368, 372, 374, 380, 382, 383, 387, 393, 398, 399, 404-406, 413, 415-417, 419, 420, 437, 440, 454, 457, 467, 472, 477, 480-484, 486, 487, 491, 492, 500, 506, 508, 509, 526, 527, 549, 550, 552, 559, 572, 573, 575, 578-581, 653, 654, 661, 662, 671, 672, 675-677, 683, 685, 687, 692-696, 698
新重商主義　653
人種差別廃止　234
人種分離　411
人的資本　25, 109, 120, 121, 143, 162, 232, 371, 384, 385, 406, 446, 456, 550, 684
人的資本論　109, 120, 121, 143, 232, 371, 684
『人類学と教育へのガイド』（ボロック）　203
新労働党（イギリスの）　395, 396
スウェーデン国際開発庁（SIDA）　293
西安翻訳大学　511
生産としての教育　120, 122
成人教育　18, 128, 288-291, 300, 337, 338, 340, 342-346, 357-361, 363, 364, 366, 468, 599, 626, 689
世界教育フォーラム　172, 606, 642, 694

世界恐慌　413, 563
世界社会フォーラム　172, 173, 180, 694
世界大学ネットワーク（WUN）　66
世界比較教育学会　3, 4, 6, 36, 52, 202, 204, 205
全国女性機構　349, 351
全国認定評価審議会　512, 513
先住民　69, 79, 162, 172, 191, 203, 204, 219, 295, 382, 412, 467, 468, 470, 477, 478, 479, 487, 490, 494, 500, 564
セントラル・アメリカン大学（UCA）　491
象牙海岸（コートジボワール）　253, 673
ソクラテス式問答法　100
ソ連　25, 36, 58, 72, 102, 105, 217, 237, 257, 314, 557, 559, 564-569, 571-573, 575-580, 583, 652, 669, 684

タ行

大学基準協会（JUAA）　514-516
大学評価・学位授与機構　515
大学補助金委員会　321, 323, 512, 513, 518
台湾評鑑協会（TWAEA）　517
ダカール会議　118, 246, 249
多国籍企業　439, 445, 458, 469, 494, 548
脱工業化経済　255, 439
他律的モデル　18, 437, 453, 454, 456-459, 461
タリバン　671
チェコ共和国　316, 557, 575, 665
チェコスロバキア　563, 568
地区初等教育プログラム（DPEP）　281
地方教育当局　374, 388-391, 393, 394, 396, 397
地方分権化　12, 35, 406, 467, 482, 484-486, 492, 498, 509, 510, 558, 559, 566, 568, 571-575, 579, 582, 585, 608, 615, 616
チャータースクール　373, 381, 386, 401,

402, 408, 415
チャーチスト運動　162
チャド　613, 644
チャンネルワン　402
中央アフリカ共和国　613
中央アメリカ自由貿易地域（CAFTA）　493
中央集権化　35, 310, 311, 314, 315, 371-516, 517, 519, 572, 574
中国　27, 29, 37, 40, 65, 72, 92, 102, 202, 245, 246, 313-315, 319-321, 328, 471, 501-503, 505, 506, 509, 510, 512, 514, 517, 522-524, 527, 528, 530, 531, 534, 672, 684, 686, 687
中国科学評価研究センター　511
中心—周辺理論　192
中等後教育　222, 232-234, 246, 247, 261, 448, 449, 456, 483, 543, 544, 549, 641, 699
チリ　26, 120, 153, 164, 170, 171, 173, 255, 267, 288, 321, 329, 470-473, 475, 481-485, 488, 493, 694
「沈黙するインディアン」　217, 218
ディアスポラ（現代の）　66, 212, 224, 225
T・A・メアリーショー・コミュニティカレッジ（TAMCC）　344
テロとの戦い　394, 428, 671
伝達システムとしての教育　124
デンマーク　316, 318, 665
道具的進歩主義　416
東南アジア高等教育機関連合（ASAIHL）　527, 528
東南アジア諸国連合（ASEAN）　444
東南アジア文部大臣機構（SEAMEO）　527
特別支援教育　412, 567
「トップへの競争」　407, 415
ドロップアウト率　169, 286

ナ行

2011年教育法（イギリス）　397
2008年の金融危機　406
日本　14, 22, 29, 37, 101, 120, 314, 316-318, 502, 503, 506, 514-518, 521-524, 527-531, 534, 639, 672, 698
入学試験　317, 546
ニューディール政策　152, 671
『人間開発報告』　169, 279, 293
人間主義のリテラシー　341, 344, 345, 348, 357, 362
認識のリテラシー　341, 344, 345, 362
認証評価と適格認定　515, 516
ネオ・マルクス主義　43, 149, 150, 160, 184, 198-201, 237, 251
農村改革庁　357
ノンフォーマル教育　35, 286, 287, 289, 290, 340, 360, 486, 487, 685

ハ行

バーブーダ　472
「白人の責務」　104
パプアニューギニア　214, 219-221, 229, 253, 312, 313, 323-325
ハプスブルク帝国　560
バリオス・デ・ピエ（"近隣住民よ、立ち上がれ"）運動　171
パリ条約　654
パレスチナ　40, 549, 551, 552
バングラデシュ　245, 260, 281, 283, 285, 286, 360, 502, 523, 646, 673
バングラデシュ農村向上委員会　286, 646
万人のための教育（EFA）　19, 99, 110, 111, 115, 128, 136, 245, 265, 292, 293, 295, 490, 494, 589, 597, 598, 602, 605, 606, 617, 621, 634, 635, 636, 639, 642, 643, 648

事項索引 723

万人のための教育アフリカ・ネットワーク・キャンペーン（ANCEFA） 621
万人のための教育世界会議 265
ビーコン学校プログラム 393
東アジア・ビジョン・グループ（EAVG） 528
非政府組織（NGO） 40, 109, 113, 160, 309, 345, 360, 425, 488, 511, 564, 572, 597, 599, 620, 634, 686
非大学（機関） 233, 378, 449
批判的エスノグラフィー 68
批判的教育学 161, 163, 164, 680
批判的民族学 201
平等性 23, 24, 34, 35, 231, 242, 252, 271, 458, 504, 610
『被抑圧者の教育学』 46, 206, 366, 436, 645, 678, 700
ビル・アンド・メリンダ・ゲイツ財団 402, 430
フィンランド 30, 228, 316, 665
フェミニズム論 271, 273
フォード（財団） 113, 402
福祉国家 73, 147, 152-156, 170, 175, 405, 437, 439, 440, 448, 462, 652, 653
ブラジル 6, 27, 155, 164, 170, 171, 180, 202, 246, 255, 279, 280, 285, 288, 359, 468, 470, 471, 473, 475, 477-479, 483, 486, 487, 493, 672, 679, 687, 694, 700
フランクフルト学派 149, 158, 415, 681
ブルガリア 557, 563, 575, 665
ブルキナファソ 145, 253, 644
ブルネイ・ダルサラーム 313
文化化 184
文化相対主義 186, 205, 223
米州自由貿易圏（FTAA） 493
米州ボリバル同盟（ALBA） 23, 472
北京的合意 73
ベトナム 33, 504, 519, 523
ペレストロイカ 569
ホイットル・コミュニケーションズ 402
北米自由貿易協定（NAFTA） 71, 155, 172, 405
保護主義 152, 154, 155
ポスト構造主義 43, 71, 73, 74, 84, 85, 211
ポストコロニアリズム 43, 74, 77, 79, 85, 95, 165, 179, 211, 212
ポストモダニズム 43, 74-80, 84, 85, 95, 156, 164, 165, 205, 210, 211, 272, 679, 680, 684
ボスニア・ヘルツェゴヴィナ 587, 665
ボツワナ 27, 278, 599, 625
ボリビア 172, 368, 470-472, 475, 478, 479, 492, 493, 500
ボローニャ・プロセス 444, 517, 528, 529, 532, 576, 661, 665
香港 92, 142, 143, 314, 319, 320, 322, 506, 517, 518, 519, 523

マ行

マーケティング 116, 122, 532, 628
マーストリヒト条約 652, 655, 664
マッカーサー財団 113
マヒラ・サマキャ（Mahila Samakhya）プログラム 289
マルクス主義 69, 73, 76, 148, 149, 156, 158-160, 170, 183, 204, 237, 239, 251, 298, 355, 679, 680
マンパワー計画 598, 623, 626
南の銀行 473
ミャンマー 523
ミレニアム開発目標 118, 293, 295, 648
民衆教育 6, 102, 103, 171, 271, 291, 337, 339, 340, 343-348, 351-353, 356-358, 361-363, 486, 487, 491, 698
民衆教育センター（CPE） 343-348, 351-353, 362, 363

メレディス対ジェファーソン郡教育委員会　411

ヤ行

ユニセフ　46, 293
ユネスコ　6, 7, 12, 46, 49, 65, 108, 110, 112, 118, 140, 228, 233, 245, 252, 261, 277, 295, 470, 489, 528, 529, 553, 575, 594, 595, 612, 618, 629, 641, 642, 648
ヨーロッパ教育圏　19, 651, 656, 659, 662, 663
ヨーロッパ高等教育圏（EHEA）　532
欲求達成度　64

ラ行

理科教育　41, 648
リスボン条約　656, 660, 661
リテラシー　217, 289, 337-346, 348, 350, 353, 357-364, 366, 393
リトアニア　557, 575, 583, 587, 665
ローマ条約　654, 664
ルクセンブルグ　315, 316
ロシア帝国　561, 562
ロックフェラー財団　113, 621
ロバーツ計画　261

人名索引

ア行

アダムス、ドン　235
アップル、マイケル　10, 173, 175, 670, 675, 693
アドルノ、テオドール　60, 416
アーノブ、ロバート　3, 36, 44, 69, 70, 103, 361, 368, 417, 492, 664, 701
アブズク、ベラ　300
アリ、ワヒード　213
アルチュセール、ルイ　273
アルトバック、フィリップ　25, 29, 44, 69, 70, 100, 101, 191, 442, 463, 514, 547
イリッチ、イヴァン　669, 679, 681-683, 685, 701
ウォーラーステイン、イマニュエル　69, 70, 137
ウェーバー、マックス　40, 64, 149, 150, 174, 454
エクスタイン、マックス　47, 58, 59, 66
エンクルマ、クワメ　195
オッフェ、クラウス　149, 151, 156
オバマ、バラク　139, 401, 404, 407, 408, 415, 501, 535

カ行

カー、クラーク　525
カウンツ、ジョージ　236
カステル、マヌエル　142, 406
カストロ、クラウディア・デ・モウラ　491
カーター、ジミー　670
カーノイ、マーティン　27, 55, 69, 162, 413, 469, 648
ガルトゥング、ヨハン　192, 194, 195
カルドソ、F. H.　468, 469
カント、イマニュエル　680
ギアーツ、クリフォード　215
ギデンズ、アンソニー　67
キャンデル、アイザック　32, 58
クームズ、フィリップ . H.　234
クラックホーン、フローレンス　186-188
グラムシ、アントニオ　158, 164, 355
クリントン、ビル　167, 384, 401, 405, 406, 408, 415, 674, 698
クロスレイ、マイケル　31
クーン、トーマス　58, 60, 97
ゲイツ、ビル　165, 402, 406, 430, 431
江沢民　512
コーエン、ユーディ　185
コーガン、ジョン . J.　30
コメニウス、ジョン・アモス　188
コールマン、ジェームズ　26
コント、オーギュスト　61, 62
コンネル、ロバート　273

サ行

サイード、エドワード　77, 78, 211, 226
サカラポータス、ジョージ　27, 469
サッチャー、マーガレット　153, 372, 374, 383, 387, 388, 390, 405, 424, 426
サドラー卿、マイケル　31, 32

ジェンクス、クリストファー 26
シュタイナー、ルドルフ 188
シュッツ、アルフレッド 60
シュナイダー、フリードリヒ 58
ジュリアン、マルク=アントワーヌ 24, 31
ジョーンズ、ウィリアム卿 79
ジョンソン、リンドン 399, 404, 414
ジルー、ヘンリー 76
スキナー、デブラ 221
スターリン、ヨシフ 564-566
スピバク、ガヤトリ 77, 95, 211
スペンサー、ハーバート 190

タ行

タイラー、エドワード 190
チャベス、ウゴ 672, 697
チャブ、ジョン 401, 419
ディルタイ、ヴィルヘルム 60, 81
デール、ロジャー 656, 658-660
テジャスウィニ・ニランジャナ 77
デューイ、ジョン 188, 562, 684
デュルケーム、エミール 61-63, 189, 689
ドーア、ロナルド 222
ドイル、デニス 401
ドラッカー、ピーター 406
トーレス、カルロス・アルベルト 35, 36, 45, 77, 487, 664, 686, 700, 701

ナ行

ノア、ハロルド 47, 51, 58, 59, 60, 66

ハ行

バセ、セザール 24
パーソンズ、タルコット 62, 64, 139
バチェレ、ミッシェル 471

バーバ、ホミ 77, 95, 211, 224
ハーバーマス、ユルゲン 47, 59, 82, 96, 149, 175, 210, 212, 227, 654
ハンス、ニコラス 58
バーンスタイン、バーナード・バジル 188, 189, 199, 681-683, 701
ハンチントン、サミュエル 72, 83, 168
ヒックリング=ハドソン、アン 23, 35, 215, 360
ビン・ラディン、オサマ 671
ファイアアーベント、ポール 60, 83, 88
ブアジジ、モハメド 543
ファノン、フランツ 78, 630
ファレル、ジョセフ 4, 25, 35, 255, 507
フォーリー、ダグラス 215, 217
フォスター、フィリップ 250
フーコー、ミシェル 78, 149, 274, 680
フッサール、エドムント 60
ブッシュ、ジョージ H. W. 400, 401
ブッシュ、ジョージ W. 380, 406, 407, 670, 674, 697, 699
フランク、アンドレ 69
ブルデュー、ピエール 147, 681-683, 701
ブレイ、マーク 25, 35, 38, 45, 257
フレイレ、パウロ 6, 12, 37, 124, 172, 180, 188, 189, 195, 215, 347, 359, 362, 417, 420, 468, 486, 487, 606, 672, 678, 679, 681-686, 693, 698
ブレジネフ、レオニード 567
フレーベル、フリードリヒ 188
フロイト、ジーグムント 158, 698
フロム、エリック 682
ベイカー、デービッド 28
ヘイネマン、スティーブン 34, 90
ヘイホー、ルース 37, 65, 96
ベーコン、フランシス 61, 62, 84
ペスタロッチ、ヨハン・ハインリッヒ 188
ベレデイ、ジョージ 58, 60, 66

人名索引　727

ベンサム、ジェレミー　383, 422
ボードレール、シャルル　676, 700
ホフ、ルッツ　360
ホームズ、ブライアン　58-60, 65, 66
ホルクハイマー、マックス　60, 416

マ行

マイヤー、ジョン　28
マシェル、サモラ　349
マリノフスキー、ブロニスロー　195
マルクーゼ、ヘルベルト　60
マン、ホーレス　413
マンリー、マイケル　349
ミード、マーガレット　185
ミル、ジョン・スチュアート　383, 422
ミルズ、チャールズ　355
メイズマン、ヴァンドラ　35, 68, 195, 204, 215
メージャー、ジョン　387, 390, 394, 405, 426
莫家豪　517, 518
モー、テリー　401, 419
モンテスキュー　149
モンテッソーリ、マリア　188

ヤ行

楊深坑　193
ヤング、マイケル　198

ラ行

ライシュ、ロバート　167, 406
ラカトシュ、イムレ　57, 58
ラゴス、リカルド　471
ラドクリフ＝ブラウン、A. R.　195, 196
ルシェイ、トマス　474, 490
ルソー、ジャン＝ジャック　188
ルーラ・ダ・シルバ、ルイス・イナシオ　170, 171, 479, 483, 672
レーガン、ロナルド　153, 372, 380, 398, 401, 405, 410, 414, 671, 674
レビン、ヘンリー　162, 489, 589, 648
ロス、ハイディ　40, 202

ワ行

ワトソン、キース　24

翻訳者

大塚 豊（OTSUKA Yutaka）

　1951年、鳥取県生まれ。広島大学教育学部教育学科卒業、米国 George Peabody 教育大学（現 Vanderbilt 大学）大学院修士課程修了、広島大学大学院教育学研究科修士課程修了、同博士課程中退。博士（教育学）。比較教育学専攻。広島大学助手、国立教育研究所（現国立教育政策研究所）研究員・同主任研究官、広島大学・大学教育研究センター助教授・同教授、名古屋大学大学院国際開発研究科教授を経て、現在、広島大学大学院教育学研究科教授。北京師範大学国際・比較教育研究所、華中科学技術大学、浙江大学教育学院、江蘇大学ほか中国諸大学の客員教授。2008～2013年度、日本比較教育学会会長。

　主要著訳書—『中国の近代化と教育』（共著、明治図書出版、1984）、『アジアの大学——従属から自立へ』（共監訳、玉川大学出版部、1993）、『現代中国高等教育の成立』（玉川大学出版部、1996）、『変革期ベトナムの大学』（監訳、東信堂、1998）、『比較教育学——伝統・挑戦・新しいパラダイムを求めて』（共監訳、東信堂、2005）、『中国大学入試研究——変貌する国家の人材選抜』（東信堂、2007）、『大学と社会』（共編著、放送大学教育振興会、2008）

21世紀の比較教育学
——グローバルとローカルの弁証法

2014年3月30日　初版第1刷発行

編著者	ロバート・F・アーノブ
	カルロス・アルベルト・トーレス
	スティーヴン・フランツ
訳　者	大塚　豊
発行者	石井昭男
発行所	福村出版 株式会社

〒113-0034　東京都文京区湯島2-14-11
電話　03-5812-9702　FAX　03-5812-9705
http://www.fukumura.co.jp

編集協力　リトル・ドッグ・プレス
印刷・製本　シナノ印刷株式会社

Printed in Japan　© Yutaka Otsuka 2014
ISBN978-4-571-10168-7　C3037
乱丁本・落丁本はお取替え致します。
◎定価はカバーに表示してあります。
※本書の無断複写・転載・引用等を禁じます。

福村出版◆好評図書

M. ロシター・M.C. クラーク 編
立田慶裕・岩崎久美子・金藤ふゆ子・佐藤智子・荻野亮吾 訳
成人のナラティヴ学習
● 人生の可能性を開くアプローチ
◎2,600円　ISBN978-4-571-10162-5　C3037

人は，なぜ，どのように，語ることを通して学ぶのか。ナラティヴが持つ教育的な意義と実践を明快に説く。

S.B. メリアム 編／立田慶裕・岩崎久美子・金藤ふゆ子・荻野亮吾 訳
成人学習理論の新しい動向
● 脳や身体による学習からグローバリゼーションまで
◎2,600円　ISBN978-4-571-10153-3　C3037

生涯にわたる学習を実践する人々に，新たなビジョンを与え，毎日の行動をナビゲートする手引書。

立田慶裕・井上豊久・岩崎久美子・金藤ふゆ子・佐藤智子・荻野亮吾 著
生涯学習の理論
● 新たなパースペクティブ
◎2,600円　ISBN978-4-571-10156-4　C3037

学習とは何か，学びに新たな視点を提示して，毎日の実践を生涯学習に繋げる，新しい学習理論を展開する。

日本教育行政学会研究推進委員会 編
教育機会格差と教育行政
● 転換期の教育保障を展望する
◎3,600円　ISBN978-4-571-10165-6　C3037

子どもの貧困と教育機会格差の現状を明確にし，克服のための課題を検討。教育保障に必要なものを探る。

日本教育行政学会研究推進委員会 編
地方政治と教育行財政改革
● 転換期の変容をどう見るか
◎3,600円　ISBN978-4-571-10159-5　C3037

1990年代以降の教育行財政改革の背景，変化内容，改革前後の状況をどう理解すべきか，実証的分析に基づき詳説。

松田武雄 著
コミュニティ・ガバナンスと社会教育の再定義
● 社会教育福祉の可能性
◎4,500円　ISBN978-4-571-41053-6　C3037

国内外の豊富な事例から社会教育概念を実証的に再定義，社会教育再編下における社会教育の可能性を展望する。

末本 誠 著
沖縄のシマ社会への社会教育的アプローチ
● 暮らしと学び空間のナラティヴ
◎5,000円　ISBN978-4-571-41052-9　C3037

沖縄の社会教育を，字公民館，字誌づくり，村踊り等から幅広くアプローチ。固有性からその普遍性をさぐる。

◎価格は本体価格です。